BECK'SCHE TEXTAUSGABEN

Schröer, Hessische Bauordnung

Hessische Bauordnung

mit Bauvorlagenerlass, Prüfberechtigten- und Prüfsachverständigenverordnung, Garagenverordnung, Feuerungsverordnung, Bauprodukte- und Bauartenverordnung, Wasserrechtlicher Bauprodukte-Verordnung, Nachweisberechtigten-Verordnung, Nachbarrechtsgesetz und Ingenieurkammergesetz

TEXTSAMMLUNG

mit Sachverzeichnis und Einführung
herausgegeben von

Dr. Thomas Schröer, LL. M. (Illinois)
Rechtsanwalt, Fachanwalt für Verwaltungsrecht,
FPS Rechtsanwaltsgesellschaft mbH & Co. KG Frankfurt a. M.

6. Auflage
Stand: 1. Dezember 2025

C.H.BECK

beck.de

ISBN PRINT 978 3 406 83881 1

Wilhelmstraße 9, 80801 München
info@beck.de
Druck und Bindung: Beltz Grafische Betriebe GmbH
Am Fliegerhorst 8, 99947 Bad Langensalza

Satz: Druckerei C.H. Beck Nördlingen
Umschlag: Druckerei C.H. Beck Nördlingen

myclimate
shape our future

chbeck.de/nachhaltig
produktsicherheit.beck.de

Gedruckt auf säurefreiem, alterungsbeständigem Papier
(hergestellt aus chlorfrei gebleichtem Zellstoff)

Inhaltsverzeichnis

Abkürzungsverzeichnis

Abs.	Absatz
Art.	Artikel
BAnz.	Bundesanzeiger
BGBl.	Bundesgesetzblatt
BauGB	Baugesetzbuch
BauNVO	Baunutzungsverordnung
BauPAVO	Bauprodukte- und Bauartenverordnung
BVerfG	Bundesverfassungsgericht
BVerfGE	Entscheidungen des Bundesverfassungsgerichts (zitiert nach Band und Seite)
BVErl	Bauvorlagenerlass
EG	Europäische Gemeinschaft
EU	Europäische Union
FeuV	Feuerungsverordnung
GaV	Garagenverordnung
GVBl.	Gesetz- und Verordnungsblatt für das Land Hessen
HBO	Hessische Bauordnung
HBOZÜV	HBO-Zuständigkeiten-Übertragungsverordnung
HIngG	Hessisches Ingenieurgesetz
HPPVO	Hessische Prüfberechtigten- und Prüfsachverständigenverordnung
MBO	Musterbauordnung
NachbRG	Hessisches Nachbarrechtsgesetz
NBVO	Nachweisberechtigten-Verordnung
StAnz.	Staatsanzeiger
VG	Verwaltungsgericht
VGH	Verwaltungsgerichtshof
WasBauPVO	Wasserrechtliche Bauprodukte-Verordnung

Einführung

Von
Dr. Thomas Schröer, LL. M. (Illinois)
Rechtsanwalt, Fachanwalt für Verwaltungsrecht,
FPS Rechtsanwaltsgesellschaft mbH & Co. KG

Teil 1: Regelungsbereich und Grundzüge der Hessischen Bauordnung 2025

Im Zentrum dieser Textausgabe steht die aktuelle Änderungsfassung der Hessischen Bauordnung, die der Hessische Landtag am 2.10.2025 beschlossen hat (HBO 2025). Das „Dritte Gesetz zur Änderung der Hessischen Bauordnung" vom 9.10.2025 ist im Gesetz- und Verordnungsblatt für das Land Hessen vom 13.10.2025 verkündet worden (GVBl. 2025 Nr. 66 vom 13.10.2025, S. 1 bis 13). Die wesentlichen Neuregelungen der HBO 2025 sind nach Art. 2 Satz 1 des Dritten Gesetzes zur Änderung der Hessischen Bauordnung am Tag nach der Verkündung, d. h. am 14.10.2025, in Kraft getreten. Lediglich die künftigen Aktualisierungen der Bezugnahmen auf neuere europarechtliche Vorgaben zu Windenergieanlagen in § 1 Abs. 2 Nr. 10 und § 68 Abs. 3 Satz 1 Nr. 5 treten erst am 20.1.2027 in Kraft.

Art. 1 des Dritten Gesetzes zur Änderung der Hessischen Bauordnung enthält in den Ziffern 1. bis 31. umfangreiche, teils auch grundlegende Änderungen der Hessischen Bauordnung vom 28.5.2018 (GVBl. S. 198), die zuletzt durch Gesetz vom 14.5.2025 (GVBl. 2025, Nr. 29) geändert worden war. Ziffer 32 beinhaltet diverse Änderungen der Anlage zur Hessischen Bauordnung mit der Aufzählung der baugenehmigungsfreien Vorhaben im Sinne von § 63 HBO.

Mit der 2025 novellierten Fassung der Hessischen Bauordnung hat die Hessische Landesregierung in Gestalt des sogenannten „Baupakets I" ein zentrales Reformvorhaben umgesetzt, das den Wohnungsbau erleichtern, Verfahren vereinfachen und Kosten senken soll, wie es die hessischen Regierungsparteien CDU und SPD in ihrem Koalitionsvertrag vom 18.12.2023 für die 21. Legislaturperiode von 2024 bis 2029 vereinbart hatten.

Zur Erarbeitung der Inhalte des „Baupakets I" beschritt das zuständige Hessische Ministerium für Wirtschaft, Energie, Verkehr, Wohnen und ländlichen Raum neue Wege und berief im Frühjahr 2024 die unabhängige Expertenkommission „Innovation im Bau" ein. Die Kommission setzt sich aus Akteuren der Baupraxis, der Baukultur, des Baurechts, der Bauwirtschaft und der Bauwissenschaft zusammen. Zu den Kommissionsmitgliedern zählt auch der Herausgeber dieser Textausgabe. Das Ministerium übertrug der Kommission die Aufgabe, übermäßig baukostensteigernde Vorschriften zu ermitteln und innovative Vorschläge für Reformen im Baurecht und den Bürokratieabbau zu erarbeiten. Die Kommission tagte erstmals am 11.6.2024. In insgesamt sieben Sitzungen erarbeiteten die Experten bis zum Herbst 2024 ein aus 20 Vorschlägen bestehendes Eckpunktepapier für ein „Baupaket I", das sie am 11.11.2024 dem zuständigen Staatsminister Kaweh Mansoori übergaben.

Auf dieser Grundlage erstellte das Hessische Wirtschaftsministerium den Entwurf einer grundlegenden Novelle der Hessischen Bauordnung, den das Kabinett im Frühjahr 2025 billigte. Der Gesetzentwurf wurde am 25.6.2025 in den Hessischen Landtag eingebracht (LT-Drs. 21/2380 vom 17.6.2025). Der zuständige Landtagsausschuss führte daraufhin eine schriftliche und am 8.9.2025 eine öffentliche mündliche Anhörung durch (LT-Drs. 21/2733 vom 18.9.2025). In der Folge stellten die Regierungsfraktionen einen Änderungsantrag zur Novelle (LT-Drs. 21/2798 vom 30.9.2025). Der Landtag erörterte den geänderten Gesetzentwurf am 30.9.2025. Der zuständige Landtagsausschuss empfahl daraufhin dem Plenum, den Gesetzentwurf in dritter Lesung unter Berücksichtigung des Änderungsantrags Drucksache 21/2798 anzunehmen (LT-Drs. 21/2809 vom 30.9.2025). Auf dieser Grundlage erfolgte der abschließende Beschluss über das Gesetz am 9.10.2025 durch den Hessischen Landtag.

Die neue HBO 2025 bildet das aktuelle „Grundgesetz" des Bauordnungsrechts im Land Hessen. Traditionell ist das Bauordnungsrecht Landesrecht. Es ist „objektbezogen" und regelt insbesondere, welche ordnungsrechtlichen Anforderungen für die Errichtung, Aufstellung, Anbringung und Änderung sowie die Nutzungsänderung von Anlagen oder von Teilen gelten (§§ 1 Abs. 2, 62 Abs. 1 Satz 1 HBO 2025). Im Gegensatz zur Vorgängerregelung in § 62 Abs. 1 Satz 1 HBO 2018 hat die HBO 2025 den Abbruch und die Beseitigung von Anlagen oder von Teilen nach Maßgabe von § 63a baugenehmigungsfrei gestellt. Das Bauordnungsrecht unterscheidet sich vom „flächenbezogenen" Bauplanungsrecht, das auch Städtebaurecht genannt wird. Beide Regelungsbereiche bilden gemeinsam das öffentliche Baurecht.

Die Unterscheidung zwischen dem Bauordnungsrecht, für das die Bundesländer zuständig sind, und dem Bauplanungsrecht, das in die Zuständigkeit des Bundes fällt, geht auf ein Rechtsgutachten des Bundesverfassungsgerichts zurück (BVerfGE 3, 407). Es datiert aus dem Jahr 1954 und damit aus der Anfangszeit der Bundesrepublik. Dennoch sind die darin enthaltenen Ausführungen für das grundsätzliche Verständnis der Gesetzgebungskompetenzen im Bereich des öffentlichen Baurechts unverändert von Bedeutung.

Auf Basis dieser wichtigen Weichenstellungen haben die jeweils zuständigen Organe in den Folgejahren grundlegende Gesetzeswerke in Kraft gesetzt. Auf Bundesebene sind insbesondere das Bundesbaugesetz von 1960 (BBauG), das seit 1987 Baugesetzbuch (BauGB) heißt, und die 1962 erlassene Baunutzungsverordnung (BauNVO), zu nennen.

Auf landesrechtlicher Ebene hat der Hessische Gesetzgeber erstmals durch die HBO 1957, die am 1.1.1958 in Kraft getreten ist, das Bauordnungsrecht einheitlich geregelt. Dieser „Urvater" der Hessischen Bauordnung bekam in Gestalt der HBO 1977, der HBO 1990 und der HBO 1993 „Nachkömmlinge", bevor am 1.10.2002 die HBO 2002 in Kraft trat. Das zugrunde liegende Gesetz datierte vom 18.6.2002 (GVBl. I, S. 274).

Im Verhältnis zu ihren Vorgängerfassungen stellte die HBO 2002 inhaltlich eine Zäsur dar: Es war die ausdrückliche Absicht des damaligen Gesetzgebers, mit der „neuen" HBO grundlegende Änderungen gegenüber allen früheren Gesetzesfassungen vorzunehmen. Dahinter stand die Vision eines „schlanken Staates" mit einer „schlanken Verwaltung" und eigenverantwortlich handelnden Bürgerinnen und Bürgern. Dieser Anspruch sollte vor allem durch Deregulierung, d.h. Entstaatlichung im normativen Bereich sowie durch Privatisierung von Aufgaben, also durch eine Beschränkung des staatlichen Verwaltungshandelns auf das notwendige Maß, erreicht werden (LT-Drs. 15/3635 vom 19.2.2002, S. 67).

Mit der Gesetzesnovelle zur HBO 2011 setzte der Landesgesetzgeber den 2002 eingeschlagenen Weg der Verfahrensbeschleunigung, Deregulierung und Entbürokratisierung unter anderem dadurch fort, dass er den Geltungsbereich des vereinfachten Baugenehmigungsverfahrens nach § 57 HBO 2011 gegenüber der HBO 2002 nochmals erweiterte und die Verantwortung für die Einhaltung des Bauordnungsrechts auf diesem Wege in noch weiterem Umfang als zuvor auf die Bauherrschaft und deren Entwurfsverfasser übertrug.

Während die HBO 2011 insgesamt lediglich punktuelle Feinjustierungen des „großen Reformwerks" der HBO 2002 vornahm, stand die HBO 2018 ganz im Zeichen moderner gesellschaftlicher Herausforderungen. Es ging um grundlegende Themen wie Wohnraumschaffung, Mobilität, Digitalisierung, Umweltschutz und den Ausbau der Barrierefreiheit.

Seit der Novelle, die zur HBO 2018 führte, haben sich die Rahmenbedingungen für das Bauen, insbesondere für den Wohnungsbau, dramatisch verschlechtert. Zunächst war es die Corona-Pandemie, die zu Materialknappheit und deutlichen Preissteigerungen bei den Baukosten führte. Die daraufhin eingeleitete Zinswende der Europäischen Zentralbank beendete die faktische Nullzinsphase der späten 2010er Jahre und führte zu deutlichen Steigerungen der Zinsen für Baukredite auf knapp über 4 Prozent. Gleichzeitig kürzte der Bund im Sommer 2022 im Zuge des Beschlusses zur Einführung eines Klima- und Transformationsfonds die jährliche Neubauförderung von zuvor 11 Milliarden Euro auf eine Milliarde Euro und begann ab 2023, Sanierungen mit jährlich 13 Milliarden zu fördern. Dieser rabiate Politikwechsel weg vom Neubau und hin zum Weiterbauen im Bestand bewirkte faktisch eine Vollbremsung beim Wohnungsneubau. Während laufende Bauprojekte meist noch fertiggestellt wurden, wenn die wirtschaftlichen Verhältnisse dies zuließen, begannen viele Wohnungsbauträger ab 2022 keine neuen Projekte mehr. Es kam auch zu zahlreichen Insolvenzen in der Branche.

Vor diesem Hintergrund wurde das von der Ampelregierung zu Beginn ausgerufene Neubauziel von jährlich 400.000 Wohnungen in keinem Jahr ihres Bestehens auch nur annähernd erreicht. Während bis 2023 jährlich noch knapp 300.000 neue Wohnungen fertiggestellt wurden, fiel die Zahl im Jahr 2024 auf gut 250.000 Einheiten. Die Prognosen für das Jahr 2025 sind noch schlechter und gehen auch vor dem Hintergrund eines deutlichen Rückgangs der zuletzt erteilten Baugenehmigungen davon aus, dass in diesem Jahr maximal noch ca. 235.000 Wohnungen fertiggestellt werden.

Demgegenüber liegt der aktuelle jährliche Wohnungsbedarf bis zum Jahr 2030 bei ca. 320.000 Einheiten, wie das Bundesinstitut für Bau-, Stadt- und Raumforschung (BBSR) in seiner Wohnungsbedarfsprognose vom 20.3.2025 ermittelt hat. Besonders hoch ist der Wohnungsbedarf aber nur in den bestehenden nachfragestarken und hochpreisigen Ballungsgebieten der Großstädte Berlin, Hamburg, Köln, Düsseldorf, Frankfurt am Main, Stuttgart und München sowie in deren Umlandregionen. In den peripheren Regionen außerhalb dieser Top-Sieben-Städte schrumpft demgegenüber die Wohnungsnachfrage und Leerstände nehmen zu. Insbesondere dort gibt es fast zwei Millionen Wohnungen, die leer stehen.

In einer Anfang Oktober 2025 vorgestellten Studie hat das Pestel-Institut, eine in Hannover ansässige Forschungs- und Beratungseinrichtung, allein für Westdeutschland einen aktuellen Wohnungsmangel von 1,2 Millionen Einheiten ermittelt, der auch negative Auswirkungen auf die wirtschaftliche Entwicklung habe. Auftraggeber der Untersuchung war die Messe München. Gleichzeitig besteht aber ein sog. „Bauüberhang" von 760.000 vorliegenden Baugenehmigungen, die in der Regel aus wirtschaftlichen Gründen nicht zur Ausführung gelangen.

Auf Bundesebene hat die von CDU/CSU und SPD im Frühjahr 2025 begründete Bundesregierung in ihrem Koalitionsvertrag vom 5.5.2025 eine Novellierung des Baugesetzbuchs in zwei Schritten vereinbart. Im ersten Schritt wurde als Sofortmaßnahme innerhalb der ersten 100 Tage ein Gesetz zur Einführung des sog. Wohnungsbau-Turbos unter Berücksichtigung der kommunalen Planungshoheit angekündigt. Dieses Gesetz zur Beschleunigung des Wohnungsbaus und zur Wohnraumsicherung ist am 30.10.2025 in Kraft getreten (BGBl. 2025 I Nr. 257). Es enthält in Gestalt des neuen § 246e BauGB eine bis Ende 2030 befristete Sonderregel, die bundesweit für alle Wohnbauvorhaben und begleitende Infrastruktur weitreichende Abweichungen von städtebaulichen Vorgaben zulässt, wenn die Gemeinde zustimmt (§ 36a BauGB). Hierbei handelt es sich um die angekündigte „Turboklausel", die zuvor drei Mal im Bundestag gescheitert war und in der Sache hoch umstritten ist. Im zweiten Schritt soll im Jahr 2026 eine grundlegende Reform zur Beschleunigung des Bauens im Rahmen einer „großen" Städtebaurechtsnovelle kommen.

In Hessen ist für 2026 eine weitere Novelle der Hessischen Bauordnung angekündigt, die das sog. „Baupaket II" zum Gegenstand haben soll. Die Maßnahmen des „Baupakets II" sollen den Wohnungsbau weiter erleichtern; insbesondere indem technische Baubestimmungen vereinfacht und bürokratische Hürden abgebaut werden. Mit der Erarbeitung konkreter Vorschläge hat das zuständige Ministerium Anfang 2025 erneut die 2024 einberufene Kommission „Innovation im Bau" beauftragt.

Insgesamt gliedert sich die HBO 2025 in sechs Teile:

Im **ersten Teil** (§§ 1 bis 3) finden sich allgemeine Regelungen zum Anwendungsbereich des Gesetzes, zu wichtigen Begrifflichkeiten und den allgemeinen Anforderungen an Anlagen.

Der **zweite Teil** (§§ 4 bis 8) enthält Bestimmungen zum Grundstück und zu dessen Bebauung, insbesondere Regelungen zu Zugängen und Zufahrten auf den Grundstücken, zu Abstandsflächen und Abständen, Grundstücksteilungen sowie zu Grundstücksfreiflächen und Kinderspielplätzen.

Der **dritte Teil** (§§ 9 bis 54) behandelt die baulichen Anlagen. Er gliedert sich in insgesamt acht Abschnitte: Die beiden ersten Abschnitte regeln Fragen der Gestaltung und Außenwerbung (§§ 9 und 10) sowie allgemeine Anforderungen an die Bauausführung (§§ 11 bis 17). In den folgenden Abschnitten finden sich zahlreiche Regelungen zu Bauprodukten (Dritter Abschnitt, §§ 18 bis 28), zum Brandverhalten von Baustoffen und Bauteilen, Wänden, Decken und Dächern (Vierter Abschnitt, §§ 29 bis 35) und sodann zu Rettungswegen, Öffnungen und Umwehrungen (Fünfter Abschnitt, §§ 36 bis 41). Im sechsten Abschnitt ist die technische Gebäudeausrüstung geregelt (§§ 42 bis 49). Nutzungsbedingte Anforderungen an Aufenthaltsräume und Wohnungen werden im siebten Abschnitt formuliert (§§ 50 und 51), bevor es im achten Abschnitt um besondere Anlagen, wie Garagen und Stell- bzw. Abstellplätze sowie um Sonderbauten und barrierefreies Bauen geht (§§ 52 bis 54).

Der **vierte Teil** (§§ 55 bis 59) regelt die Stellung und Pflichten der am Bau Beteiligten, wie die der Bauherrschaft und von Entwurfsverfassern.

Der **fünfte Teil** (§§ 60 bis 85) gliedert sich in insgesamt sechs Abschnitte. Er enthält wie bislang Regelungen zu den Bauaufsichtsbehörden (Erster Abschnitt, §§ 60 und 61) und zum Verwaltungsverfahren (Zweiter Abschnitt, §§ 62 bis 75). Der dritte Abschnitt enthält besondere Verfahrensregelungen, wie insbesondere zur Bauvoranfrage und zur Teilbaugenehmigung (§§ 76 bis 79). Auch die 2021 neu eingeführten Neuregelungen zur sog. Typengenehmigung (§ 77a) finden sich hier. Der vierte Abschnitt benennt die bauaufsichtlichen Maßnahmen, wie insbesondere die Baueinstellung, das Nutzungsverbot und die Beseitigungsanordnung (§§ 80 bis 82). Im anschließenden fünften Abschnitt finden sich die Regelungen zur Bauüberwachung, zur Bauzustandsbesichtigung und der Aufnahme von Nutzungen (§§ 83 und 84). Der sechste Abschnitt umfasst nur die Regelungen zu Baulasten (§ 85). Die Bußgeldvorschriften finden sich im sechsten Teil, in welchem zudem die Übergangs- und Rechtsvorschriften sowie die Ausführungsbestimmungen zum Baugesetzbuch zu finden sind (§§ 86 bis 93).

Die **Anlage** zur HBO 2025 benennt die baugenehmigungsfreien Vorhaben nach § 63 HBO 2025 sowie die Rahmenbedingungen der Genehmigungsfreistellung („Freistellungsvorbehalte").

Teil 2: Materielles Bauordnungsrecht

In der Sache setzt die HBO-Novelle 2025 im Wesentlichen die Vorschläge des von der Expertenkommission „Innovation im Bau" vorgeschlagenen „Baupakets I" um. Die übergeordnete Zielsetzung des „Baupakets I" bestand darin, durch ein Maßnahmenbündel Baukosten zu senken und bauaufsichtliche Verfahren zu vereinfachen. Hierzu ist insbesondere der Ausbau von Dachgeschossen und bestehenden Gebäuden erleichtert worden. Weiterhin beinhaltet die Novelle eine Reduzierung von Stellplatzpflichten und Ablösebeträgen in Großstädten. Neu sind auch die Genehmigungsfreistellung von Abbruchvorhaben sowie die Einführung einer Innovationsklausel für experimentelle Baukonzepte. Eine wesentliche Verfahrenserleichterung besteht darin, dass zunächst bis Ende 2030 für Bauvorhaben im unbeplanten Innenbereich (§ 34 BauGB) unter bestimmten Voraussetzungen keine Baugenehmigung mehr erforderlich ist, sondern solche Vorhaben im Freistellungsverfahren umgesetzt werden können. Dem Bürokratieabbau dienen schließlich verschiedene Änderungen bzw. die Streichung von Tatbeständen im Bereich der Sonderbauten. Soweit diese Neuerungen nicht bereits in Teil 1 dieser Einführung vorgestellt worden sind, ist an dieser Stelle insbesondere auf die folgenden wesentlichen Änderungen gegenüber der HBO 2018 hinzuweisen:

§ 1 Abs. 2 Satz 1 Nr. 10 HBO 2025: Windenergieanlagen

Die in § 1 Abs. 2 Satz 1 HBO 2025 neu eingefügte Nr. 10 dient der Klarstellung der europarechtlich gebotenen Abgrenzung zwischen Anforderungen an Anlagen und Anlagenteilen, die als Maschinen bzw. als Maschinenteile einzuordnen sind, und solchen Anlagen bzw. Anlagenteilen, die unter das Bauordnungsrecht fallen und dort dem Bauproduktenrecht zuzuordnen sind.

- § 2 Abs. 9 HBO 2025: Sonderbauten

Durch die Ergänzung in § 2 Abs. 9 Nr. 2 HBO 2025 werden Anlagen im Sinne der RED-II-Richtlinie, die aufgrund ihrer Höhe von mehr als 30 m andernfalls unter den Sonderbautatbestand fallen würden, aus der Sonderbaudefinition herausgenommen. Vorrangig betrifft dies Windenergieanlagen, die höher als 30 m sind. Entsprechend der Musterbauordnung wird dadurch künftig für solche Anlagen die Durchführung des vereinfachten Baugenehmigungsverfahrens ermöglicht. Gleiches gilt im Ergebnis für Antennenanlagen, einschließlich der Masten. Das hat zur Folge, dass für alle Mobilfunkmasten unabhängig von ihrer Größe die Genehmigungsfiktion nach § 65 Abs. 2 HBO 2025 gilt.

- § 6 HBO 2025: Abstandsflächen und Abstände

Die Abstandsflächen nach § 6 Abs. 5 Satz 4 HBO 2025 und nach § 6 Abs. 7 Satz 1 Nr. 2 HBO 2025 werden von 3,00 m auf 2,50 m reduziert. Mit dieser Verringerung der Mindestabstandflächen soll gerade im städtischen Bereich oder in alten Ortskernen eine Nachverdichtung ermöglicht werden, um dem Wohnungsmangel entgegenzuwirken. Auch die geringeren Abstände sind hierbei ausreichend, um den Schutzzielen des § 6 HBO gerecht zu werden (LT-Drs. 21/2380 vom 31.7.2025, S. 13). Die verfassungsrechtlichen Vorgaben bleiben gewahrt.

- § 7 HBO 2025: Grundstücksteilung

Die Regelungen zur Teilung von Grundstücken in § 7 HBO werden dahingehend angepasst, dass in § 7 Abs. 1 Satz 2 Nr. 2 und Abs. 2 HBO 2025 zusätzlich die Überprüfung der bauplanungsrechtlichen Zulässigkeit ergänzt worden ist, d. h. im Unterschied zur Vorgängerfassung hat die Behörde künftig vor Erteilung einer Teilungsgenehmigung nicht nur die bauordnungsrechtliche Unbedenklichkeit, sondern auch etwa entgegenstehende Belange des Städtebaurechts zu prüfen. Diese Änderung erfolgt aufgrund von praktischen Erfahrungen, da Unbedenklichkeitsbescheinigungen und Versagungen der unteren Bauaufsichtsbehörde nach der Altregelung nur aufgrund von Verstößen gegen das Bauordnungsrecht ausgesprochen werden durften. Um Verstöße gegen das Bauplanungsrecht zu vermeiden, gegen die sonst im Nachgang vorgegangen werden musste, ist jetzt auch das Bauplanungsrecht in den Prüfkatalog aufgenommen worden (LT-Drs. 21/2380 vom 31.7.2025, S. 14).

- § 8 HBO 2025: Grundstücksfreiflächen, Kinderspielplätze

Nach § 8 Abs. 2 Satz 1 HBO 2025 greift die Herstellungspflicht von Kinderspielplätzen zukünftig nicht mehr ab der Errichtung von drei, sondern erst von mehr als zwölf Wohnungen. Darüber hinaus werden die Ausnahmen von der Herstellungspflicht erweitert. Nach § 8 Abs. 2 Satz 2 Nr. 1 HBO 2025 bedarf es keiner Herstellung, wenn zusätzlicher Wohnraum durch Ausbau von Dach- und Kellergeschossen sowie durch Umnutzung und Aufstockung rechtmäßig bestehender Wohnungen geschaffen wird. Die Regelung in § 8 Abs. 2 Satz 2 Nr. 2 HBO 2025 wird um den Zusatz *„in absehbarer Zeit"* ergänzt. Dieses Merkmal wird in der Regel erfüllt, wenn zu erwarten ist, dass der Spielplatz im zeitlichen Zusammenhang mit der Aufnahme der Nutzung vorhanden sein wird (LT-Drs. 21/2798 vom 30.9.2025). Außerdem wird in § 8 Abs. 2 Satz 2 Nr. 4 HBO 2025 eine neue Regelung für größere Quartiersvorhaben von mehr als 20 Wohnungen geschaffen. In solchen Quartieren reicht die Schaffung oder das Bestehen eines zentralen Spielplatzes aus, der sich auch nicht in unmittelbarer Nähe befinden muss. Diese Vorschrift soll den Wohnungsbau erleichtern. Gleichzeitig sollen auch weiterhin gesunde und sozialverträgliche Wohnverhältnisse gesichert sein. Außerdem werden durch die Vorschrift das Bauen im Bestand und die Errichtung größerer Wohnungsbauvorhaben erleichtert. Die Gemeinden können allerdings auch weiterhin abweichende Regelungen, etwa im Bebauungsplan, treffen (LT-Drs. 21/2380 vom 31.7.2025, S. 14).

- § 35 Abs. 5 HBO 2025: Dächer

Bereits im November 2022 war hier eine Reduzierung der Abstände für Solaranlagen erfolgt (LT-Drs. 21/2798 vom 30.9.2025, S. 2). Nun wird noch eine weitergehende Erleichterung vorgenommen. In Zukunft werden neben Solaranlagen aus nichtbrennbaren Baustoffen auch Solaranlagen auf Dächern von Gebäuden der Gebäudeklassen 1 und 2 ohne Abstände zu Brandwänden zugelassen. Hierdurch soll der Ausbau erneuerbarer Energien erleichtert werden.

- § 42 Abs. 5 HBO 2025: Aufzüge

Relevante Änderungen finden sich in § 42 Abs. 5 HBO 2025. Grundsätzlich mussten bisher alle Gebäude mit einer Höhe von mehr als 13 Metern Aufzüge in ausreichender Zahl haben. Eine Ausnahme hiervon galt auch schon nach der früheren Fassung bei Aufstockungen, wenn der Aufzug nur unter besonderen Schwierigkeiten hergestellt werden konnte. Diese Regelung wird dahingehend erweitert, dass die Pflicht zur Errichtung von Aufzügen entfällt, wenn durch nachträglichen Ausbau oder Nutzungsänderung um bis zu zwei Geschosse ein Aufzug errichtet werden müsste. Diese Änderung soll die Planungssicherheit erhöhen und dient der Klarstellung. Außerdem ist der nachträgliche Einbau von Aufzügen regelmäßig mit hohen Kosten verbunden und technisch schwer umzusetzen (LT-Drs. 21/2380 vom 31.7.2025, S. 15).

- § 50 Abs. 1 HBO 2025: Aufenthaltsräume

In § 50 Abs. 1 HBO 2025 wird ein neuer Satz 3 hinzugefügt. Dieser regelt eine zulässige abweichende Raumhöhe von 2,10 m, wenn Gebäude zu Wohnzwecken aufgestockt, um-, ausgebaut oder in ihrer Nutzung geändert werden. Diese Neuregelung erleichtert die Schaffung von Wohnraum in Bestandsgebäuden.

- § 51 HBO 2025: Wohnungen

§ 51 HBO 2025 erhält umfangreiche Änderungen:

§ 51 Abs. 3 Satz 1 und 2 HBO 2025 regeln in Angleichung an die Musterbauordnung, dass sich die Pflicht zur Herstellung von Abstellräumen auf Gebäude der Klassen 3 bis 5 beschränkt. § 51 Abs. 3 Satz 4 HBO 2025 nimmt Wohnungen, die durch Dachausbau, Aufstockung oder Umnutzung entstehen, vollständig von der Pflicht zur Herstellung von Abstellräumen aus. Damit bezweckt die Vorschrift eine weitere Erleichterung des Wohnungsbaus im Bestand.

§ 51 Abs. 4 HBO 2025 wird neu geschaffen. Die Vorschrift gilt für rechtmäßig bestehende Gebäude. Die Neuregelung bestimmt, dass bei der Umnutzung von Nutzungseinheiten mit Aufenthaltsräumen in Wohnraum auf die bestehenden Gebäude und Bauteile die §§ 30 (Tragende Wände, Stützen), 31 (Außenwände), 32 (Trennwände), 33 (Brandwände), 34 (Decken), 35 (Dächer), 37 (Treppen), 38 Abs. 4 bis 8 (Notwendige Treppenräume, Ausgänge) und 39 (Notwendige Flure, offene Gänge) nicht anzuwenden sind. Hierdurch wird der Bestandsschutz ausgeweitet, da sich durch eine Wohnnutzung das Gefahrenpotenzial regelmäßig nicht verändert. Diese Erleichterungen gelten nur für rechtmäßig bestehende Gebäude; neu errichtete Gebäude oder Gebäudeteile müssen weiterhin die aktuellen Anforderungen erfüllen.

Bei § 51 Abs. 5 HBO 2025 handelt es sich ebenfalls um eine neu geschaffene Vorschrift. Sie beinhaltet eine erhebliche Erleichterung für Aufstockungen und den Dachgeschossausbau von Bestandsgebäuden.

Nach § 51 Abs. 5 Satz 1 lit. a) HBO 2025 sind auf die bestehenden Gebäudeteile die §§ 30, 32 bis 35, 37, 38 Abs. 4 bis 8 und 39 nicht anzuwenden.

§ 51 Abs. 5 Satz 1 lit. b) HBO 2025 regelt, dass die Vorschriften der Gebäudeklasse hinsichtlich tragender und aussteifender sowie raumabschließender Bauteile, in die das Gebäude vor der Aufstockung einzuordnen war, auch nach der Baumaßnahme gelten. Dies gilt insbesondere auch dann, wenn das Gebäude nach dem Umbau in eine höhere Gebäudeklasse einzuordnen ist. Hierdurch werden erhöhte Anforderungen einer höheren Gebäudeklasse vermieden und Aufstockungen und Ausbauten ermöglicht bzw. erleichtert (LT-Drs. 21/2380 vom 31.7.2025, S. 16).

§ 51 Abs. 5 Satz 1 lit. c) bis f) HBO 2025 ersetzt die Regelungen der § 38 Abs. 4 bis 8 HBO für den Fall der erstmaligen Schaffung von Wohnraum durch Aufstockung eines rechtmäßig errichteten Gebäudes um ein Geschoss. In diesem Fall gelten geringere Anforderungen als bei Neubauten.

Der abschließende § 51 Abs. 5 Satz 2 HBO 2025 stellt den Ausbau eines Geschosses zur Schaffung von Wohnraum, einschließlich der Errichtung von Dachgauben und Zwerchgiebeln, der Aufstockung nach § 51 Abs. 5 Satz 1 HBO 2025 gleich.

- § 52 HBO 2025: Garagen, Stellplätze für Kraftfahrzeuge, Abstellplätze für Fahrräder

Die Stellplatzregelungen erfahren mit der aktuellen HBO-Novellierung umfangreiche Änderungen. § 52 Abs. 1 HBO 2025 erhält einen neuen Satz 2, der Erleichterungen für den nachträglichen Ausbau von Dach- und Kellergeschossen, der Teilung von Wohnungen, die Errichtung von untergeordneten Anbauten sowie durch Umnutzung und Aufstockung für den Wohnungsbau vorsieht. In Zukunft erhöht sich in diesen Fällen die Anzahl notwendiger Stellplätze nicht mehr. Diese Änderungen erfolgen auch in Angleichung an die Musterbauordnung. Der Begriff des untergeordneten Anbaus folgt dem entsprechenden Regelungsgedanken des § 6 Abs. 6 HBO 2025 (LT-Drs. 21/2798 vom 30.9.2025).

§ 52 Abs. 1a HBO 2025 enthält eine befristete Sonderregelung bis Ende 2030. Hiernach dürfen in den kreisfreien Städten (Stichtag hierfür ist der 14.10.2025) bei Wohnbauvorhaben mit bis zu 14 Wohnungen keinerlei neue Stellplätze gefordert werden. Für Wohngebäude mit mehr als 14 Wohnungen dürfen maximal 0,5 Stellplätze je Wohnung gefordert werden. Zusätzlich enthält die Neuregelung bestimmte Evaluationsklauseln. Die Vorschrift verdrängt auch die gemeindlichen Stellplatzsatzungen nach § 52 Abs. 1 HBO, wenn und soweit diese höhere Anforderungen stellen. Auch diese Änderungen sollen den Wohnungsbau sowohl im Bestand als auch im Neubau erleichtern (LT-Drs. 21/2380 vom 31.7.2025, S. 16).

Im Rahmen des Gesetzgebungsverfahren wurde § 52 Abs. 2 Nr. 4 HBO 2025 dahingehend angepasst, dass Gemeinden in ihren Stellplatzsatzungen vollständig auf die Errichtung von Stellplätzen verzichten können, etwa aufgrund von Car-Sharing-Angeboten oder eines kommunalen Mobilitätskonzeptes (LT-Drs. 21/2798 vom 30.9.2025, S, 3).

Darüber hinaus werden nach Maßgabe von § 52 Abs. 2 Nr. 7 HBO 2025 die Ablösebeträge für die Herstellung von Stellplätzen gedeckelt. Die Höhe ist in Zukunft auf 60% der durchschnittlichen Herstellungskosten von Parkeinrichtungen beschränkt.

- § 56 Abs. 3 HBO 2025: Bauherrschaft

In Zukunft muss ein Bauherrenwechsel der Bauaufsichtsbehörde nicht mehr schriftlich mitgeteilt werden. Hierdurch wird eine weitere Digitalisierung des Baugenehmigungsverfahrens erreicht.

- § 63a HBO 2025: Abbruch, Beseitigung

Diese Norm ist neu eingefügt worden. Sie regelt die Genehmigungsfreiheit von Abbruch und Beseitigung baulicher Anlagen. Abbruch und Beseitigung bedürfen hiernach grundsätzlich keiner Baugenehmigung mehr. Dies galt bisher nur für den Abbruch bzw. die Beseitigung von baulichen Anlagen mit untergeordneter Bedeutung. Die Neuregelung erfolgt in Angleichung an die Musterbauordnung und soll den Verwaltungsaufwand deutlich reduzieren (LT-Drs. 21/2380 vom 31.7.2025, S. 17).

Vorgeschrieben bleibt aber noch eine Anzeigepflicht für umfangreichere Abbruch- und Beseitigungsvorhaben (§ 63a Satz 2 HBO 2025). Satz 7 macht deutlich, dass sonstige Genehmigungserfordernisse nach anderen öffentlich-rechtlichen Vorschriften – etwa Denkmalschutz oder Naturschutz – weiterhin zu beachten sind und damit unberührt bleiben.

- § 64 HBO 2025: Genehmigungsfreistellung

Umfangreiche Änderungen erhält auch § 64 HBO 2025 hinsichtlich der Genehmigungsfreistellung von Bauvorhaben.

In § 64 Abs. 1a HBO 2025 wird geregelt, dass die Änderung und Nutzungsänderung von Dachgeschossen zu Wohnzwecken abweichend von § 64 Abs. 1 S. 1 Nr. 1 HBO 2025 auch dann keiner Baugenehmigung bedürfen, wenn sie im Anwendungsbereich des § 30 Abs. 3 oder des § 34 Abs. 1 S. 1 BauGB liegen. Bisher war der Ausbau von Dachgeschossen nach § 63 HBO i. V. m. Nr. II. 1 der Anlage zur HBO nur dann genehmigungsfrei, wenn damit keine Nutzungsänderung einherging und die tragende Konstruktion oder die äußere Gestalt nicht geändert wurden. Zusätzlich war der Ausbau dann nach § 64 HBO genehmigungsfrei, wenn das Vorhaben den Festsetzungen des für den Bereich maßgeblichen Bebauungsplans entsprach. Der Dachgeschossausbau hat in der Regel keine Auswirkungen auf das Merkmal des „Einfügens". Daher hat der Landesgesetzgeber das mit der nunmehr erfolgten Genehmigungsfreistellung verbundene Risiko als gering bewertet.

§ 64 Abs. 5 HBO 2025 dient der Umsetzung von Artikel 16 Abs. 1 bis 3 der Richtlinie (EU) 2018/2001. Nach dieser Richtlinie ist eine Anlaufstelle einzurichten, an die sich die Bauherrschaft während des gesamten Verfahrens wenden kann und die sie hinsichtlich aller Genehmigungen berät und unterstützt. Daher erfolgt hier eine Bezugnahme auf den ebenfalls neuen § 70 Abs. 5 HBO 2025, der wiederum auf §§ 71a ff. des Hessischen Verwaltungsverfahrensgesetzes verweist.

Die neue eingeführte Vorschrift des § 64 Abs. 6 HBO 2025 regelt, dass nach Fertigstellung eines Bauvorhabens die festgestellte Unwirksamkeit eines zugrunde liegenden Bebauungsplans dazu führt, dass für das Vorhaben keine Baugenehmigung erforderlich ist. In einem solchen Fall darf darüber hinaus die Beseitigung des Vorhabens wegen eines Verstoßes gegen Bauplanungsrecht, der auf dem fehlerhaften Bebauungsplan beruht, nicht verlangt werden. Eine Ausnahme hiervon besteht nur, wenn die Rechte Dritter derart beeinträchtigt werden, dass eine Beseitigung erforderlich wird. Dies trägt dem Vertrauensschutz der Bauherrschaft in Bezug auf die Wirksamkeit des Bebauungsplans Rechnung. Die verankerte Ausnahme berücksichtigt die Rechtsprechung des Hessischen Verwaltungsgerichtshofs bezüglich des Nachbarschutzes. Rechte der Gemeinde werden nicht beeinträchtigt, da sie durch die Aufstellung eines fehlerhaften bzw. gerichtlich beanstandeten Bebauungsplans die Errichtung des Bauvorhabens erst ermöglicht hat.

- § 64a HBO 2025: Erweiterte Genehmigungsfreistellung für die Errichtung von Wohngebäuden

Bundesweit einzigartig im Bauordnungsrecht ist die erweiterte Genehmigungsfreistellung für die Errichtung von Wohngebäuden im unbeplanten Innenbereich nach § 34 des Baugesetzbuchs gemäß § 64a HBO 2025. Sie beruht auf einem Vorschlag der neu geschaffenen Kommission Innovation im Bau, dem der Gesetzgeber gefolgt ist. Für den Wohnungsbau im unbeplanten Innenbereich wird das Bauen ohne Pflicht zur Durchführung eines Genehmigungsverfahrens damit stark erleichtert. Es handelt sich hierbei um eine zeitlich befristete Innovationsklausel, mit der Hessen bundesweit vorangeht. Nach § 64a HBO 2025 werden bis zum 31.12.2030 Wohngebäude im unbeplanten Innenbereich nach § 34 BauGB von der Baugenehmigung grundsätzlich freigestellt. Allerdings gilt dies nur für Vorhaben, bei denen die Voraussetzungen des § 34 BauGB tatsächlich auch vorliegen. Auf Antrag der Bauherrschaft oder Verlangen der Baubehörden kann dennoch ein Baugenehmigungsverfahren durchgeführt werden. Von der neuen Regelung profitieren nur Gebäude, die ausschließlich dem Wohnen dienen. Gemischt genutzte Gebäude werden hiervon nicht erfasst.

- § 70 HBO 2025: Behandlung des Bauantrages

§ 70 Abs. 2 HBO 2025 regelt umfassend neu, wie die Behörde den Bauantrag zu behandeln hat. Nach Satz 1 muss die Bauaufsichtsbehörde innerhalb eines Monats den Bauantrag auf Vollständigkeit prüfen. Dies soll der Beschleunigung des Baugenehmigungsverfahrens dienen und soll es der Bauherrschaft ermöglichen, schnell zu reagieren und eventuell fehlende Unterlagen nachzureichen (LT-Drs. 21/2380 vom 31.7.2025, S. 20).

§ 70 Abs. 5 S. 3 bis 5 HBO 2025 dient der Umsetzung des Artikels 16 Abs. 3 der europäischen Richtlinie 2018/2001 zum Verfahrenshandbuch und zu online zur Verfügung zu stellenden Informationen und betrifft Anlagen, die in den Anwendungsbereich der Richtlinie fallen. Hiervon erfasst werden bauliche Anlagen im Zusammenhang mit erneuerbaren Energien. Die Neufassung der HBO regelt die Einrichtung einer Stelle nach §§ 71a ff. des Hessischen Verwaltungsverfahrensgesetzes.

- § 73 HBO 2025: Abweichungen

§ 73 Abs. 1 S. 1 HBO 2025 enthält eine Ermessensreduzierung für die Behörde im Rahmen der Zulassung von Abweichungen. Die Behörde *„soll"* in Zukunft regelhaft, also im Wege eines sog. „intendierten Ermessens", Abweichungen zulassen, wenn die bauaufsichtlichen Anforderungen gegeben sind. Insofern die Tatbestandsvoraussetzungen für die Gewährung von Abweichungen vorliegen – Berücksichtigung des Zwecks der betroffenen Anforderung, Vereinbarkeit mit den öffentlich geschützten Belangen der Allgemeinheit, der Nachbarschaft oder sonstiger Dritter –, ist damit künftig in der Regel zu Gunsten der beantragten Abweichung zu entscheiden. Zu dieser Regelung gibt der Gesetzgeber noch drei Regelbeispiele in § 73 Abs. 1 S. 2 Nr. 1 bis 3 HBO 2025. Nummer 1 umfasst Vorhaben, die der Weiternutzung bereits rechtmäßig bestehender Gebäude dienen. Nummer 2 soll den Ausbau erneuerbarer Energien bzw. von Vorhaben zur Energieeinsparung vereinfachen. Nummer 3 soll die Erprobung neuer Bau- und Wohnformen erleichtern und damit die Umsetzung des „Gebäudetyps-E" aus bauordnungsrechtlicher Sicht ermöglichen bzw. erleichtern.

In § 73 Abs. 2 HBO 2025 erfolgt die Streichung des Wortes „schriftlich", wodurch die Digitalisierung gefördert wird. Die Vorschrift ist in Verbindung mit § 62 Abs. 5 HBO zu sehen (LT-Drs. 21/2380 vom 31.7.2025, S. 21).

- § 74 Abs. 7 HBO 2025: Baugenehmigung

Zukünftig erlischt die Baugenehmigung erst, wenn innerhalb von fünf Jahren nach ihrer Erteilung nicht mit der Ausführung des Bauvorhabens begonnen wurde oder die Bauausführung zwei Jahre unterbrochen war. Die Frist zum Baubeginn wird also um zwei Jahre erhöht und die Bauausführung kann nun ein Jahr länger ruhen. Hiermit soll den Bedürfnissen der Bauwirtschaft – etwa

Lieferengpässe oder Fachkräftemangel – entsprochen werden (LT-Drs. 21/2380 vom 31.7.2025, S. 21).

Die Streichung des Wortes „schriftlich" ist mit dem Grundsatz in § 62 Abs. 5 HBO 2025 zu sehen und dient wiederum der Digitalisierung des Verfahrens.

Teil 3: Bauaufsichtsbehörden und Verwaltungsverfahren

A. Zuständige Bauaufsichtsbehörden

Zuständig für den Vollzug der HBO ist grundsätzlich die untere Bauaufsichtsbehörde, § 60 Abs. 1 Satz 3 HBO 2025.

In den kreisfreien Städten, den kreisangehörigen Gemeinden mit einer Einwohnerzahl über 50.000 und den sonstigen Gemeinden, denen die Bauaufsicht übertragen ist, ist dies der Gemeindevorstand, wie aus § 60 Abs. 1 S. 1 Nr. 1 lit. a) HBO 2025 folgt. In den Landkreisen fungiert gemäß § 60 Abs. 1 S. 1 Nr. 1 lit. b) HBO 2025 der Kreisausschuss als untere Bauaufsichtsbehörde.

Im Zuge der HBO-Novelle 2025 wurden in § 60 Abs. 2 HBO 2025 zusätzliche Anforderungen zur personellen Besetzung der Bauaufsichtsbehörden aufgenommen. So wurde in § 60 Abs. 2 Satz 2 HBO 2025 ergänzt, dass geeignete Fachkräfte für die Leitungsfunktionen insbesondere Personen mit einem erfolgreich abgeschlossenen Masterstudium oder einem gleichwertigen Hochschulabschluss der Fachrichtungen Architektur oder Bauingenieurwesen und einem erfolgreich durchlaufenen Vorbereitungsdienst zum höheren technischen Dienst oder einer mindestens zweieinhalbjährigen hauptberuflichen baufachlichen Tätigkeit sein sollen.

B. Ausstattung und Besetzung der Bauaufsichtsbehörden/Digitaler Bauantrag/Behandlung des Bauantrages

Im Hinblick auf eine effizientere und kostengünstigere Ausgestaltung des Baugenehmigungsverfahrens hatte der Landesgesetzgeber schon mit der HBO 2018 begonnen, die Digitalisierung des Baugenehmigungsverfahrens in Hessen zu fördern. So wurde in § 62 Abs. 5 HBO 2018 eine flexible Portallösung geschaffen, die sogar die ausschließliche Einführung eines elektronischen Baugenehmigungsverfahrens ermöglichte. § 62 Abs. 4 HBO 2018 stellte die elektronische Form der Schriftform gleich. Letztere wurde in der HBO 2018 in allen Vorschriften gestrichen, in denen sie nicht zwingend notwendig ist.

Die 2025er Novelle geht diesen Weg konsequent weiter und passt die Regelungen an den aktuellen Stand der Digitalisierung an. In § 62 Abs. 4 HBO 2025 wurde der Verweis auf § 3a des Hessischen Verwaltungsverfahrensgesetzes gestrichen. Dort heißt es jetzt, dass das Schriftformerfordernis in einem von der Bauaufsichtsbehörde zur Verfügung gestellten elektronischen Verfahren entfällt, wie zuvor bereits in § 62 Abs. 5 Satz 1 HBO 2018 geregelt. § 62 Abs. 5 HBO 2025 enthält jetzt nur noch die Vorgabe, dass das jeweilige Verfahren eine sichere und nachvollziehbare Verknüpfung der Erklärungen mit der jeweiligen Person des Erklärenden gewährleisten muss, auch soweit kein Schriftformerfordernis besteht.

In der Praxis hat der digitale Bauantrag in Hessen längst Einzug gehalten. Vorreiter sind unter anderem die Bauaufsichtsämter in Frankfurt am Main, in der Wissenschaftsstadt Darmstadt sowie im Rheingau-Taunus-Kreis, die alle das

Bauportal Hessen nutzen. Die übrigen hessischen Bauaufsichtsbehörden sollen zügig folgen.

Neuregelungen und Vereinfachungen enthält die HBO 2025 auch zur Behandlung des Bauantrags und zur behördlichen Vollständigkeitsprüfung. § 70 Abs. 2 Satz 1 HBO 2025 beinhaltet eine neu eingeführte Verpflichtung der Bauaufsichtsbehörde, nach Eingang eines Bauantrags innerhalb eines Monats zu prüfen, ob der Antrag und die Bauvorlagen vollständig sind. In Satz 2 der Vorschrift wird erstmals eine Vollständigkeitsfiktion für Bauanträge eingeführt, wenn die Behörde innerhalb eines Monats keine Nachforderungen stellt. Die früher in § 70 Abs. 2 HBO 2018 enthaltenen Regelungen zur Behandlung und den Rechtsfolgen eines unvollständigen Bauantrages finden sich jetzt in den Sätzen 3 bis 5 von § 70 Abs. 2 HBO 2025. In der Sache unverändert geblieben ist, dass die Bauaufsichtsbehörde Anträge und Bauvorlagen, die nicht als vollständig gelten, zurückweisen kann, wenn sie trotz behördlicher Beanstandung und Aufforderung zur Vervollständigung innerhalb einer angemessenen Frist so unvollständig geblieben sind, dass sie nicht bearbeitet werden können.

C. Baugenehmigungsverfahren

Auch nach der HBO 2025 ist weiterhin zu unterscheiden zwischen Vorhaben, die grundsätzlich genehmigungsbedürftig sind, und solchen, die von einer Genehmigung freigestellt sind. Die hierzu maßgebliche Grundregel findet sich in § 62 Abs. 1 Satz 1 HBO 2025. Neu ist, dass der Abbruch und die Beseitigung von Anlagen oder von Teilen nach Maßgabe des neuen § 63a HBO genehmigungsfrei gestellt worden sind. Dies gilt unter anderem für freistehende Gebäude der Gebäudeklassen 1 bis 3 (§ 63a Satz 1 Nr. 2 HBO 2025). Ist hiernach ein grundsätzliches Genehmigungserfordernis für ein Vorhaben gegeben, stellt sich die Frage, ob eine Genehmigungsfreiheit nach § 63 HBO 2025 in Verbindung mit der Anlage hierzu oder eine Genehmigungsfreistellung nach §§ 64, 64a HBO 2025 in Betracht kommen. Neu aufgenommen worden ist die erweiterte Genehmigungsfreistellung nach § 64a HBO. Dabei handelt es sich um eine bis Ende 2030 befristete Experimentierklausel, die für die Errichtung reiner Wohngebäude im unbeplanten Innenbereich nach § 34 BauGB gilt. Allerdings ist insoweit die Maßgabe zu beachten, dass in diesen Fällen neben der Bauherrschaft (vgl. § 62 Abs. 3 HBO 2025) auch die Bauaufsichtsbehörde innerhalb eines Monats nach Eingang der erforderlichen Bauvorlagen die Durchführung eines Baugenehmigungsverfahrens fordern darf. Soweit ein Vorhaben nach den vorstehenden Vorschriften baugenehmigungspflichtig ist, bedarf jeweils der Klärung, ob ein vereinfachtes Genehmigungsverfahren nach § 65 HBO 2025 oder aber ein „herkömmliches" Baugenehmigungsverfahren gemäß § 66 HBO 2025 durchzuführen ist.

I. Genehmigungsbedürftigkeit eines Vorhabens

1. Grundsätzliche Genehmigungsbedürftigkeit

Grundsätzlich sieht § 62 Abs. 1 S. 1 HBO 2025 in seiner geänderten Fassung vor, dass nur noch die Errichtung, Aufstellung, Anbringung und Änderung sowie die Nutzungsänderung von Anlagen oder von Teilen der Baugenehmigung bedürfen, soweit in den §§ 63, 64, 64a, 78 und 79 oder aufgrund des § 89 Abs. 4 Satz 1 Nr. 1 HBO 2025 nichts anderes bestimmt ist.

In keinem Fall genehmigungsbedürftig sind „reine" Instandhaltungsarbeiten, wie sich aus § 62 Abs. 1 Satz 2 HBO 2025 ergibt. Hierunter fallen alle Maßnahmen zur Bewahrung und Wiederherstellung des „Soll-Zustandes" einer Anlage oder Einrichtung, soweit es sich nicht um deren „Errichtung" oder „Änderung" handelt.

Typischerweise zählen zur „Instandhaltung" alle Maßnahmen der Wartung, Inspektion und Instandsetzung. Allerdings muss hierbei das äußere Erscheinungsbild und die Substanz der Anlage im Wesentlichen erhalten bleiben, weil es sich sonst bauordnungsrechtlich um eine „Errichtung" oder „Änderung" handelt.

2. Baugenehmigungsfreie Vorhaben

Der Katalog der baugenehmigungsfreien Vorhaben ist unverändert in der Anlage zu § 63 HBO 2025 enthalten. Die in der Anlage aufgeführten Vorhaben bedürfen keiner Baugenehmigung. Lediglich bestimmte Bauvorhaben, die in der Anlage zur HBO 2025 ausdrücklich unter den Vorbehalt des Abschnitts IV Nr. 1 gestellt wurden (etwa Nr. 1.2.), müssen der Gemeinde durch Einreichen der erforderlichen Bauvorlagen zur Kenntnis gegeben werden. Auf das frühere Schriftformerfordernis wurde auch hier mit der Novelle 2025 verzichtet. Mit dem Bauvorhaben darf innerhalb von 14 Tagen nach Eingang der erforderlichen Bauvorlagen begonnen werden, wenn die Gemeinde nicht erklärt, dass ein Baugenehmigungsverfahren durchgeführt werden soll oder sie eine vorläufige Untersagung des Vorhabens nach § 15 Abs. 1 Satz 2 BauGB beantragt.

Die signifikanteste Neuerung in der Anlage zur HBO 2025 besteht in der Reduzierung der bislang fünf Abschnitte um einen Abschnitt auf künftig vier Abschnitte. Wegen der in § 63a HBO 2025 neu eingeführten Genehmigungsfreistellung von Vorhaben, die den Abbruch oder die Beseitigung von Anlagen oder von Teilen zum Gegenstand haben, konnte der Abschnitt IV. in seiner früheren Fassung ersatzlos entfallen. Der ehemalige Abschnitt V. mit den Freistellungsvorbehalten ist auf diese Weise zu Abschnitt IV. geworden.

Neu aufgenommen worden in den Katalog des Abschnitts I. wurden Schutzhütten für Wanderer und Radwanderer, wenn die Hütten jedermann zugänglich sind und keine Aufenthaltsräume haben (Ziff. 1.10.1 und 1.10.2). Genehmigungsfrei sind jetzt auch gebäudeunabhängige Solaranlagen mit einer Höhe bis zu 3 m und bis zu 9 m Länge (Ziff. 3.9.2). Die Längenbegrenzung entspricht den Vorgaben der Musterbauordnung und folgt der abstandsflächenrechtlichen Zulässigkeit nach § 6 HBO 2025. Gleiches gilt nach Ziff. 3.9.3 für Solaranlagen, wenn sie aufgrund der Erleichterungen des Bundesgesetzgebers nach § 35 Abs. 1 Nr. 8 BauGB im Außenbereich bauplanungsrechtlich zulässig sind. Für Anlagen zur Erzeugung und Nutzung von Wasserstoff wurden neue Freistellungsregelungen in Ziff. 3.10 und 3.11 aufgenommen. Eine wichtige Ergänzung hat Ziff. 4.8 erfahren, der Ladestationen innerhalb und außerhalb von Gebäuden betrifft. Hierzu ist ergänzt worden, dass die Freistellung auch die technischen Nebenanlagen betrifft. Dies sind solche Nebenanlagen, die in einem technisch-funktionalen Zusammenhang mit dem Betrieb der Ladestation stehen, wie z. B. Transformatorenstationen.

Die wichtigste Änderung im Abschnitt II. (Ausbau, Auswechselung, bauliche Änderung) betrifft die Modernisierung und den Ersatz von Anlagen zur Erzeugung von Strom aus erneuerbaren Energien (sog. „Repowering") am gleichen Standort, bis zu 30 m Höhe unter dem Vorbehalt des Abschnitts IV. Nr. 3, bei über 30 m Höhe unter dem Vorbehalt des Abschnitts IV. Nr. 4. Die Änderungen dienen der Umsetzung von Art. 16 Abs. 6 der Richtlinie (EU) 2018/2001, wonach das „Repowering“ bestehender Anlagen zur Erzeugung erneuerbarer Energien verfahrensrechtlich erleichtert werden soll.

Schließlich ist in der ersten Ziffer der nunmehr neu in Ziff. IV geregelten Freistellungsvorbehalte („Beteiligung der Gemeinde“) analog zu den Änderungen im Gesetzestext jeweils auch das Schriftformerfordernis gestrichen worden.

3. Baugenehmigungsfreie Vorhaben im beplanten und unbeplanten Bereich / Genehmigungsfreistellung

Im Geltungsbereich eines Bebauungsplans gelegene Bauvorhaben, die keine Sonderbauten sind, sind nach Maßgabe von § 64 HBO 2025 vom Erfordernis eines präventiven Baugenehmigungsverfahrens grundsätzlich freigestellt, wenn diese Vorhaben vollständig mit den Vorgaben des Bauplanungsrechts (§ 64 Abs. 1 Satz 1 Nr. 1 und 2 HBO 2025) und des Bauordnungsrechts (§ 64 Abs. 1 Satz 1 Nr. 4 HBO 2025) übereinstimmen und die Erschließung gesichert ist (§ 64 Abs. 1 Satz 1 Nr. 3 HBO 2025). Der neu eingeführte § 64 Abs. 1a HBO 2025 erweitert den Anwendungsbereich von § 64 Abs. 1 Satz 1 HBO 2025 in entsprechender Weise auf die Änderung und Nutzungsänderung von Dachgeschossen zu Wohnzwecken, einschließlich der Errichtung von Dachgauben auf Grundstücke, die im Geltungsbereich einfacher Bebauungspläne im Sinne von § 30 Abs. 3 BauGB oder im unbeplanten Innenbereich gemäß § 34 Abs. 1 Satz 1 BauGB liegen.

In § 64 Abs. 3 Satz 1 HBO 2025 ist der zweite Halbsatz gestrichen worden. Damit ist die Möglichkeit abgeschafft worden, dass die Bauherrschaft die bei der Bauaufsichtsbehörde eingereichten Unterlagen zusätzlich auch der Gemeinde vorlegen kann. Vielmehr erhält die Gemeinde die Unterlagen von der Bauaufsichtsbehörde im Rahmen des Beteiligungsverfahrens. Mit dem Bauvorhaben darf nach § 64 Abs. 3 Satz 4 HBO 2025 begonnen werden, wenn die Gemeinde innerhalb eines Monats, nachdem die Bauvorlagen bei ihr eingegangen sind, gegenüber der Bauaufsichtsbehörde nicht die Durchführung eines Genehmigungsverfahrens verlangt oder vorab den Verzicht hierauf mitteilt oder keine Untersagung des Vorhabens nach § 15 Abs. 1 S. 2 BauGB beantragt.

Nach Mitteilung durch die Bauaufsichtsbehörde kann der Bauherr grundsätzlich mit der Bauausführung beginnen. Er hat jedoch dafür zu sorgen, dass in jedem Fall die sonstigen Voraussetzungen des § 64 HBO 2025 eingehalten und alle weiteren öffentlich-rechtlichen Vorschriften beachtet werden. Die alleinige Verantwortung dafür tragen die Bauherrschaft sowie die sonstigen am Bau Beteiligten im Rahmen der ihnen zugewiesenen Aufgaben und Verantwortlichkeiten.

§ 64a HBO 2025 enthält auf Vorschlag der Kommission „Innovation im Bau“ eine erweiterte Genehmigungsfreistellung für die Errichtung von Wohngebäuden auf Grundstücken im unbeplanten Innenbereich nach § 34 des Baugesetzbuchs. Es handelt sich hierbei um eine bis zum 31.12.2030 befristete Innovationsklausel für reine Wohnhäuser. Die Vorschrift ist bundesweit einzigartig und könnte auch für andere Bundesländer bzw. für die Musterbauordnung als Vorbild dienen, wenn sie sich in der Praxis bewährt. Hat die Bauaufsichtsbehörde Zweifel, ob das Vorhaben im unbeplanten Innenbereich liegt bzw. ob die Tatbestandsvoraussetzungen von § 34 BauGB gegeben sind, kann sie innerhalb eines Monats nach Eingang der erforderlichen Bauvorlagen die Durchführung eines Baugenehmigungsverfahrens fordern. Maßgeblich ist der Zeitpunkt der Einreichung der erforderlichen Bauvorlagen.

Auch Vorhaben nach §§ 64, 64a HBO 2025 unterliegen in vollem Umfang der Bauüberwachung durch die Bauaufsichtsbehörde. Mit den Bauarbeiten darf gemäß § 75 Abs. 3 S. 1 HBO 2025 nur dann begonnen werden, wenn eine vollständige Anzeige des Baubeginns eine Woche vorher der Bauaufsicht vorgelegt wurde. Darüber hinaus sind die Vorgaben des § 84 HBO 2025 zu beachten.

II. Genehmigungsbedürftige Vorhaben

Ist ein Vorhaben grundsätzlich genehmigungsbedürftig und liegen die Voraussetzungen der §§ 63, 63a, 64, 64a HBO 2025 nicht vor, muss ein Baugenehmigungsverfahren durchgeführt werden.

1. Vereinfachtes Genehmigungsverfahren

Im vereinfachten Baugenehmigungsverfahren nach § 65 HBO 2025 prüft die Bauaufsicht im Regelfall nur noch die bauplanungsrechtliche Zulässigkeit, die Zulässigkeit von beantragten bauordnungsrechtlichen Abweichungen und die Übereinstimmung mit anderen öffentlich-rechtlichen Vorschriften, soweit wegen der Baugenehmigung eine Entscheidung nach diesen Vorschriften entfällt oder ersetzt wird. Das vereinfachte Baugenehmigungsverfahren kommt immer dann zur Anwendung, wenn es sich bei dem Vorhaben nicht um einen Sonderbau handelt und die Voraussetzungen der Genehmigungsfreistellung nach § 64 oder § 64a HBO 2025 nicht vorliegen. Eine bautechnische Prüfung findet nicht mehr statt. Die Verantwortung für die Einhaltung aller öffentlich-rechtlichen Vorschriften liegt auch im vereinfachten Genehmigungsverfahren bei den am Bau Beteiligten.

Im zweiten Halbsatz von § 74 Abs. 1 HBO 2025 hat der Gesetzgeber klargestellt, dass die Bauaufsicht den Bauantrag auch dann ablehnen kann, wenn das Bauvorhaben gegen sonstige öffentlich-rechtliche Vorschriften verstößt, die nicht Gegenstand des in § 65 HBO 2025 vorgegebenen Prüfungsumfangs sind. Im Ergebnis sind die Bauaufsichtsbehörden in Hessen deshalb trotz des durch § 65 HBO 2025 vorgegebenen reduzierten Prüfungsumfangs gehalten und berechtigt, offenkundige Verstöße gegen andere, an sich nicht zum gesetzlichen Prüfprogramm gehörende Vorschriften des öffentlichen Rechts festzustellen und ggf. wegen eines solchen Verstoßes den Bauantrag abzulehnen.

2. Herkömmliches Genehmigungsverfahren

Das „herkömmliche“ Baugenehmigungsverfahren, das grundsätzlich auf eine umfassende öffentlich-rechtliche Überprüfung der Unbedenklichkeit des Bauvorhabens zielt, gilt auch nach der HBO 2025 nur noch für Sonderbauten gemäß § 2 Abs. 9 HBO 2018 mit den dazugehörigen Nebengebäuden und Nebenanlagen. Auch wenn damit weiterhin eine vollständige Prüfung der Genehmigungsfähigkeit nach öffentlichem Baurecht durch die Bauaufsichtsbehörden stattfindet, kommt auch der im herkömmlichen Genehmigungsverfahren erteilten Baugenehmigung keine sog. „Schlusspunktwirkung“ zu. Unabhängig von der Erteilung der Baugenehmigung muss die Bauherrschaft deshalb mögliche andere erforderliche Genehmigungen selbst einholen (wie z. B. eine Bewilligung oder Erlaubnis nach Wasserrecht). Erst bei Vorliegen aller erforderlichen

Genehmigungen darf der Bauherr mit dem Bau beginnen. Hierfür trägt er die Verantwortung. § 62 Abs. 3 HBO 2025 normiert ein dauerhaftes Wahlrecht der Bauherrschaft hinsichtlich der Verfahrensart, das über die bisherige Regelung hinaus jetzt auch für an sich freigestellte Vorhaben nach § 64a HBO 2025 gilt.

3. Beteiligung durch öffentliche Bekanntmachung (§ 72 HBO)

Der erstmals mit der HBO-Novelle 2018 eingeführte und in der Novelle von 2025 unverändert gebliebene § 72 HBO 2025 beruht auf dem Konzept der MBO zur Umsetzung der Seveso-III-Richtlinie und regelt die Öffentlichkeitsbeteiligung. Abs. 1 der Bestimmung ermöglicht es der Bauaufsicht, das Bauvorhaben in sog. Massenverfahren vor der Entscheidung über den Bauantrag öffentlich bekannt zu machen. Dies betrifft Fälle, in denen eine Vielzahl von Nachbarn im gleichen Interesse betroffen sind und dem Bauvorhaben nicht zugestimmt haben. Nach § 72 Abs. 2 HBO 2025, der Art. 15 der Seveso-III-Richtlinie umsetzt, besteht sogar eine Verpflichtung zur öffentlichen Bekanntmachung und Beachtung der hier normierten Verfahrens- und Formvorschriften, wenn ein Bauvorhaben innerhalb des angemessenen Sicherheitsabstandes nach § 64 Abs. 2 S. 1 HBO 2025 realisiert werden soll und dem Gebot, den angemessenen Sicherheitsabstand zu wahren, nicht bereits in einem Bebauungsplan Rechnung getragen worden ist. Schließlich bestimmt § 72 Abs. 4 Satz 1 HBO 2025, dass die Baugenehmigung im Falle einer Öffentlichkeitsbeteiligung nach Abs. 1 öffentlich bekannt gegeben werden kann und im Falle der Öffentlichkeitsbeteiligung nach Abs. 2 öffentlich bekannt gegeben werden muss.

D. Bauordnungsrechtliche Maßnahmen

Die Bauherrschaft und die am Bau Beteiligten sind unbeschadet der Genehmigungsbedürftigkeit eines Vorhabens und unbeschadet des Umfangs der präventiven Prüfung durch die Bauaufsicht dafür verantwortlich, dass die öffentlich-rechtlichen Vorschriften insgesamt eingehalten werden. Die Einschränkung der präventiven Prüfung ändert nichts an der Verpflichtung der Bauaufsicht zur umfassenden Baukontrolle. Daher kann die Bauüberwachung nach § 83 HBO 2025 auch im baugenehmigungsfreien Bereich, bei der Genehmigungsfreistellung sowie im vereinfachten Verfahren stattfinden. Dabei ist zu beachten, dass solche Baukontrollen das gesamte Baurecht umfassen können, also etwa auch das kommunale Satzungsrecht und das Denkmalschutzrecht.

Bei Verstößen gegen formelles oder materielles Baurecht stehen der Bauaufsichtsbehörde unverändert die Möglichkeiten der Baueinstellung (§ 81 HBO 2025), der Nutzungsuntersagung (§ 82 Abs. 1 Satz 2 HBO 2025) sowie der Beseitigungsanordnung (§ 82 Abs. 1 S. 1 HBO 2025) zur Verfügung. Nach ständiger Rechtsprechung der hessischen Verwaltungsgerichtsbarkeit rechtfertigt schon die formelle – also ohne eine erforderliche Baugenehmigung ausgeübte – Illegalität einer Nutzung grundsätzlich den Erlass eines sofort vollziehbaren Nutzungsverbotes. Auf die materielle Genehmigungsfähigkeit der ungenehmigten Nutzung kommt es hierbei nicht an (Hess. VGH, Urteil vom 25.6.2014 – 3 A 1024/13 – BeckRS 55610). In diesem Zusammenhang ist der neu eingeführte § 64 Abs. 6 HBO 2025 zu beachten, wonach eine Beseitigungsanordnung wegen eines Verstoßes gegen bauplanungsrechtliche Vorschriften, die auf einer nach Fertigstellung des Vorhabens festgestellten Unwirksamkeit des Bebauungsplans beruht, grundsätzlich nicht erfolgen darf; es sein denn, dass eine Beeinträchtigung von Rechten Dritter dies erfordert.

Teil 4: Schlussbemerkungen

Die HBO 2025 ist mit einer unbedeutenden formellen Ausnahme direkt am Tag nach der Verkündung und damit am 14.10.2025 in Kraft getreten. Auf Übergangsvorschriften für an diesem Tag anhängige Genehmigungsverfahren hat der Gesetzgeber dieses Mal leider verzichtet. Das kann schlimmstenfalls dazu führen, dass ein laufender Bauantrag, der sich aufgrund der Änderungen mit Inkrafttreten der 2025er Novelle in einem nicht mehr passenden Verfahren befindet, zurückgenommen und im aktuell einschlägigen Verfahren neu eingereicht werden muss.

Wie schon die 2007, 2011, 2018 und 2021 erschienenen Vorauflagen, soll auch die aktuelle 6. Auflage der vorliegenden Textsammlung allen, die sich in der Praxis mit der Hessischen Bauordnung befassen, eine praxistaugliche Hilfe bieten, wenn es darum geht, den genauen Wortlaut von Bestimmungen der Bauordnung nachzusehen.

Darüber hinaus enthält das Buch verschiedene weitere Rechtsvorschriften in aktualisierter Fassung, die im hessischen Bauordnungsrecht von praktischer Bedeutung sind. Überwiegend handelt es sich hierbei um untergesetzliche Verordnungen, die den gesetzlichen Rahmen, den die HBO 2025 definiert, ergänzen und in technischer Hinsicht ausfüllen, wie z. B. die praxisrelevante Garagenverordnung. Schließlich finden sich hier das Hessische Nachbarrechtsgesetz, das wichtige landesrechtliche Regelungen des zivilen Nachbarrechts enthält, sowie das Hessische Ingenieurgesetz.

Frankfurt am Main, im November 2025 — Dr. Thomas Schröer

1. Hessische Bauordnung (HBO)[1) 2) 3)]

Vom 28. Mai 2018
(GVBl. S. 198)

FFN 361-123

geänd. durch Art. 16 Hess. Ausländer-TeilhabeG Kommunalpolitik v. 7.5.2020 (GVBl. S. 318), Art. 1 ÄndG v. 3.6.2020 (GVBl. S. 378), Art. 2 ÄndG zum EnergieG und der BauO v. 22.11.2022 (GVBl. S. 571), Art. 1 MobilfunkausbaubeschleunigungsG v. 31.5.2023 (GVBl. S. 378), Art. 3 G zur Bestimmung der Zuständigkeit für den Vollzug der MittelfristenergieversorgungssicherungsmaßnahmenVO und zur Änd. weiterer Vorschriften v. 20.7.2023 (GVBl. S. 582), Art. 1 G zur Umsetzung der RL 2005/36/EG in der Hessischen Bauordnung und im Hessischen IngenieurG sowie zur Regelung der Zuständigkeit für die Durchführung des WohngeldG v. 11.7.2024 (GVBl. Nr. 32), Art. 1 Zweites ÄndG v. 14.5.2025 (GVBl. Nr. 29) und Art. 1 Drittes ÄndG v. 9.10.2025 (GVBl. Nr. 66)

Erster Teil. Allgemeine Vorschriften

§ 1[4)] Anwendungsbereich. (1) [1] Dieses Gesetz gilt für bauliche Anlagen und Bauprodukte. [2] Es gilt auch für andere Anlagen, Einrichtungen und Grundstücke, an die in diesem Gesetz oder in Vorschriften aufgrund dieses Gesetzes Anforderungen gestellt werden.

(2) [1] Dieses Gesetz gilt nicht für:

1. Anlagen des öffentlichen Verkehrs einschließlich Zubehör, Nebenanlagen und Nebenbetriebe, mit Ausnahme von Gebäuden,
2. Anlagen des nicht öffentlichen Luftverkehrs einschließlich Zubehör und Nebenanlagen, mit Ausnahme von Gebäuden,
3. Anlagen, soweit sie der Bergaufsicht unterliegen, mit Ausnahme von oberirdischen Gebäuden,
4. Wasserversorgungs- und Abwasseranlagen, die der öffentlichen Versorgung und Entsorgung dienen, mit Ausnahme von Gebäuden,
5. Leitungen, die der öffentlichen Versorgung mit Elektrizität, Gas, Wärme oder Kälte, dem Fernmeldewesen oder dem Rundfunk dienen, und ihre Nebenanlagen, mit Ausnahme von Gebäuden,
6. Rohrleitungen für den Ferntransport von Stoffen und ihre Nebenanlagen, mit Ausnahme von Gebäuden,
7. Krane und Krananlagen,
8. Friedhöfe und Nebenanlagen wie Grabkreuze, Grabsteine und Grabdenkmale, mit Ausnahme von Gebäuden,
9. Messestände in Messe- und Ausstellungsgebäuden.

[1)] Verkündet als Art. 1 G v. 28.5.2018 (GVBl. S. 198); Inkrafttreten gem. § 98 dieses G am 6.7.2018.

[2)] **Amtl. Anm. zum ArtikelG:** Art. 1 und Art. 4 dieses Gesetzes dienen der Umsetzung der Richtlinie 2012/18/EU des Europäischen Parlaments und des Rates vom 4. Juli 2012 zur Beherrschung der Gefahren schwerer Unfälle mit gefährlichen Stoffen, zur Änderung und anschließenden Aufhebung der Richtlinie 96/82/EG des Rates (ABl. EU Nr. L 197 S. 1).

[3)] Siehe hierzu ua die Handlungsempfehlungen zum Vollzug der Hessischen Bauordnung (HE-HBO) v. 1.4.2024 (StAnz. S. 378).

[4)] § 1 Abs. 2 Nr. 10 und Satz 2 angef. mWv 14.10.2025, Abs. 2 Nr. 10 neu gef. mWv 20.1.2027 durch G v. 9.10.2025 (GVBl. Nr. 66).

[Nr. 10 bis 19.1.2027:]

10. Windenergieanlagen und Teile von Windenergieanlagen, soweit für diese die Konformität mit den Anforderungen der Richtlinie 2006/42/EG des Europäischen Parlaments und des Rates vom 17. Mai 2006 über Maschinen und zur Änderung der Richtlinie 95/16/EG (ABl. EU Nr. L 157 S. 24, 2007 Nr. L 76 S. 35), zuletzt geändert durch Richtlinie (EU) 2024/2749 des Europäischen Parlaments und des Rates vom 9. Oktober 2024 (ABl. EU 2024 L Nr. 2749), durch eine Konformitätsbescheinigung und ein CE-Zeichen nachgewiesen ist.

[Nr. 10 ab 20.1.2027:]

10. Windenergieanlagen und Teile von Windenergieanlagen, soweit für diese die Konformität mit den Anforderungen der Verordnung (EU) 2023/1230 des Europäischen Parlaments und des Rates vom 14. Juni 2023 über Maschinen und zur Aufhebung der Richtlinie 2006/42/EG des Europäischen Parlaments und des Rates und der Richtlinie 73/361/EWG des Rates (ABl. EU Nr. L 169 S. 35, 2025 L 2025/90297), geändert durch Verordnung (EU) 2024/2748 des Europäischen Parlaments und des Rates vom 9. Oktober 2024 (ABl. EU 2024 L Nr. 2748), durch eine EU-Konformitätserklärung und ein CE-Zeichen nachgewiesen ist.

[2] Abweichend von Satz 1 sind für die in Satz 1 Nr. 10 genannten Windenergieanlagen und Windenergieanlagenteile die §§ 6, 60 bis 66, 69 bis 77a, 79, 81, 84 bis 86 entsprechend anzuwenden.

§ 2[1)] Begriffe. (1) Anlagen im Sinne dieses Gesetzes sind bauliche Anlagen sowie andere Anlagen, Einrichtungen und Grundstücke nach § 1 Abs. 1 Satz 2.

(2) [1] Bauliche Anlagen sind mit dem Erdboden verbundene, aus Bauprodukten hergestellte Anlagen. [2] Eine Verbindung mit dem Erdboden besteht auch dann, wenn die Anlage durch eigene Schwere auf dem Erdboden ruht oder auf ortsfesten Bahnen begrenzt beweglich ist oder wenn die Anlage nach ihrem Verwendungszweck dazu bestimmt ist, überwiegend ortsfest genutzt zu werden. [3] Als bauliche Anlagen gelten:

1. Aufschüttungen und Abgrabungen,
2. Lager-, Abstell- und Ausstellungsplätze,
3. Sport- und Spielflächen,
4. Camping-, Zelt- und Wochenendplätze,
5. Freizeit- und Vergnügungsparks,
6. Stellplätze für Kraftfahrzeuge und Abstellplätze für Fahrräder,
7. Gerüste,
8. Hilfseinrichtungen zur statischen Sicherung von Bauzuständen.

(3) Gebäude sind selbstständig nutzbare, überdeckte bauliche Anlagen, die von Menschen betreten werden können und geeignet oder bestimmt sind, dem Schutz von Menschen, Tieren oder Sachen zu dienen.

(4) [1] Gebäude werden in folgende Gebäudeklassen eingeteilt:

1. Gebäudeklasse 1:

[1)] § 2 Abs. 9 Nr. 2 geänd. mWv 20.5.2025 durch G v. 14.5.2025 (GVBl. Nr. 29); Abs. 9 Nr. 2, 3, 5 und 13 neu gef. mWv 14.10.2025 durch G v. 9.10.2025 (GVBl. Nr. 66).

a) freistehende Gebäude bis zu 7 m Höhe mit nicht mehr als zwei Nutzungseinheiten von insgesamt nicht mehr als 400 m² Grundfläche,

b) freistehende land- oder forstwirtschaftlich genutzte Gebäude,

2. Gebäudeklasse 2:
Gebäude bis zu 7 m Höhe mit nicht mehr als zwei Nutzungseinheiten von insgesamt nicht mehr als 400 m² Grundfläche,

3. Gebäudeklasse 3:
sonstige Gebäude bis zu 7 m Höhe,

4. Gebäudeklasse 4:
Gebäude bis zu 13 m Höhe und Nutzungseinheiten mit jeweils nicht mehr als 400 m² Grundfläche in einem Geschoss,

5. Gebäudeklasse 5:
sonstige Gebäude einschließlich unterirdischer Gebäude.

[2] Höhe im Sinne des Satz 1 ist das Maß der Oberkante des Rohfußbodens des höchstgelegenen Geschosses, in dem ein Aufenthaltsraum vorhanden oder möglich ist, über der Geländeoberfläche im Mittel. [3] Die Grundflächen der Nutzungseinheiten im Sinne dieses Gesetzes sind die Brutto-Grundflächen; bei deren Berechnung bleiben Flächen in Kellergeschossen außer Betracht. [4] Angebaute Kleingaragen und untergeordnete Gebäude für Abstellzwecke, die einen Grenzabstand von 2,50 m einhalten, ändern die Eigenschaft freistehend in Satz 1 Nr. 1 nicht.

(5) [1] Geschosse sind oberirdische Geschosse, wenn ihre Deckenoberkanten im Mittel mehr als 1,40 m über die Geländeoberfläche hinausragen, sonst sind sie Kellergeschosse. [2] Hohlräume zwischen der obersten Decke und der Bedachung, in denen Aufenthaltsräume nicht möglich sind, sind keine Geschosse. [3] Vollgeschosse sind oberirdische Geschosse, die eine Höhe von mindestens 2,30 m haben. [4] Ein gegenüber mindestens einer Außenwand des Gebäudes zurückgesetztes oberstes Geschoss (Staffelgeschoss) und ein Geschoss mit mindestens einer geneigten Dachfläche ist ein Vollgeschoss, wenn es diese Höhe über mehr als drei Viertel der Grundfläche des darunter liegenden Geschosses hat. [5] Die Höhe der Geschosse wird von Oberkante Rohfußboden bis Oberkante Rohfußboden der darüber liegenden Decke, bei Geschossen mit Dachflächen bis Oberkante der Tragkonstruktion gemessen. [6] Untergeordnete Aufbauten über Dach und untergeordnete Unterkellerungen zur Unterbringung von maschinentechnischen Anlagen für die Gebäude sind keine Vollgeschosse. [7] Dachgeschosse sind Geschosse mit mindestens einer geneigten Dachfläche.

(6) [1] Geländeoberfläche ist die Höhe, die sich aus den Festsetzungen eines Bebauungsplans ergibt oder die in der Baugenehmigung oder Teilbaugenehmigung bestimmt ist. [2] Sonst ist die Höhe der natürlichen Geländeoberfläche maßgebend.

(7) Wohngebäude sind Gebäude, die überwiegend der Wohnnutzung dienen und außer Wohnungen allenfalls Räume für die Berufsausübung freiberuflich oder in ähnlicher Art Tätiger sowie die zugehörigen Garagen und Nebenräume enthalten.

(8) Barrierefrei sind Anlagen, soweit sie für Menschen mit Behinderung in der allgemein üblichen Weise, ohne besondere Erschwernis und grundsätzlich ohne fremde Hilfe zugänglich und nutzbar sind.

(9) Sonderbauten sind Anlagen und Räume besonderer Art oder Nutzung, die einen der nachfolgenden Tatbestände erfüllen:

1. Gebäude von mehr als 22 m Höhe im Sinne des Abs. 4 Satz 2 (Hochhäuser),
2. bauliche Anlagen mit mehr als 30 m Höhe über der Geländeoberfläche im Mittel, ausgenommen
   a) Windenergieanlagen und sonstige Anlagen, die in den Anwendungsbereich der Richtlinie (EU) 2018/2001 des Europäischen Parlaments und des Rates vom 11. Dezember 2018 zur Förderung der Nutzung von Energie aus erneuerbaren Quellen (ABl. EU Nr. L 328 S. 82, 2020 Nr. L 311 S. 11, 2022 Nr. L 041 S. 37), zuletzt geändert durch Richtlinie (EU) 2024/1711 des Europäischen Parlaments und des Rates vom 13. Juni 2024 (ABl. EU 2024 Nr. L 1711), fallen,
   b) Antennenanlagen einschließlich der Masten,
3. Gebäude mit mehr als 1600 m^2 Grundfläche des Geschosses mit der größten Ausdehnung, ausgenommen Wohngebäude, Garagen sowie Räume und Gebäude für Abstellplätze für Fahrräder,
4. Verkaufsstätten, deren Verkaufsräume und Ladenstraßen mehr als 2000 m^2 Grundfläche haben,
5. Gebäude mit Räumen, die außerhalb des Erdgeschosses liegen und einer Büro- oder Verwaltungsnutzung dienen und
   a) einzeln eine Grundfläche von mehr als 400 m^2 haben oder
   b) die einzeln für die Nutzung durch mehr als 100 Personen bestimmt sind,
6. Versammlungsstätten
   a) mit Versammlungsräumen, die insgesamt mehr als 200 Besucher fassen, wenn diese Versammlungsräume gemeinsame Rettungswege haben,
   b) im Freien mit Szenenflächen sowie Freisportanlagen jeweils mit Tribünen, die keine Fliegenden Bauten sind, und insgesamt mehr als 1 000 Besucher fassen,
7. Gebäude mit Nutzungseinheiten zum Zwecke der Pflege oder Betreuung von Personen mit Pflegebedürftigkeit oder Behinderung, deren Selbstrettungsfähigkeit eingeschränkt ist, wenn die Nutzungseinheiten
   a) einzeln für mehr als sechs Personen bestimmt sind,
   b) für Personen mit Intensivpflegebedarf bestimmt sind oder
   c) einen gemeinsamen Rettungsweg haben und für insgesamt mehr als zwölf Personen bestimmt sind,
8. Krankenhäuser,
9. sonstige Einrichtungen zur Unterbringung von Personen,
10. Tageseinrichtungen
    a) für Kinder mit dem Aufenthalt von Kindern dienenden Räumen außerhalb des Erdgeschosses, ausgenommen Einrichtungen der Tagespflege für nicht mehr als zehn Kinder,
    b) für sonstige Personen, deren Selbstrettungsfähigkeit eingeschränkt ist,
11. a) Schank- und Speisegaststätten mit insgesamt mehr als 120 m^2 Grundfläche der Gasträume oder mit nicht im Erdgeschoss liegenden Gasträumen von insgesamt mehr als 70 m^2 Grundfläche,
    b) Beherbergungsbetriebe mit mehr als 30 Gastbetten (Schlafplätze) und

c) Spielhallen mit mehr als 150 m² Grundfläche,

12. Schulen, Hochschulen und ähnliche Einrichtungen,
13. Garagen mit Stellplätzen, die mehr als 22 m über der Geländeoberfläche liegen,
14. Fliegende Bauten, soweit sie einer Ausführungsgenehmigung bedürfen,
15. Zelt-, Camping- und Wochenendplätze,
16. Freizeit- und Vergnügungsparks,
17. Regallager mit einer Oberkante Lagerguthöhe von mehr als 7,50 m,
18. sonstige bauliche Anlagen oder Räume, durch deren besondere Art oder Nutzung die sie nutzenden Personen oder die Allgemeinheit in vergleichbarer Weise gefährdet oder unzumutbar benachteiligt oder belästigt werden können.

(10) Aufenthaltsräume sind Räume, die zum nicht nur vorübergehenden Aufenthalt von Menschen bestimmt oder geeignet sind.

(11) [1] Stellplätze für Kraftfahrzeuge und Abstellplätze für Fahrräder sind Flächen, die dem Abstellen der Fahrzeuge außerhalb der öffentlichen Verkehrsflächen dienen. [2] Garagen sind ganz oder teilweise umschlossene Räume zum Abstellen von Kraftfahrzeugen. [3] Ausstellungs-, Verkaufs-, Werk- und Lagerflächen oder -räume für Fahrzeuge gelten nicht als Stellplätze, Abstellplätze oder Garagen im Sinne dieser Vorschrift.

(12) Feuerstätten sind in oder an Gebäuden ortsfest benutzte Anlagen oder Einrichtungen, die dazu bestimmt sind, durch Verbrennung Wärme zu erzeugen.

(13) Bauprodukte sind

1. Produkte, Baustoffe, Bauteile und Anlagen sowie Bausätze nach Art. 2 Nr. 2 der Verordnung (EU) Nr. 305/2011 des Europäischen Parlaments und des Rates vom 9. März 2011 zur Festlegung harmonisierter Bedingungen für die Vermarktung von Bauprodukten und zur Aufhebung der Richtlinie 89/106/EWG des Rates (ABl. EU Nr. L 88 S. 5, Nr. L 103 S. 10, Nr. L 92 S. 118), zuletzt geändert durch Verordnung (EU) Nr. 574/2014 vom 21. Februar 2014 (ABl. EU Nr. L 159 S. 41), die hergestellt werden, um dauerhaft in bauliche Anlagen eingebaut zu werden,
2. aus Produkten, Baustoffen und Bauteilen sowie Bausätzen nach Art. 2 Nr. 2 der Verordnung (EU) Nr. 305/2011 vorgefertigte Anlagen, die hergestellt werden, um mit dem Erdboden verbunden zu werden,

und deren Verwendung sich auf die Anforderungen nach § 3 Satz 1 und 2 auswirken kann.

(14) Bauart ist das Zusammenfügen von Bauprodukten zu baulichen Anlagen oder zu Teilen von baulichen Anlagen.

(15) Als öffentlich-rechtliche Sicherung gelten die Begründung einer Baulast, Festsetzungen eines Bebauungsplans oder sonstige öffentlich-rechtliche Vorschriften, aus denen sich der Sicherungszweck zwingend ergibt.

§ 3 Allgemeine Anforderungen. [1] Anlagen sind so anzuordnen, zu errichten, zu ändern und instand zu halten, dass die öffentliche Sicherheit und Ordnung, insbesondere Leben, Gesundheit und die natürlichen Lebensgrundlagen nicht gefährdet werden. [2] Dabei sind die Grundanforderungen an Bauwerke nach Anhang I der Verordnung (EU) Nr. 305/2011 zu berücksichtigen.

[3]Dies gilt auch für die Beseitigung von Anlagen und bei der Änderung ihrer Nutzung.

Zweiter Teil. Das Grundstück und seine Bebauung

§ 4 Bebauung der Grundstücke. (1) [1]Gebäude dürfen nur errichtet werden, wenn gesichert ist, dass ab Beginn ihrer Nutzung das Grundstück in für die Zufahrt und den Einsatz von Feuerlösch- und Rettungsgeräten ausreichender Breite an einer befahrbaren öffentlichen Verkehrsfläche liegt oder eine befahrbare, öffentlich-rechtlich gesicherte Zufahrt in ausreichender Breite zu einer solchen Verkehrsfläche hat. [2]Wohnwege, an denen nur Wohngebäude der Gebäudeklassen 1 bis 3 zulässig sind, brauchen nur befahrbar zu sein, wenn sie länger als 50 m sind.

(2) [1]Die Errichtung eines Gebäudes auf mehreren Grundstücken ist nur zulässig, wenn öffentlich-rechtlich gesichert ist, dass keine Verhältnisse eintreten können, die den Vorschriften dieses Gesetzes oder den aufgrund dieses Gesetzes erlassenen Vorschriften zuwiderlaufen, und das Gebäude auf den Grundstücken diesen Vorschriften so entspricht, als wären die Grundstücke ein Grundstück. [2]Dies gilt bei bestehenden Gebäuden nicht für eine Außenwand- und Dachdämmung. [3]Satz 2 gilt entsprechend für die mit der Wärmedämmung zusammenhängenden notwendigen Änderungen von Bauteilen. [4]Eine nach Satz 2 zulässige Überbauung ändert die Abstandsfläche des Gebäudes nicht.

§ 5 Zugänge und Zufahrten auf den Grundstücken. (1) [1]Von öffentlichen Verkehrsflächen ist insbesondere für die Feuerwehr ein geradliniger Zu- oder Durchgang zu rückwärtigen Gebäuden zu schaffen; zu anderen Gebäuden ist er zu schaffen, wenn der zweite Rettungsweg dieser Gebäude über Rettungsgeräte der Feuerwehr führt. [2]Zu Gebäuden, bei denen die Oberkante der Brüstung von zum Anleitern bestimmten Fenstern oder Stellen mehr als 8 m über der Geländeoberfläche liegt, ist in den Fällen des Satzes 1 anstelle eines Zu- oder Durchganges eine Zu- oder Durchfahrt zu schaffen. [3]Ist für die Personenrettung der Einsatz von Hubrettungsfahrzeugen erforderlich, sind die dafür erforderlichen Aufstell- und Bewegungsflächen herzustellen. [4]Bei Gebäuden, die ganz oder mit Teilen mehr als 50 m von einer öffentlichen Verkehrsfläche entfernt sind, sind Zufahrten oder Durchfahrten nach Satz 2 zu den vor und hinter den Gebäuden gelegenen Grundstücksteilen und Bewegungsflächen herzustellen, wenn sie aus Gründen des Feuerwehreinsatzes erforderlich sind. [5]Soweit erforderliche Flächen nicht auf dem Grundstück liegen, müssen sie öffentlich-rechtlich gesichert sein.

(2) [1]Zu- und Durchfahrten, Aufstellflächen und Bewegungsflächen müssen für Feuerwehrfahrzeuge ausreichend befestigt und tragfähig sein; sie sind als solche zu kennzeichnen und ständig freizuhalten. [2]Die Kennzeichnung von Zufahrten muss von der öffentlichen Verkehrsfläche aus sichtbar sein. [3]Fahrzeuge dürfen auf den Flächen nach Satz 1 nicht abgestellt werden.

§ 6[1)] Abstandsflächen und Abstände. (1) [1]Vor den oberirdischen Außenwänden von Gebäuden sind Flächen von oberirdischen Gebäuden freizuhalten

---

[1)] § 6 Abs. 5 Satz 1 Nr. 2 neu gef., Abs. 11 Nr. 2, Abs. 12 Satz 2 geänd. mWv 11.6.2020 durch G v. 3.6.2020 (GVBl. S. 378); Abs. 6 Satz 4 Nr. 2 und Abs. 9 Nr. 3 geänd., Nr. 4 angef., Abs. 10 Satz 1 Nr. 10 geänd., Nr. 11 und Abs. 13 angef. mWv 29.11.2022 durch G v. 22.11.2022 (GVBl. S. 571); →

(Abstandsflächen). [2] Abstandsflächen sind nicht erforderlich vor Außenwänden, die an Nachbargrenzen errichtet werden, wenn nach planungsrechtlichen Vorschriften

1. das Gebäude an die Grenze gebaut werden muss oder
2. das Gebäude an die Grenze gebaut werden darf und öffentlich-rechtlich gesichert ist, dass vom Nachbargrundstück angebaut wird.

[3] Darf nach planungsrechtlichen Vorschriften nicht an die Nachbargrenze gebaut werden, ist aber auf dem Nachbargrundstück ein Gebäude an der Grenze vorhanden, kann gestattet oder verlangt werden, dass angebaut wird. [4] Muss nach planungsrechtlichen Vorschriften an die Nachbargrenze gebaut werden, ist aber auf dem Nachbargrundstück ein Gebäude mit Abstand zu dieser Grenze vorhanden, kann gestattet oder verlangt werden, dass eine Abstandsfläche eingehalten wird. [5] Nachbargrenzen sind Grundstücksgrenzen zu benachbarten Grundstücken, die mit Gebäuden bebaut sind oder für eine Bebauung mit Gebäuden in Betracht kommen. [6] Der Anbau an andere Gebäude muss, soweit dies städtebaulich vertretbar ist, nicht deckungsgleich sein. [7] Soweit Gebäude nicht durch Außenwände abgeschlossen sind, tritt an deren Stelle eine gedachte, auf die Vorderkanten der umgebenden Bauteile bezogene Abschlussfläche.

(2) [1] Die Abstandsflächen müssen auf dem Grundstück selbst liegen. [2] Sie dürfen

1. auch auf öffentlichen Verkehrsflächen, öffentlichen Grünflächen und öffentlichen Wasserflächen liegen, jedoch nur bis zu deren Mitte,
2. sich ganz oder teilweise auf andere Grundstücke erstrecken, wenn öffentlich-rechtlich gesichert ist, dass sie nicht überbaut und auf die auf diesen Grundstücken erforderlichen Abstandsflächen und Abstände nicht angerechnet werden.

(3) [1] Die Abstandsflächen dürfen sich nicht überdecken. [2] Dies gilt nicht für:

1. Außenwände, die in einem Winkel von mehr als 75° zueinander stehen,
2. Außenwände zu einem fremder Sicht entzogenen Gartenhof bei Wohngebäuden mit nicht mehr als zwei Wohnungen und
3. Gebäude und andere Anlagen, die in der Abstandsfläche zulässig sind oder zugelassen werden können.

(4) [1] Die Tiefe der Abstandsfläche bemisst sich nach der Wandhöhe; sie wird rechtwinklig zur Wand gemessen. [2] Als Wandhöhe gilt das Maß von der Geländeoberfläche bis zur Schnittlinie der Wand mit der Dachhaut oder bis zum oberen Abschluss der Wand; bei gestaffelten Wänden gilt dies für den jeweiligen Wandabschnitt. [3] Bei geneigter Geländeoberfläche oder bei geneigtem oberen Wandabschluss kann die mittlere Wandhöhe (Wandfläche geteilt durch größte Wandbreite) zugrunde gelegt werden. [4] Für die Mittelung sind Wandabschnitte bis zu einer Länge von 16 m zu bilden. [5] Als Wand gelten:

1. Dachaufbauten in Verlängerung der Außenwand oder mit Rücksprung bis zu 0,50 m hinter die Außenwand,

---

(Fortsetzung der Anm. von voriger Seite)
Abs. 5 Satz 1 Nr. 2 neu gef., Nr. 3 angef. mWv 8.6.2023 durch G v. 31.5.2023 (GVBl. S. 378); Abs. 5 Satz 1 Nr. 2 geänd., Nr. 3 aufgeh., Abs. 8 Satz 2 Nr. 6 geänd., Nr. 7 angef. mWv 20.5.2025 durch G v. 14.5.2025 (GVBl. Nr. 29); Abs. 5 Satz 4, Abs. 7 Satz 1 Nr. 2 geänd. mWv 14.10.2025 durch G v. 9.10.2025 (GVBl. Nr. 66).

2. Dachaufbauten, wenn deren Gesamtbreite je Dachfläche zusammen mehr als die Hälfte der Breite der darunter liegenden Außenwand beträgt, und
3. Dächer und Dachteile mit einer Dachneigung von mehr als 70°.

[6] Zur Wandhöhe werden zu einem Drittel hinzugerechnet:

1. Dächer und Dachteile mit einer Dachneigung von mehr als 45° bis 70°,
2. Dachaufbauten auf Dächern und Dachteilen bis zu 45° Dachneigung, wenn deren Gesamtbreite je Dachfläche zusammen mehr als ein Fünftel, jedoch nicht mehr als die Hälfte der Breite der darunter liegenden Außenwand beträgt.

[7] Das sich ergebende Maß ist H.

(5) [1] Die Tiefe der Abstandsfläche beträgt

1.	allgemein	0,4 H,
2.	in Gewerbe- und Industriegebieten, ausgenommen an den Grenzen zu Gebieten anderer Nutzung, sowie für Windkraftanlagen im Außenbereich	0,2 H.

[2] Den Gewerbe- und Industriegebieten stehen nach ihrer Nutzung vergleichbare Sondergebiete sowie im Zusammenhang bebaute Ortsteile, die diesen Gebieten nach Art ihrer tatsächlichen baulichen oder sonstigen Nutzung entsprechen, gleich. [3] Das jeweilige Maß ist auf volle 0,10 m abzurunden. [4] In allen Fällen muss die Tiefe der Abstandsflächen mindestens 2,50 m betragen.

(6) [1] Untergeordnete Bauteile, die nicht mehr als 1,50 m vor die Außenwand vortreten und von Nachbargrenzen mindestens 2 m entfernt bleiben, bleiben bei der Bemessung der Abstandsflächen außer Betracht. [2] Dies gilt insbesondere für:

1. Gesimse und Dachvorsprünge,
2. Hauseingangstreppen, deren Überdachungen und
3. Erker und Balkone, die insgesamt nicht mehr als ein Drittel der Breite der jeweiligen Außenwand in Anspruch nehmen; die Länge von übereinander angeordneten Balkonen wird im Bereich der Überschneidungen nicht zusammengezählt.

[3] Bei der Bemessung der Abstandsflächen bleiben außer Betracht bei Gebäuden an der Grundstücksgrenze die Seiten von Vorbauten und Dachaufbauten, auch wenn sie nicht an der Grundstücksgrenze errichtet werden. [4] An bei Inkrafttreten dieses Gesetzes bestehenden Gebäuden dürfen in die Abstandsfläche hineinragen:

1. nachträglich angebaute Aufzüge, die nicht mehr als 1,70 m vor die Außenwand vortreten und von Nachbargrenzen mindestens 2 m entfernt bleiben und die Höhe der Außenwand nicht überschreiten,
2. Außenwand- und Dachdämmungen, die dem Wärmeschutz und der Energieeinsparung dienen, bis zu 0,40 m Dicke; § 4 Abs. 2 Satz 3 gilt entsprechend.

(7) [1] In Gewerbe- und Industriegebieten genügt abweichend von Abs. 5 bei Wänden ohne Öffnungen als Tiefe der Abstandsflächen

1. 1,50 m, wenn die Wände mindestens feuerhemmend sind und einschließlich ihrer Verkleidungen aus nicht brennbaren Baustoffen bestehen,

2. 2,50 m, wenn die Wände mindestens feuerhemmend sind oder wenn sie einschließlich ihrer Verkleidungen aus nichtbrennbaren Baustoffen bestehen.

[2] Das gilt nicht für Abstandsflächen gegenüber Nachbargrenzen.

(8) [1] Für Anlagen, von denen Wirkungen wie von Gebäuden ausgehen, gelten Abs. 1 bis 7 entsprechend. [2] Keine Wirkungen wie von Gebäuden sind insbesondere anzunehmen bei

1. Abfalleinrichtungen bis zu 1,50 m Höhe über der Geländeoberfläche,
2. Aufschüttungen bis zu 1 m Höhe über der Geländeoberfläche, einschließlich Stützmauern,
3. Außentreppen bis 1 m Höhe über der Geländeoberfläche,
4. Rampen zur barrierefreien Erreichbarkeit, die nicht mehr als 1 m über der Geländeoberfläche angeordnet oder einschließlich ihrer Umwehrung nicht mehr als 2 m hoch sind,
5. Freisitzen und
6. Terrassen, die nicht mehr als 1 m über der Geländeoberfläche angeordnet oder einschließlich ihrer Umwehrung nicht mehr als 2 m hoch sind,
7. Antennenanlagen im Außenbereich, einschließlich zugehöriger Versorgungseinheiten.

(9) In den Abstandsflächen eines Gebäudes und zu diesem ohne eigene Abstandsfläche sind zulässig:

1. erdgeschossige Garagen bis 100 m^2 Nutzfläche (Kleingaragen),
2. erdgeschossige untergeordnete Gebäude und sonstige Anlagen und Einrichtungen, von denen Wirkungen wie von Gebäuden ausgehen,
3. gebäudeunabhängige Solaranlagen mit einer mittleren Höhe bis 3 m über der Geländeoberfläche und bis zu 9 m Länge, Solaranlagen an und auf Gebäuden nach Nr. 1,
4. gebäudeunabhängige Wärmepumpen sowie Wärmepumpen an Gebäuden, einschließlich ihrer Fundamente und Einhausungen, mit einer Höhe bis zu 2 m über der Geländeoberfläche.

(10) [1] Ohne Abstandsfläche jeweils unmittelbar an oder mit einem Mindestabstand von 1 m zu den Nachbargrenzen sind je Baugrundstück zulässig:

1. Garagen einschließlich Abstellraum oder -fläche,
2. überdachte Zufahrten zu Tiefgaragen,
3. untergeordnete Gebäude für Abstellzwecke,
4. untergeordnete Gebäude zur örtlichen Versorgung mit Energie, Kälte oder Wasser,
5. bis zu drei Stellplätze,
6. Einfriedungen, Sichtschutzzäune und Terrassentrennwände in Gewerbe- und Industriegebieten, außerhalb dieser Baugebiete mit einer Höhe bis zu 2 m über der Geländeoberfläche,
7. Stützmauern zur Sicherung des natürlichen Geländes,
8. ein Holzlagerplatz mit Lagerungen bis zu 1 m Höhe über der Geländeoberfläche und 6 m Länge je Grundstücksgrenze,
9. Solaranlagen auf Gebäuden oder Gebäudeteilen nach Nr. 1 bis 4 mit einer mittleren Gesamthöhe von 3 m,

10. gebäudeunabhängige Solaranlagen mit einer mittleren Höhe bis 3 m über der Geländeoberfläche und bis zu 9 m Länge,
11. gebäudeunabhängige Wärmepumpen sowie Wärmepumpen an Gebäuden, einschließlich ihrer Fundamente und Einhausungen, mit einer Höhe von bis zu 2 m über der Geländeoberfläche und einer Gesamtlänge bis zu 3 m entlang der Grundstücksgrenze.

[2]Die Länge der Grenzbebauung darf bei den Anlagen nach Satz 1 Nr. 1 bis 5 insgesamt 15 m nicht überschreiten; Dachüberstände sind einzurechnen. [3]Bei den Anlagen nach Satz 1 Nr. 1 bis 4 darf die grenzseitige mittlere Wandhöhe über der Geländeoberfläche nicht höher als 3 m und die Fläche dieser Wände an jeder Nachbargrenze insgesamt nicht größer als 25 m^2 sein.

(11) Die Abs. 1 bis 10 gelten nicht, soweit

1. Festsetzungen eines Bebauungsplans oder einer anderen bauplanungs- oder bauordnungsrechtlichen Satzung die Tiefe der Abstandsflächen verbindlich bestimmen oder
2. nach der umgebenden Bebauung im Sinne des § 34 Abs. 1 Satz 1 des Baugesetzbuches abweichende Gebäudeabstände zulässig sind.

(12) [1]Bei rechtmäßig errichteten Gebäuden, die die erforderliche Tiefe der Abstandsfläche gegenüber Nachbargrenzen nicht einhalten, sind zulässig:

1. Änderungen innerhalb des Gebäudes,
2. sonstige Änderungen, wenn der Abstand des Gebäudes zu den Nachbargrenzen mindestens 2,50 m beträgt, ohne Veränderung von Länge und Höhe der diesen Nachbargrenzen zugekehrten Wände und Dachflächen und ohne Einrichtung neuer Öffnungen oder Vergrößerung bestehender Öffnungen in diesen Wänden und Dachflächen,
3. Nutzungsänderungen und
4. die Neuerrichtung eines gleichartigen Gebäudes an gleicher Stelle.

[2]Darüber hinausgehende Änderungen können unter Würdigung nachbarlicher Belange und der Belange des Brandschutzes zugelassen werden. [3]Satz 1 und 2 gelten nicht für Gebäude nach Abs. 10.

(13) Die Regelungen des Hessischen Nachbarrechtsgesetzes[1)] vom 24. September 1962 (GVBl. I S. 417), zuletzt geändert durch Gesetz vom 22. September 2022 (GVBl. S. 460), in der jeweils geltenden Fassung bleiben unberührt.

§ 7[2)] Grundstücksteilung. (1) [1]Die Teilung eines Grundstücks, das bebaut oder dessen Bebauung genehmigt ist oder das aufgrund einer Genehmigungsfreistellung bebaut werden darf, bedarf zu ihrer Wirksamkeit der Genehmigung der Bauaufsichtsbehörde. [2]Das gilt nicht, wenn

1. die Teilung in öffentlich-rechtlichen Verwaltungsverfahren vorgenommen wird oder der Bund, das Land oder eine Gebietskörperschaft, der die Aufgaben der unteren Bauaufsichtsbehörde übertragen sind, an der Teilung beteiligt ist, oder

---

[1)] Nr. **10**.

[2)] § 7 Abs. 3 Satz 4 geänd. mWv 11.6.2020 durch G v. 3.6.2020 (GVBl. S. 378); Abs. 1 Satz 2 Nr. 2 neu gef., Sätze 3-5 angef., Abs. 2 neu gef., Abs. 3 Satz 4 geänd. mWv 14.10.2025 durch G v. 9.10.2025 (GVBl. Nr. 66).

2. eine Vermessungsstelle nach § 15 Abs. 2 Satz 1 des Hessischen Vermessungs- und Geoinformationsgesetzes vom 6. September 2007 (GVBl. I S. 548), zuletzt geändert durch Gesetz vom 30. September 2021 (GVBl. S. 602), die bauplanungs- und bauordnungsrechtliche Unbedenklichkeit der Teilung bescheinigt hat.

[3] § 74 Abs. 5 und 6 gilt entsprechend; Abs. 6 mit der Maßgabe, dass auch die untere Bauaufsichtsbehörde entsprechend zu unterrichten ist. [4] Bedarf die Teilung keiner Genehmigung, hat die Bauaufsichtsbehörde oder die Vermessungsstelle auf Antrag darüber ein Zeugnis auszustellen. [5] Das Zeugnis steht einer Genehmigung gleich.

(2) Die Genehmigung darf nur versagt werden, wenn durch die Teilung Verhältnisse geschaffen werden, die den bauplanungs- oder bauordnungsrechtlichen Vorschriften widersprechen.

(3) [1] Die Genehmigung ist bei der Bauaufsichtsbehörde unter Vorlage einer Ausgabe aus dem Liegenschaftskataster, der die beabsichtigte Teilung und die vorhandene Bebauung erkennen lässt, zu beantragen. [2] In die Ausgabe sind die Abstandsflächen der vorhandenen Bebauung einzutragen. [3] Werden Gebäude von der Teilung erfasst, ist eine Beschreibung, wenn notwendig auch eine zeichnerische Darstellung, beizufügen, die Auskunft über die Abgrenzung innerhalb von Gebäuden gibt. [4] § 65 Abs. 2, § 69 Abs. 2 Satz 1, 2 und 4, § 70 Abs. 1 und § 74 Abs. 4 bis 6 gelten entsprechend.

§ 8[1)] Grundstücksfreiflächen, Kinderspielplätze. (1) [1] Die nicht überbauten Flächen der bebauten Grundstücke sind

1. wasserdurchlässig zu belassen oder herzustellen und
2. zu begrünen oder zu bepflanzen,

soweit sie nicht für eine andere zulässige Verwendung benötigt werden. [2] Satz 1 findet keine Anwendung, soweit Bebauungspläne oder andere Satzungen Festsetzungen zu den nicht überbauten Flächen treffen.

(2) [1] Werden mehr als zwölf Wohnungen errichtet, ist auf dem Baugrundstück oder öffentlich-rechtlich gesichert in unmittelbarer Nähe ein Spielplatz für Kleinkinder (bis zu sechs Jahren) anzulegen, zu unterhalten und in die Bepflanzung der nicht überbauten Flächen einzubeziehen. [2] Seiner Herstellung bedarf es nicht, wenn

1. durch nachträglichen Ausbau von Dach- und Kellergeschossen sowie durch Umnutzung und Aufstockung von rechtmäßig bestehenden Gebäuden zusätzlicher Wohnraum geschaffen wird,
2. ein für Kleinkinder geeigneter, auch für das Baugrundstück bestimmter öffentlich-rechtlich gesicherter Spielplatz oder ein öffentlicher Spielplatz in unmittelbarer Nähe in absehbarer Zeit geschaffen wird oder vorhanden ist,
3. die Art oder Lage der Wohnungen einen Kinderspielplatz nicht erfordert oder
4. in Quartieren von mehr als 20 Wohnungen der Spielplatz zentral geschaffen wird oder vorhanden ist; eine unmittelbare Nähe ist dann nicht erforderlich.

---

1) § 8 Abs. 2 neu gef. mWv 14.10.2025 durch G v. 9.10.2025 (GVBl. Nr. 66).

[3]Der Spielplatz auf dem Baugrundstück muss vom Wohngebäudeeingang aus schwellenlos erreichbar sein, sofern dies nicht mit einem unverhältnismäßigen Mehraufwand verbunden oder aus bautechnischen Gründen nicht möglich ist.

Dritter Teil. Bauliche Anlagen

Erster Abschnitt. Gestaltung, Außenwerbung

§ 9 Gestaltung. [1]Bauliche Anlagen müssen nach Form, Maßstab, Verhältnis der Baumassen und Bauteile zueinander, Werkstoff und Farbe so gestaltet sein, dass sie nicht verunstaltet wirken. [2]Sie dürfen das Straßen-, Orts- oder Landschaftsbild nicht verunstalten.

§ 10 Anlagen der Außenwerbung. (1) [1]Anlagen der Außenwerbung (Werbeanlagen) sind alle ortsfesten oder ortsfest genutzten Anlagen, die der Ankündigung, der Anpreisung oder als Hinweis auf Gewerbe oder Beruf dienen und vom öffentlichen Verkehrsraum aus sichtbar sind. [2]Werbeanlagen gelten als bauliche Anlagen.

(2) Die Vorschriften dieses Gesetzes sind nicht anzuwenden auf:

1. Werbung an dafür genehmigten Säulen, Tafeln und Flächen,
2. Werbemittel an Zeitungs- und Zeitschriftenverkaufsstellen,
3. Auslagen und Dekorationen in Fenstern und Schaukästen,
4. Wahlwerbung für die Dauer eines Wahlkampfes, außer im Außenbereich, und
5. Anlagen zur Unterrichtung der Bevölkerung über politische Veranstaltungen der Parteien, außer im Außenbereich.

Zweiter Abschnitt. Allgemeine Anforderungen an die Bauausführung

§ 11[1)] Baustelle. (1) Baustellen sind so einzurichten, dass Anlagen ordnungsgemäß errichtet, geändert, abgebrochen, instand gehalten oder beseitigt werden können und Gefahren, vermeidbare Nachteile oder vermeidbare Belästigungen nicht entstehen.

(2) [1]Bei der Ausführung nicht nach § 63 oder § 63a baugenehmigungsfreier Bauvorhaben ist an der Baustelle ein Schild dauerhaft anzubringen, das mindestens die Nutzungsart des Gebäudes, die Zahl seiner Geschosse und die Namen und Anschriften der am Bau Beteiligten (§§ 56 bis 59) enthalten muss. [2]Das Schild muss vom öffentlichen Verkehrsraum aus sichtbar sein. [3]Die Bauaufsichtsbehörde kann die Informationen nach Satz 1 zu den einzelnen Baustellen zusätzlich auf ihrer Internetseite veröffentlichen.

(3) [1]Bei Tagesunterkünften auf Baustellen sind Abweichungen von §§ 29 bis 52 zulässig, wenn keine Gründe nach § 3 Satz 1 und 2 entgegenstehen. [2]Die an Gebäude der Gebäudeklasse 1 gestellten Anforderungen des Brandschutzes gelten entsprechend.

§ 12 Standsicherheit. (1) [1]Jede Anlage muss, auch unter Berücksichtigung der Baugrund- und Grundwasserverhältnisse, im Ganzen, in ihren einzelnen Teilen und für sich allein standsicher sein. [2]Die Standsicherheit anderer Anlagen

[1)] § Abs. 2 Satz 1 geänd. mWv 14.10.2025 durch G v. 9.10.2025 (GVBl. Nr. 66).

und die Tragfähigkeit des Baugrundes des Nachbargrundstücks dürfen nicht gefährdet werden.

(2) Die Verwendung gemeinsamer Bauteile für mehrere Anlagen ist zulässig, wenn öffentlich-rechtlich und technisch gesichert ist, dass die gemeinsamen Bauteile beim Abbruch einer der Anlagen stehen bleiben können.

§ 13 Schutz gegen schädliche Einflüsse. [1]Bauliche Anlagen müssen so angeordnet, beschaffen und gebrauchstauglich sein, dass durch Wasser, Feuchtigkeit, Einflüsse der Witterung, pflanzliche oder tierische Schädlinge oder durch andere chemische, physikalische oder biologische Einflüsse Gefahren oder unzumutbare Belästigungen nicht entstehen. [2]Baugrundstücke müssen für Anlagen geeignet sein.

§ 14[1)] Brandschutz. (1) Anlagen sind so anzuordnen, zu errichten, zu ändern und instand zu halten, dass der Entstehung eines Brandes und der Ausbreitung von Feuer und Rauch (Brandausbreitung) vorgebeugt wird und bei einem Brand die Rettung von Menschen und Tieren sowie wirksame Löscharbeiten möglich sind.

(2) [1]Zum Schutz von schlafenden Personen müssen

1. in Wohnungen die Schlafräume und Kinderzimmer sowie Flure, über die Rettungswege von Aufenthaltsräumen führen,
2. in sonstigen Nutzungseinheiten, die keine Räume besonderer Art oder Nutzung im Sinne des § 2 Abs. 9 sind, die Aufenthaltsräume, in denen bestimmungsgemäß Personen schlafen

jeweils mindestens einen Rauchwarnmelder haben. [2]Die Rauchwarnmelder müssen so eingebaut oder angebracht und betrieben werden, dass Brandrauch frühzeitig erkannt und gemeldet wird. [3]Die Sicherstellung der Betriebsbereitschaft obliegt

1. in Wohnungen nach Satz 1 Nr. 1 den unmittelbaren Besitzerinnen und Besitzern,
2. in Nutzungseinheiten nach Satz 1 Nr. 2 den Betreiberinnen und Betreibern,

es sei denn, die Eigentümerinnen oder die Eigentümer haben diese Verpflichtung übernommen. [4]Bestehende Nutzungseinheiten nach Satz 1 Nr. 2 sind bis zum 1. Januar 2020 entsprechend auszustatten.

§ 15 Wärme-, Schall-, Erschütterungsschutz. (1) Gebäude müssen einen ihrer Nutzung und den klimatischen Verhältnissen entsprechenden Wärmeschutz haben.

(2) [1]Gebäude müssen einen ihrer Nutzung und Lage entsprechenden Schallschutz haben. [2]Geräusche, die von ortsfesten Anlagen oder Einrichtungen in baulichen Anlagen oder auf Baugrundstücken ausgehen, sind so zu dämmen, dass Gefahren oder unzumutbare Belästigungen nicht entstehen.

(3) Erschütterungen oder Schwingungen, die von ortsfesten Anlagen oder Einrichtungen in baulichen Anlagen oder auf Baugrundstücken ausgehen, sind so zu dämmen, dass Gefahren oder unzumutbare Belästigungen nicht entstehen.

---

1) § 14 Abs. 2 Satz 1 Nr. 2 neu gef. mWv 11.6.2020 durch G v. 3.6.2020 (GVBl. S. 378).

§ 16 Verkehrssicherheit. (1) Bauliche Anlagen und die dem Verkehr dienenden nicht überbauten Flächen von bebauten Grundstücken müssen verkehrssicher sein.

(2) Die Sicherheit und Leichtigkeit des öffentlichen Verkehrs dürfen durch Anlagen oder durch ihre Nutzung nicht gefährdet werden.

§ 17 Bauarten. (1) Bauarten dürfen nur angewendet werden, wenn bei ihrer Anwendung die Anlagen bei ordnungsgemäßer Instandhaltung während einer dem Zweck entsprechenden angemessenen Zeitdauer die Anforderungen dieses Gesetzes oder aufgrund dieses Gesetzes erfüllen und für ihren Anwendungszweck tauglich sind.

(2) [1] Bauarten, die von Technischen Baubestimmungen nach § 90 Abs. 2 Nr. 2 oder 3 Buchst. a wesentlich abweichen oder für die es allgemein anerkannte Regeln der Technik nicht gibt, dürfen bei der Errichtung, Änderung und Instandhaltung von Anlagen nur angewendet werden, wenn für sie

1. eine allgemeine Bauartgenehmigung durch das Deutsche Institut für Bautechnik oder
2. eine vorhabenbezogene Bauartgenehmigung durch die oberste Bauaufsichtsbehörde erteilt worden ist. [2] § 21 Abs. 2 bis 7 gilt entsprechend.

(3) [1] Anstelle einer allgemeinen Bauartgenehmigung genügt ein allgemeines bauaufsichtliches Prüfzeugnis für Bauarten, wenn die Bauart nach allgemein anerkannten Prüfverfahren beurteilt werden kann. [2] In den Technischen Baubestimmungen nach § 90 Abs. 1 werden diese Bauarten mit der Angabe der maßgebenden technischen Regeln bekannt gemacht. [3] § 22 Abs. 2 gilt entsprechend.

(4) Wenn Gefahren im Sinne des § 3 Satz 1 und 2 nicht zu erwarten sind, kann die oberste Bauaufsichtsbehörde im Einzelfall oder für genau begrenzte Fälle allgemein festlegen, dass eine Bauartgenehmigung nicht erforderlich ist.

(5) [1] Bauarten bedürfen einer Bestätigung ihrer Übereinstimmung mit den Technischen Baubestimmungen nach § 90 Abs. 1, den allgemeinen Bauartgenehmigungen, den allgemeinen bauaufsichtlichen Prüfzeugnissen für Bauarten oder den vorhabenbezogenen Bauartgenehmigungen. [2] Als Übereinstimmung gilt auch eine Abweichung, die nicht wesentlich ist. [3] § 24 Abs. 2 gilt für den Anwender der Bauart entsprechend.

(6) [1] Bei Bauarten, deren Anwendung in außergewöhnlichem Maß von der Sachkunde und Erfahrung der damit betrauten Personen oder von einer Ausstattung mit besonderen Vorrichtungen abhängt, kann in der Bauartgenehmigung oder durch Rechtsverordnung der obersten Bauaufsichtsbehörde vorgeschrieben werden, dass der Anwender über solche Fachkräfte und Vorrichtungen verfügt und den Nachweis hierüber gegenüber einer Prüfstelle nach § 27 Satz 1 Nr. 6 zu erbringen hat. [2] In der Rechtsverordnung können Mindestanforderungen an die Ausbildung, die durch Prüfung nachzuweisende Befähigung und die Ausbildungsstätten einschließlich der Anerkennungsvoraussetzungen gestellt werden.

(7) Für Bauarten, die einer außergewöhnlichen Sorgfalt bei Ausführung oder Instandhaltung bedürfen, kann in der Bauartgenehmigung oder durch Rechtsverordnung der obersten Bauaufsichtsbehörde die Überwachung dieser Tätigkeiten durch eine Überwachungsstelle nach § 27 Satz 1 Nr. 5 vorgeschrieben werden.

Dritter Abschnitt. Bauprodukte

§ 18 Allgemeine Anforderungen für die Verwendung von Bauprodukten. (1) Bauprodukte dürfen nur verwendet werden, wenn bei ihrer Verwendung die Anlagen bei ordnungsgemäßer Instandhaltung während einer dem Zweck entsprechenden angemessenen Zeitdauer die Anforderungen dieses Gesetzes oder aufgrund dieses Gesetzes erfüllen und gebrauchstauglich sind.

(2) Bauprodukte, die in Vorschriften anderer Vertragsstaaten des Abkommens vom 2. Mai 1992 über den europäischen Wirtschaftsraum genannten technischen Anforderungen entsprechen, dürfen verwendet werden, wenn das geforderte Schutzniveau nach § 3 Satz 1 und 2 gleichermaßen dauerhaft erreicht wird.

§ 19 Anforderungen für die Verwendung von CE-gekennzeichneten Bauprodukten. [1] Ein Bauprodukt, das die CE-Kennzeichnung trägt, darf verwendet werden, wenn die erklärten Leistungen den in diesem Gesetz oder aufgrund dieses Gesetzes festgelegten Anforderungen für diese Verwendung entsprechen. [2] Die §§ 20 bis 28 Abs. 1 gelten nicht für Bauprodukte, die die CE-Kennzeichnung aufgrund der Verordnung (EU) Nr. 305/2011 tragen.

§ 20 Verwendbarkeitsnachweis. (1) Ein Verwendbarkeitsnachweis (§§ 21 bis 23) ist für ein Bauprodukt erforderlich, wenn

1. es hierfür keine Technischen Baubestimmungen (§ 90 Abs. 1) und keine allgemein anerkannte Regel der Technik gibt,
2. das Bauprodukt von den Technischen Baubestimmungen (§ 90 Abs. 1) wesentlich abweicht oder
3. eine Verordnung nach § 89 Abs. 9 es vorsieht.

(2) Ein Verwendbarkeitsnachweis ist nicht erforderlich für ein Bauprodukt,

1. das von einer allgemein anerkannten Regel der Technik abweicht oder
2. das für die Erfüllung der Anforderungen dieses Gesetzes oder aufgrund dieses Gesetzes nur eine untergeordnete Bedeutung hat.

(3) Die Technischen Baubestimmungen nach § 90 Abs. 1 enthalten eine nicht abschließende Liste von Bauprodukten, die keines Verwendbarkeitsnachweises nach Abs. 1 bedürfen.

§ 21 Allgemeine bauaufsichtliche Zulassung. (1) Das Deutsche Institut für Bautechnik erteilt auf Antrag unter den Voraussetzungen des § 20 Abs. 1 eine allgemeine bauaufsichtliche Zulassung für nicht geregelte Bauprodukte, wenn deren Verwendbarkeit im Sinne des § 18 Abs. 1 nachgewiesen ist.

(2) [1] Die zur Begründung des Antrags erforderlichen Unterlagen sind beizufügen. [2] Soweit erforderlich, sind Probestücke vom Antragsteller zur Verfügung zu stellen oder durch Sachverständige, die das Deutsche Institut für Bautechnik bestimmen kann, zu entnehmen oder Probeausführungen unter Aufsicht der Sachverständigen herzustellen. [3] § 70 Abs. 2 gilt entsprechend.

(3) Das Deutsche Institut für Bautechnik kann für die Durchführung der Prüfung die sachverständige Stelle und für Probeausführungen die Ausführungsstelle und Ausführungszeit vorschreiben.

(4) [1] Die allgemeine bauaufsichtliche Zulassung wird widerruflich und für eine bestimmte Frist erteilt, die in der Regel fünf Jahre beträgt. [2] Die Zulassung

kann mit Nebenbestimmungen erteilt werden. [3]Sie kann auf Antrag in der Regel um fünf Jahre verlängert werden; § 74 Abs. 7 Satz 3 gilt entsprechend.

(5) Die Zulassung wird unbeschadet der privaten Rechte Dritter erteilt.

(6) Das Deutsche Institut für Bautechnik macht die von ihm erteilten allgemeinen bauaufsichtlichen Zulassungen nach Gegenstand und wesentlichem Inhalt öffentlich bekannt.

(7) Allgemeine bauaufsichtliche Zulassungen nach dem Recht anderer Länder gelten auch im Land Hessen.

§ 22 Allgemeines bauaufsichtliches Prüfzeugnis. (1) [1]Bauprodukte, die nach allgemein anerkannten Prüfverfahren beurteilt werden, bedürfen anstelle einer allgemeinen bauaufsichtlichen Zulassung nur eines allgemeinen bauaufsichtlichen Prüfzeugnisses. [2]Dies wird mit der Angabe der maßgebenden technischen Regeln in den Technischen Baubestimmungen nach § 90 Abs. 1 bekannt gemacht.

(2) [1]Ein allgemeines bauaufsichtliches Prüfzeugnis wird von einer Prüfstelle nach § 27 Satz 1 Nr. 1 für nicht geregelte Bauprodukte nach Abs. 1 erteilt, wenn deren Verwendbarkeit im Sinne des § 18 Abs. 1 nachgewiesen ist. [2]§ 21 Abs. 2 und 4 bis 7 gilt entsprechend. [3]Die Anerkennungsbehörde für Stellen nach § 27 Satz 1 Nr. 1 und § 89 Abs. 7 Nr. 2 kann allgemeine bauaufsichtliche Prüfzeugnisse zurücknehmen oder widerrufen; die §§ 48 und 49 des Hessischen Verwaltungsverfahrensgesetzes finden Anwendung.

§ 23 Nachweis der Verwendbarkeit von Bauprodukten im Einzelfall. [1]Mit Zustimmung der obersten Bauaufsichtsbehörde dürfen unter den Voraussetzungen des § 20 Abs. 1 im Einzelfall Bauprodukte verwendet werden, wenn ihre Verwendbarkeit im Sinne des § 18 Abs. 1 nachgewiesen ist. [2]Wenn Gefahren im Sinne des § 3 Satz 1 und 2 nicht zu erwarten sind, kann die oberste Bauaufsichtsbehörde im Einzelfall erklären, dass ihre Zustimmung nicht erforderlich ist.

§ 24 Übereinstimmungsbestätigung. (1) [1]Bauprodukte bedürfen einer Bestätigung ihrer Übereinstimmung mit den Technischen Baubestimmungen nach § 90 Abs. 1, den allgemeinen bauaufsichtlichen Zulassungen, den allgemeinen bauaufsichtlichen Prüfzeugnissen oder den Zustimmungen im Einzelfall. [2]Als Übereinstimmung gilt auch eine Abweichung, die nicht wesentlich ist.

(2) Die Bestätigung der Übereinstimmung erfolgt durch Übereinstimmungserklärung des herstellenden Unternehmens (§ 25).

(3) Die Übereinstimmungserklärung hat das herstellende Unternehmen durch Kennzeichnung der Bauprodukte mit dem Übereinstimmungszeichen (Ü-Zeichen) unter Hinweis auf den Verwendungszweck abzugeben.

(4) Das Ü-Zeichen ist auf dem Bauprodukt, auf einem Beipackzettel oder auf seiner Verpackung oder, wenn dies Schwierigkeiten bereitet, auf dem Lieferschein oder auf einer Anlage zum Lieferschein anzubringen.

(5) Ü-Zeichen aus anderen Ländern und aus anderen Staaten gelten auch im Land Hessen.

§ 25 Übereinstimmungserklärung des herstellenden Unternehmens.

(1) Das herstellende Unternehmen darf eine Übereinstimmungserklärung nur abgeben, wenn durch werkseigene Produktionskontrolle sichergestellt ist, dass das hergestellte Bauprodukt den maßgebenden technischen Regeln, der allgemeinen bauaufsichtlichen Zulassung, dem allgemeinen bauaufsichtlichen Prüfzeugnis oder der Zustimmung im Einzelfall entspricht.

(2) [1] In den Technischen Baubestimmungen nach § 90 Abs. 1, in den allgemeinen bauaufsichtlichen Zulassungen, in den allgemeinen bauaufsichtlichen Prüfzeugnissen oder in den Zustimmungen im Einzelfall kann eine Prüfung der Bauprodukte durch eine Prüfstelle nach § 27 Satz 1 Nr. 2 vor Abgabe der Übereinstimmungserklärung vorgeschrieben werden, wenn dies zur Sicherung einer ordnungsgemäßen Herstellung erforderlich ist. [2] In diesen Fällen hat die Prüfstelle das Bauprodukt daraufhin zu überprüfen, ob es den maßgebenden technischen Regeln, der allgemeinen bauaufsichtlichen Zulassung, dem allgemeinen bauaufsichtlichen Prüfzeugnis oder der Zustimmung im Einzelfall entspricht.

(3) [1] In den Technischen Baubestimmungen nach § 90 Abs. 1, in den allgemeinen bauaufsichtlichen Zulassungen oder in den Zustimmungen im Einzelfall kann eine Zertifizierung vor Abgabe der Übereinstimmungserklärung vorgeschrieben werden, wenn dies zum Nachweis einer ordnungsgemäßen Herstellung eines Bauproduktes erforderlich ist. [2] Die oberste Bauaufsichtsbehörde kann im Einzelfall die Verwendung von Bauprodukten ohne Zertifizierung gestatten, wenn nachgewiesen ist, dass diese Bauprodukte den technischen Regeln, Zulassungen, Prüfzeugnissen oder Zustimmungen nach Abs. 1 entsprechen.

(4) Bauprodukte, die nicht in Serie hergestellt werden, bedürfen nur einer Übereinstimmungserklärung nach Abs. 1, sofern nichts anderes bestimmt ist.

§ 26 Zertifizierung. (1) Dem herstellenden Unternehmen ist ein Übereinstimmungszertifikat von einer Zertifizierungsstelle nach § 27 Satz 1 Nr. 3 zu erteilen, wenn das Bauprodukt

1. den Technischen Baubestimmungen nach § 90 Abs. 1, der allgemeinen bauaufsichtlichen Zulassung, dem allgemeinen bauaufsichtlichen Prüfzeugnis oder der Zustimmung im Einzelfall entspricht und
2. einer werkseigenen Produktionskontrolle sowie einer Fremdüberwachung nach Maßgabe des Abs. 2 unterliegt.

(2) [1] Die Fremdüberwachung ist von Überwachungsstellen nach § 27 Satz 1 Nr. 4 durchzuführen. [2] Die Fremdüberwachung hat regelmäßig zu überprüfen, ob das Bauprodukt den Technischen Baubestimmungen nach § 90 Abs. 1, der allgemeinen bauaufsichtlichen Zulassung, dem allgemeinen bauaufsichtlichen Prüfzeugnis oder der Zustimmung im Einzelfall entspricht.

§ 27 Prüf-, Zertifizierungs- und Überwachungsstellen. [1] Die oberste Bauaufsichtsbehörde kann eine natürliche oder juristische Person als

1. Prüfstelle für die Erteilung allgemeiner bauaufsichtlicher Prüfzeugnisse (§ 22 Abs. 2),
2. Prüfstelle für die Überprüfung von Bauprodukten vor Bestätigung der Übereinstimmung (§ 25 Abs. 2),
3. Zertifizierungsstelle (§ 26 Abs. 1),

4. Überwachungsstelle für die Fremdüberwachung (§ 26 Abs. 2),
5. Überwachungsstelle für die Überwachung nach § 17 Abs. 7 und § 28 Abs. 2 oder
6. Prüfstelle für die Überprüfung nach § 17 Abs. 6 und § 28 Abs. 1

anerkennen, wenn sie oder die bei ihr Beschäftigten nach ihrer Ausbildung, Fachkenntnis, persönlichen Zuverlässigkeit, ihrer Unparteilichkeit und ihren Leistungen die Gewähr dafür bieten, dass diese Aufgaben den öffentlich-rechtlichen Vorschriften entsprechend wahrgenommen werden, und wenn sie über die erforderlichen Vorrichtungen verfügen. [2] Satz 1 ist entsprechend auf Behörden anzuwenden, wenn sie ausreichend mit geeigneten Fachkräften besetzt und mit den erforderlichen Vorrichtungen ausgestattet sind. [3] Die Anerkennung von Prüf-, Zertifizierungs- und Überwachungsstellen anderer Länder gilt auch im Land Hessen.

§ 28 Besondere Sachkunde- und Sorgfaltsanforderungen. (1) [1] Bei Bauprodukten, deren Herstellung in außergewöhnlichem Maß von der Sachkunde und Erfahrung der damit betrauten Personen oder von einer Ausstattung mit besonderen Vorrichtungen abhängt, kann in der allgemeinen bauaufsichtlichen Zulassung, in der Zustimmung im Einzelfall oder durch Rechtsverordnung der obersten Bauaufsichtsbehörde vorgeschrieben werden, dass der Hersteller über solche Fachkräfte und Vorrichtungen verfügt und den Nachweis hierüber gegenüber einer Prüfstelle nach § 27 Satz 1 Nr. 6 zu erbringen hat. [2] In der Rechtsverordnung können Mindestanforderungen an die Ausbildung, die durch Prüfung nachzuweisende Befähigung und die Ausbildungsstätten einschließlich der Anerkennungsvoraussetzungen gestellt werden.

(2) Für Bauprodukte, die wegen ihrer besonderen Eigenschaften oder ihres besonderen Verwendungszwecks einer außergewöhnlichen Sorgfalt bei Einbau, Transport, Instandhaltung oder Reinigung bedürfen, kann in der allgemeinen bauaufsichtlichen Zulassung, in der Zustimmung im Einzelfall oder durch Rechtsverordnung der obersten Bauaufsichtsbehörde die Überwachung dieser Tätigkeiten durch eine Überwachungsstelle nach § 27 Satz 1 Nr. 5 vorgeschrieben werden, soweit diese Tätigkeiten nicht bereits durch Verordnung (EU) Nr. 305/2011 erfasst sind.

Vierter Abschnitt. Brandverhalten von Baustoffen und Bauteilen, Wände, Decken und Dächer

§ 29 Allgemeine Anforderungen an das Brandverhalten von Baustoffen und Bauteilen. (1) [1] Baustoffe werden nach den Anforderungen an ihr Brandverhalten unterschieden in

1. nicht brennbar,
2. schwerentflammbar,
3. normalentflammbar.

[2] Baustoffe, die nicht mindestens normal entflammbar sind (leichtentflammbare Baustoffe), dürfen nicht verwendet werden; dies gilt nicht, wenn sie in Verbindung mit anderen Baustoffen nicht leichtentflammbar sind.

(2) [1] Bauteile werden nach den Anforderungen an ihre Feuerwiderstandsfähigkeit unterschieden in

1. feuerbeständig,

2. hochfeuerhemmend,
3. feuerhemmend.

[2]Die Feuerwiderstandsfähigkeit bezieht sich bei tragenden und aussteifenden Bauteilen auf deren Standsicherheit im Brandfall, bei raumabschließenden Bauteilen auf deren Widerstand gegen die Brandausbreitung. [3]Bauteile werden zusätzlich nach dem Brandverhalten ihrer Baustoffe unterschieden in

1. Bauteile aus nichtbrennbaren Baustoffen,
2. Bauteile, deren tragende und aussteifende Teile aus nichtbrennbaren Baustoffen bestehen und die bei raumabschließenden Bauteilen zusätzlich eine in Bauteilebene durchgehende Schicht aus nicht brennbaren Baustoffen haben,
3. Bauteile, deren tragende und aussteifende Teile aus brennbaren Baustoffen bestehen und die allseitig eine brandschutztechnisch wirksame Bekleidung aus nichtbrennbaren Baustoffen (Brandschutzbekleidung) und Dämmstoffe aus nichtbrennbaren Baustoffen haben,
4. Bauteile aus brennbaren Baustoffen.

[4]Soweit in diesem Gesetz oder in Vorschriften aufgrund dieses Gesetzes nichts anderes bestimmt ist, müssen

1. Bauteile, die feuerbeständig sein müssen, mindestens den Anforderungen von Satz 3 Nr. 2,
2. Bauteile, die hochfeuerhemmend sein müssen, mindestens den Anforderungen von Satz 3 Nr. 3

entsprechen. [5]Abweichend von Satz 4 sind andere Bauteile, die feuerbeständig oder hochfeuerhemmend sein müssen, aus brennbaren Baustoffen zulässig, sofern sie den Technischen Baubestimmungen nach § 90 entsprechen. [6]Abweichungen von in den Technischen Baubestimmungen enthaltenen Planungs-, Bemessungs- und Ausführungsregelungen bedürfen einer Abweichungsentscheidung nach § 73. [7]§ 17 bleibt unberührt. [8]Satz 5 gilt nicht für Wände nach § 33 Abs. 3 Satz 1 und Wände nach § 38 Abs. 4 Satz 1 Nr. 1.

§ 30 Tragende Wände, Stützen. (1) [1]Tragende und aussteifende Wände und Stützen müssen im Brandfall ausreichend lang standsicher sein. [2]Sie müssen

1. in Gebäuden der Gebäudeklasse 5 feuerbeständig,
2. in Gebäuden der Gebäudeklasse 4 hochfeuerhemmend,
3. in Gebäuden der Gebäudeklassen 2 und 3 feuerhemmend

sein. [3]Satz 2 gilt

1. für Geschosse im Dachraum nur, wenn darüber noch Aufenthaltsräume möglich sind; § 32 Abs. 4 bleibt unberührt,
2. nicht für Balkone, ausgenommen offene Gänge, die als notwendige Flure dienen.

(2) Im Kellergeschoss müssen tragende und aussteifende Wände und Stützen

1. in Gebäuden der Gebäudeklassen 3 bis 5 feuerbeständig,
2. in Gebäuden der Gebäudeklassen 1 und 2 feuerhemmend sein.

§ 31[1)] **Außenwände.** (1) Außenwände und Außenwandteile wie Brüstungen und Schürzen sind so auszubilden, dass eine Brandausbreitung auf und in diesen Bauteilen ausreichend lang begrenzt ist.

(2) [1] Nichttragende Außenwände und nichttragende Teile tragender Außenwände müssen aus nichtbrennbaren Baustoffen bestehen; sie sind aus brennbaren Baustoffen zulässig, wenn sie als raumabschließende Bauteile feuerhemmend sind. [2] Satz 1 gilt nicht für:

1. Türen und Fenster,
2. Fugendichtungen,
3. brennbare Dämmstoffe in nicht brennbaren geschlossenen Profilen der Außenwandkonstruktionen und
4. Kleinteile, die nicht zur Brandausbreitung beitragen.

(3) [1] Oberflächen von Außenwänden sowie Außenwandbekleidungen müssen einschließlich der Dämmstoffe und Unterkonstruktionen schwerentflammbar sein; Unterkonstruktionen aus normalentflammbaren Baustoffen sind zulässig, wenn die Anforderungen nach Abs. 1 erfüllt sind. [2] Balkonbekleidungen, die über die erforderliche Umwehrungshöhe hinaus hochgeführt werden, und mehr als zwei Geschosse überbrückende Solaranlagen an Außenwänden müssen schwerentflammbar sein. [3] Baustoffe, die schwerentflammbar sein müssen, in Bauteilen nach Satz 1 Halbsatz 1 und Satz 2, dürfen nicht brennend abfallen oder abtropfen.

(4) [1] Bei Außenwandkonstruktionen mit geschossübergreifenden Hohl- oder Lufträumen wie hinterlüfteten Außenwandbekleidungen sind gegen die Brandausbreitung besondere Vorkehrungen zu treffen. [2] Satz 1 gilt für Doppelfassaden entsprechend.

(5) [1] Abs. 2, 3 und 4 Satz 1 gelten nicht für Gebäude der Gebäudeklassen 1 bis 3. [2] Abs. 4 Satz 2 gilt nicht für Gebäude der Gebäudeklassen 1 und 2. [3] Abweichend von Abs. 3 sind hinterlüftete Außenwandbekleidungen, die den Technischen Baubestimmungen nach § 90 entsprechen, mit Ausnahme der Dämmstoffe, aus normalentflammbaren Baustoffen zulässig.

§ 32 Trennwände. (1) Trennwände nach Abs. 2 müssen als raumabschließende Bauteile von Räumen oder Nutzungseinheiten innerhalb von Geschossen ausreichend lang widerstandsfähig gegen die Brandausbreitung sein.

(2) Trennwände sind erforderlich

1. zwischen Nutzungseinheiten sowie zwischen Nutzungseinheiten und anders genutzten Räumen, ausgenommen notwendigen Fluren,
2. zum Abschluss von Räumen mit Explosions- oder erhöhter Brandgefahr,
3. zwischen Aufenthaltsräumen und anders genutzten Räumen im Kellergeschoss.

(3) [1] Trennwände nach Abs. 2 Nr. 1 und 3 müssen die Feuerwiderstandsfähigkeit der tragenden und aussteifenden Bauteile des Geschosses haben, jedoch mindestens feuerhemmend sein. [2] Trennwände nach Abs. 2 Nr. 2 müssen feuerbeständig sein.

[1)] § 31 Abs. 2 Satz 2 Nr. 2 und 3 geänd., Nr. 4 und Abs. 5 Satz 3 angef. mWv 29.11.2022 durch G v. 22.11.2022 (GVBl. S. 571).

(4) [1] Die Trennwände nach Abs. 2 sind bis zur Rohdecke, im Dachraum bis unter die Dachhaut zu führen. [2] Werden in Dachräumen Trennwände nur bis zur Rohdecke geführt, ist diese Decke als raumabschließendes Bauteil einschließlich der sie tragenden und aussteifenden Bauteile feuerhemmend herzustellen.

(5) Öffnungen in Trennwänden nach Abs. 2 sind nur zulässig, wenn sie auf die für die Nutzung erforderliche Zahl und Größe beschränkt sind; sie müssen feuerhemmende, dicht und selbstschließende Abschlüsse haben.

(6) Abs. 1 bis 5 gelten nicht für Wohngebäude der Gebäudeklassen 1 und 2.

§ 33 Brandwände. (1) Brandwände müssen als raumabschließende Bauteile zum Abschluss von Gebäuden (Gebäudeabschlusswand) oder zur Unterteilung von Gebäuden in Brandabschnitte (innere Brandwand) ausreichend lang die Brandausbreitung auf andere Gebäude oder Brandabschnitte verhindern.

(2) Brandwände sind erforderlich

1. als Gebäudeabschlusswand, ausgenommen von Gebäuden ohne Aufenthaltsräume und ohne Feuerstätten mit nicht mehr als 50 m³ Brutto-Rauminhalt, wenn diese Abschlusswände an oder mit einem Abstand von weniger als 2,50 m gegenüber der Grundstücksgrenze errichtet werden, es sei denn, dass ein Abstand von mindestens 5 m zu bestehenden oder nach den baurechtlichen Vorschriften zulässigen künftigen Gebäuden öffentlich-rechtlich gesichert ist,
2. als innere Brandwand zur Unterteilung ausgedehnter Gebäude in Abständen von nicht mehr als 40 m,
3. als innere Brandwand zur Unterteilung landwirtschaftlich genutzter Gebäude in Brandabschnitte von nicht mehr als 10 000 m³ Brutto-Rauminhalt,
4. als Gebäudeabschlusswand zwischen Wohngebäuden und angebauten landwirtschaftlich genutzten Gebäuden sowie als innere Brandwand zwischen dem Wohnteil und dem landwirtschaftlich genutzten Teil eines Gebäudes.

(3) [1] Brandwände müssen auch unter zusätzlicher mechanischer Beanspruchung feuerbeständig sein und aus nichtbrennbaren Baustoffen bestehen. [2] Anstelle von Brandwänden sind in den Fällen des Abs. 2 Nr. 1 bis 3 zulässig:

1. für Gebäude der Gebäudeklasse 4 Wände, die auch unter zusätzlicher mechanischer Beanspruchung hochfeuerhemmend sind,
2. für Gebäude der Gebäudeklassen 1 bis 3 hochfeuerhemmende Wände,
3. für Gebäude der Gebäudeklassen 1 bis 3 Gebäudeabschlusswände, die jeweils von innen nach außen die Feuerwiderstandsfähigkeit der tragenden und aussteifenden Teile des Gebäudes, mindestens jedoch feuerhemmende Bauteile, und von außen nach innen die Feuerwiderstandsfähigkeit feuerbeständiger Bauteile haben.

[3] In den Fällen des Abs. 2 Nr. 4 sind anstelle von Brandwänden feuerbeständige Wände zulässig, wenn der Brutto-Rauminhalt des landwirtschaftlich genutzten Gebäudes oder Gebäudeteils nicht größer als 2 000 m³ ist.

(4) [1] Brandwände müssen bis zur Bedachung durchgehen und in allen Geschossen übereinander angeordnet sein. [2] Abweichend davon dürfen anstelle innerer Brandwände Wände geschossweise versetzt angeordnet werden, wenn

1. die Wände im Übrigen Abs. 3 Satz 1 entsprechen,

2. die Decken, soweit sie in Verbindung mit diesen Wänden stehen, feuerbeständig, aus nichtbrennbaren Baustoffen sind und keine Öffnungen haben,
3. die Bauteile, die diese Wände und Decken unterstützen, feuerbeständig und aus nichtbrennbaren Baustoffen sind,
4. die Außenwände in der Breite des Versatzes in dem Geschoss oberhalb oder unterhalb des Versatzes feuerbeständig sind und
5. Öffnungen in den Außenwänden im Bereich des Versatzes so angeordnet oder andere Vorkehrungen so getroffen sind, dass eine Brandübertragung in andere Brandabschnitte nicht zu befürchten ist.

(5) [1] Brandwände sind 0,30 m über die Bedachung zu führen oder in Höhe der Dachhaut mit einer beiderseits 0,50 m auskragenden feuerbeständigen Platte aus nichtbrennbaren Baustoffen abzuschließen; darüber dürfen brennbare Teile des Daches nicht hinweggeführt werden. [2] Bei Gebäuden der Gebäudeklassen 1 bis 3 sind Brandwände mindestens bis unter die Dachhaut zu führen. [3] Verbleibende Hohlräume sind vollständig mit nichtbrennbaren Baustoffen auszufüllen.

(6) Müssen Gebäude oder Gebäudeteile, die über Eck zusammenstoßen, durch eine Brandwand getrennt werden, so muss der Abstand dieser Wand von der inneren Ecke mindestens 5 m betragen; das gilt nicht, wenn der Winkel der inneren Ecke mehr als 120° beträgt oder mindestens eine Außenwand auf 5 m Länge als öffnungslose feuerbeständige Wand aus nichtbrennbaren Baustoffen, bei Gebäuden der Gebäudeklassen 1 bis 4 als öffnungslose hochfeuerhemmende Wand ausgebildet ist.

(7) [1] Bauteile mit brennbaren Baustoffen dürfen über Brandwände nicht hinweggeführt werden. [2] Bei Außenwandkonstruktionen, die eine seitliche Brandausbreitung begünstigen können, wie hinterlüftete Außenwandbekleidungen oder Doppelfassaden, sind gegen die Brandausbreitung im Bereich der Brandwände besondere Vorkehrungen zu treffen. [3] Außenwandbekleidungen von Gebäudeabschlusswänden müssen einschließlich der Dämmstoffe und Unterkonstruktionen nichtbrennbar sein. [4] Bauteile dürfen in Brandwände nur so weit eingreifen, dass deren Feuerwiderstandsfähigkeit nicht beeinträchtigt wird; für Leitungen, Leitungsschlitze und Schornsteine gilt dies entsprechend.

(8) [1] Öffnungen in Brandwänden sind unzulässig. [2] Sie sind in inneren Brandwänden nur zulässig, wenn sie auf die für die Nutzung erforderliche Zahl und Größe beschränkt sind. [3] Die Öffnungen müssen feuerbeständige, dicht und selbstschließende Abschlüsse haben.

(9) In inneren Brandwänden sind feuerbeständige Verglasungen nur zulässig, wenn sie auf die für die Nutzung erforderliche Zahl und Größe beschränkt sind.

(10) Abs. 2 Nr. 1 gilt nicht für seitliche Wände von Vorbauten im Sinne des § 6 Abs. 6, wenn sie von dem Nachbargebäude oder der Nachbargrenze einen Abstand einhalten, der ihrer eigenen Ausladung entspricht, mindestens jedoch 1 m beträgt.

(11) Abs. 4 bis 10 gelten entsprechend auch für Wände, die nach Abs. 3 Satz 2 und 3 anstelle von Brandwänden zulässig sind.

§ 34 Decken. (1) [1] Decken müssen als tragende und raumabschließende Bauteile zwischen Geschossen im Brandfall ausreichend lang standsicher und widerstandsfähig gegen die Brandausbreitung sein. [2] Sie müssen

1. in Gebäuden der Gebäudeklasse 5 feuerbeständig,
2. in Gebäuden der Gebäudeklasse 4 hochfeuerhemmend,
3. in Gebäuden der Gebäudeklassen 2 und 3 feuerhemmend

sein. [3] Satz 2 gilt

1. für Geschosse im Dachraum nur, wenn darüber Aufenthaltsräume möglich sind; § 32 Abs. 4 bleibt unberührt,
2. nicht für Balkone, ausgenommen offene Gänge, die als notwendige Flure dienen.

(2) [1] Im Kellergeschoss müssen Decken

1. in Gebäuden der Gebäudeklassen 3 bis 5 feuerbeständig,
2. in Gebäuden der Gebäudeklassen 1 und 2 feuerhemmend

sein. [2] Decken müssen feuerbeständig sein

1. unter und über Räumen mit Explosions- oder erhöhter Brandgefahr, ausgenommen in Wohngebäuden der Gebäudeklassen 1 und 2,
2. zwischen dem landwirtschaftlich genutzten Teil und dem Wohnteil eines Gebäudes.

(3) Der Anschluss der Decken an die Außenwand ist so herzustellen, dass er den Anforderungen aus Abs. 1 Satz 1 genügt.

(4) Öffnungen in Decken, für die eine Feuerwiderstandsfähigkeit vorgeschrieben ist, sind nur zulässig

1. in Gebäuden der Gebäudeklassen 1 und 2,
2. innerhalb derselben Nutzungseinheit mit nicht mehr als insgesamt 400 m^2 in nicht mehr als zwei Geschossen,
3. im Übrigen, wenn sie auf die für die Nutzung erforderliche Zahl und Größe beschränkt sind und Abschlüsse mit der Feuerwiderstandsfähigkeit der Decke haben.

§ 35[1] Dächer. (1) Bedachungen müssen gegen eine Brandbeanspruchung von außen durch Flugfeuer und strahlende Wärme ausreichend lang widerstandsfähig sein (harte Bedachung).

(2) [1] Bedachungen, die die Anforderungen nach Abs. 1 nicht erfüllen, sind zulässig bei Gebäuden der Gebäudeklassen 1 bis 3, wenn die Gebäude

1. einen Abstand von der Grundstücksgrenze von mindestens 12 m,
2. von Gebäuden auf demselben Grundstück mit harter Bedachung einen Abstand von mindestens 15 m,
3. von Gebäuden auf demselben Grundstück mit Bedachungen, die die Anforderungen nach Abs. 1 nicht erfüllen, einen Abstand von mindestens 24 m,
4. von Gebäuden auf demselben Grundstück ohne Aufenthaltsräume und ohne Feuerstätten mit nicht mehr als 50 m^3 Brutto-Rauminhalt einen Abstand von mindestens 5 m

einhalten. [2] Soweit Gebäude nach Satz 1 Abstand halten müssen, genügt bei Wohngebäuden der Gebäudeklassen 1 und 2 in den Fällen

1. der Nr. 1 ein Abstand von mindestens 6 m,

[1] § 35 Abs. 5 Satz 1 geänd., Satz 2 neu gef. mWv 29.11.2022 durch G v. 22.11.2022 (GVBl. S. 571); Abs. 5 Satz 2 Nr. 1 Buchst. c geänd. mWv 14.10.2025 durch G v. 9.10.2025 (GVBl. Nr. 66).

2. der Nr. 2 ein Abstand von mindestens 9 m,
3. der Nr. 3 ein Abstand von mindestens 12 m.

(3) Abs. 1 und 2 gelten nicht für:

1. Gebäude ohne Aufenthaltsräume und ohne Feuerstätten mit nicht mehr als 50 m³ Brutto-Rauminhalt,
2. lichtdurchlässige Bedachungen aus nichtbrennbaren Baustoffen; brennbare Fugendichtungen und brennbare Dämmstoffe in nichtbrennbaren Profilen sind zulässig,
3. Dachflächenfenster, Oberlichte und Lichtkuppeln von Wohngebäuden,
4. Eingangsüberdachungen und Vordächer aus nichtbrennbaren Baustoffen,
5. Eingangsüberdachungen aus brennbaren Baustoffen, wenn die Eingänge nur zu Wohnungen führen.

(4) Abweichend von Abs. 1 und 2 sind

1. lichtdurchlässige Teilflächen aus brennbaren Baustoffen in Bedachungen nach Abs. 1 und
2. begrünte Bedachungen

zulässig, wenn eine Brandentstehung bei einer Brandbeanspruchung von außen durch Flugfeuer und strahlende Wärme nicht zu befürchten ist oder Vorkehrungen hiergegen getroffen werden.

(5) [1] Dachüberstände, Dachgesimse und Dachaufbauten, lichtdurchlässige Bedachungen, Dachflächenfenster, Lichtkuppeln, Oberlichte und Solaranlagen sind so anzuordnen und herzustellen, dass Feuer nicht auf andere Brandabschnitte und Nachbargrundstücke übertragen werden kann. [2] Zu Brandwänden und zu Wänden, die anstelle von Brandwänden zulässig sind,

1. dürfen ohne Abstand errichtet werden:
   a) Dachflächenfenster, Oberlichte, Lichtkuppeln und Öffnungen in der Bedachung, wenn diese Wände mindestens 0,30 m über die Bedachung geführt sind,
   b) Solaranlagen und ähnliche Dachaufbauten aus brennbaren Baustoffen, wenn diese Wände sie um mindestens 0,30 m überragen,
   c) Solaranlagen auf Gebäuden der Gebäudeklassen 1 und 2 sowie Solaranlagen aus nichtbrennbaren Baustoffen,
   d) Dachgauben und andere raumbildende Aufbauten, wenn sie durch diese Wände entsprechend § 33 Abs. 5 gegen Brandübertragung geschützt sind,
2. müssen Solaranlagen, die mit maximal 0,30 m Höhe über der Dachhaut installiert oder im Dach integriert sind und nicht unter Nr. 1 Buchst. b oder Buchst. c fallen, einen Abstand von mindestens 0,50 m einhalten,
3. müssen einen Abstand von mindestens 1,25 m einhalten:
   a) Dachflächenfenster, Oberlichte, Lichtkuppeln und Öffnungen in der Bedachung, wenn sie nicht unter Nr. 1 Buchst. a fallen,
   b) Solaranlagen und ähnliche Dachaufbauten aus brennbaren Baustoffen, wenn sie nicht unter Nr. 1 Buchst. b fallen bzw. Solaranlagen, wenn sie nicht unter Nr. 1 Buchst. c oder Nr. 2 fallen,
   c) Dachgauben und andere raumbildende Aufbauten, wenn sie nicht unter Nr. 1 Buchst. d fallen.

(6) [1] Dächer von traufseitig aneinandergebauten Gebäuden müssen als raumabschließende Bauteile für eine Brandbeanspruchung von innen nach außen einschließlich der sie tragenden und aussteifenden Bauteile feuerhemmend sein. [2] Öffnungen in diesen Dachflächen müssen waagerecht gemessen mindestens 2 m von der Brandwand oder der Wand, die anstelle der Brandwand zulässig ist, entfernt sein.

(7) [1] Dächer von Anbauten, die an Außenwände mit Öffnungen oder ohne Feuerwiderstandsfähigkeit anschließen, müssen innerhalb eines Abstands von 5 m von diesen Wänden als raumabschließende Bauteile für eine Brandbeanspruchung von innen nach außen einschließlich der sie tragenden und aussteifenden Bauteile die Feuerwiderstandsfähigkeit wie die Decken des Gebäudes oder Gebäudeteils haben, an das sie angebaut werden. [2] Dies gilt nicht für Anbauten an Wohngebäude der Gebäudeklassen 1 bis 3.

(8) Für vom Dach aus vorzunehmende Arbeiten sind sicher benutzbare Vorrichtungen anzubringen.

Fünfter Abschnitt. Rettungswege, Öffnungen, Umwehrungen

§ 36[1)] **Erster und zweiter Rettungsweg.** (1) [1] Für Nutzungseinheiten mit mindestens einem Aufenthaltsraum wie Wohnungen, Praxen, selbstständige Betriebsstätten müssen in jedem Geschoss mit Aufenthaltsräumen mindestens zwei voneinander unabhängige Rettungswege ins Freie vorhanden sein; beide Rettungswege dürfen jedoch innerhalb des Geschosses über denselben notwendigen Flur führen. [2] Ein zweiter Rettungsweg ist für Nutzungseinheiten, die zu ebener Erde liegen, nicht erforderlich, wenn im Brandfall die Rettung über einen direkten Ausgang ins Freie möglich ist und wenn keine Bedenken wegen der Personenrettung bestehen.

(2) [1] Für Nutzungseinheiten nach Abs. 1, die nicht zu ebener Erde liegen, muss der erste Rettungsweg über eine notwendige Treppe führen. [2] Der zweite Rettungsweg kann eine weitere notwendige Treppe oder eine mit Rettungsgeräten der Feuerwehr erreichbare Stelle der Nutzungseinheit sein. [3] Ein zweiter Rettungsweg ist nicht erforderlich, wenn die Rettung über einen sicher erreichbaren Treppenraum möglich ist, in den Feuer und Rauch nicht eindringen können (Sicherheitstreppenraum).

(3) [1] Gebäude, deren zweiter Rettungsweg über Rettungsgeräte der Feuerwehr führt und bei denen die Oberkante der Brüstung von zum Anleitern bestimmten Fenstern oder Stellen mehr als 8 m über der Geländeoberfläche liegt, dürfen nur errichtet werden, wenn die Feuerwehr über die erforderlichen Rettungsgeräte wie Hubrettungsfahrzeuge verfügt. [2] Bei Sonderbauten ist der zweite Rettungsweg über Rettungsgeräte der Feuerwehr nur zulässig, wenn keine Bedenken wegen der Personenrettung bestehen.

§ 37[2)] **Treppen.** (1) [1] Jedes nicht zu ebener Erde liegende Geschoss und der benutzbare Dachraum eines Gebäudes müssen über mindestens eine Treppe zugänglich sein (notwendige Treppe). [2] Statt notwendiger Treppen sind Rampen mit flacher Neigung zulässig.

[1)] § 36 Abs. 1 Satz 1 geänd. mWv 11.6.2020 durch G v. 3.6.2020 (GVBl. S. 378).
[2)] § 37 Abs. 4 Satz 3 angef. mWv 14.10.2025 durch G v. 9.10.2025 (GVBl. Nr. 66).

(2) [1] Einschiebbare Treppen und Rolltreppen sind als notwendige Treppen unzulässig. [2] In Gebäuden der Gebäudeklassen 1 und 2 sind einschiebbare Treppen und Leitern als Zugang zu einem Dachraum ohne Aufenthaltsräume zulässig.

(3) [1] Notwendige Treppen sind in einem Zuge zu allen angeschlossenen Geschossen zu führen; sie müssen mit den Treppen zum Dachraum unmittelbar verbunden sein. [2] Dies gilt nicht für Treppen

1. in Gebäuden der Gebäudeklassen 1 bis 3,
2. nach § 38 Abs. 1 Satz 3 Nr. 2.

(4) [1] Die tragenden Teile notwendiger Treppen müssen

1. in Gebäuden der Gebäudeklasse 5 feuerhemmend und aus nichtbrennbaren Baustoffen,
2. in Gebäuden der Gebäudeklasse 4 aus nichtbrennbaren Baustoffen,
3. in Gebäuden der Gebäudeklasse 3 aus nichtbrennbaren Baustoffen oder feuerhemmend

sein. [2] Tragende Teile von Außentreppen nach § 38 Abs. 1 Satz 3 Nr. 3 für Gebäude der Gebäudeklassen 3 bis 5 müssen aus nichtbrennbaren Baustoffen bestehen. [3] Satz 1 gilt nicht für notwendige Treppen, die nach § 38 Abs. 1 Satz 3 Nr. 2 ohne eigenen Treppenraum zulässig sind.

(5) Die nutzbare Breite der Treppenläufe und Treppenabsätze notwendiger Treppen muss für den größten zu erwartenden Verkehr ausreichen.

(6) [1] Treppen müssen einen festen und griffsicheren Handlauf haben. [2] Für Treppen sind Handläufe auf beiden Seiten und Zwischenhandläufe vorzusehen, soweit die Verkehrssicherheit oder Barrierefreiheit dies erfordert.

(7) [1] Eine Treppe darf nicht unmittelbar hinter einer Tür beginnen, die in Richtung der Treppe aufschlägt. [2] Zwischen Treppe und Tür ist ein ausreichend tiefer Treppenabsatz anzuordnen.

§ 38[1)] Notwendige Treppenräume, Ausgänge. (1) [1] Jede notwendige Treppe muss zur Sicherstellung der Rettungswege aus den Geschossen ins Freie in einem eigenen, durchgehenden Treppenraum liegen (notwendiger Treppenraum). [2] Notwendige Treppenräume müssen so angeordnet und ausgebildet sein, dass die Nutzung der notwendigen Treppen im Brandfall ausreichend lang möglich ist. [3] Notwendige Treppen sind ohne eigenen Treppenraum zulässig

1. in Gebäuden der Gebäudeklassen 1 und 2,
2. für die Verbindung von höchstens zwei Geschossen innerhalb derselben Nutzungseinheit von nicht mehr als 200 m² Grundfläche; in Geschossen mit mindestens einem Aufenthaltsraum muss ein anderer Rettungsweg erreichbar sein;
3. als Außentreppe, wenn ihre Nutzung ausreichend sicher ist und im Brandfall nicht gefährdet werden kann.

(2) [1] Von jeder Stelle eines Aufenthaltsraumes sowie eines Kellergeschosses muss mindestens ein Ausgang in einen notwendigen Treppenraum oder ins Freie in höchstens 35 m Entfernung erreichbar sein. [2] Übereinanderliegende Kellergeschosse müssen jeweils mindestens zwei Ausgänge in notwendige Trep-

1) § 38 Abs. 1 Satz 3 Nr. 2 neu gef. mWv 11.6.2020 durch G v. 3.6.2020 (GVBl. S. 378).

penräume oder ins Freie haben. [3]Sind mehrere notwendige Treppenräume erforderlich, müssen sie so verteilt sein, dass sie möglichst entgegengesetzt liegen und dass die Rettungswege möglichst kurz sind.

(3) [1]Jeder notwendige Treppenraum muss einen unmittelbaren Ausgang ins Freie haben. [2]Sofern der Ausgang eines notwendigen Treppenraumes nicht unmittelbar ins Freie führt, muss der Raum zwischen dem notwendigen Treppenraum und dem Ausgang ins Freie

1. mindestens so breit sein wie die dazugehörigen Treppenläufe,
2. Wände haben, die die Anforderungen an die Wände des Treppenraumes erfüllen,
3. rauchdichte und selbstschließende Abschlüsse zu notwendigen Fluren haben und
4. ohne Öffnungen zu anderen Räumen, ausgenommen zu notwendigen Fluren, sein.

[3]In Geschossen mit mehr als vier Nutzungseinheiten müssen notwendige Flure angeordnet sein.

(4) [1]Die Wände notwendiger Treppenräume müssen als raumabschließende Bauteile

1. in Gebäuden der Gebäudeklasse 5 die Bauart von Brandwänden haben,
2. in Gebäuden der Gebäudeklasse 4 auch unter zusätzlicher mechanischer Beanspruchung hochfeuerhemmend und
3. in Gebäuden der Gebäudeklasse 3 feuerhemmend

sein. [2]Dies ist nicht erforderlich für Außenwände von Treppenräumen, die aus nichtbrennbaren Baustoffen bestehen und durch andere an diese Außenwände anschließende Gebäudeteile im Brandfall nicht gefährdet werden können. [3]Der obere Abschluss notwendiger Treppenräume muss als raumabschließendes Bauteil die Feuerwiderstandsfähigkeit der Decken des Gebäudes haben; dies gilt nicht, wenn der obere Abschluss das Dach ist und die Treppenraumwände bis unter die Dachhaut reichen.

(5) In notwendigen Treppenräumen und in Räumen nach Abs. 3 Satz 2 müssen

1. Bekleidungen, Putze, Dämmstoffe, Unterdecken und Einbauten aus nichtbrennbaren Baustoffen bestehen,
2. Wände und Decken aus brennbaren Baustoffen eine Bekleidung aus nichtbrennbaren Baustoffen in ausreichender Dicke haben,
3. Bodenbeläge, ausgenommen Gleitschutzprofile, aus mindestens schwerentflammbaren Baustoffen bestehen.

(6) [1]In notwendigen Treppenräumen müssen Öffnungen

1. zu Kellergeschossen, zu nicht ausgebauten Dachräumen, Werkstätten, Läden, Lager- und ähnlichen Räumen sowie zu sonstigen Räumen und Nutzungseinheiten mit einer Fläche von mehr als 200 m^2 Grundfläche, ausgenommen Wohnungen, mindestens feuerhemmende, rauchdichte und selbstschließende Abschlüsse,
2. zu notwendigen Fluren rauchdichte und selbstschließende Abschlüsse,
3. zu sonstigen Räumen und Nutzungseinheiten mindestens dicht und selbstschließende Abschlüsse

haben. [2]Öffnungen zu Treppenräumen dürfen nicht breiter als 2,50 m sein. [3]Die Feuer- und Rauchschutzabschlüsse dürfen lichtdurchlässige Seitenteile und Oberlichte enthalten, wenn der Abschluss insgesamt nicht breiter als 2,50 m ist.

(7) [1]Notwendige Treppenräume müssen zu beleuchten sein. [2]Notwendige Treppenräume ohne Fenster müssen in Gebäuden mit einer Höhe nach § 2 Abs. 4 Satz 2 von mehr als 13 m eine Sicherheitsbeleuchtung haben.

(8) [1]Notwendige Treppenräume müssen belüftet und zur Unterstützung wirksamer Löscharbeiten entraucht werden können. [2]Sie müssen

1. in jedem oberirdischen Geschoss unmittelbar ins Freie führende Fenster mit einem freien Querschnitt von mindestens 0,50 m^2 haben, die geöffnet werden können, oder
2. an der obersten Stelle eine Öffnung zur Rauchableitung haben.

[3]In den Fällen des Satz 2 Nr. 1 ist in Gebäuden der Gebäudeklasse 5 an der obersten Stelle eine Öffnung zur Rauchableitung erforderlich. [4]In den Fällen des Satzes 2 Nr. 2 sind in Gebäuden der Gebäudeklassen 4 und 5, soweit dies zur Erfüllung der Anforderungen nach Satz 1 erforderlich ist, besondere Vorkehrungen zu treffen. [5]Öffnungen zur Rauchableitung nach Satz 2 bis 4 müssen in jedem Treppenraum einen freien Querschnitt von mindestens 1 m^2 und Vorrichtungen zum Öffnen ihrer Abschlüsse haben, die vom Erdgeschoss sowie vom obersten Treppenabsatz aus bedient werden können.

§ 39[1)] Notwendige Flure, offene Gänge. (1) [1]Flure, über die Rettungswege aus Aufenthaltsräumen oder aus Nutzungseinheiten mit Aufenthaltsräumen zu Ausgängen in notwendige Treppenräume oder ins Freie führen (notwendige Flure), müssen so angeordnet und ausgebildet sein, dass die Nutzung im Brandfall ausreichend lang möglich ist. [2]Notwendige Flure sind nicht erforderlich

1. in Wohngebäuden der Gebäudeklassen 1 und 2,
2. in sonstigen Gebäuden der Gebäudeklassen 1 und 2, ausgenommen in Kellergeschossen,
3. innerhalb von Nutzungseinheiten mit nicht mehr als 200 m^2 Grundfläche und innerhalb von Wohnungen,
4. innerhalb von Nutzungseinheiten, die einer Büro- oder Verwaltungsnutzung dienen, mit nicht mehr als 400 m^2 Grundfläche; das gilt auch für Teile größerer Nutzungseinheiten, wenn diese Teile nicht größer als 400 m^2 sind, Trennwände nach § 32 Abs. 2 Nr. 1 haben und jeder Teil unabhängig von anderen Teilen Rettungswege nach § 36 Abs. 1 hat.

(2) [1]Notwendige Flure müssen so breit sein, dass sie für den größten zu erwartenden Verkehr ausreichen. [2]In den Fluren ist eine Folge von weniger als drei Stufen unzulässig.

(3) [1]Notwendige Flure sind durch nichtabschließbare, rauchdichte und selbstschließende Abschlüsse in Rauchabschnitte zu unterteilen. [2]Die Rauchabschnitte dürfen nicht länger als 30 m sein. [3]Die Abschlüsse sind bis an die Rohdecke zu führen; sie dürfen bis an die Unterdecke der Flure geführt werden, wenn die Unterdecke feuerhemmend ist. [4]Notwendige Flure mit nur

---

[1)] § 39 Abs. 3 Satz 2 geänd. mWv 14.10.2025 durch G v. 9.10.2025 (GVBl. Nr. 66).

einer Fluchtrichtung, die zu einem Sicherheitstreppenraum führen, dürfen nicht länger als 15 m sein. Satz 1 bis 4 gelten nicht für offene Gänge nach Abs. 5.

(4) [1]Die Wände notwendiger Flure müssen als raumabschließende Bauteile feuerhemmend, in Kellergeschossen, deren tragende und aussteifende Bauteile feuerbeständig sein müssen, feuerbeständig sein. [2]Die Wände sind bis an die Rohdecke zu führen. [3]Sie dürfen bis an die Unterdecke der Flure geführt werden, wenn die Unterdecke feuerhemmend und ein nach Satz 1 vergleichbarer Raumabschluss sichergestellt ist. [4]Türen in diesen Wänden müssen dicht schließen; Öffnungen zu Lagerbereichen im Kellergeschoss müssen feuerhemmende, dicht und selbstschließende Abschlüsse haben.

(5) [1]Für Wände und Brüstungen notwendiger Flure mit nur einer Fluchtrichtung, die als offene Gänge vor den Außenwänden angeordnet sind, gilt Abs. 4 entsprechend. [2]Fenster sind in diesen Außenwänden ab einer Brüstungshöhe von 0,90 m zulässig.

(6) In notwendigen Fluren sowie in offenen Gängen nach Abs. 5 müssen.

1. Bekleidungen, Putze, Unterdecken und Dämmstoffe aus nichtbrennbaren Baustoffen bestehen und
2. Wände und Decken aus brennbaren Baustoffen eine Bekleidung aus nichtbrennbaren Baustoffen in ausreichender Dicke haben.

§ 40 Fenster, Türen, sonstige Öffnungen. (1) Fensterflächen müssen gefahrlos gereinigt werden können.

(2) [1]Glastüren und andere Glasflächen, die bis zum Fußboden allgemein zugänglicher Verkehrsflächen herabreichen, sind so zu kennzeichnen, dass sie leicht erkannt werden können. [2]Weitere Schutzmaßnahmen sind für größere Glasflächen vorzusehen, wenn dies die Verkehrssicherheit erfordert.

(3) Eingangstüren von Wohnungen, die über Aufzüge erreichbar sein müssen, müssen eine lichte Durchgangsbreite von mindestens 0,90 m haben.

(4) [1]Jedes Kellergeschoss ohne Fenster muss mindestens eine Öffnung ins Freie haben, um eine Rauchableitung zu ermöglichen. [2]Gemeinsame Kellerlichtschächte für übereinander liegende Kellergeschosse sind unzulässig.

(5) [1]Fenster, die als Rettungswege nach § 36 Abs. 2 Satz 2 dienen, müssen im Lichten mindestens 0,90 m × 1,20 m groß und nicht höher als 1,20 m über der Fußbodenoberkante angeordnet sein. [2]Liegen diese Fenster in Dachschrägen oder Dachaufbauten, darf ihre Unterkante oder ein davor liegender Austritt von der Traufkante horizontal gemessen nicht mehr als 1 m entfernt sein.

§ 41 Umwehrungen. (1) In, an und auf baulichen Anlagen sind zu umwehren oder mit Brüstungen zu versehen.

1. Flächen, die im Allgemeinen zum Begehen bestimmt sind und unmittelbar an mehr als 1 m tiefer liegende Flächen angrenzen; dies gilt nicht, wenn die Umwehrung dem Zweck der Flächen widerspricht,
2. nicht begehbare Oberlichte und Glasabdeckungen in Flächen, die im Allgemeinen zum Begehen bestimmt sind, wenn sie weniger als 0,50 m aus diesen Flächen herausragen,
3. Dächer oder Dachteile, die zum auch nur zeitweiligen Aufenthalt von Menschen bestimmt sind,

4. Öffnungen in begehbaren Decken sowie in Dächern oder Dachteilen nach Nr. 3, wenn sie nicht sicher abgedeckt sind,
5. nicht begehbare Glasflächen in Decken sowie in Dächern oder Dachteilen nach Nr. 3,
6. die freien Seiten von Treppenläufen, Treppenabsätzen und Treppenöffnungen (Treppenaugen),
7. Kellerlichtschächte und Betriebsschächte, die an Verkehrsflächen liegen, wenn sie nicht verkehrssicher abgedeckt sind.

(2) [1] In Verkehrsflächen liegende Kellerlichtschächte und Betriebsschächte sind in Höhe der Verkehrsfläche verkehrssicher abzudecken. [2] An und in Verkehrsflächen liegende Abdeckungen müssen gegen unbefugtes Abheben gesichert sein.

(3) [1] Außer im Erdgeschoss müssen Fensterbrüstungen mindestens 0,80 m, bei einer Absturzhöhe über 12 m mindestens 0,90 m hoch sein. [2] Geringere Brüstungshöhen sind zulässig, wenn durch andere Vorrichtungen, wie Geländer, die nach Abs. 4 vorgeschriebenen Mindesthöhen eingehalten werden.

(4) Andere notwendige Umwehrungen müssen folgende Mindesthöhen haben:

1. bei Absturzhöhen bis 12 m:
   a) bei Wohngebäuden und bei anderen baulichen Anlagen, die keine Arbeitsstätten sind: 0,90 m,
   b) bei Arbeitsstätten: 1 m,
2. bei Absturzhöhen von mehr als 12 m: 1,10 m.

(5) [1] In, an und auf Gebäuden, bei denen in der Regel mit der Anwesenheit von Kindern gerechnet werden muss, dürfen Öffnungen in Umwehrungen, Brüstungen und Geländern mindestens in einer Richtung nicht breiter als 0,12 m sein. [2] Ein seitlicher Zwischenraum zwischen dem Geländer oder der Brüstung und der zu sichernden Fläche darf nicht größer als 0,06 m sein. [3] Die Umwehrungen, Brüstungen und Geländer sind so auszubilden, dass Kindern das Überklettern nicht erleichtert wird.

Sechster Abschnitt. Technische Gebäudeausrüstung

§ 42[1)] Aufzüge. (1) Für Aufzugsanlagen, die nicht als Arbeitsmittel verwendet werden, gelten die §§ 5, 10, 15 und 17 und Anhang 2 der Betriebssicherheitsverordnung vom 3. Februar 2015 (BGBl. I S. 49), zuletzt geändert durch Verordnung vom 18. Oktober 2017 (BGBl. I S. 3584), entsprechend.

(2) [1] Aufzüge im Inneren von Gebäuden müssen notwendige Fahrschächte haben, um eine Brandausbreitung in andere Geschosse ausreichend lang zu verhindern. [2] In einem notwendigen Fahrschacht dürfen bis zu drei Aufzüge liegen. [3] Aufzüge ohne notwendige Fahrschächte sind zulässig

1. innerhalb eines notwendigen Treppenraumes, ausgenommen in Hochhäusern,
2. innerhalb von Räumen, die Geschosse überbrücken,

[1)] § 42 Abs. 2 Sätze 1, 2 und 3 einl. Satzteil, Abs. 3 Satz 1, Abs. 4 Satz 1 geänd., Abs. 5 Satz 5 neu gef. mWv 14.10.2025 durch G v. 9.10.2025 (GVBl. Nr. 66).

3. zur Verbindung von Geschossen, die offen miteinander in Verbindung stehen dürfen,
4. in den Gebäudeklassen 1 und 2;

die Aufzüge müssen sicher umkleidet sein.

(3) [1] Die Wände notwendiger Fahrschächte müssen als raumabschließende Bauteile

1. in Gebäuden der Gebäudeklasse 5 feuerbeständig und aus nichtbrennbaren Baustoffen,
2. in Gebäuden der Gebäudeklasse 4 hochfeuerhemmend,
3. in Gebäuden der Gebäudeklasse 3 feuerhemmend

sein; Fahrschachtwände aus brennbaren Baustoffen müssen schachtseitig eine Bekleidung aus nichtbrennbaren Baustoffen in ausreichender Dicke haben. [2] Fahrschachttüren und andere Öffnungen in Fahrschachtwänden mit erforderlicher Feuerwiderstandsfähigkeit sind so herzustellen, dass die Anforderungen nach Abs. 2 Satz 1 nicht beeinträchtigt werden.

(4) [1] Notwendige Fahrschächte müssen zu lüften sein und eine Öffnung zur Rauchableitung mit einem freien Querschnitt von mindestens 2,5 Prozent der Fahrschachtgrundfläche, mindestens jedoch 0,1 m² haben. [2] Diese Öffnung darf einen Abschluss haben, der im Brandfall selbsttätig öffnet und von mindestens einer geeigneten Stelle aus bedient werden kann. [3] Die Lage der Rauchaustrittsöffnungen muss so gewählt werden, dass der Rauchaustritt durch Windeinfluss nicht beeinträchtigt wird.

(5) [1] Gebäude mit einer Höhe nach § 2 Abs. 4 Satz 2 von mehr als 13 m müssen Aufzüge in ausreichender Zahl haben. [2] Diese Aufzüge müssen zur Aufnahme von Rollstühlen geeignet sein und Haltestellen in allen Geschossen haben. [3] Mindestens einer der Aufzüge nach Satz 1 muss Krankentragen und Lasten aufnehmen können und von allen Nutzungseinheiten in dem Gebäude und von der öffentlichen Verkehrsfläche aus barrierefrei erreichbar sein. [4] Mehrgeschossige Wohnungen müssen mindestens von einem Geschoss aus über Aufzüge erreicht werden können. [5] Satz 1 gilt nicht, wenn der nachträgliche Ausbau und die Nutzungsänderung des obersten Geschosses oder eine Aufstockung um bis zu zwei Geschosse dazu führt, dass nach Satz 1 ein Aufzug errichtet werden müsste.

(6) [1] Fahrkörbe zur Aufnahme einer Krankentrage müssen eine nutzbare Grundfläche von mindestens 1,10 m × 2,10 m haben. [2] Türen müssen eine lichte Durchgangsbreite von mindestens 0,90 m haben. [3] In einem Aufzug für Rollstühle und Krankentragen darf der für Rollstühle nicht erforderliche Teil der nutzbaren Fahrkorbgrundfläche durch eine verschließbare Tür abgesperrt werden. [4] Vor den Aufzügen muss eine ausreichende Bewegungsfläche vorhanden sein.

§ 43 Leitungsanlagen, Installationsschächte und -kanäle. (1) Leitungen dürfen durch raumabschließende Bauteile, für die eine Feuerwiderstandsfähigkeit vorgeschrieben ist, nur hindurchgeführt werden, wenn eine Brandausbreitung ausreichend lang nicht zu befürchten ist oder Vorkehrungen hiergegen getroffen sind; dies gilt nicht

1. für Gebäude der Gebäudeklassen 1 und 2,
2. innerhalb von Wohnungen,

3. innerhalb derselben Nutzungseinheit mit nicht mehr als 400 m^2 Grundfläche in nicht mehr als zwei Geschossen.

(2) In notwendigen Treppenräumen, in Räumen nach § 38 Abs. 3 Satz 2 und in notwendigen Fluren sind Leitungsanlagen nur zulässig, wenn eine Nutzung als Rettungsweg im Brandfall ausreichend lang möglich ist.

(3) Für Installationsschächte und -kanäle gelten Abs. 1 sowie § 44 Abs. 2 Satz 1 und Abs. 3 entsprechend.

§ 44 Lüftungsanlagen. (1) Lüftungsanlagen müssen betriebssicher und brandsicher sein; sie dürfen den ordnungsgemäßen Betrieb von Feuerungsanlagen nicht beeinträchtigen.

(2) [1] Lüftungsleitungen sowie deren Bekleidungen und Dämmstoffe müssen aus nichtbrennbaren Baustoffen bestehen; brennbare Baustoffe sind zulässig, wenn ein Beitrag der Lüftungsleitungen zur Brandentstehung oder Brandweiterleitung nicht zu befürchten ist. [2] Lüftungsleitungen dürfen raumabschließende Bauteile, für die eine Feuerwiderstandsfähigkeit vorgeschrieben ist, nur überbrücken, wenn eine Brandausbreitung ausreichend lang nicht zu befürchten ist oder wenn Vorkehrungen hiergegen getroffen sind.

(3) Lüftungsanlagen sind so anzuordnen und herzustellen, dass sie Gerüche und Staub nicht in andere Räume übertragen.

(4) [1] Lüftungsanlagen dürfen nicht in Abgasanlagen eingeführt werden; die gemeinsame Nutzung von Lüftungsleitungen zur Lüftung und zur Ableitung der Abgase von Feuerstätten ist zulässig, wenn keine Bedenken wegen der Betriebssicherheit und des Brandschutzes bestehen. [2] Die Abluft ist ins Freie zu führen. [3] Nicht zur Lüftungsanlage gehörende Einrichtungen sind in Lüftungsleitungen unzulässig.

(5) Abs. 2 und 3 gelten nicht

1. für Gebäude der Gebäudeklassen 1 und 2,
2. innerhalb von Wohnungen,
3. innerhalb derselben Nutzungseinheit mit nicht mehr als 400 m^2 Grundfläche in nicht mehr als zwei Geschossen.

(6) Für raumlufttechnische Anlagen und Warmluftheizungen gelten Abs. 1 bis 5 entsprechend.

§ 45 Feuerungsanlagen, Wärmeerzeugung, Brennstoffversorgung.

(1) Feuerstätten und Abgasanlagen (Feuerungsanlagen) müssen betriebssicher und brandsicher sein und dürfen auch sonst nicht zu Gefahren, unzumutbaren Nachteilen oder unzumutbaren Belästigungen führen können.

(2) Feuerstätten dürfen in Räumen nur aufgestellt werden, wenn nach Lage, Größe, baulicher Beschaffenheit und Nutzung der Räume Gefahren nicht entstehen.

(3) [1] Abgase von Feuerstätten sind durch Abgasleitungen, Schornsteine und Verbindungsstücke (Abgasanlagen) so abzuführen, dass keine Gefahren oder unzumutbaren Belästigungen entstehen. [2] Abgasanlagen sind in solcher Zahl und Lage und so herzustellen, dass die Feuerstätten des Gebäudes ordnungsgemäß angeschlossen werden können. [3] Sie müssen leicht gereinigt werden können.

(4) [1] Behälter und Rohrleitungen für brennbare Gase und Flüssigkeiten müssen betriebssicher und brandsicher sein. [2] Diese Behälter sowie feste Brennstoffe sind so aufzustellen oder zu lagern, dass keine Gefahren oder unzumutbaren Belästigungen entstehen.

(5) Für die Aufstellung von ortsfesten Verbrennungsmotoren, Blockheizkraftwerken, Brennstoffzellen und Verdichtern sowie die Ableitung ihrer Verbrennungsgase gelten Abs. 1 bis 3 entsprechend.

§ 46 Sanitäre Anlagen, Toilettenanlagen in Gaststätten. (1) Fensterlose Bäder und Toiletten sind nur zulässig, wenn eine wirksame Lüftung gewährleistet ist.

(2) [1] Jede Wohnung muss Einrichtungen zur Erfassung des Wasserverbrauchs haben. [2] Dies gilt nicht bei Nutzungsänderungen, wenn die Anforderung nach Satz 1 nur mit unverhältnismäßigem Mehraufwand erfüllt werden kann.

(3) [1] In Gaststätten mit Alkoholausschank im Sinne des § 3 Abs. 1 des Hessischen Gaststättengesetzes vom 28. März 2012 (GVBl. S. 50), zuletzt geändert durch Gesetz vom 15. Dezember 2016 (GVBl. S. 294), müssen Toilettenanlagen in ausreichender Zahl vorhanden sein. [2] Toilettenanlagen nach Satz 1 sind nicht erforderlich, wenn für die Gaststätten zentrale Toilettenanlagen innerhalb des Gebäudes in unmittelbarer Nähe in ausreichender Zahl zur Verfügung stehen.

§ 47 Kleinkläranlagen, Abwasserbehälter. [1] Kleinkläranlagen und Abwasserbehälter müssen wasserdicht und ausreichend groß sein. [2] Sie müssen eine dichte und sichere Abdeckung sowie Reinigungs- und Entleerungsöffnungen haben. [3] Diese Öffnungen dürfen nur vom Freien aus zugänglich sein. [4] Die Anlagen sind so zu entlüften, dass Gesundheitsschäden oder unzumutbare Belästigungen nicht entstehen.

§ 48 Aufbewahrung fester Abfallstoffe. Feste Abfallstoffe dürfen innerhalb von Gebäuden vorübergehend aufbewahrt werden, in Gebäuden der Gebäudeklassen 3 bis 5 jedoch nur, wenn die dafür bestimmten Räume

1. Trennwände und Decken als raumabschließende Bauteile mit der Feuerwiderstandsfähigkeit der tragenden Wände und
2. Öffnungen vom Gebäudeinnern zum Aufstellraum mit feuerhemmenden, dicht- und selbstschließenden Abschlüssen haben,
3. unmittelbar vom Freien entleert werden können und
4. eine ständig wirksame Lüftung haben.

§ 49 Blitzschutzanlagen. Anlagen, bei denen nach Lage, Bauart oder Nutzung Blitzschlag leicht eintreten oder zu schweren Folgen führen kann, sind mit dauernd wirksamen Blitzschutzanlagen zu versehen.

Siebter Abschnitt. Nutzungsbedingte Anforderungen

§ 50[1)] Aufenthaltsräume. (1) [1] Aufenthaltsräume müssen eine lichte Raumhöhe von mindestens 2,40 m, in Keller- und Dachgeschossen von mindestens 2,20 m haben. [2] In Dachgeschossen muss diese Raumhöhe über mindestens der

1) § 50 Abs. 1 Satz 3 angef. mWv 14.10.2025 durch G v. 9.10.2025 (GVBl. Nr. 66).

Hälfte ihrer Netto-Raumfläche vorhanden sein; Raumteile mit einer lichten Höhe bis 1,50 m bleiben außer Betracht. [3] Abweichend von Satz 1 und 2 ist für rechtmäßig bestehende Gebäude, die zu Wohnzwecken aufgestockt, um-, ausgebaut oder in ihrer Nutzung geändert werden, eine lichte Raumhöhe von 2,10 m ausreichend.

(2) [1] Aufenthaltsräume müssen ausreichend belüftet und mit Tageslicht beleuchtet werden können. [2] Sie müssen Fenster mit einem Rohbaumaß der Fensteröffnungen von mindestens einem Achtel der Netto-Raumfläche des Raumes einschließlich der Netto-Raumfläche verglaster Vorbauten und Loggien haben.

(3) Aufenthaltsräume, deren Nutzung eine Belichtung mit Tageslicht verbietet, sowie Verkaufsräume, Schank- und Speisegaststätten, ärztliche Behandlungs-, Sport-, Spiel-, Werk- und ähnliche Räume sind ohne Fenster zulässig.

§ 51[1] Wohnungen. (1) [1] Jede Wohnung muss eine Küche oder Kochnische haben. [2] Fensterlose Küchen oder Kochnischen sind zulässig, wenn eine wirksame Lüftung gewährleistet ist.

(2) Jede Wohnung muss ein Bad mit Badewanne oder Dusche und eine Toilette haben.

(3) [1] Für jede Wohnung in Gebäuden der Gebäudeklassen 3 bis 5 ist ein ausreichend großer Abstellraum herzustellen. [2] In Gebäuden der Gebäudeklassen 3 bis 5 mit mehr als zwei Wohnungen sind zusätzlich ausreichend große, leicht erreichbare Abstellräume insbesondere für Kinderwagen und Mobilitätshilfen herzustellen; die Herstellung als Gemeinschaftsräume ist zulässig. [3] Die Abstellräume nach Satz 2 müssen schwellenlos zugänglich sein, sofern dies nicht mit einem unverhältnismäßigen Mehraufwand verbunden oder aus bautechnischen Gründen nicht möglich ist. [4] Satz 1 und 2 gelten nicht für Wohnungen, die durch Dachausbau, Aufstockung oder Umnutzung rechtmäßig bestehender Gebäude entstehen.

(4) Werden Nutzungseinheiten mit Aufenthaltsräumen in rechtmäßig bestehenden Gebäuden in Wohnraum umgenutzt, sind auf bestehende Gebäude und Bauteile die §§ 30 bis 35, 37, 38 Abs. 4 bis 8 und 39 nicht anzuwenden.

(5) [1] Werden rechtmäßig bestehende Gebäude zur Schaffung von Wohnraum erstmals um ein Geschoss aufgestockt, gilt dass

a) auf bestehende Bauteile die §§ 30, 32 bis 35, 37, 38 Abs. 4 bis 8 und 39 nicht anzuwenden sind,
b) im Geschoss der Aufstockung die Anforderungen an tragende und aussteifende sowie raumabschließende Bauteile der bisherigen Gebäudeklasse gelten,
c) in den Wänden notwendiger Treppenräume Öffnungen zu Kellergeschossen mindestens feuerhemmende, dicht- und selbstschließende Abschlüsse haben müssen,
d) in den Wänden notwendiger Treppenräume Öffnungen zu neu geschaffenen Nutzungseinheiten mindestens feuerhemmende, rauchdichte und selbstschließende Abschlüsse haben müssen, wenn die notwendige Treppe oder Wand- und Deckenbekleidungen aus brennbaren Baustoffen bestehen oder

[1] § 51 Abs. 3 neu gef., Abs. 4 und 5 angef. mWv 14.10.2025 durch G v. 9.10.2025 (GVBl. Nr. 66).

die sonstigen Türen des notwendigen Treppenraums nicht mindestens den Anforderungen nach § 38 Abs. 6 entsprechen,

e) an oberster Stelle notwendiger Treppenräume eine Öffnung nach § 38 Abs. 8 Satz 2 Nr. 2 zu schaffen ist und

f) notwendige Treppenräume in Gebäuden mit einer Höhe nach § 2 Abs. 4 Satz 2 von mehr als 13 m trockene Löschwasserleitungen haben müssen, sofern das Treppenauge eine lichte Breite von 0,15 m unterschreitet.

[2] Satz 1 gilt auch für den Ausbau eines Geschosses zur Schaffung von Wohnraum, einschließlich der Errichtung von Dachgauben und Zwerchgiebeln.

Achter Abschnitt. Besondere Anlagen

§ 52[1)] Garagen, Stellplätze für Kraftfahrzeuge, Abstellplätze für Fahrräder. (1) [1] Die Gemeinden legen unter Berücksichtigung der örtlichen Verkehrsverhältnisse fest, ob und in welchem Umfang bei der Errichtung, Änderung oder Nutzungsänderung von Anlagen, bei denen ein Zu- oder Abgangsverkehr zu erwarten ist, geeignete Stellplätze für Kraftfahrzeuge, einschließlich für Kraftfahrzeuge von Menschen mit Behinderungen, errichtet werden müssen, um den Erfordernissen des ruhenden Verkehrs zu genügen (notwendige Stellplätze). [2] Die Anzahl notwendiger Stellplätze erhöht sich nicht, wenn durch nachträglichen Ausbau von Dach- oder Kellergeschossen, Teilung von Wohnungen, die Errichtung von untergeordneten Anbauten sowie durch Umnutzung und Aufstockung von rechtmäßig bestehenden Gebäuden zusätzlicher Wohnraum geschaffen wird.

(1a) [1] Bis zum Ablauf des 31. Dezember 2030 dürfen in den kreisfreien Städten zum 14. Oktober 2025 bei der Errichtung von Wohngebäuden mit bis zu 14 Wohnungen keine Stellplätze und bei der Errichtung von Wohngebäuden mit mehr als 14 Wohnungen nicht mehr als 0,5 Stellplätze je Wohnung gefordert werden. [2] In diesem Fall ist Abs. 2 Satz 1 Nr. 7 nicht anzuwenden. [3] In gemischt genutzten Gebäuden gelten Satz 1 und 2 für den jeweiligen Wohnanteil. [4] Die unteren Bauaufsichtsbehörden berichten bis zum 30. April 2029 der zuständigen Aufsichtsbehörde über die Anwendung dieses Absatzes. [5] Bis zum 30. Juni 2029 unterrichtet die Landesregierung den Landtag über die Anwendung. [6] Der Landtag wird diesen Absatz bis zum 31. Dezember 2029 evaluieren.

(2) [1] Die Gemeinden können insoweit durch Satzung regeln:

1. die Herstellungspflicht bei Errichtung der Anlagen,
2. die Herstellungspflicht des Mehrbedarfs bei Änderungen oder Nutzungsänderungen der Anlagen,
3. die Beschränkung der Herstellungspflicht auf genau begrenzte Teile des Gemeindegebietes oder auf bestimmte Fälle,
4. den vollständigen oder teilweisen Verzicht auf die Herstellung von notwendigen Stellplätzen, insbesondere

---

[1)] § 52 Abs. 1 Satz 2 angef., Abs. 1a eingef., Abs. 2 Satz 1 Nr. 4 und 7 neu gef., Satz 2 eingef., bish. Sätze 2-4 werden Sätze 3-5, Abs. 3 Satz 1 Nr. 2 und 3 geänd., Nr. 4 angef., Satz 2 geänd. mWv 14.10.2025 durch G v. 9.10.2025 (GVBl. Nr. 66).

a) soweit der Stellplatzbedarf durch besondere Maßnahmen verringert wird, auch durch die Errichtung und Anbindung von Stationen für Carsharing im Sinne von § 16a Hessisches Straßengesetz, oder

b) zu erwarten ist, dass kein oder ein geringerer Stellplatzbedarf besteht, beispielsweise aufgrund eines kommunalen Mobilitätskonzeptes.

5. die Einschränkung oder Untersagung der Herstellung von notwendigen oder nicht notwendigen Stellplätzen, soweit Gründe des Verkehrs oder städtebauliche Gründe dies erfordern,
6. die Verbindlichkeit bestimmter Konstruktionen von notwendigen oder nicht notwendigen Stellplätzen, einschließlich der Unterbringung in Garagen oder Gebäuden,
7. die Ablösung der Herstellungspflicht von notwendigen Stellplätzen in den Fällen der Nr. 1 bis 3 durch Zahlung eines in der Satzung festzulegenden Geldbetrages an die Gemeinde, wobei der Geldbetrag 60 v. H. der durchschnittlichen Herstellungskosten von Parkeinrichtungen einschließlich der Kosten des Grunderwerbs im Gemeindegebiet oder in bestimmten Teilen des Gemeindegebietes nicht übersteigen darf und
8. den Anteil der barrierefreien Stellplätze.

[2]Abs. 1 Satz 2 bleibt unberührt. [3]Macht eine Gemeinde von der Satzungsermächtigung nach Satz 1 Nr. 1 bis 3 Gebrauch, hat sie in der Satzung Standort sowie Größe, Zahl und Beschaffenheit der notwendigen Stellplätze unter Berücksichtigung von Art und Zahl der vorhandenen und zu erwartenden Fahrzeuge der Personen zu bestimmen, die die Anlagen ständig benutzen oder sie besuchen. [4]Die Gemeinde kann, wenn eine Satzung nach Satz 1 Nr. 1 bis 3 für Stellplätze nicht besteht, im Einzelfall die Herstellung von Stellplätzen verlangen, wenn dies wegen der Sicherheit oder Leichtigkeit des Verkehrs erforderlich ist. [5]In einer Satzung nach Satz 1 Nr. 7 kann die Gemeinde die Voraussetzungen der Ablösung näher bestimmen.

(3) [1]Der Geldbetrag nach Abs. 2 Satz 1 Nr. 7 ist zu verwenden für

1. die Herstellung zusätzlicher Parkeinrichtungen zugunsten des Gemeindegebietes,
2. die Instandhaltung, die Instandsetzung oder die Modernisierung bestehender Parkeinrichtungen,
3. sonstige Maßnahmen zur Entlastung der Straßen vom ruhenden Verkehr einschließlich investiver Maßnahmen des öffentlichen Personennah- oder Fahrradverkehrs oder
4. die Herstellung zusätzlicher oder die Instandhaltung, die Instandsetzung oder die Modernisierung bestehender Ladestationen für Elektromobilität.

[2]Die Verwendung des Geldbetrages soll für die Erreichbarkeit des Bauvorhabens, das die Zahlungspflicht auslöst, einen Vorteil bewirken. [3]Die zeitliche Reihenfolge der Verwendungsmaßnahmen bestimmt die Gemeinde nach pflichtgemäßem Ermessen unter Berücksichtigung des Umfangs und des Grades der durch den ruhenden Verkehr hervorgerufenen Gefahren für die Sicherheit, Ordnung oder Leichtigkeit des Verkehrs und ihrer tatsächlichen Möglichkeiten der Verwendung.

(4)[1] [1] Bis zu einem Viertel der notwendigen Stellplätze können durch Abstellplätze für Fahrräder ersetzt werden. [2] Dabei sind für einen notwendigen Stellplatz vier Abstellplätze für Fahrräder herzustellen; diese werden zur Hälfte auf die Verpflichtung nach Abs. 5 angerechnet. [3] Die Gemeinden können durch Satzung die Anwendung von Satz 1 und 2 ausschließen oder modifizieren.

(5) [1] Bei der Errichtung von Anlagen sind geeignete Abstellplätze für Fahrräder in solcher Zahl herzustellen, dass sie für die ordnungsgemäße Nutzung der Anlagen ausreichen (notwendige Abstellplätze). [2] Dies gilt entsprechend für den durch Änderungen oder Nutzungsänderungen von Anlagen ausgelösten Mehrbedarf an Abstellplätzen für Fahrräder. [3] Die Abstellplätze für Fahrräder müssen schwellenlos erreichbar sein. [4] Ist durch Satzung der Gemeinde keine abweichende Regelung getroffen, müssen notwendige Abstellplätze in Gestaltung, Größe und Zahl einer Rechtsverordnung nach § 89 Abs. 1 Satz 1 Nr. 3 entsprechen. [5] Abs. 2 gilt für die Satzung der Gemeinde entsprechend.

(6) [1] Notwendige Stellplätze und notwendige Abstellplätze dürfen nicht zweckentfremdet werden. [2] Sie dürfen Dritten zum Abstellen von Kraftfahrzeugen und Fahrrädern überlassen werden, solange sie zum Abstellen der vorhandenen Kraftfahrzeuge und Fahrräder der Personen, die die Anlage ständig benutzen oder sie besuchen, nicht benötigt werden.

(7) [1] Macht eine Gemeinde von der Satzungsermächtigung nach Abs. 2 Satz 1 Nr. 7, auch in Verbindung mit Abs. 5 Satz 4, Gebrauch, trifft sie die Entscheidung über den Fortfall der Herstellungspflicht und über die Zahlung des Geldbetrages. [2] Die Baugenehmigung kann von der Entscheidung der Gemeinde und von der Zahlung des Geldbetrages abhängig gemacht werden.

§ 53 Sonderbauten. (1) [1] An Sonderbauten können im Einzelfall zur Verwirklichung der allgemeinen Anforderungen nach § 3 Satz 1 und 2 besondere Anforderungen gestellt werden. [2] Erleichterungen können gestattet werden, soweit es der Einhaltung von Vorschriften wegen der besonderen Art oder Nutzung baulicher Anlagen oder Räume oder wegen besonderer Anforderungen nicht bedarf.

(2) Die Anforderungen und Erleichterungen nach Abs. 1 können sich insbesondere erstrecken auf:

1. die Abstände von Nachbargrenzen, von anderen baulichen Anlagen auf dem Grundstück und von öffentlichen Verkehrsflächen sowie auf die Größe der freizuhaltenden Grundstücksflächen,
2. die Anordnung der baulichen Anlagen auf dem Grundstück,
3. die Öffnungen nach öffentlichen Verkehrsflächen und nach angrenzenden Grundstücken,
4. die Anlage der Zufahrten und Abfahrten,
5. die Anlage von Grünstreifen, Baumpflanzungen und anderen Pflanzungen sowie Dachbegrünungen und die Begrünung oder Beseitigung von Halden und Gruben,
6. die Bauart und Anordnung aller für die Standsicherheit, Verkehrssicherheit, den Brandschutz, den Wärme- und Schallschutz oder Gesundheitsschutz wesentlichen Bauteile und die Verwendung von Baustoffen,
7. die Brandschutzanlagen, -einrichtungen und -vorkehrungen,

---

[1] Zum Inkrafttreten von § 52 Abs. 4 beachte § 93 Satz 2.

8. die Löschwasserrückhaltung,
9. die Anordnung und Herstellung von Aufzügen sowie der Treppen, Treppenräume, Flure, Ausgänge und sonstigen Rettungswege,
10. die Beleuchtung und Energieversorgung,
11. die Lüftung und Rauchableitung,
12. die Energieerzeugungsanlagen und Heizräume,
13. die Wasserversorgung und die Wasserversorgungsanlagen einschließlich Ausstattung und Nachrüstung mit Einrichtungen zur Messung des Trinkwasserverbrauchs,
14. die Abfallentsorgung und Abwasserbeseitigung,
15. die Stellplätze und Garagen sowie Abstellplätze für Fahrräder,
16. die barrierefreie Nutzbarkeit und die Kennzeichnung von Rettungswegen, die für Rollstuhlfahrer geeignet und vorgesehen sind,
17. die zulässige Zahl der nutzenden Personen, die Anordnung und Zahl der zulässigen Sitzplätze und Stehplätze bei Versammlungsstätten, Tribünen und Fliegenden Bauten,
18. die Zahl der Toiletten für Besucherinnen und Besucher,
19. die Pflicht, ein Brandschutzkonzept vorzulegen, dessen Inhalt sowie die Qualifikation der Aufstellerin oder des Aufstellers,
20. die Prüfungen und Nachprüfungen, die von Zeit zu Zeit zu wiederholen sind, und die Bescheinigungen, die hierfür zu erbringen sind,
21. die Überwachung der Bauausführung durch Sachverständige sowie besondere Bescheinigungen zur Bauüberwachung und zum Nachweis der Überwachung und Prüfungen nach Nr. 20,
22. die Qualifikation der Bauleiterin oder des Bauleiters und der Fachbauleiterin oder des Fachbauleiters,
23. die Bestellung einer oder eines Brandschutzbeauftragten für den Betrieb eines Gebäudes.

§ 54 Barrierefreies Bauen. (1) [1] In Gebäuden mit mehr als zwei Wohnungen müssen mindestens 20 Prozent der Wohnungen barrierefrei erreichbar und zugänglich sein, höchstens jedoch 20 Wohnungen. [2] In diesen Wohnungen müssen die Wohn- und Schlafräume, eine Toilette, ein Bad sowie die Küche oder die Kochnische barrierefrei zugänglich sein. [3] Die Räume nach Satz 2 sind so herzustellen und vorzubereiten, dass sie für eine barrierefreie Nutzung leicht einzurichten und auszustatten sind. [4] Soweit die Wohnung über einen Freisitz verfügt, muss dieser von der Wohnung aus schwellenlos erreichbar sein. [5] § 42 Abs. 5 bleibt unberührt.

(2) [1] Anlagen, die öffentlich zugänglich sind, müssen in den dem allgemeinen Besucher- und Benutzerverkehr dienenden Teilen barrierefrei sein. [2] Dies gilt insbesondere für:

1. Einrichtungen der Kultur und des Bildungswesens,
2. Sport- und Freizeitstätten,
3. Einrichtungen des Gesundheitswesens,
4. Büro-, Verwaltungs- und Gerichtsgebäude,
5. Verkaufs-, Gast- und Beherbergungsstätten,
6. Stellplätze, Garagen und Toilettenanlagen.

[3] Die Barrierefreiheit darf sich auf bestimmte Räume oder Bereiche beschränken, wenn dies einer zweckentsprechenden Nutzung der Räume oder Anlage nicht entgegensteht. [4] Toilettenräume und notwendige Stellplätze für Besucher und Benutzer müssen in der erforderlichen Anzahl barrierefrei sein.

(3) Anforderungen der Abs. 1 und 2 gelten jeweils nicht, soweit sie nur mit einem unverhältnismäßigen Mehraufwand umgesetzt oder aus bautechnischen Gründen nicht erfüllt werden können.

Vierter Teil. Die am Bau Beteiligten

§ 55 Grundpflichten. Bei Errichtung, Aufstellung, Anbringung oder Änderung, Nutzungsänderung, Abbruch oder Beseitigung von Anlagen oder von ihren Teilen sind die Bauherrschaft sowie im Rahmen ihres Wirkungskreises die anderen am Bau Beteiligten dafür verantwortlich, dass die öffentlich-rechtlichen Vorschriften und die Anordnungen der Bauaufsichtsbehörden eingehalten werden.

§ 56[1)] Bauherrschaft. (1) [1] Der Bauherrschaft obliegen gegenüber der Bauaufsichtsbehörde die nach den öffentlich-rechtlichen Vorschriften erforderlichen Anträge, Anzeigen und Nachweise; sie muss außerdem die Pflichten nach diesem Gesetz erfüllen, soweit sie nicht anderen auferlegt sind. [2] Sie hat die zur Erfüllung der Anforderungen dieses Gesetzes oder aufgrund dieses Gesetzes erforderlichen Nachweise und Unterlagen zu den verwendeten Bauprodukten und den angewandten Bauarten bereitzuhalten. [3] Werden Bauprodukte verwendet, die die CE-Kennzeichnung nach der Verordnung (EU) Nr. 305/2011 tragen, ist die Leistungserklärung bereitzuhalten. Dies kann auch elektronisch erfolgen.

(2) [1] Bei Bauvorhaben, bei denen die Bauherrschaft aus mehreren Personen besteht, kann die Bauaufsichtsbehörde verlangen, dass eine Person benannt wird, die ihr gegenüber stellvertretend die Pflichten der Bauherrschaft zu erfüllen hat. [2] Im Übrigen finden § 18 Abs. 1 Satz 2 und 3 und Abs. 2 des Hessischen Verwaltungsverfahrensgesetzes Anwendung.

(3) Wechselt die Bauherrschaft, hat die neue Bauherrschaft dies unverzüglich der Bauaufsichtsbehörde mitzuteilen.

(4) [1] Die Bauherrschaft hat zur Planung, Überwachung und Ausführung von nicht nach § 63 baugenehmigungsfreien Vorhaben geeignete am Bau Beteiligte, Nachweisberechtigte und Prüfsachverständige nach den §§ 57 bis 59, 67 und 68 zu beauftragen. [2] Satz 1 gilt nicht bei Nutzungsänderungen ohne bauliche Änderungen. [3] Bei Bauarbeiten in Selbsthilfe oder Nachbarschaftshilfe ist die Beauftragung von Unternehmen nicht erforderlich, wenn genügend Fachkräfte mit der nötigen Sachkunde, Erfahrung und Zuverlässigkeit mitwirken. [4] Abbrucharbeiten dürfen nicht in Selbsthilfe oder Nachbarschaftshilfe ausgeführt werden.

(5) [1] Sind von der Bauherrschaft beauftragte Personen für ihre Aufgabe nach Sachkunde und Erfahrung nicht geeignet, kann die Bauaufsichtsbehörde vor und während der Bauausführung verlangen, dass sie durch geeignete Personen ersetzt oder dass geeignete Fachleute hinzugezogen werden. [2] Die Bauaufsichts-

[1)] § 56 Abs. 3 geänd. mWv 14.10.2025 durch G v. 9.10.2025 (GVBl. Nr. 66).

behörde kann die Einstellung der Bauarbeiten anordnen, bis geeignete am Bau Beteiligte oder Fachleute beauftragt sind.

§ 57 Entwurfsverfasserin, Entwurfsverfasser. (1) [1] Entwurfsverfasserinnen oder Entwurfsverfasser müssen nach Sachkunde und Erfahrung für die Vorbereitung des jeweiligen Bauvorhabens geeignet sein. [2] Für die Vollständigkeit und Brauchbarkeit des Entwurfes ist die Person verantwortlich, die ihn verfasst hat. [3] Sie hat dafür zu sorgen, dass die für die Ausführung notwendigen Zeichnungen, Berechnungen und Anweisungen geliefert werden und dem genehmigten Entwurf und den öffentlich-rechtlichen Vorschriften entsprechen.

(2) [1] Haben Entwurfsverfasserinnen oder Entwurfsverfasser auf einzelnen Fachgebieten nicht die erforderliche Sachkunde und Erfahrung, haben sie dafür zu sorgen, dass geeignete Personen für die Fachplanung herangezogen werden. [2] Diese sind für die von ihnen gefertigten Fachentwürfe verantwortlich. [3] Für das ordnungsgemäße Ineinandergreifen aller Fachentwürfe bleibt die Entwurfsverfasserin oder der Entwurfsverfasser verantwortlich.

§ 58[1)] Unternehmen. (1) [1] Jedes Unternehmen ist für die ordnungsgemäße Ausführung der übernommenen Arbeiten und insoweit für die ordnungsgemäße Einrichtung und den sicheren Betrieb der Baustelle verantwortlich. [2] Das Unternehmen hat die zur Erfüllung der Anforderungen dieses Gesetzes oder aufgrund dieses Gesetzes erforderlichen Nachweise und Unterlagen zu den verwendeten Bauprodukten und den angewandten Bauarten zu erbringen und auf der Baustelle bereitzuhalten. [3] Bei Bauprodukten, die die CE-Kennzeichnung nach der Verordnung (EU) Nr. 305/2011 tragen, ist die Leistungserklärung auf der Baustelle bereitzuhalten.

(2) [1] Hat das Unternehmen für einzelne übernommene Arbeiten nicht die erforderliche Sachkunde und Erfahrung, sind geeignete Fachunternehmen oder Fachleute heranzuziehen. [2] Diese sind für ihre Arbeiten verantwortlich. [3] Für das ordnungsgemäße Ineinandergreifen der eigenen Arbeiten mit denen der Fachunternehmen oder Fachleute ist das Unternehmen verantwortlich.

(3) Unternehmen, Fachunternehmen und Fachleute haben auf Verlangen der Bauaufsichtsbehörde für Bauarbeiten, bei denen die Sicherheit der Anlagen in außergewöhnlichem Maße von der besonderen Sachkunde und Erfahrung oder von einer Ausstattung der Unternehmen mit besonderen Vorrichtungen abhängt, nachzuweisen, dass sie für die Bauarbeiten geeignet sind und über die erforderlichen Einrichtungen verfügen.

§ 59[2)] Bauleitung. (1) [1] Die mit der Bauleitung beauftragte Person hat darüber zu wachen, dass die Baumaßnahme den öffentlich-rechtlichen Anforderungen entsprechend ausgeführt wird, und die hierfür erforderlichen Weisungen zu erteilen. [2] Die entsprechende Ausführung ist mit Anzeige der abschließenden Fertigstellung gegenüber der Bauaufsichtsbehörde zu bescheinigen. [3] Im Rahmen dieser Aufgabe ist für den sicheren bautechnischen Betrieb der Baustelle, insbesondere das gefahrlose Ineinandergreifen aller Arbeiten, zu sorgen.

(2) [1] Die Bauleitung darf nur übernehmen, wer über die erforderliche Sachkunde und Erfahrung verfügt; für die Mindestqualifikation gilt § 67 Abs. 4

[1)] § 58 Abs. 1 Satz 2 geänd. mWv 11.6.2020 durch G v. 3.6.2020 (GVBl. S. 378).
[2)] § 59 Abs. 2 Satz 1 geänd. mWv 16.7.2024 durch G v. 11.7.2024 (GVBl. Nr. 32).

entsprechend. [2]Verfügt die mit der Bauleitung beauftragte Person auf Teilgebieten nicht über die erforderliche Eignung, insbesondere Sachkunde und Erfahrung, sind geeignete Personen für die Fachbauleitung heranzuziehen. [3]Diese treten insoweit an die Stelle der Bauleitung. [4]Aufgabe der Bauleitung bleibt es, die Tätigkeiten der Fachbauleitungen und die eigene Tätigkeit aufeinander abzustimmen.

Fünfter Teil. Bauaufsichtsbehörden und Verwaltungsverfahren

Erster Abschnitt. Bauaufsichtsbehörden

§ 60[1)] Zuständigkeiten, personelle Besetzung. (1) [1]Bauaufsichtsbehörden sind

1. als untere Bauaufsichtsbehörde
   a) der Gemeindevorstand in den kreisfreien Städten und Sonderstatus-Städten nach § 4a der Hessischen Gemeindeordnung und in den sonstigen Gemeinden, denen die Bauaufsicht übertragen ist,
   b) der Kreisausschuss in den Landkreisen,
2. als obere Bauaufsichtsbehörde das Regierungspräsidium,
3. als oberste Bauaufsichtsbehörde das für die Bauaufsicht zuständige Ministerium.

[2]Die Aufgabe der unteren Bauaufsichtsbehörde wird als Aufgabe zur Erfüllung nach Weisung wahrgenommen. [3]Die Aufgaben der Bauaufsicht obliegen, soweit in diesem Gesetz oder aufgrund dieses Gesetzes nichts anderes bestimmt ist, den unteren Bauaufsichtsbehörden.

(2) [1]Die Bauaufsichtsbehörden sind zur Durchführung ihrer Aufgaben mit den erforderlichen Vorrichtungen auszustatten und angemessen mit geeigneten Fachkräften zu besetzen, die über die erforderlichen Kenntnisse der Bautechnik, der Baugestaltung und des öffentlichen Baurechts verfügen; so dass sichergestellt ist, dass die Aufgaben ordnungsgemäß wahrgenommen werden. [2]Geeignete Fachkräfte für die Leitungsfunktionen sind insbesondere Personen mit einem erfolgreich abgeschlossenen Masterstudium oder einem gleichwertigen Hochschulstudium der Fachrichtungen Architektur oder Bauingenieurwesen und einem erfolgreich durchlaufenen Vorbereitungsdienst zum höheren technischen Dienst oder einer mindestens zweieinhalbjährigen hauptberuflichen baufachlichen Tätigkeit.

§ 61[2)] Aufgaben und Befugnisse der Bauaufsichtsbehörden. (1) Die Bauaufsicht ist Aufgabe des Staates.

(2) [1]Die Bauaufsichtsbehörden haben bei der Errichtung, Änderung, Nutzungsänderung und Beseitigung sowie bei der Nutzung und Instandhaltung von Anlagen für die Einhaltung der öffentlich-rechtlichen Vorschriften und der aufgrund dieser Vorschriften erlassenen Anordnungen zu sorgen, soweit nicht andere Behörden zuständig sind. [2]Sie haben in Wahrnehmung dieser Aufgaben die nach pflichtgemäßem Ermessen erforderlichen Maßnahmen zu treffen; dies gilt auch, soweit eine präventive bauaufsichtliche Prüfung entfällt. [3]Satz 1 und 2

---

1) § 60 Abs. 1 Satz 1 Nr. 1 Buchst. a geänd. mWv 16.5.2020 durch G v. 7.5.2020 (GVBl. S. 318); Abs. 2 neu gef. mWv 14.10.2025 durch G v. 9.10.2025 (GVBl. Nr. 66).

2) § 61 Abs. 2 Satz 3 und Abs. 8 angef. mWv 14.10.2025 durch G v. 9.10.2025 (GVBl. Nr. 66).

gelten nicht für bauliche Anlagen inländischer öffentlicher Stellen auf dauerhaft militärisch genutzten Grundstücken, die im Eigentum des Bundes stehen oder deren militärische Nutzung dinglich gesichert ist (Militärgelände).

(3) An rechtmäßig bestehende oder im Bau befindliche Anlagen können nachträglich Anforderungen gestellt werden, soweit dies zur Abwehr von Gefahren für Leben und Gesundheit oder von schweren Nachteilen für die Allgemeinheit notwendig ist.

(4) Die Bauaufsichtsbehörden können zur Erfüllung ihrer Aufgaben Sachverständige und sachverständige Stellen heranziehen.

(5) Verwaltungsakte gelten auch für und gegen Rechtsnachfolgerinnen und Rechtsnachfolger.

(6) [1] Die mit dem Vollzug dieses Gesetzes beauftragten Personen sind berechtigt, in Ausübung ihres Amtes oder Auftrages Grundstücke und bauliche Anlagen einschließlich der Wohnungen zu betreten. [2] Soweit Satz 1 oder sonstige Vorschriften Grundrechte der Art. 13 oder 14 des Grundgesetzes oder der Art. 8 oder 45 Abs. 1 der Verfassung des Landes Hessen berühren, werden diese Rechte eingeschränkt.

(7) [1] Den unteren Bauaufsichtsbehörden können im Rahmen der Fachaufsicht von der oberen und der obersten Bauaufsichtsbehörde allgemeine Weisungen und Weisungen im Einzelfall erteilt werden. [2] Weisungen im Einzelfall können nur erteilt werden, wenn die untere Bauaufsichtsbehörde ihre Aufgaben nicht im Einklang mit dem öffentlichen Recht wahrnimmt oder die erteilten allgemeinen Weisungen nicht befolgt.

(8) [1] Die unteren Bauaufsichtsbehörden gewähren den Geschäftsstellen der Gutachterausschüsse für Immobilienwerte zur Führung der Kaufpreissammlung Zugang zu den bauaufsichtlichen Akten, soweit diese bereits abgeschlossene Verwaltungsverfahren betreffen. [2] Der Zugang wird durch die Gewährung von Einsicht in die Datenbestände sowie die Erteilung von Auskünften oder die Bereitstellung von Ausgaben daraus eröffnet.

Zweiter Abschnitt. Verwaltungsverfahren

§ 62[1)] Grundsatz. (1) [1] Die Errichtung, Aufstellung, Anbringung und Änderung sowie die Nutzungsänderung von Anlagen oder von Teilen bedürfen der Baugenehmigung, soweit in den §§ 63, 64, 64a, 78 und 79 oder aufgrund des § 89 Abs. 4 Satz 1 Nr. 1 nichts anderes bestimmt ist. [2] Instandhaltungsarbeiten bedürfen keiner Baugenehmigung.

(2) Anlagen müssen, auch soweit eine bauaufsichtliche Prüfung entfällt, den öffentlichrechtlichen Vorschriften entsprechen.

(3) Die Bauherrschaft kann bei Vorhaben, die der Genehmigungsfreistellung (§§ 64 oder 64a) unterfallen, die Durchführung eines Baugenehmigungsverfahrens nach den §§ 65 oder 66 sowie bei Vorhaben, die dem vereinfachten Baugenehmigungsverfahren unterfallen, die Durchführung eines Baugenehmigungsverfahrens nach § 66 verlangen.

(4) [1] Das Schriftformerfordernis entfällt in einem von der Bauaufsichtsbehörde zur Verfügung gestellten elektronischen Verfahren. [2] Die Bauaufsichtsbehör-

---

[1)] § 62 Abs. 1 und 3-5 neu gef. mWv 14.10.2025 durch G v. 9.10.2025 (GVBl. Nr. 66).

de kann bestimmen, dass ausschließlich das elektronische Verfahren zu nutzen ist.

(5) Auch soweit kein Schriftformerfordernis besteht, muss das jeweilige Verfahren eine sichere und nachvollziehbare Verknüpfung der Erklärungen mit der jeweiligen Person des Erklärenden gewährleisten.

§ 63 Baugenehmigungsfreie Bauvorhaben. Vorhaben nach § 62 Abs. 1 Satz 1 bedürfen nach Maßgabe der Anlage keiner Baugenehmigung.

§ 63a[1] Abbruch, Beseitigung. [1]Keiner Baugenehmigung bedarf die vollständige oder teilweise Beseitigung von

1. Anlagen im Sinne des § 2 Abs. 1 nach Abschnitt I der Anlage zu § 63,
2. freistehenden Gebäuden der Gebäudeklassen 1 bis 3,
3. sonstigen Anlagen, die keine Gebäude sind, mit einer Höhe bis zu 10 m,
4. Anlagen in öffentlicher Trägerschaft.

[2]Im Übrigen ist die beabsichtigte Beseitigung von Anlagen mindestens einen Monat zuvor der Bauaufsichtsbehörde anzuzeigen. [3]Bei nicht freistehenden Anlagen muss die Standsicherheit der Anlagen, an die die zu beseitigende Anlage angebaut ist, durch eine entsprechend berechtigte Person nach § 68 Abs. 1 beziehungsweise nach § 68 Abs. 3 bescheinigt sein; die Beseitigung ist, soweit notwendig, durch diese Person zu überwachen. [4]Satz 3 gilt nicht, soweit an baugenehmigungsfreie Anlagen nach § 63 angebaut ist. [5]Vor Ablauf der Frist nach Satz 2 darf mit der Ausführung nicht begonnen werden. [6]Abweichend von § 2 Abs. 4 Satz 4 gelten Gebäude, an die Kleingaragen und untergeordnete Gebäude für Abstellzwecke angebaut sind, unabhängig von einem Grenzabstand als freistehend. [7]Satz 1 und 2 lassen andere nach öffentlich-rechtlichen Vorschriften erforderliche Genehmigungen, Erlaubnisse, Zustimmungen, Anzeigen oder sonstige Entscheidungen unberührt.

§ 64[2] Genehmigungsfreistellung. (1) [1]Keiner Baugenehmigung bedarf über § 63 hinaus die Errichtung, Änderung oder Nutzungsänderung von baulichen Anlagen, die keine Sonderbauten sind, wenn

1. sie im Geltungsbereich eines Bebauungsplanes im Sinne des § 30 Abs. 1 oder der §§ 12, 30 Abs. 2 des Baugesetzbuches liegen,
2. sie keiner Ausnahme oder Befreiung nach § 31 des Baugesetzbuches bedürfen,
3. die Erschließung im Sinne des Baugesetzbuches gesichert ist,
4. sie keiner Abweichung nach § 73 bedürfen und
5. die Gemeinde nicht innerhalb der Frist nach Abs. 3 Satz 4 erklärt, dass ein Baugenehmigungsverfahren durchgeführt werden soll, oder eine vorläufige Untersagung nach § 15 Abs. 1 Satz 2 des Baugesetzbuches beantragt.

[2]Satz 1 gilt auch für Änderungen und Nutzungsänderungen von Anlagen, deren Errichtung oder Änderung nach vorgenommener Änderung oder bei geänderter Nutzung nach dieser Vorschrift baugenehmigungsfrei wäre.

---

[1] § 63a eingef. mWv 14.10.2025 durch G v. 9.10.2025 (GVBl. Nr. 66).

[2] § 64 Abs. 5 Satz 1 geänd. mWv 11.6.2020 durch G v. 3.6.2020 (GVBl. S. 378); Abs. 1a eingef., Abs. 3 Satz 1 geänd., Satz 7 und Abs. 5 Satz 1 neu gef., Abs. 6 angef. mWv 14.10.2025 durch G v. 9.10.2025 (GVBl. Nr. 66).

(1a) Abs. 1 Satz 1 gilt entsprechend auch für die Änderung und Nutzungsänderung von Dachgeschossen zu Wohnzwecken einschließlich der Errichtung von Dachgauben, die abweichend von Abs. 1 Satz 1 Nr. 1 im Anwendungsbereich des § 30 Abs. 3 oder des § 34 Abs. 1 Satz 1 des Baugesetzbuches liegen.

(2) [1] Die Genehmigungsfreistellung nach Abs. 1 gilt nicht für die Errichtung, Änderung oder Nutzungsänderung

1. von Gebäuden, wenn dadurch Wohnflächen von insgesamt mehr als 5 000 m² geschaffen werden,
2. baulicher Anlagen, die öffentlich zugänglich sind, wenn dadurch die gleichzeitige Nutzung durch mehr als 100 zusätzliche Besucher ermöglicht wird und
3. baulicher Anlagen, die nach Durchführung des Bauvorhabens Tageseinrichtungen für Kinder sind,

sofern die Gebäude und baulichen Anlagen innerhalb des angemessenen Sicherheitsabstands eines Betriebsbereichs im Sinne des § 3 Abs. 5a und 5c des Bundes-Immissionsschutzgesetzes in der Fassung der Bekanntmachung vom 17. Mai 2013 (BGBl. I S. 1274), zuletzt geändert durch Gesetz vom 18. Juli 2017 (BGBl. I S. 2771), oder, wenn der angemessene Sicherheitsabstand nicht bekannt ist, innerhalb des Achtungsabstands des Betriebsbereichs liegen. [2] Satz 1 gilt nicht, wenn dem Gebot, den angemessenen Sicherheitsabstand zu wahren, bereits in einem Bebauungsplan Rechnung getragen worden ist.

(3) [1] Die Bauherrschaft hat die erforderlichen Bauvorlagen bei der Bauaufsichtsbehörde einzureichen. [2] Die Bauaufsichtsbehörde beteiligt unverzüglich die Gemeinde. [3] Eine Prüfpflicht der Gemeinde und der Bauaufsichtsbehörde besteht nicht. [4] Mit dem Vorhaben darf begonnen werden, wenn die Gemeinde innerhalb eines Monats, nachdem die Bauvorlagen bei ihr eingegangen sind, gegenüber der Bauaufsichtsbehörde

1. nicht die Durchführung eines Baugenehmigungsverfahrens fordert,
2. vorab den Verzicht hierauf mitteilt oder
3. keine Untersagung nach § 15 Abs. 1 Satz 2 des Baugesetzbuches beantragt.

[5] Die Frist nach Satz 4 beginnt spätestens zwei Wochen nach Eingang der erforderlichen Bauunterlagen bei der Bauaufsichtsbehörde. [6] Die Zulässigkeit des Baubeginns nach Satz 4 teilt die Bauaufsichtsbehörde der Bauherrschaft mit. [7] Will die Bauherrschaft mit der Ausführung des Vorhabens mehr als fünf Jahre, nachdem die Bauausführung nach Satz 4 zulässig geworden ist, beginnen oder die Bauausführung für mehr als zwei Jahre unterbrochen, gelten Satz 1 bis 5 entsprechend.

(4) [1] Die Erklärung der Gemeinde nach Abs. 1 Satz 1 Nr. 5 kann insbesondere deshalb erfolgen, weil die sonstigen Voraussetzungen des Abs. 1 nicht vorliegen oder weil sie eine Überprüfung des Bauvorhabens aus anderen Gründen für erforderlich hält; eine Begründungspflicht besteht hierfür nicht. [2] Darauf, dass die Gemeinde von ihrer Erklärungsmöglichkeit keinen Gebrauch macht, besteht kein Rechtsanspruch.

(5) [1] § 69 Abs. 2 Satz 1, 3 und 4, Abs. 3 und 5 sowie § 70 Abs. 5 gelten entsprechend. [2] § 68 bleibt unberührt.

(6) [1] Wird nach Fertigstellung des Bauvorhabens die Unwirksamkeit des Bebauungsplans festgestellt, so bedarf das Bauvorhaben keiner Baugenehmigung. [2] Seine Beseitigung darf wegen eines Verstoßes gegen bauplanungsrecht-

liche Vorschriften, der auf der Unwirksamkeit des Bebauungsplans beruht, nicht verlangt werden, es sei denn, dass eine Beeinträchtigung von Rechten Dritter dies erfordert.

§ 64a[1)] **Erweiterte Genehmigungsfreistellung für die Errichtung von Wohngebäuden.** [1]Bis zum 31. Dezember 2030 gilt § 64 Abs. 1 Satz 1 Nr. 2 bis Nr. 5 und Abs. 2 bis 5 entsprechend auch für die Errichtung von Wohngebäuden im unbeplanten Innenbereich nach § 34 des Baugesetzbuches mit der Maßgabe, dass auch die Bauaufsichtsbehörde innerhalb eines Monats nach Eingang der erforderlichen Bauvorlagen die Durchführung eines Baugenehmigungsverfahrens fordern darf. [2]Maßgeblich ist der Zeitpunkt der Einreichung der erforderlichen Bauvorlagen.

§ 65[2)] **Vereinfachtes Baugenehmigungsverfahren.** (1) [1]Liegen bei Vorhaben, die keine Sonderbauten sind, die Voraussetzungen der Genehmigungsfreistellung nach § 64 oder § 64a nicht vor, prüft die Bauaufsichtsbehörde nur die Zulässigkeit

1. nach den Vorschriften des Baugesetzbuches und aufgrund des Baugesetzbuches,
2. von beantragten Abweichungen nach § 73,
3. nach anderen öffentlich-rechtlichen Vorschriften, soweit wegen der Baugenehmigung eine Entscheidung nach diesen Vorschriften entfällt oder ersetzt wird.

[2]§ 68 bleibt unberührt.

(2) [1]Der Eingang des vollständigen Bauantrages ist unter Angabe des Datums zu bestätigen. [2]Über den Bauantrag ist innerhalb von drei Monaten nach Eingang des vollständigen Antrages zu entscheiden; die Bauaufsichtsbehörde kann diese Frist aus wichtigem Grund um bis zu zwei Monate verlängern. [3]Die Baugenehmigung gilt als erteilt, wenn über den Bauantrag nicht innerhalb der nach Satz 2 maßgeblichen Frist entschieden worden ist.

§ 66[3)] **Baugenehmigungsverfahren.** [1]Bei Sonderbauten sowie bei zugehörigen Nebengebäuden und Nebenanlagen prüft die Bauaufsichtsbehörde die Zulässigkeit

1. nach den Vorschriften des Baugesetzbuches und aufgrund des Baugesetzbuches,
2. nach den Vorschriften dieses Gesetzes und aufgrund dieses Gesetzes,
3. nach anderen öffentlich-rechtlichen Vorschriften, soweit wegen der Baugenehmigung eine Entscheidung nach diesen Vorschriften entfällt oder ersetzt wird.

[2]Der Erschütterungsschutz sowie die Anforderungen des baulichen Arbeitsschutzes werden nicht geprüft. [3]§ 68 bleibt unberührt.

---

1) § 64a eingef. mWv 14.10.2025 durch G v. 9.10.2025 (GVBl. Nr. 66).

2) § 65 Abs. 1 Satz 1 geänd. mWv 14.10.2025 durch G v. 9.10.2025 (GVBl. Nr. 66).

3) § 66 Satz 1 Nr. 3 neu gef., Satz 2 aufgeh., bish. Sätze 3 und 4 werden Sätze 2 und 3 mWv 14.10.2025 durch G v. 9.10.2025 (GVBl. Nr. 66).

§ 67[1] Bauvorlageberechtigung. (1) [1]Entwurfsverfasserinnen oder Entwurfsverfasser, die Bauvorlagen für die baugenehmigungspflichtige oder für die nach den §§ 64 oder 79 zu behandelnde Errichtung und Änderung von Gebäuden fertigen, müssen bauvorlageberechtigt sein (Bauvorlageberechtigung). [2]Satz 1 gilt nicht für

1. Bauvorlagen, die üblicherweise von Fachkräften mit anderer Ausbildung als nach Abs. 2 verfasst werden, und
2. für geringfügige oder technisch einfache Bauvorhaben.

(2) Bauvorlageberechtigt ist, wer

1. aufgrund des Hessischen Architekten- und Stadtplanergesetzes vom 30. November 2015 (GVBl. S. 478) die Berufsbezeichnung „Architektin" oder „Architekt" zu führen berechtigt ist,
2. in die Liste bauvorlageberechtigter Ingenieurinnen und Ingenieure nach § 9 Abs. 1 Satz 1 des Hessischen Ingenieurgesetzes[2] vom 30. November 2015 (GVBl. S. 457) oder in eine vergleichbare Liste eines anderen Landes eingetragen ist oder nach § 11c des Hessischen Ingenieurgesetzes nachweisen kann, bauvorlageberechtigt zu sein,
3. die Berufsbezeichnung „Innenarchitektin" oder „Innenarchitekt" führen darf, für die mit dieser Berufsaufgabe verbundenen baulichen Änderungen von Gebäuden oder
4. bei Bauvorhaben in öffentlicher Trägerschaft im Rahmen der dienstlichen Tätigkeit bei der Bauherrschaft bedienstet ist und eine abgeschlossene Ausbildung einschließlich Vorbereitungsdienst oder vergleichbare Vorbildung in den Fachgebieten der Nr. 1 und 2 oder für Vorhaben nach Nr. 3 in dem dort genannten Fachgebiet hat.

(3) Bauvorlageberechtigt für

1. Bauvorhaben nach Abs. 1 Satz 2,
2. Wohngebäude
   a) der Gebäudeklassen 1 und 2,
   b) freistehend oder nur einseitig angebaut der Gebäudeklasse 3,
3. eingeschossige, gewerblich genutzte Gebäude; davon ausgenommen sind Sonderbauten und
   a) Verkaufsstätten, deren Verkaufsräume und Ladenstraßen eine Grundfläche von insgesamt mehr als 800 Quadratmeter haben,
   b) Gebäude mit Räumen, die einer Büro- oder Verwaltungsnutzung dienen und jeweils eine Grundfläche von mehr als 400 Quadratmeter haben,
   c) Gebäude mit Räumen, die jeweils für die Nutzung durch mehr als 100 Personen bestimmt sind,
   d) Tageseinrichtungen für Kinder und Einrichtungen der Tagespflege für mehr als zehn Kinder,
4. land- und forstwirtschaftlich genutzte Gebäude, die keine Sonderbauten sind,
5. Garagen bis 200 Quadratmeter Nutzfläche

---

[1] § 67 Abs. 2 Nr. 2 geänd., Abs. 3 eingef., bish. Abs. 3-5 werden Abs. 4-6, neuer Abs. 5 Satz 1 geänd. mWv 16.7.2024 durch G v. 11.7.2024 (GVBl. Nr. 32).

[2] Nr. **11**.

sind auch Berufsangehörige, welche über die in § 11 des Hessischen Ingenieurgesetzes genannten inländischen oder auswärtigen Hochschulabschlüsse verfügen.

(4) [1] Bauvorlageberechtigt für

1. Wohngebäude mit nicht mehr als zwei Wohnungen und mit insgesamt nicht mehr als 200 m^2 Wohnfläche,
2. eingeschossige gewerbliche Gebäude bis 200 m^2 Grundfläche und bis 3 m Wandhöhe, gemessen von der Geländeoberfläche bis zur Schnittlinie zwischen Dachhaut und Außenwand,
3. landwirtschaftliche Betriebsgebäude der Gebäudeklassen 1 bis 3 bis 200 m^2 Grundfläche des Erdgeschosses und
4. Garagen bis 200 m^2 Nutzfläche

sind auch Meisterinnen und Meister im Maurer- und Betonbauer- oder Zimmererhandwerk, Personen mit einer erfolgreich abgelegten Prüfung, die als Voraussetzung für die Befreiung von der Prüfung der fachtheoretischen Kenntnisse dieser Meisterprüfungen anerkannt ist, sowie staatlich geprüfte Technikerinnen oder Techniker der Fachrichtung Bautechnik. [2] Das Gleiche gilt für Berufsangehörige der Fachrichtungen nach Abs. 2 ohne Erfordernis der Berufspraxis und ohne Eintragung in die Liste der Bauvorlageberechtigten.

(5) [1] Personen, die in einem anderen Mitgliedstaat der Europäischen Union oder einem nach dem Recht der Europäischen Gemeinschaften gleichgestellten Staat als Bauvorlageberechtigte niedergelassen sind und nicht über eine Qualifikation nach Abs. 2 bis 4 verfügen, sind bauvorlageberechtigt, wenn das Regierungspräsidium Darmstadt bescheinigt hat, dass sie gleichwertige Qualifikationsanforderungen erfüllen. [2] Die Personen werden entsprechend ihrer Bauvorlageberechtigung in einem Verzeichnis geführt; Eintragungen in vergleichbare Verzeichnisse anderer Bundesländer gelten entsprechend. [3] Die Bescheinigung nach Satz 1 wird auf Antrag erteilt. [4] Dem Antrag sind die zur Beurteilung erforderlichen Unterlagen beizufügen. [5] Wird über die beantragte Bescheinigung nach Satz 1 nicht innerhalb einer Frist von drei Monaten entschieden, gilt sie als erteilt. [6] Im Übrigen gilt § 42a des Hessischen Verwaltungsverfahrensgesetzes. [7] Das Verfahren nach Satz 1 kann über eine einheitliche Stelle nach Teil V Abschnitt 1a des Hessischen Verwaltungsverfahrensgesetzes abgewickelt werden.

(6) [1] Bauvorlageberechtigte sind verpflichtet, sich im Bereich des Baurechts fortzubilden. [2] Sie haben sich nach Maßgabe üblicher Versicherungsbedingungen ausreichend gegen Haftpflichtansprüche zu versichern, die aus ihrer Berufsausübung herrühren können; dies gilt nicht für Bauvorlageberechtigte nach Abs. 2 Nr. 4.

§ 68[1)] Bautechnische Nachweise, Typenprüfung. (1) [1] Nachweise für die Standsicherheit einschließlich der Feuerwiderstandsdauer tragender Bauteile, den vorbeugenden Brandschutz, den Schallschutz sowie Nachweise für Energieerzeugungsanlagen nach Abs. 6 sind nach Abs. 2 bis 6 von hierzu berechtigten Personen (Nachweisberechtigte) aufzustellen oder nach Prüfung auf Ein-

[1)] § 68 Abs. 2 geänd. mWv 16.7.2024 durch G v. 11.7.2024 (GVBl. Nr. 32); Abs. 1 Satz 1 geänd., Satz 4 angef., Abs. 3 Satz 1 Nr. 4 geänd., Nr. 5 angef., Abs. 4 Sätze 1 und 2 neu gef., Abs. 5 geänd. mWv 14.10.2025, Abs. 3 Satz 1 Nr. 5 geänd. mWv 20.1.2027 durch G v. 9.10.2025 (GVBl. Nr. 66).

haltung der Anforderungen dieses Gesetzes oder aufgrund dieses Gesetzes durch Prüfsachverständige gegenüber der Bauherrschaft zu bescheinigen. [2] Eine bauaufsichtliche Prüfung entfällt; § 55 gilt entsprechend. [3] Satz 1 und 2 gelten nicht für Sonderbauten, ausgenommen für Nachweise nach Abs. 3 Satz 3 und Abs. 5 sowie Bescheinigungen nach Abs. 6. [4] Die Anforderung des Gebäudeenergiegesetzes bleiben unberührt.

(2) Die jeweilige Bauvorlageberechtigung nach § 67 Abs. 2 bis 5 schließt die Berechtigung zur Erstellung der bautechnischen Nachweise nach Abs. 1 Satz 1 ein, soweit nicht in Abs. 3 bis 6 Abweichendes bestimmt ist.

(3) [1] Bei

1. baulichen Anlagen mit Tragwerken von überdurchschnittlichem oder höherem Schwierigkeitsgrad,
2. sonstigen baulichen Anlagen mit einer Höhe von mehr als 10 m,
3. besonderen Verhältnissen des Baugrundes, des Grundwassers oder der Belastung sowie bei der Verwendung besonderer Baustoffe,
4. Gebäuden der Gebäudeklassen 4 und 5,
5. Fundamenten für Windenergieanlagen mit einer Höhe von mehr als 10 m, deren weitere Bestandteile dem Anwendungsbereich der ***[bis 19.1.2027:*** Richtlinie 2006/42/EG***][ab 20.1.2027:** Verordnung (EU) 2023/1230**]*** unterliegen

muss der Nachweis der Standsicherheit einschließlich der Feuerwiderstandsdauer tragender Bauteile von Prüfsachverständigen für Standsicherheit im Sinne einer Rechtsverordnung nach § 89 Abs. 5 Satz 1 Nr. 2 bescheinigt sein. [2] In allen anderen Fällen muss der Nachweis von Nachweisberechtigten für Standsicherheit im Sinne einer Rechtsverordnung nach § 89 Abs. 5 Satz 1 Nr. 1 erstellt sein, es sei denn, der Nachweis wird entsprechend Satz 1 bescheinigt. [3] Einer Bescheinigung des Nachweises bedarf es nicht, soweit der Nachweis von einem Prüfamt für Baustatik allgemein geprüft ist (Typenprüfung); Typenprüfungen anderer Länder gelten auch im Land Hessen.

(4) [1] Bei Gebäuden der Gebäudeklasse 5 sowie Großgaragen im Sinne der Verordnung nach § 89 Abs. 1 Satz 1 Nr. 3 muss der Nachweis des vorbeugenden Brandschutzes von Prüfsachverständigen für Brandschutz im Sinne einer Rechtsverordnung nach § 89 Abs. 5 Satz 1 Nr. 2 bescheinigt sein. [2] Bei Gebäuden der Gebäudeklasse 4 sowie Mittelgaragen im Sinne der Verordnung nach § 89 Abs. 1 Satz 1 Nr. 3 muss der Nachweis von Nachweisberechtigten für Brandschutz im Sinne einer Rechtsverordnung nach § 89 Abs. 5 Satz 1 Nr. 1 erstellt sein, es sei denn, der Nachweis wird entsprechend Satz 1 bescheinigt. [3] Auf Veranlassung der Bauaufsichtsbehörde können Prüfsachverständige auch zur Prüfung und Überwachung von Sonderbauten beauftragt werden.

(5) Die Nachweise des Schallschutz sind von einer hierzu aufgrund einer Rechtsverordnung nach § 89 Abs. 5 Satz 1 Nr. 1 berechtigten Person zu erstellen.

(6) Die sichere Benutzbarkeit sowie die ordnungsgemäße Abführung der Abgase von Feuerungsanlagen, Anlagen der Kraft-Wärme-Kopplung, verbrennungsmotorisch betriebenen Wärmepumpen und feuerbeheizten Sorptionswärmepumpen einschließlich Anlagen zur Abführung von Abgasen ortsfester Verbrennungsmotoren sind durch Prüfsachverständige für Energieerzeugungsanlagen im Sinne des § 89 Abs. 5 Satz 1 Nr. 2 zu bescheinigen.

§ 69[1)] Bauantrag, Bauvorlagen. (1) Der Antrag auf Baugenehmigung (Bauantrag) ist bei der Bauaufsichtsbehörde einzureichen.

(2) [1] Dem Bauantrag sind alle für die Beurteilung des Vorhabens und die Bearbeitung des Bauantrages erforderlichen Bauvorlagen beizufügen. [2] Die Bauaufsichtsbehörde kann zulassen, dass einzelne Bauvorlagen nachgereicht werden. [3] Jedem Bauantrag für Vorhaben nach § 67 Abs. 1 ist ein Nachweis der Bauvorlageberechtigung beizufügen. [4] Inhalt, Art, Form und Umfang des Bauantrages und der Bauvorlagen, die Verwendung von Vordrucken sowie Vorgaben zum elektronischen Baugenehmigungsverfahren können von der obersten Bauaufsichtsbehörde festgelegt und im Staatsanzeiger für das Land Hessen bekannt gemacht werden.

(3) Auch soweit die bauaufsichtliche Prüfung entfällt, sind die Bauvorlagen spätestens vor Baubeginn, nach § 68 erforderliche bautechnische Nachweise spätestens vor Ausführung der jeweiligen Bauabschnitte einzureichen.

(4) In besonderen Fällen kann zur Beurteilung der Einwirkung der baulichen Anlage auf die Umgebung und das Orts- und Landschaftsbild verlangt werden, dass die bauliche Anlage in geeigneter Weise auf dem Grundstück dargestellt wird.

(5) Für Bauvorhaben auf fremden Grundstücken kann der Nachweis verlangt werden, dass die Eigentumsberechtigten zustimmen.

§ 70[2)] Behandlung des Bauantrages. (1) [1] Die Bauaufsichtsbehörde beteiligt oder hört zum Bauantrag die Gemeinde sowie diejenigen Stellen,

1. deren Beteiligung oder Anhörung für die Entscheidung über den Bauantrag durch Rechtsvorschrift vorgeschrieben ist oder
2. ohne deren Stellungnahme die Genehmigungsfähigkeit des Bauantrags nicht beurteilt werden kann.

[2] Die Beteiligung oder Anhörung entfällt, wenn die Gemeinde oder Stelle dem Bauantrag bereits vor Einleitung des Baugenehmigungsverfahrens zugestimmt hat. [3] Ein für die Erteilung der Baugenehmigung erforderlicher förmlicher Mitwirkungsakt (Benehmen, Einvernehmen, Zustimmung) einer anderen Stelle gilt als erteilt, wenn er nicht innerhalb eines Monats nach Eingang des Ersuchens verweigert wird; von dieser Frist abweichende Regelungen durch Rechtsvorschrift bleiben unberührt. [4] Stellungnahmen bleiben unberücksichtigt, wenn sie nicht innerhalb eines Monats nach Aufforderung zur Stellungnahme bei der Bauaufsichtsbehörde eingehen.

(2) [1] Die Bauaufsichtsbehörde hat nach Eingang des Bauantrags binnen eines Monats zu prüfen, ob der Antrag und die Bauvorlagen vollständig sind. [2] Werden innerhalb eines Monats keine Nachforderungen gestellt, gilt der Antrag als vollständig [3] Die Bauaufsichtsbehörde kann Anträge und Bauvorlagen zurückweisen, wenn sie so unvollständig sind, dass sie nicht bearbeitet werden können. [4] Im Übrigen fordert die Bauaufsichtsbehörde die Bauherrschaft auf, den Bauantrag innerhalb einer angemessenen Frist zu ergänzen oder sonstige erhebliche Mängel zu beseitigen. [5] Werden die Mängel innerhalb der Frist nicht behoben, gilt der Antrag als zurückgenommen.

---

1) § 69 Abs. 5 Sätze 1 und 2 aufgeh. mWv 14.10.2025 durch G v. 9.10.2025 (GVBl. Nr. 66).
2) § 70 Abs. 2 neu gef., Abs. 5 angef. mWv 14.10.2025 durch G v. 9.10.2025 (GVBl. Nr. 66).

(3) [1] Ist für das Vorhaben eine Umweltverträglichkeitsprüfung erforderlich, sind im Genehmigungsverfahren die Vorschriften des Gesetzes über die Umweltverträglichkeitsprüfung in der Fassung der Bekanntmachung vom 24. Februar 2010 (BGBl. I S. 94), zuletzt geändert durch Gesetz vom 8. September 2017 (BGBl. I S. 3370), in der jeweils geltenden Fassung anzuwenden. [2] Satz 1 gilt nicht, soweit die Umweltverträglichkeitsprüfung in einem anderen Verfahren durchzuführen ist.

(4) Ausgenommen bei Sonderbauten ist über den Bauantrag innerhalb von drei Monaten nach Eingang des vollständigen Antrages zu entscheiden; die Bauaufsichtsbehörde kann diese Frist aus wichtigem Grund um bis zu zwei Monate verlängern.

(5) [1] Betrifft das Vorhaben eine Anlage, die in den Anwendungsbereich der Richtlinie (EU) 2018/2001 fällt, werden auf Antrag der Bauherrschaft die erforderlichen Verfahren über eine einheitliche Stelle nach den Vorschriften der §§ 71a ff. des Hessischen Verwaltungsverfahrensgesetzes abgewickelt. [2] Die einheitliche Stelle stellt ein Verfahrenshandbuch mit den im Sinne des Art. 16 Abs. 3 Satz 1 der Richtlinie (EU) 2018/2001 erforderlichen Informationen bereit und macht diese Informationen auch im Internet zugänglich. [3] Dabei geht sie gesondert auch auf kleinere Vorhaben und Vorhaben zur Eigenversorgung mit Elektrizität ein. [4] In den im Internet veröffentlichten Informationen weist die einheitliche Stelle auch darauf hin, für welche Vorhaben sie zuständig ist und welche weiteren einheitlichen Stellen in Hessen für Vorhaben nach Satz 1 zuständig sind. [5] Nach Eingang der vollständigen Unterlagen erstellt die einheitliche Stelle einen Zeitplan für das weitere Verfahren und teilt diesen Zeitplan der Bauherrschaft mit.

§ 71 Beteiligung der Nachbarschaft. (1) [1] Die Bauaufsichtsbehörde soll die Nachbarschaft benachrichtigen, bevor von Vorschriften, die ihrem Schutz dienen, Abweichungen, Ausnahmen oder Befreiungen zugelassen werden; das gilt auch, wenn die angewandte Abweichungs-, Ausnahme- oder Befreiungsvorschrift selbst nachbarschützend ist. [2] Einwendungen sind innerhalb von zwei Wochen nach Zugang der Benachrichtigung der Bauaufsichtsbehörde mitzuteilen.

(2) Wer den Abweichungen, Ausnahmen oder Befreiungen zugestimmt hat, wird nicht benachrichtigt.

(3) [1] Die Abweichungen, Ausnahmen oder Befreiungen sind nur denjenigen bekannt zu geben, deren Einwendungen nicht entsprochen wird. [2] Die §§ 13 und 28 des Hessischen Verwaltungsverfahrensgesetzes finden bei der Nachbarschaftsbeteiligung keine Anwendung.

(4) Abs. 1 bis 3 finden keine Anwendung, wenn die Beteiligung durch öffentliche Bekanntmachung nach § 72 erfolgt.

§ 72 Beteiligung durch öffentliche Bekanntmachung. (1) Die Bauaufsichtsbehörde kann das Bauvorhaben auf Antrag der Bauherrschaft vor der Entscheidung über den Bauantrag öffentlich bekannt machen, wenn

1. mehr als 20 Personen zu beteiligen sind oder
2. bauliche Anlagen aufgrund ihrer Beschaffenheit oder ihres Betriebs geeignet sind, die Allgemeinheit oder die Nachbarschaft zu gefährden, zu benachteiligen oder zu belästigen.

(2) [1]Die Bauaufsichtsbehörde hat das Bauvorhaben vor der Entscheidung über einen Bauantrag auf Errichtung, Änderung oder Nutzungsänderung von

1. Gebäuden und Anlagen nach § 64 Abs. 2 Satz 1 und
2. baulichen Anlagen, die nach Durchführung des Bauvorhabens Sonderbauten nach § 2 Abs. 9 Nr. 7 Buchst. c, Nr. 8 bis 10, 12, 15 oder 16 sind,

öffentlich bekannt zu machen, wenn es innerhalb des Abstands nach § 64 Abs. 2 Satz 1 durchgeführt werden soll und dem Gebot, den angemessenen Sicherheitsabstand zu wahren, nicht bereits in einem Bebauungsplan Rechnung getragen worden ist. [2]Für Bauvorhaben, die die Schwellenwerte des § 64 Abs. 2 Satz 1 Nr. 1 oder 2 unterschreiten, gilt Satz 1 entsprechend, wenn dies von der Bauherrschaft beantragt wird.

(3) [1]Nach der Bekanntmachung nach Abs. 1 und 2 sind der Antrag und die Bauvorlagen sowie die entscheidungserheblichen Berichte und Empfehlungen, die der Bauaufsichtsbehörde im Zeitpunkt der Bekanntmachung vorliegen, einen Monat zur Einsicht auszulegen. [2]Für die Entscheidung, ob und unter welchen Umständen das Vorhaben trotz seiner Lage innerhalb des angemessenen Sicherheitsabstands eines Störfallbetriebs zugelassen werden kann, nicht erhebliche Unterlagen müssen im Fall einer nach Abs. 2 erforderlichen Öffentlichkeitsbeteiligung nicht ausgelegt werden. [3]In der Bekanntmachung ist zu informieren

1. über den Gegenstand des Vorhabens,
2. gegebenenfalls über die Feststellung der UVP-Pflicht des Vorhabens nach § 3a des Gesetzes über die Umweltverträglichkeitsprüfung, sowie erforderlichenfalls die Durchführung einer grenzüberschreitenden Beteiligung nach den §§ 8 und 9a des Gesetzes über die Umweltverträglichkeitsprüfung,
3. über die für die Genehmigung zuständige Behörde, bei der der Antrag nebst Unterlagen zur Einsicht ausgelegt wird, sowie wo, wann und wie Einsicht genommen werden kann,
4. darüber, dass Personen, deren Belange berührt sind, und Vereinigungen, welche die Anforderungen von § 3 Abs. 1 oder § 2 Abs. 2 des Umwelt-Rechtsbehelfsgesetzes in der Fassung der Bekanntmachung vom 23. August 2017 (BGBl. I S. 3290) erfüllen (betroffene Öffentlichkeit), Einwendungen bei einer in der Bekanntmachung bezeichneten Stelle bis zu zwei Wochen nach Ablauf der Auslegungsfrist erheben können,
5. über die Art möglicher Entscheidungen oder, soweit vorhanden, den Entscheidungsentwurf,
6. darüber, dass die Bekanntgabe der Entscheidung über die Einwendungen durch öffentliche Bekanntmachung erfolgen kann, und
7. gegebenenfalls über weitere Einzelheiten des Verfahrens zur Unterrichtung der Öffentlichkeit und Anhörung der betroffenen Öffentlichkeit.

[4]Weitere Informationen, die für die Entscheidung über die Genehmigung von Bedeutung sein können und die der zuständigen Behörde erst nach Beginn der Auslegung vorliegen, sind der Öffentlichkeit nach den Bestimmungen des Hessischen Umweltinformationsgesetzes vom 14. Dezember 2006 (GVBl. I S. 659), zuletzt geändert durch Gesetz vom 28. September 2015 (GVBl. S. 361), zugänglich zu machen.

(4) [1]Im Falle einer Öffentlichkeitsbeteiligung nach Abs. 1 kann die Baugenehmigung öffentlich bekanntgegeben werden, im Falle einer Öffentlich-

keitsbeteiligung nach Abs. 2 ist die Baugenehmigung öffentlich bekannt zu geben. [2]Die öffentliche Bekanntgabe wird dadurch bewirkt, dass der verfügende Teil des Bescheids und die Rechtsbehelfsbelehrung bekannt gemacht werden. [3]Eine Ausfertigung des gesamten Genehmigungsbescheids ist vom Tage nach der Bekanntmachung an zwei Wochen zur Einsicht auszulegen; in der Begründung sind die wesentlichen tatsächlichen und rechtlichen Gründe, die die Behörde zu ihrer Entscheidung bewogen haben, die Behandlung der Einwendungen sowie Angaben über das Verfahren zur Beteiligung der Öffentlichkeit aufzunehmen. [4]In der öffentlichen Bekanntmachung ist anzugeben, wo und wann der Bescheid und seine Begründung eingesehen werden können. [5]Mit dem Ende der Auslegungsfrist gilt der Bescheid auch Dritten gegenüber, die keine Einwendungen erhoben haben, als bekannt gegeben; darauf ist in der Bekanntmachung hinzuweisen.

§ 73[1)] Abweichungen. (1) [1]Die Bauaufsichtsbehörde soll Abweichungen von Vorschriften dieses Gesetzes oder von Vorschriften aufgrund dieses Gesetzes zulassen, wenn sie unter Berücksichtigung des Zwecks der jeweiligen Anforderung und unter Würdigung der öffentlich-rechtlich geschützten nachbarlichen Belange mit den öffentlichen Belangen, insbesondere den Anforderungen des § 3 vereinbar sind (Schutzzielbetrachtung). [2]Dies gilt insbesondere für

1. Vorhaben, die der Weiternutzung rechtmäßig bestehender Gebäude dienen,
2. Vorhaben zur Erzeugung und Nutzung erneuerbarer Energien und
3. Vorhaben zur Erprobung neuer Bau- und Wohnformen.

[3]§ 90 Abs. 1 Satz 3 bleibt unberührt.

(2) [1]Die Zulassung von Abweichungen nach Abs. 1 sowie von bauplanungsrechtlichen Ausnahmen und Befreiungen ist gesondert zu beantragen. [2]Der Antrag ist zu begründen.

(3) [1]Abs. 2 gilt auch für baugenehmigungsfreie Anlagen sowie für Abweichungen von Vorschriften, die in bauaufsichtlichen Verfahren nicht geprüft werden. [2]§ 65 Abs. 2, § 70 Abs. 1, § 74 Abs. 3 bis 7 und § 75 Abs. 1 und 2 gelten entsprechend.

(4) [1]Abweichend von Abs. 1 entscheidet die Gemeinde bei baugenehmigungsfreien Vorhaben (§ 63) über Abweichungen von örtlichen Bauvorschriften nach § 91 und über Ausnahmen und Befreiungen von den Festsetzungen eines Bebauungsplans, einer sonstigen städtebaulichen Satzung oder von Regelungen der Baunutzungsverordnung, wenn Gegenstand der Abweichungsentscheidung ausschließlich die in diesem Absatz genannten Vorschriften sind. [2]Die Gemeinde hat die Bauaufsichtsbehörde von einer positiven Entscheidung zu unterrichten.

(5) [1]Abweichungen, Ausnahmen und Befreiungen von nachbarschützenden öffentlich-rechtlichen Vorschriften sind zu begründen, wenn die Nachbarschaft Einwendungen nach § 71 Abs. 1 Satz 2 vorgebracht hat. [2]Satz 1 gilt auch, soweit die Ausnahme- oder Befreiungsvorschrift selbst nachbarschützend ist.

[1)] § 73 Abs. 1 Satz 1 geänd., Satz 2 eingef., bish. Satz 2 wird Satz 3, Abs. 2 Satz 1 geänd. mWv 14.10.2025 durch G v. 9.10.2025 (GVBl. Nr. 66).

§ 74[1] Baugenehmigung. (1) Die Baugenehmigung ist zu erteilen, wenn dem Vorhaben keine öffentlich-rechtlichen Vorschriften entgegenstehen, die im Baugenehmigungsverfahren zu prüfen sind; die Bauaufsichtsbehörde darf den Bauantrag auch ablehnen, wenn das Bauvorhaben gegen sonstige öffentlich-rechtliche Vorschriften verstößt.

(2) Auf Antrag können zu einem baugenehmigungspflichtigen Vorhaben gehörende Teile, Anlagen und Einrichtungen, die erst in einem späten Abschnitt der Bauausführung hergestellt, eingebaut, angebracht oder angeschlossen werden, von der Baugenehmigung ausgenommen und besonderen Baugenehmigungen vorbehalten werden, soweit eine getrennte Beurteilung möglich ist.

(3) [1]Die Baugenehmigung bedarf der Schriftform. [2]Ihr ist als Bestandteil eine Ausfertigung der mit einem Genehmigungsvermerk versehenen Bauvorlagen beizufügen. [3]Die Baugenehmigung ist nur insoweit zu begründen, als Abweichungen oder Befreiungen von nachbarschützenden Vorschriften zugelassen werden und der Nachbar nicht nach § 71 Abs. 2 zugestimmt hat.

(4) Die Baugenehmigung kann unter Auflagen, Bedingungen und dem Vorbehalt der nachträglichen Aufnahme, Änderung oder Ergänzung einer Auflage sowie befristet erteilt werden.

(5) Die Baugenehmigung wird unbeschadet der privaten Rechte Dritter erteilt.

(6) [1]Die Bauaufsichtsbehörde hat die Gemeinde von der Erteilung, dem Ablauf der Frist nach § 65 Abs. 2 Satz 2, der Verlängerung, der Ablehnung, der Rücknahme und dem Widerruf der Baugenehmigung unverzüglich zu unterrichten. [2]Eine Ausfertigung des Bescheides ist beizufügen.

(7) [1]Die Baugenehmigung erlischt, wenn innerhalb von fünf Jahren nach ihrer Erteilung mit der Ausführung des Bauvorhabens nicht begonnen oder die Bauausführung zwei Jahre unterbrochen worden ist. [2]Diese Frist kann auf Antrag um jeweils bis zu zwei Jahre verlängert werden. [3]Sie kann rückwirkend verlängert werden, wenn der Antrag vor Fristablauf bei der Bauaufsichtsbehörde eingegangen ist.

§ 75[2] Baubeginn. (1) Vor Zugang der Baugenehmigung oder vor Ablauf der Frist nach § 65 Abs. 2 Satz 2 darf mit der Ausführung nicht begonnen werden.

(2) [1]Vor Baubeginn muss die Grundfläche des Gebäudes abgesteckt und seine Höhenlage festgelegt sein. [2]Ist nach den Bauvorlagen Grenzbebauung vorgesehen oder die Lage des Gebäudes auf dem Grundstück durch Bezug auf die Grundstücksgrenzen bestimmt, muss die Absteckung von einem Prüfsachverständigen für Vermessungswesen nach § 26 der Hessischen Prüfberechtigten- und Prüfsachverständigenverordnung[3] vom 18. Dezember 2006 (GVBl. I S. 745), zuletzt geändert durch Verordnung vom 24. November 2015 (GVBl. S. 546), bescheinigt sein. [3]An der Baustelle müssen Baugenehmigungen sowie Bauvorlagen von Baubeginn an, nach § 68 erforderliche bautechnische Nachweise spätestens vor Ausführung der jeweiligen Bauabschnitte vorliegen.

---

[1] § 74 Abs. 7 Sätze 1 und 2 geänd. mWv 14.10.2025 durch G v. 9.10.2025 (GVBl. Nr. 66).

[2] § 75 Abs. 4 Satz 1 neu gef., Satz 3 aufgeh. mWv 14.10.2025 durch G v. 9.10.2025 (GVBl. Nr. 66).

[3] Nr. **4**.

(3) [1] Der Ausführungsbeginn von Vorhaben ist mindestens eine Woche vorher mitzuteilen

1. der Bauaufsichtsbehörde (Baubeginnsanzeige) und
2. der oder dem Prüfsachverständigen für Energieerzeugungsanlagen, soweit das Vorhaben Anlagen nach § 68 Abs. 6 einschließt.

[2] Die Bauaufsichtsbehörde darf Baubeginn und Lage des Baugrundstücks an andere Behörden und sonstige öffentliche Stellen zur Bekämpfung der Schwarzarbeit und illegalen Beschäftigung nach dem Schwarzarbeitsbekämpfungsgesetz vom 23. Juli 2004 (BGBl. I S. 1842), zuletzt geändert durch Gesetz vom 18. Juli 2017 (BGBl. I S. 2739), übermitteln.

(4) [1] Spätestens mit der Baubeginnsanzeige, im Falle der Nr. 1 spätestens vor Ausführung der jeweiligen Bauabschnitte, sind

1. die Bescheinigungen nach § 68 Abs. 3 Satz 1 und Abs. 4 Satz 1 vorzulegen,
2. die mit der Bauleitung beauftragte Person zu benennen und
3. das mit der Ausführung des Rohbaus beauftragte Unternehmen zu benennen.

[2] Ein Wechsel der Beauftragten nach Satz 1 Nr. 2 oder 3 während der Bauausführung ist der Bauaufsichtsbehörde mitzuteilen.

(5) Abs. 2 bis 4 gelten nicht für nach § 63 baugenehmigungsfreie Vorhaben, soweit in der Anlage nichts anderes bestimmt ist.

Dritter Abschnitt. Besondere Verfahrensregelungen

§ 76 Bauvoranfrage, Bauvorbescheid. (1) [1] Vor Einreichen des Bauantrages kann auf Antrag (Bauvoranfrage) zu einzelnen Fragen des Bauvorhabens, die im Baugenehmigungsverfahren zu prüfen sind, ein schriftlicher Bescheid (Bauvorbescheid) erteilt werden. [2] Der Bauvorbescheid gilt drei Jahre. [3] Die Frist kann auf Antrag um jeweils bis zu einem Jahr verlängert werden. [4] Soweit der Bauvorbescheid nicht zurückgenommen oder widerrufen wird, ist er für das Baugenehmigungsverfahren bindend.

(2) Die §§ 57 und 65 bis 74 gelten entsprechend.

§ 77 Teilbaugenehmigung. (1) [1] Ist ein Bauantrag eingereicht, kann der Beginn der Bauarbeiten für die Baugrube und für einzelne Bauteile oder Bauabschnitte auf Antrag schon vor Erteilung der Baugenehmigung schriftlich gestattet werden (Teilbaugenehmigung). [2] Die §§ 70 bis 75 gelten entsprechend.

(2) In der Baugenehmigung können für die bereits begonnenen Teile des Bauvorhabens zusätzliche Anforderungen gestellt werden, wenn sich bei der weiteren Prüfung der Bauvorlagen ergibt, dass dies zur Wahrung der in § 3 Satz 1 und 2 genannten Belange erforderlich ist.

§ 77a[1] Typengenehmigung. (1) [1] Für bauliche Anlagen, die in derselben Ausführung an mehreren Stellen errichtet werden sollen, wird auf Antrag durch das Regierungspräsidium Gießen eine Typengenehmigung erteilt, wenn die baulichen Anlagen oder Teile von baulichen Anlagen den Anforderungen nach diesem Gesetz und der aufgrund dieses Gesetzes erlassenen Vorschriften ent-

[1] § 77a eingef. mWv 1.6.2021 durch G v. 3.6.2020 (GVBl. S. 378).

sprechen. [2]Eine Typengenehmigung kann auch für bauliche Anlagen erteilt werden, die in unterschiedlicher Ausführung, aber nach einem bestimmten System und aus bestimmten Bauteilen an mehreren Stellen errichtet werden sollen; in der Typengenehmigung ist die zulässige Veränderbarkeit festzulegen. [3]Für Fliegende Bauten wird eine Typengenehmigung nicht erteilt.

(2) [1]Die Typengenehmigung gilt fünf Jahre. [2]Die Frist kann auf Antrag jeweils bis zu fünf Jahren verlängert werden; § 74 Abs. 7 Satz 3 gilt entsprechend.

(3) Typengenehmigungen anderer Bundesländer gelten auch im Land Hessen.

(4) [1]Eine Typengenehmigung entbindet nicht von der Verpflichtung, ein bauaufsichtliches Verfahren durchzuführen. [2]Die in der Typengenehmigung entschiedenen Fragen sind von der Bauaufsichtsbehörde nicht mehr zu prüfen. [3]§ 68 bleibt im bauaufsichtlichen Verfahren unberührt, soweit die bautechnischen Nachweise nicht Gegenstand der Typengenehmigung sind.

(5) [1]Die §§ 67, 69 Abs. 2 und 5 Satz 1 und 2, § 70 Abs. 1 mit Ausnahme der Beteiligung der Gemeinde, § 70 Abs. 2 und § 73 Abs. 1 und 2 Satz 2 gelten entsprechend; § 68 gilt für das Typengenehmigungsverfahren entsprechend, soweit Anforderungen betroffen sind, die Gegenstand der Typengenehmigung sind. [2]Soweit in der Typengenehmigung nicht anders bestimmt, bescheinigen Befähigte im Sinne des § 68 die mit der Typengenehmigung übereinstimmende Bauausführung entsprechend § 83 Abs. 2.

§ 78 Fliegende Bauten. (1) [1]Fliegende Bauten sind bauliche Anlagen, die geeignet und bestimmt sind, an verschiedenen Orten wiederholt aufgestellt und zerlegt zu werden. [2]Baustelleneinrichtungen und Baugerüste gelten nicht als Fliegende Bauten.

(2) [1]Bevor sie erstmals aufgestellt und in Gebrauch genommen werden, bedürfen sie einer Ausführungsgenehmigung. [2]Dies gilt nicht für die in der Anlage genannten Fliegenden Bauten.

(3) [1]Die Ausführungsgenehmigung wird von der Behörde erteilt, in deren Bereich die antragstellende Person die Hauptwohnung oder die gewerbliche Niederlassung hat. [2]Liegt die Hauptwohnung oder die gewerbliche Niederlassung außerhalb der Bundesrepublik Deutschland, ist die Behörde zuständig, in deren Bereich der Fliegende Bau erstmals aufgestellt und in Gebrauch genommen werden soll.

(4) [1]Die Ausführungsgenehmigung wird für eine bestimmte Frist erteilt, die höchstens fünf Jahre betragen soll. [2]Sie kann auf Antrag von der für die Erteilung der Ausführungsgenehmigung zuständigen Behörde um jeweils bis zu fünf Jahre verlängert werden; § 74 Abs. 7 Satz 3 gilt entsprechend. [3]Die Genehmigung wird in ein Prüfbuch eingetragen; sie bedarf keiner Begründung. [4]Dem Prüfbuch ist eine Ausfertigung der mit einem Genehmigungsvermerk zu versehenden Bauvorlagen beizufügen. [5]Ausführungsgenehmigungen anderer Länder gelten auch im Land Hessen.

(5) [1]Personen, denen eine Ausführungsgenehmigung erteilt ist, haben den Wechsel ihrer Hauptwohnung oder ihrer gewerblichen Niederlassung oder die Übertragung eines Fliegenden Baues an Dritte der für die Erteilung der Ausführungsgenehmigung bis dahin zuständigen Behörde anzuzeigen, die die Ausführungsgenehmigung erteilt hat. [2]Die Behörde hat die Änderungen in das

Prüfbuch einzutragen und sie, wenn mit den Änderungen ein Wechsel der Zuständigkeit verbunden ist, der nunmehr zuständigen Behörde mitzuteilen.

(6) [1]Fliegende Bauten, die nach Abs. 2 Satz 1 einer Ausführungsgenehmigung bedürfen, dürfen unbeschadet anderer Vorschriften nur in Gebrauch genommen werden, wenn ihre Aufstellung der Bauaufsichtsbehörde des Aufstellungsortes unter Vorlage des Prüfbuches rechtzeitig, mindestens drei Werktage vor Inbetriebnahme, angezeigt ist. [2]Die Bauaufsichtsbehörde kann die Inbetriebnahme dieser Fliegenden Bauten von einer Gebrauchsabnahme abhängig machen. [3]Die Anzeige sowie das Ergebnis der Abnahme oder ein Verzicht auf die Abnahme sind in das Prüfbuch einzutragen.

(7) [1]Die für die Gebrauchsabnahme zuständige Bauaufsichtsbehörde kann Auflagen erteilen oder die Aufstellung oder den Gebrauch eines Fliegenden Baues untersagen, soweit dies nach den örtlichen Verhältnissen oder zur Abwehr von Gefahren erforderlich ist, insbesondere weil die Betriebs- oder Standsicherheit nicht oder nicht mehr gewährleistet ist oder von der Ausführungsgenehmigung abgewichen wird. [2]Wird die Aufstellung oder der Gebrauch aufgrund von Mängeln am Fliegenden Bau untersagt, ist dies in das Prüfbuch einzutragen. [3]Die für die Erteilung der Ausführungsgenehmigung zuständige Behörde ist zu benachrichtigen; das Prüfbuch ist einzuziehen und dieser Behörde zuzuleiten, wenn die Herstellung ordnungsgemäßer Zustände innerhalb angemessener Frist nicht zu erwarten ist.

(8) [1]Bei Fliegenden Bauten, die längere Zeit an einem Aufstellungsort betrieben werden, kann die für die Gebrauchsabnahme zuständige Bauaufsichtsbehörde aus Gründen der Sicherheit Nachabnahmen durchführen. [2]Das Ergebnis der Nachabnahme ist in das Prüfbuch einzutragen.

(9) § 69 Abs. 2 und 5, § 70 Abs. 2 und § 83 gelten entsprechend.

(10) Auf Fliegende Bauten, die der Landesverteidigung, der Feuerwehr, dem Katastrophenschutz oder der Unfallhilfe dienen, finden Abs. 1 bis 9 keine Anwendung.

(11) Genehmigungen für Fliegende Bauten aus Vertragsstaaten des Abkommens vom 2. Mai 1992 über den Europäischen Wirtschaftsraum sind für die Ausführungsgenehmigung heranzuziehen, wenn von der nach Abs. 3 Satz 2 zuständigen Behörde die Gleichwertigkeit hinsichtlich dieses Gesetzes festgestellt wurde, wobei vorgenommene Untersuchungen und Prüfungen zu berücksichtigen sind.

§ 79[1)] Vorhaben in öffentlicher Trägerschaft. (1) [1]Vorhaben nach § 62 Abs. 1 Satz 1 in öffentlicher Trägerschaft, die nicht nach § 63, § 63a oder nach einer aufgrund des § 89 Abs. 4 Satz 1 Nr. 1 erlassenen Rechtsverordnung baugenehmigungsfrei sind, bedürfen keiner Baugenehmigung (§ 74), wenn

1. die Leitung der Entwurfsarbeiten einer Baudienststelle des Bundes oder eines Landes übertragen ist und
2. die Baudienststelle entsprechend § 60 Abs. 2 besetzt ist.

[2]Solche baulichen Anlagen bedürfen der Zustimmung der Bauaufsichtsbehörde. [3]Die Zustimmung der Bauaufsichtsbehörde entfällt, wenn

---

[1)] § 79 Abs. 1 Sätze 1 und 4, Abs. 5 Satz 1 geänd. mWv 14.10.2025 durch G v. 9.10.2025 (GVBl. Nr. 66).

1. die Gemeinde dem Vorhaben gegenüber der Bauherrschaft zustimmt und
2. Abweichungen, Ausnahmen und Befreiungen von nachbarschützenden öffentlich-rechtlichen Vorschriften nicht erforderlich sind.

[4]Keiner Baugenehmigung oder Zustimmung bedürfen unter den Voraussetzungen von Satz 1 Baumaßnahmen in oder an bestehenden Gebäuden, soweit sie nicht zu einer Erweiterung des Bauvolumens oder zu einer der Baugenehmigungspflicht unterliegenden Nutzungsänderung führen.

(2) [1]Die bauaufsichtliche Prüfung beschränkt sich auf die Zulässigkeit

1. nach den Vorschriften des Baugesetzbuches und aufgrund des Baugesetzbuches,
2. von Abweichungen (§ 73) von nachbarschützenden Vorschriften und
3. nach anderen öffentlich-rechtlichen Vorschriften, soweit wegen der bauaufsichtlichen Zulassung eine Entscheidung nach diesen Vorschriften entfällt oder ersetzt wird.

[2]Im Übrigen bedarf die Zulässigkeit von Abweichungen keiner bauaufsichtlichen Entscheidung.

(3) [1]Für das Zustimmungsverfahren gelten § 65 Abs. 2 Satz 2 und 3, § 69 Abs. 1, 2, 4 und 5, §§ 70, 72 bis 74, § 75 Abs. 1, 2 Satz 1 und § 77 entsprechend. [2]§ 56 Abs. 4 und 5, § 75 Abs. 2 Satz 2 und Abs. 3 finden keine Anwendung.

(4) Bei Vorhaben des Bundes oder des Landes kann die obere Bauaufsichtsbehörde auf Antrag der öffentlichen Bauherrschaft die Zuständigkeit nach Abs. 1 übernehmen, wenn dies wegen der besonderen Bedeutung oder Schwierigkeit des Vorhabens zweckmäßig erscheint.

(5) [1]Anlagen, die nicht genehmigungsfrei sind und der Landesverteidigung dienen, sind abweichend von Abs. 1 bis 3 der oberen Bauaufsichtsbehörde vor Baubeginn in geeigneter Weise zur Kenntnis zu bringen. [2]Im Übrigen wirken die Bauaufsichtsbehörden nicht mit.

(6) [1]Die öffentliche Bauherrschaft trägt die Verantwortung, dass Entwurf, Ausführung und Zustand der Anlagen den öffentlich-rechtlichen Vorschriften entsprechen. [2]§ 61 Abs. 2 Satz 2 und die §§ 81 bis 84 finden keine Anwendung. [3]Eine nach § 72 Abs. 2 erforderliche öffentliche Bekanntmachung ist von der öffentlichen Bauherrschaft durchzuführen.

Vierter Abschnitt. Bauaufsichtliche Maßnahmen

§ 80 Verbot unrechtmäßig gekennzeichneter Bauprodukte. Sind Bauprodukte entgegen § 24 mit dem Ü-Zeichen gekennzeichnet, kann die Bauaufsichtsbehörde die Verwendung dieser Bauprodukte untersagen und deren Kennzeichnung entwerten oder beseitigen lassen.

§ 81 Baueinstellung. [1]Werden Anlagen im Widerspruch zu öffentlich-rechtlichen Vorschriften errichtet, geändert, abgebrochen oder beseitigt, kann die Bauaufsichtsbehörde die Einstellung der Arbeiten anordnen. [2]Das gilt insbesondere, wenn

1. die Ausführung eines Vorhabens entgegen den Vorschriften des § 75 Abs. 1 bis 3 begonnen wurde,
2. bei der Ausführung eines

a) baugenehmigungspflichtigen Vorhabens von den genehmigten oder den nach § 69 Abs. 3 eingereichten Bauvorlagen oder

b) nach § 64 baugenehmigungsfreien Vorhabens von den eingereichten Bauvorlagen abgewichen wird,

3. Bauprodukte verwendet werden, die entgegen der Verordnung (EU) Nr. 305/2011 keine CE-Kennzeichnung oder entgegen § 24 kein Ü-Zeichen tragen, oder

4. Bauprodukte verwendet werden, die unberechtigt mit dem CE-Zeichen (§ 19) oder dem Ü-Zeichen (§ 24 Abs. 3) gekennzeichnet sind.

§ 82 Nutzungsverbot, Beseitigungsanordnung. (1) [1] Werden Anlagen im Widerspruch zu öffentlich-rechtlichen Vorschriften errichtet oder geändert, kann die Bauaufsichtsbehörde die teilweise oder vollständige Beseitigung der baulichen Anlagen anordnen, wenn nicht auf andere Weise rechtmäßige Zustände hergestellt werden können. [2] Werden Anlagen nach Satz 1 im Widerspruch zu öffentlich-rechtlichen Vorschriften benutzt, kann diese Benutzung untersagt werden.

(2) Die Bauaufsichtsbehörde kann verlangen, dass ein erforderliches Verfahren durchgeführt wird oder nach § 64 Abs. 3 Satz 1 erforderliche Bauvorlagen eingereicht werden.

Fünfter Abschnitt. Bauüberwachung

§ 83 Bauüberwachung. (1) Die Bauaufsichtsbehörde kann die Einhaltung der öffentlich-rechtlichen Vorschriften und Anordnungen und die ordnungsgemäße Erfüllung der Pflichten der am Bau Beteiligten überprüfen.

(2) [1] Die Prüfsachverständigen im Sinne des § 68 Abs. 3 Satz 1 oder Abs. 4 Satz 1 bescheinigen auch die mit den von ihnen bescheinigten Unterlagen übereinstimmende Bauausführung. [2] Satz 1 gilt entsprechend für Nachweisberechtigte, soweit bautechnische Nachweise nach § 68 Abs. 1 nicht nach § 68 Abs. 3 Satz 1 oder Abs. 4 Satz 1 zu bescheinigen sind oder bescheinigt werden. [3] Die Überwachung der ordnungsgemäßen Bauausführung kann sich auf Stichproben der Ausführung der jeweils wesentlichen Bauteile beschränken.

(3) [1] Im Rahmen der Bauüberwachung können Proben von Bauprodukten, auch aus fertigen Teilen der baulichen Anlage, zu Prüfzwecken entnommen werden. [2] Die Bauaufsichtsbehörde kann die Vorlage von Bescheinigungen, Bestätigungen oder sonstigen Erklärungen der herstellenden Unternehmen oder sachkundigen Lieferfirmen von Anlagen und Einrichtungen über die ordnungsgemäße Beschaffenheit der gelieferten Anlagen und Einrichtungen verlangen und die Bauüberwachung hierauf beschränken; § 69 Abs. 2 Satz 4 gilt entsprechend.

(4) Im Rahmen der Bauüberwachung ist jederzeit Einblick in die Genehmigungen, Zulassungen, Prüfzeugnisse, Übereinstimmungserklärungen, Übereinstimmungszertifikate, Überwachungsnachweise, Zeugnisse und Aufzeichnungen über die Prüfungen von Bauprodukten, in die CE-Kennzeichnungen und Leistungserklärungen nach der Verordnung (EU) Nr. 305/2011, in die Bautagebücher und andere vorgeschriebene Aufzeichnungen zu gewähren.

(5) Die Bauaufsichtsbehörde oder die Prüfsachverständigen sollen, soweit sie im Rahmen der Bauüberwachung Erkenntnisse über systematische Rechtsver-

stöße gegen die Verordnung (EU) Nr. 305/2011 erlangen, diese der für die Marktüberwachung zuständigen Stelle mitteilen.

§ 84 Bauzustandsbesichtigung, Aufnahme der Nutzung. (1) [1]Die Fertigstellung des Rohbaus von nicht nach § 63 baugenehmigungsfreien Gebäuden sind der Bauaufsichtsbehörde und der Katasterbehörde, die abschließende Fertigstellung der Bauaufsichtsbehörde jeweils mindestens zwei Wochen vorher unter Angabe des Zeitpunkts der Fertigstellung anzuzeigen. [2]Der Rohbau ist fertig gestellt, wenn die tragenden Teile, die Schornsteine, die Brandwände und die Dachkonstruktion vollendet sind. [3]Zur abschließenden Fertigstellung des Gebäudes gehört auch die Fertigstellung der Wasserversorgungs- und Abwasserbeseitigungsanlagen.

(2) [1]Zur Besichtigung des Rohbaus sind, soweit möglich, die Bauteile, die für die Standsicherheit und den Brandschutz, für den Wärmeund Schallschutz sowie für die Abwasserbeseitigung wesentlich sind, derart offen zu halten, dass Maße und Ausführungsart geprüft werden können. [2]Für die Besichtigungen und die damit verbundenen möglichen Prüfungen sind die erforderlichen Arbeitskräfte und Geräte bereitzustellen. [3]Mit der Anzeige der Fertigstellung des Rohbaus sind die Bescheinigungen nach § 83 Abs. 2 für Standsicherheit einschließlich der Feuerwiderstandsdauer tragender Bauteile vorzulegen. [4]Mit der Anzeige der abschließenden Fertigstellung ist die Bescheinigung nach § 59 Abs. 1 Satz 2 sowie nach § 83 Abs. 2 für vorbeugenden Brandschutz, den Schall- und Wärmeschutz vorzulegen. [5]Vor der dauerhaften Inbetriebnahme der Energieerzeugungsanlage, spätestens mit der Anzeige der abschließenden Fertigstellung des Gebäudes, ist die Bescheinigung nach § 68 Abs. 6 vorzulegen.

(3) [1]Ob und in welchem Umfang eine Besichtigung aufgrund der Anzeigen nach Abs. 1 durchgeführt wird, bleibt dem Ermessen der Bauaufsichtsbehörde überlassen. [2]Auf Antrag hat sie über Bauzustandsbesichtigungen eine Bescheinigung auszustellen.

(4) Die Bauaufsichtsbehörde kann über Abs. 1 hinaus verlangen, dass ihr oder einer von ihr beauftragten Person Beginn und Beendigung bestimmter Bauarbeiten angezeigt werden.

(5) Mit dem weiteren Ausbau darf erst einen Tag nach dem in der Anzeige nach Abs. 1 genannten Zeitpunkt der Fertigstellung des Rohbaus begonnen werden, soweit die Bauaufsichtsbehörde nicht einem früheren Beginn des weiteren Ausbaus zugestimmt hat.

(6) Die Bauaufsichtsbehörde kann verlangen, dass bei Bauausführungen die Arbeiten erst fortgesetzt oder die Anlagen erst benutzt werden, wenn sie von ihr oder einer beauftragten sachverständigen Person geprüft worden sind.

(7) [1]Eine bauliche Anlage darf erst benutzt werden, wenn sie ordnungsgemäß fertiggestellt und sicher benutzbar ist, frühestens jedoch eine Woche nach dem in der Anzeige nach Abs. 1 genannten Zeitpunkt der Fertigstellung. [2]Die Aufnahme der vollständigen oder teilweisen vorzeitigen Benutzung ist der Bauaufsichtsbehörde eine Woche vorher mitzuteilen. [3]Die vorzeitige Benutzung ist zulässig, wenn wegen der öffentlichen Sicherheit und Ordnung Bedenken nicht bestehen und die Bauaufsichtsbehörde sie nicht innerhalb der Frist nach Satz 2 untersagt.

Sechster Abschnitt. Baulasten

§ 85 Baulasten, Baulastenverzeichnis. (1) [1]Durch Erklärung gegenüber der Bauaufsichtsbehörde können die Eigentumsberechtigten öffentlich-rechtliche Verpflichtungen zu einem ihre Grundstücke betreffenden Tun, Dulden oder Unterlassen übernehmen, die sich nicht schon aus öffentlich-rechtlichen Vorschriften ergeben (Baulasten). [2]Baulasten werden unbeschadet der Rechte Dritter mit der Eintragung in das Baulastenverzeichnis wirksam; sie wirken auch gegenüber Rechtsnachfolgern.

(2) [1]Die Erklärung nach Abs. 1 bedarf der Schriftform. [2]Die Unterschrift muss öffentlich beglaubigt oder von einer Behörde oder Person nach § 15 Abs. 2 des Hessischen Vermessungs- und Geoinformationsgesetzes vom 6. September 2007 (GVBl. I S. 548), zuletzt geändert durch Gesetz vom 27. September 2012 (GVBl. S. 290), beglaubigt sein, wenn sie nicht vor der Bauaufsichtsbehörde geleistet oder vor ihr anerkannt wird; dies gilt nicht für Träger öffentlicher Verwaltung.

(3) [1]Die Baulast geht durch Verzicht der Bauaufsichtsbehörde unter. [2]Der Verzicht ist zu erklären, wenn ein öffentliches Interesse an der Baulast nicht mehr besteht. [3]Vor dem Verzicht sollen durch die Baulast Verpflichtete und Begünstigte gehört werden. [4]Der Verzicht wird mit der Löschung der Baulast im Baulastenverzeichnis wirksam. [5]Die Löschung ist den Beteiligten mitzuteilen.

(4) [1]Das Baulastenverzeichnis wird von der Bauaufsichtsbehörde oder von der durch Rechtsverordnung bestimmten Stelle geführt. [2]In das Baulastenverzeichnis können auch

1. andere baurechtliche Verpflichtungen der Eigentumsberechtigten zu einem das Grundstück betreffenden Tun, Dulden oder Unterlassen, soweit ein öffentliches Interesse an der Eintragung besteht, und
2. Auflagen, Bedingungen, Befristungen und Widerrufsvorbehalte

eingetragen werden.

(5) [1]Wer ein berechtigtes Interesse darlegt, kann in das Baulastenverzeichnis Einsicht nehmen oder Auszüge fordern. [2]Angaben darüber, welche Flächen von Baulasten betroffen sind, können über geeignete, öffentlich verfügbare elektronische Kommunikationsmittel bereitgestellt werden.

Sechster Teil. Bußgeld-, Übergangs-, Rechtsvorschriften, Ausführungsbestimmung zum Baugesetzbuch, Schlussvorschriften

§ 86[1)] Bußgeldvorschriften. (1) Ordnungswidrig handelt, wer vorsätzlich oder fahrlässig

1. bei Einrichtung oder Betrieb einer Baustelle sowie bei Ausführung eines Bauvorhabens der Vorschrift des § 11 Abs. 2 oder des § 75 Abs. 2 Satz 3 zuwiderhandelt,
2. entgegen § 14 Abs. 2 Räume oder Nutzungseinheiten nicht mit den erforderlichen Rauchwarnmeldern ausstattet,

---

[1)] § 86 Abs. 1 Nr. 1 neu gef., Nr. 6, 10, 12 und 13 geänd. mWv 14.10.2025 durch G v. 9.10.2025 (GVBl. Nr. 66).

3. Bauarten entgegen § 17 ohne Bauartgenehmigung oder allgemeines bauaufsichtliches Prüfzeugnis für Bauarten anwendet,
4. Bauprodukte entgegen § 19 ohne CE-Zeichen oder entgegen § 24 Abs. 3 ohne das Ü-Zeichen verwendet,
5. Bauprodukte mit dem Ü-Zeichen kennzeichnet, ohne dass dafür die Voraussetzungen nach § 25 Abs. 1 vorliegen,
6. einer vollziehbaren Anordnung der Bauaufsichtsbehörde zuwiderhandelt, die nach diesem Gesetz oder nach einer aufgrund dieses Gesetzes erlassenen Rechtsverordnung oder Satzung erlassen worden ist, sofern die Anordnung auf die Bußgeldvorschrift verweist,
7. bei der Herstellung oder Instandhaltung von Anlagen einer Vorschrift des § 54 Abs. 1 oder 2 zuwiderhandelt,
8. die Mitteilungen, Anzeigen oder Unterlagen nach § 56 Abs. 3 oder § 75 Abs. 3 Satz 1 nicht oder nicht rechtzeitig erstattet oder zuleitet,
9. entgegen § 56 Abs. 4 Satz 1 oder Abs. 5 Satz 1 der Pflicht zur Beauftragung von am Bau Beteiligten und Prüfsachverständigen nicht nachkommt oder seinen Pflichten nach § 57 Abs. 1 Satz 3, § 58 Abs. 1 Satz 2 oder § 59 Abs. 1 Satz 1 oder § 78 Abs. 6 Satz 1 zuwiderhandelt,
10. entgegen § 56 Abs. 4 Satz 4 Abbrucharbeiten in Selbst- oder Nachbarschaftshilfe ausführt oder ausführen lässt,
11. entgegen § 59 Abs. 1 Satz 2 die Bescheinigung nicht vorlegt,
12. vor Ablauf der Frist des § 63a Satz 5 Abrissarbeiten vornimmt, des § 64 Abs. 3 Satz 4 oder abweichend von den nach § 64 Abs. 3 Satz 1 oder § 69 Abs. 3 eingereichten Bauvorlagen Anlagen errichtet, aufstellt, anbringt, ändert oder dies als Bauherrschaft nach § 56 Abs. 1 oder als für die Bauleitung oder fachliche Bauleitung nach § 59 Abs. 1 Satz 1 oder Abs. 2 Satz 3 verantwortliche Person zulässt,
13. ohne erforderliche Baugenehmigung oder Teilbaugenehmigung nach § 62 Abs. 1 Satz 1, § 75 Abs. 1 oder § 77 Abs. 1 in Verbindung mit § 75 Abs. 1 oder ohne die erforderliche Abweichung, Ausnahme oder Befreiung nach § 73 Abs. 3 oder abweichend davon Anlagen errichtet, aufstellt, anbringt, ändert, benutzt, benutzen lässt oder dies als Bauherrschaft nach § 56 Abs. 1 oder als für die Bauleitung oder fachliche Bauleitung nach § 59 Abs. 1 Satz 1 oder Abs. 2 Satz 3 verantwortliche Person zulässt,
14. entgegen den Freistellungsvorbehalten des Abschnitts V der Anlage zu § 63 bauliche Anlagen errichtet, aufstellt, anbringt, ändert, erneuert, in Betrieb nimmt oder die Nutzung ändert,
15. entgegen § 68 Abs. 3 Satz 1 oder Abs. 4 Satz 1 bautechnische Nachweise nicht bescheinigen lässt,
16. entgegen § 68 Abs. 6 in Verbindung mit § 84 Abs. 2 Satz 5 Anlagen ohne Bescheinigung in Betrieb nimmt,
17. entgegen § 78 Abs. 2 Satz 1 Fliegende Bauten ohne Ausführungsgenehmigung aufstellt oder in Gebrauch nimmt, entgegen § 78 Abs. 6 Satz 1 die Aufstellung eines Fliegenden Baues nicht rechtzeitig anzeigt oder entgegen § 78 Abs. 6 Satz 2 ohne eine von der Bauaufsichtsbehörde geforderte Abnahme in Gebrauch nimmt,
18. entgegen § 83 Abs. 3 Satz 2 eine von der Bauaufsichtsbehörde verlangte Bescheinigung, Bestätigung oder sonstige Erklärung nicht vorlegt, entgegen

§ 84 Abs. 2 Satz 3 und 4 Bescheinigungen nicht vorlegt oder entgegen § 84 Abs. 4 eine von der Bauaufsichtsbehörde verlangte Anzeige nicht erstattet,
19. entgegen § 84 Abs. 1 die Anzeige der Fertigstellung nicht erstattet,
20. entgegen § 84 Abs. 5 mit dem weiteren Ausbau beginnt, entgegen § 84 Abs. 6 Arbeiten fortsetzt, Anlagen benutzt oder benutzen lässt oder entgegen § 84 Abs. 7 Aufenthaltsräume benutzt oder benutzen lässt,
21. einer nach § 17 Abs. 6, § 28 Abs. 1 oder § 89 Abs. 1 Satz 1 Nr. 1 bis 8, Abs. 4 bis 6 erlassenen Rechtsverordnung zuwiderhandelt, soweit die Rechtsverordnung für einen bestimmten Tatbestand auf diese Bußgeldvorschrift verweist,
22. unzutreffende Bescheinigungen nach § 59 Abs. 1 Satz 2, § 68 Abs. 3, 4 und 6, § 75 Abs. 2 Satz 2, § 83 Abs. 2, Anlage zu § 63 Abschnitt V Nr. 2 bis 4 ausstellt,
23. einer nach § 52 Abs. 2, Abs. 5 Satz 4 oder § 91 Abs. 1 oder 2 erlassenen Satzung zuwiderhandelt, soweit die Satzung für einen bestimmten Tatbestand auf diese Bußgeldvorschrift verweist.

(2) Ordnungswidrig handelt auch, wer wider besseres Wissen unrichtige Angaben macht oder unrichtige Pläne oder Unterlagen vorlegt, um einen nach diesem Gesetz vorgesehenen Verwaltungsakt oder eine Genehmigungsfreistellung zu erwirken oder zu verhindern.

(3) Die Ordnungswidrigkeiten nach Abs. 1 Nr. 1 bis 22 und Abs. 2 können mit einer Geldbuße bis zu fünfhunderttausend Euro, Ordnungswidrigkeiten nach Abs. 1 Nr. 23 können mit einer Geldbuße bis zu fünfzehntausend Euro geahndet werden.

(4) [1] Als Nebenfolge können Gegenstände, auf die sich Ordnungswidrigkeiten nach Abs. 1 Nr. 3 bis 5, 10 bis 23 oder Abs. 2 beziehen, eingezogen werden. [2] § 19 des Gesetzes über Ordnungswidrigkeiten in der Fassung der Bekanntmachung vom 19. Februar 1987 (BGBl. I S. 602), zuletzt geändert durch Gesetz vom 27. August 2017 (BGBl. I S. 3295), findet Anwendung.

(5) Verwaltungsbehörde im Sinne des § 36 Abs. 1 Nr. 1 des Gesetzes über Ordnungswidrigkeiten ist in den Fällen des Abs. 1 Nr. 3 bis 5 die obere Bauaufsichtsbehörde, im Falle des Abs. 1 Nr. 23 der Gemeindevorstand der Gemeinde, die die Satzung erlassen hat, in den übrigen Fällen die untere Bauaufsichtsbehörde.

§ 87 Übergangsvorschriften. (1) [1] Für Vorhaben, zu denen Verfahren vor dem Inkrafttreten dieses Gesetzes eingeleitet wurden, gilt das bisherige Recht. [2] Für innerhalb von drei Monaten nach Inkrafttreten dieses Gesetzes eingeleitete Verfahren kann die Bauherrschaft bei Stellung des Antrages verlangen, dass für das Vorhaben das bisher geltende Recht zur Anwendung kommt. [3] Nach bisher geltendem Recht dürfen Bauvorhaben ausgeführt werden, für die Bauvorlagen nach § 56 Abs. 3 Satz 1 der Hessischen Bauordnung in der Fassung der Bekanntmachung vom 15. Januar 2011 (GVBl. I S. 46, 180) in der am 5. Juli 2018 geltenden Fassung vor Inkrafttreten dieses Gesetzes eingereicht wurden oder nach § 64 Abs. 3 Satz 1 bis zu drei Monate nach Inkrafttreten dieses Gesetzes eingereicht werden, sofern für deren Ausführung die formellen Voraussetzungen vorliegen.

(2) Wer nach § 78 Abs. 2 und 4 der Hessischen Bauordnung in der Fassung der Bekanntmachung vom 15. Januar 2011 (GVBl. I S. 46, 180) in der am 5. Juli

2018 geltenden Fassung bauvorlageberechtigt oder anerkannt war, bleibt berechtigt, wenn er innerhalb von zwei Jahren nach Inkrafttreten dieses Gesetzes das Bestehen der Berechtigung gegenüber der Oberen Bauaufsichtsbehörde nachweist.

(3) Personen, die nach § 78 Abs. 3 in der bisher geltenden Fassung zur Übernahme der Bauleitung berechtigt waren, bleiben im Rahmen der bisherigen Berechtigung weiterhin berechtigt, wenn sie innerhalb von zwei Jahren nach Inkrafttreten dieses Gesetzes das Bestehen der Berechtigung gegenüber der Oberen Bauaufsichtsbehörde nachweisen.

(4) Erdgeschossige Zelte mit mehr als 75 m^2 bis 100 m^2 Grundfläche, die vor dem Inkrafttreten dieses Gesetzes ohne Ausführungsgenehmigung betrieben wurden, bedürfen erst ab dem 1. November 2019 einer Ausführungsgenehmigung.

(5) Bis zum Inkrafttreten dieses Gesetzes für Bauarten erteilte allgemeine bauaufsichtliche Zulassungen oder Zustimmungen im Einzelfall gelten als Bauartgenehmigung fort.

(6) Bestehende Anerkennungen als Prüf-, Überwachungs- und Zertifizierungsstellen bleiben in dem bis zum Inkrafttreten dieses Gesetzes geregelten Umfang wirksam. Vor dem Inkrafttreten dieses Gesetzes gestellte Anträge gelten als Anträge nach diesem Gesetz.

§ 88 Aufhebung bisherigen Rechts. Aufgehoben werden

1. die Hessische Bauordnung in der Fassung der Bekanntmachung vom 15. Januar 2011 (GVBl. I S. 46, 180) zuletzt geändert durch Gesetz vom 15. Dezember 2016 (GVBl. S. 294) und
2. das Hessische Gesetz zur Ausführung des Baugesetzbuches vom 28. November 2016 (GVBl. S. 210).

§ 89[1] Rechtsverordnungen, Verwaltungsvorschriften. (1) [1] Zur Verwirklichung der allgemeinen Anforderungen der §§ 3, 17 Abs. 1 und § 18 Abs. 1 können durch Rechtsverordnung Vorschriften erlassen werden über

1. die nähere Bestimmung allgemeiner Anforderungen in § 45, insbesondere über Feuerungsanlagen, sonstigen Anlagen zur Wärmeerzeugung und Energiebereitstellung und Anlagen zur Verteilung von Wärme oder zur Warmwasserversorgung sowie über deren Betrieb, über Brennstoffleitungen, über Aufstellräume für Feuerstätten, Verbrennungsmotoren und Verdichter und über die Lagerung von Brennstoffen,
2. die Anforderungen für Gästetoilettenanlagen nach § 46 Abs. 3,
3. die Anforderungen oder Erleichterungen für Garagen mit Stellplätzen, die nicht mehr als 22 m über der Geländeoberfläche liegen, für Stellplätze und Abstellplätze für Fahrräder sowie über die Zahl der notwendigen Abstellplätze für Fahrräder,
4. besondere Anforderungen oder Erleichterungen, die sich aus der besonderen Art oder Nutzung der baulichen Anlagen und Räume für Errichtung, Änderung, Unterhaltung, Betrieb und Benutzung ergeben (§ 2 Abs. 9, §§ 53

[1] § 89 Abs. 3 Satz 3 angef. mWv 1.6.2021 durch G v. 3.6.2020 (GVBl. S. 378); Abs. 1 Satz 1 Nr. 1 und 3 geänd., Nr. 7 neu gef. mWv 14.10.2025 durch G v. 9.10.2025 (GVBl. Nr. 66).

und 54), sowie über die Anwendung solcher Anforderungen auf bestehende bauliche Anlagen dieser Art,

5. von Zeit zu Zeit zu wiederholende Nachprüfungen von Anlagen, die zur Verhütung erheblicher Gefahren oder Nachteile ständig ordnungsgemäß unterhalten werden müssen, und die Geltung dieser Nachprüfungspflicht für bestehende Anlagen,
6. die Anwesenheit fachkundiger Personen beim Betrieb technisch schwieriger Anlagen und den Nachweis ihrer Befähigungen,
7. die Durchführung und ergänzende Zuständigkeits- und Verfahrensbestimmungen von Verordnungen, Richtlinien oder Entscheidungen des Rates oder eines Vertrages der Europäischen Union, die sich auf Bauprodukte oder Bauarten nach den §§ 17 bis 28 oder auf Sachverständige oder sachverständige Organisationen oder Stellen beziehen, sowie die Durchführung und ergänzende Zuständigkeits- und Verfahrensbestimmungen des darauf bezogenen Bundesrechts oder die Bestimmung einer einheitlichen Stelle im Sinne des § 70 Abs. 5 und
8. die nähere Bestimmung allgemeiner baulicher Anforderungen für das Gaststättengewerbe im Sinne des Hessischen Gaststättengesetzes.

[2] Wegen der technischen Anforderungen kann in den Rechtsverordnungen nach Satz 1 auf Bekanntmachungen sachverständiger Stellen, Vereinigungen und Organisationen unter Angabe der Fundstelle oder Bezugsstelle verwiesen werden.

(2) [1] Durch Rechtsverordnung kann bestimmt werden, dass die Anforderungen der aufgrund des § 34 des Produktsicherheitsgesetzes vom 8. November 2011 (BGBl. I S. 2178, 2179, 2012 I S. 131), zuletzt geändert durch Verordnung vom 31. August 2015 (BGBl. I S. 1474), und des § 49 Abs. 4 des Energiewirtschaftsgesetzes vom 7. Juli 2005 (BGBl. I S. 1970, 3621), zuletzt geändert durch Gesetz vom 20. Juli 2017 (BGBl. I S. 2808), erlassenen Rechtsverordnungen entsprechend für Anlagen gelten, die weder gewerblichen noch wirtschaftlichen Zwecken dienen und in deren Gefahrenbereich auch keine Arbeitskräfte beschäftigt werden. [2] Sie kann auch die Verfahrensvorschriften dieser Rechtsverordnungen für anwendbar erklären oder selbst das Verfahren bestimmen sowie Zuständigkeiten und Gebühren regeln. [3] Dabei kann sie ferner vorschreiben, dass danach zu erteilende Erlaubnisse die Baugenehmigung oder die Zustimmung nach § 79 einschließlich der zugehörigen Abweichungen, Ausnahmen oder Befreiungen einschließen und dass § 35 des Produktsicherheitsgesetzes insoweit Anwendung findet.

(3) [1] Durch Rechtsverordnung können zum bauaufsichtlichen Verfahren Vorschriften erlassen werden über

1. Inhalt, Art, Form und Umfang der Bauvorlagen,
2. die erforderlichen Anträge, Anzeigen, Nachweise und Bescheinigungen einschließlich deren Formerfordernisse,
3. soweit erforderlich das Verfahren im Einzelnen einschließlich Regelungen zum elektronischen Baugenehmigungsverfahren.

[2] Dabei können für verschiedene Arten von Bauvorhaben unterschiedliche Anforderungen gestellt und Verfahrensregelungen getroffen werden. [3] Satz 1 und 2 gelten entsprechend für die Erteilung von Typengenehmigungen.

(4) [1]Durch Rechtsverordnung können zur Vereinfachung, Erleichterung und Beschleunigung des Baugenehmigungsverfahrens und zur Entlastung der Bauaufsichtsbehörden Regelungen getroffen werden über

1. weitere und weitergehende Ausnahmen von der Baugenehmigungspflicht auch unter dem Vorbehalt weiterer Prüfungen,
2. den vollständigen oder teilweisen Wegfall der bautechnischen Prüfung bei bestimmten Arten von Bauvorhaben,
3. die Übertragung von Prüfaufgaben der Bauaufsichtsbehörde im Rahmen des bauaufsichtlichen Verfahrens einschließlich der Bauüberwachung auf sachverständige Personen oder Stellen.

[2]Dabei können bestimmte Voraussetzungen festgelegt werden, die die Verantwortlichen nach den §§ 57 bis 59 und 67 oder die sachverständigen Personen oder Stellen zu erfüllen haben. [3]Geregelt werden können insbesondere

1. die Fachbereiche, in denen die sachverständigen Personen und Stellen tätig werden,
2. Anforderungen an die Ausbildung, Fachkenntnisse, Berufserfahrung in zeitlicher und sachlicher Hinsicht, persönliche Zuverlässigkeit, Unabhängigkeit, Ausübung der Tätigkeit sowie Fort- und Weiterbildung,
3. die Notwendigkeit einer Anerkennung sowie die Voraussetzungen für den Verzicht auf die Anerkennung bei Vorliegen einer entsprechenden Anerkennung in anderen Ländern oder anderen Mitgliedstaaten der Europäischen Union,
4. die erfolgreiche Ablegung einer Prüfung als Voraussetzung der Anerkennung sowie die Voraussetzungen, die Inhalte und das Verfahren für diese Prüfung sowie die Bestellung und die Zusammensetzung der Prüfungsorgane,
5. das Anerkennungsverfahren sowie die Voraussetzungen für die Anerkennung, ihren Widerruf, ihre Rücknahme und ihr Erlöschen sowie die für die Anerkennung zuständige Stelle,
6. die Notwendigkeit, anerkannte Personen in besonderen Listen einzutragen, sowie die zur Führung dieser Listen zuständigen Stellen,
7. die Überwachung der anerkannten Personen und Stellen, die Maßnahmen bei Pflichtverletzungen sowie die hierfür zuständige Stelle,
8. die Festsetzung einer Altersgrenze,
9. das Erfordernis einer ausreichenden Haftpflichtversicherung,
10. die Vergütung, die Verpflichtung der Abrechnung über eine Abrechnungsstelle sowie die Bestimmung der hierfür zuständigen Stelle,
11. der Verlust oder die Aberkennung von Berechtigungen bei grobem Pflichtverstoß, die Einschränkung der Prüftätigkeit sowie die Festlegung der für den Vollzug zuständigen Stelle.

(5) [1]Durch Rechtsverordnung können besondere Anforderungen gestellt werden an

1. nachweisberechtigte Personen und Stellen, die nach § 68 Abs. 3 Satz 2, Abs. 4 Satz 2 und Abs. 5 bautechnische Nachweise erstellen,
2. sachverständige Personen und Stellen, die nach diesem Gesetz oder aufgrund dieses Gesetzes tätig werden,

3. Art, Dauer, Umfang und Nachweisführung der Fort- und Weiterbildung der Bauvorlageberechtigten sowie die für die Nachweisführung zuständige Stelle.

[2] Abs. 4 Satz 3 gilt entsprechend. [3] Weiterhin können geregelt werden

1. die Voraussetzungen, unter denen die Bauaufsichtsbehörde
   a) die Vorlage von Bescheinigungen für bestimmte Sachbereiche verlangen kann oder verlangen muss,
   b) verlangen kann oder verlangen muss, dass die Bauherrschaft sich die Einhaltung bauaufsichtlicher Anforderungen durch sachverständige Personen oder Stellen bescheinigen lässt,
2. die Voraussetzungen, unter denen die Bauherrschaft
   a) Bescheinigungen für bestimmte Sachbereiche vorzulegen hat oder
   b) sich die Einhaltung bauaufsichtlicher Anforderungen bescheinigen lassen muss.

(6) Durch Rechtsverordnung kann vorgeschrieben werden, dass die am Bau Beteiligten (§§ 57 bis 59, 67), die Nachweisberechtigten und die sachverständigen Personen oder Stellen (§ 68) zum Nachweis der ordnungsgemäßen Bauausführung Bescheinigungen, Bestätigungen oder Nachweise über die Einhaltung bauaufsichtlicher Anforderungen vorzulegen haben.

(7) [1] Durch Rechtsverordnung können den Bauaufsichtsbehörden nach diesem Gesetz obliegende Zuständigkeiten auf andere oder bestimmte Bauaufsichtsbehörden oder andere Behörden oder Stellen übertragen werden. [2] Für die

1. Erteilung von vorhabenbezogenen Bauartgenehmigungen nach § 17 Abs. 2 Satz 1 Nr. 2 und den Verzicht darauf im Einzelfall nach § 17 Abs. 4 sowie von Zustimmungen im Einzelfall nach § 23 Satz 1 und den Verzicht auf Zustimmung im Einzelfall nach § 23 Satz 2,
2. Anerkennung von Prüf-, Zertifizierungs- und Überwachungsstellen (§ 27) und
3. Erteilung von Ausführungsgenehmigungen und zur Gebrauchsabnahme für Fliegende Bauten nach § 78

kann die Befugnis auch auf eine Behörde eines anderen Landes übertragen werden, die der Aufsicht einer obersten Bauaufsichtsbehörde untersteht oder an deren Willensbildung das Land Hessen durch die oberste Bauaufsichtsbehörde mitwirkt, in den Fällen der Nr. 2 und 3 unter Regelung deren Vergütung auch auf eine sachverständige Stelle.

(8) Durch Rechtsverordnung können

1. das Ü-Zeichen festgelegt und zu diesem Zeichen zusätzliche Angaben verlangt werden,
2. das Anerkennungsverfahren nach § 27, die Voraussetzungen für die Anerkennung, ihren Widerruf und ihr Erlöschen geregelt, insbesondere auch Altersgrenzen festgelegt sowie eine ausreichende Haftpflichtversicherung gefordert werden.

(9) Die oberste Bauaufsichtsbehörde kann durch Rechtsverordnung vorschreiben, dass für bestimmte Bauprodukte und Bauarten, auch soweit sie Anforderungen nach anderen Rechtsvorschriften unterliegen, hinsichtlich dieser Anforderungen § 17 Abs. 2 und die §§ 20 bis 28 ganz oder teilweise

anwendbar sind, wenn die anderen Rechtsvorschriften dies verlangen oder zulassen.

(10) Abweichend von § 60 Abs. 1 Satz 1 können sonstigen Gemeinden auf ihren Antrag und nach Anhörung des Kreisausschusses durch Rechtsverordnung die Aufgaben der unteren Bauaufsichtsbehörden ganz oder teilweise zur Erfüllung nach Weisung übertragen werden.

(11) Die nach diesem Gesetz zulässigen Rechtsverordnungen sind, soweit nichts anderes bestimmt ist, von der für die Bauaufsicht zuständigen Ministerin oder von dem dafür zuständigen Minister zu erlassen.

(12) Die oberste Bauaufsichtsbehörde erlässt die zur Durchführung dieses Gesetzes oder der Rechtsvorschriften aufgrund dieses Gesetzes erforderlichen Verwaltungsvorschriften.

§ 90 Technische Baubestimmungen. (1) [1]Die Anforderungen nach § 3 können durch Technische Baubestimmungen konkretisiert werden. [2]Die Technischen Baubestimmungen sind zu beachten. [3]Von den in den Technischen Baubestimmungen enthaltenen Planungs-, Bemessungs- und Ausführungsregelungen kann abgewichen werden, wenn mit einer anderen Lösung in gleichem Maße die Anforderungen erfüllt werden und in der Technischen Baubestimmung eine Abweichung nicht ausgeschlossen ist; § 17 Abs. 2, § 20 Abs. 1 und § 73 Abs. 1 bleiben unberührt.

(2) Die Konkretisierungen können durch Bezugnahmen auf technische Regeln und deren Fundstellen oder auf andere Weise erfolgen, insbesondere in Bezug auf:

1. bestimmte bauliche Anlagen oder ihre Teile,
2. die Planung, Bemessung und Ausführung baulicher Anlagen und ihrer Teile,
3. die Leistung von Bauprodukten in bestimmten baulichen Anlagen oder ihren Teilen, insbesondere:
   a) Planung, Bemessung und Ausführung baulicher Anlagen bei Einbau eines Bauprodukts,
   b) Merkmale von Bauprodukten, die sich für einen Verwendungszweck auf die Erfüllung der Anforderungen nach § 3 Satz 1 und 2 auswirken,
   c) Verfahren für die Feststellung der Leistung eines Bauproduktes im Hinblick auf Merkmale, die sich für einen Verwendungszweck auf die Erfüllung der Anforderungen nach § 3 Satz 1 und 2 auswirken,
   d) zulässige oder unzulässige besondere Verwendungszwecke,
   e) die Festlegung von Klassen und Stufen in Bezug auf bestimmte Verwendungszwecke,
   f) die für einen bestimmten Verwendungszweck anzugebende oder erforderliche und anzugebende Leistung in Bezug auf ein Merkmal, das sich für einen Verwendungszweck auf die Erfüllung der Anforderungen nach § 3 Satz 1 und 2 auswirkt, soweit vorgesehen in Klassen und Stufen,
4. die Bauarten und die Bauprodukte, die nur eines allgemeinen bauaufsichtlichen Prüfzeugnisses nach § 17 Abs. 3 und nach § 22 Abs. 1 bedürfen,
5. Voraussetzungen zur Abgabe der Übereinstimmungserklärung für ein Bauprodukt nach § 25,
6. die Art, den Inhalt und die Form technischer Dokumentation.

(3) Die Technischen Baubestimmungen sollen nach den Grundanforderungen nach Anhang I der Verordnung (EU) Nr. 305/2011 gegliedert sein.

(4) Die Technischen Baubestimmungen enthalten die in § 20 Abs. 3 genannte Liste.

(5) [1]Die oberste Bauaufsichtsbehörde macht die Technischen Baubestimmungen nach Abs. 1 als Verwaltungsvorschrift im Staatsanzeiger für das Land Hessen bekannt. [2]Bei der Bekanntmachung kann hinsichtlich ihres Inhalts auf die Fundstelle verwiesen werden. [3]Das Deutsche Institut für Bautechnik veröffentlicht nach Anhörung der beteiligten Kreise im Einvernehmen mit den obersten Bauaufsichtsbehörden der Länder ein Muster der Technischen Baubestimmungen.

§ 91[1)] Örtliche Bauvorschriften. (1) [1]Die Gemeinden können durch Satzung Vorschriften erlassen über

1. die äußere Gestaltung baulicher Anlagen und Warenautomaten zur Durchführung baugestalterischer Absichten oder zur Verwirklichung von Zielen des rationellen Umgangs mit Energie und Wasser in bestimmten, genau abgegrenzten bebauten oder unbebauten Teilen des Gemeindegebietes; die Vorschriften über Werbeanlagen und Warenautomaten können sich dabei auch auf deren Art, Größe und Anbringungsort erstrecken,
2. besondere Anforderungen an bauliche Anlagen und Warenautomaten zum Schutz bestimmter Bauten, Straßen, Plätze oder Gemeindeteile von geschichtlicher, künstlerischer oder städtebaulicher Bedeutung sowie von Baudenkmälern und Naturdenkmälern; dabei können nach den örtlichen Gegebenheiten insbesondere bestimmte Arten von Werbeanlagen und Warenautomaten ausgeschlossen werden,
3. die Gestaltung der Kinderspielplätze, der Lagerplätze, der Camping-, Zelt- und Wochenendplätze, der Standflächen für Abfallbehältnisse sowie über Notwendigkeit, Art, Gestaltung und Höhe von Einfriedungen; hierzu können auch Anforderungen an die Bepflanzung gestellt und die Verwendung von Pflanzen, insbesondere als Hecken oder als Einfriedungen, verlangt werden,
4. die Ausstattung, Gestaltung, Größe und Zahl der Stellplätze für Kraftfahrzeuge sowie der Abstellplätze für Fahrräder,
5. die Begrünung von baulichen Anlagen sowie über die Nutzung, Gestaltung und Bepflanzung der Grundstücksfreiflächen,
6. andere als die in § 6 Abs. 4 bis 6 und Abs. 9 vorgeschriebenen Tiefen der Abstandsflächen in bestimmten Gemeindeteilen zur
   a) Wahrung der baugeschichtlichen Bedeutung,
   b) Erhaltung der Eigenart von Gemeindeteilen oder
   c) Verdichtung der Bebauung in Kerngebieten ohne Wohnnutzung;

   die Gemeindeteile sind in der Satzung genau zu bezeichnen; geringere Abstände sind nur zulässig, wenn Gefahren im Sinne des § 3 Satz 1 und 2 hierdurch nicht entstehen,
7. die Beschränkung von Werbeanlagen, Warenautomaten und Einfriedungen in bestimmten Gemeindeteilen.

---

1) § 91 Abs. 3 Satz 3 und Abs. 4 angef. mWv 14.10.2025 durch G v. 9.10.2025 (GVBl. Nr. 66).

[2]Die Vorschriften nach Satz 1 Nr. 1 bis 4 können über Anforderungen des § 9 hinausgehen.

(2) [1]Anforderungen nach Abs. 1 können in der Satzung auch in Form zeichnerischer Darstellungen gestellt werden. [2]Diese können durch öffentliche Auslegung bekannt gemacht werden; hierauf sowie auf Ort und Zeit der Auslegung ist in der Satzung hinzuweisen.

(3) [1]Örtliche Bauvorschriften nach Abs. 1 sowie Festsetzungen nach § 52 Abs. 2 und Abs. 5 Satz 4 können auch durch Bebauungsplan oder, soweit das Baugesetzbuch dies vorsieht, durch andere Satzungen nach den Vorschriften des Baugesetzbuches erlassen werden. [2]In diesem Fall sind die §§ 1 bis 4c, 8 bis 10a, 13 bis 13b, 30, 31, 33, 36, 214 und 215 des Baugesetzbuches auf die örtlichen Bauvorschriften entsprechend anzuwenden. [3]Auf die Aufhebung oder Änderung von Satzungen nach Satz 1, die vor dem 7. Juli 2018 in Kraft getreten sind, kann § 81 Abs. 3 in der am 6. Juli 2018 geltenden Fassung angewendet werden.

(4) Satzungen nach Abs. 1 finden keine Anwendung auf bauliche Anlagen öffentlicher Stellen auf Militärgelände.

§ 92 Frist zur Umnutzung ehemaliger land- oder forstwirtschaftlicher Gebäude. Die Sieben-Jahres-Frist nach § 35 Abs. 4 Satz 1 Nr. 1 Buchst. c des Baugesetzbuches ist nach § 245b Abs. 2 des Baugesetzbuches als Voraussetzung für die Zulässigkeit der Änderung der Nutzung eines Gebäudes im Sinne des § 35 Abs. 1 Nr. 1 des Baugesetzbuches nicht anzuwenden.

§ 93 Inkrafttreten. [1]Dieses Gesetz tritt einen Monat nach der Verkündung[1)] in Kraft. [2]Abweichend von Satz 1 tritt § 52 Abs. 4 ein Jahr nach der Verkündung dieses Gesetzes in Kraft.

Anlage[2)]
zu § 63

Baugenehmigungsfreie Vorhaben nach § 63

I Errichtung, Aufstellung, Anbringung

1 Gebäude und Gebäudeteile

1.1 Gebäude ohne Aufenthaltsräume, Toiletten oder Feuerstätten, wenn die Gebäude nicht mehr als 30 m³ Brutto-Rauminhalt haben und weder Verkaufs- noch Ausstellungszwecken dienen,

1.2 Garagen einschließlich Abstellraum, Gebäude zum Abstellen von Fahrrädern, Kinderwagen und Hilfsfahrzeugen bis 50 m² Grundfläche einschließlich Zufahrten mit nicht mehr als 200 m² Grundfläche, unter dem Vorbehalt des Abschnitts IV Nr. 1,

1.3 Gebäude bis zu 6 m Firsthöhe, die nur zum vorübergehenden Schutz von Pflanzen oder Tieren oder zur Unterbringung von Ernteerzeug-

---

1) Verkündet am 6.6.2018.

2) Anlage geänd. mWv 11.6.2020 durch G v. 3.6.2020 (GVBl. S. 378); geänd. mWv 8.6.2023 durch G v. 31.5.2023 (GVBl. S. 378); geänd. mWv 2.8.2023 durch G v. 20.7.2023 (GVBl. S. 582); geänd. mWv 16.7.2024 durch G v. 11.7.2024 (GVBl. Nr. 32); geänd. mWv 20.5.2025 durch G v. 14.5.2025 (GVBl. Nr. 29); geänd. mWv 14.10.2025 durch G v. 9.10.2025 (GVBl. Nr. 66).

nissen bestimmt sind und die einem land- oder forstwirtschaftlichen Betrieb dienen, unter dem Vorbehalt des Abschnitts IV Nr. 1, bei einer Firsthöhe von mehr als 4 m zusätzlich unter dem Vorbehalt des Abschnitts IV Nr. 3,

1.4 Gewächshäuser einschließlich Folientunnel bis 6 m Firsthöhe, die einem land- oder forstwirtschaftlichen oder erwerbsgärtnerischen Betrieb dienen, unter dem Vorbehalt des Abschnitts IV Nr. 1, bei Firsthöhe von mehr als 5 m zusätzlich unter dem Vorbehalt des Abschnitts IV Nr. 3,

1.5 Wochenendhäuser auf bauaufsichtlich genehmigten Wochenendplätzen, unter dem Vorbehalt des Abschnitts IV Nr. 3,

1.6 Lauben im Sinne des Bundeskleingartengesetzes in der jeweils geltenden Fassung in durch Bebauungsplan festgesetzten Kleingartenanlagen,

1.7 Schutz-, Geräte- und Vorratshütten für Berufsfischerei, Berufsimkerei, Waldarbeit, Forstwirtschaft, Landwirtschaft und Jagd,

1.8 Fahrgast- und Fahrradunterstände, die dem öffentlichen Personenverkehr oder dem Schülertransport dienen,

1.9 Kioske, Verkaufswagen und Toiletten auf öffentlichen Verkehrsflächen,

1.10 Schutzhütten

1.10.1 für Wanderer und Radfahrer, wenn die Hütten jedermann zugänglich sind und keine Aufenthaltsräume haben,

1.10.2 für Wald- und Naturkindergärten, wenn die Gebäude nicht mehr als 30 m^3 Brutto-Rauminhalt haben, keine Sonderbauten sind, nur zum vorübergehenden Schutz von Kindern bestimmt sind und bauplanungsrechtlich zulässig sind,

1.11 Grillhütten, die von einer Körperschaft des öffentlichen Rechts errichtet und unterhalten werden,

1.12 Wintergärten bis 30 m^2 Grundfläche bei Gebäuden der Gebäudeklassen 1 bis 3, unter den Vorbehalten des Abschnitts IV Nr. 1 und 3,

1.13 Überdachungen und Teilverglasungen von erdgeschossigen Terrassen bei Gebäuden der Gebäudeklassen 1 bis 3, unter dem Vorbehalt des Abschnitts IV Nr. 3,

1.14 Balkonüberdachungen bis 30 m^2 sowie Balkonverglasungen, jeweils bei Gebäuden der Gebäudeklassen 1 bis 3, unter dem Vorbehalt des Abschnitts IV Nr. 3,

1.15 Vorbauten, wie

1.15.1 Hauseingangstreppen, Rampen, deren Überdachungen,

1.15.2 Erker und Balkone bis jeweils 30 m^2 Grundfläche je Geschoss bei Gebäuden der Gebäudeklassen 1 bis 3, bei Erkern und Balkonen mit mehr als 40 m^3 Brutto-Rauminhalt unter den Vorbehalten des Abschnitts IV Nr. 1 und 3,

1.15.3 Windfänge, bei Windfängen mit mehr als 40 m^3 Brutto-Rauminhalt unter den Vorbehalten des Abschnitts IV Nr. 1 und 3,

1.16 Dachaufbauten einschließlich Dachgauben, Loggien und Dachterrassen auf bestehenden Gebäuden, unter den Vorbehalten des Abschnitts IV Nr. 1 und 3.

2 **Tragende und nicht tragende Bauteile**

2.1 tragende oder aussteifende Bauteile im Innern von bestehenden Gebäuden sowie nicht tragende und nicht aussteifende Bauteile, an die Brandschutzanforderungen gestellt werden, jeweils unter dem Vorbehalt des Abschnitts IV Nr. 3; dies gilt nicht für Sonderbauten,

2.2 nichttragende und nichtaussteifende Bauteile in baulichen Anlagen, an die keine Brandschutzanforderungen gestellt werden, unter dem Vorbehalt des Abschnitts IV Nr. 2,

2.3 Fenster und Türen und die dafür bestimmten Öffnungen in Außenwänden und in Dachflächen bestehender Gebäude, unter dem Vorbehalt des Abschnitts IV Nr. 3,

2.4 Außenwandverkleidungen, Verblendungen, Dämmputz, Wärmedämmverbundsysteme, Verkleidungen und Verblendungen von Balkonbrüstungen, ausgenommen bei Sonderbauten, sowie Anstrich und Verputz baulicher Anlagen,

2.5 Dächer von bestehenden Gebäuden einschließlich der Dachkonstruktion und der Dämmung unter den Vorbehalten des Abschnitts IV Nr. 1 und 3.

3 **Energieerzeugungsanlagen**

3.1 Auswechselung von Feuerstätten einschließlich Verbindungsstücken, unter den Vorbehalten des Abschnitts IV Nr. 5 und 6,

3.2 Feuerstätten bis insgesamt nicht mehr als 350 kW Nennwärmeleistung und zugehörige Verbindungsstücke einschließlich der Abgasanlagen und Schächte, unter den Vorbehalten des Abschnitts IV Nr. 5 und 6,

3.3 Abgasanlagen für den ausschließlichen Anschluss von Regelfeuerstätten bis 350 kW Gesamtnennwärmeleistung, unter den Vorbehalten des Abschnitts IV Nr. 5 und 6,

3.4 Querschnittsveränderungen von Schornsteinen für den ausschließlichen Anschluss von Regelfeuerstätten bis 350 kW Gesamtnennwärmeleistung, unter den Vorbehalten des Abschnitts IV Nr. 5 und 6,

3.5 Anlagen der Kraft-Wärme-Kopplung, wie Blockheizkraftwerke (BHKW), mit einer Feuerungswärmeleistung von insgesamt nicht mehr als 350 kW einschließlich zugehöriger Leitungen zur Abführung der Verbrennungsgase, unter den Vorbehalten des Abschnitts IV Nr. 5 und 6, bei Anlagen außerhalb von Gebäuden auch unter dem Vorbehalt des Abschnitts IV Nr. 1,

3.6 Verbrennungsmotorisch betriebene Wärmepumpen, feuerbeheizte Sorptionswärmepumpen und entsprechend betriebene Kälteaggregate bis insgesamt nicht mehr als 350 kW Feuerungswärmeleistung; hierzu erforderliche Abgasleitungen sind eingeschlossen, jeweils unter den Vorbehalten des Abschnitts IV Nr. 5 und 6,

3.7 elektrisch betriebene Wärmeerzeuger,

3.8 elektrisch betriebene Wärmepumpen und Kälteaggregate bis 1 000 kW gesamter elektrischer Aufnahmeleistung, unter dem Vorbehalt des Abschnitts IV Nr. 6,

3.9 Solaranlagen

3.9.1 in, an und auf Dach- und Außenwandflächen, ausgenommen bei Hochhäusern, sowie die damit verbundene Änderung der Nutzung oder der äußeren Gestalt des Gebäudes,

3.9.2 gebäudeunabhängige Solaranlagen mit einer Höhe bis zu 3 m und bis zu 9 m Länge,

3.9.3 Solaranlagen im Anwendungsbereich des § 35 Abs. 1 Nr. 8 Buchst. b oder Nr. 9 des Baugesetzbuches, sowie Solaranlagen im Geltungsbereich einer städtebaulichen Satzung oder einer Satzung nach § 91, die Regelungen über die Zulässigkeit, den Standort und die Größe der Anlage enthält, wenn die Solaranlagen diesen Festsetzungen der Satzung nicht widersprechen,

3.10 Anlagen zur Wasserstofferzeugung, sofern der darin erzeugte Wasserstoff dem Eigenverbrauch in den baulichen Anlagen dient, für die sie errichtet werden,

3.11 Anlagen zur Erzeugung und Nutzung von Wasserstoff sowie die zugehörigen Gasspeicher, bei denen die Prozessschritte Erzeugung und Nutzung in einem werksmäßig hergestellten Gerät kombiniert sind und die Speichermenge 20 kg nicht überschreitet,

3.12 Gasregler- und Transformatorenstationen, jeweils bis 50 m^3 Brutto-Rauminhalt,

3.13 Windenergieanlagen bis zu 10 m Höhe, gemessen von der Geländeoberfläche bis zum höchsten Punkt der vom Rotor bestrichenen Fläche und einem Rotordurchmesser bis zu 3 m, außer in reinen Wohngebieten.

4 Leitungen, Einrichtungen und Anlagen für Lüftung, Wasser- und Energieversorgung, Abwasserbeseitigung und Fernmeldewesen

4.1 Lüftungsleitungen, Leitungen von Klimaanlagen und Warmluftheizungen, Installationsschächte und -kanäle, ausgenommen in Sonderbauten, soweit sie durch Decken oder Wände geführt werden, für die eine Feuerwiderstandsfähigkeit vorgeschrieben ist, unter den Vorbehalten des Abschnitts IV Nr. 2 und 6, bei gewerblich genutzten Dunstabzugsanlagen zusätzlich unter dem Vorbehalt des Abschnitts IV Nr. 5,

4.2 Leitungen, Einrichtungen und Armaturen für Wasser, Abwasser, Niederschlagswasser einschließlich zugehörige Sickerschächte, für Gas, Elektrizität oder Wärme und Leitungen für die Datenübertragung,

4.3 Brunnen,

4.4 Wasser- und Warmwasserversorgungsanlagen in Gebäuden, ausgenommen Feuerstätten,

4.5 Abwasserbehandlungsanlagen für häusliches Abwasser, die für einen Abwasseranfall von weniger als 3 kg biochemischer Sauerstoffbedarf

(BSB5) oder 8 m³ täglich bemessen sind, unter dem Vorbehalt des Abschnitts IV Nr. 6,

4.6 Anlagen zur Verteilung von Wärme bei Warmwasser- und Niederdruckdampfheizungen,

4.7 Be- und Entwässerungsanlagen auf land- oder forstwirtschaftlich oder erwerbsgärtnerisch genutzten Flächen,

4.8 Ladestationen innerhalb und außerhalb von Gebäuden, einschließlich technischer Nebenanlagen.

5 **Antennen, Masten, Unterstützungen und ähnliche bauliche Anlagen**

5.1 Antennenanlagen

5.1.1 Antennenanlagen einschließlich der Masten mit einer Höhe bis zu 15 m, auf Gebäuden gemessen ab dem Schnittpunkt der Anlage mit der Dachhaut, und bei Parabolantennen mit Reflektordurchmesser bis 1,20 m, im Außenbereich freistehend mit einer Höhe bis zu 20 m; bei einer Höhe von mehr als 10 m unter dem Vorbehalt des Abschnitts IV Nr. 4,

5.1.2 zugehörige Versorgungseinheiten bis 10 m³ Brutto-Rauminhalt,

5.1.3 sonstige Versorgungseinheiten bis 50 m³ Brutto-Rauminhalt,

5.2 Antennenanlagen, einschließlich zugehöriger Versorgungeinheiten, die für längstens 24 Monate aufgestellt werden; bei einer Höhe von mehr als 10 m und einer Aufstelldauer von mehr als drei Monaten unter dem Vorbehalt des Abschnitts IV Nr. 4,

5.3 Masten und Unterstützungen

5.3.1 für Freileitungen zur Versorgung mit elektrischer Energie,

5.3.2 für Fernsprechleitungen sowie Leitungen zur Datenübertragung,

5.3.3 für öffentlichen Zwecken dienende Sirenen,

5.3.4 für Flaggen und Fahnen, soweit sie nicht der Werbung dienen,

5.3.5 bis 10 m Höhe für Flutlicht auf Sportanlagen, unter den Vorbehalten des Abschnitts IV Nr. 1 und 6,

5.3.6 die aus Gründen des Brauchtums errichtet werden,

5.3.7 für Seilbahnen, die der Lastenbeförderung dienen und nicht über öffentliche Verkehrsflächen führen,

5.4 Signalhochbauten der Landesvermessung,

5.5 Blitzschutzanlagen.

6 **Behälter, Wasserbecken**

6.1 Behälter für verflüssigte Gase bis 3 t Fassungsvermögen, unter dem Vorbehalt des Abschnitts IV Nr. 6,

6.2 Behälter für nicht verflüssigte Gase bis 6 m³ Behälterinhalt, unter dem Vorbehalt des Abschnitts IV Nr. 6,

6.3 Behälter für brennbare Flüssigkeiten oder für wassergefährdende Stoffe bis 10 m³ Rauminhalt einschließlich Rohrleitungen, Auffangräumen und Auffangvorrichtungen sowie zugehörige Betriebs- und Sicherheitseinrichtungen und Schutzvorkehrungen, unter dem Vorbehalt des Abschnitts IV Nr. 6,

6.4 sonstige drucklose Behälter bis 50m³ Behälterinhalt und bis 3,50 m Höhe oder Tiefe,

6.5 Gülle- und Jauchebehälter und -gruben mit einem Rauminhalt bis zu 50 m³ und einer Höhe oder Tiefe bis zu 3 m,

6.6 Wasserbecken bis 100 m³ Rauminhalt und 2 m Tiefe, bei einer Tiefe von mehr als 1,50 m bis 2 m unter dem Vorbehalt des Abschnitts IV Nr. 3,

6.7 Fahrsilos, Kompost- und ähnliche Anlagen.

7 Einfriedungen, Terrassentrennwände, Stützmauern, Brücken, Durchlässe

7.1 Einfriedungen, Terrassentrennwände und Sichtschutzzäune bis 2 m Höhe, offene Einfriedungen im Außenbereich,

7.2 Stützmauern, bei einer Höhe von mehr als 1,50 m unter dem Vorbehalt des Abschnitts IV Nr. 3,

7.3 Brücken und Durchlässe bis 10 m lichte Weite, bei mehr als 5 m lichter Weite oder bei einer Belastung von mehr als 12,5 t unter dem Vorbehalt des Abschnitts IV Nr. 3.

8 Bauliche Anlagen auf Camping- und Wochenendplätzen

8.1 Wohnwagen, Zelte und bauliche Anlagen, die keine Gebäude sind, auf bauaufsichtlich genehmigten Campingplätzen,

8.2 bauliche Anlagen, die keine Gebäude sind, auf bauaufsichtlich genehmigten Wochenendplätzen.

9 Anlagen in Gärten und zur Freizeitgestaltung

9.1 Anlagen, die der Gartennutzung, der Gartengestaltung, der zweckentsprechenden Einrichtung von Gärten oder wohnungswirtschaftlichen Zwecken dienen, wie Sitzgruppen, Pergolen, nicht überdachte Terrassen bis 1 m Höhe über Geländeoberfläche, Außentreppen bis 1 m über Geländeoberfläche, ausgenommen Gebäude,

9.2 bauliche Anlagen, die der zweckentsprechenden Einrichtung von Spiel-, Abenteuerspiel-, Bolz- und Sportplätzen dienen, wie Tore für Ballspiele, Schaukeln und Klettergerüste, ausgenommen Gebäude und Tribünen,

9.3 bauliche Anlagen für Trimmpfade, Reit- und Wanderwege, Lehrpfade,

9.4 Sprungschanzen, Sprungtürme und Rutschbahnen bis 10 m Höhe, bei mehr als 5 m bis 10 m Höhe unter dem Vorbehalt des Abschnitts IV Nr. 3,

9.5 luftgetragene Schwimmbeckenüberdachungen bis 100 m² Grundfläche.

10 Werbeanlagen, Warenautomaten

10.1 Werbeanlagen,

10.1.1 mit einer Ansichtsfläche bis 1 m^2,

10.1.2 die vorübergehend an der Stätte der Leistung angebracht oder aufgestellt werden, wenn sie nicht fest mit dem Boden oder anderen baulichen Anlagen verbunden sind,

10.1.3 für zeitlich begrenzte Veranstaltungen,

10.1.4 die nicht vom öffentlichen Verkehrsraum aus sichtbar sind,

10.1.5 in durch Bebauungsplan festgesetzten Gewerbe-, Industrie- und vergleichbaren Sondergebieten an der Stätte der Leistung, an und auf Flugplätzen, Sportanlagen, an und in abgegrenzten Versammlungsstätten sowie auf Ausstellungs- und Messegeländen, sie dürfen nicht in die freie Landschaft wirken,

10.1.6 im Geltungsbereich einer Satzung nach § 91 Abs. 1 Satz 1 Nr. 1, wenn die Satzung Festsetzungen über Art, Größe und Anbringungsort der Werbeanlagen enthält und die Werbeanlagen diesen Festsetzungen entsprechen,

10.1.7 als Zeichen, die auf abseits oder versteckt gelegene Stätten hinweisen (Hinweiszeichen),

10.1.8 als Schilder, die Inhaberinnen oder Inhaber und Art gewerblicher oder landwirtschaftlicher Betriebe kennzeichnen (Hinweisschilder), wenn sie vor Ortsdurchfahrten auf einer einzigen Tafel zusammengefasst sind,

10.2 Warenautomaten.

11 Fliegende Bauten und sonstige vorübergehend aufgestellte oder genutzte bauliche Anlagen

11.1 Fliegende Bauten bis 5 m Höhe, die nicht dazu bestimmt sind, von Besucherinnen oder Besuchern betreten zu werden,

11.2 Fliegende Bauten bis 5 m Höhe, die für Kinder betrieben werden und eine Geschwindigkeit von höchstens 1 m/s haben,

11.3 Bühnen, die Fliegende Bauten sind, einschließlich Überdachungen und sonstiger Aufbauten bis 5 m Höhe, mit einer Grundfläche bis 100 m^2 und einer Fußbodenhöhe bis 1,50 m,

11.4 Erdgeschossige Zelte und erdgeschossige betretbare Verkaufsstände, die Fliegende Bauten sind, mit einer Grundfläche bis 75 m^2,

11.5 Bühnenaufbauten, Kulissen und technische Bühneneinrichtungen, wie Beschallungs- und Beleuchtungsträger, in Theaterbauten und anderen für diese Nutzung genehmigten Veranstaltungsräumen oder -hallen,

11.6 Aufblasbare Spielgeräte mit einer Höhe des betretbaren Bereichs von bis zu 5 m oder mit überdachten Bereichen, bei denen die Entfernung zum Ausgang nicht mehr als 3 m, sofern ein Absinken der Überdachung konstruktiv verhindert wird, nicht mehr als 10 m, beträgt,

11.7 Toilettenanlagen für Veranstaltungen,

11.8 Gerüste

11.8.1 der Regelausführung,

11.8.2 Traggerüste bis zu 5 m Höhe, unter dem Vorbehalt des Abschnitts IV Nr. 3,

11.9 Baustelleneinrichtungen auf der Baustelle und auf Nachbargrundstücken von Baugrundstücken bis zum Abschluss der Bauarbeiten einschließlich der Unterkünfte, der Toilettenanlagen, der Lager- und Schutzhallen, Mischhallen, Silos und Werkstätten,

11.10 vorübergehend genutzte unbefestigte Lagerplätze für landwirtschaftliche, forstwirtschaftliche oder erwerbsgärtnerische Erzeugnisse oder Festmist,

11.11 Folientunnel, die einem landwirtschaftlichen oder erwerbsgärtnerischen Betrieb dienen,

11.12 vorübergehend aufgestellte bauliche Anlagen, die dem Verkauf landwirtschaftlicher oder erwerbsgärtnerischer Produkte durch die Erzeugerin oder den Erzeuger dienen, ausgenommen Gebäude,

11.13 landwirtschaftliche bauliche Anlagen für Geflügel, die für nicht länger als zwei Monate auf einem Grundstück aufgestellt werden,

11.14 Fliegende Bauten und Behelfsbauten, die der Landesverteidigung, dem Katastrophenschutz oder der Unfallhilfe dienen und nur vorübergehend aufgestellt werden,

11.15 bauliche Anlagen, die zu Straßenfesten, Volksfesten, Märkten und ähnlichen Veranstaltungen nur vorübergehend errichtet werden und die keine Fliegenden Bauten sind,

11.16 Messe- und Ausstellungsstände, die nicht länger als drei Monate auf genehmigtem Messe- oder Ausstellungsgelände errichtet werden, ausgenommen Fliegende Bauten,

11.17 Zeltlager, die nach ihrem erkennbaren Zweck gelegentlich, höchstens für zwei Monate, errichtet werden,

11.18 behelfsmäßige bauliche Anlagen, die ausschließlich der öffentlichen Versorgung mit Wasser, Gas, Elektrizität, Wärme, der öffentlichen Abwasserbeseitigung oder der Telekommunikation dienen und höchstens für drei Monate errichtet werden, ausgenommen Antennenanlagen,

11.19 Anlagen zur Boden- und Grundwassersanierung.

12 Aufschüttungen, Abgrabungen, Plätze

12.1 selbstständige Aufschüttungen oder Abgrabungen bis 2 m Höhe oder Tiefe und bis 30 m², im Außenbereich bis 500 m² Grundfläche,

12.2 Aufschüttungen, die der landwirtschaftlichen oder erwerbsgärtnerischen Bodenverbesserung dienen,

12.3 Stellplätze für Kraftfahrzeuge bis 50 m² Grundfläche, einschließlich Zufahrten mit nicht mehr als 200 m² Grundfläche,

12.4 Abstellplätze für Fahrräder sowie überdachte Abstellplätze für Fahrräder, bei mehr als 50 m^2 Grundfläche unter Vorbehalt des Abschnitts IV Nr. 1,

12.5 Ausstellungsplätze bis 300 m^2 Fläche in durch Bebauungsplan festgesetzten Gewerbe- und Industriegebieten,

12.6 Kinderspielplätze,

12.7 Reit- und Bewegungsplätze im Außenbereich,

12.8 Plätze für das landschaftsangepasste Lagern von Brennholz für den Eigenbedarf bis zu 40 m^3 Rauminhalt je Flurstück.

13 Sonstige Anlagen und Einrichtungen

13.1 Denkmäler, Skulpturen und ähnliche Anlagen bis 4 m Höhe, mit Ausnahme von Gebäuden,

13.2 Fahrzeugwaagen,

13.3 Regale mit einer Höhe bis zu 7,50 m Oberkante Lagergut,

13.4 künstliche Hohlräume unter der Erdoberfläche bis 100 m^3 Rauminhalt,

13.5 private Wege auf und zu Baugrundstücken,

13.6 land- und forstwirtschaftliche und erwerbsgärtnerische Wirtschaftswege sowie Zuwegungen zu Anlagen der Energieerzeugung,

13.7 Fütterungs- und Melkstände der Landwirtschaft,

13.8 Hilfsfundamente für fahrbare, jedoch ortsfest betriebene landwirtschaftliche Maschinen, wie Trockner und Dämpfanlagen, sowie landwirtschaftliche Arbeitsgerüste, wie Heutrocknungs- und Pflückgerüste,

13.9 Hochsitze mit einer Grundfläche bis 4 m^2 und Wildfütterungsstände,

13.10 fahrbare Schutzhütten für die Wanderschäferei und Imkerei,

13.11 Treppenaufzüge,

13.12 Markisen, Fensterläden und Rollläden, außer wenn sie gleichzeitig als Werbeanlage dienen,

13.13 Anlagen, ausgenommen Gebäude und Überbrückungen, in einem Gewässer, an dessen Ufer und in Überschwemmungsgebieten, soweit diese einem wasserrechtlichen Zulassungsverfahren unterliegen,

13.14 Anlagen im Sinne des Produktsicherheitsgesetzes oder deren Teile, die nach den aufgrund des Produktsicherheitsgesetzes erlassenen Vorschriften erlaubnispflichtig oder überwachungsbedürftig sind,

13.15 Nisthilfen für Vögel bis zu einer Höhe von 10 m,

13.16 bauliche Anlagen inländischer öffentlicher Stellen auf Militärgelände, soweit diese nicht außerhalb von Kasernen innerhalb des Bebauungszusammenhangs liegen,

13.17 andere vergleichbare unbedeutende Anlagen, soweit sie nicht bereits in Nr. 1 bis 12 und Nr. 13.1 bis 13.6 aufgeführt sind; Freistellungsvorbehalte der vergleichbaren Anlagen gelten entsprechend.

II Ausbau, Auswechselung, bauliche Änderung

1 der Ausbau von bestehenden Wohngebäuden der Gebäudeklassen 1 bis 3 und von bestehenden landwirtschaftlichen Betriebsgebäuden der Gebäudeklasse 1 ohne Nutzungsänderung sowie ohne Änderung der tragenden Konstruktion und der äußeren Gestalt,

2 die Auswechselung von haustechnischen Anlagen, wie Wasserversorgungs-, Abwasserbeseitigungs-, Lüftungsanlagen und Elektroinstallationen, ausgenommen Feuerstätten,

3 die Erneuerung und Auswechselung von Dächern und Dachteilen ohne Eingriff in die Konstruktion bei bestehenden Gebäuden der Gebäudeklassen 1 bis 3,

4 die bauliche Änderung und die Änderung der äußeren Gestaltung von Anlagen durch die Errichtung, An- oder Einbringung von Anlagen nach Abschnitt I Nr. 3.9 und 5.1,

5 die bauliche Änderung von Anlagen nach Abschnitt I, sofern diese auch in geänderter Ausführung baugenehmigungsfrei wären, Freistellungsvorbehalte gelten entsprechend,

6 Einbau eines Personenaufzugs in oder an Ein- und Zweifamilienhäusern unter Vorbehalt des Abschnitts IV Nr. 3.

7 die Modernisierung und der Ersatz von Anlagen zur Erzeugung von Strom aus erneuerbaren Energien (Repowering) am gleichen Standort, bis 30 m Höhe unter dem Vorbehalt des Abschnitts IV Nr. 3, bei über 30 m Höhe unter dem Vorbehalt des Abschnitts IV Nr. 4,

III Nutzungsänderung

1 die Nutzungsänderung von baulichen Anlagen und Räumen, wenn für die neue Nutzung keine anderen oder weitergehenden öffentlich-rechtlichen, insbesondere auch bauplanungsrechtlichen Anforderungen, als für die bisherige Nutzung in Betracht kommen,

2 die Nutzungsänderung von Räumen im Zuge der Modernisierung von Nutzungseinheiten, wenn die Nutzung der Nutzungseinheit beibehalten wird,

3 die Nutzungsänderung von baulichen Anlagen und Räumen durch die Errichtung, An- oder Einbringung von Anlagen und Einrichtungen nach Abschnitt I Nr. 3.9, 5.1 und 10.1.5,

4 die Nutzungsänderung von Anlagen nach Abschnitt I, sofern diese auch bei geänderter Nutzung genehmigungsfrei wären,

5 die Rückkehr zu der durch Nutzungsänderung von Anlagen und Räumen aufgegebenen Nutzung innerhalb einer Frist von bis zu 10 Jahren und die damit verbundene Herstellung des zum Zeitpunkt vor der Änderung bestehenden baulichen Zustandes, unter dem Vorbehalt des Abschnitts IV Nr. 1. Dies gilt nicht für Nutzungsänderungen zu Sonderbauten nach § 2 Abs. 9. Für bauliche Änderungen findet § 68 entsprechende Anwendung.

IV Freistellungsvorbehalte

1 Beteiligung der Gemeinde

[1]Der Gemeinde ist das beabsichtigte Vorhaben durch Einreichen der erforderlichen Bauvorlagen zur Kenntnis zu geben, soweit das Vorhaben nicht dem naturschutzrechtlichen Eingriffsgenehmigungsverfahren unterliegt oder eine Ausnahmegenehmigung von einer Veränderungssperre erforderlich ist. [2]Mit dem Vorhaben darf 14 Tage nach Eingang der erforderlichen Bauvorlagen bei der Gemeinde begonnen werden, wenn die Gemeinde der Bauherrschaft nicht erklärt, dass ein Baugenehmigungsverfahren durchgeführt werden soll, oder eine vorläufige Untersagung nach § 15 Abs. 1 Satz 2 des Baugesetzbuches beantragt. [3]Teilt die Gemeinde der Bauherrschaft vor Ablauf der Frist mit, dass kein Baugenehmigungsverfahren durchgeführt werden soll und sie eine vorläufige Untersagung nach § 15 Abs. 1 Satz 2 des Baugesetzbuches nicht beantragen wird, darf die Bauherrschaft bereits vor Ablauf der Frist nach Satz 2 mit der Ausführung des Vorhabens beginnen. [4]Die Gemeinde kann durch Satzung bestimmen, dass im Gemeindegebiet oder in genau bezeichneten Teilen davon bestimmte Vorhaben von der Verpflichtung nach Satz 1 ausgenommen sind; § 91 Abs. 3 gilt entsprechend.

2 Beteiligung von Bauvorlageberechtigten

Das Vorhaben darf erst ausgeführt werden, wenn eine für die jeweilige bauliche Anlage nach § 67 Abs. 1 bis 5 bauvorlageberechtigte Person die statisch-konstruktive und brandschutztechnische Unbedenklichkeit festgestellt und der Bauherrschaft bescheinigt hat.

3 Beteiligung von Nachweisberechtigten

[1]Das Vorhaben darf erst ausgeführt werden, wenn eine hierfür nach § 68 Abs. 3 Satz 2 berechtigte Person die statisch-konstruktive Unbedenklichkeit festgestellt und der Bauherrschaft bescheinigt hat. [2]In den Fällen des Abschnitts I Nr. 2.1, 2.5, 7.3, 9.4 und 11.8.2 kann bei schwieriger Bauausführung in der Bescheinigung das Erfordernis einer Bauüberwachung nach § 83 Abs. 2 Satz 2 festgelegt werden.

4 Beteiligung von Prüfsachverständigen für Standsicherheit

Das Vorhaben darf erst ausgeführt werden, wenn eine hierfür nach § 68 Abs. 3 Satz 1 berechtigte Person die statischkonstruktive Unbedenklichkeit festgestellt und der Bauherrschaft bescheinigt hat.

5 Beteiligung von Prüfsachverständigen für Energieerzeugungsanlagen

[1]Anlagen dürfen erst dauerhaft in Betrieb genommen werden, wenn die sichere Benutzbarkeit sowie die ordnungsgemäße Abführung der Abgase durch eine nach § 68 Abs. 6 berechtigte Person festgestellt und der Bauherrschaft bescheinigt sind. [2]§ 75 Abs. 3 Satz 1 Nr. 2 gilt entsprechend.

6 Beauftragung von Fachfirmen

Die Bauherrschaft hat eine branchenspezifische Fachfirma mit der Ausführung des Vorhabens zu beauftragen.

2. Bauvorlagenerlass (BVErl)

Erl. Hessisches Ministerium für Wirtschaft, Energie, Verkehr, Wohnen und ländlichen Raum v. 24.7.2025 – VII-028-f-01-20-00005#2024-00001 – (StAnz. S. 870)

Hess. GültV 3612

Bezug:

Bauvorlagenerlass vom 20. Januar 2022 (StAnz. S. 223),
zuletzt geändert am 1. März 2024 (StAnz. S. 349)

Die Hessische Bauordnung (HBO)[1] regelt die Abwicklung der bauaufsichtlichen Verfahren sowie die Anforderungen an notwendige Bauvorlagen in den baurechtlich bedeutsamen Grundzügen. Dieser Erlass soll dazu beitragen, die bauaufsichtlichen Verfahren zu vereinheitlichen und zu beschleunigen.

Durch die im Jahr 2018 erfolgte Änderung der Form- und Verfahrensvorschriften in der HBO[1] wurden die Hürden für die Einführung elektronischer Verfahren weitgehend beseitigt. Medienbruchfreie elektronische Verfahren sind möglich. Das Land Hessen hat in Zusammenarbeit mit Vertretern der unteren Bauaufsichtsbehörden sowie dem beauftragten Dienstleister ekom21 eine Portallösung für elektronische Verfahren, das Bauportal Hessen (DigiBauG) entwickelt; nähere Informationen siehe Anlage 2 Nr. 24. Bei Nutzung des DigiBauG findet eine webbasierte Kommunikation statt, bei der die notwendigen Angaben über eine geschützte Verbindung unter Nutzung elektronischer Formulare eingegeben und diese digital unmittelbar in das Fachverfahren der jeweiligen Bauaufsichtsbehörde übermittelt werden. Hier entfällt die Verpflichtung der Nutzung von Vordrucken. Im Bauportal wird jedoch nach der vollständigen Dateneingabe in den entsprechenden Kapiteln ein „Abbild" des jeweiligen BAB-Formulars systemseitig automatisiert erzeugt, welches heruntergeladen werden kann.

Bei anderen elektronischen Verfahren hängt die Verwendung der Formulare von der jeweiligen Portallösung der unteren Bauaufsichtsbehörde ab. Denkbar sind sowohl webbasierte Anwendungen entsprechend dem DigiBauG als auch Lösungen, bei denen die Vordrucke der Anlage 1 ausgefüllt und anschließend in elektronischer Form an die Bauaufsicht übermittelt werden.

Für bauaufsichtliche Verfahren, die nicht in elektronischer Form abgewickelt werden, werden die Vordrucke der Anlage 1 hiermit weiterhin für alle Verfahren verbindlich eingeführt. Auf Änderungen in den Vordrucken BAB 10, 18, 27, 34, 35, 36 und 42 wird hingewiesen. Die Änderungen betreffen beispielsweise im Vordruck BAB 34 Anpassungen an Regelungen der H-VV TB.

Für Vorhaben, die vor dem 19. August 2025 eingeleitet oder begonnen wurden, können bis zum 1. April 2026 auch noch die alten Vordrucke verwendet werden. Damit soll ein Mehraufwand vermieden werden, falls die alten Vordrucke für die Einreichung bereits vorbereitet wurden.

Die Vordrucke in Anlage 2 Nr. 26 werden zur Verwendung empfohlen; auch sie sollen für analoge Verfahren unverändert übernommen werden. Des Weiteren wird in Anlage 3 auf Vordrucke, Checklisten und Merkblätter hingewie-

[1] Nr. **1**.

sen, die sich aus der Schnittstelle zwischen bauaufsichtlichen Verfahren und Pflichten nach anderen öffentlich-rechtlichen Vorschriften (z.B. nach § 19 der Verordnung über kleine und mittlere Feuerungsanlagen – 1. BImSchV, § 92 Gebäudeenergiegesetz – GEG) ergeben. Sie sollen die Bauherrschaft auf weitere Anforderungen an Gebäude hinweisen und dazu beitragen, dass Gebäude insgesamt ordnungsgemäß errichtet werden.

Mangelhafte Bauvorlagen geben immer wieder Anlass zur Zurückweisung von bauaufsichtlichen Anträgen oder führen zu unnötigen Verzögerungen. Um dies zu vermeiden, sind von den Bauvorlageberechtigten ordnungsgemäße und inhaltlich qualifizierte Bauvorlagen vorzulegen, damit sich Genehmigungszeiten nicht unnötig verlängern. Die Antragstellerinnen und Antragsteller sind aufgefordert, sich dieser Aufgabe zu stellen und dazu beizutragen, dass dieses Ziel erreicht wird. Dazu dienen auch die als Anlage 2 und 3 dieses Erlasses bekannt gemachten Hinweise, Erläuterungen zum Inhalt und zur Ausgestaltung von Bauvorlagen in bauaufsichtlichen Verfahren.

Die Bauaufsichtsbehörde kann Anträge und Bauvorlagen nach § 70 Abs. 2 HBO[1)] zurückweisen, wenn sie so unvollständig sind, dass sie nicht bearbeitet werden können. Zur Beseitigung geringfügiger Mängel soll die Bauaufsichtsbehörde zunächst eine Frist setzen. Werden die Mängel innerhalb der Frist nicht behoben, gilt der Antrag als zurückgenommen.

Die Bauaufsichtsbehörde hat auf die Teile der Bauvorlagen zu verzichten, die für eine sachgerechte Beurteilung des Vorhabens nicht erforderlich sind.

Soweit möglich, sollen antragstellende Personen von der Beschaffung von Unterlagen entlastet werden. Da Geodaten online kostenfrei von den Bauaufsichtsbehörden abgerufen werden können, soll daher auf die Flurstücks- und Eigentümerverzeichnisse verzichtet werden. Die von der Bauaufsichtsbehörde ermittelten Angaben sind zu den Akten zu nehmen.

Ebenfalls können die Bauaufsichtsbehörden auf die Vorlage des Nachweises der Bauvorlageberechtigung nach § 69 Abs. 2 Satz 3 HBO[1)] verzichten, wenn bei elektronischen Verfahren das Angebot der gemeinsamen Verwaltungseinrichtung der Architekten- und Ingenieurkammern in Deutschland – digitale Bundesauskunftsstelle für Architekten- und Ingenieure (di.BAStAI; www.di-BAStAI.de) – genutzt wird. Soweit die Bauaufsichtsbehörden bei analogen Verfahren eine Fachsoftware nutzen, gibt es die Möglichkeit, dass die Behörden eine einmalige kostenlose Ersteinrichtung der Schnittstelle bei der Verwaltungsleitung von di.BAStAI (vorzugsweise als REST API) herstellen lassen. Die Verwaltungsleitung von di.BAStAI liegt bei der Architekten- und Stadtplanerkammer Hessen.

Darüber hinaus kann über di.BAStAI die Qualifikationen der Nachweisberechtigung für Standsicherheit, Brandschutz, Wärme- und Schallschutz sowie die Qualifikationen der Prüfsachverständigen für Standsicherheit und Brandschutz für die Erstellung und Überwachung der bautechnischen Nachweise gemäß §§ 68 und 83 HBO[1)] abgefragt werden.

Der Erlass tritt am 19. August 2025 in Kraft. Der Erlass vom 20. Januar 2022 (StAnz. S. 223), zuletzt geändert am 1. März 2024 (StAnz. S. 349), tritt mit Ablauf des 18. August 2025 außer Kraft.

[1)] Nr. **1**.

Dieser Erlass wird im Staatsanzeiger für das Land Hessen veröffentlicht. Von einer Veröffentlichung der Vordrucke wird im Hinblick auf ihren Umfang abgesehen. Dieser Erlass und die Vordrucke können auf der Internetseite des Hessischen Ministeriums für Wirtschaft, Energie, Verkehr, Wohnen und ländlichen Raum unter www.wirtschaft.hessen.de → Menü → Wohnen + Bauen → Baurecht und Bautechnik → Hessische Bauordnung HBO[1)] → Bauvorlagenerlass, Bauvorlagen und Vordrucke abgerufen werden.

Den Verlagen steht es frei, die Vordrucke und den Erlass zu vertreiben. Es ist darauf zu achten, dass nur aktuelle und unveränderte Vordrucke mit BAB-Nr. (links unten) verwendet werden.

Über die Informationen dieses Erlasses hinaus geben die Handlungsempfehlungen zum Vollzug der Hessische Bauordnung (HE-HBO)[1)] weitere Hinweise zu bauaufsichtlichen Verfahren. Die HE-HBO[1)] kann heruntergeladen werden unter: www.wirtschaft.hessen.de → Menü → Wohnen + Bauen → Baurecht und Bautechnik → Hessische Bauordnung HBO → Handlungsempfehlungen und Hinweise zur HBO → HE-HBO.

Anlage 1: **Verbindliche Vordrucke für die bauaufsichtlichen Verfahren und für baugenehmigungsfreie Vorhaben**

(Vordrucke sind nicht in diesem Dokument enthalten)

Anlage 2: **Hinweise und Erläuterungen zum Inhalt und zur Ausgestaltung von Bauvorlagen für bauaufsichtliche Verfahren, für baugenehmigungsfreie Vorhaben sowie empfohlene Vordrucke**

(Vordrucke sind nicht in diesem Dokument enthalten)

Anlage 3: **Wichtige Hinweise zu Anforderungen aus anderen Rechtsbereichen, die selbstständig neben den Anforderungen des Bauordnungsrechtes zu berücksichtigen sind**

Anlage 1. Verbindliche[2)] Vordrucke für die bauaufsichtlichen Verfahren und für baugenehmigungsfreie Vorhaben

zum Bauvorlagenerlass
vom 24. Juli 2025

Inhaltsverzeichnis:

1. BAB 01 – Bauantrag (§ 69 HBO[1)])/Bauvoranfrage (§ 76 Abs. 1 HBO[1)])
2. BAB 02 – Antrag für Teilungsgenehmigung (§ 7 HBO[1)])
3. BAB 10 – Antrag an die Bauaufsichtsbehörde für Abweichungen (§ 73 HBO[1)]) und Ausnahmen/Befreiungen (§ 31 BauGB)/Antrag an die Gemeinde für Abweichungen (§ 73 Abs. 4 HBO[1)]) und Ausnahmen/Befreiungen (§ 31 BauGB)
4. BAB 11 – Absteckungsbescheinigung (§ 75 Abs. 2 HBO[1)])
5. BAB 17 – Baubeginnsanzeige (§ 75 Abs. 3 HBO[1)])

[1)] Nr. **1**.

[2)] Bei elektronischen Verfahren ist die Verwendung der Vordrucke von der jeweiligen Portallösung der unteren Bauaufsichtsbehörde abhängig.

6. BAB 18 – Anzeige der Fertigstellung des Rohbaus (§ 84 Abs. 1 HBO[1])
7. BAB 19 – Mitteilung der Benutzung vor Fertigstellung (§ 84 Abs. 7 HBO[1])
8. BAB 20 – Anzeige der abschließenden Fertigstellung (§ 84 Abs. 1 HBO[1])
9. BAB 27 – Stellungnahme der Gemeinde (§ 70 Abs. 1 HBO[1])
10 BAB 28 – Einvernehmen der Gemeinde (§ 70 Abs. 1 HBO[1] und §§ 14, 36, 173 BauGB)
11. BAB 33 – Mitteilung baugenehmigungsfreier und genehmigungsfreigestellter Vorhaben (§§ 63 und 64 HBO[1])
12. BAB 34 – Nachweis der Barrierefreiheit nach Hessischer Bauordnung[1] und weiterer Rechtsvorschriften für Anlagen, die öffentlich zugänglich sind (§ 54 Abs. 2 HBO[1])
13. BAB 35 – Nachweis der Barrierefreiheit nach Hessischer Bauordnung[1] und weiterer Rechtsvorschriften für Gebäude mit mehr als 2 Wohnungen (§ 54 Abs. 1 HBO[1])
14. BAB 36 – Bescheinigung nach § 68 sowie § 83 Abs. 2 HBO[1] zur Errichtung

Anlage 2. Hinweise und Erläuterungen zum Inhalt und zur Ausgestaltung von Bauvorlagen für bauaufsichtliche Verfahren, baugenehmigungsfreie Vorhaben sowie empfohlene Vordrucke

zum Bauvorlagenerlass
vom 24. Juli 2025

Inhaltsverzeichnis:

[1] Nr. **1**.

16. Typengenehmigung nach § 77a HBO[1)]
17. Abweichungen, Ausnahmen und Befreiungen
18. Bauvoranfragen
19. Teilungsgenehmigung
20. Vermessungsarbeiten und Liegenschaftskataster
21. Berücksichtigung natur- und artenschutzrechtlicher Regelungen im Baugenehmigungsverfahren
22. Denkmalpflege
23. Bauschild
24. Elektronisches (Baugenehmigungs-)Verfahren
25. Baulasten
26. Empfohlene Vordrucke

26.1	Bauschild	BAB 40
26.2	Beteiligung der Gemeinde	BAB 41
26.3	Bescheinigung für die Akten der Bauherrschaft/der Eigentümer/in für Vorhaben nach § 63 HBO[1)] i.V.m. der Anlage zu § 63 Abschnitt V HBO[1)]	BAB 42
26.4	Erklärung der Gemeinde nach HBO[1)] zu baugenehmigungsfreien Vorhaben	BAB 43

1. Allgemeines

1.1 Bauvorlagen sind die einzureichenden Unterlagen, die für die Beurteilung des Vorhabens und die Bearbeitung des Bauantrags (§ 69 Abs. 2 HBO[1)]), die Genehmigungsfreistellung (§ 64 HBO) oder für die Mitteilung über baugenehmigungsfreie Vorhaben (§ 63 HBO) erforderlich sind. Bauvorlagen sind alle Nachweise, Bescheinigungen und Erklärungen, die darstellen, dass das Bauvorhaben den Anforderungen der HBO entspricht. An der Baustelle müssen alle Bauvorlagen von Baubeginn an vorliegen. Eine Ausnahme bilden die nach § 68 HBO erforderlichen bautechnischen Nachweise (§ 69 Abs. 3 HBO), diese müssen spätestens vor Ausführung der jeweiligen Bauabschnitte an der Baustelle sowie der Bauaufsichtsbehörde vorliegen. Bauvorlagen, die in der Regel der Bauaufsichtsbehörde vorzulegen sind, sind unter Nr. 1.2 aufgeführt.

Sind bei einem Bauvorhaben mehrere Aufstellerinnen oder Aufsteller für die jeweiligen Nachweise beteiligt, ist hierfür jeweils eine Gesamtverantwortliche oder ein Gesamtverantwortlicher für die Koordination zu benennen.

Die zur Erstellung der Bauvorlagen (Pläne, Nachweise, Beschreibungen und Berechnungen) gültigen Normen sind zu beachten.

Wenn die Übersichtlichkeit und die Prüfbarkeit gewährleistet bleiben, können einzelne Bauzeichnungen, Berechnungen und dergleichen auf einem Plan zusammengefasst werden.

1.2 Die nachfolgende Tabelle 1 stellt dar, welche Bauvorlagen nach § 69 Abs. 2 und 3 HBO[1)] bei der Bauaufsichtsbehörde bzw. der Gemeinde in

[1)] Nr. 1.

der Regel einzureichen und wann sie jeweils in den Verfahren nach den §§ 64 bis 66 HBO vorzulegen sind. Die erforderliche Mindestanzahl der Ausfertigungen gilt nur bei analogen Anträgen bzw. Mitteilungen. Die Bauaufsichtsbehörde kann hier weitere Ausfertigungen verlangen oder auf Ausfertigungen verzichten.

Tabelle 1 – In der Regel vorzulegende Bauvorlagen, Zeitpunkt und Anzahl der Ausfertigungen

Bauvorlagen	**Vordruck**	**§ 64**	**§ 65**	**§ 66**	**§ 66** Sonderbau
Bei Antragstellung					
Bauantrag/Bauvoranfrage bzw. Mitteilung baugenehmigungsfreier und genehmigungsfreigestellter Vorhaben	BAB 01 BAB 33	2x[1]	1x	1x	1x
Antrag auf Abweichungen, Befreiungen, Ausnahmen	BAB 10	–	2x	2x	2x
Nachweis der Bauvorlageberechtigung[2]		1x	1x	1x	1x
Übersichtsplan mit Kennzeichnung des Baugrundstücks, Maßstab 1:10.000 – 1:25.000		2x[1]	1x	1x	1x
Liegenschaftsplan nach Nr. 2, Tabelle 2		2x[1]	4x	4x	4x
Freiflächenplan		2x[1]	4x	4x	4x
Bauzeichnungen		2x[1]	4x	4x	4x
Bau-, Nutzungs- und ggfls. Betriebsbeschreibung (formlos)		2x[1]	4x	4x	4x
Abstandsflächennachweis		2x[1]	1x	4x	4x
Stellplatznachweis (sofern eine kommunale Satzung besteht)		2x[1]	2x	3x	3x
Berechnung des Maßes der baulichen Nutzung		2x[1]	2x	2x	2x
Berechnungen (umbauter Raum, Flächen)		–	2x	2x	2x
Einfügungsnachweis[3] (§ 34 BauGB) soweit nicht in den Bauzeichnungen dargestellt		–	2x	2x	2x

[1] Mit der Zweitausfertigung beteiligt die Bauaufsichtsbehörde nach § 64 Abs. 3 HBO (Nr. **1**) die Gemeinde.

[2] Ggf. zukünftig nicht erforderlich, wenn die zuständige untere Bauaufsichtsbehörde auf die Datenbank di.BAStAI zugreifen kann.

[3] Sollte Inhalt der Bauzeichnungen sein.

Darstellung der Lüftungs- und Feuerungsanlagen		–	–	3x	3x
Standsicherheitsnachweis		–	–	–	2x
Brandschutzkonzept		–	–	–	4x
Nachweis des vorbeugenden Brandschutzes, im Rahmen der beantragten Abweichung		–	3x	3x	–
Nachweis der Barrierefreiheit (§ 54 Abs. 1, 2 HBO) und Planungskonzept „Barrierefreies Bauen"[1]	BAB 34 BAB 35	–	–	1x	1x
Immissionsprognose mit Konzeption zur Vermeidung von Baulärm (nur, wenn mit erhöhtem Baulärm zu rechnen ist, siehe Nr. 11)		–	–	2x[2]	2x[2]
Darstellung, ob Artenschutz nach § 44 BNatSchG betroffen ist[3]		–	2x	2x	2x
Hygienegutachten (§ 2 Abs. 3 HHygVO)[4]		–	–	2x	2x
Statistischer Erhebungsbogen (Statistik der Baugenehmigung, ggf. Abgangserhebungsbogen)[5]			1x	1x	1x
Vor Baubeginn					
Baubeginnsanzeige	BAB 17	1x	1x	1x	1x
Restliche Bauzeichnungen[6]		1x	1x	–	–
Berechnungen (umbauter Raum, Flächen)		1x	–	–	–
Standsicherheitsnachweis mit Bescheinigung/Bestätigung[7] [8]		1x	1x	1x	–
Nachweis des vorbeugenden Brandschutzes[8]		1x	1x	1x	–

[1] Je nach Größe und Art des Bauvorhabens formlose Beschreibung des Planungskonzeptes oder Darstellung der Barrierefreiheit in den Plänen, z.B. Freiflächenplan, Wohnungsgrundriss.

[2] Wenn die Bauaufsichtsbehörde nicht die Aufgabe der zuständigen Immissionsbehörde wahrnimmt, ist die Bauvorlage, zwecks Weiterleitung an die prüfende/überwachende Fachstelle, in 3-facher Ausfertigung einzureichen.

[3] Wenn Anhaltspunkte bestehen, dass Artenschutz betroffen ist, ist darzustellen (siehe Hinweis in Anlage 3 Nr. 3.2 zur Checkliste des HMLU), ob und in welcher Form (ggf. auch bei Verfahren nach § 65 HBO (Nr. **1**), siehe Nr. 21).

[4] Eine Kopie ist für die Vorlage beim Gesundheitsamt bestimmt. Weitere Hinweise in Anlage 3 Nr. 2.

[5] Keine Bauvorlage im Sinne des § 69 HBO (Nr. **1**), aber zur Vervollständigung der Bauantragsunterlagen notwendig; es besteht Auskunftspflicht nach § 6 HBauStaG über die Bautätigkeit im Hochbau.

[6] Sofern nicht bereits mit Bauantrag eingereicht (zur planungsrechtlichen Beurteilung nicht erforderlich bzw. nicht Gegenstand der Prüfung).

[7] Siehe Nr. 6.1.

[8] Der Nachweis muss spätestens vor Ausführung der im Nachweis aufgeführten Gebäudeteile (§ 69 Abs. 3 HBO (Nr. **1**)) vorgelegt werden.

Wärmeschutznachweis[1]		1x	1x	1x	1x
Schallschutznachweis[1]		1x	1x	1x	1x
Nachweis der Barrierefreiheit (§ 54 Abs. 1, 2 HBO) und Planungskonzept „Barrierefreies Bauen“	BAB 34 BAB 35	1x	1x	–	–
Immissionsprognose mit Konzeption zur Vermeidung von Baulärm (nur, wenn mit erhöhtem Baulärm zu rechnen ist, siehe Anlage 2 Nr. 11)		1x[2]	1x[2] –	–	–
Statistischer Erhebungsbogen (Statistik der Baugenehmigung)[3]		1x	–	–	–
Bei Fertigstellung des Rohbaus					
Anzeige über die Fertigstellung des Rohbaus	BAB 18	1x	1x	1x	1x
Überwachungsbescheinigung Standsicherheit	BAB 36	1x	1x	1x	–
Bei Fertigstellung					
Mitteilung der Benutzung vor Fertigstellung	BAB 19	1x	1x	1x	1x
Anzeige der abschließenden Fertigstellung	BAB 20	1x	1x	1x	1x
Überwachungsbescheinigung vorbeugender Brandschutz	BAB 36	1x	1x	1x	–
Überwachungsbescheinigung Wärmeschutz	BAB 36	1x	1x	1x	1x
Überwachungsbescheinigung Schallschutz	BAB 36	1x	1x	1x	1x
Bescheinigung Energieerzeugungsanlagen	BAB 36	1x	1x	1x	1x
Statistischer Erhebungsbogen (Statistik der Baufertigstellung) [4]		1x	1x	1x	1x

Über die in der Tabelle 1 genannten Unterlagen hinaus können weitere Bauvorlagen erforderlich sein. Die Bauaufsichtsbehörde kann diese im Einzelfall zur Beurteilung des Vorhabens oder zum Nachweis der Ein-

[1] Der Nachweis muss spätestens vor Ausführung der im Nachweis aufgeführten Gebäudeteile (§ 69 Abs. 3 HBO (Nr. **1**)) vorgelegt werden.

[2] Wenn die Bauaufsichtsbehörde nicht die Aufgabe der zuständigen Immissionsbehörde wahrnimmt, ist die Bauvorlage, zwecks Weiterleitung an die prüfende/überwachende Fachstelle, in 3-facher Ausfertigung einzureichen.

[3] Keine Bauvorlage im Sinne des § 69 HBO (Nr. **1**), aber zur Vervollständigung der Bauantragsunterlagen notwendig; es besteht Auskunftspflicht nach § 6 HBauStaG über die Bautätigkeit im Hochbau.

[4] Im Erhebungsbogen (Statistik der Baufertigstellung) ist entweder zu bestätigen, dass der Bau entsprechend des Erhebungsbogens für Baugenehmigungen ausgeführt wurde oder wenn sich Änderungen ergeben haben, sind diese mitzuteilen.

haltung der öffentlich-rechtlichen Vorschriften verlangen. Hierzu gehören insbesondere:

a) die Anschaulichkeit unterstützende Darstellungen, wie 3D-Zeichnungen, Fotomontagen, Modelle,

b) die erforderlichen Angaben über die gesicherte Erschließung hinsichtlich der Versorgung mit Wasser und Energie sowie der Entsorgung von Abwasser und der verkehrsmäßigen Erschließung, soweit das Bauvorhaben nicht an eine öffentliche Wasser- oder Energieversorgung oder eine öffentliche Abwasserentsorgungsanlage angeschlossen werden kann oder nicht in ausreichender Breite an einer öffentlichen Verkehrsfläche liegt,

c) bei bestimmten Vorhaben (z.B. großflächiger Einzelhandel) der Nachweis nach § 34 Abs. 3 Baugesetzbuch (BauGB), dass keine schädlichen Auswirkungen auf zentrale Versorgungsbereiche zu erwarten sind,

d) die Absteckungsbescheinigung nach § 75 Abs. 2 Satz 2 HBO,

e) das Negativattest des Kampfmittelräumdienstes, soweit das Grundstück innerhalb der festgestellten Verdachtsflächen liegt, da nach § 13 Satz 2 HBO das Grundstück für bauliche Anlagen geeignet sein muss oder

f) Auskunft aus dem Fachinformationssystem Altflächen und Grundwasserschadensfälle (FIS AG) für das betroffene Grundstück bzw. die betroffenen Grundstücke, steht voraussichtlich Ende 2026 zur Verfügung (Pilotprojekt wurde im Juni 2025 gestartet).

Für genehmigungspflichtige Werbeanlagen sind vorzulegen:

a) der Liegenschaftsplan,

b) die Bauzeichnungen mit Darstellung der beidseits angrenzenden Gebäude, bei Gerüstwerbung mit Darstellung des die Werbung aufnehmenden Gerüsts jeweils mit Maßangaben,

c) die Baubeschreibung oder eine andere geeignete Darstellung der Werbeanlage, wie ein farbiges Lichtbild oder eine farbige Lichtbildmontage und

d) der Standsicherheitsnachweis mit Bescheinigung/Bestätigung, soweit erforderlich. Für einen Vorbescheid sind diejenigen Bauvorlagen einzureichen, die zur Beurteilung der durch den Vorbescheid zu entscheidenden Fragen des Bauvorhabens erforderlich sind (siehe Nr. 18).

1.3 Bauvorlagen in Papierform müssen aus alterungsbeständigem Papier oder gleichwertigem Material hergestellt sein. Beschriftungen, Prüfvermerke oder sonstige Eintragungen und Änderungen sind mit alterungsbeständigen Druck- oder Schreibmaterialien unverwischbar und dauerhaft vorzunehmen. Sie müssen einschließlich eines 2,5 cm breiten Heftrandes 210 mm x 297 mm (DIN A 4) groß oder entsprechend gefaltet sein. Pläne sollten das DIN A 1-Format nicht überschreiten.

1.4 Die Ausfertigungen der Bauvorlagen sollen geordnet, in der Reihenfolge nach Nr. 1.2, vorgelegt werden.

1.5 Werden Bauvorlagen während eines laufenden Verfahrens in geänderter Form nachgereicht, sind die Änderungen gegenüber den ursprünglich vorgelegten Bauvorlagen nachvollziehbar zu kennzeichnen und zu beschreiben.

1.6 Übereinstimmungsgebot

Die Bauzeichnungen, Baubeschreibungen, Berechnungen und Konstruktionszeichnungen sowie sonstige Zeichnungen und Beschreibungen, die den bautechnischen Nachweisen zugrunde liegen, müssen miteinander übereinstimmen und gleiche Positionsangaben haben.

2. Liegenschaftsplan

Der Liegenschaftsplan besteht aus einem aktuellen Auszug aus der Liegenschaftskarte, der in der Regel nicht älter als zwei Jahre sein soll. Der Maßstab beträgt im Allgemeinen 1:500. Ein kleinerer Maßstab, 1:1.000, ist zulässig, wenn die Darstellung hinreichend klar ist.

Der Liegenschaftsplan muss außer dem Baugrundstück die benachbarten und die sonstigen für die öffentlich-rechtliche Beurteilung bedeutsamen umliegenden Grundstücke sowie die angrenzenden öffentlichen Verkehrsflächen enthalten.

Der Liegenschaftsplan ist durch folgende Angaben, Darstellungen oder Anlagen zu ergänzen, soweit sie zur Beurteilung des Bauvorhabens notwendig sind:

a) maßstabsgerechte Darstellung des Bauvorhabens mit Außenmaßen und der Lage auf dem Grundstück,

b) Ortsvergleich für das Baugrundstück und die Nachbargrundstücke. Gegenstand des Ortsvergleichs ist eine Überprüfung, ob im Auszug aus der Liegenschaftskarte alle relevanten baulichen Anlagen dargestellt sind. Fehlende Objekte werden vor Ort erfasst und in den Auszug aus der Liegenschaftskarte übernommen und

c) Eintragung von Angaben zur Höhenlage des Baugrundstücks im Verhältnis zu einem lokalen Bezugspunkt, soweit erforderlich zu dem amtlichen Höhenbezugssystem.

Der Mindestumfang der ergänzenden Angaben, Darstellungen oder Anlagen ergibt sich aus der nachfolgenden Tabelle 2. Im Einzelfall kann die Bauaufsichtsbehörde von dieser Anlage abweichende oder weitergehende Angaben fordern.

Tabelle 2 – Ergänzungen des Liegenschaftsplans für die bauaufsichtlichen Verfahren (Mindestanforderungen)

Lfd. Nr.	Art des Verfahrens und/bzw. Vorhabens	vermaßte Eintragung des Bauvorhabens und Baufensters	Ortsvergleich	Flurstücks- und Eigentümerverzeichnis[1)]

[1)] Wird durch die untere Bauaufsichtsbehörde ermittelt.

1.	Neu-, Um- und Anbauten nach § 30 BauGB[1]	X		
2.	Neu-, Um- und Anbauten nach § 31 BauGB[1]	X	x	x
3.	Neu-, Um- und Anbauten nach § 34 BauGB[1]	X	x	
4.	Neu-, Um- und Anbauten nach §§ 30–34 BauGB mit beantragter Abweichung nach § 73 HBO[2], die dem Nachbarschutz dient[1]	x	x	x
5.	Stellplätze für Kraftfahrzeuge	x		
6.	Errichtung von Werbeanlagen	x		
7.	Vorhaben im Außenbereich[1]	x		x
8.	Eintragung von Baulasten, soweit sich die Baulast auf das Freihalten von Grundstücksteilen von der Bebauung oder auf die Errichtung baulicher Anlagen bezieht		x	

3. Freiflächenplan

Der Freiflächenplan stellt die geplante Nutzung der Freiflächen nach Lage, Art und Größe dar. Hierzu gehören insbesondere:

a) Spielplätze nach § 8 HBO[2],

b) Lager- und Verkehrsflächen, Stellplätze für Kraftfahrzeuge und Abstellplätze für Fahrräder, Verkaufsflächen auf der Außenanlage und Werbeanlagen,

c) Plätze für Abfall- und Wertstoffbehälter,

d) Flächen für die Feuerwehr inklusive deren Anschluss an die öffentliche Verkehrsfläche (Feuerwehrzufahrten, Aufstell- und Bewegungsflächen),

e) die Art und die Abmessungen der befestigten und begrünten Flächen entsprechend den Festsetzungen eines Bebauungsplanes oder einer vorhandenen Gestaltungssatzung,

f) die naturschutzrechtlichen Eingriffs- und Ausgleichspläne bei Vorhaben nach § 35 BauGB auf der Grundlage des § 7 der Kompensationsverordnung (KV) vom 26. Oktober 2018 (GVBl. S. 652, berichtigt, GVBl. 2019, S. 19),

g) die Barrierefreiheit auf dem Grundstück und

h) relevante rechtliche Bindungen wie durch Baumschutzsatzung geschützte Bäume, Begrünungen nach Freiraumsatzungen oder Baulasteintragungen.

---

[1] Höhenangaben sind erforderlich, soweit das natürliche Gelände durch Aufschüttungen und/oder Abgrabungen verändert wird.

[2] Nr. **1**.

4. Bauzeichnungen

4.1 Die Bauzeichnungen bestehen in der Regel aus:

a) den Grundrissen aller Geschosse mit Angabe der vorgesehenen Nutzung der Räume und mit Darstellung der:
- Treppen,
- Nutzfläche sowie der Zahl, Abmessung und Kennzeichnung der Einstellplätze und Fahrgassen,
- lichten Öffnungsmaße der Türen sowie deren Art und Anordnung in Rettungswegen,
- Feuerstätten und Abgasanlagen,
- Räume für die Aufstellung von Feuerstätten unter Angabe der Nennleistung sowie der Räume für die Brennstofflagerung unter Angabe der vorgesehenen Art und Menge des Brennstoffes,
- Aufzugsschächte, Aufzüge und die nutzbaren Grundflächen der Fahrkörbe von Personenaufzügen,
- Installationsschächte, -kanäle und Lüftungsleitungen, soweit sie raumabschließende Bauteile durchdringen und
- Räume für die Aufstellung von Lüftungsgeräten, Lufterhitzern und Ventilatoren,

b) Schnitten durch Gebäude und Geländeoberfläche,

c) sämtlichen Ansichten, ggf. mit Darstellung der unmittelbaren Nachbargebäude,

d) Nachweis der Einhaltung der Abstandsflächen, der Nichtvollgeschossigkeit, der Aufenthaltsraumqualität nach § 50 HBO[1)],

e) Nachweis der Barrierefreiheit.

4.2 In den Bauzeichnungen sind alle Teile der baulichen Anlage, Nutzungen und Veränderungen der natürlichen Geländeoberfläche mit Angaben der Höhen anzugeben, an die öffentlich-rechtliche Anforderungen gestellt werden und die zur Beurteilung der Zulässigkeit des Vorhabens von Bedeutung sind.

Sie sind im Maßstab 1:100, in begründeten Einzelfällen 1:50 oder 1:200, aufzustellen.

In Schnitten und Ansichten sind die vorhandenen und geplanten Geländeoberflächen zwischen baulichen Anlagen und Grundstücksgrenzen vermaßt darzustellen. Hierbei ist die Angabe eines Höhenbezugspunktes erforderlich, z.B. einer NN- oder KD-Höhe.

Für den Fall, dass der 2. Rettungsweg über Hubrettungsfahrzeuge der Feuerwehr sichergestellt werden soll, sind in den Schnitten und Ansichten zusätzlich die vorgesehenen anleiterbaren Stellen darzustellen. Zusätzlich sind die geplanten Aufstellflächen auf einem Flächenplan darzustellen. Die Bauvorlagen sind mit Angaben zu bestehenden Hindernissen wie Pflanzungen (z.B. Bäume oder große Büsche im öffentlichen Verkehrsraum), Laternen-, Ampel- oder sonstige Masten z.B. für Fahrtdrähte des ÖPNV, zu ergänzen. Auf Anlage 3, Nr. 5 dieses Erlasses wird hingewiesen.

[1)] Nr. **1**.

5. Bau-, Betriebs- und Nutzungsbeschreibung, Berechnungen

Soweit in den Bauzeichnungen nicht darstellbar oder zur Darlegung der baurechtlichen Zulässigkeit des Vorhabens erforderlich, sind die Bauvorlagen durch formlose Beschreibungen oder Nachweise zu ergänzen, z.B. hinsichtlich der

- beabsichtigten Bauausführung,
- Stellplätze für Kraftfahrzeuge von Personen mit Behinderungen, von Frauen und von Personen mit Kleinkindern,
- Nutzungen und Nutzungseinheiten, ggf. mit Angaben zur planungsrechtlichen Gebietsverträglichkeit und zu umweltschutzrechtlichen Belangen im Rahmen des BImSchG,
- Art des Betriebs (Betriebsbeschreibung) mit z.B. Angaben zu Produktionsprozessen, Anzahl der beschäftigten Personen, Betriebszeiten,
- Barrierefreiheit im Planungskonzept „Barrierefreies Bauen“,
- artenschutzrechtlichen Belange, wenn aufgrund der baulichen Situation, des bestehenden Geländes oder des Pflanzen- und Baumbewuchses auf dem Grundstück, Hinweise auf besonders geschützte Tier- und Pflanzenarten bestehen. Es wird empfohlen, mindestens die Checkliste zur arten- und biotopschutzrechtlichen Vorprüfung beizufügen. Siehe Download Eingriffsregelungen unter: www.landwirtschaft.hessen.de → Menü → Naturschutz- und- Artenvielfalt → Thema Eingriffe in die Natur/Kompensationsmaßnahmen (zum Artenschutz siehe auch Nr. 21.2).

Ist es zur Darlegung der baurechtlichen Zulässigkeit erforderlich, sind die Bauvorlagen um nachvollziehbare Berechnungen, z.B. des geplanten Maßes der baulichen Nutzung (wie Berechnung der Grundflächenzahl (GRZ), der Berechnung der Geschossflächenzahl (GFZ)) oder der Geschossigkeitsnachweis zu ergänzen. Hierbei ist zu beachten, dass die alleinige Angabe von Berechnungssummen für die Nachvollziehbarkeit nicht ausreichend ist.

6. Standsicherheit

6.1 Allgemeines

Der Standsicherheitsnachweis ist vollständig und in prüfbarer Form zu erbringen und den Bauvorlagen beizufügen. Der Standsicherheitsnachweis und die Ausführungspläne sind mit Datum und Unterschrift der Aufstellerin bzw. des Aufstellers zu versehen.

Standsicherheitsnachweise und Ausführungspläne für Gebäude der Gebäudeklasse 1 bis 3, die nicht von Nachweisberechtigten für Standsicherheit aufgestellt wurden und Bauvorhaben nach § 68 Abs. 3 Satz 1 HBO[1] dürfen erst dann der Bauausführung zugrunde gelegt werden, wenn sie von einer oder einem Prüfsachverständigen für Standsicherheit bescheinigt oder zur Ausführung freigegeben wurden. In allen anderen Fällen sind Standsicherheitsnachweise durch Nachweisberechtigte für Standsicherheit aufzustellen und zu bescheinigen. Die Nachweisberechtigten haben in diesen Fällen schriftlich mit dem in Anlage 2 der Nachweisbe-

[1] Nr. **1**.

rechtigtenverordnung (NBVO)[1] vom 3. Dezember 2002 (GVBl. I S. 729), zuletzt geändert durch Verordnung vom 2. Dezember 2020 (GVBl. S. 854) enthaltenem Muster zu erklären, dass kein Kriterium der Anlage 1 NBVO zutrifft. Die Erklärung ist bei der Bauaufsichtsbehörde vor Baubeginn einzureichen. Insbesondere sind Standsicherheitsnachweise und Ausführungspläne für Gebäude der Gebäudeklasse 4 bis 5 von einer oder einem Prüfsachverständigen für Standsicherheit zu bescheinigen oder zur Ausführung freizugeben. Die mit den bescheinigten Unterlagen übereinstimmende Bauausführung ist durch die jeweils hierzu befähigte Person (§ 83 Abs. 2 HBO) zu bescheinigen.

6.2 Grundlagen der Standsicherheitsnachweise

Dem Standsicherheitsnachweis liegen insbesondere die Bauzeichnungen zu Grunde. Der dem Standsicherheitsnachweis zu Grunde gelegte Stand (Datum) und Inhalt der Bauzeichnungen sind im Standsicherheitsnachweis anzugeben.

Die Beschaffenheit des Baugrundes (z.B. Tragfähigkeit, Setzungsverhalten) ist anzugeben. Falls erforderlich, ist ein Baugrundgutachten einzuholen, welches den Bauvorlagen beizufügen ist. Der zu Grunde gelegte Bemessungsgrundwasserstand ist anzugeben; dies gilt auch für Angaben über Hang- und Schichtwasser und dessen Einwirkung auf das Bauvorhaben.

Die Anforderungen des baulichen Brandschutzes, insbesondere an die Feuerwiderstandsdauer der tragenden Bauteile, ein ggf. von DIN EN 1991 abweichendes Nutzlastkonzept sowie Auswirkungen, die sich aus den Anforderungen anderer Fachplanungen (z.B. Schallschutz, Wärmeschutz) ergeben, sind im Standsicherheitsnachweis anzugeben.

6.3 Inhalt des Standsicherheitsnachweises

Zum Nachweis der Standsicherheit gehören eine Darstellung des gesamten statischen Systems, die erforderlichen Berechnungen und die Konstruktionszeichnungen.

Die Berechnungen müssen die Standsicherheit der baulichen Anlagen und ihrer Teile für die nach Technischen Baubestimmungen anzusetzenden Lastfälle nachweisen. Hierzu gehört nach § 68 Abs. 1 Satz 1 HBO[2] bei entsprechenden Vorhaben auch die Nachweise der Feuerwiderstandsdauer tragender Bauteile.

Die einzelnen tragenden Bauteile sind in einem Positionsplan darzustellen und ihre Standsicherheit unter Beachtung der Einwirkungen und des Sicherheitskonzeptes auf der Grundlage eingeführter Technischer Baubestimmungen rechnerisch nachzuweisen. Beim Einsatz EDV-gestützter Rechenprogramme sind diese (mit Versionsstand) anzugeben und Eingaben und Ergebnisse in nachvollziehbarer Form darzustellen. Auf der Grundlage des Standsicherheitsnachweises sind Ausführungsunterlagen (z.B. Bewehrungspläne, Werkstattpläne) anzufertigen, die eine zweifelsfreie anforderungsgerechte Ausführung zulassen.

---

[1] Nr. **9**.
[2] Nr. **1**.

Vorrangig sind geregelte Bauprodukte (mit CE- oder Ü-Zeichen) und geregelte Bauarten zu verwenden. Für ungeregelte Bauprodukte ist die Verwendbarkeit über eine allgemeine bauaufsichtliche Zulassung, oder, sofern dies die Hessische Verwaltungsvorschrift Technische Baubestimmungen (H-VV TB) vorsieht, ein allgemeines bauaufsichtliches Prüfzeugnis nachzuweisen. Falls solche Verwendbarkeitsnachweise nicht vorhanden sind, ist eine Zustimmung im Einzelfall bei der obersten Bauaufsichtsbehörde bzw., sofern die Bauprodukte der Erfüllung der Brandschutzanforderungen oder der Erfüllung von Sicherheits- und Funktionsanforderungen der TGA dienen, beim Regierungspräsidium Darmstadt zu erwirken. Für ungeregelte Bauarten ist die Anwendbarkeit über eine allgemeine Bauartgenehmigung oder, sofern dies die Hessische Verwaltungsvorschrift Technische Baubestimmungen (H-VV TB) vorsieht, ein allgemeines bauaufsichtliches Prüfzeugnis nachzuweisen. Falls solche Anwendbarkeitsnachweise nicht vorhanden sind, ist eine vorhabenbezogene Bauartgenehmigung bei der obersten Bauaufsichtsbehörde bzw., sofern die Bauarten der Erfüllung der Brandschutzanforderungen oder der Erfüllung von Sicherheits- und Funktionsanforderungen der TGA dienen, beim Regierungspräsidium Darmstadt zu erwirken.

7. Brandschutz

7.1 Mit dem Nachweis des vorbeugenden Brandschutzes (Brandschutznachweis) wird dargelegt, dass die brandschutzrelevanten Regelanforderungen der HBO[1] und nach Vorschriften aufgrund der HBO in der vorgelegten Planung eingehalten sind. Bei Anträgen in Papierform ist der Brandschutznachweis bzw. das Brandschutzkonzept mit Datum und Unterschrift der Aufstellerin bzw. des Aufstellers zu versehen.

Das Brandschutzkonzept ist in den überwiegenden Fällen bei Sonderbauten (§ 2 Abs. 9 i.V.m. § 53 Abs. 2 Nr. 19 HBO) erforderlich. Es kann für Regelbauten im Einzelfall im Rahmen von Abweichungsentscheidungen nach § 73 HBO z.B. beim Einsatz von Brandschutzingenieurmethoden verlangt werden. Dies gilt auch bei Abweichungen von Technischen Baubestimmungen aufgrund § 29 Abs. 2 Satz 6 HBO (z.B. Holzbau).

Das Brandschutzkonzept (§ 53 Abs. 2 Nr. 19 HBO) ist eine schutzzielorientierte Gesamtbewertung des vorbeugenden und abwehrenden Brandschutzes, in dem alle relevanten brandschutztechnischen Maßnahmen im Gesamtzusammenhang zur Umsetzung der bauordnungsrechtlichen Schutzziele in sich schlüssig und nachvollziehbar dargestellt sind.

Das Übereinstimmungsgebot nach Nr. 1.6 ist im Rahmen der Erstellung des Brandschutznachweises oder des Brandschutzkonzeptes zu beachten und einzuhalten. Das gilt auch für die Anlagen zu Brandschutznachweisen und Brandschutzkonzepten, wie etwa die zeichnerischen Darstellungen.

7.2 Das Brandschutzkonzept muss auf den Einzelfall und auf die Nutzung der baulichen Anlage abgestimmt und hinreichend bestimmt sein. Die angewandten Nachweisverfahren und die zu Grunde gelegten Parameter,

[1] Nr. 1.

insbesondere Brandszenarien, sind detailliert darzulegen. Bei beabsichtigten Abweichungen bzw. bei Erleichterungen von bauordnungsrechtlichen Vorschriften ist eine Risikobetrachtung durchzuführen und die Wirksamkeit der gewählten Kompensationsmaßnahmen bzw. warum ggf. auf solche verzichtet werden kann darzulegen. Sind aufgrund des Brandschutzkonzeptes im Einzelfall Konsequenzen für den abwehrenden Brandschutz zu ziehen, sind diese darzustellen.

7.3 Aus dem Katalog unter Nr. 7.4 muss das Brandschutzkonzept für ein konkretes Bauvorhaben nur die Angaben enthalten, die für seine Beurteilung erforderlich sind. Es soll, soweit erforderlich, textliche und zeichnerische Darstellungen in geeignetem Maßstab sowie die für den Brandschutz relevante Vermaßung enthalten. Über den Katalog der Nr. 7.4 hinausgehende Angaben können im Einzelfall verlangt werden.

7.4 Der Brandschutznachweis bzw. das Brandschutzkonzept muss die Angaben enthalten, die für die sicherheitstechnische Gesamtbewertung des

– vorbeugenden baulichen,
– vorbeugenden anlagentechnischen,
– betrieblichen-organisatorischen und
– abwehrenden

Brandschutzes erforderlich sind. Dazu gehören unter anderem die allgemeinen Brandschutzanforderungen des Bauordnungsrechts. Beim Brandschutzkonzept sind das insbesondere nachfolgende Nachweise oder Angaben:

a) zu brandschutzrelevanten Einzelheiten der Nutzung, nach den Kriterien des § 2 Abs. 9 HBO[1)], zum Nutzerkreis, zu Gebäudebereichen, die betrachtet werden, zu bereits vorhandenen Brandschutzkonzepten, zu Besonderheiten (Explosions- oder erhöhte Brandgefahren, Brandlasten, Gefahrstoffen, Risikoanalysen und strategisches Sicherheitsmanagement),

b) zur Erschließung (Zu- und Durchfahrten, Zu- und Durchgänge sowie Aufstell- und Bewegungsflächen für die Feuerwehr (auch Flächen außerhalb des Grundstücks), Angaben über die erforderlichen Löschwassermenge sowie die Hydrantenstandorte,

c) zu Löschwasser-Rückhalteanlagen, siehe Anlage 3 Nr. 3.3.

d) zum System der äußeren und inneren Abschottung, bspw. der Errichtung von Gebäudeabschlusswänden, der Ausbildung von Brandabschnitten bzw. Brandbekämpfungsabschnitten sowie zum System der Rauchabschnitte und zum Abschluss von Öffnungen in raumabschließenden Bauteilen,

e) zur Lage und Anordnung von Rettungswegen auf dem Baugrundstück und in Gebäuden (ggf. durch rechnerischen Nachweis), soweit erforderlich zur Inanspruchnahme von Hubrettungsgeräten der Feuerwehr (siehe Anlage 3 Nr. 5) und zur Sicherheitsbeleuchtung, zu automatischen Schiebetüren und zu elektrischen Verriegelungen von Türen,

---

[1)] Nr. **1**.

f) Nachweis über die Nutzbarkeit der Rettungswege im Brandfall; Angabe Länge der Lauflinie bzw. Luftlinie,

g) ggf. Darstellung der Lage, Anordnung und Bemessung sowie die Konzeption der baulichen und/oder betrieblichen Maßnahmen zur Rettung von Menschen mit Behinderung insbesondere bei Gebäuden, die überwiegend von Personen genutzt werden, die sich nicht oder nur eingeschränkt selbst retten können,

h) zur höchstzulässigen Zahl der Nutzerinnen und Nutzer der baulichen Anlage sowie Angaben zum Nutzerkreis, insbesondere zu Personen mit Behinderungen, soweit besondere Maßnahmen zum Beispiel zur Räumung des Gebäudes (Selbstrettung und/oder Rettung über Rettungsgeräte der Feuerwehr) erforderlich sind,

i) zu Anlagen der technischen Gebäudeausrüstung, insbesondere der Leitungsanlagen, ggf. mit Angaben zum Brandverhalten im Bereich von Rettungswegen,

j) zu Lüftungsanlagen mit Angaben zur brandschutztechnischen Ausbildung, wie
   - Anlagenbeschreibung und Darstellung der Lage und Anordnung der Lüftungsanlagen mit Angaben zur brandschutztechnischen Ausbildung,
   - Darstellung der Lüftungszentralen und Räumen zur Aufstellung von Lüftungsgeräten, Luftbeheizungsanlagen und Ventilatoren,
   - Darstellung der Lage und Anordnung von Lüftungsleitungen mit Angaben zum Brandverhalten und zum Feuerwiderstand sowie mit Angaben zu Beschichtungen, Bekleidungen sowie Dämmschichten,
   - Absperrvorrichtungen gegen die Übertragung von Feuer und Rauch, Rauchauslöseeinrichtungen, Mündungen sowie sonstigen Bauteile, die brandschutzrelevant sind,

k) zu Rauch- und Wärmeabzugsanlagen und Öffnungen zur Rauchableitung mit Eintragung der bauaufsichtlich relevanten Querschnitte bzw. Luftwechselraten, der Entrauchungsleitungen mit Angaben zum Brandverhalten und zum Feuerwiderstand, der Entrauchungsklappen sowie zu Überdruckanlagen für die Rauchfreihaltung von Rettungswegen mit Darstellung der Lage, Anordnung und Bemessung der Anlagen mit Eintragung der Querschnitte der bauaufsichtlich relevanten Abströmgeschwindigkeiten bzw. Luftwechselraten,

l) zu elektroakustischen Notfallwarnsystemen oder Alarmierungseinrichtungen sowie zu Gas-Warnanlagen für explosive Gase,

m) zu Anlagen, Einrichtungen und Geräten für die Brandbekämpfung (wie Feuerlöschanlagen, Löschwasserleitungen, Wandhydranten, Feuerlöschgeräte) mit Angaben zu Schutzbereichen, Art des verwendeten Löschmittels und zur Bevorratung von Sonderlöschmitteln,

n) zur Sicherheitsstromversorgung mit Angaben zur brandschutztechnischen Ausbildung des Aufstellraumes, zu Sicherheitsstromversorgungsanlagen (Batterien, Stromerzeugungsaggregate) und zum Funktionserhalt der elektrischen Leitungsanlagen,

o) zu Aufzugsanlagen mit Brandfallsteuerung und Feuerwehraufzügen,

p) zu Brandmeldeanlagen mit Unterzentralen und Feuerwehr-Anzeigetableaus, Umfang der Überwachungsbereiche, Auslösestellen sowie die Grundzüge der funktionalen steuerungstechnischen Zusammenhänge,

q) zu Objektfunkanlagen für die Feuerwehr, Feuerwehrplänen und andere Einrichtungen für den abwehrenden Brandschutz,

r) zu betrieblichen Maßnahmen zur Brandverhütung sowie zur Brandbekämpfung und zur Rettung von Personen inkl. Menschen mit Behinderung (wie Werkfeuerwehr, Betriebsfeuerwehr, Selbsthilfekräfte, Brandschutzordnung, Maßnahmen zur Räumung, Räumungssignale, wiederkehrende Unterweisungen),

s) zu ausgleichenden Maßnahmen, wenn materiellen Anforderungen der Hessischen Bauordnung oder Vorschriften auf Grund der Hessischen Bauordnung nicht entsprochen wird, bzw. Begründung und ggf. Nachweise, wenn Kompensationsmaßnahmen für nicht erforderlich gehalten werden,

t) zu verwendeten Verfahren nach Methoden des Brandschutzingenieurwesens (vfdb-Leitfaden „Ingenieurmethoden des Brandschutzes“ (2020) und

u) zu den für den Brandschutz verantwortlichen Personen (z.B. Brandschutzbeauftragte für den Betrieb eines Gebäudes).

7.5 Wird nachgewiesen, dass ein Sonderbau den Brandschutzanforderungen der jeweiligen Sonderbauvorschrift sowie den ergänzenden Vorschriften der HBO[1] entspricht, gilt dies als Brandschutzkonzept. Das bauaufsichtlich geprüfte Brandschutzkonzept gilt als Nachweis des vorbeugenden Brandschutzes.

8. Schall- und Wärmeschutz

Die Berechnungen müssen den bauaufsichtlich geforderten Schallschutz und Wärmeschutz nachweisen.

Für den Schallschutz gelten die Anforderungen des § 15 Abs. 2 HBO[1]. Näheres ergibt sich aus Abschnitt A5 Schallschutz der H-VV TB. Darüber hinaus sind Festsetzungen in Bebauungsplänen zu berücksichtigen.

Die Anforderungen an den Wärmeschutz sind nach der Hessischen Verwaltungsvorschrift Technische Baubestimmungen (H-VV TB) zu erfüllen. Als Technische Baubestimmung ist u.a. die DIN 4108 Teil 2 und 3 (Mindestwärmeschutz und Feuchteschutz) eingeführt. Ein solcher Nachweis ist jedoch nicht erforderlich, wenn für Gebäude, die in den Anwendungsbereich des Gebäudeenergiegesetzes (GEG) fallen, die entsprechenden Nachweise (Angaben zu den Bauteilflächen, zum Schichtenaufbau, energetische Qualitäten etc.) durch eine nachweisberechtigte Person für Wärmeschutz nach § 68 Abs. 1 HBO vorgelegt werden. Hintergrund ist, dass nach § 11 GEG (Mindestwärmeschutz) ebenfalls die DIN 4108 Teil 2 und 3 zu erfüllen ist. Somit ist davon auszugehen, dass bei Gebäuden, die dem GEG unterfallen, auch die Anforderungen des Bauordnungsrechts zum Wärmeschutz erfüllt sind. Wenn der Jahres-Primärenergiebedarf zum Nachweis der Anforderungen nach GEG berechnet wird, ist zusätzlich ein als „vorläufig“ gekennzeichneter Energie-

---

[1] Nr. **1**.

ausweis nach Maßgabe § 80 Abs. 1 GEG vorzulegen. Für Bauvorhaben, die vor dem Inkrafttreten des GEG am 1. November 2020 beantragt oder mitgeteilt wurden, können entsprechend der Übergangsvorschriften (§ 111 GEG) ggf. noch Nachweise auf der Grundlage der Energieeinsparverordnung (EnEV) eingereicht werden.

9. Lüftungs- und Feuerungsanlagen, gesicherte Erschließung

Die Lüftungs- und Feuerungsanlagen sind in den Bauzeichnungen darzustellen. Die Bauvorlagen zu den Lüftungs- und Feuerungsanlagen müssen nach § 69 Abs. 2 Satz 1 HBO[1] alle bauordnungsrechtlich relevanten Angaben enthalten, die für eine Beurteilung und Prüfung erforderlich sind. Die Darstellungen sind – soweit notwendig – durch Baubeschreibungen, Angaben zur Bemessung, verwendeten Rechenverfahren und sonstige rechnerische Ermittlungen zu ergänzen.

Berühren Lüftungsanlagen brandschutztechnische Aspekte, haben sie Einfluss auf die Entrauchung oder die Rauchfreihaltung von Räumen, sind sie bei Sonderbauten entsprechend Nr. 7.4 im Brandschutzkonzept oder bei Regelbauten im Brandschutznachweis und ggf. im Abweichungsantrag zu beschreiben. Des Weiteren ist darzustellen, dass Lüftungsanlagen nicht den sicheren Betrieb von Feuerungsanlagen beeinträchtigen.

Sind Lüftungsanlagen bauordnungsrechtlich aus hygienischen Gründen erforderlich, sind insbesondere die Ausführungen darzustellen und Angaben zu machen, die zeigen, dass die Anforderungen erfüllt sind.

Nach § 68 Abs. 6 HBO bzw. § 63 HBO i.V.m. Abschnitt V Nr. 5 der Anlage zu § 63 HBO ist die sichere Benutzbarkeit der Energieerzeugungsanlage und ordnungsgemäße Abführung der Abgase durch Prüfsachverständige für Energieerzeugungsanlagen zu bescheinigen (siehe auch Vordrucke BAB 36 und BAB 42). Gleichzeitig bedürfen Feuerungsanlagen für feste Brennstoffe der Bescheinigung nach § 14 i.V.m. § 19 der Verordnung über kleine und mittlere Feuerungsanlagen (1. BImSchV) vom 26. Januar 2010 (BGBl. I S. 38), zuletzt geändert durch Verordnung vom 13. Oktober 2021 (BGBl. I S. 4676). Für die Bescheinigung nach Bauordnungsrecht und Immissionsschutzrecht werden bei Feuerungsanlagen für feste Brennstoffe zusätzlich Vordrucke verwendet, die durch den Landesinnungsverband des Schornsteinfegerhandwerks den/der bevollmächtigten Bezirksschornsteinfeger/in zur Verfügung gestellt und der Bauherrschaft bzw. dem/der Eigentümer/in ausgehändigt werden.

Die §§ 30 ff. BauGB verlangen für die bauplanungsrechtliche Zulässigkeit eines Bauvorhabens grundsätzlich eine gesicherte bzw. nach § 35 BauGB eine ausreichende Erschließung (Anschluss an das öffentliche Straßennetz, das Vorhandensein einer ausreichenden Versorgung mit Elektrizität, Wärme und Wasser und einer funktionsfähigen Abwasser- und Abfallbeseitigung).

Die Erschließung ist gesichert, wenn zum Zeitpunkt der Erteilung der Baugenehmigung damit gerechnet werden kann, dass die notwendig

---

[1] Nr. **1**.

werdenden Erschließungsanlagen zum Zeitpunkt der Fertigstellung des Bauvorhabens funktionsfähig hergestellt sein werden.

Die Fertigstellung der Wasserversorgungs- und Abwasserbeseitigungsanlagen (einschließlich Kleinklär- oder Sammelanlagen) gehört zur Fertigstellung des Gebäudes (§ 84 Abs. 1 Satz 3 HBO) und ist in der Fertigstellungsanzeige (Vordruck BAB 20 Anlage 1) entsprechend zu bestätigen.

Nach dem Wasserhaushaltsgesetz (WHG) muss die dauerhafte Abwasserbeseitigung gesichert sein. Dies obliegt nach § 37 Hessisches Wassergesetz (HWG) vom 14. Dezember 2010 (GVBl. I S. 548), zuletzt geändert durch Gesetz vom 28. Juni 2023 (GVBl. S. 473, 475), grundsätzlich den Gemeinden, in denen das Abwasser anfällt. Dazu haben die Kommunen entsprechende Regelungen zur Abwasserbeseitigung in Abwasser- oder Entwässerungssatzungen getroffen. Für bebaute Grundstücke ist in der Regel ein Anschluss- und Benutzungszwang an die öffentlichen Abwasserbeseitigungsanlagen festgelegt. Die Kommunen erteilen entsprechend der Abwasser- oder Entwässerungssatzung eine Genehmigung zum Anschluss an die öffentlichen Abwasserbeseitigungsanlagen und deren Benutzung (Zuführungs- und Anschlussgenehmigung).

10. Barrierefreies Bauen

10.1 Um den Anforderungen des § 54 Abs. 1 HBO[1] für Wohngebäude und des § 54 Abs. 2 HBO für Nicht-Wohngebäude ausreichend gerecht zu werden, bedarf es eines in die Bauvorlagen integrierten Planungskonzeptes „Barrierefreies Bauen“. Dieses Planungskonzept ist eine zielorientierte, ganzheitliche Gesamtbetrachtung des Barrierefreien Bauens bezogen auf den jeweiligen Einzelfall und muss alle Angaben zur Erfüllung der bauaufsichtlichen Anforderungen enthalten. Grundlage für die technische Ausführung der Barrierefreiheit sind die als Planungsgrundlagen in der Hessischen Verwaltungsvorschrift Technische Baubestimmungen (H-VV TB) eingeführte DIN 18040 einschließlich Anlagen maßgebend.

Die Darstellung des Planungskonzeptes „Barrierefreies Bauen“ in den Bauzeichnungen ist zu bevorzugen, ggf. durch formlose Baubeschreibungen zu ergänzen.

10.2 Das Planungskonzept muss die Angaben enthalten, die für die Beurteilung des Barrierefreien Bauens erforderlich sind. Dazu gehören insbesondere nachfolgende Angaben über:

a) barrierefreie Erreichbarkeit der baulichen Anlage, barrierefreie Gebäudezugänge,

b) Türbreiten, Türschwellen, Türanschläge, Türöffnungsmöglichkeiten,

c) Rampen einschließlich Neigungswinkel, Borde, Übergangsstellen, Gefälle,

d) Aufzüge, Fahrtreppen,

e) Treppen, Handläufe,

f) Orientierungshilfen, Beschilderung,

g) Anordnung von Tastaturen, Bedienungstableaus,

---

[1] Nr. **1**.

h) Abmessungen der Bewegungsflächen, Flurbreiten,

i) barrierefreie Sanitärräume, barrierefreie Anordnung Sanitärobjekte,

j) die Ausbildung der PKW-Stellplätze und deren Abmessungen.

10.3 Im Vordruck BAB 34 oder BAB 35 Anlage 1 ist, zusätzlich zur Darstellung der Barrierefreiheit in den Bauvorlagen, darzulegen, dass die bauaufsichtlichen Anforderungen erfüllt oder Ausnahmen in Anspruch genommen wurden. Die Vordrucke BAB 34 und BAB 35 dienen ausdrücklich auch den Planenden der Feststellung, ob alle bauordnungsrechtlichen Anforderungen berücksichtigt werden. Die Vordrucke können somit auch als Checkliste eingesetzt werden.

Bei Verwendung des Bauportals Hessen (DigiBauG) wird die Barrierefreiheit bei Sonderbauvorhaben als eigenes Kapitel im elektronischen Baugenehmigungsverfahren (Nr. 24) behandelt. Nachdem die entsprechenden Fragen beantwortet worden sind, werden die Formulare BAB 34 bzw. BAB 35 systemseitig automatisiert erzeugt.

10.4 Bei der Erarbeitung des Planungskonzeptes „Barrierefreies Bauen" kann es zweckmäßig sein, zuständige Beauftragte bzw. Beiräte für Menschen mit Behinderung oder entsprechende Fachleute anzuhören. Falls solche Personen nicht zur Verfügung stehen, wird empfohlen Planende mit Schwerpunkt „Barrierefreies Planen und Bauen", die in den Portalen der Ingenieurkammer Hessen (IngKH) oder der Architekten- und Stadtplanerkammer Hessen (AKH) gelistet sind, IHK-Sachverständige oder DIN-geprüfte Fachplaner für barrierefreies Bauen einzubeziehen.

11. Baustellenlärm

Jede Baustelle verursacht Beeinträchtigungen für ihre Umgebung. Zum Schutz vor vermeidbaren Belästigungen, wie vermeidbarer Baustellenlärm, sind Baustellen nach § 11 HBO[1] so einzurichten, dass diese nicht entstehen. Maßgebend für den Umgang und die Beurteilung von Baustellenlärm sind das Bundes-Immissionsschutzgesetz (BImSchG) vom 17. Mai 2013 (BGBl. I S. 1274), zuletzt geändert durch Gesetz vom 24. Februar 2025 (BGBl. 2025 I Nr. 58), die Allgemeine Verwaltungsvorschrift zum Schutz gegen Baulärm – Geräuschimmissionen (AVV Baulärm) vom 19. August 1970, Beilage zum Bundesanzeiger Nr. 160 vom 1. September 1970, und die 32. Verordnung zur Durchführung des Bundes-Immissionsschutzgesetzes (Geräte- und Maschinenlärmschutzverordnung – 32. BImSchV) vom 29. August 2002 (BGBl. I S. 3478), zuletzt geändert durch Verordnung vom 27. Juli 2021 (BGBl. I S. 3146).

Immissionen, die von einer Baustelle im Sinne der AVV Baulärm ausgehen, sind die auf Menschen einwirkenden Geräusche, die durch den Betrieb von Baumaschinen (einschließlich Baustellenverkehr) hervorgerufen werden.

In vielen Fällen, auch bei größeren Baustellen oder lang andauernden Abbrucharbeiten, kann davon ausgegangen werden, dass aufgrund der ohnehin vorgesehenen Maßnahmen der Baustellenlärm ausreichend reduziert und die zulässigen Immissionsrichtwerte nicht überschritten wer-

[1] Nr. **1**.

den. Geeignete Maßnahmen zur Minderung von Baulärm sind in Abschnitt 4 AVV Baulärm genannt. Die immissionsrechtlichen Anforderungen sind eigenverantwortlich von der Bauherrschaft und den am Bau Beteiligten einzuhalten. Eine Prüfpflicht im Rahmen des Baugenehmigungsverfahrens besteht nicht. Ist davon auszugehen, dass die zulässigen Immissionsrichtwerte nicht überschritten werden, reicht als Nachweis der Anforderungen der HBO die schriftliche Erklärung im Bauantrag (BAB 01 Seite 2 und BAB 33 Seite 1 Anlage 1) aus, ohne detailliert Nachweise zu erstellen und vorzulegen.

Bei einzelnen Baustellen, insbesondere in oder in der Nähe von Wohngebieten und schutzbedürftiger Nutzungen (z.B. Schulen und Krankenhäusern) oder bei Bauarbeiten in der Nacht kann in der Regel nicht ausgeschlossen werden, dass die zulässigen Immissionsrichtwerte überschritten werden. In diesem Fall ist als Bauvorlage eine Immissionsprognose mit einer Konzeption zur Vermeidung von Baulärm vorzulegen. Diese Bauvorlage ist dann bei Verfahren nach § 66 HBO bei Antragstellung vorzulegen. Sie kann in begründeten Fällen nachgereicht werden, z.B. wenn die Baustellenabläufe und Herstellungsverfahren bei Antragstellung noch nicht ausreichend bekannt sind und feststehen. Die Bauvorlage muss in diesem Fall spätestens mit der Anzeige des Baubeginns vorliegen. Bei Vorhaben nach § 64 HBO und Verfahren nach § 65 HBO ist die Bauvorlage vor Baubeginn vorzulegen (siehe Nr. 1.2 Tabelle 1). Treten nach Einreichung der Bauvorlage bei der Bauaufsichtsbehörde noch Änderungen ein, sind entsprechende Nachträge vorzulegen.

Die Konzeption sollte folgende Angaben enthalten:

a) die Darstellung des Gebietstyps sowie des zu beachtenden Immissionsrichtwertes nach der AVV Baulärm; für die noch nicht in der AVV Baulärm enthaltenen urbanen Gebiete sind in der Regel die Immissionsrichtwerte nach Nr. 6.1 der TA Lärm angemessen,

b) Beschreibung der Baulärm verursachenden Maßnahmen (z.B. Abbruch- oder Gründungsarbeiten, Baustellenverkehr, Einsatz von Geräten und Maschinen) bezogen auf die Bauabschnitte sowie die jeweils zu erwartenden Zeiträume und Dauer; es sind alle von der Baustelle ausgehenden Geräusche der Baumaschinen einschließlich des anlagenbezogenen Verkehrs auf der Baustelle zu berücksichtigen,

c) Angaben zu den von den Baumaschinen ausgehenden Geräuschemissionen,

d) Darstellung der Lärmminderungsmaßnahmen z.B. lärmarme Baugeräte, Abschirmungen und Arbeitstechniken nach den allgemein anerkannten Regeln der Technik (vgl. § 22 BImSchG und § 1 der 32. BImSchV) sowie Bestätigung, dass das Personal auf der Baustelle hinsichtlich lärmmindernder Arbeitstechniken unterwiesen wird,

e) Nachweis der Unvermeidbarkeit (vgl. Ziff. 4.3 AVV Baulärm) nach Ausschöpfung der möglichen Maßnahmen zur Lärmminderung, z.B. Reduzierung der täglichen Betriebsdauer der Baumaschinen (vgl. auch Ziffern 4.1, 4.2 AVV Baulärm),

f) entsprechend der Bauabschnitte zu protokollierendes Messkonzept für die Überwachung der von der Baustelle hervorgerufenen Lärmimmissionen; dazu gehören Angaben zur beauftragten sachkundigen Person, zu den Messintervallen und den Messorten, siehe Anlage 4 AVV Baulärm und

g) Nachbarinformationen, die über Lärmbelastungen aufklären sowie Ansprechpartner und Informationsquellen.

Zuständige Immissionsschutzbehörde ist der Kreisausschuss oder in kreisfreien Städten der Magistrat. Sollte diese Aufgabe nicht von der Bauaufsichtsbehörde wahrgenommen werden, sondern einem anderen Amt/einer anderen Stelle des Kreises oder der kreisfreien Stadt obliegen, ist die Immissionsprognose und das Konzept in 3-facher Ausfertigung einzureichen. Eine Ausfertigung dient der internen Weiterleitung an die Stelle, die u.a. die Aufgabe der Überwachung entsprechend der Verordnung über Zuständigkeiten nach dem Bundes-Immissionsschutzgesetz wahrnimmt.

Hinweis: Sind Erschütterungen zu erwarten, dient als Grundlage für deren Beurteilung die DIN 4150.

12. Baugenehmigungsfreie Vorhaben

Für Vorhaben nach der Anlage zu § 63 HBO[1] ist kein Baugenehmigungsverfahren vorgesehen. Sofern ein Freistellungsvorbehalt nach der Anlage zu § 63 HBO Abschnitt V Nr. 1 besteht, ist der Gemeinde von dem geplanten Vorhaben Kenntnis zu geben. Die Gemeinde entscheidet anhand der vorzulegenden Bauvorlagen, ob ein Baugenehmigungsverfahren eingeleitet werden soll. Voraussetzung für diese Entscheidung sind Bauvorlagen, die eindeutig erkennen lassen, dass das geplante Vorhaben dem Bauplanungsrecht nicht widerspricht und das sonstige Ortsbaurecht eingehalten wird.

Der Vordruck „Mitteilung baugenehmigungsfreier und genehmigungsfreigestellter Vorhaben" (siehe Vordruck BAB 33 Anlage 1) ist zu verwenden, sofern das Verfahren nicht in elektronischer Form abgewickelt wird, in der der Vordruck entbehrlich ist. Der Liegenschaftsplan und die Bauzeichnungen sollen den an diese Bauvorlagen im vereinfachten Baugenehmigungsverfahren gestellten Anforderungen entsprechen (siehe Nr. 2 und 4).

Hinweis: gegebenenfalls sollte im Vorfeld geklärt werden, ob die betreffende Gemeinde ein elektronisches Verfahren anbietet.

13. Genehmigungsfreistellung

Für Vorhaben nach § 64 HBO[1] muss die Bauherrschaft keine Baugenehmigung beantragen, sondern die Bauaufsichtsbehörde über das Vorhaben vorerst nur informieren. Die Bauaufsichtsbehörde beteiligt unverzüglich die Gemeinde. Voraussetzung für die Entscheidung der Gemeinde sind Bauvorlagen, die eine eindeutige Beurteilung zulassen, ob das geplante Vorhaben den städtebaulichen Festsetzungen des in Kraft getretenen Bebauungsplanes entspricht und das sonstige Ortsbaurecht eingehalten wird. Der Vordruck „Mitteilung baugenehmigungsfreier und genehmigungsfreigestellter Vorhaben" (siehe Vordruck BAB 33

[1] Nr. 1.

Anlage 1) ist zu verwenden, sofern das Verfahren nicht in elektronischer Form abgewickelt wird.

Zusätzlich dazu kann die Bauherrschaft die Unterlagen, die sie bei der Bauaufsichtsbehörde einreicht, auch der Gemeinde vorlegen. Dies muss im Hinblick auf die Verpflichtung der Bauaufsichtsbehörde nach § 64 Abs. 3 Satz 6 HBO, wonach die Bauaufsichtsbehörde gegenüber der Bauherrschaft die Zulässigkeit des Baubeginns mitteilt, auf den bei der Bauaufsichtsbehörde einzureichenden Unterlagen vermerkt werden (siehe Vordruck BAB 33). Ein Einreichen der Unterlagen vorab bei der Gemeinde sieht § 64 HBO nicht vor. Die Einhaltung der Pflichten aus § 64 Abs. 3 HBO durch die Bauherrschaft ist Voraussetzung, um das Recht auf Baufreigabe zu erlangen.

Die Gemeinde kann nach § 64 Abs. 3 Satz 4 HBO innerhalb eines Monats nach Zugang der Antragsunterlagen die Durchführung eines Baugenehmigungsverfahrens gegenüber der Bauaufsichtsbehörde fordern, den Verzicht hierauf mitteilen oder nach § 15 Abs. 1 Satz 2 BauGB eine vorläufige Untersagung beantragen (siehe Vordruck BAB 43 Anlage 2). Die Frist nach § 64 Abs. 3 Satz 4 HBO beginnt spätestens 2 Wochen nach Eingang der erforderlichen Unterlagen bei der Bauaufsichtsbehörde. Die Zulässigkeit des Baubeginns nach § 64 Abs. 3 Satz 4 HBO teilt die Bauaufsichtsbehörde der Bauherrschaft mit.

Die Bauherrschaft kann bei Vorhaben, die der Genehmigungsfreistellung nach § 64 HBO unterfallen, nach § 62 Abs. 3 HBO die Durchführung eines Baugenehmigungsverfahrens nach §§ 65 oder 66 HBO verlangen. In diesem Fall reicht die Bauherrschaft direkt einen Bauantrag (BAB 01) ein und erklärt im Antragsformular, dass sie von ihrem Wahlrecht Gebrauch macht. Entsprechendes gilt auch für digitale Anträge.

Soweit Bauvorlagen von Bauvorlageberechtigten gefertigt sein müssen, sind sie von diesen durch Unterschrift anzuerkennen (vgl. §§ 67 Abs. 1 und 69 Abs. 5 HBO). Bei digitalen Mitteilungen entfällt das Schrifterfordernis.

14. Vereinfachtes Baugenehmigungsverfahren

Für Bauvorlagen im vereinfachten Baugenehmigungsverfahren nach § 65 HBO[1] gelten die Hinweise und Erläuterungen des Bauvorlagenerlasses grundsätzlich in gleichem Umfang.

Die nicht prüfpflichtigen Bauvorlagen sind vor Baubeginn der Bauaufsichtsbehörde vorzulegen.

15. Abbruchgenehmigung

Der Abbruch von baulichen Anlagen oder selbstständigen Teilen ist baugenehmigungspflichtig, soweit das Vorhaben nicht nach Abschnitt IV der Anlage zu § 63 HBO[1] baugenehmigungsfrei gestellt ist. Genehmigungspflichtige Abbrüche werden stets im Vollverfahren gemäß § 66 HBO geprüft. Es ist zu beachten, dass Abbruchmaßnahmen, auch wenn sie baugenehmigungsfrei sind, nach anderem öffentlichen Recht geneh-

[1] Nr. **1**.

migungspflichtig sein können, z.B. wenn die vorhandene bauliche Anlage denkmalgeschützt ist oder Belange des Artenschutzes betroffen sind.

Abbrucharbeiten verursachen Lärm. Ein wichtiges Thema ist deshalb die Lärm- und Staubvermeidung. Es sind möglichst lärm- und staubarme Abbruchmethoden anzuwenden und geräuscharme Baumaschinen einzusetzen. In vielen Fällen wird auf eine Immissionsprognose mit einer Konzeption zur Vermeidung von Baulärm (siehe Nr. 11) nicht verzichtet werden können.

Ein weiteres wichtiges Thema ist die umweltgerechte Entsorgung der Abbruchmaterialien. Die einschlägigen Rechtsvorschriften, die den Umgang mit den zu entsorgenden Materialien regeln, sind zu beachten, siehe Anlage 3 Nr. 3.5.

Für eine Abbruchgenehmigung ist das Antragsformular Vordruck BAB 01 Anlage 1 zu verwenden. Bei Verwendung des Bauportals Hessen (DigiBauG) wird das Antragsformular nach vollständiger Eingabe der Antragsdaten systemseitig automatisiert erzeugt. Darüber hinaus können zusätzliche Bauvorlagen erforderlich sein, die von der Eigenart des abzubrechenden Gebäudes (Wohnhaus, Hochhaus, Industriebau) und der gewählten Abbruchmethode (Einreißen, Sprengen oder Abtragung) abhängen.

Zu den Bauvorlagen für einen Abbruchantrag gehören in der Regel folgende Unterlagen:

a) Liegenschaftsplan mit Darstellung der betroffenen Gebäudeteile,
b) Bauzeichnungen (Grundrisse, Schnitte und Ansichten) mit Angaben welche Gebäudeteile abgerissen werden sollen,
c) Fotos des Abbruchgebäudes sowie ggf. angrenzender bzw. unmittelbar benachbarter Gebäude ergänzend zu Grundrissen und Ansichten,
d) Abbruchkonzept, mit Angaben zu den abzubrechenden Gebäudeteilen, zum Abbruchvorgang, zu den Abbruchmaterialien und ihrer Entsorgung, zu den Abbruchmaschinen, zu den Arbeitszeiten und den zu erwartenden Immissionen durch Lärm und Staubentwicklung bei Kontaminationen der Gebäudeteile oder des Bodens sowie bei schadstoffhaltigen Abbruchmaterialien ein Entsorgungskonzept,
e) Angabe, ob das Gebäude oder Gebäude auf dem Grundstück Kulturdenkmäler i. S. v. § 2 des Hessischen Denkmalschutzgesetzes sind,
f) bei leerstehenden bzw. nicht ausgebauten, insbesondere älteren Gebäuden wie Scheunen das Ergebnis der Prüfung der Bauherrschaft, ob Artenschutz betroffen ist, ggf. in Absprache mit der zuständigen Naturschutzbehörde, siehe auch Anlage 3 Nr. 3.2.
g) Angaben zu den zu sichernden Ent- und Versorgungsanlagen,
h) Angaben zu größerem Baum- oder Gehölzbestand,
i) Freiflächenplan insbesondere mit Feuerwehrzufahrten, Baustelleneinrichtung, ggf. schützenswerte Bäume und
j) Angabe des Bruttorauminhalts der abzubrechenden Gebäudeteile.

Anhand dieser Bauvorlagen sollen die am Verfahren beteiligten Behörden (z.B. Immissionsschutzbehörde, Altlasten- bzw. Abfallbehörde, Verkehrsbehörde, Denkmalschutzbehörde, Naturschutzbehörde) in die Lage versetzt werden, die Belange ihres Fachbereiches zu prüfen und eine Stellungnahme gegenüber der Bauaufsichtsbehörde abgeben zu können.

Da Abbrucharbeiten mit erheblichen Gefahren verbunden sind, sind sie von erfahrenem fachlich geeignetem Personal auszuführen.

16. Typengenehmigung nach § 77a HBO[1)]

Das Regierungspräsidium Gießen (RP Gießen) erteilt nach § 77a HBO eine Typengenehmigung für bauliche Anlagen, die in derselben Ausführung an unterschiedlichen Stellen errichtet werden sollen; davon ausgenommen sind Fliegende Bauten. Darin wird bestätigt, dass die Konstruktion den bauordnungsrechtlichen Anforderungen entspricht. Ebenso kann eine Typengenehmigung für bauliche Anlagen beantragt werden, die nach einem bestimmten System und aus bestimmten Bauteilen, aber in unterschiedlicher Ausführung erstellt werden sollen. Die Typengenehmigung gilt für fünf Jahre und kann jeweils auf Antrag um bis zu fünf Jahre verlängert werden.

Das Typengenehmigungsverfahren zielt darauf ab, den Verwaltungsaufwand bei der Errichtung von gleichen Gebäuden an anderer Stelle zu verringern. Die Typengenehmigung entbindet nicht davon, ein bauaufsichtliches Verfahren zu durchlaufen. Bauaufsichtliche Fragestellungen, die in der Typengenehmigung bereits erfasst sind, müssen durch die untere Bauaufsichtsbehörde nicht erneut geprüft werden. Abweichungen sind nach § 73 HBO gesondert schriftlich zu beantragen. Bautechnische Nachweise gemäß § 68 HBO werden nicht erneut benötigt, sofern diese bereits Gegenstand des Genehmigungsverfahrens nach § 77a HBO waren. Die Übereinstimmung der Bauausführung nach § 83 Abs. 2 HBO wird durch Befähigte im Sinne des § 68 HBO bescheinigt, soweit es in der Typengenehmigung nicht anders bestimmt ist. Weitere Informationen und der Vordruck BAB 03 können beim RP Gießen heruntergeladen werden, siehe www.rp-giessen.hessen.de → Menü → Wirtschaft und Planung → Bauwesen → Themen → Typengenehmigung → Antragsformular BAB 03 (PDF/120 MB).

Tabelle 3: Vorzulegende Unterlagen (Tabelle 1 in Nr. 1.2 bleibt hiervon unberührt)

Bauvorlagen bei Antragstellung	**Vordruck**	**Anzahl**
Antrag auf Typengenehmigung	BAB 03	1x
Antrag auf Abweichung gemäß § 73 Abs. 1 HBO	BAB 10	2x
Nachweis der Bauvorlageberechtigung		1x
Berechnungen (umbauter Raum, Flächen)		2x
Bau- und Nutzungsbeschreibung (formlos)		2x
Bauzeichnungen		3x
Nachweis der Barrierefreiheit (ggf. Planungskonzept „Barrierefreies Bauen“)	BAB 34 BAB 35	2x

[1)] Nr. **1**.

Nachweis des vorbeugenden Brandschutzes/ Brandschutzkonzept		3x
Standsicherheitsnachweis (ggf. mit Bescheinigung)		2x[1]
Wärmeschutznachweis		1x
Schallschutznachweis		1x

17. Abweichungen, Ausnahmen und Befreiungen

Die Zulassung von Abweichungen nach § 73 Abs. 1 HBO[2] sowie von Ausnahmen und Befreiungen von den Festsetzungen eines Bebauungsplans nach § 31 BauGB, einer sonstigen städtebaulichen Satzung oder von Regelungen der Baunutzungsverordnung (BauNVO) sind schriftlich zu beantragen und zu begründen (siehe Vordruck BAB 10 Anlage 1). Ihnen sind alle für die Beurteilung erforderlichen Bauvorlagen beizufügen, siehe auch HE-HBO Nr. 73 ff.

Dies gilt für isolierte Ausnahmen, Befreiungen und Abweichungen von den bauaufsichtlich nicht zu prüfenden Vorschriften sowie bei baugenehmigungsfreien Vorhaben nach § 63 HBO entsprechend.

18. Bauvoranfragen

Bauvoranfragen nach § 76 HBO[2] sind nur für Bauvorhaben und Teile von Bauvorhaben zulässig, die baugenehmigungspflichtig sind, also nicht für Vorhaben nach §§ 63 und 64 HBO. Für Bauvoranfragen ist der Vordruck BAB 01 Anlage 1 zu verwenden. Gegenstand einer Bauvoranfrage können nur einzelne konkrete Fragen eines Bauvorhabens sein.

Bauvoranfragen sind bei Vorhaben nach §§ 65 und 66 HBO nur insoweit möglich, als sie der bauaufsichtlichen Prüfung unterliegen. Deshalb sind z.B. für Verfahren nach § 65 HBO bauordnungsrechtliche Fragen nur zulässig, wenn sie einer Abweichungsentscheidung bedürfen (§ 65 Abs. 1 Nr. 2 HBO).

Der Antrag muss inhaltlich so bestimmt sein, dass sich daraus sowohl das Vorhaben, dessen Zulässigkeit geprüft werden soll, als auch der Umfang, für den die Prüfung begehrt wird, konkret entnehmen lassen kann. Der Bauvoranfrage sind alle Bauvorlagen beizufügen, die für die Beantwortung der einzelnen Fragen erforderlich sind.

19. Teilungsgenehmigung

Soll ein Grundstück, welches bebaut ist, dessen Bebauung genehmigt ist oder das aufgrund einer Genehmigungsfreistellung bebaut werden darf, geteilt werden, so ist bei der Bauaufsichtsbehörde eine Genehmigung nach § 7 Abs. 1 Satz 1 HBO[2] zu beantragen (BAB 02 Anlage 1).

In § 7 Abs. 1 Satz 2 Nr. 1 und 2 HBO sind Ausnahmen geregelt, in denen die Teilung keiner Genehmigung durch die Bauaufsichtsbehörde bedarf.

---

[1] Für Sonderbauten in dreifacher Ausfertigung
[2] Nr. **1**.

Nach § 7 Abs. 2 HBO ist die Genehmigung zu versagen, wenn durch die Teilung ein bauordnungswidriger Zustand eintritt. In Bezug auf die Grundstücke nach § 7 Abs. 1 HBO und ihre Nutzung sind dies z.B. eine fehlende oder unzureichende verkehrliche Erschließung oder fehlende oder nicht ausreichende erforderliche Flächen für den sicheren Einsatz der Feuerlösch- und Rettungsgeräte der Feuerwehr und der Löschfahrzeuge. In Bezug auf bestehende bauliche Anlagen sind dies z.B. die rechtswidrige Verringerung der Abstandsflächen oder fehlende Brandwände oder Brandabschnitte bei dem Verlauf einer Grundstücksgrenze im Bereich bestehender Gebäude.

Gegebenenfalls erforderliche Abweichungen nach § 73 Abs. 1 bis 3 HBO können **nicht** im Rahmen eines Teilungsgenehmigungsverfahrens beantragt werden. Über den Antrag auf Abweichung muss vor Beantragung einer Teilungsgenehmigung entschieden sein.

Liegt das Grundstück, welches geteilt werden soll, im Geltungsbereich eines Bebauungsplanes, so dürfen nach § 19 Abs. 2 BauGB keine Verhältnisse entstehen, die dessen Festsetzungen widersprechen. Dies führt nicht zur Versagung der Teilungsgenehmigung, aber die Bauaufsichtsbehörde kann mit den bauordnungsrechtlich zur Verfügung stehenden Eingriffsmaßnahmen – bis hin zur Beseitigungsanordnung – für die Herstellung rechtmäßiger Zustände sorgen. Außerdem kann dies zur Notwendigkeit der Durchführung eines Baugenehmigungsverfahrens oder eines Abweichungsverfahrens nach § 73 HBO führen.

Der Antrag auf Teilungsgenehmigung ist in dreifacher Ausfertigung unter Verwendung des Vordruckes BAB 02 an die Bauaufsichtsbehörde zu richten. Mit dem Antrag ist ein aktueller Auszug aus der Liegenschaftskarte mit Ortsvergleich einzureichen. Auf dem Auszug aus der Liegenschaftskarte sind maßstabsgerecht darzustellen:

- die beabsichtigte Teilung,
- die vorhandene und ggf. genehmigte Bebauung auf den von der Teilung betroffenen Grundstücken,
- die Abstandsflächen der vorhandenen und ggf. genehmigten Bebauung,
- die vorhandene Bebauung und deren Abstandsflächen auf Nachbargrundstücken, sofern sich diese auf das zu teilende Grundstück auswirken.

Werden Gebäude von der Teilung erfasst, ist eine Beschreibung und wenn notwendig eine zeichnerische Darstellung beizufügen, die Auskunft über die Abgrenzung innerhalb der Gebäude gibt. Die Bauaufsicht kann zur Beurteilung abweichende oder weitergehende Vorlagen fordern.

Ausführliche Informationen zu Teilungsgenehmigungen erhalten Sie in den Handlungsempfehlungen zur Hessischen Bauordnung. Diese finden Sie im Internet unter: www.wirtschaft.hessen.de → Menü → Wohnen + Bauen → Baurecht und Bautechnik → Hessische Bauordnung HBO → Handlungsempfehlungen und Hinweise zur HBO → HE-HBO.

20. Vermessungsarbeiten und Liegenschaftskataster

20.1 Absteckung

Nach § 75 Abs. 2 HBO[1] muss vor Baubeginn die Grundfläche des Gebäudes abgesteckt und seine Höhenlage festgelegt sein. Ist nach den Bauvorlagen Grenzbebauung vorgesehen oder die Lage des Gebäudes auf dem Grundstück durch Bezug auf die Grundstücksgrenzen bestimmt, ist die Absteckung von einer oder einem Prüfsachverständigen für Vermessungswesen zu bescheinigen (siehe BAB 11 Anlage 1). Diese Bescheinigung ist gleichzeitig Nachweis dafür, dass die genehmigten Grenzabstände eingehalten sind.

20.2 Anzeige bei der Katasterbehörde

Die Fertigstellung des Rohbaus ist der Bauaufsichtsbehörde und der Katasterbehörde nach § 84 Abs. 1 HBO[1] anzuzeigen. Hierzu erhält die Katasterbehörde je eine Ausfertigung des Vordruckes BAB 18 der Anlage 1 ohne Anlagen.

Siehe auch Anlage 3 Abschnitt 4.

21. Berücksichtigung natur- und artenschutzrechtlicher Regelungen im Baugenehmigungsverfahren

Bei Bauvorhaben sind sowohl die naturschutzrechtliche Eingriffsregelung des Bundesnaturschutzgesetzes (BNatSchG) vom 29. Juli 2009 (BGBl. I S. 2542), zuletzt geändert durch Gesetz vom 23. Oktober 2024 (BGBl. 2024 I Nr. 323), (§§ 14 bis 17 BNatSchG) als auch artenschutzrechtliche Regelungen nach §§ 23 Abs. 4, 41a, 44, 45, 45a und 67 BNatSchG zu berücksichtigen.

Die artenschutzrechtlichen Regelungen gelten im Gegensatz zur naturschutzrechtlichen Eingriffsregelung für alle Vorhaben, unabhängig davon, ob sie im Innen- oder Außenbereich durchgeführt werden sollen oder ob für sie überhaupt eine Baugenehmigung erforderlich ist.

21.1 Naturschutzrechtliche Eingriffsregelung

§ 18 BNatSchG enthält Aussagen darüber, wann die Eingriffsregelung nach §§ 14 bis 17 BNatSchG im Baugenehmigungsverfahren anwendbar ist:

a) Die naturschutzrechtliche Eingriffsregelung findet Anwendung bei Vorhaben im Außenbereich nach § 35 BauGB (§ 18 Abs. 2 BNatSchG). Keine Anwendung finden die §§ 14 bis 17 BNatSchG bei Vorhaben in Gebieten mit Bebauungsplänen (§ 30 BauGB) während der Planaufstellung (§ 33 BauGB) und im unbeplanten Innenbereich (§ 34 BauGB).

b) Der Vorhabenträger kann jedoch nach § 18 Abs. 4 Satz 2 BNatSchG bei der Bauaufsichtsbehörde eine Eingriffsgenehmigung beantragen, wenn sich bei Vorhaben nach § 34 BauGB im unbeplanten Innenbereich Anhaltspunkte dafür ergeben, dass das Vorhaben eine Schädigung im Sinne des § 19 Abs. 1 Satz 1 BNatSchG verursachen kann. Anhaltspunkte können sich insbesondere dann ergeben, wenn

---

[1] Nr. **1**.

- Populationen von Tier- und Pflanzenarten die Lebensgrundlage entzogen wird,
- der Lebensraum für Tiere zerschnitten bzw. eingeengt wird oder
- die Artenvielfalt abnimmt oder sich die Individuenzahl der Arten verringert

und sich dadurch konkrete Hinweise ergeben, dass durch das Vorhaben die in § 19 Abs. 1 Satz 1 BNatSchG genannten Schutzgüter nachteilig verändert werden oder nachteilige Auswirkungen für die in diesem Sinne aufgestellten Schutzziele eintreten.

Das Verfahren zur Anwendung der naturschutzrechtlichen Eingriffsregelung legen § 17 BNatSchG und § 3 des Hessischen Ausführungsgesetzes zum Bundesnaturschutzgesetz (HAGBNatSchG) vom 20. Dezember 2010 (GVBl. I S. 629), zuletzt geändert durch Gesetz vom 7. Mai 2020 (GVBl. S. 318), fest. Für Vorhaben, die einer Baugenehmigung nach der HBO[1] bedürfen, werden die nach § 15 BNatSchG zur Durchführung der naturschutzrechtlichen Eingriffsregelung erforderlichen Entscheidungen und Maßnahmen von der Bauaufsichtsbehörde im Benehmen mit der zuständigen unteren Naturschutzbehörde (UNB) getroffen (§§ 17 Abs. 1, 18 Abs. 3 BNatSchG). Die naturschutzrechtliche Eingriffsgenehmigung ist somit bei baugenehmigungsbedürftigen Vorhaben in der Baugenehmigung enthalten (sog. „Huckepackverfahren").

Bei Eingriffen, die nicht zugleich einer Baugenehmigung bedürfen (z.B. baugenehmigungsfreie Vorhaben nach § 63 HBO sowie von der Genehmigungspflicht freigestellte Vorhaben nach § 64 HBO), für die auch keine sonstige behördliche Zulassung nach anderen Vorschriften erforderlich ist, steht kein Trägerverfahren für die Eingriffsregelung zur Verfügung, so dass die UNB selbst entscheidet (§ 17 Abs. 3 BNatSchG i.V.m. § 7 Abs. 4 HAGBNatSchG).

Obwohl die naturschutzrechtliche Eingriffsregelung für Vorhaben im unbeplanten Innenbereich (§ 34 BauGB) nicht erforderlich ist, ist über eine Baugenehmigung für solche Vorhaben im Benehmen mit der UNB zu entscheiden (§§ 17 Abs. 1, 18 Abs. 3 Satz 3 BNatSchG). Bei Vorhaben nach §§ 30 und 33 BauGB sowie bei Vorhaben im Geltungsbereich einer Satzung nach § 34 Abs. 4 Nr. 3 BauGB (Satzungen zum Einbezug einzelner Außenbereichsflächen in die im Zusammenhang bebauten Ortsteile bei entsprechender Prägung) ist das Benehmen mit der UNB nicht erforderlich (§ 18 Abs. 3 BNatSchG).

Als Bauvorlage zur Beurteilung, ob ein Eingriff im Sinne des BNatSchG genehmigt werden kann, sollen insbesondere beifügt werden (Anlage 4 der Kompensationsverordnung (KV) vom 26. Oktober 2018, berichtigt am 1. Februar 2019 (GVBl. S. 19)):

- Bestandsplan, in dem der Zustand der vom geplanten Eingriff betroffenen Naturgüter beschrieben, bewertet und in einer Karte dargestellt ist. In bestimmten Fällen kann eine über die eigentliche Eingriffsfläche hinausgehende Bewertung des Landschaftsbildes erforderlich werden.
- Beschreibung des Eingriffs mit seinen Auswirkungen auf die Naturgüter.

[1] Nr. 1.

– Beeinträchtigungen durch den Eingriff sind so auszugleichen (Ausgleichsplan), dass die Funktionen des Naturhaushaltes, die durch die Baumaßnahme beeinträchtigt wurden, zeitnah gleichartig (Ausgleich) oder gleichwertig (Ersatz) wiederhergestellt werden. Ist dies nicht vollständig möglich, ist ein Geldbetrag zu zahlen, mit dem die Naturschutzverwaltung Maßnahmen des Naturschutzes realisiert („Ersatzgeld"). In den Antragsunterlagen muss nachvollziehbar dargestellt sein, dass
  a) die Beeinträchtigung unvermeidbar ist,
  b) in angemessener Frist ein Ausgleich oder Ersatz erfolgt oder
  c) nur ein Ersatzgeld festgesetzt werden kann (Berechnung nach der Kompensationsverordnung).

21.2 Artenschutz

In § 44 BNatSchG sind besondere artenschutzrechtliche Verbote geregelt. Für das Baugenehmigungsverfahren sind die gesetzlichen Verbote des § 44 Abs. 1 BNatSchG zum Schutz bestimmter besonders und streng geschützter Tier- und Pflanzenarten relevant. Danach dürfen beispielsweise Tiere nicht getötet, nicht gestört oder ihre Fortpflanzungs- und Ruhestätten nicht zerstört werden. Der Verstoß gegen diese artenschutzrechtlichen Verbote ist eine Ordnungswidrigkeit und kann in schweren Fällen sogar strafrechtliche Konsequenzen haben.

Die artenschutzrechtlichen Regelungen der §§ 44 und 45 BNatSchG stehen neben der naturschutzrechtlichen Eingriffsgenehmigung nach §§ 14 bis 17 BNatSchG. Die Vereinbarkeit eines Vorhabens mit der Eingriffsregelung macht deshalb eine Prüfung der artenschutzrechtlichen Vorschriften nicht entbehrlich.

Das Artenschutzrecht gilt unabhängig davon, ob die bauliche Anlage im bauplanungsrechtlichen Innen- oder Außenbereich errichtet wird. Die geschützten Arten kommen nämlich nicht nur in der freien Natur, sondern auch im Innenbereich vor. Beispielsweise können sich Nester in Dachstühlen oder an Hauswänden befinden, Fledermäuse können in Baumhöhlen oder Gebäuden vorkommen, auf offenen, besonnten Schotterflächen können Eidechsen oder Heuschrecken vorkommen.

Zur Vermeidung artenschutzrechtlicher Verbote sind in vielen Fällen naturschutzfachliche Maßnahmen möglich (die UNB berät dabei). Sind derartige Maßnahmen nicht möglich, sieht § 45 Abs. 7 BNatSchG Ausnahmen von den Verboten nach § 44 BNatSchG vor.

Gegen die artenschutzrechtlichen Regelungen des BNatSchG darf bei der Realisierung von Vorhaben nicht verstoßen werden. Bestehen Anhaltspunkte dafür, dass der Artenschutz durch ein Vorhaben betroffen ist (Näheres siehe auch Anlage 3 Nr. 3.2), ist zu differenzieren:

a) Vorhaben bedarf einer Baugenehmigung
   Bei Bauvorhaben, die im Vollverfahren nach § 66 HBO[1] von der Bauaufsichtsbehörde geprüft werden, ist die artenschutzrechtliche Zulässigkeit Bestandteil des Prüfumfanges. Dies folgt aus § 66 Abs. 1 Nr. 3b HBO, da anders als beispielsweise bei der Verträglichkeits-

[1] Nr. **1**.

prüfung im FFH-Recht bezüglich des Artenschutzes kein formelles Zulassungsverfahren vorgesehen ist (vgl. VGH Kassel, Beschluss vom 10. Januar 2024, 4 B 868/23, Rn. 16). Die Ausnahme der unteren Naturschutzbehörde nach § 45 Abs. 7 BNatSchG ist nicht als anderes Zulassungsverfahren i. S. d. § 66 Abs. 1 Nr. 3b HBO anzusehen.

Bestehen Anhaltspunkte, dass Artenschutz betroffen ist, ist dies daher bei Antragstellung darzulegen. Ergibt die überschlägige Beurteilung der Bauaufsichtsbehörde, dass Konflikte mit den Artenschutzbestimmungen bestehen können, beteiligt sie die UNB hinsichtlich der artenschutzrechtlichen Belange nach § 70 Abs. 1 Satz 1 Nr. 2 HBO.

Bauvorhaben, die im vereinfachten Verfahren nach § 65 HBO geprüft werden, werden bei der Beurteilung der artenschutzrechtlichen Zulässigkeit je nach ihrer Lage beurteilt:

- Liegt das Vorhaben im Außenbereich nach § 35 BauGB, sind die artenschutzrechtlichen Verbote i. S. d. § 44 BNatSchG zugleich Belange des Naturschutzes i. S. d. § 35 Abs. 3 Satz 1 Nr. 5 BauGB und somit Gegenstand der bauplanungsrechtlichen Zulässigkeit eines Vorhabens und von der Bauaufsichtsbehörde zu prüfen (§ 65 Abs. 1 Satz 1 Nr. 1 HBO).
- Bei der Zulassung von Vorhaben im unbeplanten Innenbereich nach § 34 BauGB fehlt eine dem § 35 Abs. 3 Satz 1 Nr. 5 BauGB entsprechende Norm. Die Baugenehmigung ersetzt hinsichtlich des Artenschutzes – anders als bei einer naturschutzrechtlichen Eingriffsgenehmigung – auch keine Entscheidung nach anderen öffentlich-rechtlichen Vorschriften i. S. v. § 65 Abs. 1 Satz 1 Nr. 3 HBO.

Bei Vorhaben nach § 34 BauGB ist jedoch davon auszugehen, dass der Artenschutz im Rahmen der Herstellung des Benehmens von den UNB berücksichtigt und das Ergebnis der Bauaufsichtsbehörde mitgeteilt wird. Im Rahmen der Mitwirkungspflicht hat die Bauherrschaft bei bestehenden Anhaltspunkten, dass Artenschutz betroffen ist, dies bei Antragstellung darzulegen.

Bei einem offensichtlichen Verstoß gegen sonstige öffentlich-rechtliche Vorschriften, also auch gegen § 44 BNatSchG, darf die Bauaufsichtsbehörde ein Bauvorhaben ablehnen, § 74 Abs. 1 Halbsatz 2 HBO.

Das gilt auch für Vorhaben nach den §§ 30, 33 und § 34 Abs. 4 Nr. 3 BauGB, die im vereinfachten Baugenehmigungsverfahren nach § 65 HBO genehmigt werden. Bei diesen Vorhaben ist jedoch kein Benehmen mit den UNB erforderlich und es besteht keine Verpflichtung der Bauaufsichtsbehörde, die UNB nach § 70 Abs. 1 Nr. 1 HBO zu beteiligen. Hier ist – wie bei Vorhaben nach §§ 63 und 64 HBO – primär die Bauherrschaft in der Verantwortung zu prüfen, ob die artenschutzrechtlichen Verbote des § 44 BNatSchG durch das Vorhaben berührt werden. Liegen Anhaltspunkte dafür vor – siehe Hinweise in Anlage 3 Nr. 3.2 – ist die UNB einzubeziehen. Denn auch soweit eine bauaufsichtliche Prüfung entfällt, müssen bauliche Anlagen sowie andere der HBO unterfallende Anlagen und Einrichtungen den öffentlich-rechtlichen Vorschriften, also auch den natur- und artenschutzrechtlichen Vorschriften, entsprechen (§ 62 Abs. 2 HBO).

b) Vorhaben bedarf keiner Baugenehmigung

Bei baugenehmigungsfreigestellten Vorhaben nach § 64 HBO (plankonforme Vorhaben im Geltungsbereich eines Bebauungsplanes) findet keine Prüfung und kein Verfahren bei der Bauaufsichtsbehörde statt. Wird von der Gemeinde nicht die Durchführung eines Baugenehmigungsverfahrens beantragt, teilt die Bauaufsichtsbehörde lediglich die Zulässigkeit des Baubeginns nach § 64 Abs. 3 Satz 4 HBO mit.

Gleiches gilt für freigestellte Vorhaben nach § 63 HBO.

Zur Verantwortung der Bauherrschaft siehe die Ausführungen vorstehend unter a), letzter Absatz.

22. Denkmalpflege

22.1 Allgemeines

Die Freistellung von Bauvorhaben von einer Baugenehmigungspflicht nach §§ 63 und 64 HBO[1)] hat zur Folge, dass bei Kulturdenkmälern im Sinne von § 2 des Hessischen Denkmalschutzgesetzes (HDSchG) vom 28. November 2016 (GVBl. S. 211) denkmalschutzrechtliche Genehmigungsverfahren selbstständig nach den §§ 18 ff. HDSchG durchgeführt werden müssen.

Soweit eine Baugenehmigung beantragt wird, reicht ein einheitlicher Bauantrag aus, der die nach § 69 HBO erforderlichen Bauvorlagen enthält (§ 9 Abs. 3 HDSchG). Die Baugenehmigung schließt in diesem Fall die denkmalschutzrechtliche Genehmigung mit ein.

Auf Kulturdenkmäler finden auch die Vorschriften des GEG grundsätzlich Anwendung. In Fällen, in denen das Denkmalschutzrecht mit Anforderungen nach dem GEG konkurriert, räumt § 105 GEG dem Denkmalschutzrecht den Vorrang ein. Soweit danach die Erfüllung der Anforderungen des GEG die Substanz oder das Erscheinungsbild beeinträchtigt oder andere Maßnahmen zu einem unverhältnismäßigen Aufwand führen, kann von den Anforderungen des GEG abgewichen werden. Diese Ausnahme gilt von Gesetzes wegen und bedarf keiner behördlichen Befreiung.

22.2 Selbstständige denkmalschutzrechtliche Genehmigungen

Derjenige, der an einem Kulturdenkmal eine der in § 18 Abs. 1 und 2 HDSchG genannten erlaubnispflichtigen Maßnahmen (Zerstörung, Umgestaltung, Rekonstruktion, Anstrich, Neueindeckung, Errichtung von Gebäuden in der Umgebung eines Kulturdenkmals usw.) durchführen möchte, hat hierfür bei der zuständigen unteren Denkmalschutzbehörde einen Genehmigungsantrag zu stellen.

Der Antrag ist schriftlich zu stellen und hat alle zur Beurteilung erforderlichen Unterlagen zu enthalten (§ 20 Abs. 1 HDSchG). Zu den für eine denkmalschutzrechtliche Genehmigung erforderlichen Unterlagen zählen insbesondere:

- Baubeschreibung,
- Liegenschaftsplan (Auszug aus der Liegenschaftskarte, siehe Nr. 2),
- Fotografien,

1) Nr. **1**.

- Bestandspläne mit Einzeichnung der verbleibenden und der neuen Teile,
- zeichnerisches Aufmaß,
- Detailzeichnungen, z.B. für neue Fenster oder Dachgauben,
- denkmalpflegerische Zielsetzungen.

Der Umfang der Bauvorlagen, die auch auf Anforderung durch die untere Denkmalschutzbehörde nachgereicht werden können, richtet sich dabei stets nach der geplanten Maßnahme und der Bedeutung und Eigenart des Objektes.

Bei bedeutenden Kulturdenkmälern können im Einzelfall auch

- restauratorische,
- archäologische oder
- baugeschichtliche Voruntersuchungen u.ä.

hinzukommen.

Weitere Informationen können beim Hessischen Ministerium für Wissenschaft, Forschung, Kunst und Kultur, Tel.: 0611/32-0, Internet: www.wissenschaft.hessen.de → Menü → Kultur erleben → Denkmalschutz-und-Denkmalpflege und beim Landesamt für Denkmalpflege Hessen, Tel.: 0611/6906-0, Internet: www.denkmal.hessen.de oder bei den zuständigen unteren Denkmalschutzbehörden der Landkreise und Städte eingeholt werden.

23. Bauschild

Für die Dauer der Ausführung eines Bauvorhabens ist nach § 11 Abs. 2 HBO[1] an der Baustelle ein Bauschild dauerhaft anzubringen. Das Nichtanbringen stellt eine Ordnungswidrigkeit dar, die mit einem Bußgeld seitens der Bauaufsichtsbehörde geahndet werden kann.

Das Bauschild muss mindestens folgende Angaben beinhalten:

- die Nutzungsart des Gebäudes,
- die Zahl der Geschosse (inklusive Souterrain, Staffel- und Dachgeschoss),
- Name und Anschrift der Bauherrschaft, bei mehreren Personen oder bei Firmen Name und Anschrift der Vertreterin oder des Vertreters,
- Name und Anschrift der Entwurfsverfasserin oder des Entwurfsverfassers,
- Name und Anschrift der Bauleiterin oder des Bauleiters und
- Namen und Anschriften der Unternehmen, die die Baumaßnahmen ausführen.

Es wird empfohlen, den Vordruck BAB 40 (Bauschild) der Anlage 2 für den Aushang an der Baustelle zu verwenden. Die öffentliche Bekanntgabe der für die Baustelle verantwortlichen Personen dient der öffentlichen Sicherheit und Ordnung. Sollte während der Bauausführung ein Wechsel der verantwortlichen Personen erfolgen, muss das Bauschild entsprechend aktualisiert werden.

[1] Nr. **1**.

Das Bauschild muss vom öffentlichen Verkehrsraum aus sichtbar sein. Es muss so angebracht werden, dass die mit der Bauüberwachung befassten Personen sich über den Inhalt des Bauschildes informieren können.

Hinweis: Gemäß § 11 Abs. 2 Satz 3 HBO kann die Bauaufsichtsbehörde die im Bauschild einzutragenden Informationen zusätzlich auf ihrer Internetseite veröffentlichen.

24. Elektronisches (Baugenehmigungs-)Verfahren

24.1 Zur Förderung der Digitalisierung der Bauverwaltung enthält die HBO[1] Erleichterungen, um insbesondere das Baugenehmigungsverfahren in Hessen auch digital durchzuführen.

24.2 § 62 Abs. 5 Satz 3 HBO[1] eröffnet den Bauaufsichtsbehörden die Möglichkeit zu bestimmen, dass allgemein oder für bestimmte Verfahren (z.B. das vereinfachte Baugenehmigungsverfahren nach § 65 HBO) oder für bestimmte Arten von Vorhaben ausschließlich das elektronische Verfahren zu nutzen ist. Die Bauaufsichtsbehörden können Ausnahmen allgemein oder für bestimmte Fälle anordnen und diese Verfahren dann auch vollständig oder in bestimmten Fällen analog oder hybrid abwickeln.

Die Einreichung des Antrages in Papierform soll zugelassen werden, wenn die Einreichung in elektronischer Form für die Bauherrschaft unzumutbar ist oder wenn dies aus technischen oder organisatorischen Gründen erforderlich ist.

24.3 Schriftformerfordernisse

In einem von der Bauaufsichtsbehörde zur Verfügung gestellten elektronischen Verfahren entfällt das Schriftformerfordernis (§ 62 Abs. 5 Satz 1 HBO[1]). Das Verfahren muss jedoch eine sichere und nachvollziehbare Verknüpfung der Erklärungen mit der jeweiligen Person des Erklärenden gewährleisten (§ 62 Abs. 5 Satz 2 HBO). Bei Verwendung des Bauportals Hessen wird diese Anforderung durch die eingeführten Authentifizierungsverfahren erfüllt.

Darüber hinaus wird die Schriftform ersetzt, wenn der Nutzer den elektronischen Identitätsnachweis über ein Nutzerkonto nach § 3 Abs. 4 OZG erbracht hat, bspw. über den Online-Ausweis oder das ELSTER-Zertifikat (vgl. § 9 Abs. 5 Onlinezugangsgesetz – OZG)

Bestehen Zweifel an der Echtheit von Dokumenten, können diese insbesondere durch die Vorlage des unterschriebenen Originals ausgeräumt werden.

24.4. Hessisches Bauportal (DigiBauG)

24.4.1 Das Verfahren umfasst ein OZG-konformes Landes-Portal für ganz Hessen mit volldigitalisiertem Workflow und direkten Schnittstellen zu den Fachverfahren der hessischen Bauaufsichten. Zudem verfügt das Bauportal über eine Schnittstelle zum ALKIS-Liegenschaftskataster.

---

[1] Nr. **1**.

Die Korrespondenz im Rahmen eines digitalen Verfahrens zwischen den Bauaufsichten und den antragstellenden Personen erfolgt über das Bauportal, von der Eingangsbestätigung über die Erteilung des Bescheides bis hin zur Vorlage erforderlicher Bauvorlagen, Bescheinigungen und Nachweise im Zuge des Baufortschritts.

Eine Verpflichtung zur Nutzung des DigiBauG durch die unteren Bauaufsichtsbehörden besteht nicht. Auch die Nutzung anderer elektronischer Verfahren ist möglich. Es ist jedoch sicherzustellen, dass entweder die Vordrucke der Anlage 1 eingescannt werden oder deren Inhalt anderweitig vollständig erfasst wird.

24.4.2 Ablauf des Bauportals

Über das vom Land bereitgestellte Bauportal können Bau- und Abbruchanträge, Bauvoranfragen, isolierte Befreiungs- und Abweichungsanträge, Anträge auf Baulasteintragung, Mitteilungen nach §§ 63 und 64 HBO[1] und Anträge auf Grundstücksteilungen mittels eines digitalen Antragsassistenten an die zuständigen Bauaufsichtsbehörden in Hessen medienbruchfrei übermittelt und die digitale Zusammenarbeit zwischen den an diesen Verfahren zu beteiligenden Fachstellen gesteuert werden.

24.4.3 Dateiformate und Dateiinhalte

Der zuständigen Bauaufsichtsbehörde werden alle für die Prüfung und Beurteilung eines Bauvorhabens erforderlichen Mitteilungen, Anträge und Bauvorlagen elektronisch übermittelt. Dazu sind die erforderlichen Antragsdaten in den jeweiligen Kapiteln im Bauportal Hessen in einer von der Behörde zur Verfügung gestellten Maske (Formular) vollständig einzugeben. Nach der vollständigen Erfassung der Antragsdaten werden die entsprechenden Antragsformulare systemseitig automatisiert erzeugt. Diese ersetzen die für die analogen bauaufsichtlichen Verfahren verbindlich eingeführten BAB-Formulare (Anlage 1).

Im Einzelfall können zusätzliche Papierexemplare der Bauvorlagen nachgefordert werden, falls dies für die Beurteilung des Bauvorhabens erforderlich ist.

24.4.4 Nachweis der Bauvorlageberechtigung

Sofern eine Auskunft über die digitale bundesweite Auskunftsstelle der Architekten- und Ingenieurkammern (di.BAStAI) möglich ist, müssen die Kammermitglieder ihre Bauvorlageberechtigung (§ 67 Abs. 2 HBO[1]) nicht mehr vorlegen. Die Bauaufsicht prüft das Vorhandensein der Bauvorlageberechtigung in diesen Fällen nur bei begründeten Verdachtsfällen.

24.4.5 Elektronische Bekanntgabe des Bescheides

Die Bekanntgabe des elektronischen Bescheides an die Bauherrschaft erfolgt über das Bauportal. Die dafür notwendige Einwilligung der Bauherrschaft erfolgt bei der Antragstellung im Bauportal.

Der elektronische Bescheid wird in Form einer oder mehrerer PDF-Dateien im Bauportal zum Abruf zur Verfügung gestellt. Dazu erhält

---

[1] Nr. 1.

die Bauherrschaft eine automatische elektronische Nachricht an die angegebene E-Mail-Adresse mit einem entsprechenden Link.

Soweit die Entwurfsverfasserin oder der Entwurfsverfasser nicht ohnehin bereits nach § 14 Abs. 1 Satz 1 HVwVfG allgemein zur Durchführung der erforderlichen Verfahrenshandlungen für das Baugenehmigungsverfahren bevollmächtigt worden sind, kann die Bauherrschaft im Rahmen der Antragstellung im Bauportal erklären, dass diese ebenfalls Einsicht auf die von der Bauaufsicht an die Bauherrschaft übermittelten Dokumente und Bescheide haben dürfen.

25. Baulasten

Die Baulast bedarf der Erklärung der Eigentumsberechtigten gegenüber der Bauaufsichtsbehörde (**Verpflichtungserklärung**). Werden Grunddienstbarkeiten (§§ 1018 ff. BGB) oder beschränkte persönliche Dienstbarkeiten (§§ 1090 ff. BGB) durch die Baulast beeinträchtigt, ist in der Verpflichtungserklärung hierauf hinzuweisen und die schriftlichen Einverständniserklärungen der Berechtigten sind beizufügen. Ebenso ist bei der Eintragung einer Auflassungsvormerkung (§§ 883 ff. BGB) zu verfahren.

Die Verpflichtungserklärung bedarf der Schriftform. Die Unterschrift muss

– öffentlich beglaubigt (§ 129 BGB, § 13 Abs. 1 Ortsgerichtsgesetz i.d.F. vom 2. April 1980 (GVBl. I S. 114)), siehe www.rv.hessenrecht.hessen.de → Gesetze/Verordnungen,

– von einer Behörde oder Person nach § 15 Abs. 2 des Hessischen Vermessungs- und Geoinformationsgesetzes vom 6. September 2007 (GVBl. I S. 548), zuletzt geändert durch Gesetz vom 30. September 2021 (GVBl. S. 602), beglaubigt sein oder

– vor der Bauaufsichtsbehörde geleistet oder

– vor der Bauaufsichtsbehörde anerkannt werden.

Das Eigentum, das Erbbaurecht und andere Rechte müssen bei Entgegennahme der Verpflichtungserklärung durch die Bauaufsichtsbehörde durch Auszüge aus dem Grundbuch nachgewiesen sein. Die Auszüge müssen neuen Datums sein. In der Regel kann davon ausgegangen werden, dass Auszüge, die bei Entgegennahme der Verpflichtungserklärung nicht älter als ein Monat sind, einen ausreichenden Nachweis darstellen.

Kann die Baulast allein durch die textliche Beschreibung nicht eindeutig dargestellt werden, ist der Verpflichtungserklärung als Anlage ein Auszug aus der Liegenschaftskarte mit Ortsvergleich beizufügen. In dieser Liegenschaftskarte sind die von der Baulast betroffenen Flächen durch eine fachkundige Stelle oder Person, z.B. Bauvorlageberechtigte, darzustellen.

Weitere Informationen zu Baulasten erhalten Sie in den Handlungsempfehlungen zur Hessischen Bauordnung[1]. Diese finden Sie im Internet unter folgendem Link, siehe Handlungsempfehlung zu § 85 HBO. www.wirtschaft.hessen.de → Menü → Wohnen + Bauen → Baurecht und

[1] Nr. **1**.

Bautechnik → Hessische Bauordnung HBO → Handlungsempfehlungen und Hinweise zur HBO → HE-HBO.

26. Empfohlene Vordrucke

Die Verwendung nachfolgender Vordrucke in inhaltlich unveränderter Form wird dringend empfohlen. Die Vordrucke dienen der Rechtssicherheit und Vereinheitlichung; sie können auch – soweit erforderlich – in bauaufsichtliche Verfahren eingebracht werden.

26.1	Bauschild (§ 11 Abs. 2 HBO[1])	– BAB 40 –
26.2	Beteiligung der Gemeinde	– BAB 41 –
26.3	Bescheinigung für die Akten der Bauherrschaft/der Eigentümer/in für Vorhaben nach § 63 HBO i.V.m. der Anlage zu § 63 Abschnitt V HBO	– BAB 42 –
26.4	Erklärung der Gemeinde nach HBO zu baugenehmigungsfreien Vorhaben	– BAB 43 –

[1] Nr. **1**.

Vordruck BAB 01

Blatt 1 von 2

☒ Zutreffendes ankreuzen

Bitte stark umrandetes Feld nicht ausfüllen!

Aktenzeichen der Bauaufsichtsbehörde

Eingangsstempel der Bauaufsichtsbehörde

1

☐ **Bauantrag** (§ 69 HBO [1])

☐ **Bauvoranfrage** (§ 76 HBO) konkrete Einzelfragen

☐ Sonstiges

Adressfeld

2 Baugrundstück

Gemeinde, Ortsteil

Straße, Hausnummer

Gemarkung, Flur, Flurstück/e (bitte **alle** Flurstücke angeben, ggf. zusätzliches Blatt verwenden)

Eigentümer/in: Name und Anschrift (sofern abweichend von Bauherrschaft in Punkt 5)

☐ Baulasten **zugunsten** des Baugrundstückes

☐ Baulasten **zulasten** des Baugrundstückes

Aktenzeichen Baulast (ggf. Kopie beifügen)

Aktenzeichen früherer Vorgänge (z.B. Bauvoranfragen, Baugenehmigungen)

3 Bauvorhaben (nach Art und Nutzung)

Gebäudeklasse (GK): GK 1 ☐ GK 2 ☐ GK 3 ☐ GK 4 ☐ GK 5 ☐ Sonderbau ☐

4 Angaben zur Gebührenermittlung

Brutto-Rauminhalt nach Nr. 7 DIN 277 m³

Herstellungskosten [2] inklusive Umsatzsteuer nur bei Maßnahmen ohne Rauminhalt EUR

5 Bauherrschaft

Name, Vorname / Firma (bitte gesetzlichen Vertreter benennen) | Telefon

Straße, Hausnummer | Fax

Postleitzahl, Ort | E-Mail

Ich/Wir beantrage/n die Genehmigung nach Punkt 1) dieses Vordrucks. Die von dem/der Entwurfsverfasser/in unterschriebenen erforderlichen Bauvorlagen sind beigefügt. Ich bestätige, dass ich die öffentlich-rechtlichen Pflichten aus § 56 HBO übernehme. Mir ist bekannt, dass personenbezogene Daten aus diesem Antrag und den vorgelegten Bauvorlagen in Dateien der Bauaufsichtsbehörde gespeichert werden.

Bauherrschaft

Datum / Unterschrift

Ich/Wir werden durch Bevollmächtigte vertreten. ☐ siehe Anlage (Vollmacht)

6 Entwurfsverfasser/in

Name, Vorname | Telefon

Straße, Hausnummer | Fax

Postleitzahl, Ort | E-Mail

☐ Der Nachweis der Bauvorlageberechtigung ist beigefügt.

Hiermit bestätige ich, dass ich die öffentlich-rechtlichen Verpflichtungen als Entwurfsverfasser/in aus § 57 HBO und Bauvorlageberechtigte/r aus § 67 HBO für das beantragte Vorhaben übernehme und dass in den beigefügten Bauvorlagen alle öffentlich-rechtlichen Anforderungen eingehalten wurden, auch wenn sie in dem beantragten Genehmigungsverfahren nicht mehr geprüft werden. Mir ist bekannt, dass personenbezogene Daten aus diesem Antrag und den vorgelegten Bauvorlagen in Dateien der Bauaufsichtsbehörde gespeichert werden.

Entwurfsverfasser/in

Datum / Unterschrift

[1] auch für Nutzungsänderung und Abbruch

[2] nur im Ausnahmefall z. B. bei Grundstückseinrichtungen, Anlagen der Außenwerbung.

BAB 01 / 2025 HMWVW

Fortsetzung auf Blatt 2

Fortsetzung von Blatt 1

Hinweis:
Bei genehmigungsfreien Vorhaben nach § 63 HBO i. V. m. der Anlage zu § 63 HBO mit Freistellungsvorbehalt nach Abschnitt V Nr. 1 kann die Gemeinde verlangen, dass ein Baugenehmigungsverfahren durchgeführt werden soll. In diesen Fällen ist die Erklärung der Gemeinde beizufügen.

Erklärungen der Bauherrschaft:

☐ Das Vorhaben ist nach § 33 Abs. 1 BauGB zulässig. Ich erkenne die künftigen Festsetzungen des Bebauungsplanes an.

☐ Mit erhöhtem Baulärm ist nicht zu rechnen, eine Konzeption zur Vermeidung von Baulärm entfällt.

Wahlrecht nach § 62 Abs. 3 HBO

☐ Das Vorhaben soll im Baugenehmigungsverfahren nach § 65 HBO geprüft werden.

☐ Das Vorhaben soll im Baugenehmigungsverfahren nach § 66 HBO geprüft werden.

Bauherrschaft
Datum / Unterschrift

Zusatzerklärung (nur möglich bei Sonderbauten) zur statischen Berechnung:
Zur Beschleunigung des Baugenehmigungsverfahrens bitte ich, bereits vor Abschluss der allgemeinen bauaufsichtlichen Prüfung die bautechnischen Nachweise prüfen zu lassen. Sollten sich aus den Auflagen Änderungen des Entwurfs oder der bautechnischen Nachweise ergeben, so bin ich bereit, auch die Mehrkosten für eventuell doppelte Prüfungen zu übernehmen. Desgleichen erkläre ich mich bereit, selbst bei einer eventuellen Versagung des Bauantrages die entstandenen Kosten für die Prüfung der bautechnischen Nachweise zu erstatten.

Bauherrschaft
Datum / Unterschrift

7 Anlagen	Zutreffendes ankreuzen		Bezeichnung der Anlagen (vorzulegende Bauvorlagen und Anzahl der Ausfertigungen siehe Anlage 2 Nr.1.2 BVErl.)	Anzahl der beigefügten Ausfertigungen
	1		Antrag auf Abweichungen, Befreiungen, Ausnahmen	
	2		Nachweis der Bauvorlageberechtigung	
	3		Übersichtsplan mit Kennzeichnung des Baugrundstücks, Maßstab 1:10.000 - 1:25.000	
	4		Liegenschaftsplan nach Nr. 2, Tabelle 2 BVErl	
	5		Freiflächenplan	
	6		Bauzeichnungen	
	7		Bau- und Nutzungsbeschreibung (formlos)	
	8		Abstandsflächennachweis	
	9		Stellplatznachweis (sofern eine kommunale Satzung besteht)	
	10		Berechnung des Maßes der baulichen Nutzung	
	11		Berechnungen (umbauter Raum, Flächen)	
	12		Einfügungsnachweis (§ 34 BauGB) soweit nicht in den Bauzeichnungen dargestellt	
	13		Darstellung der Lüftungs- und Feuerungsanlagen	
	14		Nachweis des vorbeugenden Brandschutzes, im Rahmen der beantragten Abweichung	
	15		Nachweis der Barrierefreiheit (§ 54 Abs. 1, 2 HBO) und Planungskonzept "Barrierefreies Bauen"	
	16		Immissionsprognose mit Konzeption zur Vermeidung von Baulärm (nur, wenn mit erhöhtem Baulärm zu rechnen ist, siehe Anlage 2 Nr. 11 BVErl)	
	17		Darstellung, ob Artenschutz nach § 44 BNatSchG betroffen, s. Anlage 2 Nr. 5, 15 und 21 und Anlage 3 Nr. 3.2 BVErl	
	18		Hygienegutachten (§ 2 Abs. 3 HHygVO)	
	19		Statistischer Erhebungsbogen (Statistik der Baugenehmigung, ggf. Abgangserhebungsbogen)	
			Nur bei Sonderbauten:	
	20		Standsicherheitsnachweis	
	21		Brandschutzkonzept	

BAB 01 / 2025 HMWVW

Vordruck BAB 02

Blatt 1 von 1

☒ Zutreffendes ankreuzen

Bitte stark umrandetes Feld nicht ausfüllen!

1	**Antrag für Teilungsgenehmigung (§ 7 Abs. 1 Satz 1 HBO)** Zuständige untere Bauaufsichtsbehörde	Aktenzeichen der Bauaufsichtsbehörde Eingangsstempel der Genehmigungsbehörde

2	**Baugrundstück**	Gemeinde, Ortsteil	
		Straße, Hausnummer	
		Gemarkung, Flur, Flurstück/e (bitte **alle** Flurstücke angeben, ggf. zusätzliches Blatt verwenden)	
		Eigentümer/in: Name und Anschrift (sofern abweichend von dem / der Antragsteller/in in Punkt 3)	
		☐ Baulasten **zugunsten** des Baugrundstückes ☐ Baulasten **zulasten** des Baugrundstückes	Aktenzeichen Baulast
		Aktenzeichen früherer Vorgänge (z.B. Bauvoranfragen, Baugenehmigungen, Teilungsgenehmigungen)	
3	**Antragsteller/in**	Name, Vorname / Firma (bitte gesetzlichen Vertreter benennen)	Telefon
		Straße, Hausnummer	Fax
		Postleitzahl, Ort	E-Mail
4	**Bevollmächtigte/r**	Name, Vorname / Firma (bitte gesetzlichen Vertreter benennen)	Telefon
		Straße, Hausnummer	Fax
		Postleitzahl, Ort	E-Mail
5	**Zweck des Antrages**	☐ Teilung eines bebauten Grundstückes ☐ Teilung eines unbebauten Grundstückes zur Bebauung	
		Angaben zur Bebauung: ☐ Bebauung mit Wohngebäuden ☐ Bebauung mit Nichtwohngebäuden ☐ gemischte Bebauung mit Nichtwohngebäuden	
		Im Geltungsbereich des Bebauungsplanes Nr.:	rechtsverbindlich seit:
		Art der vorhanden und vorgesehenen Nutzung von Nichtwohngebäuden:	

6	**Flächen**	Gesamtgrundstück	Teilgrundstück Nr.:	Teilgrundstück Nr.:	Teilgrundstück Nr.:	Teilgrundstück Nr.:	Teilgrundstück Nr.:
		m²	m²	m²	m²	m²	m²

7	**Anlagen**	☐ Auszug aus der Liegenschaftskarte mit Ortsvergleich und mit farbiger Eintragung (rot) der beantragten Teilungsgrenze (vermaßt)	3-fach
		☐ Eintragung der Abstandsflächen nach HBO bei vorhandener oder genehmigter Bebauung*	3-fach
		☐ Bauzeichnungen bei Grenzziehung durch vorhandene oder genehmigte Gebäude**	3-fach
		☐ weitere von der Bauaufsichtsbehörde geforderte Unterlagen	

*hierunter fällt auch die Eintragung von Abstandsflächen der Bebauung, die einer Genehmigungsfreistellung nach § 64 HBO unterfällt

**setzt Abweichung voraus, s. Anlage 2 Nr. 19 BVerl

8	**Unterschriften**	Mit den beigefügten Anlagen beantrage ich / wir die bauordnungsrechtliche Genehmigung nach § 7 Abs. 1 Satz 1 HBO.	Antragsteller/in oder Bevollmächtigte/r Datum / Unterschrift

BAB 02 / 2025 HMWVW

Vordruck BAB 10

Blatt 1 von 2

X Zutreffendes ankreuzen

Zu Vorhaben nach § 63 HBO und § 64 HBO als isolierter Antrag, siehe BVErl Anlage 2 Nr. 17 u. HE-HBO Nr. 73 ff., sonst als Bestandteil des Bauantrages zur Prüfung vorlegen

Bitte stark umrandetes Feld nicht ausfüllen!

1	**Antrag an die Bauaufsichtsbehörde auf** ☐ Abweichungen (§ 73 Abs. 1 HBO) ☐ Bauplanungsrechtliche Ausnahmen und Befreiungen von den Festsetzungen eines Bebauungsplans, sonstigen städtebaulichen Satzungen oder von Regelungen der BauNVO (§ 73 Abs. 2 HBO)	**Antrag an die Gemeinde auf** ☐ Abweichungen von örtlichen Bauvorschriften (§ 73 Abs. 4 i.V.m. § 91 HBO) ☐ Bauplanungsrechtliche Ausnahmen und Befreiungen von den Festsetzungen eines Bebauungsplans, sonstigen städtebaulichen Satzungen oder von Regelungen der BauNVO (§ 73 Abs. 2 und 4 HBO)	Aktenzeichen der Bauaufsichtsbehörde / Gemeinde Eingangsstempel der Bauaufsichtsbehörde / Gemeinde
	Zuständige untere Bauaufsichtsbehörde / Gemeinde		

2	**Baugrundstück**	Gemeinde, Ortsteil	
		Straße, Hausnummer	
		Gemarkung, Flur, Flurstück/e (bitte **alle** Flurstücke angeben, ggf. zusätzliches Blatt verwenden)	
		Eigentümer/in: Name und Anschrift (sofern abweichend von Bauherrschaft in Punkt 4)	
3	**Bauvorhaben** (nach Art und Nutzung)		
	Gebäudeklasse (GK)	GK 1 ☐ GK 2 ☐ GK 3 ☐ GK 4 ☐ GK 5 ☐	Sonderbau ☐
4	**Bauherrschaft**	Name, Vorname / Firma (bitte gesetzlichen Vertreter benennen)	Telefon
		Straße, Hausnummer	Fax
		Postleitzahl, Ort	E-Mail
5	**Entwurfsverfasser/in**	Name, Vorname / Firma (bitte gesetzlichen Vertreter benennen)	Telefon
		Straße, Hausnummer	Fax
		Postleitzahl, Ort	E-Mail
		☐ Der Nachweis der Bauvorlagenberechtigung ist beigefügt, siehe Hinweis	
		Hiermit bestätige ich, dass ich die öffentlich-rechtlichen Verpflichtungen als Entwurfsverfasser/in aus § 57 HBO oder/und Bauvorlageberechtigte/r aus § 67 HBO, für das beantragte Vorhaben übernehme und dass in den beigefügten Bauvorlagen alle öffentlich-rechtlichen Anforderungen eingehalten wurden, auch wenn sie in dem beantragten Genehmigungsverfahren nicht mehr geprüft werden. Mir ist bekannt, dass personenbezogene Daten aus diesem Antrag und den vorgelegten Bauvorlagen in Dateien der Bauaufsichtsbehörde gespeichert werden.	**Entwurfsverfasser/in** **Datum / Unterschrift**
	Hinweis: Der Nachweis der Bauvorlageberechtigung der Entwurfsverfasserin / des Entwurfsverfassers gegenüber der Bauaufsichtsbehörde ist **nicht** erforderlich bei der Errichtung oder Änderung von Gebäuden, die nach § 63 HBO i. V. mit der Anlage zu § 63 HBO baugenehmigungsfrei sind.		
6	**Bauplanungsrechtliche Ausnahmen und Befreiungen** (§ 73 Abs. 2 HBO)	Für das Vorhaben werden Ausnahmen / Befreiungen von folgenden bauplanungsrechtlichen Vorschriften / Festsetzungen erforderlich:	
	6.1 Umfang	Umfang der Ausnahmen / Befreiungen (Gegenüberstellung zulässig-geplant):	

BAB 10 / 2025 HMWVW

Fortsetzung auf Blatt 2

Blatt 2 von 2

Fortsetzung von Blatt 1

	6.2 Begründung	Darstellung der Gründe für die Ausnahme / Befreiung; ggfls., warum diese auch unter Würdigung nachbarrechtlicher Interessen mit den öffentlichen Belangen vereinbar sind:	
7	**Abweichungen von Vorschriften des Bauordnungsrechts** (§ 73 Abs. 1 HBO)	Für die bauliche Anlage werden Abweichungen von folgenden Vorschriften erforderlich (HBO - Verordnungen - Satzungen usw.):	
	7.1 Umfang	Umfang der Abweichungen / Befreiungen (Gegenüberstellung zulässig - geplant):	
	7.2 Begründung	Darstellung der Gründe für die Abweichung und warum die Einhaltung in dem Einzelfall unter Berücksichtigung des Zwecks der jeweiligen Anforderung und unter Würdigung der öffentlich-rechtlich geschützten nachbarlichen Belange mit den öffentlichen Belangen vereinbar sind:	
8	**Nachbarschaft**	Nach § 71 HBO soll die Nachbarschaft benachrichtigt werden, bevor von Vorschriften, die ihrem Schutz dienen, Abweichungen, Ausnahmen oder Befreiungen zugelassen werden. Betroffen sind die eigentumsberechtigten Personen folgender Nachbargrundstücke: (Bei mehr als zwei Nachbarn bitte separates Blatt verwenden)	
	8.1	Name, Vorname	Telefon
		Straße, Hausnummer	Fax
		Postleitzahl, Ort	E-Mail
		Gemarkung, Flur, Flurstück/e (bitte **alle** Flurstücke angeben, ggf. zusätzliches Blatt verwenden)	☐ Benachrichtigung durch Bauaufsicht ☐ Bauvorlagen sind unterschrieben ☐ Schriftliche Zustimmung ist beigefügt
	8.2	Name, Vorname	Telefon
		Straße, Hausnummer	Fax
		Postleitzahl, Ort	E-Mail
		Gemarkung, Flur, Flurstück/e (bitte **alle** Flurstücke angeben, ggf. zusätzliches Blatt verwenden)	☐ Benachrichtigung durch Bauaufsicht ☐ Bauvorlagen sind unterschrieben ☐ Schriftliche Zustimmung ist beigefügt
9	**Unterschrift Bauherrschaft**	Unter Beifügung der unterschriebenen Bauvorlagen werden die Ausnahmen, Befreiungen oder Abweichungen beantragt. Bei baugenehmigungspflichtigen Maßnahmen ist dieser Antrag Bestandteil des Bauantrages oder der Bauvoranfrage. Mir ist bekannt, dass personenbezogene Daten aus diesem Antrag und den vorgelegten Bauvorlagen in Dateien der Bauaufsicht gespeichert werden.	**Bauherrschaft** **Datum / Unterschrift**

BAB 10 / 2025 HMWVW

Vordruck BAB 11

Datei schließen

X Zutreffendes ankreuzen

1	Bescheinigende Person / Stelle (Name, Vorname oder Stelle, Anschrift)	**FÜR DIE AKTEN DER BAUHERRSCHAFT** - Auf Verlangen der Bauaufsichtsbehörde vorzulegen - **Absteckungsbescheinigung** nach § 75 Abs. 2 Satz 2 HBO i. V. m. § 27 HPPVO

2	**Baugrundstück**	Gemeinde, Ortsteil	
		Straße, Hausnummer	
		Gemarkung, Flur, Flurstück/e (bitte **alle** Flurstücke angeben, ggf. zusätzliches Blatt verwenden)	
		Eigentümer/in: Name und Anschrift (sofern abweichend von Bauherrschaft in Punkt 4)	
		Aktenzeichen der Bauaufsichtsbehörde / der Baugenehmigung / der Mitteilung der Bauaufsichtsbehörde nach § 64 Abs. 3 Satz 5 HBO	
3	**Bauvorhaben** (nach Art und Nutzung)		
4	**Bauherrschaft**	Name, Vorname / Firma (bitte gesetzlichen Vertreter benennen)	Telefon
		Straße, Hausnummer	Fax
		Postleitzahl, Ort	E-Mail
5	**Absteckungsgrundlagen**	Als Grundlagen für die Absteckung wurden benutzt:	
		☐ Baugenehmigung — Behörde und Aktenzeichen der Baugenehmigung	vom (Datum)
		☐ Liegenschaftsplan mit eingetragenem Bauvorhaben	☐ in Kopie beigefügt
		☐ Bauzeichnungen — Nähere Bezeichnung der Unterlagen, Erstellungsdatum	☐ in Kopie beigefügt
		☐	☐ in Kopie beigefügt
6	**Bescheinigung nach § 27 Abs. 1 HPPVO**	Das / Die Gebäude des oben angegebenen Bauvorhabens ist / sind abgesteckt worden am	Datum
		☐ bezüglich seiner / ihrer Grundflächen und Grenzabstände	☐ sowie seiner / ihrer Höhenlagen
		☐ in Übereinstimmung mit den unter Punkt 5 angegebenen Unterlagen.	
7	**Prüfsachverständige/r für Vermessungswesen** (wie unter Punkt 1 aufgeführt)	Datum / Unterschrift	Aktenzeichen / Geschäftsbuch Stempel

Hinweis für die Bauherrschaft:
Ist die für die Absteckung verantwortliche Person nicht selbst Prüfsachverständige/r für Vermessungswesen, ist die Absteckung von einer / einem Prüfsachverständigen für das Vermessungswesen zu bescheinigen, wenn nach den Bauvorlagen Grenzbebauung vorgesehen oder die Lage des Gebäudes / der Gebäude auf dem Grundstück durch Bezug auf die Grundstücksgrenzen bestimmt ist (§ 75 Abs. 2 HBO).

BAB 11 / 2025 HMWVW

Vordruck BAB 17

Blatt 1 von 2

X Zutreffendes ankreuzen		**Bitte stark umrandetes Feld nicht ausfüllen!**	
1	**Baubeginnsanzeige (§ 75 Abs. 3 HBO)** **NICHT FÜR VORHABEN NACH § 63 HBO**	Aktenzeichen der Bauaufsichtsbehörde Eingangsstempel der Bauaufsichtsbehörde	
2	**Bau-grundstück**	Gemeinde, Ortsteil	
		Straße, Hausnummer	
		Gemarkung, Flur, Flurstück/e (bitte **alle** Flurstücke angeben, ggf. zusätzliches Blatt verwenden)	
		Aktenzeichen der Bauaufsichtsbehörde / der Baugenehmigung / der Mitteilung nach § 64 Abs. 3 Satz 5 HBO	
3	**Bauvorhaben** (nach Art und Nutzung)		
	Gebäudeklasse (GK)	GK 1 ☐ GK 2 ☐ GK 3 ☐ GK 4 ☐ GK 5 ☐	Sonderbau ☐
4	**Baubeginn**	**Mit den Bauarbeiten wird begonnen am:**	Datum
		☐ Überwachung der Ausführung durch Nachweisberechtigte / Prüfsachverständige wurde beauftragt (§ 83 Abs. 2 HBO) ☐ Das Vorhaben schließt Anlagen nach § 68 Abs. 6 HBO ein. Eine Kopie dieser Anzeige wird dem Sachverständigen für Energieerzeugungsanlagen nach § 75 Abs. 3 Satz 1 Nr. 2 HBO vorgelegt. ☐ Eine/Ein Sachverständige/r oder ein/e Fachbauleiter/in wurde entsprechend der Baugenehmigung benannt. Angaben zur Person / zu den Personen sind als Anlage beigefügt.	
5	**Bau-herrschaft**	Name, Vorname / Firma (bitte gesetzlichen Vertreter benennen)	Telefon
		Straße, Hausnummer	Fax
		Postleitzahl, Ort	E-Mail
		Mit beiliegenden Bescheinigungen zeige ich den Baubeginn zum oben angeführten Termin an. Ich werde erst eine Woche nach Eingang dieser Anzeige bei der Bauaufsicht die Bauarbeiten beginnen lassen. Mir ist bekannt, dass ein Abweichen von den genehmigten oder eingereichten Bauvorlagen sowie von den öffentlich-rechtlichen Vorschriften Ordnungswidrigkeitsverfahren nach sich ziehen können. Das Bauschild nach § 11 Abs. 2 HBO werde ich vor Baubeginn an der Baustelle anbringen.	Bauherrschaft Datum / Unterschrift
6	**Bauleiter/in**	Name, Vorname	Telefon
		Straße, Hausnummer	Fax
		Postleitzahl, Ort	E-Mail
		Hiermit bestätige ich als mit der Bauleitung beauftragte Person, dass ich die öffentlich-rechtlichen Pflichten aus § 59 HBO für die Dauer der Ausführung des oben angeführten Vorhabens übernehme. Mir ist bekannt, dass ein Abweichen von den genehmigten oder eingereichten Bauvorlagen sowie von den öffentlich-rechtlichen Vorschriften Ordnungswidrigkeitsverfahren nach sich ziehen können.	Bauleiter/in Datum / Unterschrift

BAB 17 / 2025 HMWVW

Fortsetzung auf Blatt 2

Blatt 2 von 2

Fortsetzung von Blatt 1

7	**7.1 Verzicht auf Unternehmen**	☐ Eine Beauftragung von Unternehmen ist nicht erforderlich, weil die Bauarbeiten in Selbsthilfe oder Nachbarschaftshilfe ausgeführt werden und genügend Fachkräfte mit der nötigen Sachkunde, Erfahrung und Zuverlässigkeit mitwirken (§ 56 Abs. 4 Satz 3 HBO). - **Dies ist bei Abbrucharbeiten unzulässig** (§ 56 Abs. 4 Satz 4 HBO)!
	7.2 Unternehmen für Rohbau bzw. Abbruch	Name, Vorname / Firma (bitte gesetzlichen Vertreter benennen) | Telefon
		Straße, Hausnummer | Fax
		Postleitzahl, Ort | E-Mail
		Entsprechend § 58 HBO bestätige ich die ordnungsgemäße Ausführung der übernommenen Arbeiten, die ordnungsgemäße Einrichtung und den sicheren Betrieb der Baustelle. Mir ist bekannt, dass alle aufgrund der HBO erforderlichen Nachweise und Unterlagen zu den verwendeten Bauprodukten und den angewandten Bauarten zu erbringen und auf der Baustelle bereitzuhalten sind. Bei Bauprodukten, die die CE-Kennzeichnung nach der Verordnung (EU) Nr. 305/2011 tragen, halte ich die Leistungserklärung auf der Baustelle bereit. | Unternehmen; Datum / Unterschrift
8	**Anlagen** (Bescheinigungen)	☐ Bescheinigung der/des Prüfsachverständigen für Standsicherheit im Falle des § 68 Abs. 3 Satz 1 HBO
		☐ Bescheinigung der/des Prüfsachverständigen für Brandschutz im Falle des § 68 Abs. 4 Satz 1 HBO

9 Weitere Anlagen

sofern nicht bereits der Bauaufsichtsbehörde vorgelegt

	Zutreffendes ankreuzen	**Bezeichnung der Anlagen** (vorzulegende Bauvorlagen und Anzahl der Ausfertigungen siehe Anlage 2 Nr. 1.2 BVErl)	Anzahl der beigefügten Ausfertigungen	Bereits mit Bauantrag vorgelegt
1		Bauzeichnungen		
2		Stellplatznachweis (sofern eine kommunale Satzung besteht)		
3		Abstandsflächennachweis		
4		Standsicherheitsnachweis		
5		Bestätigung der nachweisberechtigten Person für Standsicherheit nach § 2 Abs. 5 Satz 1 NBVO		
6		Nachweis des vorbeugenden Brandschutzes		
7		Wärmeschutznachweis		
8		Schallschutznachweis		
9		Berechnungen (umbauter Raum sowie falls erforderlich Flächen)		
10		Statistischer Erhebungsbogen [1]		
11		Angaben zu Sachverständigen Personen oder zum / zur Fachbauleiter/in nach Punkt 4		

[1] für Bauvorhaben nach § 64 HBO

BAB 17 / 2025 HMWVW

Vordruck BAB 18

X Zutreffendes ankreuzen — **Bitte stark umrandetes Feld nicht ausfüllen!**

1	**Anzeige der Fertigstellung des Rohbaus (§ 84 Abs. 1 HBO)** **NICHT FÜR VORHABEN NACH § 63 HBO**	Aktenzeichen der Bauaufsichtsbehörde Eingangsstempel der Bauaufsichtsbehörde	
2	**Bau-grundstück**	Gemeinde, Ortsteil	
		Straße, Hausnummer	
		Gemarkung, Flur, Flurstück/e (bitte **alle** Flurstücke angeben, ggf. zusätzliches Blatt verwenden)	
		Aktenzeichen der Bauaufsichtsbehörde / der Baugenehmigung / der Mitteilung nach § 64 Abs. 3 Satz 5 HBO	
3	**Bauvorhaben** (nach Art und Nutzung)		
	Gebäudeklasse (GK)	GK 1 ☐ GK 2 ☐ GK 3 ☐ GK 4 ☐ GK 5 ☐	Sonderbau ☐
4	**Fertigstellung des Rohbaus**	**Das Gebäude wird im Rohbau fertiggestellt sein am:**	Datum
5	**Bau-herrschaft**	Name, Vorname / Firma (bitte gesetzlichen Vertreter benennen)	Telefon
		Straße, Hausnummer	Fax
		Postleitzahl, Ort	E-Mail
		Mit dem weiteren Ausbau beginne ich erst einen Tag nach dem in dieser Mitteilung angegebenen Fertigstellungstermin (§ 84 Abs. 5 HBO). Mir ist bekannt, dass Verstöße gegen diese Vorschriften nach § 86 HBO Ordnungswidrigkeitsverfahren nach sich ziehen. ☐ Eine Kopie dieser Anzeige (ohne Anlagen nach Punkt 7) habe ich nach § 84 Abs. 1 HBO auch der Katasterbehörde vorgelegt.	Bauherrschaft Datum / Unterschrift
6	**Bauleiter/in**	Name, Vorname	Telefon
		Straße, Hausnummer	Fax
		Postleitzahl, Ort	E-Mail
		Als Bauleiter/in erkläre ich, dass entsprechend § 59 Abs. 1 HBO das Vorhaben nach den öffentlich-rechtlichen Anforderungen ausgeführt wurde.	Bauleiter/in Datum / Unterschrift
7	**Anlagen** (siehe auch Auflagen und Hinweise in der Baugenehmigung sowie Vordruck BAB 36 "Bescheinigungen")	Für Bauteile, die bereits fertiggestellt sind:	
		☐ Bescheinigung nach § 83 Abs. 2 Satz 1 HBO der/des Prüfsachverständigen für Standsicherheit nach § 68 Abs. 3 Satz 1 HBO, dass die Bauausführung mit den bescheinigten Unterlagen übereinstimmt	
		☐ Bescheinigung nach § 83 Abs. 2 Satz 2 HBO der/des Nachweisberechtigten für Standsicherheit nach § 68 Abs. 3 Satz 2 HBO, dass die Bauausführung mit den erstellten Unterlagen übereinstimmt	
		☐	
		☐	

BAB 18 / 2025 HMWVW

Vordruck BAB 19

Blatt 1 von 2

X Zutreffendes ankreuzen — **Bitte stark umrandetes Feld nicht ausfüllen!**

1	**Mitteilung der Benutzung vor Fertigstellung (§ 84 Abs. 7 HBO)** **NICHT FÜR VORHABEN NACH § 63 HBO**	Aktenzeichen der Bauaufsichtsbehörde Eingangsstempel der Bauaufsichtsbehörde
2	**Baugrundstück**	Gemeinde, Ortsteil Straße, Hausnummer Gemarkung, Flur, Flurstück/e (bitte **alle** Flurstücke angeben, ggf. zusätzliches Blatt verwenden) Aktenzeichen der Bauaufsichtsbehörde / der Baugenehmigung / der Mitteilung nach § 64 Abs. 3 Satz 5 HBO
3	**Bauvorhaben** (nach Art und Nutzung)	
4	Gebäudeklasse (GK)	GK 1 ☐ GK 2 ☐ GK 3 ☐ GK 4 ☐ GK 5 ☐ — Sonderbau ☐
	Zur vorzeitigen Benutzung vorgesehen	☐ bauliche Anlage nach Punkt 3) ☐ Teile der baulichen Anlage (Nähere Angaben auf zusätzlichem Blatt) ☐ Wasserversorgungs- und Abwasserbeseitigungsanlagen sind fertiggestellt ☐ Kleinkläranlage ist fertiggestellt Zeitpunkt der vorzeitigen Nutzungsaufnahme

5	**Bauherrschaft**	Name, Vorname / Firma (bitte gesetzlichen Vertreter benennen)	Telefon
		Straße, Hausnummer	Fax
		Postleitzahl, Ort	E-Mail
		Unter Beifügung der im Anlagenverzeichnis aufgeführten Bestätigungen, Bescheinigungen und Erklärungen wird die Benutzung der in Punkt 4) angegebenen baulichen Anlage/Teile der baulichen Anlage vor endgültiger Fertigstellung des Gebäudes mitgeteilt. Mir ist bekannt, dass die Benutzung in dem mitgeteilten Umfang erst eine Woche nach Eingang der Mitteilung aufgenommen werden darf, wenn die Bauaufsicht innerhalb dieser Frist dies nicht untersagt.	Bauherrschaft Datum / Unterschrift
6	**Bauleiter/in**	Name, Vorname	Telefon
		Straße, Hausnummer	Fax
		Postleitzahl, Ort	E-Mail
		Als Bauleiter/in erkläre ich, dass entsprechend § 59 Abs. 1 HBO das Vorhaben nach den öffentlich-rechtlichen Anforderungen und den genehmigten und weiteren eingereichten Bauvorlagen ausgeführt wurde. Es wurden Maßnahmen ergriffen, die eine sichere Benutzbarkeit auch vor endgültiger Fertigstellung der baulichen Anlage/n gewährleisten.	Bauleiter/in Datum / Unterschrift

Fortsetzung auf Blatt 2

BAB 19 / 2025 HMWVW

Fortsetzung von Blatt 1

Blatt 2 von 2

7	**Anlagen** (siehe auch Auflagen und Hinweise in der Baugenehmigung sowie Vordruck BAB 36 "Bescheinigungen")	☐	Bescheinigung der/des Sachverständigen für Energieerzeugungsanlagen nach § 84 Abs. 2 HBO über die sichere Benutzbarkeit sowie die ordnungsgemäße Abführung der Abgase von Energieerzeugungsanlagen.
		☐	Bescheinigung nach § 83 Abs. 2 Satz 1 HBO der/des Prüfsachverständigen für Standsicherheit nach § 68 Abs. 3 Satz 1 HBO, dass die Bauausführung mit den bescheinigten Unterlagen übereinstimmt
		☐	Bescheinigung nach § 83 Abs. 2 Satz 2 HBO der/des Nachweisberechtigten für Standsicherheit nach § 68 Abs. 3 Satz 2 HBO, dass die Bauausführung mit den erstellten Unterlagen übereinstimmt
		☐	Bescheinigung nach § 83 Abs. 2 Satz 1 HBO der/des Prüfsachverständigen für Brandschutz nach § 68 Abs. 4 Satz 1 HBO, dass die Bauausführung mit den bescheinigten Unterlagen übereinstimmt
		☐	Bescheinigung nach § 83 Abs. 2 Satz 2 HBO der/des Nachweisberechtigten für Brandschutz nach § 68 Abs. 4 Satz 2 HBO, dass die Bauausführung mit den erstellten Unterlagen übereinstimmt
		☐	Bescheinigung nach § 83 Abs. 2 Satz 2 HBO der/des Nachweisberechtigten für Wärmeschutz nach § 68 Abs. 5 HBO, dass die Bauausführung mit den erstellten Unterlagen übereinstimmt
		☐	Bescheinigung nach § 83 Abs. 2 Satz 2 HBO der/des Nachweisberechtigten für Schallschutz nach § 68 Abs. 5 HBO, dass die Bauausführung mit den erstellten Unterlagen übereinstimmt
		☐	
		☐	
		☐	
		☐	

BAB 19 / 2025 HMWVW

Vordruck BAB 20

Blatt 1 von 2

X Zutreffendes ankreuzen | **Bitte stark umrandetes Feld nicht ausfüllen!**

1	**Anzeige der abschließenden Fertigstellung (§ 84 Abs. 1 HBO)** **NICHT FÜR VORHABEN NACH § 63 HBO**		Aktenzeichen der Bauaufsichtsbehörde Eingangsstempel der Bauaufsichtsbehörde
2	**Bau-grundstück**	Gemeinde, Ortsteil	
		Straße, Hausnummer	
		Gemarkung, Flur, Flurstück/e (bitte **alle** Flurstücke angeben, ggf. zusätzliches Blatt verwenden)	
		Aktenzeichen der Bauaufsichtsbehörde / der Baugenehmigung / der Mitteilung nach § 64 Abs. 3 Satz 5 HBO	
3	**Bauvorhaben** (nach Art und Nutzung)		
	Gebäudeklasse (GK)	GK 1 ☐ GK 2 ☐ GK 3 ☐ GK 4 ☐ GK 5 ☐	Sonderbau ☐
4	**Fertigstellung**	Das Gebäude sowie die Wasserversorgungs- und Abwasserbeseitigungsanlagen (einschließ. Kleinklär- und Sammelanlagen) werden abschließend fertiggestellt sein am:	Datum
5	**Bau-herrschaft**	Name, Vorname / Firma (bitte gesetzlichen Vertreter benennen)	Telefon
		Straße, Hausnummer	Fax
		Postleitzahl, Ort	E-Mail
			Bauherrschaft Datum / Unterschrift
6	**Bauleiter/in**	Name, Vorname	Telefon
		Straße, Hausnummer	Fax
		Postleitzahl, Ort	E-Mail
		Als Bauleiter/in erkläre ich, dass entsprechend § 59 Abs. 1 HBO das Vorhaben nach den öffentlich-rechtlichen Anforderungen ausgeführt wurde. Die erforderlichen Nachweise und Unterlagen zu den verwendeten Bauprodukten und den angewandten Bauarten liegen mir vor. Für die Bauprodukte, die die CE-Kennzeichnung nach der Verordnung (EU) Nr. 305/2011 tragen, liegt die Leistungserklärung vor. Das Vorhaben wurde nach den genehmigten und weiteren eingereichten Bauvorlagen ausgeführt. Die Wasserversorgungs- und Abwasserbeseitigungsanlagen sind mit dem Tag der Fertigstellung (Punkt 4) fertiggestellt.	Bauleiter/in Datum / Unterschrift

Fortsetzung auf Blatt 2

BAB 20 / 2025 HMWVW

Fortsetzung von Blatt 1

7	**Anlagen** (siehe auch Auflagen und Hinweise in der Baugenehmigung sowie Vordruck BAB 36 "Bescheinigungen")	☐ Bescheinigung der/des Prüfsachverständigen für Energieerzeugungsanlagen nach § 84 Abs. 2 HBO über die sichere Benutzbarkeit sowie die ordnungsgemäße Abführung der Abgase von Energieerzeugungsanlagen.
		☐ Bescheinigung nach § 83 Abs. 2 Satz 1 HBO der/des Prüfsachverständigen für Standsicherheit nach § 68 Abs. 3 Satz 1 HBO, dass die Bauausführung mit den bescheinigten Unterlagen übereinstimmt
		☐ Bescheinigung nach § 83 Abs. 2 Satz 2 HBO der/des Nachweisberechtigten für Standsicherheit nach § 68 Abs. 3 Satz 2 HBO, dass die Bauausführung mit den erstellten Unterlagen übereinstimmt
		☐ Bescheinigung nach § 83 Abs. 2 Satz 1 HBO der/des Prüfsachverständigen für Brandschutz nach § 68 Abs. 4 Satz 1 HBO, dass die Bauausführung mit den bescheinigten Unterlagen übereinstimmt
		☐ Bescheinigung nach § 83 Abs. 2 Satz 2 HBO der/des Nachweisberechtigten für Brandschutz nach § 68 Abs. 4 Satz 2 HBO, dass die Bauausführung mit den erstellten Unterlagen übereinstimmt
		☐ Bescheinigung nach § 83 Abs. 2 Satz 2 HBO der/des Nachweisberechtigten für Wärmeschutz nach § 68 Abs. 5 HBO, dass die Bauausführung mit den erstellten Unterlagen übereinstimmt
		☐ Bescheinigung nach § 83 Abs. 2 Satz 2 HBO der/des Nachweisberechtigten für Schallschutz nach § 68 Abs. 5 HBO, dass die Bauausführung mit den erstellten Unterlagen übereinstimmt
		☐ Statistischer Erhebungsbogen (Statistik der Baufertigstellung)
		☐
		☐
		☐

BAB 20 / 2025 HMWVW

Vordruck BAB 27

Blatt 1 von 2

X Zutreffendes ankreuzen

Bitte stark umrandetes Feld nicht ausfüllen!

1	**Stellungnahme der Gemeinde (§ 70 Abs. 1 HBO)**	**1.1 Bauantrag** (§ 69 Abs. 1 HBO) / **1.3 Zustimmungsverfahren** (§ 79 Abs. 1 HBO) / **1.2 Bauvoranfrage** (§ 76 Abs. 1 HBO) / Eingangsstempel der Bauaufsichtsbehörde
2	**Bau-grundstück**	Gemeinde, Ortsteil
		Straße, Hausnummer
		Gemarkung, Flur, Flurstück/e (bitte **alle** Flurstücke angeben, ggf. zusätzliches Blatt verwenden)
		Eigentümer/in: Name und Anschrift (sofern abweichend von Bauherrschaft in Punkt 4)
		Aktenzeichen früherer Vorgänge (z.B. Bauvoranfragen, Baugenehmigungen)
3	**Bauvorhaben** (nach Art und Nutzung)	
	Gebäudeklasse (GK)	GK 1 GK 2 GK 3 GK 4 GK 5 Sonderbau
4	**Bau-herrschaft**	Name, Vorname / Firma (bitte gesetzlichen Vertreter benennen) / Telefon
		Straße, Hausnummer / Fax
		Postleitzahl, Ort / E-Mail
5	**§§ 30 u. 12 BauGB** Zulässigkeit von Vorhaben bei Bebauungsplan	Das Vorhaben liegt im Geltungsbereich des qualifizierten Bebauungsplanes / des Vorhaben- und Erschließungsplanes:
		Nummer / Bezeichnung / rechtsverbindlich ab
		Das Vorhaben entspricht den Festsetzungen des Bebauungsplanes / des Vorhaben- und Erschließungsplanes / entspricht nicht
6	**§ 31 BauGB** Ausnahmen und Befreiungen	Ausnahmen nach § 31 Abs. 1 BauGB erforderlich *) / Ausn. nicht erforderlich / Befreiungen nach § 31 Abs. 2 BauGB erforderlich *) / Befr. nicht erforderlich
7	**§ 33 BauGB** Zulässigkeit von Vorhaben während der Planaufstellung	Das Vorhaben liegt im Geltungsbereich des Bebauungsplanes, für den die Aufstellung beschlossen ist:
		Nummer / Bezeichnung / Verfahrensstand / Planreife **)
		Das Vorhaben entspricht den künftigen Festsetzungen / entspricht nicht
8	**§ 34 BauGB** Zulässigkeit von Vorhaben innerhalb eines der im Zusammenhang bebauten Ortsteile	Das Vorhaben liegt innerhalb eines im Zusammenhang bebauten Ortsteils
		Das Vorhaben entspricht den Festsetzungen des einfachen Bebauungsplanes: / entspricht nicht
		Nummer / Bezeichnung / rechtsverbindlich ab
		Tatsächliche Bebauung entspricht nach Art der Nutzung einem Gebiet nach BauNVO (§ 34 Abs. 2 BauGB) / entspricht nicht / Das Vorhaben fügt sich in die vorhandene Bebauung ein (§ 34 Abs. 1 BauGB) / fügt sich nicht ein *)
		Vorhaben entspricht den Vorgaben aus § 34 Abs. 3 BauGB / entspricht nicht / Abweichungen nach § 34 Abs. 3a BauGB sind erforderlich und vertretbar / nicht erforderlich / vertretbar
		Satzung nach § 34 Abs. 4 BauGB / rechtsverbindlich ab / liegt nicht vor

*) Nähere Angaben ggf. auf zusätzlichem Blatt **) Unterlagen beifügen

BAB 27 / 2025 HMWVW

Fortsetzung auf Blatt 2

Blatt 2 von 2

Fortsetzung von Blatt 1

9	**§ 35 BauGB** Zulässigkeit von Vorhaben im Außenbereich	☐ Das Vorhaben liegt im Außenbereich	☐ Das Vorhaben liegt im Gebiet mit einfachem Bebauungsplan (§ 30 Abs. 3 BauGB)	☐ liegt nicht im Gebiet mit einfachem Bebauungsplan
		☐ Das Vorhaben entspricht den Festsetzungen dieses Bebauungsplanes:		☐ entspricht nicht
		Nummer / Bezeichnung		rechtsverbindlich ab
		☐ Das Vorhaben ist privilegiert nach § 35 Abs. 1 Nr.	BauGB	☐ nicht privilegiert
		☐ Das Vorhaben fällt unter § 35 Abs. 2 BauGB	☐ Öffentliche Belange stehen nicht entgegen / werden nicht beeinträchtigt	☐ stehen entgegen / werden beeinträchtigt *)
		☐ Das Vorhaben ist begünstigt nach § 35 Abs. 4 Nr.	BauGB	☐ nicht begünstigt
		☐ Für das Bauvorhaben ist eine Verpflichtungserklärung nach § 35 Abs. 5 BauGB	☐ erforderlich	☐ nicht erforderlich
		☐ Das Vorhaben liegt im Bereich einer Außenbereichssatzung (§ 35 Abs. 6 BauGB)		☐ liegt nicht im Bereich
10	**§ 14 BauGB** Veränderungssperre	☐ Das Vorhaben liegt in einem Bereich, für den eine Veränderungssperre beschlossen wurde	Satzung rechtsverbindlich ab	ggf. verlängert am
11	**§ 15 BauGB** Zurückstellung	☐ Die Gemeinde beantragt eine Zurückstellung nach § 15 Abs. 1 BauGB		☐ Begründung siehe Beiblatt
12	**§§ 144, 145, 169 Abs. 1 Nr. 1 und 171d BauGB** Genehmigungspflichtige Vorhaben und Rechtsvorgänge	☐ Das Vorhaben liegt im Bereich des Sanierungsgebietes / Entwicklungsbereiches / Stadtumbaugebietes:		
		Nummer / Bezeichnung		rechtsverbindlich ab
		☐ Genehmigung erforderlich ☐ nicht erforderlich	☐ Genehmigung wurde erteilt	☐ nicht erteilt
13	**§ 172 BauGB** Erhaltung baulicher Anlagen	☐ Das Vorhaben liegt im Geltungsbereich einer Erhaltungssatzung nach § 172 BauGB:		
		Nummer / Bezeichnung		rechtsverbindlich ab
14	**Satzung nach § 52 / § 91 HBO** ggf. in einem Bebauungsplan aufgenommen	☐ Das Vorhaben liegt im Geltungsbereich folgender Satzung(en):		
		Nummer(n) / Bezeichnung(en)		jeweils rechtsverbindlich ab
		☐ Die Satzung(en) wird / werden nach Auffassung der Gemeinde eingehalten		☐ nicht eingehalten *)
15	**Zufahrt**	☐ Das Grundstück grenzt an eine öffentliche Verkehrsfläche		☐ grenzt nicht an eine öffentliche Verkehrsfläche
		☐ Die öffentliche Straße ist voraussichtlich bis	benutzbar	☐ nicht benutzbar
16	**Entsorgung**	☐ Öffentliche Abwasseranlage ☐ Sammelgrube	☐ Kleinkläranlage	☐ Ordnungsgemäße Beseitigung des Abwassers möglich *)
		Höhenlage der öffentlichen Abwasseranlage im Anschlussbereich	m ü.NN.	
		☐ Die öffentliche Abwasseranlage ist voraussichtlich ab benutzbar.	☐ die öffentliche Abwasseranlage ist fertiggestellt, eine Anschlussmöglichkeit ist vorhanden.	
17	**Versorgung**	Bis zur Fertigstellung des Vorhabens ist die Versorgung gesichert von:	☐ Elektrizität, Trinkwasser	☐ Löschwasser (Grundschutz)
		Gesicherte Löschwassermenge für den Grundschutz nach DVGW Arbeitsblatt W 405 (Richtwerte):		
		☐ 48 m³/h (800 l/min) ☐ 96 m³/h (1600 l/min)	☐ 192 m³/h (3200 l/min)	
		☐ Die Erschließung ist durch Vertrag gemäß §§ 11, 12 und 124 BauGB übertragen.		
18	**Hinweise der Gemeinde**	☐ zum Denkmalschutz		☐ siehe Beiblatt
		☐ zum Artenschutz		☐ siehe Beiblatt
		☐ zu Altlasten		☐ siehe Beiblatt
19	**Unterschrift**	Ort, Datum		Unterschrift

*) Nähere Angaben ggf. auf zusätzlichem Blatt

BAB 27 / 2025 HMWVW

Vordruck BAB 28

X Zutreffendes ankreuzen		Bitte stark umrandetes Feld nicht ausfüllen!	
1	**Einvernehmen der Gemeinde** (§ 70 Abs. 1 HBO und §§ 14, 36, 145, 173 BauGB)	☐ **1.1 Bauantrag** (§ 69 Abs. 1 HBO) ☐ **1.2 Bauvoranfrage** (§ 76 Abs. 1 HBO) Eingangsstempel der Bauaufsichtsbehörde	☐ **1.3 Zustimmungsverfahren** (§ 79 Abs. 1 HBO) ☐
2	**Bau-grundstück**	Gemeinde, Ortsteil Straße, Hausnummer Gemarkung, Flur, Flurstück/e (bitte **alle** Flurstücke angeben, ggf. zusätzliches Blatt verwenden) Eigentümer/in: Name und Anschrift (sofern abweichend von Bauherrschaft in Punkt 4) Aktenzeichen früherer Vorgänge (z.B. Bauvoranfragen, Baugenehmigungen)	
3	**Bauvorhaben** (nach Art und Nutzung)		
	Gebäudeklasse (GK)	GK 1 ☐ GK 2 ☐ GK 3 ☐ GK 4 ☐ GK 5 ☐	Sonderbau ☐
4	**Bau-herrschaft**	Name, Vorname / Firma (bitte gesetzlichen Vertreter benennen)	Telefon
		Straße, Hausnummer	Fax
		Postleitzahl, Ort	E-Mail
5	**Erklärung der Gemeinde**	5.1 ☐ Einvernehmen nach § 36 Abs. 1 BauGB wird erteilt	☐ wird versagt *)
		5.2 ☐ Einvernehmen nach § 14 Abs. 2 BauGB wird erteilt	☐ wird versagt *)
		5.3 ☐ Einvernehmen nach § 173 Abs. 1 BauGB wird erteilt	☐ wird versagt *)
		5.4 ☐ Einvernehmen nach § 145 Abs. 1 BauGB wird erteilt	☐ wird versagt *)
6	**§ 37 Abs. 1 und 2 BauGB** (bauliche Maßnahmen des Bundes und der Länder)	6.1 ☐ Es bedarf einer Entscheidung nach § 37 Abs. 1 BauGB	
		6.2 ☐ Es bedarf einer Entscheidung nach § 37 Abs. 2 BauGB	
		6.3 ☐ Die Gemeinde widerspricht nicht	☐ widerspricht *)
7	**Begründung** bei verweigertem Einvernehmen, Widerspruch oder versagter Genehmigung	*) Darlegung im Einzelnen, welche Tatsachen und Erwägungen zu der Ablehnung der Gemeinde geführt haben:	
8	**Anlage**	☐ bauordnungsrechtliche Stellungnahme liegt bei ☐ liegt bereits vor ☐ ist nicht erforderlich	☐ ausführliche Begründung der Verweigerung
9	**Unterschrift**	Ort, Datum	Unterschrift

BAB 28 / 2025 HMWVW

Vordruck BAB 33

Blatt 1 von 2

X Zutreffendes ankreuzen

Bitte stark umrandetes Feld nicht ausfüllen!

1	**Mitteilung baugenehmigungsfreier und genehmigungsfreigestellter Vorhaben** ☐ nach § 63 HBO i. V. m. der Anlage zu § 63 HBO Abschnitt V Nr. 1 (an den Magistrat / Gemeindevorstand) ☐ nach § 64 HBO (an die untere Bauaufsichtsbehörde) ☐ bei § 64-Vorhaben: die Gemeinde erhält zusätzlich eine schriftliche Fertigung dieser Mitteilung (freiwillig, siehe § 64 Abs. 3 Satz 1 HBO)	Aktenzeichen der Gemeinde / Bauaufsicht Eingangsstempel der Gemeinde / Bauaufsicht
	Gemeinde / Bauaufsichtsbehörde:	

2	**Bau-grundstück**	Gemeinde, Ortsteil	
		Straße, Hausnummer	
		Gemarkung, Flur, Flurstück/e (bitte **alle** Flurstücke angeben, ggf. zusätzliches Blatt verwenden)	
		Eigentümer/in: Name und Anschrift (sofern abweichend von Bauherrschaft in Punkt 6)	
		Aktenzeichen früherer Vorgänge (z.B. Bauvoranfragen, Baugenehmigungen)	
3	**Bauvorhaben** (nach Art und Nutzung)		
	Gebäudeklasse (GK)	GK 1 ☐ GK 2 ☐ GK 3 ☐ GK 4 ☐ GK 5 ☐	Sonderbau ☐
4	**Baugeneh-migungsfrei** nach § 63 i. V. m. der Anlage zu § 63 HBO	☐ Das Vorhaben ist aufgeführt in der Anlage zu § 63 HBO unter Abschnitt ___ und Nummer ___	mit Freistellungsvorbehalt nach Abschnitt V Nr. 1.
		Ausnahmen, Befreiungen und Abweichungen ☐ sind nicht vorgesehen.	☐ werden gesondert beantragt.
5	**Vorhaben nach § 64 HBO**	☐ Das Vorhaben liegt innerhalb des räumlichen Geltungsbereichs des in Kraft getretenen Bebauungsplanes:	
		Nummer / Bezeichnung des Bebauungsplanes	rechtskräftig seit
		☐ Die sonstigen Voraussetzungen aus § 64 Abs. 1 und 2 HBO sind erfüllt.	
6	**Bau-herrschaft**	Name, Vorname / Firma (bitte gesetzlichen Vertreter benennen)	Telefon
		Straße, Hausnummer	Fax
		Postleitzahl, Ort	E-Mail
		Ich bestätige, dass ich die öffentlich-rechtlichen Pflichten aus § 56 HBO übernehme. Mir ist bekannt, dass personenbezogene Daten aus diesem Antrag und den vorgelegten Bauvorlagen in Dateien der Bauaufsicht gespeichert werden. ☐ Mit erhöhtem Baulärm ist nicht zu rechnen, eine Konzeption zur Vermeidung von Baulärm entfällt.	Bauherrschaft Datum / Unterschrift

BAB 33 / 2025 HMWVW

Fortsetzung auf Blatt 2

Fortsetzung von Blatt 1

7	Entwurfs-verfasser/in	Name, Vorname	Telefon
		Straße, Hausnummer	Fax
		Postleitzahl, Ort	E-Mail
		☐ Der Nachweis der Bauvorlageberechtigung wurde der Bauherrschaft für Vorhaben nach § 64 HBO vorgelegt*.	
		Hiermit bestätige ich, dass ich die öffentlich-rechtlichen Verpflichtungen als Entwurfsverfasser/in aus § 57 HBO oder/und Bauvorlageberechtigte/r aus § 67 HBO, für das mitgeteilte Vorhaben übernehme und dass in den beigefügten Bauvorlagen alle öffentlich-rechtlichen Anforderungen eingehalten wurden. Mir ist bekannt, dass personenbezogene Daten aus dieser Mitteilung und den vorgelegten Bauvorlagen in Dateien der Bauaufsicht gespeichert werden.	Entwurfsverfasser/in Datum / Unterschrift

8 Anlagen		Zutreffendes ankreuzen	**Bezeichnung der Anlagen** (vorzulegende Bauvorlagen und Anzahl der Ausfertigungen siehe Anlage 2 Nr. 1.2 BVErl.)	Anzahl der beigefügten Ausfertigungen
	1		Übersichtsplan	
	2		Liegenschaftsplan nach Anlage 2 Nr. 2, Tabelle 2 BVErl.	
	3		Bauzeichnungen	
	4		Berechnung des Maßes der baulichen Nutzung	
	5		Bau- und Nutzungsbeschreibung (formlos)	
	6		Freiflächenplan	
	7		Abstandsflächennachweis	
	8		Stellplatznachweis (sofern eine kommunale Satzung besteht)	
	9		Nachweis der Barrierefreiheit (Planungskonzept „Barrierefreies Bauen", BAB 34 oder BAB 35)	
	10			
	11			
	12			
	13			
	14			

Hinweise

1. Bauvorlagen zu Vorhaben nach § 63 i. V. m. der Anlage zu § 63 HBO, die dem Freistellungsvorbehalt nach Abschnitt V Nr. 1 nicht unterliegen, brauchen weder der Gemeinde noch der Bauaufsicht vorgelegt zu werden.
2. Bei Vorhaben nach § 63 HBO sind Ausnahmen, Befreiungen und Abweichungen im Rahmen eines Abweichungsverfahrens bei der **Bauaufsicht** oder der Gemeinde je nach Abweichungsgegenstand gesondert zu beantragen.
3. Vorhaben können nur nach § 64 HBO durchgeführt werden, wenn keine Ausnahmen, Befreiungen oder Abweichungen notwendig sind. Ansonsten ist ein Baugenehmigungsverfahren bei der **Bauaufsicht** durchzuführen.
4. Bei Vorhaben nach § 64 HBO leitet die Bauaufsicht der Gemeinde die Zweitschrift dieser Mitteilung und die Bauvorlagen zu.
5. Fordert die **Gemeinde** innerhalb der gesetzlichen Fristen die Durchführung eines Baugenehmigungsverfahrens, ist bei der Bauaufsicht ein Bauantrag vorzulegen. Diese Mitteilung gilt nicht als Bauantrag.
6. Bei Vorhaben nach § 64 HBO ist eine Woche vor Baubeginn der **Bauaufsicht** eine vollständig ausgefüllte Baubeginnsanzeige auf amtlichem Vordruck vorzulegen.

*Dies gilt nicht in den Fällen des § 67 Abs. 1 Satz 2 HBO. Es wird der Bauherrschaft empfohlen, den Nachweis zur Dokumentation in die Bauakte aufzunehmen.

BAB 33 / 2025 HMWVW

Vordruck BAB 34

Blatt 1 von 3

X Zutreffendes ankreuzen

Bitte stark umrandetes Feld nicht ausfüllen!

1	**Nachweis der Barrierefreiheit für <u>öffentlich zugängliche Gebäude</u> nach § 54 Abs. 2 HBO und weiterer Rechtsvorschriften**	Aktenzeichen der Bauaufsichtsbehörde Eingangsstempel der Bauaufsichtsbehörde
2	**Baugrundstück**	Gemeinde, Ortsteil Straße, Hausnummer Gemarkung, Flur, Flurstück Aktenzeichen der Bauaufsichtsbehörde / Baugenehmigung / der Mitteilung nach § 64 Abs. 3 HBO
3	**Bauvorhaben** (nach Art und Nutzung)	
	Gebäudeklasse (GK)	GK 1 ☐ GK 2 ☐ GK 3 ☐ GK 4 ☐ GK 5 ☐ Sonderbau ☐
4	**entwurfsverfassende / fachplanende Person**	Name, Vorname — Telefon Straße, Hausnummer — Fax Postleitzahl, Ort — E-Mail Hiermit bestätige ich, dass ich als Entwurfsverfasser/in / als Fachplaner/in nach § 57 HBO bzw. als Bauvorlageberechtigte/r nach § 67 HBO den Nachweis entsprechend der Barrierefreiheit nach § 54 Abs. 2 HBO für das beantragte Vorhaben geführt habe und dass alle öffentlich-rechtlichen Anforderungen eingehalten wurden. Das Planungskonzept „Barrierefreies Bauen" ist in den Bauzeichnungen oder formlosen Beschreibungen enthalten. Mir ist bekannt, dass die Barrierefreiheit nur in Genehmigungsverfahren nach § 66 HBO geprüft wird. Personenbezogene Daten aus diesem Nachweis und den vorgelegten Bauvorlagen werden in Dateien der Bauaufsicht gespeichert. Datum / Unterschrift

5	**Bereich / Bauteil**	**Grundlage**	**Anforderung**	eingehalten	gleichwertige Lösung	nicht eingehalten	**Bemerkungen / Ausnahmen nach § 54 Abs. 3 HBO, insbesondere bei nicht eingehaltenen Anforderungen** (ggf. Hinweis auf Erläuterungen in Anlagen)
5.1	**Stellplätze** (in Mittel- und Großgaragen oder nach kommunalen Satzungen)	Anzahl und Abmessungen § 2 Abs. 12 und § 5 Abs. 1 GaV	mind. 3 %, barrierefreie Stellplätze mit Abmessung 3,50 m x 5,00 m (B x L), die barrierefrei erreichbar sowie in der Nähe der Aufzüge angeordnet sein sollen	☐	☐	☐	
		Kommunale Stellplatzsatzung	in kommunalen Satzungen geforderten barrierefreien Stellplätze werden hergestellt	☐	☐	☐	
5.2	**Äußere Erschließung und Haupteingang**	Hauptzuwege zum Gebäude DIN 18040-1, Ziffer 4.2.1, 4.2.3	mind. 150 cm breit, bzw. bei Wegen unter 6 Metern Länge: mind. 120 cm breit	☐	☐	☐	
			Begegnungsfläche in Abständen von höchstens 15 Meter, mind. 180 cm × 180 cm	☐	☐	☐	
			bei geneigten Erschließungsflächen Neigung höchstens 3 % (oder 4 % bei Erschließungsflächen bis zu 10 Metern) oder Rampen nach DIN 18040-1 Ziffer 4.3.8	☐	☐	☐	
		Haupteingänge DIN 18040-1, Ziffer 4.3.3	schwellenlose, deutlich wahrnehmbare Türen mit geometrischen Anforderungen nach DIN 18040-1, Ziffer 4.3.3.2 Tabelle 1	☐	☐	☐	

BAB 34 / 2025 HMWVW

Fortsetzung auf Blatt 2

Fortsetzung von Blatt 1

Blatt 2 von 3

5.3	**Rampen und Treppen im Außenbereich**	Rampe im Außenbereich	erforderliche Rampen sind vorhanden	☐	☐	☐	
		Neigung, Breite, Zwischenpodeste DIN 18040-1 Ziffer 4.3.8.2	Längsneigung max. 6 %, keine Querneigung, Mindestbreite 120 cm, am Anfang und am Ende jeder Rampe eine Bewegungsfläche von mind. 150 cm x 150 cm, alle 6 m ein Zwischenpodest von mind. 150 cm Länge	☐	☐	☐	
		Treppen im Außen- und Eingangsbereich DIN 18040-1, Ziffer 4.3.6	die Anforderungen an Treppen sind eingehalten	☐	☐	☐	
5.4	**Innere Erschließung**	Breite der Erschließungsflure DIN 18040-1, Ziffer 4.3.2	mind. 120 cm und höchstens 6 m, wenn keine Richtungsänderung erforderlich ist und davor und danach eine Wendemöglichkeit gegeben ist; <u>ansonsten:</u> mind. 150 cm	☐	☐	☐	
		Durchgänge DIN 18040-1, Ziffer 4.3.2	mind. 90 cm	☐	☐	☐	
		Bewegungsfläche in Fluren DIN 18040-1, Ziffer 4.3.2	mind. 180 cm x 180 cm, in Abständen von mind. 15 m zur Begegnung von Personen im Rollstuhl	☐	☐	☐	
		Rampe im Innenbereich DIN 18040-1, Ziffer 4.3.8	Rampen im Innenbereich erfüllen die Anforderungen nach DIN 18040-1, Ziffer 4.3.8	☐	☐	☐	
5.5	**Aufzüge**	Aufzug § 42 Abs. 5 und 6 HBO	das Gebäude ist mehr als 13 m hoch, Aufzüge nach § 42 Abs. 5 und 6 HBO sind vorhanden; der Aufzug wird jeweils von der öffentlichen Verkehrsfläche und den Nutzungseinheiten barrierefrei erreicht	☐	☐	☐	
		Aufzug § 54 Abs. 2 HBO	Aufzüge zur barrierefreien Erreichbarkeit nach § 54 Abs. 2 sind erforderlich	☐	☐	☐	
		Bewegungsfläche vor Aufzügen DIN 18040-1, Ziffer 4.3.5	mind. 150 cm x 150 cm	☐	☐	☐	
		Treppen im Bereich der Aufzüge DIN 18040-1, Ziffer 4.3.5	Abstand der Aufzugstüren zu gegenüberliegenden abwärtsführenden Treppen beträgt mind. 300 cm	☐	☐	☐	
		Aufzugstyp DIN 18040-1, Ziffer 4.3.5	Aufzug (Aufzüge) entspricht / entsprechen mind. Typ 2 mit 90 cm lichter Zugangsbreite nach DIN EN 81-70:2005-09	☐	☐	☐	
5.6	**Treppen**	Notwendige Treppen DIN 18040-1, Ziffer 4.3.6	Anforderungen an Treppen sind erfüllt, z. B. beidseitige Handläufe, gerade Treppenläufe, Orientierungshilfen an Treppen und Einzelstufen	☐	☐	☐	
5.7	**Türen**	Türen zu Räumen DIN 18040-1, Ziffer 4.3.3	geometrische Anforderungen an Türen nach Tabelle 1 sind erfüllt; abweichende Festlegungen in der VV TB beachten	☐	☐	☐	
		Bewegungsfläche vor Türen nach DIN 18040-1, Ziffer 4.3.3.4	mind. 150 cm x 150 cm	☐	☐	☐	
5.8	**Rettung von Menschen mit Behinderung**	Brandschutzkonzept bei Sonderbauten (§ 2 Abs. 9 HBO) oder Abweichungen von den baurechtlichen Vorgaben der HBO	im Brandschutzkonzept sind die baulichen und betrieblich / organisatorischen Erfordernisse zur Rettung von Menschen mit Behinderung dargestellt, hierzu gehören auch Angaben zur Kennzeichnung der Rettungswege, die für Rollstuhlfahrer/innen geeignet sind (§ 53 Abs. 2 Nr. 16)	☐	☐	☐	
		Brandschutznachweis bei Regelbauten	die baulichen und betrieblich / organisatorischen Erfordernisse zur Rettung von Menschen mit Behinderung sind dargestellt	☐	☐	☐	

Fortsetzung auf Blatt 3

Blatt 3 von 3

Fortsetzung von Blatt 2

5.9	**Sanitärräume**	Toilettenräume H-VV TB DIN 18040-1, Ziffer 5.3.3	mind. ein Toilettenraum ist barrierefrei ausgeführt; bei mehreren Toilettenanlagen ist sichergestellt, dass barrierefreie Toilettenräume auf kurzem Wege bedarfsgerecht in ausreichender Anzahl vorhanden sind	☐	☐	☐	
		Türen DIN 18040-1, Ziffer 5.3.1	Tür schlägt nicht in den Sanitär- oder Toilettenraum	☐	☐	☐	
		Toiletten DIN 18040-1, Ziffer 5.3.3 und 5.3.4	Toiletten und Waschplätze sind entsprechend 5.3.3 ausgestattet, z. B. WC beidseitig anfahrbar, Waschtisch unterfahrbar	☐	☐	☐	
		Sanitärräume Bewegungsflächen DIN 18040-1, Ziffer 5.3.2	Bewegungsflächen vor den Sanitärobjekten von 150 cm x 150 cm sind vorhanden	☐	☐	☐	
		Duschplätze DIN 18040-1, Ziffer 5.3.5	erforderliche Duschplätze sind barrierefrei ausgeführt	☐	☐	☐	
		Umkleidebereich DIN 18040-1, Ziffer 5.4	eine Umkleidekabine für Liegen nach DIN 18040-1, Ziffer 5.3.6. ist vorhanden	☐	☐	☐	
5. 10	**Räume**	Nutzbarkeit § 54 Abs. 2 HBO	barrierefreie zweckentsprechende Nutzbarkeit der Räume durch Besucher und Benutzer ist gegeben, siehe Planungskonzept "Barrierefreiheit"	☐	☐	☐	
		Schwimm- und Therapiebecken sowie andere Beckenanlagen DIN 18040-1, Ziffer 5.5	Maßnahmen für Menschen mit Behinderungen, die das eigenständige und leichte Einsteigen und Verlassen des Beckens ermöglichen, sind umgesetzt	☐	☐	☐	
		Veranstaltungsräume	mind. 1 v. H. der Besucherplätze in Versammlungsräumen mit festen Stuhlreihen ist barrierefrei nach H-VV TB i. V. m. DIN 18040-1, Ziffer 5.2.1.	☐	☐	☐	
		Versammlungsstätte nach § 2 Abs. 9 Nr. 6 HBO, § 10 Abs. 7, § 12 Abs. 1 . 2 und § 13 H-VStättR	Anforderungen an barrierefreie Besucherplätze nach § 10 Abs. 7 H-VStättR sind eingehalten	☐	☐	☐	
			in jedem Geschoss mit Toilettenräumen ist mind. eine bzw. eine je 12 erforderlichen Toiletten barrierefrei	☐	☐	☐	
			Zahl der barrierefreien Stellplätze entspricht der Hälfte der nach § 10 Abs. 7 H-VStättR erforderlichen Besucherplätze	☐	☐	☐	
		Beherbergungsbetrieb / Beherbergungsräume ohne Sonderbaueigenschaft, H-VV TB Anlage A 4.2/4	10 v. H. der Gastbetten liegen in Beherbergungsräumen, die einschl. der zugehörigen Sanitärräume den Anforderungen an barrierefrei nutzbare Wohnungen nach DIN 18040-2 Abschnitt 5 entsprechen	☐	☐	☐	
		Beherbergungsbetrieb nach § 2 Abs. 9 Nr. 11b) HBO, § 11 H-BeR und DIN 18040-2 Ziffern 5.1 - 5.4 und DIN 18040-1 Ziffern 5.1 und 5.3	die Anforderungen nach Hess. Beherbergungsstättenrichtlinie (H-BeR) sind erfüllt	☐	☐	☐	
			mind. 10 v. H. der Gastbetten liegen nach § 11 Satz 1 H-BeR in Beherbergungsräumen, die einschl. der zugehörigen Sanitärräume den Anforderungen der DIN 18040-2 Abschnitt 5 an barrierefrei nutzbare Wohnungen entsprechen	☐	☐	☐	
			bei mehr als 60 Gastbetten nach § 11 Satz 2 H-BeR: - 1 v. H. der Gastbetten liegen in Beherbergungsräumen, die uneingeschränkt mit dem Rollstuhl nutzbar und für 2 Gastbetten geeignet sind - Türen und Bewegungsflächen der Beherbergungsräume sind nach DIN 18040-2 Ziffern, 5.1 - 5.4 einschl. der Anforderung mit der Kennzeichnung „R" ausgeführt - -zugehörige Sanitärräume sind nach DIN 18040-1, Ziffern 5.1 und 5.3 ausgeführt	☐	☐	☐	

Vordruck BAB 35

Blatt 1 von 2

X Zutreffendes ankreuzen

Bitte stark umrandetes Feld nicht ausfüllen!

1	**Nachweis der Barrierefreiheit für <u>Wohnungen</u> nach § 54 Abs. 1 HBO und weiterer Rechtsvorschriften**	Aktenzeichen der Bauaufsichtsbehörde Eingangsstempel der Bauaufsichtsbehörde
2	**Baugrundstück**	Gemeinde, Ortsteil Straße, Hausnummer Gemarkung, Flur, Flurstück Aktenzeichen der Bauaufsichtsbehörde / Baugenehmigung / der Mitteilung nach § 64 Abs. 3 HBO
3	**Bauvorhaben** (nach Art und Nutzung)	
	Gebäudeklasse (GK)	GK 1 ☐ GK 2 ☐ GK 3 ☐ GK 4 ☐ GK 5 ☐ Sonderbau ☐
4	**entwurfsverfassende / fachplanende Person**	Name, Vorname — Telefon Straße, Hausnummer — Fax Postleitzahl, Ort — E-Mail
		Hiermit bestätige ich, dass ich als Entwurfsverfasser/in / Fachplaner/in nach § 57 HBO und als Bauvorlageberechtigte/r nach § 67 HBO den Nachweis entsprechend der Barrierefreiheit nach § 54 Abs. 1 HBO für das beantragte Vorhaben geführt habe. Das Planungskonzept „Barrierefreies Bauen" ist in den Bauzeichnungen oder formlosen Beschreibungen enthalten. Mir ist bekannt, dass die Barrierefreiheit nur in Genehmigungsverfahren nach § 66 HBO geprüft wird. Personenbezogene Daten aus diesem Nachweis und den vorgelegten Bauvorlagen werden in Dateien der Bauaufsicht gespeichert werden. Datum / Unterschrift

5	**Bereich / Bauteil**	**Grundlage**	**Anforderung**	eingehalten	gleichwertige Lösung	nicht eingehalten	**Bemerkungen / Ausnahmen nach § 54 Abs. 3 HBO, insbesondere bei nicht eingehaltenen Anforderungen** (ggf. Hinweis auf Erläuterungen in Anlagen)
5.1	**Stellplätze** (in Mittel- und Großgaragen oder nach kommunalen Satzungen)	Anzahl und Abmessungen § 2 Abs. 12 und § 5 Abs. 1 GaV	mind. 3 % barrierefreie Stellplätze mit Abmessung 3,50 m x 5,00 m (B x L), die barrierefrei erreichbar sowie in der Nähe der Aufzüge angeordnet sein sollen	☐	☐	☐	
		Kommunale Stellplatzsatzung	in kommunalen Satzungen geforderten barrierefreien Stellplätze werden hergestellt	☐	☐	☐	
5.2	**Äußere Erschließung und Haupteingang**	Hauptzuwege zum Gebäude DIN 18040-2, Ziffer 4.2.1, 4.2.3	mind. 150 cm breit bzw. bei Wegen unter 6 Metern Länge: mind. 120 cm breit	☐	☐	☐	
			Begegnungsfläche in Abständen von höchstens 15 Meter, mind. 180 cm × 180 cm	☐	☐	☐	
			bei geneigten Erschließungsflächen Neigung höchstens 3 % (oder 4 % bei Erschließungsflächen bis zu 10 Metern) oder Rampen nach DIN 18040-2 Ziffer 4.3.7.2	☐	☐	☐	
		Haupteingänge DIN 18040-2, Ziffer 4.3.3	schwellenlose, deutlich wahrnehmbare Türen mit geometrischen Anforderungen nach DIN 18040-2, Ziffer 4.3.3.2 Tabelle 1	☐	☐	☐	

BAB 35 / 2025 HMWVW

Fortsetzung auf Blatt 2

Fortsetzung von Blatt 1

Blatt 2 von 2

5.3	**Rampen und Treppen im Außenbereich**	Rampe im Außenbereich Ziffer 4.2.3	erforderliche Rampen sind vorhanden	☐	☐	☐	
		Neigung, Breite, Zwischen-podeste DIN 18040-2 Ziffer 4.3.7.2	Längsneigung max. 6 %, keine Querneigung, Mindestbreite 120 cm, am Anfang und Ende jeder Rampe eine Bewegungsfläche von mind. 150 cm x 150 cm, alle 6 m ein Zwischenpodest von mind. 150 cm Länge	☐	☐	☐	
5.4	**Innere Erschließung**	Breite der Erschließungsflure DIN 18040-2, Ziffer 4.3.2	mind. 120 cm, wenn mind. alle 15 m eine Bewegungsfläche von 150 cm x 150 cm zum Wenden vorhanden ist, ansonsten: mind. 150 cm	☐	☐	☐	
		Durchgänge DIN 18040-2, Ziffer 4.3.2	mind. 90 cm	☐	☐	☐	
		vor Wohnungseingangstüren § 42 Abs. 6 HBO; DIN 18040-2, Ziffer 4.3.3.4	mind. 150 cm x 150 cm Bewegungsfläche	☐	☐	☐	
5.5	**Aufzüge**	Aufzug § 42 Abs. 5 und 6 HBO	Aufzüge in Gebäuden mit einer Höhe nach § 2 Abs. 4 Satz 2 HBO von mehr als 13 m sind vorhanden	☐	☐	☐	
		vor Aufzügen DIN 18040-2, Ziffer 4.3.5	Bewegungsflächen von mind. 150 cm x 150 cm	☐	☐	☐	
		Treppen im Bereich der Aufzüge DIN 18040-2, Ziffer 4.3.5	Abstand der Aufzugstüren zu gegenüberliegenden abwärtsführenden Treppen beträgt mind. 300 cm	☐	☐	☐	
		Aufzugstyp DIN 18040-2, Ziffer 4.3.5	Aufzug (Aufzüge) entspricht / entsprechen mind. Typ 2 mit 90 cm lichter Zugangsbreite nach DIN EN 81-70:2005-09	☐	☐	☐	
5.6	**Barrierefreie Zugänglichkeit und Nutzbarkeit der Wohnung und bestimmter Räume**	Wohnungseingangstüren DIN 18040-2, Ziffer 5.3.1.1	lichte Breite von mind. 90 cm	☐	☐	☐	
		Flure innerhalb der Wohnung DIN 18040-2, Ziffer 5.2	nutzbare Breite mind. 120 cm	☐	☐	☐	
		Räume in Wohnungen DIN 18040-2, Ziffer 5.3.1.2	Wohn- und Schlafräume, eine Toilette, ein Bad und die Küche oder Kochnische sind barrierefrei zugänglich, z. B. lichte Durchgangsbreite von mind. 80 cm	☐	☐	☐	
		Fenster, Bewegungsflächen in Wohn-/ Schlafräumen, Küchen DIN 18040-2, Ziffer 5.3.2 u. 5.4	mind. ein Fenster je Raum ist leicht zu öffnen und zu schließen, ein Fenster in Wohn- u. Schlafräumen ermöglicht im Sitzen einen Durchblick in die Umgebung, bei nutzungstypischer Möblierung ist je Raum eine Bewegungsfläche von 120 cm x 120 cm vorhanden	☐	☐	☐	
		Bewegungsflächen entlang und vor Möbeln DIN 18040-2, Ziffer 5.4	bei mind. einem Bett sind 120 cm entlang der einen und 90 cm entlang der anderen Längsseite und vor sonstigen Möbeln 90 cm vorhanden	☐	☐	☐	
		Sanitärräume DIN 18040-2, Ziffern 5.5.1, 5.5.3 bis 5.5.6	Sanitärräume sind entsprechend 5.5.1 ausgestattet (z. B. Duschplatz 120 cm x 120 cm mit niveaugleichem Übergang zum angrenzenden Boden, Wände bauseits mind. für Stütz- u. Haltegriffe vorbereitet)	☐	☐	☐	
		Sanitärräume DIN 18040-2, Ziffer 5.5.2	Bewegungsflächen vor den Sanitärobjekten und im Duschplatz von 120 cm x 120 cm sind vorhanden	☐	☐	☐	
		Freisitze § 54 Abs. 1 Satz 4 HBO	Balkone, Terrassen, Loggien sind von der Wohnung aus schwellenlos erreichbar	☐	☐	☐	
		Abstellräume § 51 Abs. 3 Satz 3 HBO	Abstellräume für u. a. Mobilitätshilfen sind schwellenlos zugänglich	☐	☐	☐	

BAB 35 / 2025 HMWVW

Vordruck BAB 36

Blatt 1 von 3

X Zutreffendes ankreuzen | **Bitte stark umrandetes Feld nicht ausfüllen!**

1 Bescheinigungen
nach § 68 oder § 83 Abs. 2 HBO zur Errichtung baulicher Anlagen

An die Bauaufsichtsbehörde

Eingangsstempel der Bauaufsichtsbehörde

Dieser Vordruck gilt nicht für § 68 Abs. 4 Satz 3 HBO.
Es wird empfohlen, möglichst alle Bescheinigungen auf einem Vordruck zusammenzufassen.

2 Bau-grundstück	Gemeinde, Ortsteil	
	Straße, Hausnummer	
	Gemarkung, Flur, Flurstück/e	
	Aktenzeichen der Bauaufsicht / Baugenehmigung / der Mitteilung nach § 64 Abs. 3 Satz 5 HBO	
3 Bauvorhaben (nach Art und Nutzung)		
Gebäudeklasse (GK)	GK 1 ☐ GK 2 ☐ GK 3 ☐ GK 4 ☐ GK 5 ☐	Sonderbau ☐
4 Bau-herrschaft / Eigen-tümer/in	Name, Vorname / Firma (bitte gesetzlichen Vertreter benennen) oder Vertreter der Bauherrschaft	Telefon
	Straße, Hausnummer	Mobil
	Postleitzahl, Ort	E-Mail
5.1 Prüfsachver-ständige/r für **Standsicher-heit**	Name, Vorname	Telefon
	Straße, Hausnummer	Mobil
	Postleitzahl, Ort	E-Mail
	Anerkannt in der / den Fachrichtung/en nach § 10 HPPVO: ☐ Massivbau ☐ Metallbau ☐ Holzbau	
	Tragende Konstruktion oberhalb der Gründungsebene: ☐ Massivbau ☐ Metallbau ☐ Holzbau	
	Tragwerk bzw. statische/s System/e und Bauwerksklasse gemäß § 31 Abs. 4 Satz 1 HPPVO: ☐ Die Regelungen des § 13 Abs. 1 HPPVO sind eingehalten.	
	Geotechnische Kategorie nach DIN EN 1997-1:2009-09: ☐ Kategorie 1 ☐ Kategorie 2 ☐ Kategorie 3	
	Ich bescheinige nach § 68 Abs. 3 Satz 1 die Vollständigkeit und Richtigkeit des Standsicherheitsnachweises einschließlich der Feuerwiderstandsdauer tragender Bauteile für das Vorhaben[2]. ☐ Das Vorhaben fällt unter § 68 Abs. 3 Satz 1 HBO. ☐ Das Vorhaben fällt unter § 68 Abs. 3 Satz 2 HBO.	Unterschrift, Datum

[1] Die wesentlichen Bauteile wurden im Rahmen der Bauüberwachung mindestens stichprobenartig überprüft.
[2] Die Bescheinigung ist spätestens mit der Baubeginnsanzeige bzw. vor Ausführung der jeweiligen Bauabschnitte vorzulegen, § 75 Abs. 4 Satz 1 Nr. 1 HBO.
[3] Die Bescheinigung ist mit der Anzeige der Fertigstellung des Rohbaus vorzulegen, § 84 Abs. 2 Satz 3 HBO.
[4] Die Bescheinigung ist mit der Anzeige der abschließenden Fertigstellung vorzulegen, § 84 Abs. 2 Satz 4 HBO.

BAB 36 / 2025 HMWVW **Fortsetzung auf Blatt 2**

Blatt 2 von 3

Fortsetzung von Blatt 1

		☐ Ich bescheinige nach § 83 Abs. 2 Satz 1 HBO die übereinstimmende Bauausführung[1] mit dem von mir nach § 68 Abs. 3 Satz 1 HBO bescheinigten Nachweis der Standsicherheit einschließlich der Feuerwiderstandsdauer tragender Bauteile für das Vorhaben[3].		Unterschrift, Datum
		Falls zutreffend: Hinzugezogene/r Prüfsachverständige/r für Standsicherheit nach § 13 Abs. 1 Satz 3 HPPVO	Name, Vorname	Telefon
			Straße, Hausnummer	Mobil
			Postleitzahl, Ort	E-Mail
			Anerkannt in der / den Fachrichtung/en nach § 10 HPPVO: ☐ Massivbau ☐ Metallbau ☐ Holzbau	
		Falls zutreffend: Hinzugezogene/r Prüfsachverständige/r für Erd- und Grundbau nach § 13 Abs. 5 Satz 3 HPPVO	Name, Vorname	Telefon
			Straße, Hausnummer	Mobil
			Postleitzahl, Ort	E-Mail
5.2	Nachweis-berechtigte/r für **Standsicherheit**	Name, Vorname		Telefon
		Straße, Hausnummer		Mobil
		Postleitzahl, Ort		E-Mail
		☐ Ich bescheinige nach § 83 Abs. 2 Satz 2 HBO die übereinstimmende Bauausführung[1] mit dem von mir nach § 68 Abs. 3 Satz 2 HBO erstellten Nachweis der Standsicherheit einschließlich der Feuerwiderstandsdauer tragender Bauteile für das Vorhaben. ☐ Die Bestätigung der nachweisberechtigten Person für Standsicherheit nach § 2 Abs. 5 Satz 1 NBVO (Anlage 2 NBVO) wurde vorgelegt.		Unterschrift, Datum
6.1	Prüfsachverständige/r für **Brandschutz** (nicht bei Prüfungen nach § 68 Abs. 4 Satz 3 HBO)	Name, Vorname		Telefon
		Straße, Hausnummer		Mobil
		Postleitzahl, Ort		E-Mail
		☐ Das Vorhaben fällt unter § 68 Abs. 4 Satz 1 und 2 HBO (Gebäudeklasse 4 oder 5). Ich bescheinige die Vollständigkeit und Richtigkeit des Brandschutznachweises[2]. ☐ Ich bescheinige nach § 83 Abs. 2 Satz 1 HBO die übereinstimmende Bauausführung[1] mit dem von mir nach § 68 Abs. 4 Satz 1 und 2 HBO bescheinigten Nachweis des vorbeugenden Brandschutzes (ggf. einschließlich Abweichungen)[4].		Unterschrift, Datum
6.2	Nachweis-berechtigte/r für **Brandschutz** (bei GK 1-3 auch bauvorlageberechtigte Personen nach § 67 Abs. 2 bis 4 HBO)	Name, Vorname		Telefon
		Straße, Hausnummer		Mobil
		Postleitzahl, Ort		E-Mail
		Ich bescheinige[4] nach § 83 Abs. 2 Satz 2 HBO die übereinstimmende Bauausführung[1] mit dem von mir nach ☐ § 68 Abs. 4 Satz 2 HBO für Gebäudeklasse 4 erstellten Nachweis des vorbeugenden Brandschutzes (Brandschutznachweis ggf. einschließlich Abweichungen) für das Vorhaben. ☐ § 68 Abs. 2 HBO für Gebäudeklasse 1 - 3 erstellten Nachweis des vorbeugenden Brandschutzes (Brandschutznachweis ggf. einschließlich Abweichungen) für das Vorhaben.		Unterschrift, Datum

[1] Die wesentlichen Bauteile wurden im Rahmen der Bauüberwachung mindestens stichprobenartig überprüft.
[2] Die Bescheinigung ist spätestens mit der Baubeginnsanzeige bzw. vor Ausführung der jeweiligen Bauabschnitte vorzulegen, § 75 Abs. 4 Satz 1 Nr. 1 HBO.
[3] Die Bescheinigung ist mit der Anzeige der Fertigstellung des Rohbaus vorzulegen, § 84 Abs. 2 Satz 3 HBO.
[4] Die Bescheinigung ist mit der Anzeige der abschließenden Fertigstellung vorzulegen, § 84 Abs. 2 Satz 4 HBO.

BAB 36 / 2025 HMWVW

Fortsetzung auf Blatt 3

Blatt 3 von 3

Fortsetzung von Blatt 2

7	Prüfsachverständige/r für **Energieerzeugungsanlagen** (bevollmächtigte/r Bezirksschornsteinfeger/in)	Name, Vorname	Telefon
		Straße, Hausnummer	Mobil
		Postleitzahl, Ort	E-Mail
		☐ Das Vorhaben fällt unter § 68 Abs. 6 HBO. Ich bescheinige die sichere Benutzbarkeit und die ordnungsgemäße Abführung der Abgase[4].	Unterschrift, Datum
8	Nachweisberechtigte/r für **Schallschutz**	Name, Vorname	Telefon
		Straße, Hausnummer	Mobil
		Postleitzahl, Ort	E-Mail
		☐ Ich bescheinige nach § 83 Abs. 2 Satz 2 HBO die übereinstimmende Bauausführung[1] mit dem von mir nach § 68 Abs. 5 HBO erstellten Nachweis des Schallschutzes für das Bauvorhaben[4].	Unterschrift, Datum
9	Nachweisberechtigte/r für **Wärmeschutz**	Name, Vorname	Telefon
		Straße, Hausnummer	Mobil
		Postleitzahl, Ort	E-Mail
		☐ Ich bescheinige nach § 83 Abs. 2 Satz 2 HBO die übereinstimmende Bauausführung[1] mit dem von mir nach § 68 Abs. 5 HBO erstellten Nachweis des Wärmeschutzes für das Bauvorhaben[4].	Unterschrift, Datum
		☐ Statt eines Nachweises des Mindestwärmeschutzes nach DIN 4108 Teil 2 erfolgte ein Nachweis nach Gebäudeenergiegesetz[4].	

[1] Die wesentlichen Bauteile wurden im Rahmen der Bauüberwachung mindestens stichprobenartig überprüft.
[2] Die Bescheinigung ist spätestens mit der Baubeginnsanzeige bzw. vor Ausführung der jeweiligen Bauabschnitte vorzulegen, § 75 Abs. 4 Satz 1 Nr. 1 HBO.
[3] Die Bescheinigung ist mit der Anzeige der Fertigstellung des Rohbaus vorzulegen, § 84 Abs. 2 Satz 3 HBO.
[4] Die Bescheinigung ist mit der Anzeige der abschließenden Fertigstellung vorzulegen, § 84 Abs. 2 Satz 4 HBO.

BAB 36 / 2025 HMWVW

Vordruck BAB 40

Bitte in Klarsichthülle an der Baustelle anbringen

Bauschild

nach § 11 Abs. 2 Hessische Bauordnung (HBO)

Bauvorhaben	Baugenehmigung vom / Aktenzeichen *):
	Bezeichnung des Vorhabens mit Angaben zur **Nutzungsart des Gebäudes** und zur **Zahl seiner Geschosse** **):
	Straße, Hausnummer, Ortsteil *)
	Gemarkung, Flur, Flurstück *)
Bauherrschaft **) (§ 56 HBO)	Name und Anschrift (Angabe der Telefonnummer freigestellt)
Entwurfs-verfasserin / Entwurfs-verfasser **) (§§ 57 und 67 HBO)	Name und Anschrift (Angabe der Telefonnummer freigestellt)
Bauleitung **) (§ 59 HBO)	Name und Anschrift (Angabe der Telefonnummer freigestellt)
Unternehmen **) (§ 58 HBO)	Angabe des Gewerks, Name und Anschrift (Angabe der Telefonnummer freigestellt)
	Angabe des Gewerks, Name und Anschrift (Angabe der Telefonnummer freigestellt)
	Angabe des Gewerks, Name und Anschrift (Angabe der Telefonnummer freigestellt)
	Angabe des Gewerks, Name und Anschrift (Angabe der Telefonnummer freigestellt)

§ 11 Abs. 2 HBO lautet: "Bei der Ausführung nicht nach § 63 HBO baugenehmigungsfreier Bauvorhaben ist an der Baustelle ein Schild dauerhaft anzubringen, das mindestens die Nutzungsart des Gebäudes, die Zahl seiner Geschosse und die Namen und Anschriften der am Bau Beteiligten (§§ 56 bis 59 HBO) enthalten muss. Das Schild muss vom öffentlichen Verkehrsraum aus sichtbar sein."

*) freiwillige Angaben **) Pflichtangaben

BAB 40 / 2025 HMWVW

Vordruck BAB 41

X Zutreffendes ankreuzen — **Bitte stark umrandetes Feld nicht ausfüllen!**

1	**Beteiligung der Gemeinde** An den Magistrat / Gemeindevorstand	☐ **1.1 Bauantrag** (§ 69 Abs. 1 HBO) ☐ **1.2 Bauvoranfrage** (§ 76 Abs. 1 HBO) Eingangsstempel der Bauaufsichtsbehörde	☐ **1.3 Zustimmungsverfahren** (§ 79 Abs. 1 HBO) ☐
2	**Baugrundstück**	Gemeinde, Ortsteil Straße, Hausnummer Gemarkung, Flur, Flurstück/e (bitte **alle** Flurstücke angeben, ggf. zusätzliches Blatt verwenden) Eigentümer/in: Name und Anschrift (sofern abweichend von Bauherrschaft in Punkt 4) Aktenzeichen früherer Vorgänge (z.B. Bauvoranfragen, Baugenehmigungen)	
3	**Bauvorhaben** (nach Art und Nutzung)		
	Gebäudeklasse (GK)	GK 1 ☐ GK 2 ☐ GK 3 ☐ GK 4 ☐ GK 5 ☐	Sonderbau ☐
4	**Bauherrschaft**	Name, Vorname / Firma (bitte gesetzlichen Vertreter benennen) Straße, Hausnummer Postleitzahl, Ort	Telefon Fax E-Mail
5	**Stellungnahme**	☐ Ersuchen der Bauaufsichtsbehörde um Stellungnahme gemäß § 73 HBO zur Abweichung von örtlichen Bauvorschriften (§ 91 HBO), soweit Abweichung bekannt. Dies gilt nicht bei Verfahren nach § 63 HBO in den in § 73 Abs. 4 HBO genannten Fällen. **Hinweis:** Sofern die Stellungnahme nicht innerhalb von einem Monat bei der Bauaufsichtsbehörde eingeht, kann diese gemäß § 70 Abs. 1 HBO davon ausgehen, dass Bedenken gegen das Bauvorhaben nicht bestehen. ☐ Stellplatzsatzung ☐ Gestaltungssatzung ☐ gestalterische Festsetzung(en) des Bebauungsplanes: hier:	
6	**Gemeindliches Einvernehmen**	☐ Ersuchen der Bauaufsichtsbehörde: Für das o.a. Vorhaben wird hiermit um Herstellung des gemeindlichen Einvernehmens ersucht. Nach dem Ergebnis der Vorprüfung ist das Einvernehmen erforderlich für: ☐ die Beurteilung des Vorhabens nach § 33 BauGB ☐ die Beurteilung des Vorhabens nach § 34 BauGB ☐ die Beurteilung des Vorhabens nach § 35 BauGB ☐ die Gewährung einer Ausnahme nach § 31 Abs. 1 BauGB ☐ die Gewährung einer Befreiung nach § 31 Abs. 2 BauGB ☐ die Gewährung einer Ausnahme nach § 14 Abs. 2 BauGB ☐ die Genehmigung zur Erhaltung baulicher Anlagen nach § 173 BauGB Ergebnis der planungsrechtlichen Vorprüfung (Verletzung von planungsrechtlichen Vorschriften):	
7	**Unterschrift Bauaufsicht**	Ort, Datum	Unterschrift

BAB 41 / 2025 HMWVW

Vordruck BAB 42

☒ Zutreffendes ankreuzen

1	**Bescheinigung** **für die Akten der Bauherrschaft / der Eigentümer/in für Vorhaben nach § 63 HBO i. V. m. der Anlage zu § 63 Abschnitt V HBO** Es wird empfohlen, möglichst alle Bescheinigungen auf einem Vordruck zusammen zu fassen.	**Bauherrschaft / Eigentümer:**	
2	**Bau-grundstück**	Gemeinde, Ortsteil	
		Straße, Hausnummer	
		Gemarkung, Flur, Flurstück/e (bitte **alle** Flurstücke angeben, ggf. zusätzliches Blatt verwenden)	
		Aktenzeichen der Bauaufsicht / der Baugenehmigung / der Mitteilung der Gemeinde nach § 64 Abs. 3 HBO	
3	**Bauvorhaben** (nach Art und Nutzung)		
4	**Bauvorlage-berechtigte Person**	Name, Vorname	Telefon
		Straße, Hausnummer	Mobil
		Postleitzahl, Ort	E-Mail
		☐ Für das Vorhaben gilt Anlage zu § 63 Abschnitt V Nr. 2 HBO. Als bauvorlageberechtigte Person nach § 67 HBO bestätige ich die statisch-konstruktive und brandschutztechnische Unbedenklichkeit.	Unterschrift, Datum
5	**Nachweisbe-rechtigte/r** [1]	Name, Vorname	Telefon
		Straße, Hausnummer	Mobil
		Postleitzahl, Ort	E-Mail
		☐ 5.1: Für das Vorhaben gilt Anlage zu § 63 Abschnitt V Nr. 3 HBO. Als Nachweisberechtigte/r bestätige ich nach § 68 Abs. 3 Satz 2 HBO die statisch-konstruktive Unbedenklichkeit.	
		Gilt ggf. für Fälle nach der Anlage zu § 63 Abschnitt I Nr. 2.1, 2.5, 7.3, 9.4 und 11.8.2 HBO [2] ☐ 5.2: Aufgrund der schwierigen Bauausführung ist zusätzlich zu Punkt 5.1 eine Bauüberwachung [3] nach § 83 Abs. 2 Satz 2 HBO erforderlich. Die Bauausführung stimmt mit dem von mir nach § 68 Abs. 3 Satz 2 HBO erstellten Nachweis der Standsicherheit einschließlich der Feuerwiderstandsdauer tragender Bauteile für das Vorhaben überein.	Unterschrift, Datum
6	**Prüfsachver-ständige/r für Energieerzeu-gungsanlagen** (bevollmächtigte/r Bezirksschorn-steinfegerin / Bezirksschorn-steinfeger)	Name, Vorname	Telefon
		Straße, Hausnummer	Mobil
		Postleitzahl, Ort	E-Mail
		☐ Für das Vorhaben gilt Anlage zu § 63 Abschnitt V Nr. 4 HBO. Als **Prüfsachverständige/r für Energieerzeugungsanlagen** bescheinige ich die sichere Benutzbarkeit und die ordnungsgemäße Abführung der Abgase.	Unterschrift, Datum

[1] Die Nachweisberechtigung nach § 68 Abs. 3 Satz 2 HBO. berechtigt auch zur Ausstellung der nach der Anlage zu § 63 Abschnitt V Nr. 3 HBO geforderten Bescheinigung. Der Vorbehalt lässt jedoch beide Varianten, d.h. die Bescheinigung durch einen Nachweisberechtigten für Standsicherheit oder einen Prüfsachverständigen für Standsicherheit zu.
[2] Eine Bauüberwachung nach § 83 Abs. 2 HBO ist nicht gefordert; sie kann ggf. aus besonderen Gründen von der/dem Bauvorlageberechtigte/n oder Nachweisberechtigte/n der Bauherrschaft privatrechtlich empfohlen werden.
[3] Die wesentlichen Bauteile wurden im Rahmen der Bauüberwachung mindestens stichprobenartig überprüft

BAB 42 / 2025 HMWVW

Vordruck BAB 43

X Zutreffendes ankreuzen

1	Stadt / Gemeinde		**Für die Akten der Bauherrschaft bei Vorhaben nach § 63 HBO / für die Bauaufsichtsbehörde bei Vorhaben nach § 64 HBO** **Erklärung der Gemeinde** **zu Vorhaben nach** **§ 63 i. V. m. der Anlage zu § 63 Abschnitt V Nr. 1 HBO und § 64 HBO**	
2	**Bau-grundstück**	Gemeinde, Ortsteil		
		Straße, Hausnummer		
		Gemarkung, Flur, Flurstück/e (bitte **alle** Flurstücke angeben, ggf. zusätzliches Blatt verwenden)		
		Eigentümer/in: Name und Anschrift (sofern abweichend von Bauherrschaft in Punkt 4)		
		Aktenzeichen der Bauaufsicht / der Baugenehmigung / der Mitteilung der Gemeinde nach § 64 Abs. 3 Satz 5 HBO		
3	**Bauvorhaben** (nach Art und Nutzung)			
	Gebäudeklasse (GK)	GK 1 ☐ GK 2 ☐ GK 3 ☐ GK 4 ☐ GK 5 ☐	Sonderbau ☐	
4	**Bau-herrschaft**	Name, Vorname / Firma (bitte gesetzlichen Vertreter benennen)	Telefon	
		Straße, Hausnummer	Fax	
		Postleitzahl, Ort	E-Mail	
5	**Vorhaben** nach § 63 i. V. m. der Anlage zu § 63 mit Freistellungs-vorbehalt nach Abschnitt V Nr. 1 HBO	☐ Das Vorhaben ist aufgeführt in der Anlage zu § 63 HBO in Abschnitt	Nummer	
		☐ Für das Vorhaben soll <u>kein</u> Baugenehmigungsverfahren durchgeführt und <u>keine</u> vorläufige Untersagung nach § 15 Abs. 1 Satz 2 BauGB beantragt werden.		
		☐ Für das Vorhaben soll ein Baugenehmigungsverfahren durchgeführt werden.		
		☐ Für das Vorhaben wird bei der Bauaufsicht die vorläufige Untersagung nach § 15 Abs. 1 Satz 2 BauGB beantragt.		
6	**Vorhaben** nach § 64 HBO	☐ Das Vorhaben liegt innerhalb des räumlichen Geltungsbereichs des in Kraft getretenen Bebauungsplanes:		
		Nummer / Bezeichnung des Bebauungsplanes	rechtskräftig seit	
		☐ Für das Vorhaben soll <u>kein</u> Baugenehmigungsverfahren durchgeführt und keine vorläufige Untersagung nach § 15 Abs. 1 Satz 2 BauGB beantragt werden.		
		☐ Für das Vorhaben soll ein Baugenehmigungsverfahren durchgeführt werden.		
		☐ Für das Vorhaben wird bei der Bauaufsicht die vorläufige Untersagung nach § 15 Abs. 1 Satz 2 BauGB beantragt.		
7	**Erklärung / Unterschrift Gemeinde**	Datum / Unterschrift		

BAB 43 / 2025 HMWVW

Anlage 3. Serviceteil: Wichtige Hinweise zu Anforderungen aus anderen Rechtsbereichen, die selbstständig neben den Anforderungen des Bauordnungsrechtes zu erfüllen sind[1)]

zum Bauvorlagenerlass
vom 24. Juli 2025

Inhaltsverzeichnis:

1. Arbeitsschutz

1.1 Baulicher Arbeitsschutz

Die Belange des baulichen Arbeitsschutzes, einschließlich eventuell notwendiger technischer Einrichtungen wie z.B. Lüftungs- und Absauganlagen oder bauliche Maßnahmen zur Lärmminderung, sind bei der Planung von Vorhaben immer dann zu berücksichtigen, wenn für die spätere Nutzung die Beschäftigung von Arbeitnehmerinnen und Arbeitnehmern vorgesehen bzw. nicht auszuschließen ist. Je früher die für die spätere Nutzung notwendigen Arbeitsschutzmaßnahmen in die Planung einbezogen werden, desto optimaler und vielfach auch wirtschaftlich günstiger können diese umgesetzt werden. Der Bauherrschaft wird deshalb dringend empfohlen, frühzeitig die Forderungen des baulichen Arbeitsschutzes in die Planungen einzubeziehen und diese Forderungen bereits in der Planung im Sinne einer vorweggenommenen Gefährdungsbeurteilung nach § 5 Arbeitsschutzgesetz (ArbSchG) vom 7. August 1996 (BGBl. I S. 1246), zuletzt geändert durch Gesetz vom 15. Juli 2024 (BGBl. 2024 I Nr. 236), fachkundig ermitteln zu lassen. Dazu kann z.B. die Stellungnahme einer Fachkraft für Arbeitssicherheit im Rahmen ihrer Aufgaben nach § 6 Arbeitssicherheitsgesetz (ASiG) vom 12. Dezember 1973 (BGBl. I S. 1885), zuletzt geändert durch Gesetz vom 20. April

---

[1)] für den Inhalt verantwortlich sind die jeweils zuständigen Fachreferate und Ministerien

2013 (BGBl. I S. 868), oder einem sicherheitstechnischen Dienst, der die Aufgaben nach § 6 ASiG wahrnimmt, eingeholt werden. Holt die Bauherrschaft diese Stellungnahme im Sinne einer fachlichen Expertise ein und setzt die darin enthaltenen Maßgaben um, so hilft dies bei der Einhaltung der öffentlich-rechtlichen Bestimmungen bezüglich des baulichen Arbeitsschutzes. Die baulichen Arbeitsschutzanforderungen sind in der Arbeitsstättenverordnung festgelegt.

1.2 Arbeitsschutz auf Baustellen

Die Sicherheit und Gesundheit der Beschäftigten auf Baustellen sind bei der Ausführung eines Bauvorhabens von besonderer Bedeutung. Die von der Bauherrschaft zu berücksichtigenden Anforderungen sind in der Baustellenverordnung aufgeführt. Sind Beschäftigte mehrerer Arbeitgeber gleichzeitig oder nacheinander tätig, sind insbesondere die Benennung eines Sicherheits- und Gesundheitsschutzkoordinators (SIGEKO) bereits während der Planung der Ausführung des Bauvorhabens sowie die Zusammenstellung von Unterlagen mit den Angaben zum Sicherheits- und Gesundheitsschutz bei späteren Arbeiten an baulichen Anlagen (u.a. bei Wartungs- und Instandhaltungsmaßnahmen) notwendig. In Abhängigkeit von der Anzahl der Beschäftigten und der Gefährlichkeit der durchgeführten Arbeiten wird außerdem ein Sicherheits- und Gesundheitsschutzplan gefordert.

Weitere Informationen zum baulichen Arbeitsschutz sowie zum Arbeitsschutz auf Baustellen können bei den Dezernaten für Arbeitsschutz bei den Regierungspräsidien eingeholt werden.

2. Gesundheitsschutz

Unter dem Aspekt einer nachhaltigen gesundheitlichen Verträglichkeit der eingesetzten Bauprodukte und Materialien ist zu empfehlen, grundsätzlich besonders emissionsarme Produkte zu verwenden. Emissionen von potenziell gesundheitsschädlichen Stoffen, besonders von krebserzeugenden, mutagen- und reproduktionstoxisch wirkenden sowie sensibilisierenden Stoffen, sollten allgemein vermieden werden. Informationen hierzu geben verschiedene Güte- und Umweltzeichen. Darüber hinaus sind langfristige Emissionen von Stoffen zu minimieren. Grundsätzlich ist auf eine ausreichende Belüftung von Räumen zu achten, um eine Anreicherung von unerwünschten Stoffen in der Raumluft zu vermeiden. Zu beachten ist auch, dass die Gesamtsumme der Emissionen eines Stoffes aus verschiedenen im Innenraum eingesetzten Produkten zu erheblich höheren und möglicherweise gesundheitlich bedenklichen Innenraumluftbelastungen führen können, selbst wenn die Emission aus jedem Einzelprodukt als hygienisch unbedenklich anzusehen ist (Addition der Emissionen). Zu beachten sind zudem Wechselwirkungen zwischen verschiedenen gesundheitlich bedenklichen Stoffen in der Raumluft. Um beurteilen zu können, ob Bauproduktemissionen zu gesundheitlich nachteiligen Wirkungen führen, steht durch den Ausschuss zur gesundheitlichen Bewertung von Bauprodukten (AgBB) der Länderarbeitsgruppe Umweltbezogener Gesundheitsschutz der Arbeitsgemeinschaft der Obersten Landesgesundheitsbehörden eine transparente Verfahrensweise für die Prüfung und Bewertung von Emissionen aus Bauprodukten zur Verfügung (siehe AgBB-Bewertungsschema).

Im Anhang 1 zur EU-Bauproduktenverordnung (EU-BauPVO) sind in Nr. 3 die Grundanforderungen an Bauwerke im Bereich Hygiene, Gesundheitsschutz und Umweltschutz enthalten. Die Technischen Baubestimmungen (§ 90 Abs. 2 HBO[1]), die bei der Erfüllung der Grundanforderungen im Bereich Hygiene, Gesundheit und Umweltschutz an Bauwerke zu beachten sind, sind im Abschnitt A 3 der Hessischen Verwaltungsvorschrift Technische Baubestimmungen (H-VV TB) aufgeführt. Bauliche Anlagen im Ganzen und in ihren Teilen sind so zu entwerfen und auszuführen, dass die Anforderungen bezüglich des Gesundheitsschutzes aus Abschnitt A 3.2 erfüllt werden.

Die Anforderungen zur bauwerkseitigen Beschränkung gesundheitlicher Emissionen in Aufenthaltsräumen finden sich nach lfd. Nrn. A 3.2.1 und A 3.2.2 der H-VV TB in folgenden Regelwerken:

- AGB-Anforderungen an bauliche Anlagen bezüglich des Gesundheitsschutzes – Anhang 8 H-VV TB
- TR Textile Bodenbeläge – Anhang 9 H-VV TB.

Weitere Anforderungen an bauliche Anlagen können sich auch aus den lfd. Nrn. A 3.2.3 ff. der H-VV TB ergeben.

Nach Abschnitt D 3 der H-VV TB ist in Bezug auf die wesentlichen Merkmale eines Bauproduktes, die von der CE-Kennzeichnung zugrundeliegenden harmonisierten technischen Spezifikation erfasst sind, die CE-Kennzeichnung die einzige Kennzeichnung (Art. 8 Abs. 3 und Abs. 1 BauPVO). Ansonsten sind weitere freiwillige Angaben zu dem Produkt möglich. In diesem Fall ist deren Korrektheit in einer technischen Dokumentation darzulegen. Zur Sicherstellung des Gesundheitsschutzniveaus in Aufenthaltsräumen ist z.B. durch den Hersteller nachvollziehbar anzugeben, dass die Technischen Regeln AGB und TR Textile Bodenbeläge (Anhang 8 und 9 H-VV TB) zur Prüfung und Bewertung des Bauproduktes herangezogen wurden.

Gibt es keine allgemein anerkannte, bekannt gemachte bzw. durch Technische Baubestimmung eingeführte technische Regel, in der das Prüfverfahren zur Ermittlung der erforderlichen Produktleistung vollständig beschrieben ist, kann eine nach Art. 30 BauPVO qualifizierte Technische Bewertungsstelle (TAB-Stelle) oder eine Stelle, die eine vergleichbare Qualifikation aufweist, eingeschaltet werden.

Soll anhand einer anwendbaren Technischen Regel eine Prüfung (z.B. Drittprüfung) durchgeführt werden, so kann eine entsprechend Art. 43 BauPVO notifizierte Stelle (notified body (NB))[2] oder eine vergleichbar qualifizierte Stelle eingeschaltet werden.

Zur Sicherstellung des Gesundheitsschutzniveaus in Aufenthaltsräumen ist z.B. durch den Hersteller nachvollziehbar anzugeben, dass die Technischen Regeln AGB und TR Textile Bodenbeläge (Anhang 8 und 9 H-

---

[1] Nr. **1**.

[2] „notified body" (NB) bzw. „TAB-Stelle"(TAB) siehe: http://ec.europa.eu/growth/tools-databases/nando/index.cfm?fuseaction=directive.notifiedbody&sort=country&dir_id=33 (Stand 22. November 2017)

VV TB) zur Prüfung und Bewertung des Bauproduktes herangezogen wurden.

Die Hessische Hygieneverordnung (HHygVO) vom 1. Dezember 2011 (GVBl. I S. 737), zuletzt geändert durch Verordnung vom 16. Dezember 2022 (GVBl. S. 799, 801), gilt für Krankenhäuser, Einrichtungen für ambulantes Operieren, Vorsorge- oder Rehabilitationseinrichtungen, in denen eine den Krankenhäusern vergleichbare medizinische Versorgung erfolgt, Dialyseeinrichtungen, Tageskliniken sowie für Arztpraxen und Zahnarztpraxen. Diese Einrichtungen sind verpflichtet, die Regelungen der Hessischen Hygieneverordnung umzusetzen. Gem. § 2 Abs. 3 der Hessischen Hygieneverordnung (HHygVO) ist vor der Errichtung, Änderung oder Nutzungsänderung von Gebäuden mit hygienerelevanten Funktionsbereichen, die zur Nutzung durch eine Einrichtung nach § 1 Nr. 1 bis 5 bestimmt sind, ein Gutachten über die Erfüllung der baulich-funktionellen Voraussetzungen für die Einhaltung der allgemein anerkannten Regeln der Hygiene (Hygienegutachten) durch eine Krankenhaushygienikerin oder einen Krankenhaushygieniker erstellen zu lassen und um betriebsorganisatorische Angaben zum Betriebsablauf, der Organisation der Reinigung, des Wäschemanagements, der Lagerhaltung und der Nutzung von Räumlichkeiten zu ergänzen, sollten diese den jeweiligen Vorgang betreffen und/oder für diesen relevant sein.

Das vollständige Hygienegutachten ist dem Bauantrag nach § 66 der HBO beizufügen. Bei Papieranträgen soll die Bauvorlage in zweifacher Ausfertigung der Bauaufsicht vorgelegt werden. Eine Ausfertigung ist zur Einholung einer Stellungnahme zur Weitergabe an das Gesundheitsamt durch die Bauaufsichtsbehörde bestimmt. Bei Verfahren nach §§ 64 oder 65 HBO ist keine Vorlagepflicht vorgesehen und das Hygienegutachten ausschließlich nach § 2 Abs. 3 HHygVO dem zuständigen Gesundheitsamt von der Bauherrschaft rechtzeitig vor Baubeginn (mindestens 4 Wochen) zur Stellungnahme vorzulegen.

Weitere Informationen können beim Hessischen Ministerium für Familie, Senioren, Sport, Gesundheit und Pflege, Abteilung V – Gesundheit, Tel: 0611/32190, eingeholt werden.

3. Umwelt- und Klimaschutz

Ein umwelt- und klimagerechtes Bauen zeichnet sich aus

- durch eine geringe oder keine Flächeninanspruchnahme,
- durch einen sparsamen und schonenden Umgang mit Grund und Boden (§ 1a Abs. 2 BauGB),
- durch eine Vermeidung von schädlichen Umwelteinwirkungen, die Gewährleistung der Leistungs- und Funktionsfähigkeit des Naturhaushalts (§ 1 Abs. 1 Nr. 2 BNatSchG) sowie des Schutzes von Luft und Klima durch Maßnahmen des Naturschutzes und der Landschaftspflege (§ 1 Abs. 3 Nr. 4 BNatSchG),
- durch ressourcenschonende und kreislauffähige Bauweise (Informationen hierzu auf der Internetseite des Hessischen Ministeriums für Landwirtschaft und Umwelt, Weinbau, Forsten, Jagd und Heimat z.B. www.landwirtschaft.hessen.de → Menü → Umwelt→ Nachhaltigkeit und Ressourcenschutz → Ressourcenschutzstrategie,

– durch eine auf den Klimawandel und seine Folgen ausgerichtete, klimaschützende und klimaresiliente Planung und Ausführung sowie
– durch die Minderung der Luftschadstoffemissionen der Wärme- und Stromversorgung und die Nutzung erneuerbarer Energien sowie die sparsame und effiziente Nutzung von Energie (§ 1 Abs. 6 Nr. 7 f) BauGB und § 9 Abs. 1 Nr. 23 b) BauGB).

3.1 Bodenschutz und Altlastensanierung

Aufgaben und Pflichten zum vorsorgenden Bodenschutz sowie zur Behandlung altlastverdächtiger Flächen, Altlasten und schädlichen Bodenveränderungen sind insbesondere geregelt im Bundes-Bodenschutzgesetz (BBodSchG) vom 17. März 1998 (BGBl. I S. 502), zuletzt geändert durch Gesetz vom 25. Februar 2021 (BGBl. I S. 306), der Bundes-Bodenschutz- und Altlastenverordnung (BBodSchV) vom 9. Juli 2021 (BGBl. I S. 2598, 2716) sowie dem Hessischen Altlasten- und Bodenschutzgesetz (HAltBodSchG) vom 28. September 2007 (GVBl. I S. 652), zuletzt geändert durch Gesetz vom 30. September 2021 (GVBl. S. 602, ber. S. 701).

3.1.1 Schädliche Bodenveränderungen sind zu vermeiden. Baumaßnahmen können zu schädlichen Bodenveränderungen führen, wenn sie unsachgemäß ausgeführt oder keine Schutzmaßnahmen zur Vermeidung von Schäden ergriffen werden. Relevant sind insbesondere Bodenverdichtung durch Befahren, Schadstoffeinträge und eine unsachgemäße Wiederherstellung von Böden und Bodenfunktionen nach Bauabschluss. Zudem ist nach § 202 BauGB ausgehobener Mutterboden in nutzbarem Zustand zu erhalten und vor Vernichtung und Vergeudung zu schützen.

Die Vermeidung von Bodenschäden ist dabei vorrangig gegenüber der nachträglichen Beseitigung. Entstehen dennoch Schäden, besteht nach § 4 Abs. 3 BBodSchG die weitere Pflicht zur Gefahrenabwehr, d. h. die Böden sind zu sanieren.

Bei größeren Baumaßnahmen, bei komplexen Eingriffen in Böden, insbesondere bei Böden mit hoher Funktionserfüllung oder bei besonders empfindlichen Böden, empfiehlt es sich, eine bodenkundliche Baubegleitung nach DIN 19639 zu einem möglichst frühen Stadium zu installieren.

Bei bestimmten bodenbezogenen Vorhaben (Maßnahmen, die die durchwurzelbare Bodenschicht auf mehr als 3.000 m² beanspruchen) kann die für die Zulassung des Vorhabens zuständige Behörde im Benehmen mit der zuständigen Bodenschutzbehörde nach § 4 Abs. 5 BBodSchV die Beauftragung einer bodenkundlichen Baubegleitung nach DIN 19639 im Einzelfall verlangen. Dies gilt entsprechend, wenn das Vorhaben einer Anzeige bedarf.

3.1.2 Weitere Pflichten der Bauherrschaft

Für die Bauherrschaft bestehen u.a. Mitteilungs-, Auskunfts-, Unterlassungs- und Anzeigepflichten nach § 4 HAltBodSchG bzw. die Pflichten zur Anzeige von Bodenveränderungen nach § 11 Abs. 1 HAltBodSchG sowie zur Dokumentation von Untersuchungsergebnissen nach § 6 Abs. 7 BBodSchV. Zuständige untere Bodenschutzbehörde ist der Kreisausschuss oder in kreisfreien Städten der Magistrat.

Beim Auf- und Einbringen von Materialien in oder auf den Boden (z.B. zur Geländenivellierung oder Vorbereitung des Baugrunds) sind mit dem Bauantrag Angaben zu der betroffenen Fläche, der Art und des Zwecks der Maßnahme, des Materials sowie dessen Inhaltsstoffen und Menge zu machen. Hilfsweise kann das Anzeigeformular zu § 4 Abs. 3 HAltBodSchG unter www.landwirtschaft.hessen.de → Menü → Umwelt → Bodenschutz → Auf- und Einbringen von Materialien → Anzeige einer Maßnahme verwendet werden.

Die Bestimmungen der §§ 6-8 BBodSchV sind einzuhalten. Diese werden durch die „Vollzugshilfe zu §§ 6-8 BBodSchV – Anforderungen an das Auf- und Einbringen von Materialien auf oder in den Boden" (veröffentlicht auf der Internetseite der Bund/Länder-Arbeitsgemeinschaft Bodenschutz, www.labo-deutschland.de → Menü → Veröffentlichung) konkretisiert. Die DIN 19731 (09/2023) enthält fachtechnische Anforderungen, wie ein schonender Umgang mit Bodenmaterial erfolgen soll.

Weitere Informationen können beim Hessischen Ministerium für Landwirtschaft und Umwelt, Weinbau, Forsten, Jagd und Heimat, Abteilung Wasser und Boden, eingeholt und im Internet unter www.landwirtschaft.hessen.de → Menü → Umwelt → Bodenschutz abgerufen werden.

In der Broschüre „Boden - mehr als Baugrund" sind relevante Informationen hinsichtlich bodenschützender Maßnahmen, deren Ziel und Nutzen, aufbereitet. In der Handlungsempfehlung zur rechtlichen Behandlung von Aufschüttungen und bei Auf- und Einbringen von Bodenmaterial auf Böden vom 27. Oktober 2015 (StAnz. S. 1150) und der Arbeitshilfe „Aufbringung von Bodenmaterial zur landwirtschaftlichen und erwerbsgärtnerischen Bodenverbesserung" werden Anforderungen aus Sicht der Behörden konkretisiert.

3.1.3 Altlasten, schädliche Bodenveränderungen

Besondere Sorgfalt und Vorsicht sind geboten, wenn Maßnahmen auf Grundstücken durchgeführt werden sollen, die – möglicherweise oder erwiesenermaßen – verunreinigt sind. Beispiele sind Altstandorte und Altablagerungen (z.B. ehemaliges Betriebsgelände, Deponie), altlastverdächtige Flächen, schädliche Bodenveränderungen oder Flächen, auf denen eine schädliche Bodenveränderung nicht auszuschließen ist. Es ist erforderlich, frühzeitig mit dem örtlich zuständigen Regierungspräsidium als oberer Bodenschutzbehörde Kontakt aufzunehmen. Maßnahmen sollten frühzeitig zwischen Bauherrschaft und Behörde abgestimmt werden.

Informationen zu Altlasten oder schadstoffbezogenen schädlichen Bodenveränderungen liegen insbesondere im Fachinformationssystem Altflächen und Grundwasserschadensfälle (FIS AG) vor. Die Regierungspräsidien als obere Bodenschutzbehörden erteilen Auskünfte zu Altlasten, wobei dort neben den Informationen aus FIS AG ggf. auch Informationen einbezogen werden können, die auf laufende Verwaltungsverfahren zurückgehen.

Weitere Informationen können beim Hessischen Ministerium für Landwirtschaft und Umwelt, Weinbau, Forsten, Jagd und Heimat, Abteilung

Wasser und Boden, eingeholt und im Internet abgerufen werden unter www.landwirtschaft.hessen.de → Menü → Umwelt → Bodenschutz.

3.2 Natur- und Artenschutz

Die Zulässigkeit und Ausführung von baulichen Anlagen, auch von Abbruchmaßnahmen, wird in weiten Teilen durch das Naturschutzrecht mitbestimmt. Für Vorhaben im Innenbereich sind die arten- und biotopschutzrechtlichen Vorschriften von Bedeutung. Darüber hinaus gilt für den Außenbereich nach § 35 BauGB die naturschutzrechtliche Eingriffsgenehmigung. Betroffen sind auch Vorhaben, die keiner Baugenehmigung bedürfen.

Die Bauaufsichtsbehörde trifft in bauaufsichtlichen Verfahren erforderliche Entscheidungen in den Fällen des § 35 Abs. 1 und Abs. 4 BauGB sowie in den Fällen des § 34 BauGB im Benehmen mit der Naturschutzbehörde. Durch geeignete Darstellungen in den Bauvorlagen muss die Bauaufsichtsbehörde in die Lage versetzt werden, natur- und artenschutzrelevante Sachverhalte zu beurteilen (vertiefte Hinweise siehe Anlage 2 Nr. 21).

Eine unzureichende Berücksichtigung artenschutzrechtlicher Vorgaben verstößt gegen das Gesetz, was zu erheblichen Verzögerungen von Vorhaben führen und unter Umständen bußgeldbewährte bzw. strafrechtliche Folgen haben kann. Gerade die Investitionssicherheit bei gewerblichen Vorhaben kann erheblich durch eine frühzeitige Klärung vermeintlicher oder tatsächlicher Naturschutzprobleme verbessert werden. Aus diesem Grund sollte die Bauherrschaft frühzeitig prüfen, ob das geplante Bauvorhaben artenschutzrechtliche Verbote tangiert. Die Checkliste des Hessischen Ministeriums für Landwirtschaft und Umwelt, Weinbau, Forsten, Jagd und Heimat (siehe untenstehenden Link) hilft zu ermitteln, ob Anhaltspunkte bestehen. Sind Anhaltspunkte gegeben, sollte die untere Naturschutzbehörde (UNB) umgehend eingebunden werden. Die UNB entscheidet dann, ob ein artenschutzrechtliches Gutachten erstellt werden muss. Dies ist den Bauvorlagen beizufügen, soweit es sich um ein Baugenehmigungsverfahren handelt, in dem Artenschutz zu prüfen ist (siehe Anlage 2 Nr. 21.2).

Ob artenschutzrechtliche Belange betroffen sein können, hängt im Einzelfall von der konkreten Baumaßnahme ab. So besteht beispielsweise bei:

- Abbruch, Umbau oder Erweiterung älterer Gebäude,
- Beseitigung von altem Baumbestand oder anderen Gehölzen ab 50 m^2,
- Höhlen in den Außenwänden,
- Errichtung großflächiger Glasflächen sowie transparenter oder spiegelnder baulichen Anlagen,
- Vorhandensein von Schutzgebieten, Naturdenkmälern, Gewässern, Wald oder gesetzlich geschützten Biotopen auf dem Baugrundstück oder den unmittelbar angrenzenden Nachbargrundstücken oder
- Beseitigung offener Schotter- oder Abbruchflächen,

in der Regel das Risiko, dass artenschutzrechtliche Belange tangiert sein könnten.

Es empfiehlt sich, die auf der Internetseite des Hessischen Ministeriums für Landwirtschaft und Umwelt, Weinbau, Forsten, Jagd und Heimat eingestellte Checkliste zur möglichen artenschutzrechtlichen Betroffenheit, insbesondere zur Beteiligung der UNB, zu verwenden. Dort sind auch umfangreiche allgemeine Informationen zum Thema Natur- und Artenschutz zusammengestellt, siehe www.landwirtschaft.hessen.de → Menü → Naturschutz- und-Artenvielfalt → Thema Eingriffe in die Natur – Kompensationsmaßnahmen.

Direkt zur Artenschutz-Checkliste gelangen Sie über folgenden Link: www.landwirtschaft.hessen.de → Menü → Naturschutz- und- Artenvielfalt → Thema Eingriffe in die Natur – Kompensationsmaßnahmen → Downloads Eingriffsregelung → Checkliste zur arten- und biotopschutzrechtlichen Vorprüfung nach §§ 18, 44 BNatSchG.

Weitere Informationen können zudem bei der UNB (Kreisverwaltung, Stadtverwaltung bei Städten mit > 50.000 Einwohnern und kreisfreien Städten) eingeholt werden.

3.3 Gewässer- und Hochwasserschutz

Bei Bauvorhaben sind die wasserrechtlichen Regelungen des Wasserhaushaltsgesetzes (WHG) vom 31. Juli 2009 (BGBl. I S. 2585), zuletzt geändert durch Artikel 7 des Gesetzes vom 22. Dezember 2023 (BGBl. I S. 2031), und des Hessischen Wassergesetzes (HWG) vom 14. Dezember 2010 (GVBl. I 2010, S. 548), zuletzt geändert durch Gesetz vom 28. Juni 2023 (GVBl. S. 473, 475), zu berücksichtigen.

Im Gewässerrandstreifen nach § 23 HWG ist jede Errichtung oder wesentliche Änderung von baulichen oder sonstigen Anlagen verboten, soweit sie nicht standortgebunden oder wasserwirtschaftlich erforderlich sind. Wesentlich ist jede Änderung einer Bestandsanlage, die mit einer Flächen- oder Volumenvergrößerung verbunden ist. Ausnahmen sind nur nach Maßgabe von § 38 Abs. 5 WHG möglich.

Soweit die Anlage nicht ohnehin nach § 23 HWG unzulässig ist, bedarf die Errichtung oder wesentliche Änderung von Anlagen in, an, über und unter oberirdischen Gewässern einer wasserrechtlichen Genehmigung nach § 22 HWG durch die zuständige Wasserbehörde. Ist für das Vorhaben auch eine Baugenehmigung nach der HBO[1] erforderlich, entscheidet die für die Baugenehmigung zuständige Behörde im Benehmen mit der Wasserbehörde. Die Genehmigungsvoraussetzungen der §§ 36 WHG und 22 HWG sind einzuhalten; Ausnahmeregelungen bestehen nicht.

Zur Erhaltung der Funktion als Rückhalteflächen und zur Begrenzung des Schadenspotentials gilt innerhalb von festgesetzten und vorläufig gesicherten Überschwemmungsgebieten (vgl. § 76 Abs. 2 und 3 WHG) grundsätzlich ein wasserrechtliches Bauverbot (vgl. § 78 Abs. 4 WHG), von dem jedoch unter bestimmten Voraussetzungen abgewichen werden kann (vgl. § 78 Abs. 5 WHG). In diesem Fall hat der Antragsteller den Nachweis zu erbringen, dass das Vorhaben den Belangen des Hochwasserschutzes nicht entgegensteht.

---

[1] Nr. **1**.

Bei Risikogebieten außerhalb von Überschwemmungsgebieten wird auf die Regelungen des § 78b WHG Abs. 1 verwiesen. Die Zulassung von Einzelvorhaben ist nur dann statthaft, wenn diese in einer Art und Weise errichtet werden, die dem jeweiligen Hochwasserrisiko entsprechen und soweit eine solche Bauweise nach Art und Funktion der Anlage technisch möglich ist.

Details hinsichtlich der Zulassung von Einzelvorhaben in den genannten Gebietskulissen können der „Handlungsanleitung zur Hochwasservorsorge und zum Hochwasserschutz in der Raumordnungs- und in der Bauleitplanung sowie bei der Zulassung von Einzelbauvorhaben" der ARGE Bau (Stand: 26. November 2018) entnommen werden: www.bauministerkonferenz.de → Öffentlicher Bereich → Planungshilfen und Vollzugshinweise → Ordner Städtebau sowie der zwischen HMWVW und HMLU abgestimmten Arbeitshilfe „Bauleitplanung in Überschwemmungsgebieten und im Gewässerrandstreifen in Hessen" unter www.bauleitplanung.hessen.de → Menü → Leitfäden und informative Links → Leitfaden „Informationen Bauleitplanung in Überschwemmungsgebieten und im Gewässerrandstreifen".

Sind mit Bauvorhaben Gewässernutzungen verbunden, insbesondere Abwassereinleitungen in oder Wasserentnahmen aus einem Gewässer, ist bei der zuständigen Wasserbehörde eine wasserrechtliche Erlaubnis zu beantragen. Für bestimmte gewerbliche Abwassereinleitungen in die öffentliche Kanalisation (Indirekteinleitungen) bedarf das indirekte Einleiten von Abwasser anstelle der Genehmigung einer Anzeige (Indirekteinleitungsverordnung). Die Anforderungen des kommunalen Satzungsrechtes bleiben unberührt.

Bei Planung, Errichtung und Betrieb von Anlagen zum Umgang mit wassergefährdenden Stoffen ist die seit dem 1. August 2017 in Kraft getretene Verordnung über Anlagen zum Umgang mit wassergefährdenden Stoffen (Bundesanlagenverordnung für wassergefährdende Stoffe – AwSV) vom 18. April 2017 (BGBl. I S. 905), geändert durch Verordnung vom 19. Juni 2020 (BGBl. I S. 1328), zu beachten. Anlagen mit Bedeutung für den Gewässerschutz müssen der zuständigen Wasserbehörde angezeigt werden. Beispielsweise besteht eine Anzeigepflicht bei allen unterirdischen Heizölverbraucheranlagen und bei oberirdischen Heizölverbraucheranlagen ab einem Volumen von mehr als 1 m^3. In Abhängigkeit von der Gefährdungsstufe der Anlagen bestehen einmalige- und wiederkehrende Prüfpflichten. Erhöhte Anforderungen an die Anlagensicherheit bestehen in Wasserschutzgebieten und in von Hochwasser gefährdeten Gebieten (Überschwemmungsgebiete und Risikogebiete außerhalb von Überschwemmungsgebieten).

Regelungen des anlagen- und stoffbezogenen Gewässerschutzes (z.B. für Heizölverbraucheranlagen) finden Sie unter www.landwirtschaft.hessen.de → Menü Wasser → Gewässerschutz → Thema Beeinträchtigung – Wassergefährdende Stoffe.

Hinweise zum Hochwasserschutz und den rechtlichen Regelungen lassen sich unter www.landwirtschaft.hessen.de → Wasser → Thema Hochwasserschutz und im Hochwasserportal Hessen unter www.hochwasser.hessen.de aufrufen. Bauherrschaften und alle anderen am Bau Beteiligten können im Hochwasserportal Hessen auch Überschwemmungsgebiets- und Hochwassergefahrenkarten sowie Hochwasserrisikokarten abrufen.

Bei Brandereignissen kann es zum Versagen des Behälters und der Rückhalteeinrichtungen kommen. Es können wassergefährdende Stoffe freigesetzt werden. Rückhalteeinrichtungen, die für die Rückhaltung wassergefährdender Stoffe ausgelegt sind, sind in der Regel nicht ausreichend, um die oft eingesetzten flüssigen Löschmittel ebenfalls zurückzuhalten. Die Forderung nach einer Löschwasserrückhaltung dient dazu, dass es auch bei Bränden nicht zu Gewässer- oder Bodenschäden kommt. Hinweise sind zu finden unter www.landwirtschaft.hessen.de → Wasser → Gewässerschutz → Thema Beeinträchtigung – Wassergefährdende Stoffe → Rückhaltung bei Brandereignissen.

Die jeweiligen Rechtsvorschriften finden sich unter www.rv.hessenrecht.hessen.de. Weitere Informationen können beim Hessischen Ministerium für Landwirtschaft und Umwelt, Weinbau, Forsten, Jagd und Heimat, Abteilung III – Wasser und Boden, Tel.: 0611/815-0, eingeholt werden.

3.4 Immissionsschutz

Die Errichtung und der Betrieb von baulichen Anlagen und Räumen, durch deren besondere Art oder Nutzung Personen oder die Allgemeinheit schädlichen Umwelteinwirkungen ausgesetzt sind, fallen unter den Geltungsbereich des Bundes-Immissionsschutzgesetzes (BImSchG) vom 17. Mai 2013 (BGBl. I S. 1274), zuletzt geändert durch Gesetz vom 24. Februar 2025 (BGBl. I Nr. 58).

Die Betreiberin oder der Betreiber solcher Anlagen hat eigenverantwortlich zu prüfen, ob ihre oder seine Anlage dem Stand der Technik entspricht. Im konkreten Einzelfall wird empfohlen, vor der Errichtung der Anlage Kontakt mit der zuständigen immissionsschutzrechtlichen Überwachungsbehörde aufzunehmen. Für gewerbliche Anlagen ist dies i. d. R. die örtlich zuständige Umweltabteilung bei den Regierungspräsidien. Für nicht gewerbliche Anlagen wie z.B. Luftwärmepumpen und für immissionsschutzrechtlich nicht genehmigungsbedürftige Anlagen (z.B. Gaststätten, Tierhaltungsanlagen mit Tierplatzzahlen unterhalb der Mengenschwellen des Anhangs 1 der 4. BImSchV) ist es der örtlich zuständige Kreisausschuss bzw. Magistrat der kreisfreien Stadt.

Zur Berücksichtigung der Belange des Immissionsschutzes im Rahmen gewerblicher Bauvorhaben wurden Checklisten und Merkblätter erstellt, die es der Behörde ermöglichen, das Bauvorhaben hinsichtlich seiner Umweltauswirkungen zu beurteilen. Die Unterlagen sind im Downloadbereich der HLNUG-Internetseite einzusehen unter www.hlnug.de → Downloads → Downloads Immissionsschutz.

Bei Feuerungsanlagen sind entsprechend der jeweiligen Feuerungswärmeleistung die immissionsschutzrechtlichen Anforderungen der Verordnung über kleine und mittlere Feuerungsanlagen (1. BImSchV) oder der Verordnung über mittelgroße Feuerungs-, Gasturbinen- und Verbrennungsmotoranlagen (44. BImSchV) einzuhalten.

Bei der Errichtung oder wesentlichen Änderung einer Festbrennstofffeuerungsanlage mit einer Feuerungswärmeleistung von weniger als 1 MW hat der Betreiber vor Inbetriebnahme der Anlage die Anforderungen des § 19 der 1. BImSchV von einem Schornsteinfeger oder einer Schornsteinfegerin feststellen zu lassen. Für diesen Nachweis steht der/dem Prüfsachverständigen für Energieerzeugungsanlagen zusätzlich eine Bescheinigung als Vordruck zur Verfügung (siehe Anlage 2 Nr. 8).

3.5 Abfälle

Bei der Errichtung und dem Betrieb von Anlagen oder anderen Einrichtungen sowie bei Bau- und Abbrucharbeiten fallen eine Vielzahl von Abfällen an. Um eine umweltfreundliche Verwertung von Abfällen zu erreichen, ist ein sorgfältiger Umgang mit Abfällen beim Abfallerzeuger entscheidend. Aus diesem Grunde sind ggf. Angaben im Bauantrag zu den Abfällen deren Getrennthaltung und Entsorgung und über die Anlagen zum Umgang mit Abfällen erforderlich. Insbesondere bei Baugenehmigungen für Abbruchvorhaben gewerblich, industriell oder militärisch genutzter Gebäude sowie bei sonstigen Gebäuden, die im Verdacht stehen, gefährliche Baustoffe wie beispielsweise asbesthaltige Bauteile oder Baustoffe wie Faserzementwellplatten, Putze, Kleber, Abstandhalter oder Spannhülsen, als gefährlich einzustufende Holzmaterialien oder künstliche Mineralfaserstoffe aufzuweisen, ist ein Entsorgungskonzept dem Antrag beizufügen. Dies gilt ebenso für die Abfälle von Aushubarbeiten auf Standorten, bei denen mit Untergrundkontaminationen bzw. mit schädlichen Bodenverunreinigungen zu rechnen ist. Damit eine schnelle und eindeutige Beurteilung der Maßnahme und ob eine Genehmigung nach BImSchG erforderlich ist erfolgen kann, ist eine Beschreibung der tatsächlich eingesetzten Stoffe von Bedeutung.

Besondere Anforderungen an gewerbliche Siedlungsabfälle und Bau- und Abbruchabfälle ergeben sich aus der Gewerbeabfallverordnung (GewAbfV). Darin ist geregelt, dass Erzeuger und Besitzer dieser Abfälle diese, soweit technisch möglich und wirtschaftlich zumutbar, jeweils getrennt zu halten, zu lagern, einzusammeln, zu befördern und einer Verwertung zuzuführen haben. Gewerbliche Siedlungsabfälle, die begründet nicht getrennt gehalten werden können, sind einer Vorbehandlungsanlage, Bau- und Abbruchabfälle dagegen einer geeigneten Vorbehandlungs- oder Aufbereitungsanlage zuzuführen. Die Getrennthaltung und die Entsorgungswege sind entsprechend zu dokumentieren. Die Dokumentation ist der Abfallbehörde auf Verlangen vorzulegen.

In der am 1. August 2023 in Kraft getretenen Ersatzbaustoffverordnung (ErsatzbaustoffV) werden u.a. die Anforderungen an Aufbereitungsanlagen für Bau- und Abbruchabfälle festgelegt. Es werden zum einen für die jeweiligen Ersatzbaustoffe Grenzwerte in Bezug auf bestimmte Schadstoffe in den jeweiligen Materialklassen festgeschrieben, die im Rahmen der Annahmekontrolle beachtet und im Rahmen der Güteüberwachung von Aufbereitungsanlagen nachgewiesen werden müssen, zum anderen sieht sie an diese Materialklassen angepasste Einbauweisen vor.

Die ErsatzbaustoffV gibt umfangreiche Dokumentationspflichten und eine Anzeigepflicht für den Einbau bestimmter mineralischer Ersatzbaustoffe oder ihrer Gemische vor. Eine entsprechende Anzeige ist vier Wochen vor Beginn des Einbaus bei der zuständigen Behörde schriftlich oder elektronisch zu stellen.

In Bezug auf die konkreten Anforderungen für den Betreiber von Aufbereitungsanlagen, Verwender, Erzeuger und Besitzer, Grundstückseigentümer, Inverkehrbringer, Sammler und Beförderer und Betreiber von Zwischenläger sind auf den Internetseiten der Regierungspräsidien Kurzinformationen hinterlegt.

Dort gibt es zusätzliche Informationen, wie z.B. das in der jeweils aktuellen Fassung verfügbare Merkblatt der Regierungspräsidien „Entsorgung von Bauabfällen" sowie Hilfen zur Erstellung von Dokumentationen nach GewAbfV, die auch auf der Internetseite des Hessischen Ministeriums für Landwirtschaft und Umwelt, Weinbau, Forsten, Jagd und Heimat (Internet: www.landwirtschaft.hessen.de → Menü → Umwelt → Abfall und Recycling → Thema Abfälle als Rohstoffe – Abfallwirtschaft) abgerufen werden können.

3.6 Energieeinsparung- und Klimaschutz

Das Gebäudeenergiegesetz (GEG) vom 8. August 2020 (BGBl. I S. 1728), zuletzt geändert am 16. Oktober 2023 (BGBl. 2023 I Nr. 280), trat am 1. November 2020 in Kraft. Der Vollzug des GEG obliegt nach der Heizkosten- und Energieverfahrensverordnung (HEVV) in den kreisfreien Städten und in den kreisangehörigen Gemeinden, denen die Bauaufsicht übertragen ist, dem Gemeindevorstand, in den Landkreisen dem Kreisausschuss. Möchte die Bauherrschaft von den Anforderungen des GEG befreit werden, ist hierfür vor Baubeginn eine Befreiung einzuholen. Für Befreiungen nach § 102 GEG sind die Regierungspräsidien (Darmstadt, Gießen, Kassel) zuständig.

Der Nachweis zur Erfüllung der Pflichten nach dem GEG steht selbstständig neben den Anforderungen nach dem Bauordnungsrecht.

Mit dem GEG wurde ein Nachweis über die Einhaltung der energetischen Anforderungen an Gebäude eingeführt, die Erfüllungserklärung nach § 92 GEG. Mit ihr ist nachzuweisen oder zu bescheinigen, dass die gesetzlichen Anforderungen eingehalten werden. Die Vorlage der Erfüllungserklärung ist nach § 3 Abs. 1 Satz 1 HEVV an den Zeitpunkt der Vorlage der Fertigstellungsanzeige nach § 84 Abs. 1 Satz 1 und 3 HBO[1] gekoppelt. Die Vorlagefrist kann im Einzelfall verlängert werden. Entsprechende Vordrucke für Bestandsgebäude und für Neubauten sowie Merkblätter zum Vollzug können heruntergeladen werden unter www.wirtschaft.hessen.de → Menü → Energieeffizienz → Bauen – Gebäudeenergiegesetz (GEG).

Nach GEG gilt für Bauvorhaben, die vor dem 1. November 2020 beantragt oder die nach § 63 oder § 64 HBO der zuständigen Bauaufsichtsbehörde mitgeteilt wurden, weiterhin das EEWärmeG und die EnEV. Merkblätter und ein Vordruck zum Nachweis der Erfüllung der Pflichten nach EEWärmeG können unter folgendem Link heruntergeladen werden: www.lea-hessen.de → Menü → Mediathek → Publikationen → Stichwortsuche „Vordruck" in der Trefferanzeige „Empfohlener Vordruck zum EEWärmeG (Formular).

[1] Nr. **1**.

4. Liegenschaftskataster

Die hessischen Ämter für Bodenmanagement führen zum landesweiten Nachweis aller Grundstücke und Gebäude ein Liegenschaftskataster, in dem die Grundstücksgrenzen und die Gebäudegrundrisse auf der Basis örtlicher Vermessungen dokumentiert sind. Das Liegenschaftskataster dient u.a. dem Schutz der persönlichen Eigentumsrechte.

Damit die Ämter für Bodenmanagement den Gebäudenachweis im Liegenschaftskataster stets auf dem neuesten Stand halten können, hat der Gesetzgeber die Eigentümerinnen und Eigentümer von neu errichteten oder im Grundriss veränderten Gebäuden verpflichtet, eine dazu befugte Vermessungsstelle (Öffentlich bestellte Vermessungsingenieurin oder Öffentlich bestellter Vermessungsingenieur, Amt für Bodenmanagement) mit der kostenpflichtigen Einmessung zu beauftragen.

Weitere Informationen hierzu können auf der Internetseite der Hessischen Verwaltung für Bodenmanagement und Geoinformation (HVBG) eingeholt werden, siehe www.hvbg.hessen.de → Menü → Liegenschaftskataster → Gebäudeeinmessung. Dort steht ein Merkblatt mit Informationen über die Gebäudeeinmessungspflicht zur Verfügung (VAL-Informationsblatt Gebäudeeinmessungspflicht).

5. Brandschutz – Einsatz von Hubrettungsfahrzeugen der Feuerwehr als 2. Rettungsweg oder zur Sicherstellung wirksamer Löscharbeiten

Die Belange des baulichen Brandschutzes sind bei der Planung von Vorhaben grundsätzlich auf Grundlage der Anforderungen aus der HBO[1)] für alle baulichen Anlagen durch die Bauherrschaft zu berücksichtigen. Wenn für die Nutzung der baulichen Anlage die Sicherstellung des zweiten baulichen Rettungsweges, anstatt einer weiteren notwendigen Treppe jedoch über eine mit Rettungsgeräten der Feuerwehr zu erreichende Stelle gemäß § 36 Abs. 2 und 3 HBO sichergestellt wird, sind die Einsatzmöglichkeiten und Einsatzgrenzen dieses Rettungsgerätes der Feuerwehr maßgeblich zu berücksichtigen.

Wird hierfür ein Hubrettungsgerät der Feuerwehr, bei Oberkante der Brüstung von zum Anleitern bestimmten Fenstern oder Stellen mit mehr als 8 m über der Geländeoberfläche erforderlich, unterliegt dies engen Rahmenbedingungen. Insbesondere bei Regelbauten – bei denen der Nachweis des vorbeugenden Brandschutzes erst mit Baubeginn vorliegen muss – ist eine frühzeitige Planung und Abstimmung des zweiten Rettungsweges über Hubrettungsgerät der Feuerwehr dringend angeraten, um keine Situationen entstehen zu lassen, die spätere Umplanungen oder Abweichungsanträge notwendig machen.

Ist der Einsatz von Hubrettungsfahrzeugen vorgesehen, soll die zuständige Brandschutzdienststelle nach § 4 Abs. 2 HBKG[2)] zu den Einsatz-

[1)] Nr. **1**.

[2)] Hessisches Gesetz über den Brandschutz, die Allgemeine Hilfe und den Katastrophenschutz (Hessisches Brand- und Katastrophenschutzgesetz – HBKG) idF der Bek. v. 14.1.2014 (GVBl. S. 26), zuletzt geänd. durch G v. 30.9.2021 (GVBl. S. 602) in der Fassung der Bekanntmachung vom 14. Januar 2014 (GVBl. S. 26), zuletzt geändert durch Gesetz vom 23. August 2018 (GVBl. S. 374)

möglichkeiten gemäß § 6 NBVO[1] bzw. § 19 HPPVO[2] gehört werden. Die sich daraus ergebenden Anforderungen sind im Nachweis des vorbeugenden Brandschutzes zu berücksichtigen. In diesem Zusammenhang wird dringend empfohlen, das auf der Homepage des Landesfeuerwehrverbandes Hessen hinterlegte Formular zur Anfrage einer Stellungnahme zu den Einsatzmöglichkeiten von Hubrettungsfahrzeugen nach § 6 NBVO bzw. § 19 HPPVO[3] zu verwenden. Das Formular kann über folgenden Link direkt abgerufen werden: www.feuerwehrhessen.de → Menü → Fachinformationen → Vorbeugender Brandschutz → Downloads → Musterformulare zu den Einsatzmöglichkeiten von Hubrettungsfahrzeugen der Feuerwehr.

Ist der Einsatz von Hubrettungsfahrzeugen zur Gewährleistung wirksamer Löscharbeiten an Außenwandbekleidungen von Gebäuden der Gebäudeklassen 4 und 5 aufgrund der Technischen Regel A 2.2.1.4 erforderlich (z.B. MHolz-BauRL), ist die Einbindung der zuständigen Brandschutzdienststelle geboten.

6. Telekommunikation – Netzinfrastruktur von Gebäuden

Bei der Errichtung neuer Gebäude sowie der umfangreichen Renovierung von Gebäuden sind Ausstattungsverpflichtungen zu erfüllen, um den Anforderungen an eine moderne Kommunikationsinfrastruktur bis in die Räume des Endnutzers Rechnung zu tragen:

a) Neu errichtete Gebäude, die über Anschlüsse für Endnutzer von Telekommunikationsdiensten verfügen sollen, sowie

b) Gebäude, die umfangreich renoviert (vgl. § 3 Nr. 68 Telekommunikationsgesetzes (TKG)) werden und über Anschlüsse für Endnutzer von Telekommunikationsdiensten verfügen sollen, sind

- gebäudeintern bis zu den Netzabschlusspunkten mit geeigneten passiven Netzinfrastrukturen für Netze mit sehr hoher Kapazität (vgl. § 3 Nr. 33 TKG) sowie
- einem Zugangspunkt (vgl. § 3 Nr. 76 TKG) zu diesen passiven gebäudeinternen Netzkomponenten auszustatten (vgl. § 145 Abs. 4 und 5 TKG).

Dies gilt nicht für Garagen oder andere Zweckgebäude ohne Anschlüsse für Endnutzer. Ebenso findet dies keine Anwendung auf Einfamilienhäuser, Baudenkmäler, Ferienhäuser, Militärgebäude und Gebäude, die für Zwecke der nationalen Sicherheit genutzt werden (vgl. § 145 Abs. 6 TKG).

Weitere Informationen hierzu erhalten Sie auf der Internetseite: www.breitbandbuero-hessen.de → Menü → Inhouse-Verkabelung.

---

[1] Nr. **9**.

[2] Nr. **4**.

[3] Hessische Verordnung über Prüfberechtigte und Prüfsachverständige nach der Hessischen Bauordnung (Hessische Prüfberechtigten- und Prüfsachverständigenverordnung – HPPVO) (Nr. **4**) vom 18. Dezember 2006 (GVBl. I S. 745), zuletzt geändert durch Verordnung vom 28. Oktober 2022 (GVBl. S. 554)

7. Weitere Informationen im Internet

Die Regierungspräsidien Darmstadt, Gießen und Kassel bieten über die Informationen der Hessischen Ministerien hinaus eine Vielzahl von hilfreichen Informationen zum Arbeits-, Gesundheits- und Umweltschutz auf ihren Internetseiten www.rp-darmstadt.hessen.de,www.rp-giessen.hessen.de,www.rp-kassel.hessen.de unter den entsprechenden Stichworten.

3. Verordnung zur Übertragung von Zuständigkeiten nach der Hessischen Bauordnung (HBOZÜV)

Vom 18. Dezember 2014

(GVBl. 2015 S. 16)

FFN 361-121

Aufgrund des § 80 Abs. 7 Satz 1 in Verbindung mit Abs. 10 der Hessischen Bauordnung[1)] in der Fassung vom 15. Januar 2011 (GVBl. I S. 46, 180), zuletzt geändert durch Gesetz vom 13. Dezember 2012 (GVBl. S. 622), verordnet der Minister für Wirtschaft, Energie, Verkehr und Landesentwicklung:

§ 1 [Befugnis des Regierungspräsidiums Darmstadt] Die Befugnis zur Erteilung von Zustimmungen im Einzelfall nach § 19 Satz 1 und § 20 Abs. 1 Satz 1 Nr. 2 der Hessischen Bauordnung[1)] sowie zur Erklärung des Zustimmungsverzichts im Einzelfall nach § 19 Satz 2 und § 20 Abs. 1 Satz 5 der Hessischen Bauordnung wird auf das Regierungspräsidium Darmstadt übertragen, soweit diese folgende Bereiche betreffen:

1. ausschließlich Verwendbarkeits- und Anwendbarkeitsnachweise zur Erfüllung der Brandschutzanforderungen oder
2. Verwendbarkeits- und Anwendbarkeitsnachweise zur Erfüllung von Sicherheits- und Funktionsanforderungen an die Technische Gebäudeausrüstung.

§ 2 [Befugnis des Regierungspräsidiums Gießen] [1] Die Befugnis zur Erteilung, Verlängerung, Änderung und Übertragung von Ausführungsgenehmigungen für Fliegende Bauten nach § 68 Abs. 3 bis 5 der Hessischen Bauordnung[1)] wird auf das Regierungspräsidium Gießen übertragen. [2] Im Bereich der Fliegenden Bauten nimmt das Regierungspräsidium Gießen auch die Fachaufsicht über die unteren Bauaufsichtsbehörden im Zuständigkeitsbereich der Regierungspräsidien Darmstadt und Kassel wahr. [3] Bei Gebrauchsabnahmen nach § 68 Abs. 6 der Hessischen Bauordnung kann das Regierungspräsidium Gießen in besonderen Fällen hinzugezogen werden.

§ 3 [Aufhebung] Die Verordnung zur Übertragung von Zuständigkeiten nach der Hessischen Bauordnung vom 1. Februar 2005 (GVBl. I S. 94), zuletzt geändert durch Gesetz vom 13. November 2012 (GVBl. S. 423), wird aufgehoben.

§ 4 [Inkrafttreten] [1] Diese Verordnung tritt am Tage nach der Verkündung[2)] in Kraft. [2] Abweichend von Satz 1 tritt § 2 am 1. Mai 2015 in Kraft.

[1)] Nr. **1**.

[2)] Verkündet am 14.01.2015.

4. Hessische Verordnung über Prüfberechtigte und Prüfsachverständige nach der Hessischen Bauordnung (Hessische Prüfberechtigten- und Prüfsachverständigenverordnung – HPPVO)[1) 2)]

Vom 18. Dezember 2006
(GVBl. I S. 745)

FFN 361-114

geänd. durch Art. 5 Hess. Vermessungs- u. Geoinformations-NeuausrichtungsG v. 6.9.2007 (GVBl. I S. 548), Art. 3 VO zur Änd. bauordnungsrechtl. Rechtsvorschriften v. 24.11.2010 (GVBl. I S. 484), Art. 6 VO zur Entfristung, Verlängerung der Geltungsdauer und Änd. befristeter Rechtsvorschriften im Geschäftsbereich des MWVL v. 13.11.2012 (GVBl. S. 423), Art. 2 Vierte VO zur Verlängerung der Geltungsdauer und Änd. befristeter Rechtsvorschriften im Geschäftsbereich des MWEVL v. 24.11.2015 (GVBl. S. 546), Art. 2 Achte VO zur Verlängerung der Geltungsdauer und Änd. befristeter Rechtsvorschriften im Geschäftsbereich des Ministeriums für Wirtschaft, Energie, Verkehr und Wohnen v. 2.12.2020 (GVBl. S. 854, ber. S. 927), Art. 1 VO zur Änd. der Hessischen Prüfberechtigten- und PrüfsachverständigenVO v. 28.10.2022 (GVBl. S. 554), Art. 1 Zweite VO zur Änd. der Hessischen Prüfberechtigten- und PrüfsachverständigenVO v. 14.10.2024 (GVBl. Nr. 59) und Art. 1 Dritte ÄndVO zur Prüfberechtigten- und PrüfsachverständigenVO v. 17.2.2025 (GVBl. Nr. 13)

Aufgrund

1. des § 80 Abs. 4 Satz 1 Nr. 3, Satz 2 und 3, Abs. 5 Satz 1 Nr. 2, Satz 2, Satz 3 Nr. 1 Buchst. b, Nr. 2, Abs. 6, Abs. 7 Satz 1 und Abs. 10 der Hessischen Bauordnung[3)] vom 18. Juni 2002 (GVBl. I S. 274), zuletzt geändert durch Gesetz vom 28. September 2005 (GVBl. I S. 662), und
2. des § 2 Abs. 2 Satz 1 des Ingenieurkammergesetzes vom 30. September 1986 (GVBl. I S. 281), zuletzt geändert durch Gesetz vom 2. März 2005 (GVBl. I S. 134),

verordnet der Minister für Wirtschaft, Verkehr und Landesentwicklung:

Erster Teil. Allgemeine Vorschriften

§ 1 Anwendungsbereich. [1]Diese Verordnung regelt die Anerkennung und Tätigkeit der Prüfberechtigten und der Prüfsachverständigen in den Fachbereichen nach Satz 2 und 3, die Wahrnehmung von Prüfaufgaben durch Prüfämter und Vermessungsstellen sowie die Typenprüfung. [2]Prüfberechtigte und Prüfsachverständige werden anerkannt im Fachbereich Standsicherheit. [3]Prüfsachverständige werden darüber hinaus anerkannt in den Fachbereichen

1. Brandschutz,
2. technische Anlagen und Einrichtungen in Gebäuden,
3. Erd- und Grundbau,
4. Vermessungswesen sowie
5. Energieerzeugungsanlagen.

[1)] Die VO **tritt mit Ablauf des 31.12.2027 außer Kraft**, vgl. § 45 Satz 2.

[2)] Verkündet als Art. 1 VO über Prüfberechtigte, Prüfsachverständige, technische Prüfungen und Zuständigkeiten nach der Hess. Bauordnung v. 18.12.2006 (GVBl. I S. 745).

[3)] Nr. **1**.

§ 2[1)] Prüfberechtigte und Prüfsachverständige. (1) Prüfingenieurinnen und Prüfingenieure (Prüfberechtigte) nehmen in ihrem jeweiligen Fachbereich und, soweit nach dieser Verordnung vorgesehen, für die jeweilige Fachrichtung im Auftrag der unteren Bauaufsichtsbehörde hoheitliche Prüfaufgaben nach der Hessischen Bauordnung[2)] oder nach Vorschriften aufgrund der Hessischen Bauordnung wahr.

(2) [1] Prüfsachverständige prüfen und bescheinigen in ihrem jeweiligen Fachbereich und, soweit nach dieser Verordnung vorgesehen, für die jeweilige Fachrichtung im Auftrag der Bauherrschaft oder der sonstigen nach Bauordnungsrecht Verantwortlichen die Einhaltung bauordnungsrechtlicher Anforderungen, soweit dies in der Hessischen Bauordnung oder in Vorschriften aufgrund der Hessischen Bauordnung vorgesehen ist; sie nehmen keine hoheitlichen bauaufsichtlichen Prüfaufgaben wahr. [2] Die Prüfsachverständigen sind im Rahmen der ihnen obliegenden Pflichten unabhängig und an Weisungen der Auftraggeberin oder des Auftraggebers nicht gebunden.

(3) [1] Prüfberechtigte und Prüfsachverständige unterstehen der Aufsicht der Anerkennungsbehörde. [2] Die Anerkennungsbehörde ist im Rahmen der Aufsicht berechtigt, die ordnungsgemäße Aufgabenwahrnehmung der Prüfberechtigten und Prüfsachverständigen auch bei konkreten Bauvorhaben zu überprüfen.

§ 3[3)] Voraussetzungen der Anerkennung. (1) Soweit nachfolgend nichts anderes geregelt ist, werden als Prüfberechtigte und Prüfsachverständige nur Personen anerkannt, welche die allgemeinen Voraussetzungen des § 4 sowie die besonderen Voraussetzungen ihres jeweiligen Fachbereichs und, soweit erforderlich, ihrer jeweiligen Fachrichtung nachgewiesen haben.

(2) [1] Die Anerkennung kann Antragstellerinnen und Antragstellern, die nicht Deutsche im Sinne des Art. 116 Abs. 1 des Grundgesetzes sind, versagt werden, wenn die Gegenseitigkeit nicht gewahrt ist. [2] Satz 1 gilt nicht für Antragstellerinnen und Antragsteller, die die Staatsangehörigkeit eines Mitgliedstaats der Europäischen Union besitzen oder nach dem Recht der Europäischen Union wie Angehörige der Europäischen Union zu behandeln sind.

§ 4[4)] Allgemeine Voraussetzungen. [1] Prüfberechtigte und Prüfsachverständige können nur Personen sein, die

1. nach ihrer Persönlichkeit Gewähr dafür bieten, dass sie ihre Aufgaben ordnungsgemäß im Sinne des § 5 erfüllen,
2. die Fähigkeit besitzen, öffentliche Ämter zu bekleiden,
3. eigenverantwortlich und unabhängig tätig sind,
4. den Geschäftssitz in einem Mitgliedstaat der Europäischen Union oder einem nach dem Recht der Europäischen Union gleichgestellten Staat haben, wobei der Geschäftssitz der Betriebsmittelpunkt ist und dem Ort der Hauptniederlassung entspricht, sowie

---

[1)] § 2 Abs. 3 Satz 2 angef. mWv 11.12.2010 durch VO v. 24.11.2010 (GVBl. I S. 484); Abs. 1 und Abs. 2 Satz 1 neu gef. mWv 12.11.2022 durch VO v. 28.10.2022 (GVBl. S. 554).

[2)] Nr. **1**.

[3)] § 3 Abs. 2 Satz 2 geänd. mWv 12.11.2022 durch VO v. 28.10.2022 (GVBl. S. 554).

[4)] § 4 Satz 2 Nr. 2 Buchst. c und Satz 3 geänd. mWv 11.12.2010 durch VO v. 24.11.2010 (GVBl. I S. 484); Satz 1 Nr. 4 neu gef. mWv 12.11.2022 durch VO v. 28.10.2022 (GVBl. S. 554).

5. die deutsche Sprache in Wort und Schrift beherrschen.

[2] Eigenverantwortlich tätig im Sinne des Satz 1 Nr. 3 ist,

1. wer seine berufliche Tätigkeit in Alleininhaberschaft eines Büros selbstständig auf eigene Rechnung und Verantwortung ausübt,
2. wer
   a) sich mit anderen Prüfberechtigten oder Prüfsachverständigen, Ingenieurinnen oder Ingenieuren sowie Architektinnen oder Architekten zusammengeschlossen hat,
   b) innerhalb dieses Zusammenschlusses Vorstand, Geschäftsführerin, Geschäftsführer oder persönlich haftende Gesellschafterin oder persönlich haftender Gesellschafter mit einer rechtlich gesicherten leitenden Stellung ist und
   c) kraft Satzung, Statut oder Gesellschaftsvertrag dieses Zusammenschlusses seine Aufgaben nach dieser Verordnung selbstständig auf eigene Rechnung und Verantwortung und frei von Weisungen ausüben kann

   oder
3. wer als Hochschullehrerin oder Hochschullehrer im Rahmen einer Nebentätigkeit in selbstständiger Beratung tätig ist.

[3] Unabhängig tätig im Sinne des Satz 1 Nr. 3 ist, wer bei Ausübung seiner Tätigkeit weder eigene Produktions-, Handels- oder Lieferinteressen hat noch fremde Interessen dieser Art vertritt, die unmittelbar oder mittelbar im Zusammenhang mit seiner Tätigkeit stehen.

§ 5[1)] Allgemeine Pflichten. (1) [1] Prüfberechtigte und Prüfsachverständige haben ihre Tätigkeit unparteiisch, gewissenhaft und nach den bauordnungsrechtlichen Vorschriften zu erfüllen; sie müssen sich darüber und über die Entwicklungen in ihrem Fachbereich stets auf dem Laufenden halten und über die für ihre Aufgabenerfüllung erforderlichen Geräte und Hilfsmittel verfügen. [2] Die Prüfung der bautechnischen Nachweise muss am Geschäftssitz der Prüfberechtigten oder der Prüfsachverständigen, für die die Anerkennung als Prüfberechtigte oder als Prüfsachverständige ausgesprochen worden ist, erfolgen. [3] Unbeschadet weitergehender Vorschriften dürfen sich Prüfberechtigte und Prüfsachverständige bei Ihrer Tätigkeit der Mitwirkung befähigter und zuverlässiger an ihrem Geschäftssitz angestellter Mitarbeiterinnen oder Mitarbeiter nur in einem solchen Umfang bedienen, dass sie deren Tätigkeit jederzeit voll überwachen können.

(2) [1] Prüfberechtigte und Prüfsachverständige müssen mit einer Haftungssumme je Schadensfall von mindestens je 500 000 Euro für Personen- sowie für Sach- und Vermögensschäden, die mindestens zweimal im Versicherungsjahr zur Verfügung stehen muss, haftpflichtversichert sein; die zuständige Anerkennungsbehörde ist zuständige Stelle im Sinne des § 117 Abs. 2 Satz 1 und 4 des Versicherungsvertragsgesetzes vom 23. November 2007 (BGBl. I S. 2631),

---

1) § 5 Abs. 1 Sätze 2 und 3 neu gef., Abs. 2 eingef., bish. Abs. 2 wird Abs. 3, Abs. 4 eingef., bish. Abs. 3–5 werden Abs. 5–7 mWv 11.12.2010 durch VO v. 24.11.2010 (GVBl. I S. 484); Abs. 2 Satz 1 geänd. mWv 28.11.2012 durch VO v. 13.11.2012 (GVBl. S. 423); Abs. 2 Satz 1 geänd. mWv 15.12.2015 durch VO v. 24.11.2015 (GVBl. S. 546); Abs. 2 Satz 1 geänd. mWv 10.12.2020 durch VO v. 2.12.2020 (GVBl. S. 854); Abs. 2 Sätze 1, 2 und Abs. 5 geänd. mWv 12.11.2022 durch VO v. 28.10.2022 (GVBl. S. 554).

zuletzt geändert durch Gesetz vom 11. Juli 2021 (BGBl. I S. 2754). [2]Besteht in einem anderen Mitgliedstaat der Europäischen Union oder in einem nach dem Recht der Europäischen Union gleichgestellten Staat, in dem eine prüfberechtigte oder prüfsachverständige Person bereits niedergelassen ist, eine gleichwertige Haftpflichtversicherung oder gleichwertige Sicherheit, gilt diese als Haftpflichtversicherung im Sinne von Satz 1. [3]Als Nachweis, dass ein Versicherungsschutz nach Satz 2 besteht, dienen die von den jeweiligen Versicherern oder Kreditinstituten ausgestellten Bescheinigungen.

(3) Ergeben sich Änderungen der Verhältnisse der Prüfberechtigten und Prüfsachverständigen nach § 6 Abs. 2 Satz 2 Nr. 3, 5 oder 6, sind sie verpflichtet, dies der Anerkennungsbehörde unverzüglich anzuzeigen.

(4) [1]Die Errichtung einer Zweitniederlassung als prüfberechtigte oder prüfsachverständige Person in der Bundesrepublik Deutschland bedarf der Genehmigung durch die Anerkennungsbehörde. [2]Dem Antrag sind die für die Genehmigung erforderlichen Nachweise beizufügen, insbesondere sind Angaben zur Eigenverantwortlichkeit der Tätigkeit in der Zweitniederlassung, zu den Beschäftigten, die bei der Prüftätigkeit mitwirken sollen, sowie zur Sicherstellung der Überwachung der ordnungsgemäßen Bauausführung zu machen. [3]Die Genehmigung ist zu versagen, wenn wegen der Zahl der Beschäftigten, die bei der Prüftätigkeit mitwirken sollen, der Entfernung zwischen den Niederlassungen oder aus anderen Gründen Bedenken gegen die ordnungsgemäße Aufgabenerledigung bestehen. [4]Für die Prüftätigkeit an der Zweitniederlassung gelten Abs. 1 Satz 2 und 3, § 13 Abs. 3 Satz 2 und § 32 Abs. 6 Satz 1 entsprechend.

(5) Prüfberechtigte und Prüfsachverständige dürfen nicht tätig werden, wenn sie, ihre Mitarbeiterinnen und Mitarbeiter oder Angehörige eines Zusammenschlusses nach § 4 Satz 2 Nr. 2 bereits, insbesondere als entwurfsverfassende, nachweiserstellende oder bauleitende Person oder als Unternehmerin oder Unternehmer, mit demselben Bauvorhaben befasst waren oder sind oder wenn ein sonstiger Befangenheitsgrund vorliegt.

(6) [1]Prüfberechtigte und Prüfsachverständige, die aus wichtigem Grund einen Auftrag nicht annehmen können, müssen die Ablehnung unverzüglich erklären. [2]Sie haben den Schaden zu ersetzen, der aus einer schuldhaften Verzögerung dieser Erklärung entsteht.

(7) Ergibt sich bei der Tätigkeit der Prüfberechtigten oder Prüfsachverständigen, dass der Auftrag teilweise einem anderen Fachbereich oder einer anderen Fachrichtung zuzuordnen ist, sind sie verpflichtet, die Auftraggeberin oder den Auftraggeber zu unterrichten.

§ 6[1)] Anerkennungsverfahren. (1) [1]Über den Antrag auf Anerkennung entscheidet die zuständige Anerkennungsbehörde. [2]Antragsberechtigt ist, wer

1. seinen Geschäftssitz in Hessen hat oder
2. seinen Geschäftssitz außerhalb Deutschlands in einem Mitgliedstaat der Europäischen Union oder einem nach dem Recht der Europäischen Union

[1)] § 6 Abs. 2 Satz 2 Nr. 2 geänd., Abs. 3 eingef., bish. Abs. 3 und 4 werden Abs. 4 und 5, neuer Abs. 5 Sätze 3 und 4 geänd., Abs. 6 angef. mWv 11.12.2010 durch VO v. 24.11.2010 (GVBl. I S. 484); Abs. 1 Satz 1 Nr. 2 und Abs. 2 Satz 2 Nr. 4 geänd. mWv 12.11.2022 durch VO v. 28.10.2022 (GVBl. S. 554).

gleichgestellten anderen Staat hat und beabsichtigt, in Hessen eine Tätigkeit als prüfberechtigte oder prüfsachverständige Person auszuüben.

[3] Die Gebühren und Auslagen für das Anerkennungsverfahren trägt die Antragstellerin oder der Antragsteller.

(2) [1] Im Antrag auf Anerkennung muss angegeben sein,

1. für welche Fachbereiche und, soweit vorgesehen, für welche Fachrichtungen die Anerkennung beantragt wird und
2. ob und wie oft die Antragstellerin oder der Antragsteller sich bereits erfolglos auch in einem anderen Land einem Anerkennungsverfahren in diesen Fachbereichen und, soweit vorgesehen, in diesen Fachrichtungen unterzogen hat.

[2] Dem Antrag sind die für die Anerkennung erforderlichen Nachweise beizugeben, insbesondere

1. ein Lebenslauf mit lückenloser Angabe des fachlichen Werdegangs bis zum Zeitpunkt der Antragstellung,
2. je eine Abschrift oder technische Vervielfältigung der Abschluss- und Beschäftigungszeugnisse,
3. Angaben über den Geschäftssitz,
4. der Nachweis über den Antrag auf Erteilung eines Führungszeugnisses zur Vorlage bei einer Behörde (Belegart O oder P) oder ein dem Führungszeugnis vergleichbarer Nachweis von der zuständigen Behörde eines anderen Mitgliedstaates der Europäischen Union oder eines nach dem Recht der Europäischen Union gleichgestellten anderen Staates, der nicht älter als drei Monate sein soll,
5. Angaben über Niederlassungen,
6. Angaben über Beteiligungen an Gesellschaften, deren Zweck die Planung oder Durchführung von Bauvorhaben ist, und
7. die Nachweise über die Erfüllung der besonderen Voraussetzungen für die Anerkennung in den jeweiligen Fachbereichen und, soweit vorgesehen, Fachrichtungen.

[3] Die Anerkennungsbehörde kann, soweit erforderlich, weitere Unterlagen anfordern.

(3) [1] Wird über die beantragte Anerkennung nach Abs. 1 Satz 1 nicht innerhalb einer Frist von drei Monaten entschieden, gilt sie als erteilt. [2] Im Übrigen gilt § 42a des Hessischen Verwaltungsverfahrensgesetzes.

(4) Die Anerkennungsbehörde führt nach Fachbereichen und Fachrichtungen gesonderte Listen der Prüfberechtigten und Prüfsachverständigen, die in geeigneter Weise bekannt zu machen sind.

(5) [1] Verlegen Prüfberechtigte oder Prüfsachverständige ihren Geschäftssitz, für den die Anerkennung ausgesprochen worden ist, in ein anderes Land, haben sie dies der Anerkennungsbehörde unverzüglich anzuzeigen. [2] Die Anerkennungsbehörde übersendet die vorhandenen Akten der Anerkennungsbehörde des Landes, in dem der neue Geschäftssitz gegründet werden soll. [3] Mit der Eintragung der Prüfberechtigten oder Prüfsachverständigen in eine der Liste nach Abs. 4 entsprechenden Liste des anderen Landes erlischt die Eintragung in die Liste nach Abs. 4. [4] Verlegen anerkannte Prüfberechtigte oder Prüfsachverständige ihren Geschäftssitz nach Hessen, erfolgt die Eintragung in die Liste nach Abs. 4 ohne neues Anerkennungsverfahren.

(6) Verfahren nach dieser Verordnung können über eine einheitliche Stelle nach Teil V Abschnitt 1a des Hessischen Verwaltungsverfahrensgesetzes abgewickelt werden.

§ 7[1] Erlöschen, Widerruf und Rücknahme der Anerkennung.

(1) Die Anerkennung erlischt, wenn die prüfberechtigte oder prüfsachverständige Person

1. gegenüber der Anerkennungsbehörde schriftlich darauf verzichtet,
2. das 75. Lebensjahr vollendet hat,
3. die Fähigkeit zur Bekleidung öffentlicher Ämter verloren hat oder
4. den erforderlichen Versicherungsschutz nach § 5 Abs. 2 Satz 1 und 2 nicht oder nicht mehr besitzt.

(2) [1] Unbeschadet des § 49 des Hessischen Verwaltungsverfahrensgesetzes ist die Anerkennung ganz oder teilweise zu widerrufen, wenn die prüfberechtigte oder prüfsachverständige Person

1. aus gesundheitlichen Gründen nicht mehr in der Lage ist, ihre Tätigkeit ordnungsgemäß auszuüben,
2. grob fahrlässig oder vorsätzlich gegen die ihr obliegenden Pflichten wiederholt oder schwerwiegend verstoßen hat,
3. ihre Tätigkeit in einem Umfang ausübt, der eine ordnungsgemäße Erfüllung ihrer Pflichten nicht erwarten lässt,
4. nicht die für die Ausübung der Tätigkeit erforderliche Zuverlässigkeit besitzt oder
5. in der Bundesrepublik Deutschland außerhalb des Geschäftssitzes, für den die Anerkennung als prüfberechtigte oder prüfsachverständige Person gilt, ohne die erforderliche Genehmigung nach § 5 Abs. 4 Satz 1 Zweitniederlassungen als prüfberechtigte oder prüfsachverständige Person einrichtet.

[2] Die Bauaufsichtsbehörden haben bekannt gewordene Verstöße bei der Aufgabenwahrnehmung der Prüfberechtigten und Prüfsachverständigen der zuständigen Anerkennungsbehörde mitzuteilen.

(3) Die Bestimmungen des § 48 des Hessischen Verwaltungsverfahrensgesetzes über die Rücknahme eines rechtswidrigen Verwaltungsaktes bleiben unberührt.

(4) Die Anerkennungsbehörde kann in Abständen von mindestens fünf Jahren nachprüfen, ob die Anerkennungsvoraussetzungen noch vorliegen.

(5) Die Anerkennungsbehörde ist berechtigt, ab dem Erreichen des 70. Lebensjahres der prüfberechtigten oder prüfsachverständigen Person in Abständen von mindestens zwei Jahren eine Gesundheitsprüfung anzuordnen.

§ 8 Führung der Bezeichnung. (1) Prüfberechtigte führen bei der Wahrnehmung der Aufgaben nach dieser Verordnung die Bezeichnung „Prüfinge-

---

[1] § 7 Abs. 1 Nr. 2 und 4 geänd., Abs. 2 Nr. 2 und 3 geänd., Nr. 4 und Satz 2 angef. mWv 11.12. 2010 durch VO v. 24.11.2010 (GVBl. I S. 484); Abs. 1 Nr. 4 geänd. mWv 10.12.2020 durch VO v. 2.12.2020 (GVBl. S. 854); Abs. 2 Satz 1 einl. Satzteil und Nr. 1 geänd., Nr. 2 neu gef., Nr. 3 geänd., Nr. 4 eingef., bish. Nr. 4 wird Nr. 5 mWv 12.11.2022 durch VO v. 28.10.2022 (GVBl. S. 554); Abs. 1 Nr. 2 geänd., Abs. 4 und 5 angef. mWv 1.11.2024 durch VO v. 14.10.2024 (GVBl. Nr. 59).

nieurin für Baustatik“ oder „Prüfingenieur für Baustatik“ mit dem Zusatz der Fachrichtung entsprechend der Anerkennung.

(2) Prüfsachverständige führen bei der Wahrnehmung der Aufgaben nach dieser Verordnung die Bezeichnung „Prüfsachverständige“ oder „Prüfsachverständiger“ mit dem Zusatz des Fachbereichs und der Fachrichtung entsprechend der Anerkennung.

§ 9[1)] Gleichwertigkeit, gegenseitige Anerkennung. (1) [1] Die Anerkennungen als Prüfberechtigte und die Anerkennungen als Prüfsachverständige für den jeweiligen Fachbereich und, soweit nach dieser Verordnung vorgesehen, für die jeweilige Fachrichtung sind gleichwertig. [2] Anerkennungen von natürlichen Personen in anderen Ländern gelten auch in Hessen. [3] Eine weitere Eintragung in die von der Anerkennungsbehörde nach § 6 Abs. 4 geführte Liste erfolgt nicht.

(2) [1] Personen, die in einem anderen Mitgliedstaat der Europäischen Union oder einem nach dem Recht der Europäischen Union gleichgestellten Staat zur Wahrnehmung von Aufgaben im Sinne dieser Verordnung niedergelassen sind, sind berechtigt, als Prüfberechtigte oder Prüfsachverständige Aufgaben nach dieser Verordnung auszuführen, wenn sie

1. hinsichtlich des Tätigkeitsbereiches eine vergleichbare Berechtigung besitzen,
2. hinsichtlich der Anerkennungsvoraussetzungen und des Nachweises von Kenntnissen vergleichbare Anforderungen erfüllen mussten,
3. die deutsche Sprache in Wort und Schrift beherrschen und
4. nach § 5 Abs. 2 Satz 1 oder 2 versichert sind.

[2] Personen nach Satz 1 haben das erstmalige Tätigwerden vorher der Anerkennungsbehörde anzuzeigen und dabei

1. eine Bescheinigung darüber, dass sie in einem Mitgliedstaat der Europäischen Union oder einem nach dem Recht der Europäischen Union gleichgestellten Staat rechtmäßig zur Wahrnehmung von Aufgaben im Sinne dieser Verordnung niedergelassen sind und ihnen die Ausübung dieser Tätigkeiten nicht untersagt ist,
2. einen Nachweis, dass sie im Staat ihrer Niederlassung die Voraussetzungen des Satz 1 Nr. 2 erfüllen mussten und
3. einen Nachweis über die Haftpflichtversicherung nach § 5 Abs. 2

vorzulegen. [3] Als Bescheinigung werden Dokumente eines anderen Mitgliedstaates der Europäischen Union oder eines nach dem Recht der Europäischen Gemeinschaften gleichgestellten Staates, die eine gleichwertige Funktion haben oder aus denen hervorgeht, dass die Anforderung erfüllt ist, anerkannt. [4] Die mit der Anzeige befasste Anerkennungsbehörde untersagt das Ausführen von Aufgaben nach dieser Verordnung, wenn die Voraussetzungen nach Satz 1 nicht erfüllt sind. [5] Sie hat auf Antrag zu bestätigen, dass die Anzeige nach Satz 2 erfolgt ist.

[1)] § 9 Abs. 1 Satz 3 geänd., Abs. 2 neu gef., Abs. 3 und 4 angef. mWv 11.12.2010 durch VO v. 24.11.2010 (GVBl. I S. 484); Abs. 2 Satz 2 Nr. 2 geänd. mWv 10.12.2020 durch VO v. 2.12.2020 (GVBl. S. 854); Abs. 1 Satz 1 neu gef., Abs. 2 Satz 1, Satz 2 Nr. 1 und Abs. 3 Satz 1 geänd. mWv 12.11.2022 durch VO v. 28.10.2022 (GVBl. S. 554).

(3) [1] Personen, die in einem anderen Mitgliedstaat der Europäischen Union oder einem nach dem Recht der Europäischen Union gleichgestellten Staat zur Wahrnehmung von Aufgaben im Sinne dieser Verordnung niedergelassen sind, ohne im Sinne des Abs. 2 Satz 1 Nr. 2 vergleichbare Anforderungen nachgewiesen zu haben, bedürfen zur Ausführung von Aufgaben nach dieser Verordnung als Prüfberechtigte oder Prüfsachverständige einer Bescheinigung der Anerkennungsbehörde. [2] Aus der Bescheinigung muss hervorgehen, dass sie die Anforderungen hinsichtlich der Anerkennungsvoraussetzungen, des Nachweises von Kenntnissen und des Tätigkeitsbereiches nach dieser Verordnung erfüllen. [3] Die Bescheinigung wird auf Antrag erteilt, dem die erforderlichen Unterlagen beizufügen sind. [4] § 6 Abs. 3 gilt entsprechend.

(4) Eine Anzeige nach Abs. 2 und eine Bescheinigung nach Abs. 3 sind nicht erforderlich, wenn bereits in einem anderen Land eine Anzeige erfolgt ist oder eine Bescheinigung erteilt wurde.

Zweiter Teil. Prüfberechtigte und Prüfsachverständige für Standsicherheit, Prüfämter, Typenprüfung, Prüfung der Standsicherheit Fliegender Bauten und kerntechnischer Anlagen

Erster Abschnitt. Prüfberechtigte und Prüfsachverständige für Standsicherheit

§ 10[1)] Besondere Voraussetzungen. [1] Als Prüfberechtigte oder Prüfsachverständige für Standsicherheit in den Fachrichtungen Massivbau, Metallbau oder Holzbau werden nur Personen anerkannt, die

1. das Studium des Bauingenieurwesens an einer deutschen Hochschule oder ein gleichwertiges Studium an einer in- oder ausländischen Hochschule abgeschlossen haben,
2. zwischen dem Abschluss ihres Studiums und der Antragstellung mindestens zehn Jahre mit der Aufstellung von Standsicherheitsnachweisen, der technischen Bauleitung oder mit vergleichbaren Tätigkeiten betraut gewesen sind, wovon sie mindestens fünf Jahre lang Standsicherheitsnachweise aufgestellt haben und mindestens ein Jahr lang mit der technischen Bauleitung betraut gewesen sein müssen; die Zeit einer technischen Bauleitung darf jedoch nur bis zu höchstens drei Jahren angerechnet werden,
3. über die erforderlichen Kenntnisse der einschlägigen bauordnungsrechtlichen Vorschriften verfügen,
4. durch die Leistungen als Ingenieurin oder Ingenieur überdurchschnittliche Fähigkeiten bewiesen haben und
5. die erforderlichen Fachkenntnisse und Erfahrungen besitzen.

[2] Die Anerkennungsvoraussetzungen nach Satz 1 Nr. 2 bis 5 sind durch eine Bescheinigung des Prüfungsausschusses nach § 11 Abs. 1 Satz 2 oder Abs. 5 nachzuweisen.

[1)] § 10 Satz 2 neu gef. mWv 11.12.2010 durch VO v. 24.11.2010 (GVBl. I S. 484); Satz 1 Nr. 2 aufgeh., bish. Nr. 3 wird Nr. 2 und geänd., bish. Nr. 4–6 werden Nr. 3–5, Satz 2 geänd. mWv 12.11.2022 durch VO v. 28.10.2022 (GVBl. S. 554).

§ 11[1)] Anerkennungsbehörde und Prüfungsausschuss. (1) [1]Anerkennungsbehörde ist das Regierungspräsidium Darmstadt. [2]Die Anerkennungsbehörde bildet einen Prüfungsausschuss. [3]Die Durchführung von Anerkennungsverfahren wird von der Anerkennungsbehörde im Staatsanzeiger für das Land Hessen und auf den Internetseiten des Regierungspräsidiums Darmstadt unter Angabe einer Antragsfrist bekanntgemacht. [4]Die Anerkennungsbehörde trägt die Prüfberechtigten und Prüfsachverständigen in die Listen nach § 6 Abs. 4 in den Fachrichtungen nach § 10 Satz 1 ein.

(2) [1]Der Prüfungsausschuss besteht aus mindestens sechs Mitgliedern. [2]Die Anerkennungsbehörde beruft die Mitglieder des Prüfungsausschusses sowie, soweit erforderlich, stellvertretende Mitglieder. [3]Dem Prüfungsausschuss sollen mindestens angehören:

1. eine Hochschullehrerin oder ein Hochschullehrer für jede Fachrichtung,
2. ein Mitglied aus dem Bereich der Bauwirtschaft oder ein von einer Ingenieurkammer eines Landes vorgeschlagenes Mitglied,
3. ein von der Vereinigung der Prüfingenieure eines Landes vorgeschlagenes Mitglied und
4. ein Mitglied aus dem Geschäftsbereich einer obersten Bauaufsichtsbehörde eines Landes.

[4]Die Berufung erfolgt für fünf Jahre; Wiederberufungen sind zulässig. [5]Abweichend von Satz 4 endet die Mitgliedschaft im Prüfungsausschuss,

1. wenn die Voraussetzungen für die Berufung nach Satz 3 nicht mehr vorliegen oder
2. mit der Vollendung des70. Lebensjahrs;

eingeleitete Prüfungsverfahren können abgeschlossen werden. [6]Unbeschadet des Satz 3 Nr. 4 ist die oberste Bauaufsichtsbehörde berechtigt, an den Sitzungen und Beratungen des Prüfungsausschusses ohne Stimmrecht teilzunehmen.

(3) [1]Die Mitglieder des Prüfungsausschusses sind unabhängig und an Weisungen nicht gebunden. [2]Sie sind zur Unparteilichkeit und Verschwiegenheit verpflichtet. [3]Sie sind ehrenamtlich tätig und haben Anspruch auf eine angemessene Aufwandsentschädigung sowie auf Ersatz der notwendigen Auslagen einschließlich der Reisekosten. [4]Die nach § 89 Abs. 12 der Hessischen Bauordnung[2)] bestimmte Höhe der Aufwandsentschädigung wird im Staatsanzeiger für das Land veröffentlicht. [5]Werden die Tätigkeiten des Prüfungsausschusses innerhalb der regelmäßigen Arbeitszeit ausgeübt, erhalten Bedienstete des öffentlichen Dienstes keine Aufwandsentschädigung. [6]Die Kosten des Prüfungsausschusses tragen die antragstellenden Personen anteilmäßig. [7]Soweit mit anderen Ländern gemeinsame Prüfungsverfahren durchgeführt werden, können

[1)] § 11 Abs. 3 Satz 8 angef. mWv 1.1.2008 durch G v. 6.9.2007 (GVBl. I S. 548); Abs. 1 Satz 2 neu gef., Sätze 3 und 4 angef., Abs. 2 Satz 3 Nr. 3 neu gef. mWv 11.12.2010 durch VO v. 24.11.2010 (GVBl. I S. 484); Abs. 1 Sätze 4 und 5 eingef., bish. Satz 4 wird Satz 6 mWv 28.11.2012 durch VO v. 13.11.2012 (GVBl. S. 423); Abs. 3 Sätze 4–6 neu gef., Satz 7 aufgeh., bish. Satz 8 wird Satz 7 und geänd. mWv 15.12.2015 durch VO v. 24.11.2015 (GVBl. S. 546); Abs. 1 neu gef., Abs. 2 Satz 1, Satz 3 einl. Satzteil und Nr. 2 geänd., Nr. 3 neu gef., Nr. 4 aufgeh., bish. Nr. 5 wird Nr. 4 und neu gef., Satz 5 Nr. 2 geänd., Satz 6 und Abs. 3 neu gef., Abs. 4 Sätze 3 und 4 aufgeh., Abs. 5 angef. mWv 12.11.2022 durch VO v. 28.10.2022 (GVBl. S. 554); Abs. 3 Satz 4 neu gef. mWv 1.11.2024 durch VO v. 14.10.2024 (GVBl. Nr. 59).

[2)] Nr. **1**.

die Kosten aller beteiligter Prüfungsausschüsse auf alle antragstellenden Personen anteilig umgelegt werden. [8] Die Teilnahme an der schriftlichen Prüfung darf davon abhängig gemacht werden, dass die antragstellende Person eine anteilige Vorauszahlung auf die dem Prüfungsausschuss voraussichtlich entstehenden Kosten leistet.

(4) [1] Die Anerkennungsbehörde bestimmt aus der Mitte des Prüfungsausschusses ein vorsitzendes und ein dieses vertretendes Mitglied. [2] Der Prüfungsausschuss gibt sich eine Geschäftsordnung.

(5) Die oberste Bauaufsichtsbehörde kann abweichend von Abs. 1 Satz 2 bestimmen, dass die Prüfung bei einem Prüfungsausschuss abzulegen ist, der in einem anderen Land besteht oder der gemeinsam mit anderen Ländern gebildet worden ist.

§ 12[1)] Prüfungsverfahren. (1) [1] Die Anerkennungsbehörde leitet die Antragsunterlagen nach § 6 Abs. 2 dem Prüfungsausschuss zu. [2] Der Prüfungsausschuss bescheinigt gegenüber der Anerkennungsbehörde das Vorliegen der Anerkennungsvoraussetzungen nach § 10 Satz 1 Nr. 2 bis 5. [3] Soweit der Prüfungsausschuss das Vorliegen von Anerkennungsvoraussetzungen verneint, ist diese Entscheidung zu begründen, im Übrigen auf Verlangen der Anerkennungsbehörde.

(2) Das Prüfungsverfahren besteht

1. der Überprüfung des fachlichen Werdegangs nach § 12a und
2. der schriftlichen Prüfung nach § 12b.

(3) [1] Eine antragstellende Person, die die Prüfung nach § 12b nicht bestanden hat, kann sie nur zweimal wiederholen; dies gilt auch, wenn die Prüfung in einem anderen Land nicht bestanden worden ist. [2] Die Prüfung nach § 12b ist im gesamten Umfang zu wiederholen.

§ 12a[2)] Überprüfung des fachlichen Werdegangs. (1) [1] Die Überprüfung des fachlichen Werdegangs dient der Feststellung, ob die antragstellende Person die besonderen Voraussetzungen nach § 10 Satz 1 Nr. 2 und 3 erfüllt. [2] Eine antragstellende Person, die die Voraussetzungen nicht erfüllt, wird nicht zur Prüfung nach § 12b zugelassen.

(2) [1] Die antragstellende Person hat ein Verzeichnis der von ihr bearbeiteten statisch und konstruktiv schwierigen Vorhaben (Referenzobjekte) mit Angabe von Ort, Zeitraum, Bauherrschaft, etwaigen statischen und konstruktiven Besonderheiten und Schwierigkeitsgrad entsprechend der Bauwerksklasse nach der Anlage sowie der Art der von der antragstellenden Person persönlich geleisteten Arbeiten und der Stellen oder Personen vorzulegen, die die von der antragstellenden Person erstellten Standsicherheitsnachweise geprüft haben. [2] Die Vorhaben sollen nicht älter als zehn Jahre sein. [3] Es muss erkennbar sein, dass die antragstellende Person eine mindestens fünfjährige Erfahrung im Aufstellen von Standsicherheitsnachweisen auch für überdurchschnittlich schwieri-

---

[1)] § 12 Abs. 1 Satz 2 neu gef., Satz 3 aufgeh., Abs. 2 neu gef. mWv 11.12.2010 durch VO v. 24.11. 2010 (GVBl. I S. 484); Abs. 1 Sätze 1 und 2 geänd., Satz 3 angef., Abs. 2 und 3 neu gef. mWv 12.11. 2022 durch VO v. 28.10.2022 (GVBl. S. 554).

[2)] § 12a eingef. mWv 12.11.2022 durch VO v. 28.10.2022 (GVBl. S. 554); Abs. 4 Satz 1 geänd., Satz 3 neu gef. mWv 1.11.2024 durch VO v. 14.10.2024 (GVBl. Nr. 59).

ge Konstruktionen besitzt. [4]Sie muss innerhalb der beantragten Fachrichtung ein breites Spektrum unterschiedlicher Tragwerke bearbeitet haben.

(3) [1]Aus dem Verzeichnis hat die antragstellende Person für jede beantragte Fachrichtung sechs statisch und konstruktiv schwierige Vorhaben auszuwählen und eingehender zu beschreiben. [2]Zwei der Vorhaben dürfen Ingenieurbauwerke sein. [3]Die Beschreibung soll Angaben über das Bauwerk enthalten zur Größe, zum Konstruktionsprinzip, zu statischen und konstruktiven Besonderheiten, zum Schwierigkeitsgrad, zur Bauherrschaft, zur Prüfingenieurin oder zum Prüfingenieur sowie zu den persönlich bearbeiteten Teilen. [4]Die Beschreibung soll durch eine Skizze oder ein Foto des Bauwerks ergänzt werden.

(4) [1]Das Verzeichnis nach Abs. 2 und die Vorhabenbeschreibungen nach Abs. 3 werden durch zwei Mitglieder des Prüfungsausschusses im Hinblick auf die sich daraus ergebende Eignung der antragstellenden Person beurteilt. [2]Kommt ein einvernehmlicher Vorschlag nicht zustande, entscheidet der Prüfungsausschuss. [3]Wiederholt die antragsstellende Person die Prüfung zum nächsten Termin und war sie im letzten Prüfungsverfahren zur schriftlichen Prüfung zugelassen, soll der Prüfungsausschuss ganz oder teilweise auf eine erneute Bewertung des fachlichen Werdegangs und der Referenzobjektliste verzichten.

§ 12b[1)] Schriftliche Prüfung. (1) Die schriftliche Prüfung dient der Feststellung, ob die antragstellende Person die für eine Prüfingenieurin, einen Prüfingenieur, eine Prüfsachverständige oder einen Prüfsachverständigen erforderlichen Fachkenntnisse und Erfahrungen sowie die erforderlichen Kenntnisse der einschlägigen bauordnungsrechtlichen Vorschriften besitzt und anwenden kann.

(2) [1]Kenntnisse sind insbesondere auf folgenden Gebieten nachzuweisen:

1. Statik, Bemessung, Konstruktion und Ausführung von Tragwerken:
   a) Lastannahmen (Einwirkungen auf Tragwerke),
   b) Standsicherheit von Tragwerken,
   c) Bemessung und konstruktive Durchbildung der Tragwerke,
   d) Zusammenwirken von Tragwerk und Baugrund,
   e) Baugrubensicherung,
   f) Feuerwiderstandsfähigkeit der tragenden und raumabschließenden Bauteile,
   g) Technische Baubestimmungen einschließlich der ihnen zugrundeliegenden Sicherheitskonzepte,
2. bauordnungsrechtliche Vorschriften, insbesondere die Regelungen zur Prüfung von Standsicherheitsnachweisen und Überwachung der Bauausführung sowie zu Bauprodukten und Bauarten.

[2]Die schriftliche Prüfung besteht aus einem Prüfungsteil „Allgemeine Fachkenntnisse" und einem Prüfungsteil „Besondere Fachkenntnisse". [3]Der Prüfungsteil „Allgemeine Fachkenntnisse" kann sich auf Bauteile und Tragwerke in allen Fachrichtungen bis zur Bauwerksklasse 3 nach der Anlage erstrecken; Gegenstand der Prüfung können auch Grundbau und Bauphysik sein. [4]Gegen-

---

1) § 12b eingef. mWv 12.11.2022 durch VO v. 28.10.2022 (GVBl. S. 554); Abs. 3 und Abs. 7 Satz 4 neu gef. mWv 1.11.2024 durch VO v. 14.10.2024 (GVBl. Nr. 59).

stand des Prüfungsteils „Besondere Fachkenntnisse" ist die jeweils beantragte Fachrichtung; er kann sich auf alle Bauwerksklassen nach der Anlage erstrecken.

(3) Die oder der Vorsitzende des Prüfungsausschusses lädt mindestens vier Wochen vor dem Prüfungstermin die antragstellende Person schriftlich oder elektronisch zur schriftlichen Prüfung ein und teilt ihr die zugelassenen Hilfsmittel mit.

(4) [1] Den antragstellenden Personen werden vom Prüfungsausschuss ausgewählte Aufgaben gestellt. [2] Die Gesamtbearbeitungszeit der gestellten Aufgaben beträgt zweimal 180 Minuten mit einer Pause von mindestens 30 Minuten. [3] Die Prüfungsteile können an zwei unmittelbar aufeinanderfolgenden Tagen stattfinden. [4] Die Aufsicht führt ein Mitglied des Prüfungsausschusses. [5] Bei Störungen des Prüfungsablaufs kann die Bearbeitungszeit durch das aufsichtführende Mitglied des Prüfungsausschusses angemessen verlängert werden.

(5) Vor Prüfungsbeginn haben sich die antragstellenden Personen durch einen amtlichen Lichtbildausweis auszuweisen.

(6) [1] Die schriftlichen Arbeiten werden anstelle des Namens mit einer Kennziffer versehen. [2] Es wird eine Liste über die Kennziffern gefertigt, die geheim zu halten ist.

(7) [1] Die Prüfungsarbeiten werden von zwei Mitgliedern des Prüfungsausschusses unabhängig voneinander bewertet. [2] Weichen die Bewertungen um nicht mehr als 15 Prozent der vom Prüfungsausschuss festgelegten höchstmöglichen Punkte voneinander ab, errechnet sich die Bewertung aus der durchschnittlichen Punktzahl. [3] Bei größeren Abweichungen entscheidet ein anderes Mitglied des Prüfungsausschusses über die Bewertung der Arbeit. [4] Die schriftliche Prüfung in der beantragten Fachrichtung ist bestanden, wenn sowohl im Prüfungsteil „Allgemeine Fachkenntnisse" als auch im Prüfungsteil „Besondere Fachkenntnisse" mehr als die Hälfte der möglichen Punkte erreicht wurden.

(8) Beantragen Prüfberechtigte oder Prüfsachverständige für Standsicherheit die Erweiterung ihrer bestehenden Anerkennung um eine zusätzliche Fachrichtung, erfolgt keine Prüfung im Prüfungsteil „Allgemeine Fachkenntnisse".

§ 12c[1)] Täuschungsversuch, Ordnungsverstöße. [1] Versucht eine antragstellende Person, das Ergebnis der Prüfung nach § 12b durch Täuschung oder Benutzung nicht zugelassener Hilfsmittel zu beeinflussen, oder stört sie die ordnungsgemäße Durchführung der Prüfung erheblich, ist die Prüfung insgesamt als nicht bestanden zu bewerten. [2] Bei einer erheblichen Störung des Prüfungsablaufs ist die antragstellende Person von der weiteren Teilnahme auszuschließen; diese Entscheidung trifft das aufsichtführende Mitglied des Prüfungsausschusses.

§ 12d[2)] Rücktritt. [1] Tritt eine antragstellende Person aus einem von ihr zu vertretenden Grund von der Teilnahme an der Prüfung zurück, gilt die Prüfung als nicht bestanden. [2] Tritt eine antragstellende Person aus von ihr nicht zu vertretenden Gründen von der Teilnahme an der Prüfung zurück, gilt die Prüfung als nicht abgelegt. [3] Im Fall des Satz 2 ist der Grund gegenüber dem

[1)] § 12c eingef. mWv 12.11.2022 durch VO v. 28.10.2022 (GVBl. S. 554).
[2)] § 12d eingef. mWv 12.11.2022 durch VO v. 28.10.2022 (GVBl. S. 554).

Prüfungsausschuss glaubhaft zu machen, im Krankheitsfall durch Vorlage einer ärztlichen Bestätigung.

§ 13[1)] Aufgabenerledigung. (1) [1] Prüfberechtigte dürfen bauaufsichtliche Prüfaufgaben nur wahrnehmen und Prüfsachverständige für Standsicherheit Bescheinigungen nur ausstellen hinsichtlich baulicher Anlagen, für deren Fachrichtung sie anerkannt sind. [2] Sie sind auch berechtigt, einzelne Bauteile mit höchstens durchschnittlichem Schwierigkeitsgrad der anderen Fachrichtungen zu prüfen. [3] Gehören wichtige Teile von baulichen Anlagen mit überdurchschnittlichem oder sehr hohem Schwierigkeitsgrad zu Fachrichtungen, für die die Prüfberechtigten oder die Prüfsachverständigen nicht anerkannt sind, haben sie unter ihrer Leitung weitere, für diese Fachrichtungen anerkannte Prüfberechtigte oder Prüfsachverständige für Standsicherheit hinzuzuziehen, deren Prüfergebnisse in den Prüfbericht oder in die Bescheinigung aufzunehmen sind; die Auftraggeberin oder der Auftraggeber ist über die Hinzuziehung zu unterrichten.

(2) Prüfberechtigte und Prüfsachverständige dürfen Prüfaufträge nur annehmen, wenn sie unter Berücksichtigung des Umfangs ihrer Prüftätigkeit und der Zeit, die sie benötigen, um auf der Baustelle anwesend zu sein, die Überwachung der ordnungsgemäßen Bauausführung nach Abs. 5 Satz 1 sicherstellen können.

(3) [1] Prüfberechtigte und Prüfsachverständige können sich als Hochschullehrerin oder Hochschullehrer vorbehaltlich der dienstrechtlichen Regelungen auch hauptberuflich Beschäftigter des ihnen zugeordneten wissenschaftlichen Personals bedienen. [2] Angehörige eines Zusammenschlusses nach § 4 Satz 2 Nr. 2 stehen angestellten Beschäftigten nach § 5 Abs. 1 Satz 3 gleich, sofern die Prüfberechtigten oder Prüfsachverständigen hinsichtlich ihrer Mitwirkung bei der Prüftätigkeit ein Weisungsrecht haben und die Prüfung an dem Geschäftssitz, für den die Anerkennung ausgesprochen worden ist, erfolgt.

(4) [1] Prüfberechtigte und Prüfsachverständige prüfen die Vollständigkeit und Richtigkeit der Standsicherheitsnachweise. [2] Die Anerkennungsbehörde kann für den Prüfbericht und die Bescheinigung Muster festlegen und deren Verwendung verlangen. [3] Verfügen die Prüfberechtigten oder Prüfsachverständigen nicht über die zur Beurteilung der Gründung erforderliche Sachkunde oder haben sie Zweifel hinsichtlich der verwendeten Annahmen oder der bodenmechanischen Kenngrößen, ist von ihnen im Einvernehmen mit der Auftraggeberin oder dem Auftraggeber eine prüfsachverständige Person für Erd- und Grundbau einzuschalten.

(5) [1] Prüfberechtigte und Prüfsachverständige überwachen die ordnungsgemäße Bauausführung hinsichtlich der von ihnen geprüften oder bescheinigten Standsicherheitsnachweise. [2] Für die Bescheinigung der ordnungsgemäßen Bauausführung darf sich die Bauherrschaft nur aus wichtigem Grund einer anderen prüfsachverständigen Person für Standsicherheit als derjenigen bedienen, die den Standsicherheitsnachweis bescheinigt hat. [3] Ein wichtiger Grund liegt insbesondere vor, wenn die zuvor bescheinigende prüfsachverständige Person verstorben oder längere Zeit erkrankt ist. [4] Die Überwachung der

[1)] § 13 Abs. 2 eingef., bish. Abs. 2–6 werden Abs. 3–7, neuer Abs. 3 Satz 2 und neuer Abs. 6 geänd., neuer Abs. 7 neu gef. mWv 11.12.2010 durch VO v. 24.11.2010 (GVBl. I S. 484); Abs. 2 geänd. mWv 12.11.2022 durch VO v. 28.10.2022 (GVBl. S. 554).

ordnungsgemäßen Bauausführung soll sich auf Stichproben der Ausführung der jeweils wesentlichen Bauteile beschränken.

(6) Steht endgültig fest, dass die Bescheinigungen nach Abs. 4 und 5 nicht erteilt werden können, unterrichten die Prüfsachverständigen die untere Bauaufsichtsbehörde.

(7) [1] Die Prüfberechtigten und Prüfsachverständigen haben ein Verzeichnis über die von ihnen ausgeführten Prüfaufträge und die von Ihnen erteilten Bescheinigungen mit Angaben zu projektbezogenen Daten und den Vergütungen der Prüftätigkeiten nach einem von der Anerkennungsbehörde festgelegten Muster zu führen. [2] Weitere Angaben, wie zur Anzahl, zum Beschäftigungsumfang und zur Befähigung der bei der Prüftätigkeit mithelfenden, angestellten Mitarbeiterinnen und Mitarbeiter am Geschäftssitz und in genehmigten Zweitniederlassungen, sind auf Verlangen der Anerkennungsbehörde vorzulegen. [3] Das Verzeichnis nach Satz 1 ist jeweils für ein Kalenderjahr spätestens am 31. März des folgenden Jahres der Anerkennungsbehörde vorzulegen.

Zweiter Abschnitt. Prüfämter, Typenprüfung, Prüfung der Standsicherheit Fliegender Bauten und kerntechnischer Anlagen

§ 14[1)] Prüfämter. (1) [1] Prüfämter sind vom Regierungspräsidium Darmstadt anerkannte Behörden, die Prüfaufgaben im Bereich der Standsicherheit wahrnehmen. [2] Sie unterstehen der Fachaufsicht des Regierungspräsidiums Darmstadt.

(2) [1] Die Prüfämter müssen mit geeigneten Ingenieurinnen oder Ingenieuren besetzt sein. [2] Sie müssen von einer im Bauingenieurwesen besonders vorgebildeten und erfahrenen beamteten Person des höheren bautechnischen Verwaltungsdienstes oder einer angestellten Person mit vergleichbarer Qualifikation geleitet werden. [3] Privatrechtlich organisierte Prüfämter müssen entsprechend § 5 Abs. 2 Satz 1 haftpflichtversichert sein. [4] Für Organisationen der Technischen Überwachung, die für bestimmte Aufgaben als Prüfämter anerkannt werden, kann das Regierungspräsidium Darmstadt Ausnahmen von den Anforderungen des Satz 2 zulassen.

(3) Bei der Wahrnehmung ihrer Aufgaben können sich Prüfämter der Mitarbeit von Prüfberechtigten bedienen.

(4) Anerkennungen anderer Länder gelten auch in Hessen.

§ 15[2)] Typenprüfung, Prüfung der Standsicherheit Fliegender Bauten und kerntechnischer Anlagen. (1) [1] Die Geltungsdauer der Typenprüfung (§ 68 Abs. 3 Satz 3 der Hessischen Bauordnung[3)]) ist zu befristen; sie soll nicht mehr als fünf Jahre betragen. [2] Sie kann auf schriftlichen Antrag durch das Prüfamt, das die Typenprüfung vorgenommen hat, um jeweils höchstens fünf Jahre verlängert werden.

(2) [1] Die Nachweise der Standsicherheit Fliegender Bauten und kerntechnischer Anlagen müssen von einem Prüfamt geprüft sein. [2] Abweichend von Satz 1 können kerntechnische Anlagen auch von Prüfberechtigten geprüft

---

[1)] § 14 Abs. 2 aufgeh., bish. Abs. 3 wird Abs. 2 und Satz 3 geänd., bish. Abs. 4 und 5 werden Abs. 3 und 4 mWv 11.12.2010 durch VO v. 24.11.2010 (GVBl. I S. 484); Abs. 1 Satz 1 geänd. mWv 15.12. 2015 durch VO v. 24.11.2015 (GVBl. S. 546).

[2)] § 15 Abs. 1 Satz 1 geänd. mWv 10.12.2020 durch VO v. 2.12.2020 (GVBl. S. 854).

[3)] Nr. **1**.

werden, die hierfür vom Regierungspräsidium Darmstadt benannt worden sind.

Dritter Teil. Prüfsachverständige für Brandschutz

§ 16[1)] Besondere Voraussetzungen. (1) [1]Als Prüfsachverständige für Brandschutz werden nur Personen anerkannt, die

1. in der Fachrichtung Architektur, Hochbau, Bauingenieurwesen oder in einem Studiengang mit Schwerpunkt Brandschutz ein Studium an einer deutschen Hochschule, ein gleichwertiges Studium an einer in- oder ausländischen Hochschule oder die Ausbildung für mindestens den gehobenen feuerwehrtechnischen Dienst abgeschlossen und die Prüfung zum Sachverständigen der Feuerwehr für vorbeugenden Brandschutz bestanden haben,
2. danach mindestens fünf Jahre Erfahrung in der brandschutztechnischen Planung und Ausführung von Gebäuden, insbesondere von Sonderbauten unterschiedlicher Art mit höherem brandschutztechnischen Schwierigkeitsgrad, oder deren Prüfung erworben haben und
3. die erforderlichen Kenntnisse
   a) im Bereich des abwehrenden Brandschutzes,
   b) des Brandverhaltens von Bauprodukten und Bauarten,
   c) im Bereich des anlagentechnischen Brandschutzes und
   d) der einschlägigen bauordnungsrechtlichen Vorschriften

   besitzen.

[2]Die Anerkennungsvoraussetzungen nach Satz 1 Nr. 2 und 3 sind durch eine Bescheinigung des Prüfungsausschusses nach § 17 Abs. 1 Satz 1 nachzuweisen.

(2) [1]Bedienstete einer öffentlichen Verwaltung mit der für die Ausübung der Tätigkeit als Prüfsachverständige für Brandschutz erforderlichen Ausbildung, Kenntnis und Erfahrung entsprechend Abs. 1 gelten bei Bauvorhaben in öffentlicher Trägerschaft dieser Verwaltung als Prüfsachverständige für Brandschutz. [2]Sie dürfen für die Prüftätigkeit keiner fachlichen Weisung unterliegen und an der Erstellung der Nachweise des vorbeugenden Brandschutzes (Brandschutznachweise) nicht beteiligt gewesen sein. [3]§ 5 Abs. 1 Satz 2 und 3, Abs. 2 bis 6 sowie die §§ 6 bis 9 finden keine Anwendung.

§ 17[2)] Prüfungsausschuss und Anerkennungsbehörde. (1) [1]Der Prüfungsausschuss besteht aus mindestens acht Mitgliedern. [2]Dem Prüfungsausschuss sollen angehören je ein Mitglied

1. der Architekten- und Stadtplanerkammer Hessen,
2. der Ingenieurkammer Hessen,
3. aus dem Geschäftsbereich der obersten Bauaufsichtsbehörde,

---

[1)] § 16 Abs. 1 Satz 2 angef., Abs. 2 Satz 3 neu gef. mWv 11.12.2010 durch VO v. 24.11.2010 (GVBl. I S. 484); Abs. 1 Satz 1 Nr. 1 und Abs. 2 Satz 2 geänd. mWv 15.12.2015 durch VO v. 24.11. 2015 (GVBl. S. 546).

[2)] § 17 Abs. 1 Sätze 3 und 4 neu gef., Sätze 5–7 angef., Abs. 2 geänd. mWv 11.12.2010 durch VO v. 24.11.2010 (GVBl. I S. 484); Abs. 1 Satz 6 Halbs. 2 angef. mWv 28.11.2012 durch VO v. 13.11. 2012 (GVBl. S. 423); Abs. 1 Satz 1 und Satz 2 Nr. 6 und 7 geänd., Nr. 8 angef., Satz 6 geänd., Sätze 7 und 8 eingef., bish. Satz 7 wird Satz 9, Abs. 2 neu gef. mWv 12.11.2022 durch VO v. 28.10.2022 (GVBl. S. 554).

4. aus dem Bereich der Feuerwehr oder einer Brandschutzdienststelle,
5. aus dem Bereich der Sachversicherer,
6. aus dem Bereich der Forschung und Prüfung auf dem Gebiet des Brandverhaltens von Bauprodukten und Bauarten,
7. aus dem Bereich der Industrie- und Handelskammern und
8. des Verbandes der Prüfsachverständigen für Brandschutz in Hessen e. V..

[3] Anerkennungsbehörde ist der Vorstand der Architekten- und Stadtplanerkammer Hessen, der den Prüfungsausschuss bildet und die Geschäftsführung für den Prüfungsausschuss wahrnimmt. [4] Die Anerkennungsbehörde unterliegt der Fachaufsicht der für die Kammeraufsicht zuständigen Behörde. [5] Die Anerkennungsbehörde legt im Einvernehmen mit der obersten Bauaufsichtsbehörde Richtlinien für das Prüfungsverfahren und die Bewertung der Prüfungsleistungen fest. [6] Die Richtlinien für das Prüfungsverfahren und die Bewertung der Prüfungsleistungen sind von der Anerkennungsbehörde im Staatsanzeiger für das Land Hessen bekannt zu machen. [7] Die Bekanntmachung der Richtlinien für das Prüfungsverfahren und die Bewertung der Prüfungsleistungen im Staatsanzeiger für das Land Hessen kann in abgekürzter Form erfolgen, wenn die Bekanntmachungen des vollständigen Textes von der Anerkennungsbehörde in elektronischer Form allgemein zugänglich gehalten oder eine Kopie auf Anforderung übersandt wird; in der abgekürzten Bekanntmachung ist darauf hinzuweisen und die Internetadresse, unter der der vollständige Text aufgerufen werden kann, bekanntzugeben. [8] Für die Einsichtnahme auf einer elektronischen Plattform und das Erstellen einer Kopie dürfen keine Kosten erhoben werden; bei Übersendung kann nur Ersatz der Portokosten verlangt werden. [9] Die Anerkennungsbehörde trägt die Prüfsachverständigen in eine Liste nach § 6 Abs. 4 ein.

(2) [1] § 11 Abs. 2 Satz 2, 4 bis 6, Abs. 3 Satz 1 bis 3 und Abs. 4 gilt entsprechend. [2] Die Höhe der Aufwandsentschädigung für die Mitglieder des Prüfungsausschusses ist nach Zeitaufwand zu bemessen und von der Anerkennungsbehörde festzulegen. [3] Werden die Tätigkeiten des Prüfungsausschusses innerhalb der regelmäßigen Arbeitszeit ausgeübt, erhalten Bedienstete des öffentlichen Dienstes keine Aufwandsentschädigung. [4] Die Aufwandsentschädigung der Mitglieder des Prüfungsausschusses sowie die Kosten der Anerkennungsbehörde zur Vorbereitung, Organisation und Durchführung des Prüfungsverfahrens tragen die antragstellenden Personen anteilmäßig. [5] Die Teilnahme an der schriftlichen Prüfung darf davon abhängig gemacht werden, dass die antragstellende Person eine anteilige Vorauszahlung auf die dem Prüfungsausschuss voraussichtlich entstehenden Kosten leistet.

§ 18[1)] Prüfungsverfahren. (1) [1] Die Anerkennungsbehörde leitet die Antragsunterlagen nach § 6 Abs. 2 dem Prüfungsausschuss zu. [2] Die antragstellenden Personen haben die erforderlichen Kenntnisse nach § 16 Abs. 1 Nr. 3 in einer schriftlichen Prüfung unter Aufsicht nachzuweisen.

(2) § 12 Abs. 3 gilt entsprechend.

---

1) § 18 neu gef. mWv 11.12.2010 durch VO v. 24.11.2010 (GVBl. I S. 484).

§ 19[1)] Aufgabenerledigung. (1) [1]Prüfsachverständige für Brandschutz prüfen die Vollständigkeit und Richtigkeit der Brandschutznachweise. [2]Ist nach dem Brandschutznachweis der Einsatz von Hubrettungsfahrzeugen erforderlich, sollen die Prüfsachverständigen für Brandschutz die zuständige Brandschutzdienststelle zu den Einsatzmöglichkeiten hören und deren Anforderungen bei der Prüfung des Brandschutznachweises würdigen. [3]Sie überwachen die ordnungsgemäße Bauausführung hinsichtlich der von ihnen bescheinigten Brandschutznachweise.

(2) § 13 Abs. 2 und 3, Abs. 4 Satz 2, Abs. 5 Satz 2 bis 4, Abs. 6 und 7 gilt entsprechend.

Vierter Teil. Prüfsachverständige für technische Anlagen und Einrichtungen in Gebäuden

§ 20[2)] Besondere Voraussetzungen, Anerkennungsbehörde. (1) [1]Als Prüfsachverständige für technische Anlagen und Einrichtungen in Gebäuden im Sinne vom § 1 und § 2 Abs. 1 der Technischen Prüfverordnung vom 4. Dezember 2020 (GVBl. S. 857) werden nur Personen anerkannt, die

1. ein Ingenieurstudium an einer deutschen Hochschule oder ein gleichwertiges Studium an einer in- oder ausländischen Hochschule abgeschlossen,
2. den Nachweis der besonderen Sachkunde in der Fachrichtung nach § 21, auf die sich die Prüftätigkeit beziehen soll, durch ein von der Anerkennungsbehörde beauftragtes Fachgutachten einer von der obersten Bauaufsichtsbehörde bestimmten Stelle erbracht und
3. als Ingenieurin oder Ingenieur mindestens fünf Jahre in der Fachrichtung, in der die Prüftätigkeit ausgeübt werden soll, praktisch tätig gewesen sind und dabei mindestens zwei Jahre bei Prüfungen mitgewirkt haben.

[2]Anerkennungsbehörde ist die Ingenieurkammer Hessen; sie unterliegt insoweit der Fachaufsicht der für die Kammeraufsicht zuständigen Behörde.

(2) Abweichend von § 4 Satz 1 Nr. 3 müssen Prüfsachverständige für technische Anlagen und Einrichtungen in Gebäuden nicht eigenverantwortlich tätig sein, wenn sie Beschäftigte von Unternehmen oder Organisationen sind, deren Zweck in der Durchführung vergleichbarer Prüfungen besteht und deren Beschäftigte für die Prüftätigkeit nach Abs. 1 keiner fachlichen Weisung unterliegen.

(3) [1]Bedienstete einer öffentlichen Verwaltung mit der für die Ausübung der Tätigkeit als Prüfsachverständige erforderlichen Ausbildung, Kenntnis und Erfahrung nach Abs. 1 Satz 1 Nr. 1 und 3 gelten im Zuständigkeitsbereich dieser Verwaltung als Prüfsachverständige nach Abs. 1. [2]Sie dürfen für die Prüftätigkeit keiner fachlichen Weisung unterliegen. [3]§ 5 Abs. 1 Satz 2 und 3, Abs. 2 bis 7 sowie die §§ 6 bis 9 finden keine Anwendung.

[1)] § 19 Abs. 2 neu gef. mWv 11.12.2010 durch VO v. 24.11.2010 (GVBl. I S. 484); Abs. 1 Satz 1 neu gef., Satz 2 eingef., bish. Satz 2 wird Satz 3 mWv 15.12.2015 durch VO v. 24.11.2015 (GVBl. S. 546).

[2)] § 20 Abs. 3 Satz 3 neu gef., Abs. 4 Satz 1 geänd., Satz 3 neu gef. mWv 11.12.2010 durch VO v. 24.11.2010 (GVBl. I S. 484); Abs. 4 Satz 1 geänd. mWv 28.11.2012 durch VO v. 13.11.2012 (GVBl. S. 423); Abs. 1 Satz 1 und Abs. 4 Satz 1 geänd. mWv 15.12.2015 durch VO v. 24.11.2015 (GVBl. S. 546); Abs. 1 Satz 1 und Abs. 4 Satz 1 geänd. mWv 10.12.2020 durch VO v. 2.12.2020 (GVBl. S. 854, ber. S. 927); Abs. 4 Satz 1 geänd. mWv 12.11.2022 durch VO v. 28.10.2022 (GVBl. S. 554).

(4) [1] Den Prüfsachverständigen für technische Anlagen und Einrichtungen in Gebäuden gleichgestellt sind im Bereich ihrer Unternehmen die Werkfeuerwehren, die nach § 16 Abs. 2 des Hessischen Brand- und Katastrophenschutzgesetzes in der Fassung der Bekanntmachung vom 14. Januar 2014 (GVBl. S. 26), zuletzt geändert durch Gesetz vom 30. September 2021 (GVBl. S. 602), beauftragt sind. [2] Sie dürfen für die Prüftätigkeit keiner fachlichen Weisung unterliegen. [3] § 5 Abs. 1 Satz 2 und 3, Abs. 2 bis 7 sowie die §§ 6 bis 9 finden keine Anwendung.

§ 21[1)] **Fachrichtungen.** [1] Prüfsachverständige für technische Anlagen und Einrichtungen in Gebäuden werden für Fachrichtungen entsprechend § 2 Abs. 1 der Technischen Prüfverordnung anerkannt. [2] Die Anerkennung kann bei Lüftungsanlagen auf Lüftungsanlagen für Garagen nach § 16 der Garagenverordnung vom 17. November 2014 (GVBl. S. 286) beschränkt werden.

§ 22[2)] **Aufgabenerledigung.** (1) [1] Die Prüfsachverständigen für technische Anlagen und Einrichtungen in Gebäuden bescheinigen nach selbst durchgeführter Prüfung die Übereinstimmung der zu prüfenden technischen Anlagen und Einrichtungen mit den bauordnungsrechtlichen Anforderungen. [2] Werden festgestellte Mängel nicht in der von den Prüfsachverständigen festgelegten Frist beseitigt, haben sie die untere Bauaufsichtsbehörde unter Beifügung des Prüfberichts zu unterrichten.

(2) § 13 Abs. 3, Abs. 4 Satz 2 und Abs. 7 Satz 1 gilt entsprechend.

Fünfter Teil. Prüfsachverständige für Erd- und Grundbau

§ 23[3)] **Besondere Voraussetzungen.** (1) [1] Als Prüfsachverständige für Erd- und Grundbau werden nur Personen anerkannt, die

1. in der Fachrichtung Bauingenieurwesen, Geotechnik oder in einem Studiengang mit Schwerpunkt Ingenieurgeologie ein Studium an einer deutschen Hochschule oder ein gleichwertiges Studium an einer in- oder ausländischen Hochschule abgeschlossen haben,
2. danach mindestens neun Jahre im Bauwesen tätig, davon mindestens drei Jahre im Erd- und Grundbau mit der Anfertigung oder Beurteilung von Standsicherheitsnachweisen betraut gewesen sind,
3. über vertiefte Kenntnisse und Erfahrungen im Erd- und Grundbau verfügen,
4. nicht an einem Unternehmen der Bauwirtschaft oder einem Bohrunternehmen beteiligt sind; dies gilt auch für Mitarbeiterinnen und Mitarbeiter sowie Angehörige eines Zusammenschlusses nach § 4 Satz 2 Nr. 2.

[2] Die Anerkennungsvoraussetzungen nach Satz 1 Nr. 3 sind durch ein Fachgutachten des bei der Bundesingenieurkammer gebildeten Beirats nachzuweisen. [3] Über das Vorliegen der Anerkennungsvoraussetzung nach Satz 1 Nr. 4 hat die antragstellende Person eine besondere Erklärung abzugeben.

[1)] § 21 Sätze 1 und 2 geänd. mWv 11.12.2010 durch VO v. 24.11.2010 (GVBl. I S. 484); Satz 2 geänd. mWv 15.12.2015 durch VO v. 24.11.2015 (GVBl. S. 546).

[2)] § 22 Abs. 2 neu gef. mWv 11.12.2010 durch VO v. 24.11.2010 (GVBl. I S. 484); Abs. 1 Satz 2 geänd. mWv 12.11.2022 durch VO v. 28.10.2022 (GVBl. S. 554).

[3)] § 23 Abs. 1 Satz 2 neu gef. mWv 11.12.2010 durch VO v. 24.11.2010 (GVBl. I S. 484); Abs. 1 Satz 1 Nr. 1 geänd. mWv 12.11.2022 durch VO v. 28.10.2022 (GVBl. S. 554).

(2) Abweichend von § 4 Satz 1 Nr. 3 müssen Prüfsachverständige für Erd- und Grundbau nicht eigenverantwortlich tätig sein, wenn sie in fachlicher Hinsicht für ihre Tätigkeit allein verantwortlich sind und Weisungen nicht unterliegen.

§ 24[1] Verfahren und Anerkennungsbehörde. (1) [1]Die antragstellende Person legt der Anerkennungsbehörde ein Verzeichnis aller innerhalb eines Zeitraumes von zwei Jahren vor Antragstellung erstellten Baugrundgutachten vor. [2]Hiervon müssen mindestens zehn Gutachten die Bewältigung überdurchschnittlicher Aufgaben zeigen; zwei dieser Gutachten sind vorzulegen. [3]Die Anerkennungsbehörde leitet die vollständigen Antragsunterlagen dem bei der Bundesingenieurkammer gebildeten Beirat zu und holt das Fachgutachten über die Anerkennungsvoraussetzungen nach § 23 Abs. 1 Satz 1 Nr. 3 ein. [4]Die oberste Bauaufsichtsbehörde ist berechtigt, an den Sitzungen und Beratungen des Beirats ohne Stimmrecht teilzunehmen.

(2) Anerkennungsbehörde ist die Ingenieurkammer Hessen; sie unterliegt insoweit der Fachaufsicht der für die Kammeraufsicht zuständigen Behörde.

§ 25[2] Aufgabenerledigung. [1]Prüfsachverständige für Erd- und Grundbau bescheinigen die Vollständigkeit und Richtigkeit der Angaben über den Baugrund hinsichtlich Stoffbestand, Struktur und geologischer Einflüsse, dessen Tragfähigkeit und die getroffenen Annahmen zur Gründung oder Einbettung der baulichen Anlage. [2]§ 13 Abs. 3 gilt entsprechend.

Sechster Teil. Prüfsachverständige für Vermessungswesen

§ 26[3] Besondere Voraussetzungen, Anerkennungsbehörde. (1) Als Prüfsachverständige oder Prüfsachverständiger für Vermessungswesen wird anerkannt, wer

1. ein Ingenieurstudium in der Fachrichtung Vermessungswesen an einer deutschen Hochschule oder ein in Bezug auf die Berufsqualifikation gleichwertiges Studium an einer in- oder ausländischen Hochschule abgeschlossen und
2. mindestens zwei Jahre lang Berufserfahrung bei der örtlichen Ausführung von Vermessungen im Liegenschaftskataster mit Grenzbezug erworben hat.

(2) Als Prüfsachverständige oder Prüfsachverständiger für Vermessungswesen wird ohne weiteren Nachweis anerkannt, wer in Hessen als Öffentlich bestellte Vermessungsingenieurin oder Öffentlich bestellter Vermessungsingenieur zugelassen ist.

(3) Abweichend von § 4 Satz 1 Nr. 3 müssen Prüfsachverständige für Vermessungswesen nicht eigenverantwortlich tätig sein, wenn sie

---

[1] § 24 neu gef. mWv 11.12.2010 durch VO v. 24.11.2010 (GVBl. I S. 484).

[2] § 25 Satz 2 geänd. mWv 11.12.2010 durch VO v. 24.11.2010 (GVBl. I S. 484).

[3] § 26 Abs. 3 Satz 1 Nr. 1 und 2 neu gef., Abs. 5 geänd. mWv 1.1.2008 durch G v. 6.9.2007 (GVBl. I S. 548); Abs. 1 Satz 1 Nr. 2 neu gef., Satz 2 aufgeh., Abs. 3 eingef., bish. Abs. 3 wird Abs. 4 und neu gef., bish. Abs. 4 wird Abs. 5, bish. Abs 5 wird Abs. 6 und geänd. mWv 11.12.2010 durch VO v. 24.11.2010 (GVBl. I S. 484); Abs. 4 Satz 1 neu gef. mWv 28.11.2012 durch VO v. 13.11.2012 (GVBl. S. 423); Abs. 4 Satz 1 geänd. mWv 10.12.2020 durch VO v. 2.12.2020 (GVBl. S. 854); Abs. 4 Satz 1 geänd. mWv 12.11.2022 durch VO v. 28.10.2022 (GVBl. S. 554).

1. Beschäftigte von Unternehmen sind, deren Beschäftigte während der letzten zwei Jahre vor dem 1. Januar 2007 Bauwerksabsteckungen mit Bezug auf die Grundstücksgrenzen bescheinigt haben und
2. bei der Tätigkeit nach § 27 Abs. 1 keiner fachlichen Weisung unterliegen.

(4) [1] Den Prüfsachverständigen für Vermessungswesen sind die Landes- und Kommunalbehörden nach § 15 Abs. 2 Satz 1 Nr. 3 des Hessischen Vermessungs- und Geoinformationsgesetzes vom 6. September 2007 (GVBl. I S. 548), zuletzt geändert durch Gesetz vom 30. September 2021 (GVBl. S. 602), gleichgestellt. [2] § 5 Abs. 2 bis 4, § 6 Abs. 1 bis 3, 5 und 6 sowie die §§ 7 bis 9 finden keine Anwendung.

(5) Anerkennungsbehörde ist die Ingenieurkammer Hessen; sie unterliegt insoweit der Fachaufsicht der für die Kammeraufsicht zuständigen Behörde.

(6) Die Behörden nach Abs. 4 Satz 1 sind nach Mitteilung der obersten Kataster- und Landesvermessungsbehörde in die Liste nach § 6 Abs. 4 aufzunehmen.

§ 27[1)] Aufgabenerledigung. (1) [1] Prüfsachverständige für Vermessungswesen prüfen und bescheinigen nach § 75 Abs. 2 Satz 2 der Hessischen Bauordnung[2)], dass die Grundfläche des Gebäudes und dessen Höhenlage in Übereinstimmung mit den Bauvorlagen auf dem Grundstück abgesteckt worden ist. [2] Wird die Absteckung von der oder dem Prüfsachverständigen für Vermessungswesen selbst ausgeführt, entfällt die Prüfung nach Satz 1; § 5 Abs. 5 findet keine Anwendung. [3] Steht endgültig fest, dass die Bescheinigung nach Satz 1 nicht ausgestellt werden kann, unterrichten die Prüfsachverständigen die untere Bauaufsichtsbehörde.

(2) Die oberste Bauaufsichtsbehörde kann für die Bescheinigung der Prüfsachverständigen für Vermessungswesen ein Muster festlegen und dessen Verwendung verlangen.

Siebenter Teil. Prüfsachverständige für Energieerzeugungsanlagen

§ 28[3)] Besondere Voraussetzungen. [1] Prüfsachverständige für Energieerzeugungsanlagen sind die nach § 10 des Schornsteinfeger-Handwerksgesetzes vom 26. November 2008 (BGBl. I S. 2242), zuletzt geändert durch Gesetz vom 9. Juni 2021 (BGBl. I S. 1654), bestellten bevollmächtigten Bezirksschornsteinfegerinnen oder Bezirksschornsteinfeger in den Bezirken, für die sie bestellt sind oder in denen sie nach § 11 des Schornsteinfeger-Handwerksgesetzes vorübergehend Aufgaben wahrnehmen. [2] § 5 Abs. 1 Satz 2, Abs. 2 bis 4 sowie die §§ 6 bis 9 finden keine Anwendung.

[1)] § 27 Abs. 1 Satz 2 2. Halbs. geänd. mWv 11.12.2010 durch VO v. 24.11.2010 (GVBl. I S. 484); Abs. 1 Satz 1 geänd. mWv 10.12.2020 durch VO v. 2.12.2020 (GVBl. S. 854).

[2)] Nr. **1**.

[3)] § 28 Satz 1 geänd., Satz 2 neu gef. mWv 11.12.2010 durch VO v. 24.11.2010 (GVBl. I S. 484); Satz 1 neu gef. mWv 1.1.2013 durch VO v. 13.11.2012 (GVBl. S. 423); Satz 1 geänd. mWv 15.12.2015 durch VO v. 24.11.2015 (GVBl. S. 546); Satz 1 geänd. mWv 10.12.2020 durch VO v. 2.12.2020 (GVBl. S. 854); Satz 1 geänd. mWv 12.11.2022 durch VO v. 28.10.2022 (GVBl. S. 554).

§ 29[1)] Aufgabenerledigung. (1) Prüfsachverständige für Energieerzeugungsanlagen werden im Auftrag der Bauherrschaft tätig und bescheinigen ihr die sichere Benutzbarkeit sowie die ordnungsgemäße Abführung der Abgase der Anlagen nach § 68 Abs. 6 und Abschnitt V Nr. 5 der Anlage der Hessischen Bauordnung[2)].

(2) § 13 Abs. 6 gilt entsprechend.

Achter Teil. Vergütung

Erster Abschnitt. Vergütung der Prüfberechtigten und Prüfsachverständigen für Standsicherheit

§ 30[3)] Allgemeines. (1) [1] Prüfberechtige und Prüfsachverständige für Standsicherheit erhalten für ihre Leistungen eine Vergütung. [2] Die Vergütung besteht

1. bei den Prüfberechtigten aus der Gebühr,
2. bei den Prüfsachverständigen aus dem Honorar

sowie dem Ersatz der notwendigen Auslagen.

(2) Die Gebühr und das Honorar richten sich nach den anrechenbaren Bauwerten (§ 31 Abs. 1 bis 3) und der Bauwerksklasse (§ 31 Abs. 4), soweit die Leistungen nicht nach dem Zeitaufwand (§ 33 Abs. 5) zu vergüten sind.

(3) Wird die Prüfung aus Gründen abgebrochen, die von den Prüfberechtigen oder Prüfsachverständigen für Standsicherheit nicht zu vertreten sind, wird die Prüfung entsprechend der anteilig erbrachten Leistung vergütet.

(4) Die Vergütung schuldet, wer die Prüfung in Auftrag gegeben hat.

(5) [1] Ein Nachlass auf die Gebühr oder das Honorar ist unzulässig. [2] § 33 Abs. 4 bleibt unberührt.

(6) Der zeitliche Aufwand ist für jeden Auftrag festzuhalten und der Anerkennungsbehörde auf Verlangen mitzuteilen.

§ 31[4)] Anrechenbare Bauwerte und Bauwerksklassen. (1) [1] Die anrechenbaren Bauwerte sind bei Gebäuden einschließlich zugehörigen baulichen Anlagen aus dem Brutto-Rauminhalt der baulichen Anlage vervielfältigt mit den durchschnittlichen Rohbaukosten je m^3 Brutto-Rauminhalt zu ermitteln, die von der obersten Bauaufsichtsbehörde nach dem für ihren Bereich geltenden Verwaltungskostenverzeichnis der Verwaltungskostenordnung im Staatsanzeiger für das Land Hessen bekannt gemacht werden. [2] Die bekanntgemachten durchschnittlichen Rohbaukosten enthalten die Umsatzsteuer. [3] Für die Ermittlung des Brutto-Rauminhalts ist die DIN 277-1:2016-01, Grundflächen und Rauminhalte im Bauwesen - Teil 1: Hochbau, Ausgabe Januar 2016, Normausschuss Bauwesen im DIN Deutsches Institut für Normung e.V., Ver-

---

1) § 29 Abs. 2 geänd. mWv 11.12.2010 durch VO v. 24.11.2010 (GVBl. I S. 484); Abs. 1 geänd. mWv 10.12.2020 durch VO v. 2.12.2020 (GVBl. S. 854).

2) Nr. **1**.

3) § 30 Abs. 2 Satz 2 aufgeh., Abs. 6 angef. mWv 11.12.2010 durch VO v. 24.11.2010 (GVBl. I S. 484).

4) § 31 Abs. 1 Satz 2 eingef., bish. Sätze 2–4 werden Sätze 3–5, Abs. 2 neu gef., Abs. 5 Satz 2 angef. mWv 11.12.2010 durch VO v. 24.11.2010 (GVBl. I S. 484); Abs. 1 Sätze 4 und 5, Abs. 2 Satz 1 geänd., Satz 4 aufgeh., bish. Sätze 5–7 werden Sätze 4–6 mWv 15.12.2015 durch VO v. 24.11.2015 (GVBl. S. 546); Abs. 1 Sätze 3-5 und Abs. 4 Satz 1 geänd. mWv 10.12.2020 durch VO v. 2.12.2020 (GVBl. S. 854).

trieb: Beuth Verlag GmbH, Saatwinkler Damm 42/43, 13627 Berlin, maßgebend. [4]Bei eingeschossigen Hallenbauten ohne oder mit geringen Einbauten ermäßigen sich die Rohbaukosten um 40 Prozent; dies gilt nicht für Turn- und Sporthallen, einfache Mehrzweckhallen sowie landwirtschaftliche Betriebsgebäude. [5]Betragen die tatsächlichen Rohbaukosten weniger als 50 Prozent der Rohbaukosten nach Satz 1 oder 4, ist grundsätzlich eine Billigkeitsentscheidung geboten.

(2) [1]Für die nicht in der Bekanntmachung nach Abs. 1 Satz 1 aufgeführten baulichen Anlagen gelten die anrechenbaren Kosten nach § 50 Abs. 1 bis 3 der Honorarordnung für Architekten und Ingenieure vom 10. Juli 2013 (BGBl. I S. 2276) in der jeweils geltenden Fassung entsprechend als anrechenbare Bauwerte. [2]Zu den anrechenbaren Bauwerten zählen auch die nicht in den anrechenbaren Kosten nach Satz 1 enthaltenen Kosten für Bauteile, für die ein Standsicherheitsnachweis geprüft werden muss, ausgenommen die Kosten für Außenwandbekleidungen und für Fassaden. [3]Bei Umbauten sind auch die Kosten für Abbrucharbeiten anrechenbar. [4]Bei der Ermittlung der anrechenbaren Bauwerte ist von den Kosten der Kostenberechnung auszugehen, die ortsüblich im Zeitpunkt der Auftragserteilung für die Herstellung der baulichen Anlagen erforderlich sind. [5]Die nach der Honorarordnung für Architekten und Ingenieure ermittelten Nettokosten sind um die Umsatzsteuer zu erhöhen. [6]Einsparungen durch Eigenleistungen oder Vergünstigungen sind nicht zu berücksichtigen.

(3) Die anrechenbaren Bauwerte sind jeweils auf volle tausend Euro aufzurunden.

(4) [1]Die zu prüfenden baulichen Anlagen werden entsprechend ihrem statischen und konstruktiven Schwierigkeitsgrad in fünf Bauwerksklassen entsprechend der Anlage eingeteilt. [2]Besteht eine bauliche Anlage aus Bauteilen mit unterschiedlichem Schwierigkeitsgrad, ist sie entsprechend dem überwiegenden Leistungsumfang einzustufen.

(5) [1]Mit den Prüfaufträgen teilt die untere Bauaufsichtsbehörde den Prüfberechtigten die anrechenbaren Bauwerte, die für die Gebührenberechnung anzuwendende Bauwerksklasse und etwaige Zuschläge mit. [2]Davon kann abgesehen werden, wenn sich die beauftragte prüfberechtigte Person einer gemeinsamen Abrechnungsstelle bedient.

§ 32 Berechnungsart der Vergütung. (1) [1]Die Grundgebühr und das Grundhonorar errechnen sich in Tausendsteln der anrechenbaren Bauwerte (§ 31 Abs. 1 bis 3), vervielfältigt mit einem Faktor (Y). [2]Der Faktor (Y) ergibt sich nach folgender Gleichung:

$$Y = A \cdot (1\,000/K)^B$$

[3]In der Gleichung sind für die einzelnen Bauwerksklassen (BK) folgende Werte einzusetzen:

	BK 1	BK 2	BK 3	BK 4	BK 5
für A	18,47	29,42	42,04	49,04	52,40
für B	0,183	0,20	0,22	0,22	0,21

[4]Für K sind die anrechenbaren Bauwerte in Euro einzusetzen.

[5]Bei anrechenbaren Bauwerten über 20 000 000 Euro sind die Faktoren anzusetzen, die sich nach Satz 2 für anrechenbare Bauwerte von 20 000 000 Euro ergeben.

(2) [1] Umfasst ein Prüfauftrag mehrere in statisch-konstruktiver Hinsicht unterschiedliche bauliche Anlagen, sind die Gebühr und das Honorar für jede einzelne bauliche Anlage getrennt zu ermitteln. [2] Abweichend von Satz 1 sind die anrechenbaren Bauwerte von baulichen Anlagen zusammenzufassen, wenn sie der gleichen Bauwerksklasse angehören, auch im Übrigen in statisch-konstruktiver Hinsicht weitgehend vergleichbar sind und die Bauvorlagen gleichzeitig zur Prüfung vorgelegt werden; die Gebühr und das Honorar sind danach wie für eine einzige bauliche Anlage zu ermitteln. [3] Abs. 3 und 4 bleiben unberührt.

(3) Umfasst ein Prüfauftrag mehrere bauliche Anlagen mit gleichen Standsicherheitsnachweisen einschließlich gleicher Nachweise der Feuerwiderstandsfähigkeit tragender Bauteile, ermäßigen sich die Gebühren und die Honorare nach § 33 Abs. 1 Nr. 1 bis 4 und Abs. 2 für die zweite und jede weitere bauliche Anlage auf ein Zehntel.

(4) [1] Besteht eine bauliche Anlage aus gleichartigen durch Dehnungsfugen unterteilten Abschnitten, für die zumindest derselbe rechnerische Standsicherheitsnachweis und dieselben Nachweise der Feuerwiderstandsfähigkeit tragender Bauteile gelten sollen, ermäßigen sich die Gebühr und das Honorar nach § 33 Abs. 1 Nr. 1 bis 4 für den zweiten und jeden weiteren gleichartigen Abschnitt jeweils auf die Hälfte. [2] Satz 1 gilt nicht, wenn nur Deckenfelder, Stützen, Unterzüge oder Binder in einer baulichen Anlage gleich sind.

(5) Traggerüste und Baugruben, für deren Sicherung Standsicherheitsnachweise zu prüfen sind, gelten als gesonderte bauliche Anlagen.

(6) [1] Fahrtkosten für notwendige Reisen, die über den Umkreis von 15 km vom Geschäftssitz hinausgehen, können in Höhe der steuerlich zulässigen Pauschalsätze in Ansatz gebracht werden. [2] Fahrt- und Wartezeiten sind nach dem Zeitaufwand (§ 33 Abs. 5) zu ersetzen. [3] Sonstige Auslagen werden nur erstattet, wenn dies bei Auftragserteilung schriftlich vereinbart worden ist.

§ 33[1)] Höhe der Vergütung. (1) Prüfberechtigte und Prüfsachverständige für Standsicherheit erhalten

1. für die Prüfung der rechnerischen Nachweise der Standsicherheit die Grundgebühr oder das Grundhonorar nach § 32 Abs. 1,
2. für die Prüfung der zugehörigen Konstruktionszeichnungen in statisch-konstruktiver Hinsicht die Hälfte der Gebühr oder des Honorars nach Nr. 1,
3. für die Prüfung von Elementplänen des Fertigteilbaues sowie Werkstattzeichnungen des Metall- und Ingenieurholzbaues je nach dem zusätzlichen Aufwand einen Zuschlag zur Gebühr oder zum Honorar nach Nr. 2 bis zur Hälfte der Gebühr oder des Honorars nach Nr. 1,
4. für die Prüfung
   a) des Nachweises der Feuerwiderstandsfähigkeit der tragenden Bauteile ein Zwanzigstel der Gebühr oder des Honorars nach Nr. 1, höchstens jedoch ein Zwanzigstel der sich aus der Bauwerksklasse 3 ergebenden Gebühr oder des Honorars nach Nr. 1,
   b) der Konstruktionszeichnungen auf Übereinstimmung mit dem Nachweis und auf Einhaltung weiterer Forderungen nach Nr. 3.1 der Liste der im

---

1) § 33 Abs. 1 Nr. 4 Buchst. b und Abs. 5 Satz 3 geänd. mWv 10.12.2020 durch VO v. 2.12.2020 (GVBl. S. 854); Abs. 5 Satz 3 geänd. mWv 12.11.2022 durch VO v. 28.10.2022 (GVBl. S. 554).

Land Hessen aufgrund des § 90 Abs. 1 der Hessischen Bauordnung[1)] eingeführten Technischen Baubestimmungen, falls eine Feuerwiderstandsdauer höher als feuerhemmend zu berücksichtigen ist, ein Zehntel der Gebühr oder des Honorars nach Nr. 1, höchstens jedoch ein Zehntel der sich aus der Bauwerksklasse 3 ergebenden Gebühr oder des Honorars nach Nr. 1,

5. für die Prüfung von Nachträgen zu den Nachweisen, Konstruktionszeichnungen und Plänen infolge von Änderungen oder Fehlern eine Gebühr oder ein Honorar je nach dem zusätzlichen Aufwand, in der Regel eine Gebühr oder ein Honorar nach Nr. 1, 2 oder 3, vervielfacht mit dem Verhältnis des Umfangs der Nachträge zum ursprünglichen Umfang, höchstens jedoch jeweils die Gebühr oder das Honorar nach Nr. 1, 2 oder 3,
6. für die Prüfung einer Lastvorberechnung zusätzlich ein Viertel der Gebühr oder des Honorars nach Nr. 1.

(2) Für die Prüfung von Standsicherheitsnachweisen bei Nutzungsänderungen, Umbauten und Aufstockungen kann je nach dem zusätzlichen Aufwand ein Zuschlag bis zur Hälfte der Gebühr oder des Honorars nach Abs. 1 Nr. 1 und 2 vergütet werden.

(3) Werden Teile des rechnerischen Nachweises der Standsicherheit in größeren Zeitabständen vorgelegt und wird dadurch der Prüfaufwand erheblich erhöht, kann ein Zuschlag bis zur Hälfte der Gebühr oder des Honorars nach Abs. 1 Nr. 1 verlangt werden.

(4) Stehen die Gebühren oder die Honorare nach Abs. 1 bis 3 in einem groben Missverhältnis zum Aufwand für die Leistung, sind abweichend davon höhere oder niedrigere Gebühren oder Honorare zu berechnen, die den besonderen Schwierigkeitsgrad oder den veränderten Umfang einer Leistung berücksichtigen.

(5) [1] Nach dem Zeitaufwand werden vergütet

1. Leistungen, die durch anrechenbare Bauwerte nicht zu erfassende bauliche Anlagen oder Bauteile zum Gegenstand haben oder bei denen die über die anrechenbaren Bauwerte nach § 31 Abs. 1 bis 3 ermittelten Gebühren oder Honorare in einem groben Missverhältnis zum Aufwand stehen,
2. die Prüfung von Nachweisen der Standsicherheit von Außenwandbekleidungen und Fassaden,
3. die Prüfung von besonderen rechnerischen Nachweisen für die Feuerwiderstandsfähigkeit der tragenden Bauteile,
4. die Prüfung von zusätzlichen Nachweisen wie Erdbebenschutz, Militärlastklassen, Bergschädensicherung und Bauzustände,
5. die Überwachung von Baumaßnahmen in statisch-konstruktiver Hinsicht; die Gebühr und das Honorar dürfen jedoch höchstens die Hälfte der Gebühr oder des Honorars nach Abs. 1 Nr. 1 betragen,
6. sonstige Leistungen, die in Nr. 1 bis 5 und in Abs. 1 bis 4 nicht erfasst sind.

[2] Bei der Berechnung der Gebühr oder des Honorars ist die Zeit anzusetzen, die üblicherweise von einer entsprechend ausgebildeten Fachkraft benötigt wird. [3] Für jede Arbeitsstunde wird ein Betrag von 1,7 Prozent des Monatsgrundgehalts einer Landesbeamtin oder eines Landesbeamten in der Endstufe

[1)] Nr. **1**.

Besoldungsgruppe A 15 berechnet. [4]Der Betrag ist auf volle Euro aufzurunden. [5]Die oberste Bauaufsichtsbehörde gibt den jeweils der Gebührenberechnung oder der Honorarberechnung zugrunde zu legenden Stundensatz im Staatsanzeiger[1)] für das Land Hessen bekannt. [6]In dem Stundensatz ist die Umsatzsteuer enthalten.

(6) Als Mindestgebühr und als Mindesthonorar für eine Prüfung wird der zweifache Stundensatz nach Abs. 5 vergütet.

§ 34[2)] Abrechnungsstelle. (1) Die Prüfsachverständigen für Standsicherheit müssen sich zur Abrechnung ihrer Honorare einer gemeinsamen Abrechnungsstelle bedienen.

(2) [1]Die Anerkennungsbehörde kann im Rahmen der Fachaufsicht (§ 2 Abs. 3) auf Aufzeichnungen der Abrechnungsstelle im Umfang des § 13 Abs. 7 Satz 1 zurückgreifen. [2]Die Abrechnungsstelle hat diese Aufzeichnungen auf Verlangen der Fachaufsicht vorzulegen.

§ 35 Vergütung der Prüfämter. (1) [1]Die Kosten schuldet, wer das Prüfamt in Anspruch nimmt. [2]Die Prüfämter erhalten eine Vergütung nach Maßgabe der §§ 30 bis 33 sowie nach den folgenden Vorschriften.

(2) [1]Für die Prüfung von Typenentwürfen und Bemessungstabellen für bauliche Anlagen oder Bauteile, die vervielfältigt und bei Ausführung den Baugenehmigungen zu Grunde gelegt werden sollen, wird das Zehnfache der für eine Einzelanlage zu erhebenden Gebühr erhoben. [2]Wird der Gegenstand der Typenprüfung voraussichtlich nur bis zwanzigmal wiederholt, können die Gebühren nach Satz 1 bis zur Hälfte ermäßigt werden.

(3) Bei Typenentwürfen mit variablen Ausführungsgrößen, jedoch grundsätzlich gleichen Standsicherheitsnachweisen werden die anrechenbaren Kosten für eine mittlere Ausführungsgröße zu Grunde gelegt.

(4) Sofern bei Typenprüfungen angemessene anrechenbare Bauwerte nicht ermittelt werden können, kann eine Gebühr bis zum Dreifachen des Zeitaufwandes erhoben werden.

(5) Für die Verlängerung der Geltungsdauer von Typenprüfungen ist ein Zehntel bis ein Drittel der nach Abs. 2 und 3 ermittelten Gebühren zu erheben; im Falle des Abs. 4 kann eine Gebühr entsprechend bis zum Dreifachen des Zeitaufwandes erhoben werden.

(6) Die Prüfung der Standsicherheit von Fliegenden Bauten wird nach dem Zeitaufwand vergütet.

§ 36[3)] Umsatzsteuer, Fälligkeit. (1) [1]Mit der Gebühr ist die Umsatzsteuer abgegolten. [2]Die im Honorar enthaltene Umsatzsteuer ist in der Rechnung gesondert auszuweisen; dies gilt nicht, wenn sie nach § 19 Abs. 1 des Umsatz-

---

[1)] Siehe hierzu die Prüfsachverständigen-Stundensatz-Bekanntmachung 2017/2018 v. 6.7.2017 (StAnz. S. 695).

[2)] § 34 Abs. 2 neu gef. mWv 11.12.2010 durch VO v. 24.11.2010 (GVBl. I S. 484); Abs. 1 geänd. mWv 15.12.2015 durch VO v. 24.11.2015 (GVBl. S. 546).

[3)] § 36 Abs. 1 Satz 2 geänd. mWv 11.12.2010 durch VO v. 24.11.2010 (GVBl. I S. 484); Abs. 1 Satz 2 geänd. mWv 28.11.2012 durch VO v. 13.11.2012 (GVBl. S. 423); Abs. 1 Satz 2 geänd. mWv 15.12.2015 durch VO v. 24.11.2015 (GVBl. S. 546); Abs. 1 Satz 2 geänd. mWv 10.12.2020 durch VO v. 2.12.2020 (GVBl. S. 854); Abs. 1 Satz 2 geänd. mWv 12.11.2022 durch VO v. 28.10.2022 (GVBl. S. 554).

steuergesetzes in der Fassung der Bekanntmachung vom 21. Februar 2005 (BGBl. I S. 386), zuletzt geändert durch Gesetz vom 21. Dezember 2021 (BGBl. I S. 5250), unerhoben bleibt.

(2) [1] Die Gebühr oder das Honorar werden mit Eingang der Rechnung fällig. [2] Bis zur Schlussabrechnung kann eine Berichtigung der anrechenbaren Bauwerte, der Bauwerksklasse und der Zuschläge verlangt oder ein besonderer Fall nach § 33 Abs. 4 geltend gemacht werden.

Zweiter Abschnitt. Vergütungen anderer Prüfsachverständiger

§ 37[1)] Vergütung der Prüfsachverständigen für Brandschutz. [1] Die Prüfsachverständigen für Brandschutz erhalten

1. für die Prüfung der Brandschutznachweise das Grundhonorar nach § 32 Abs. 1, davon abweichend gelten folgende Werte: A = 10,5 und B = 0,20,
2. für die Prüfung von Nachträgen zu den Nachweisen nach Nr. 1 ein Honorar nach Zeitaufwand, höchstens je Bauvorhaben das volle Honorar nach Nr. 1,
3. für die Prüfung der Brandschutznachweise bei Nutzungsänderungen, Umbauten und Aufstockungen je nach zusätzlichem Aufwand einen Zuschlag bis zur Hälfte des Honorars nach Nr. 1,
4. für die Überwachung der Bauausführung ein Honorar nach Zeitaufwand, höchstens je Bauvorhaben das volle Honorar nach Nr. 1; Ermäßigungen und Erhöhungen bleiben hierbei unberücksichtigt.

[2] § 30, § 31 Abs. 1, Abs. 2 Satz 1 und Satz 4 bis 6, Abs. 3, § 32 Abs. 1, 3 und 6, § 33 Abs. 4, Abs. 5 Satz 1 Nr. 1 und 6 und Satz 2 bis 6, Abs. 6 sowie § 36 gelten entsprechend.

§ 38[2)] Vergütung der Prüfsachverständigen für technische Anlagen und Einrichtungen in Gebäuden. [1] Die Prüfsachverständigen für technische Anlagen und Einrichtungen in Gebäuden erhalten für ihre Tätigkeit ein Honorar und Ersatz der notwendigen Auslagen. [2] Notwendige Auslagen sind insbesondere die Kosten für vor Ort benötigte fachspezifische technische Geräte und Hilfsmittel. [3] Das Honorar wird nach dem Zeitaufwand abgerechnet. [4] Fahrtkosten für notwendige Reisen, die über den Umkreis von 15 km vom Geschäftssitz hinausgehen, können in Höhe der steuerlich zulässigen Pauschalsätze in Ansatz gebracht werden. [5] Fahrt- und Wartezeiten sind nach dem Zeitaufwand zu ersetzen. [6] § 30 Abs. 3, 4 und 5 Satz 1, § 33 Abs. 5 Satz 2 sowie § 36 Abs. 2 Satz 1 gelten entsprechend.

§ 39[3)] Vergütung der Prüfsachverständigen für Erd- und Grundbau. [1] Die Prüfsachverständigen für Erd- und Grundbau erhalten für ihre Tätigkeit ein Honorar und Ersatz der notwendigen Auslagen. [2] Notwendige Auslagen sind insbesondere die Kosten für vor Ort benötigte fachspezifische technische Geräte und Hilfsmittel. [3] Das Honorar wird nach dem Zeitaufwand abgerechnet. [4] Fahrtkosten für notwendige Reisen, die über den Umkreis von

---

[1)] § 37 Satz 2 geänd. mWv 11.12.2010 durch VO v. 24.11.2010 (GVBl. I S. 484); Satz 2 geänd. mWv 15.12.2015 durch VO v. 24.11.2015 (GVBl. S. 546).

[2)] § 38 Satz 6 aufgeh., bish. Satz 7 wird Satz 6 mWv 11.12.2010 durch VO v. 24.11.2010 (GVBl. I S. 484).

[3)] § 39 Satz 6 aufgeh., bish. Satz 7 wird Satz 6 mWv 11.12.2010 durch VO v. 24.11.2010 (GVBl. I S. 484).

15 km vom Geschäftssitz hinausgehen, können in Höhe der steuerlich zulässigen Pauschalsätze in Ansatz gebracht werden. [5]Fahrt- und Wartezeiten sind nach dem Zeitaufwand zu ersetzen. [6]§ 30 Abs. 3, 4 und 5 Satz 1, § 33 Abs. 5 Satz 2 sowie § 36 Abs. 2 Satz 1 gelten entsprechend.

§ 40[1)] Vergütung der Prüfsachverständigen für Vermessungswesen. [1]Die Prüfsachverständigen für Vermessungswesen erhalten für ihre Tätigkeit ein Honorar und Ersatz der notwendigen Auslagen. [2]Notwendige Auslagen sind insbesondere die Kosten für vor Ort benötigte fachspezifische technische Geräte und Hilfsmittel. [3]Das Honorar wird nach dem Zeitaufwand abgerechnet. [4]Fahrtkosten für notwendige Reisen, die über den Umkreis von 15 km vom Geschäftssitz hinausgehen, können in Höhe der steuerlich zulässigen Pauschalsätze in Ansatz gebracht werden. [5]Fahrt- und Wartezeiten sind nach dem Zeitaufwand zu ersetzen. [6]Ist die Absteckung von einer Prüfsachverständigen oder einem Prüfsachverständigen für Vermessungswesen selbst ausgeführt worden, entfällt der Vergütungsanspruch nach Satz 1, 4 und 5. [7]§ 30 Abs. 3, 4 und 5 Satz 1, § 33 Abs. 5 Satz 2 sowie § 36 Abs. 2 Satz 1 gelten entsprechend.

§ 41[2)] Vergütung der Prüfsachverständigen für Energieerzeugungsanlagen. Die Prüfsachverständigen für Energieerzeugungsanlagen erhalten für ihre Tätigkeit ein Honorar, das nach Nr. 153 bis 1543 der Anlage zu § 1 der Verwaltungskostenordnung für den Geschäftsbereich des Ministeriums für Wirtschaft, Energie, Verkehr und Wohnen vom 19. November 2012 (GVBl. S. 484, 2013 S. 44), zuletzt geändert durch Verordnung vom 30. Juni 2022 (GVBl. S. 390), in der jeweils geltenden Fassung zu bemessen ist.

Neunter Teil. Ordnungswidrigkeiten, Übergangs- und Schlussvorschriften

§ 42[3)] Ordnungswidrigkeiten. Ordnungswidrig nach § 86 Abs. 1 Nr. 21 der Hessischen Bauordnung[4)] handelt, wer

1. entgegen § 2 Abs. 2, ohne prüfsachverständige Person zu sein, Bescheinigungen ausstellt, die nach Vorschriften der Hessischen Bauordnung oder aufgrund der Hessischen Bauordnung nur von einer prüfsachverständigen Person ausgestellt werden dürfen,
2. entgegen § 8 die Bezeichnung Prüfingenieurin, Prüfingenieur, Prüfsachverständige oder Prüfsachverständiger führt,
3. entgegen § 30 Abs. 5 einen Nachlass auf die Gebühr oder das Honorar gewährt oder
4. entgegen den §§ 5, 13, 19, 22 und 25 gegen ihm obliegende Pflichten verstößt oder zur Erlangung der Anerkennung als Prüfsachverständige, Prüf-

[1)] § 40 Satz 6 aufgeh., bish. Sätze 7 und 8 werden Sätze 6 und 7 mWv 11.12.2010 durch VO v. 24.11.2010 (GVBl. I S. 484).

[2)] § 41 geänd. mWv 11.12.2010 durch VO v. 24.11.2010 (GVBl. I S. 484); geänd. mWv 28.11.2012 durch VO v. 13.11.2012 (GVBl. S. 423); geänd. mWv 15.12.2015 durch VO v. 24.11.2015 (GVBl. S. 546); geänd. mWv 10.12.2020 durch VO v. 2.12.2020 (GVBl. S. 854); geänd. mWv 12.11.2022 durch VO v. 28.10.2022 (GVBl. S. 554).

[3)] § 42 geänd. mWv 10.12.2020 durch VO v. 2.12.2020 (GVBl. S. 854); Nr. 2 und 3 geänd., Nr. 4 angef. mWv 12.11.2022 durch VO v. 28.10.2022 (GVBl. S. 554).

[4)] Nr. **1**.

sachverständiger, Prüfberechtigte oder Prüfberechtigter Angaben macht, die in wesentlichen Teilen unrichtig oder unvollständig sind.

§ 43[1)] Übergangsvorschriften. (1) [1] Als anerkannt nach dieser Verordnung gelten unter den Bedingungen des jeweiligen Anerkennungsbescheides Personen,

1. die nach den in § 44 aufgeführten Verordnungen für die jeweiligen Fachbereiche und Fachrichtungen oder
2. die nach der mit Ablauf des 31. Dezember 2005 außer Kraft getretenen Sachverständigenverordnung für Erd- und Grundbau vom 27. Dezember 2000 (GVBl. 2001 I S. 162)

anerkannt sind. [2] Anerkennungen erlöschen mit Vollendung des 75. Lebensjahres. [3] Berechtigte nach Satz 1 sind von den zuständigen Anerkennungsbehörden in die Listen nach § 6 Abs. 4 aufzunehmen.

(2) Nicht abgeschlossene Anerkennungsverfahren nach den in § 44 aufgeführten Verordnungen sind von den in dieser Verordnung benannten Anerkennungsbehörden nach Maßgabe dieser Verordnung fortzuführen.

(3) Anerkennungen nach § 26 Abs. 1 Satz 2 in der bis zum 10. Dezember 2010 geltenden Fassung gelten als Anerkennung im Sinne dieser Verordnung fort.

(4) [1] Prüfberechtigte und Prüfsachverständige, deren Anerkennung nach Abs. 1 Satz 2 und § 7 Abs. 1 Nr. 2 in der bis zum 31. Oktober 2024 geltenden Fassung erloschen ist und die das 72. Lebensjahr noch nicht vollendet haben, können auf Antrag erneut anerkannt werden. [2] Die Vorlage von Unterlagen nach § 6 Abs. 2 Satz 2 Nr. 1, 2 und 7 ist nicht erforderlich. [3] § 6 Abs. 2 Satz 3 bleibt unberührt.

§ 44 *(nicht wiedergegebene Aufhebungsvorschrift)*

§ 45[2)] Inkrafttreten, Außerkrafttreten. [1] Diese Verordnung tritt am 1. Januar 2007 in Kraft. [2] Sie tritt mit Ablauf des 31. Dezember 2027 außer Kraft.

Anlage 1[3)]

(aufgehoben)

Anlage[4)]

(zu § 31 Abs. 4 Satz 1 HPPVO)

Bauwerksklassen

Bauwerksklasse 1

---

1) § 43 Abs. 1 Satz 1 Nr. 2, Sätze 2 und 3 geänd., Abs. 3 und 4 angef. mWv 11.12.2010 durch VO v. 24.11.2010 (GVBl. I S. 484); Abs. 1 Satz 2 geänd., Abs. 4 neu gef. mWv 22.2.2025 durch VO v. 17.2.2025 (GVBl. Nr. 13).

2) § 45 Satz 2 geänd. mWv 28.11.2012 durch VO v. 13.11.2012 (GVBl. S. 423); Satz 2 geänd. mWv 15.12.2015 durch VO v. 24.11.2015 (GVBl. S. 546); geänd. mWv 10.12.2020 durch VO v. 2.12.2020 (GVBl. S. 854).

3) Anl. 1 aufgeh. mWv 10.12.2020 durch VO v. 2.12.2020 (GVBl. S. 854).

4) Bish. Anl. 2 wird Anl. mWv 10.12.2020 durch VO v. 2.12.2020 (GVBl. S. 854).

Tragwerke mit sehr geringem Schwierigkeitsgrad, insbesondere einfache statisch bestimmte ebene Tragwerke aus Holz, Stahl, Stein oder unbewehrtem Beton mit vorwiegend ruhenden Lasten, ohne Nachweis horizontaler Aussteifung.

Bauwerksklasse 2

Tragwerke mit geringem Schwierigkeitsgrad, insbesondere statisch bestimmte ebene Tragwerke in gebräuchlichen Bauarten ohne vorgespannte Konstruktionen und Verbundkonstruktionen mit vorwiegend ruhenden Lasten,

1. einfache Dach- und Fachwerkbinder,
2. Kehlbalkendächer,
3. Deckenkonstruktionen mit vorwiegend ruhenden Flächenlasten, die nach gebräuchlichen Tabellen berechnet werden können,
4. Mauerwerksbauten mit bis zur Gründung durchgehenden tragenden Wänden ohne Nachweis der horizontalen Aussteifung des Gebäudes,
5. Stützwände einfacher Art,
6. Flachgründungen einfacher Art (Einzel- und Streifenfundamente).

Bauwerksklasse 3

Tragwerke mit durchschnittlichem Schwierigkeitsgrad, insbesondere schwierige statisch bestimmte und statisch unbestimmte ebene Tragwerke in gebräuchlichen Bauarten ohne vorgespannte Konstruktionen und ohne schwierige Stabilitätsuntersuchungen,

1. einfache Verbundkonstruktionen des Hochbaus ohne Berücksichtigung des Einflusses von Kriechen und Schwinden,
2. Tragwerke für Gebäude mit Abfangung von tragenden bzw. aussteifenden Wänden,
3. Tragwerke für Rahmen- und Skelettbauten, bei denen die Stabilität der einzelnen Bauteile mit Hilfe von einfachen Formeln oder Tabellen nachgewiesen werden kann,
4. Behälter einfacher Konstruktion,
5. Schornsteine ohne Schwingungsberechnung,
6. Masten mit einfachen Abspannungen, bei denen der Seildurchhang vernachlässigt werden kann,
7. ein- und zweiachsig gespannte mehrfeldrige Decken unter ruhenden Lasten, soweit sie nicht der Bauwerksklasse 2 zuzuordnen sind,
8. Flächengründungen einfacher Art,
9. Stützwände ohne Rückverankerung bei schwierigen Baugrund- und Belastungsverhältnissen und einfach verankerte Stützwände,
10. ebene Pfahlrostgründungen.

Bauwerksklasse 4

Tragwerke mit überdurchschnittlichem Schwierigkeitsgrad, insbesondere statisch und konstruktiv schwierige Tragwerke in gebräuchlichen Bauarten und Tragwerke, für deren Standsicherheits- und Festigkeitsnachweis schwierig zu ermittelnde Einflüsse zu berücksichtigen sind,

1. statisch bestimmte räumliche Fachwerke,
2. weitgespannte Hallentragwerke in Ingenieurholzbaukonstruktion,

3. mehrgeschossige Bauwerke mit unregelmäßiger Grundrissgestaltung und wiederholt im Grundriss verspringenden Aussteifungselementen, bei deren Schnittgrößenermittlung die Formänderungen zu berücksichtigen sind,
4. Bauwerke, bei denen Aussteifung und Stabilität durch Zusammenwirken von Fertigteilen sichergestellt und nachgewiesen werden muss,
5. unregelmäßige mehrgeschossige Rahmentragwerke und Skelettbauten, Kesselgerüste,
6. einfache Trägerroste und einfache orthotrope Platten,
7. Hallentragwerke mit Kranbahnen,
8. vorgespannte Fertigteile,
9. Tragwerke für schwierige Rahmen- und Skelettbauten sowie turmartige Bauten, bei denen der Nachweis der Stabilität und Aussteifung die Anwendung besonderer Berechnungsverfahren erfordert,
10. einfache Faltwerke nach der Balkentheorie,
11. statisch bestimmte und einfache statisch unbestimmte Tragwerke, deren Schnittkraftermittlung nach Theorie II. Ordnung erfolgen muss,
12. statisch bestimmte und statisch unbestimmte Tragwerke des Hochbaues unter Einwirkung von Vorspannung, soweit sie nicht der Bauwerksklasse 5 zuzuordnen sind,
13. Verbundkonstruktionen, soweit sie nicht den Bauwerksklassen 3 oder 5 zuzuordnen sind,
14. einfache Tragwerke nach dem Traglastverfahren,
15. einfache Rotationsschalen,
16. Tankbauwerke aus Stahl mit einfachen Stabilitätsnachweisen,
17. Behälter und Silos schwieriger Konstruktion, auch in Gruppenbauweise,
18. Masten, Schornsteine, Maschinenfundamente mit einfachen Schwingungsuntersuchungen,
19. schwierige Abspannungen von Einzelmasten oder Mastgruppen,
20. Seilbahnkonstruktionen,
21. schwierige verankerte Stützwände, schwierige statisch unbestimmte Flächengründungen, schwierige ebene oder räumliche Pfahlgründungen, besondere Gründungsverfahren, Unterfahrungen.

Bauwerksklasse 5

Tragwerke mit sehr hohem Schwierigkeitsgrad, insbesondere statisch und konstruktiv ungewöhnlich schwierige Tragwerke und schwierige Tragwerke in neuen Bauarten,

1. räumliche Stabtragwerke,
2. statisch unbestimmte räumliche Fachwerke,
3. Faltwerke, Schalentragwerke, soweit sie nicht der Bauwerksklasse 4 zuzuordnen sind,
4. statisch unbestimmte Tragwerke, die Schnittkraftermittlungen nach Theorie II. Ordnung unter Berücksichtigung des nichtlinearen Werkstoffverhaltens erfordern,
5. Tragwerke mit Standsicherheitsnachweisen, die nur unter Zuhilfenahme modellstatischer Untersuchungen beurteilt werden können,

6. Tragwerke mit Schwingungsuntersuchungen, soweit sie nicht der Bauwerksklasse 4 zuzuordnen sind,
7. seilverspannte Zeltdachkonstruktionen und Traglufthallen bei Behandlung nach der Membrantheorie,
8. mit Hochhäusern vergleichbar hohe Gebäude, bei denen ein Stabilitätsnachweis nach Theorie II. Ordnung erforderlich sowie das Schwingungsverhalten zu untersuchen ist,
9. Verbundkonstruktionen nach der Plastizitätstheorie oder mit Vorspannung,
10. schwierige Trägerroste und schwierige orthotrope Platten,
11. Turbinenfundamente.

5. Verordnung über den Bau und Betrieb von Garagen und Stellplätzen (Garagenverordnung – GaV)[1)]

Vom 13. Mai 2024
(GVBl. Nr. 18)

FFN 361-131

Aufgrund des § 89 Abs. 1 Satz 1 Nr. 3 und 4 in Verbindung mit Abs. 11 der Hessischen Bauordnung[2)] vom 28. Mai 2018 (GVBl. S. 198), zuletzt geändert durch Gesetz vom 20. Juli 2023 (GVBl. S. 582), verordnet der Minister für Wirtschaft, Energie, Verkehr, Wohnen und ländlichen Raum:

Erster Teil. Allgemeine Vorschriften

§ 1 Anwendungsbereich. [1] Die Verordnung gilt für Stellplätze für Kraftfahrzeuge und Garagen im Sinne von § 2 Abs. 11 Satz 1 und 2 der Hessischen Bauordnung[2)]. [2] Die Verordnung gilt nicht für Stellplätze und Räume für Kraftfahrzeuge von Behörden und Organisationen mit Sicherheitsaufgaben.

§ 2 Begriffe und allgemeine Anforderungen. (1) [1] Offene Mittel- und Großgaragen nach Abs. 9 Nr. 2 und 3 sind Garagen,

1. die in jedem Geschoss unmittelbar ins Freie führende nicht verschließbare Öffnungen in einer Größe von insgesamt mindestens einem Drittel der Gesamtfläche der Umfassungswände haben,
2. bei denen mindestens zwei sich gegenüberliegende Umfassungswände mit den ins Freie führenden Öffnungen nicht mehr als 70 m voneinander entfernt sind und
3. bei denen eine ständige Querlüftung im Bereich der Stellplätze vorhanden ist.

[2] Die Querlüftung darf insbesondere durch vorgestellte Wände oder Außenwandbegrünungen nicht eingeschränkt werden.

(2) Offene Kleingaragen sind Garagen nach Abs. 9 Nr. 1, die unmittelbar ins Freie führende nicht verschließbare Öffnungen in einer Größe von insgesamt mindestens einem Drittel der Gesamtfläche der Umfassungswände haben.

(3) Geschlossene Garagen sind Garagen, die die Voraussetzungen nach Abs. 1 und 2 nicht erfüllen.

(4) Oberirdische Garagen sind Garagen, deren Fußboden im Mittel nicht mehr als 1,50 m unter der Geländeoberfläche liegt.

(5) Automatische Garagen sind Garagen ohne Personen- und Fahrverkehr, in denen die Kraftfahrzeuge mit fördertechnischen Einrichtungen von der Garagenzufahrt zu den Stellplätzen befördert und ebenso zum Abholen an die Garagenausfahrt befördert werden.

[1)] Die Verordnung **tritt mit Ablauf des 31.12.2030 außer Kraft**, vgl. § 27.
[2)] Nr. **1**.

(6) Stellplätze für Kraftfahrzeuge sind Flächen, die dem Abstellen der Fahrzeuge außerhalb der öffentlichen Verkehrsflächen dienen.

(7) Eine Stellplatzanlage ist eine zusammenhängende Fläche außerhalb von Gebäuden, die aus mehreren Stellplätzen und den dazugehörigen Verkehrsflächen besteht.

(8) [1] Die Nutzfläche einer Garage ist die Summe aller Flächen der Stellplätze, Abstellplätze für Fahrräder, Anhänger und Elektrokleinstfahrzeuge sowie der Verkehrsflächen in der Garage. [2] Die Nutzfläche einer automatischen Garage ist die Summe der Flächen aller Stellplätze. [3] Stellplätze auf Dächern und die dazugehörigen Verkehrsflächen werden der Nutzfläche nicht zugerechnet, soweit nichts anderes bestimmt ist.

(9) Es sind Garagen mit einer Nutzfläche nach Abs. 8

1. bis 100 m^2 Kleingaragen,
2. über 100 m^2 bis 1 000 m^2 Mittelgaragen,
3. über 1 000 m^2 Großgaragen.

(10) [1] Auf tragende und aussteifende sowie raumabschließende Bauteile von Garagen sind die Anforderungen der Hessischen Bauordnung[1)] an diese Bauteile in Gebäuden der Gebäudeklasse 5 anzuwenden, soweit in dieser Verordnung nichts Abweichendes geregelt ist. [2] Die Erleichterungen und Anforderungen des § 32 Abs. 6, § 33 Abs. 3 Satz 2, § 34 Abs. 4 Nr. 1 und 2, § 39 Abs. 1 Satz 2 Nr. 2, § 42 Abs. 2 Satz 3 Nr. 4, § 43 Abs. 1 Nr. 1 und 3 sowie des § 44 Abs. 5 Nr. 1 und 3 der Hessischen Bauordnung gelten nicht.

(11) [1] In Mittel- und Großgaragen sind Stellplätze, Abstellplätze für Fahrräder, Anhänger und Elektrokleinstfahrzeuge, Verkehrsflächen, Treppenräume und allgemein zugängliche Flächen so übersichtlich zu gestalten, dass sich alle Benutzerinnen und Benutzer gefahrlos orientieren können, auch wenn sie mit der Anlage nicht vertraut sind. [2] Dies gilt insbesondere für Zu- und Ausgänge.

(12) [1] Mittel- und Großgaragen müssen eine ausreichende Anzahl von barrierefreien Stellplätzen haben; der Anteil dieser Stellplätze bezogen auf die Gesamtzahl der Stellplätze muss mindestens 3 Prozent betragen. [2] Die Stellplätze müssen barrierefrei erreichbar und in der Nähe der barrierefreien Erschließung angeordnet sein. [3] Die barrierefreien Stellplätze müssen als solche für Kraftfahrzeuge von Menschen mit Schwerbehinderung gekennzeichnet sein. [4] Bei

1. nicht öffentlich zugänglichen Mittel- und Großgaragen kann die Kennzeichnung barrierefreier Stellplätze, die einzelnen Nutzerinnen und Nutzern zugeordnet sind, entfallen;
2. öffentlich zugänglichen Mittel- und Großgaragen soll mindestens ein barrierefreier Stellplatz einen Heckausstieg ermöglichen; hierfür ist eine freizuhaltende Bewegungsfläche im Heckbereich von mindestens 2,50 m Tiefe in der Breite des Stellplatzes vorzusehen.

[5] Satz 1 bis 4 gelten für Stellplatzanlagen mit einer Gesamtfläche von mehr als 100 m^2 entsprechend.

(13) [1] In öffentlich zugänglichen Mittel- und Großgaragen müssen Stellplätze für von Frauen geführte Kraftfahrzeuge und Stellplätze für von Personen mit Kleinkindern genutzte Kraftfahrzeuge in angemessenem Umfang, mindestens

---

1) Nr. **1**.

jedoch jeweils 5 Prozent bezogen auf die Gesamtzahl der Stellplätze, eingerichtet und als solche kenntlich gemacht werden. [2]Die Stellplätze nach Satz 1 und ihre Zugänge sind einsehbar herzustellen und zu überwachen. [3]Die Einrichtung von besonderen Stellplätzen für von Frauen geführte Kraftfahrzeuge ist nicht erforderlich, wenn in der gesamten Garage die Anforderungen nach Satz 2 eingehalten werden.

Zweiter Teil. Bauvorschriften

§ 3 Zu- und Abfahrten. (1) [1]Garagen müssen zu öffentlichen Verkehrsflächen eigene Zu- und Abfahrten von mindestens 3 m Länge besitzen. [2]Dies gilt nicht für offene Kleingaragen und einzelne Stellplätze außerhalb von Garagen, wenn wegen der Sicht auf die öffentliche Verkehrsfläche keine Bedenken bestehen.

(2) Vor den die freie Zufahrt zur Garage zeitweilig hindernden Anlagen, wie Schranken oder Toren, ist ein Stauraum für wartende Kraftfahrzeuge vorzusehen, wenn dies wegen der Sicherheit oder Leichtigkeit des Verkehrs erforderlich ist.

(3) [1]Die Fahrbahnen von Zu- und Abfahrten vor Mittel- und Großgaragen müssen mindestens 2,75 m breit sein; der Radius des inneren Fahrbahnrandes muss mindestens 5 m betragen. [2]Für Fahrbahnen im Bereich von Zu- und Abfahrtssperren genügt eine Breite von 2,30 m. [3]Breitere Fahrbahnen sind in Kurven mit Innenradien von weniger als 10 m vorzusehen, wenn dies die Verkehrssicherheit erfordert.

(4) Großgaragen müssen getrennte Fahrbahnen für Zu- und Abfahrten haben.

(5) [1]Bei Großgaragen ist neben den Fahrbahnen der Zu- und Abfahrten ein mindestens 0,80 m breiter Gehweg erforderlich. [2]Der Gehweg muss gegenüber der Fahrbahn erhöht oder verkehrssicher abgegrenzt werden.

(6) Abweichend von Abs. 1 sind für mehrere Garagen gemeinsame Zu- und Abfahrten zwischen den Garagen und der öffentlichen Verkehrsfläche zulässig; beträgt die gesamte Nutzfläche der Garagen mehr als 1 000 m^2, gelten Abs. 4 bis 5 entsprechend.

(7) In den Fällen der Abs. 3 bis 6 sind die Stellplätze auf Dächern und die dazugehörigen Verkehrsflächen der Nutzfläche zuzurechnen.

(8) Für Zu- und Abfahrten von Stellplatzanlagen gelten Abs. 2 bis 6 sinngemäß.

§ 4 Rampen. (1) [1]Rampen von Mittel- und Großgaragen dürfen nicht mehr als 15 Prozent geneigt sein. [2]Die Breite der Fahrbahnen auf diesen Rampen muss mindestens 2,75 m, in gewendelten Rampenbereichen mindestens 3,50 m betragen. [3]Gewendelte Rampenteile müssen eine Querneigung von mindestens 3 Prozent haben. [4]Der Radius des inneren Fahrbahnrandes muss mindestens 5 m betragen.

(2) Zwischen einer Rampe mit mehr als 10 Prozent Neigung und der öffentlichen Verkehrsfläche muss eine mindestens 3 m lange Fläche liegen, deren Neigung höchstens 5 Prozent beträgt.

(3) [1]In Großgaragen müssen Rampen, die von Personen zu Fuß benutzt werden, einen mindestens 0,80 m breiten Gehweg haben, der gegenüber der

Fahrbahn erhöht oder verkehrssicher abgegrenzt ist. [2]Dienen Rampen nach Satz 1 auch als Erschließungsweg für Menschen mit Behinderung zum barrierefreien Stellplatz, sind sie barrierefrei auszuführen. [3]An Rampen, die von Personen zu Fuß oder mit Mobilitätshilfen nicht benutzt werden dürfen, ist auf das Verbot hinzuweisen.

(4) Für Rampen von Stellplatzanlagen gelten die Abs. 1 bis 3 sinngemäß.

(5) Kraftbetriebene geneigte Hebebühnen sind keine Rampen.

§ 5 Stellplätze und Fahrgassen. (1) [1]Ein notwendiger Stellplatz muss mindestens 5 m lang sein. [2]Die Breite eines notwendigen Stellplatzes muss mindestens betragen

1. a) 2,30 m, wenn keine Längsseite,
   b) 2,40 m, wenn eine Längsseite,
   c) 2,50 m, wenn jede Längsseite

   des Stellplatzes im Abstand bis zu 0,10 m durch Wände, Stützen, andere Bauteile oder Einrichtungen begrenzt ist,
2. 3,50 m, wenn er als barrierefreier Stellplatz nach § 2 Abs. 12 oder für von Personen mit Kleinkindern genutzte Kraftfahrzeuge nach § 2 Abs. 13 Satz 1 bestimmt ist.

[3]Stellplätze auf kraftbetriebenen Hebebühnen brauchen in den Fällen des Satz 2 Nr. 1 nur 2,30 m breit zu sein. [4]Satz 1 und 2 gelten nicht für Stellplätze auf horizontal verschiebbare Plattformen. [5]Stellplätze auf kraftbetriebenen Hebebühnen sind in öffentlich zugänglichen Garagen nicht zulässig.

(2) [1]Fahrgassen müssen, soweit sie unmittelbar der Zu- oder Abfahrt von Stellplätzen dienen, hinsichtlich ihrer Breite mindestens die Anforderungen der folgenden Tabelle erfüllen; Zwischenwerte sind linear zu interpolieren:

Anordnung der Stellplätze zur Fahrgasse	Erforderliche Fahrgassenbreite bei einer Stellplatzbreite von		
	2,30 m	2,40 m	2,50 m
90°	6,50 m	6,00 m	5,50 m
bis 45°	3,50 m	3,25 m	3,00 m

[2]Vor kraftbetriebenen Hebebühnen müssen die Fahrgassen mindestens 8 m breit sein, wenn die Hebebühnen Fahrspuren haben oder beim Absenken in die Fahrgasse hineinragen.

(3) [1]Fahrgassen müssen, soweit sie nicht unmittelbar der Zu- oder Abfahrt von Stellplätzen dienen, mindestens 2,75 m breit sein. [2]Fahrgassen mit Gegenverkehr müssen in Mittel- und Großgaragen mindestens 5 m breit sein.

(4) Stellplätze auf horizontal verschiebbaren Plattformen sind in Fahrgassen zulässig, wenn

1. eine Breite der Fahrgassen von mindestens 2,75 m erhalten bleibt,
2. die Plattformen nicht vor kraftbetriebenen Hebebühnen angeordnet werden und
3. in Fahrgassen mit Gegenverkehr kein Durchgangsverkehr stattfindet.

(5) [1] Die einzelnen Stellplätze und die Fahrgassen sind durch Markierungen am Boden leicht erkennbar und dauerhaft gegeneinander abzugrenzen. [2] Dies gilt nicht für

1. Kleingaragen ohne Fahrgassen,
2. Stellplätze auf kraftbetriebenen Hebebühnen und
3. Stellplätze auf horizontal verschiebbaren Plattformen.

[3] Mittel- und Großgaragen müssen in jedem Geschoss leicht erkennbare und dauerhafte Hinweise auf Fahrtrichtungen und Ausfahrten haben.

(6) [1] Die Abs. 1 bis 5 gelten nicht für automatische Garagen. [2] Die Abs. 2 bis 5 gelten nicht für einzelne Stellplätze außerhalb von Gebäuden.

§ 6 Lichte Höhe. [1] Mittel- und Großgaragen müssen in zum Begehen bestimmten Bereichen, auch unter Unterzügen, Lüftungsleitungen und sonstigen Bauteilen eine lichte Höhe von mindestens 2 m haben. [2] Dies gilt nicht für kraftbetriebene Hebebühnen. [3] Über den Erschließungsbereichen der barrierefreien Stellplätze nach § 2 Abs. 12, die der Erreichbarkeit zu Fuß oder mit Mobilitätshilfe dienen, muss die lichte Höhe mindestens 2,20 m betragen. [4] In diesen Erschließungsbereichen darf die lichte Höhe unter Deckenunterzügen bis auf 2,05 m reduziert werden, wenn durch geeignete Kennzeichnung darauf hingewiesen wird.

§ 7 Tragende Wände, Pfeiler, Stützen, Decken, Dächer von Mittel- und Großgaragen. (1) Bei Mittel- und Großgaragen müssen die tragenden und aussteifenden Wände, Pfeiler und Stützen feuerbeständig sein.

(2) [1] Decken müssen als tragende und raumabschließende Bauteile über, unter und zwischen Geschossen feuerbeständig sein. [2] Öffnungen in Decken für Rampen zwischen Geschossen desselben Brandabschnittes sind zulässig, soweit sich keine weiterführenden Anforderungen aufgrund von § 23 ergeben.

(3) [1] Liegen Stellplätze nicht mehr als 22 m über der Geländeoberfläche, so brauchen Wände und Decken nach Abs. 1 und 2

1. bei oberirdischen Mittel- und Großgaragen nur feuerhemmend und aus nichtbrennbaren Baustoffen zu sein, soweit sich aus den §§ 30 und 34 der Hessischen Bauordnung[1)] keine weitergehenden Anforderungen ergeben,
2. bei offenen oberirdischen Mittel- und Großgaragen in Gebäuden, die allein der Garagennutzung dienen, nur aus nichtbrennbaren Baustoffen zu bestehen, sofern
   a) diese eine maximale Tiefe von 70 m aufweisen sowie das Tragwerk den Anforderungen der Technischen Baubestimmungen nach § 90 der Hessischen Bauordnung an eine robuste Tragkonstruktion entspricht oder
   b) die Stellplätze unmittelbar an den Außenwänden angeordnet sind.

[2] Decken dürfen zur Behinderung der Brandausbreitung keine offenen Fugen aufweisen; Deckenränder und Leitungsdurchführungen sind so auszuführen, dass einer Brandausbreitung durch Flüssigkeitsbrände vorgebeugt wird.

(4) Wände, Pfeiler, Stützen und Decken nach Abs. 1 und 2 brauchen bei eingeschossigen oberirdischen Mittel- und Großgaragen auch mit Stellplätzen

---

1) Nr. **1**.

auf Dächern nur feuerhemmend zu sein oder aus nichtbrennbaren Baustoffen zu bestehen, wenn das Gebäude allein der Garagennutzung dient.

(5) Wände, Pfeiler, Stützen und Decken nach Abs. 1 und 2 brauchen bei automatischen Garagen nur aus nichtbrennbaren Baustoffen zu bestehen, wenn das Gebäude allein als automatische Garage genutzt wird.

(6) Für befahrbare Dächer von Mittel- und Großgaragen gelten die Anforderungen an Decken.

(7) Bekleidungen und Dämmschichten an Wänden, Stützen sowie unter Decken und Dächern müssen

1. bei Großgaragen aus nichtbrennbaren Baustoffen und
2. bei Mittelgaragen aus mindestens schwerentflammbaren Baustoffen

bestehen.

§ 8 Außenwände. (1) [1] Außenwände und Außenwandteile von Garagen müssen den Anforderungen des § 31 Abs. 1 bis 4 der Hessischen Bauordnung[1)] entsprechen. [2] Die Erleichterungen des § 31 Abs. 5 der Hessischen Bauordnung gelten ungeachtet der Gebäudeklassen für Gebäude, die allein der Garagennutzung dienen und deren Fußboden des obersten Geschosses mit Stellplätzen im Mittel höchstens 7 m über der Geländeoberfläche liegt.

(2) Liegen Stellplätze mehr als 22 m über der Geländeoberfläche, müssen Oberflächen von Außenwänden sowie Außenwandbekleidungen einschließlich Dämmstoffen und Unterkonstruktionen nichtbrennbar sein.

§ 9 Trennwände, sonstige Innenwände und Tore. (1) [1] Zwischen Garagen sowie zwischen Garagen und andersgenutzten Räumen und Gebäuden müssen Trennwände als raumabschließende Bauteile vorhanden sein. [2] Die Trennwände nach Satz 1 müssen in Mittel- und Großgaragen die Feuerwiderstandsfähigkeit der tragenden und aussteifenden Bauteile des Geschosses haben, jedoch mindestens feuerhemmend und aus nichtbrennbaren Baustoffen sein.

(2) [1] In Mittel- und Großgaragen müssen sonstige Innenwände, Abtrennungen und Tore zur räumlichen Abgrenzung von Stellplätzen und Abstellplätzen im Sinne des § 2 Abs. 8 Satz 1 aus nichtbrennbaren Baustoffen bestehen. [2] Diese dürfen wirksame Löscharbeiten, die Lüftung nach § 16 sowie die Rauchableitung nach § 17 nicht beeinträchtigen.

§ 10 Gebäudeabschlusswände für Mittel- und Großgaragen. [1] Mittel- und Großgaragen müssen als Gebäudeabschlusswände in den Fällen des § 33 Abs. 2 Nr. 1 der Hessischen Bauordnung[1)] Brandwände besitzen. [2] Bei eingeschossigen oberirdischen Mittel- und Großgaragen genügen anstelle von Brandwänden Wände, die auch unter zusätzlicher mechanischer Belastung mindestens hochfeuerhemmend sind, wenn das Gebäude allein der Garagennutzung dient.

§ 11 Wände, Pfeiler, Stützen und Decken sowie Öffnungen in Trennwänden und Gebäudeabschlusswände von Kleingaragen. (1) [1] Für Kleingaragen sind tragende Wände, Pfeiler, Stützen und Decken ohne Feuerwiderstand zulässig. [2] Für Kleingaragen in sonst anders genutzten Gebäuden gelten die Anforderungen der §§ 30 und 34 der Hessischen Bauordnung[1)].

[1)] Nr. **1**.

(2) [1] Trennwände und Decken zwischen geschlossenen Kleingaragen und anderen Räumen oder Gebäuden müssen als raumabschließende Bauteile feuerhemmend sein, soweit sich aus § 32 Abs. 3 sowie § 34 Abs. 1 und 2 der Hessischen Bauordnung keine weitergehenden Anforderungen ergeben. [2] Öffnungen in Trennwänden müssen nach § 32 Abs. 5 der Hessischen Bauordnung feuerhemmende, dicht- und selbstschließende Abschlüsse haben. [3] Satz 1 und 2 gelten nicht für Trennwände und Abschlüsse in Trennwänden zwischen

1. offenen Kleingaragen und anders genutzten Räumen oder Gebäuden, und
2. Kleingaragen und Räumen oder Gebäuden, die nur Abstellzwecken dienen und nicht mehr als 20 m^2 Grundfläche haben.

(3) [1] Anstelle von Gebäudeabschlusswänden nach § 33 Abs. 1 der Hessischen Bauordnung genügen in Kleingaragen Wände ohne Öffnungen, die feuerhemmend sind oder aus nichtbrennbaren Baustoffen bestehen. [2] Für offene Kleingaragen ist eine Gebäudeabschlusswand nach § 33 Abs. 1 der Hessischen Bauordnung nicht erforderlich; dies gilt für angebaute Abstellräume mit nicht mehr als 20 m^2 Grundfläche entsprechend.

§ 12 Brandabschnitte. (1) [1] Geschlossene Garagen, ausgenommen automatische Garagen, müssen durch Brandwände nach § 33 Abs. 1 der Hessischen Bauordnung[1)] in Brandabschnitte mit Nutzflächen

1. in oberirdischen geschlossenen Garagen bis höchstens 5 000 m^2 und
2. in sonstigen geschlossenen Garagen bis höchstens 2 500 m^2

unterteilt sein. [2] Die Nutzfläche darf höchstens doppelt so groß sein, wenn die Garagen selbsttätige Feuerlöschanlagen haben.

(2) Automatische Garagen müssen durch Brandwände nach § 33 Abs. 1 der Hessischen Bauordnung in Brandabschnitte von höchstens 6 000 m^3 Brutto-Rauminhalt unterteilt sein.

(3) [1] Öffnungen in den Wänden nach Abs. 1 und 2 müssen mit feuerbeständigen, dicht- und selbstschließenden Abschlüssen versehen sein. [2] Feuerhemmende, dicht- und selbstschließende Abschüsse sind zulässig, wenn die Garagen selbsttätige Feuerlöschanlagen haben. [3] Die Abschlüsse von Öffnungen im Bereich von Fahrgassen müssen Feststellanlagen haben, die bei Raucheinwirkung ein selbsttätiges Schließen bewirken; sie müssen auch von Hand geschlossen werden können.

(4) § 33 Abs. 2 Nr. 2 der Hessischen Bauordnung gilt nicht für Garagen.

§ 13 Verbindungen zu Garagen und zwischen Garagengeschossen von Mittel- und Großgaragen. (1) [1] Flure, notwendige Treppenräume und Aufzugsvorräume, die nicht nur der Benutzung der Garage dienen, dürfen

1. mit geschlossenen Mittel- und Großgaragen nur durch Räume mit feuerbeständigen Wänden und Decken (Sicherheitsschleusen) verbunden sein. Abschlüsse von Öffnungen in Wänden müssen
   a) zwischen Sicherheitsschleusen und Garagen feuerhemmend, dicht- und selbstschließend,
   b) zwischen Sicherheitsschleusen und Fluren, notwendigen Treppenräumen oder Aufzugsvorräumen rauchdicht und selbstschließend und

1) Nr. **1**.

c) zwischen Sicherheitsschleusen und sonstigen Räumen feuerhemmend, rauchdicht und selbstschließend

sein,

2. mit offenen Mittel- und Großgaragen unmittelbar nur durch Öffnungen mit mindestens feuerhemmenden und dicht- und selbstschließenden Abschlüssen verbunden sein.

[2] Der Abstand in der Sicherheitsschleuse zwischen der Tür zur Garage und der Tür zum Flur oder dem notwendigen Treppenraum muss mindestens 3 m betragen. [3] Der Raum muss so bemessen sein, dass der Transport einer Person auf einer Krankentrage durch Rettungsdienste möglich ist, ohne dass beide Türen gleichzeitig geöffnet sind.

(2) [1] Mittel- und Großgaragen dürfen mit sonstigen nicht zur Garage gehörenden Räumen sowie mit anderen Gebäuden unmittelbar nur durch Öffnungen mit mindestens feuerhemmenden, rauchdichten und selbstschließenden Abschlüssen verbunden sein. [2] Automatische Garagen dürfen mit nicht zur Garage gehörenden Räumen sowie mit anderen Gebäuden nicht verbunden sein.

(3) [1] Öffnungen zu Treppenräumen, die Garagengeschosse in offenen Mittel- und Großgaragen miteinander verbinden, müssen mindestens feuerhemmende, dicht- und selbstschließende Abschlüsse haben. [2] In geschlossenen Mittel- und Großgaragen müssen diese Öffnungsabschlüsse mindestens feuerhemmend, rauchdicht und selbstschließend sein.

§ 14 Rettungswege. (1) [1] Jede Mittel- und Großgarage muss in jedem Geschoss mindestens zwei voneinander unabhängige bauliche Rettungswege haben, die unmittelbar oder über notwendige Treppenräume ins Freie führen. [2] Einer von den zwei Rettungswegen nach Satz 1 darf über Rampen führen. [3] Bei oberirdischen Mittel- und Großgaragen, deren Stellplätze im Mittel nicht mehr als 3 m über der Geländeoberfläche liegen, genügen notwendige Treppen als Rettungswege nach Satz 1.

(2) [1] Von jeder Stelle einer Mittel- und Großgarage muss in demselben Geschoss mindestens ein Ausgang ins Freie, ein notwendiger Treppenraum oder, wenn ein Treppenraum nicht erforderlich ist, mindestens eine notwendige Treppe

1. bei offenen Mittel- und Großgaragen in einer Entfernung von höchstens 50 m oder
2. bei geschlossenen Mittel- und Großgaragen in einer Entfernung von höchstens 35 m

erreichbar sein. [2] In geschlossenen Mittel- und Großgaragen gilt die Entfernung nach Satz 1 bis zur Sicherheitsschleuse. [3] Die Entfernung ist in der Lauflinie, jedoch nicht durch Bauteile und nicht über Stellplätze zu messen.

(3) [1] In Mittel- und Großgaragen muss durch dauerhafte und leicht erkennbare, langnachleuchtende Sicherheitszeichen auf die Ausgänge hingewiesen werden. [2] In Großgaragen müssen die Rettungswege auf dem Fußboden durch dauerhafte und leicht erkennbare Markierungen sowie an den Wänden durch mindestens langleuchtende Sicherheitszeichen gekennzeichnet sein.

(4) Für Stellplätze auf Dächern gelten Abs. 1 bis 3 sinngemäß.

(5) Abs. 1 bis 3 gelten nicht für automatische Garagen.

§ 15 Beleuchtung, Sicherheitsbeleuchtung. (1) [1] In Mittel- und Großgaragen muss eine allgemeine elektrische Beleuchtung vorhanden sein. [2] Sie muss so beschaffen und mindestens in zwei Stufen derartig schaltbar sein, dass an allen Stellen der Nutzflächen und Rettungswege in der ersten Stufe eine Beleuchtungsstärke von mindestens einem Lux und in der zweiten Stufe von mindestens 20 Lux erreicht wird. [3] In Mittel- und Großgaragen mit festem Benutzerkreis genügt eine Beleuchtung mit einer Beleuchtungsstärke von mindestens 20 Lux, die über Bewegungs- oder Präsenzmelder gesteuert wird; die Grundbeleuchtung von 1 Lux kann entfallen.

(2) In geschlossenen Großgaragen muss eine Sicherheitsbeleuchtung zur Beleuchtung der Rettungswege und der Sicherheitszeichen vorhanden sein.

(3) In geschlossenen Mittelgaragen ist eine Kennzeichnung der Ausgänge ins Freie und zu notwendigen Treppenräumen durch mindestens akkugepufferte Notleuchten vorzusehen, die mindestens 30 Minuten Notbetrieb gewährleisten.

(4) Abs. 1 bis 3 gelten nicht für automatische Garagen.

§ 16 Lüftung. (1) [1] Geschlossene Mittel- und Großgaragen müssen maschinelle Abluftanlagen und so große und so verteilte Zuluftöffnungen haben, dass alle Teile der Garage ausreichend gelüftet werden. [2] Bei nicht ausreichenden Zuluftöffnungen muss eine maschinelle Zuluftanlage vorhanden sein.

(2) [1] Für geschlossene Mittel- und Großgaragen mit geringem Zu- und Abgangsverkehr, wie Wohnhausgaragen, genügt eine natürliche Lüftung über Lüftungsöffnungen oder Lüftungsschächte. [2] Die Lüftungsöffnungen müssen

1. einen freien Gesamtquerschnitt von mindestens 1 500 cm^2 je Stellplatz haben und
2. in den Außenwänden oberhalb der Geländeoberfläche in einer Entfernung von höchstens 35 m einander gegenüberliegen.

[3] Die Lüftungsschächte müssen

1. untereinander in einem Abstand von höchstens 20 m angeordnet sein und
2. bei einer Höhe bis zu 2 m einen freien Gesamtquerschnitt von mindestens 1 500 cm^2 je Stellplatz und bei einer Höhe von mehr als 2 m einen freien Gesamtquerschnitt von mindestens 3 000 cm^2 je Stellplatz haben.

[4] Die Lüftungsöffnungen und Lüftungsschächte müssen unverschließbar sein und so über die Garage verteilt sein, dass eine ständige Querlüftung gesichert ist.

(3) Für geschlossene Mittel- und Großgaragen genügt abweichend von den Abs. 1 und 2 eine natürliche Lüftung, wenn im Einzelfall nach dem Gutachten einer für die Prüfung von Lüftungsanlagen nach der Hessischen Prüfberechtigten- und Prüfsachverständigenverordnung[1)] vom 18. Dezember 2006 (GVBl. I S. 745), zuletzt geändert durch Verordnung vom 28. Oktober 2022 (GVBl. S. 554), anerkannten prüfsachverständigen Person zu erwarten ist, dass der Mittelwert des Volumengehalts an Kohlenmonoxid der Luft gemessen über einen zusammenhängenden Zeitraum von einer Stunde in einer Höhe von etwa 1,50 m über dem Fußboden (CO-Stundenmittelwert) auch während der regelmäßigen Verkehrsspitzen im Mittel nicht mehr als 50 ppm (50 cm^3/m^3)

[1)] Nr. **4**.

betragen wird und wenn dies auf der Grundlage von Messungen, die nach Inbetriebnahme der Garage über einen Zeitraum von mindestens einem Monat durchzuführen sind, von einer für die Prüfung von Lüftungsanlagen nach der Hessischen Prüfberechtigten- und Prüfsachverständigenverordnung anerkannten prüfsachverständigen Person bestätigt wird.

(4) [1] Die maschinellen Abluftanlagen sind so zu bemessen und zu betreiben, dass der CO-Stundenmittelwert unter Berücksichtigung der regelmäßig zu erwartenden Verkehrsspitzen im Mittel nicht mehr als 50 ppm beträgt. [2] Diese Anforderungen gelten als erfüllt, wenn die Abluftanlage bei Garagen mit geringem Zu- und Abgangsverkehr mindestens 8 m^3, bei anderen Garagen mindestens 16 m^3 Abluft in der Stunde je m^2 Garagennutzfläche abführen kann. [3] Für Garagen, in denen mit regelmäßig besonders hohen Verkehrsspitzen aufgrund ihrer speziellen Nutzung zu rechnen ist, ist ein rechnerischer Nachweis der erforderlichen Abluftleistung der nach Satz 1 erforderlichen Leistung der Abluftanlage zu führen. [4] Der rechnerische Nachweis ist von einer für die Prüfung von Lüftungsanlagen nach der Hessischen Prüfberechtigten- und Prüfsachverständigenverordnung anerkannten prüfsachverständigen Person zu bestätigen.

(5) [1] Maschinelle Abluftanlagen müssen in jedem Lüftungssystem mindestens zwei gleich große Ventilatoren haben, die bei gleichzeitigem Betrieb zusammen die erforderliche Gesamtleistung erbringen. [2] Jeder Ventilator einer maschinellen Zu- oder Abluftanlage muss aus einem eigenen Stromkreis gespeist werden, an den andere elektrische Anlagen nicht angeschlossen werden können. [3] Soll das Lüftungssystem zeitweise nur mit einem Ventilator betrieben werden, müssen die Ventilatoren so geschaltet sein, dass sich bei Ausfall eines Ventilators der andere selbsttätig einschaltet. [4] Von Satz 1 bis 3 kann beim Einsatz von Impuls-Ventilationssystemen abgewichen werden, wenn eine vergleichbare Betriebssicherheit des Systems sowie die Erfüllung der Anforderungen des Abs. 1 projektbezogen durch ein Gutachten einer für die Prüfung von Lüftungsanlagen nach der Hessischen Prüfberechtigten- und Prüfsachverständigenverordnung anerkannten prüfsachverständigen Person nachgewiesen ist.

(6) [1] Geschlossene Mittel- und Großgaragen mit nicht nur geringem Zu- und Abgangsverkehr müssen CO-Warnanlagen zur Messung von Kohlenmonoxid (CO) sowie zur Warnung vor einem erhöhten Kohlenmonoxidgehalt der Luft besitzen. [2] Die CO-Warnanlagen müssen so beschaffen sein, dass bei Überschreitung eines Kohlenmonoxidgehaltes der Luft von 85 ppm für 15 Minuten über Lautsprecher und durch Blinkzeichen dazu aufgefordert wird, die Garage zügig zu verlassen oder die Motoren abzustellen. [3] Während dieses Zeitraumes müssen die Garagenausfahrten ständig offen gehalten werden.

(7) [1] Die Abluftöffnungen maschineller Abluftanlagen in Mittel- und Großgaragen sind so anzuordnen, dass durch die Abluft für die Umgebung keine Gefahren oder unzumutbare Nachteile oder Belästigungen entstehen. [2] Sie sind über Dach anzuordnen.

(8) Abs. 1 bis 7 gelten nicht für automatische Garagen.

§ 17 Feuerlöschanlagen, Rauchableitung. (1) [1] In Mittel- und Großgaragen sind in Geschossen mit Stellplätzen, deren Fußböden im Mittel

1. mehr als 4 m unter oder
2. mehr als 13 m über

der Geländeoberfläche liegen, in unmittelbarer Nähe zu jedem notwendigen Treppenraum trockene Löschwasserleitungen vorzusehen. [2] An Einspeisestellen müssen Bewegungsflächen für Fahrzeuge der Feuerwehr vorgesehen werden, die nicht mehr als 15 m von der Einspeisestelle entfernt sein dürfen. [3] Die Lage der Einspeise- und Entnahmestellen ist in Abstimmung mit der Brandschutzdienststelle festzulegen.

(2) [1] Nichtselbsttätige Feuerlöschanlagen wie halbstationäre Sprühwasser-Löschanlagen oder Leichtschaum-Löschanlagen müssen vorhanden sein

1. in geschlossenen Garagen mit mehr als 20 Stellplätzen auf kraftbetriebenen Hebebühnen, wenn jeweils mehr als zwei Kraftfahrzeuge übereinander angeordnet werden können und
2. in automatischen Garagen mit nicht mehr als 20 Stellplätzen.

[2] Die Art der Feuerlöschanlage ist im Einzelfall im Benehmen mit der zuständigen Brandschutzdienststelle festzulegen.

(3) [1] Selbsttätige Feuerlöschanlagen müssen vorhanden sein

1. in Geschossen von Großgaragen, wenn der Fußboden der Geschosse im Mittel mehr als 4 m unter der Geländeoberfläche liegt und das Gebäude nicht allein der Garagennutzung dient und
2. in automatischen Garagen mit mehr als 20 Stellplätzen.

[2] Satz 1 Nr. 1 gilt nicht für Großgaragen, die keine Verbindung zu Geschossen mit anderer Nutzung haben.

(4) [1] Geschlossene Großgaragen müssen für die erforderliche Rauchableitung eines jeden Brandabschnittes

1. Öffnungen ins Freie haben, die insgesamt mindestens 1 000 cm^2 je Stellplatz groß, von keinem Stellplatz mehr als 20 m entfernt und im Deckenbereich oder im oberen Raumdrittel der Außenwände oberhalb der Geländeoberfläche angeordnet sind, oder
2. maschinelle Rauch- und Wärmeabzugsanlagen haben, die sich im Brandfall selbsttätig einschalten, mindestens für eine Stunde einer Temperatur von 300° C standhalten, deren elektrische Leitungsanlagen bei äußerer Brandeinwirkung für mindestens die gleiche Zeit funktionsfähig bleiben und die in der Stunde einen mindestens zehnfachen Luftwechsel gewährleisten; die Zuluftzuführung muss durch automatische Ansteuerung und spätestens gleichzeitig mit Inbetriebnahme der Anlage erfolgen.

[2] Beim Einsatz von Impuls-Ventilationssystemen als Bestandteil von maschinellen Rauch- und Wärmeabzugsanlagen ist die Wirksamkeit des Systems durch ein Gutachten einer für die Prüfung von Rauch- und Wärmeabzugsanlagen nach der Hessischen Prüfberechtigten- und Prüfsachverständigenverordnung[1)] anerkannten prüfsachverständigen Person nachzuweisen.

(5) Abs. 4 gilt nicht für Garagen, die

1. Lüftungsöffnungen oder Lüftungsschächte nach § 16 Abs. 2 haben, oder
2. selbsttätige Feuerlöschanlagen und eine maschinelle Abluftanlage nach § 16 Abs. 4 haben, die mindestens 16 m^3 Abluft in der Stunde je m^2 Garagennutzfläche abführen kann.

---

1) Nr. **4**.

§ 18 Brandmeldeanlagen, Objektfunkanlagen. (1) Geschlossene Großgaragen mit einer Nutzfläche von mehr als 2 500 m² müssen Brandmeldeanlagen mit nichtselbsttätigen und selbsttätigen Brandmeldern haben.

(2) Geschlossene Mittel- und Großgaragen müssen Brandmeldeanlagen haben, wenn sie mit Gebäudeteilen in Verbindung stehen, für die Brandmeldeanlagen erforderlich sind.

(3) Soweit in Mittel- und Großgaragen aufgrund ihrer speziellen Nutzung beispielsweise wegen betriebsbedingter Stoßzeiten mit längeren, auch temporär längeren Aufenthaltszeiten von Personen zu rechnen ist, muss eine automatische Warnung im Brandfall sichergestellt werden.

(4) [1] Sofern in Großgaragen selbsttätige Feuerlöschanlagen nach § 17 Abs. 3 vorhanden sind und keine Warnung nach Abs. 3 sichergestellt sein muss, ist die Auslösung der Brandmeldeanlage über die selbsttätige Feuerlöschanlage ausreichend. [2] In diesem Fall sind keine zusätzlichen automatischen Brandmelder erforderlich.

(5) Wird die Funkkommunikation der Einsatzkräfte der Feuerwehr in Geschossen von Großgaragen, deren Fußboden im Mittel

1. mehr als 4 m unter oder
2. mehr als 22 m über

der Geländeoberfläche liegt, durch die bauliche Anlage gestört, ist die Großgarage mit technischen Anlagen zur Unterstützung des Funkverkehrs auszustatten.

(6) Abs. 5 gilt nicht für automatische Garagen.

§ 19 Sicherheitsstromversorgungsanlagen. Garagen müssen Sicherheitsstromversorgungsanlagen haben, die bei Ausfall der allgemeinen Stromversorgung den Betrieb der sicherheitstechnischen Anlagen und Einrichtungen übernehmen, insbesondere der

1. Sicherheitsbeleuchtung,
2. selbsttätigen Feuerlöschanlagen,
3. Rauchabzugsanlagen,
4. CO-Warnanlagen,
5. Brandmeldeanlagen und
6. Objektfunkanlagen.

§ 20 Einbauten und technische Anlagen. (1) [1] Einbauten, insbesondere Einrichtungen für mechanische Parksysteme, müssen in den wesentlichen Teilen aus nichtbrennbaren Baustoffen bestehen. [2] Dies gilt nicht für die Ladeinfrastruktur für Elektrofahrzeuge. [3] Die Aufstellung und der Betrieb von Energiespeichersystemen ist in Mittel- und Großgaragen nicht zulässig. [4] Dies gilt nicht für Energiespeichersysteme in Kraftfahrzeugen, Fahrrädern mit Elektromotorunterstützung und Elektrokleinstfahrzeugen sowie für Anlagen und Einrichtungen der Sicherheitsstromversorgung nach § 19. [5] Der Einbau von Klima-, Lüftungs-, Kälte- und Abgasanlagen, die nicht der Garagennutzung dienen, ist in Garagen nicht zulässig.

(2) [1] Leitungsanlagen, die nicht der Versorgung der Garage dienen, dürfen durch Garagen geführt werden, sofern sie Verkehrsflächen und Stellplätze nicht einschränken und gegen Vandalismus, Anprall und sonstige mechanische Be-

schädigungen geschützt werden. [2]Satz 1 gilt nicht für Hoch- und Mittelspannungsleitungen und Rohrleitungen für brennbare Medien.

Dritter Teil. Betriebsvorschriften

§ 21 Betriebsvorschriften für Garagen. (1) [1]In Mittel- und Großgaragen muss die Beleuchtung nach § 15 Abs. 1 während

1. der Betriebszeit mit einer Beleuchtungsstärke von mindestens einem Lux ständig und
2. der Benutzung mit einer Beleuchtungsstärke von mindestens 20 Lux sichergestellt werden.

[2]Der allgemeinen elektrischen Beleuchtung bedarf es nicht, solange Tageslicht mit einer entsprechenden Beleuchtungsstärke vorhanden ist.

(2) [1]In Mittel- und Großgaragen ist die Aufbewahrung von brennbaren Stoffen außerhalb von Kraftfahrzeugen nicht zulässig. [2]Dies gilt nicht für einen zusätzlichen Satz Reifen und für Fahrzeugzubehör für ein Kraftfahrzeug je Stellplatz wie beispielsweise eine Dachbox, einen Fahrradträger oder Kindersitz, sofern die Nutzbarkeit des Stellplatzes nicht beeinträchtigt wird. [3]In Kleingaragen dürfen bis zu 200 l Dieselkraftstoff und bis zu 20 l Benzin in dicht verschlossenen, bruchsicheren und geeigneten Behältern aufbewahrt werden.

(3) Fahrräder, Anhänger und Elektrokleinstfahrzeuge dürfen nur außerhalb der Verkehrsflächen und Rettungswege abgestellt werden; ein verkehrssicheres Abstellen muss gewährleistet sein.

(4) [1]In geschlossenen Mittel- und Großgaragen sind das Rauchen und offenes Feuer nicht zulässig. [2]Auf das Verbot ist durch deutlich sichtbare und dauerhafte Beschilderung mit den Worten „Feuer und Rauchen verboten!" hinzuweisen.

(5) In allen Garagen müssen in genügender Zahl auffällige, dauerhafte Anschläge angebracht sein mit dem Wortlaut „Vorsicht bei laufenden Motoren! Vergiftungsgefahr!".

(6) Die Rettungswege und die Zu- und Abfahrten bis zur öffentlichen Verkehrsfläche sind verkehrssicher und frei zu halten.

(7) CO-Warnanlagen müssen während der Betriebszeit ständig eingeschaltet sein.

(8) Die Abs. 1 bis 5 und 7 gelten nicht für automatische Garagen.

(9) Für die Einhaltung der Vorgaben nach Abs. 1 bis 7 sind die Betreiberin oder der Betreiber zuständig.

Vierter Teil. Bauvorlagen

§ 22 Bauvorlagen, Feuerwehrpläne. (1) Die Bauvorlagen müssen durch zusätzliche Angaben ergänzt werden, insbesondere über die

1. Zahl, Abmessung und Kennzeichnung der Stellplätze und Abstellplätze für Fahrräder, Anhänger und Elektrokleinstfahrzeuge sowie der Fahrgassen,
2. CO-Warnanlagen,
3. natürliche Lüftung beziehungsweise maschinellen Abluftanlagen und Zuluftanlagen,

4. sicherheitstechnischen Anlagen sowie
5. barrierefreien Erschließungsbereiche; werden Rampen zur barrierefreien Erschließung genutzt, sind die Neigung und Podeste anzugeben; des Weiteren sind barrierefreie Rettungswege darzustellen.

(2) Für Großgaragen sind Feuerwehrpläne in Abstimmung mit der Brandschutzdienststelle anzufertigen und der örtlichen Feuerwehr zur Verfügung zu stellen.

Fünfter Teil. Schlussvorschriften

§ 23 Weitergehende Anforderungen. Weitergehende Anforderungen als nach dieser Verordnung können zur Erfüllung des § 3 der Hessischen Bauordnung[1)] gestellt werden, wenn Stellplätze in Geschossen liegen, deren Fußböden mehr als 22 m über der Geländeoberfläche liegen.

§ 24 Ordnungswidrigkeiten. Ordnungswidrig im Sinne des § 86 Abs. 1 Nr. 21 der Hessischen Bauordnung[1)] handelt, wer vorsätzlich oder fahrlässig

1. entgegen § 15 Abs. 1 in geschlossenen Mittel- und Großgaragen die erforderliche Beleuchtung nicht vorhält,
2. entgegen § 16 Abs. 4 maschinelle Abluftanlagen nicht oder so betreibt, dass der CO-Stundenmittelwert überschritten wird,
3. entgegen § 21 Abs. 2 brennbare Stoffe in Garagen aufbewahrt oder
4. entgegen § 21 Abs. 6 die Rettungswege oder die Zu- und Abfahrten nicht verkehrssicher und frei hält.

§ 25 Übergangsvorschriften. (1) Für Vorhaben, zu denen vor dem 22. Mai 2024 Verfahren nach §§ 64 bis 66 der Hessischen Bauordnung[1)] eingeleitet worden sind, sind die §§ 1 bis 18, 21 und 22 der Garagenverordnung vom 15. November 2022 (GVBl. S. 648) weiter anzuwenden.

(2) Für Vorhaben, zu denen innerhalb von sechs Monaten ab dem 22. Mai 2024 Verfahren nach §§ 64 bis 66 der Hessischen Bauordnung eingeleitet werden, sind die §§ 1 bis 18, 21 und 22 der Garagenverordnung vom 15. November 2022 (GVBl. S. 648) weiter anzuwenden, wenn die Bauherrschaft dies bei Antragstellung verlangt.

§ 26 Aufhebung bisherigen Rechts. Die Garagenverordnung vom 15. November 2022 (GVBl. S. 648) wird aufgehoben.

§ 27 Inkrafttreten, Außerkrafttreten. [1]Diese Verordnung tritt am Tag nach der Verkündung[2)] in Kraft. [2]Sie tritt mit Ablauf des 31. Dezember 2030 außer Kraft.

---

1) Nr. **1**.
2) Verkündet am 21.5.2024.

6. Verordnung über Feuerungsanlagen und Brennstofflagerung (Feuerungsverordnung – FeuV)[1) 2)]

Vom 15. Oktober 2020
(GVBl. S. 748)

FFN 361-126

Aufgrund des § 89 Abs. 1 Satz 1 Nr. 1 und Abs. 2 Satz 1 in Verbindung mit § 89 Abs. 11 der Hessischen Bauordnung[3)] vom 28. Mai 2018 (GVBl. S. 198), zuletzt geändert durch Gesetz vom 3. Juni 2020 (GVBl. S. 378), verordnet der Minister für Wirtschaft, Energie, Verkehr und Wohnen:

§ 1 Anwendungsbereich. [1]Diese Verordnung gilt für Feuerungsanlagen nach § 45 Abs. 1 der Hessischen Bauordnung[3)] sowie ortsfeste Verbrennungsmotoren, Blockheizkraftwerke, Wärmepumpen und Dampfkesselanlagen nach § 45 Abs. 5 in Verbindung mit Abs. 1 bis 3 der Hessischen Bauordnung, wenn sie der Beheizung von Räumen oder der Warmwasserversorgung dienen. [2]Diese Verordnung gilt auch für sonstige Abgasanlagen in oder an Gebäuden sowie für Brennstofflagerungseinrichtungen und Gasleitungsanlagen in Gebäuden nach § 45 Abs. 4 der Hessischen Bauordnung. [3]Sie gilt nicht für Brennstoffzellen und deren Anlagen, die Prozessgase abführen.

§ 2 Begriffsbestimmungen. (1) Als Nennleistung einer Feuerstätte nach § 2 Abs. 12 der Hessischen Bauordnung[3)] gilt

1. die auf dem Typenschild der Feuerstätte angegebene höchste Leistung, bei Blockheizkraftwerken die Gesamtleistung,
2. die in den Grenzen des auf dem Typenschild angegebenen Leistungsbereiches festeingestellte und auf einem Zusatzschild angegebene höchste nutzbare Leistung der Feuerstätte oder
3. bei einer Feuerstätte ohne Typenschild die aus dem Brennstoffdurchsatz mit einem Wirkungsgrad von 80 Prozent ermittelte Leistung.

(2) Eine Feuerstätte ist raumluftunabhängig, wenn ihr die Verbrennungsluft über Leitungen oder Schächte nur direkt vom Freien zugeführt wird und kein Abgas in gefahrdrohender Menge in den Aufstellraum austreten kann; anderenfalls ist sie raumluftabhängig.

§ 3 Verbrennungsluftversorgung von Feuerstätten. (1) [1]Für raumluftabhängige Feuerstätten ist eine ausreichende Verbrennungsluftversorgung aus dem Freien sicherzustellen. [2]Sie gilt als sichergestellt bei raumluftabhängigen Feuerstätten mit einer Nennleistung von insgesamt

1. bis zu 50 Kilowatt (kW), wenn diese über

---

1) **Amtl. Anm.:** Die Verpflichtungen aus der Richtlinie (EU) 2015/1535 des Europäischen Parlaments und des Rates vom 9. September 2015 über ein Informationsverfahren auf dem Gebiet der technischen Vorschriften und der Vorschriften für die Dienste der Informationsgesellschaft (ABl. EU Nr. L 241 S. 1) sind beachtet worden.

2) Die VO **tritt mit Ablauf des 31.12.2031 außer Kraft**, vgl. § 15 Satz 2.

3) Nr. **1**.

a) eine ins Freie führende Öffnung mit einem lichten Querschnitt von mindestens 150 Quadratzentimetern (cm^2) oder
b) zwei ins Freie führende Öffnungen mit einem lichten Querschnitt von jeweils mindestens 75 cm^2 oder
c) eine oder zwei ins Freie führende Leitungen mit nach Buchst. a oder b strömungstechnisch äquivalenten Querschnitten,

2. mehr als 50 kW, wenn diese über
a) eine ins Freie führende Öffnung mit einem lichten Querschnitt von mindestens 150 cm^2 zuzüglich 2 cm^2 für jedes über 50 kW hinausgehende kW Nennleistung oder
b) zwei ins Freie führende Öffnungen mit einem lichten Querschnitt von jeweils mindestens 75 cm^2 zuzüglich 2 cm^2 für jedes über 50 kW hinausgehende kW Nennleistung oder
c) eine oder zwei ins Freie führende Leitungen mit nach Buchst. a oder b strömungstechnisch äquivalenten Querschnitten,

in jedem Aufstellraum nach den §§ 5 oder 6 verfügen. [3] Eine ausreichende Verbrennungsluftversorgung, die beispielsweise bei Feuerstätten für flüssige oder gasförmige Brennstoffe bei einem verfügbaren Verbrennungsluftvolumenstrom von 1,6 Kubikmeter je Stunde je Kilowatt (m^3/h je kW) vorliegt, kann auch auf andere Weise als nach Satz 2 erfolgen und nachgewiesen werden. [4] Satz 2 gilt nicht für offene Kamine.

(2) [1] Verbrennungsluftöffnungen und -leitungen dürfen nicht verschlossen oder zugestellt werden, wenn nicht durch besondere Sicherheitseinrichtungen gewährleistet ist, dass die Feuerstätten nur bei geöffnetem Verschluss betrieben werden können. [2] Der erforderliche Querschnitt darf durch den Verschluss oder durch Gitter nicht verengt werden.

§ 4 Aufstellung von Feuerstätten, Gasleitungsanlagen. (1) Feuerstätten dürfen nicht aufgestellt werden in

1. notwendigen Treppenräumen nach § 38 Abs. 1 Satz 1 der Hessischen Bauordnung[1)], Räumen zwischen notwendigen Treppenräumen und Ausgängen ins Freie, notwendigen Fluren nach § 39 Abs. 1 Satz 1 der Hessischen Bauordnung und
2. Garagen, ausgenommen raumluftunabhängige Feuerstätten, deren Oberflächentemperatur bei Nennleistung nicht mehr als 300 Grad Celsius (°C) beträgt.

(2) Eine Beeinträchtigung raumluftabhängiger Feuerstätten durch raumluftabsaugende Anlagen, wie Lüftungs- oder Warmluftheizanlagen, Dunstabzugsanlagen oder Abluft-Wäschetrockner, nach § 44 Abs. 1 der Hessischen Bauordnung liegt nicht vor, wenn

1. ein gleichzeitiger Betrieb der Feuerstätten und der Luft absaugenden Anlagen durch Sicherheitseinrichtungen verhindert wird,
2. die Abgasabführung durch besondere Sicherheitseinrichtungen überwacht wird,
3. die Abgase der Feuerstätten über Luft absaugende Anlagen abgeführt werden oder

---

[1)] Nr. **1**.

4. anlagentechnisch sichergestellt ist, dass während des Betriebes der Feuerstätten kein gefährlicher Unterdruck entstehen kann.

(3) Feuerstätten für gasförmige Brennstoffe ohne Flammenüberwachung dürfen nur in Räumen aufgestellt werden, wenn durch mechanische Lüftungsanlagen sichergestellt ist, dass während des Betriebes der Feuerstätten stündlich mindestens ein fünffacher Luftwechsel erfolgt.

(4) Unbeschadet der Anforderungen von § 3 dürfen Feuerstätten für gasförmige Brennstoffe mit Strömungssicherung nur in Räumen aufgestellt werden,

1. die einen Rauminhalt von mindestens 1 m^3 je kW Nennleistung der Feuerstätten haben, wenn diese gleichzeitig betrieben werden können,
2. in denen durch in Außenwänden angeordnete Öffnungen im unteren und oberen Bereich der Wandfläche mit einem lichten Querschnitt von jeweils mindestens 75 cm^2 eine Durchlüftung ins Freie sichergestellt ist oder
3. in denen durch andere Maßnahmen ein lüftungstechnisch zusammenhängender Rauminhalt nach Nr. 1 entsteht, beispielsweise mittels unten und oben in einer trennenden Wand angeordneter Öffnungen mit einem lichten Querschnitt von jeweils mindestens 150 cm^2 zu unmittelbaren Nachbarräumen.

(5) [1] Gasleitungsanlagen in Räumen müssen so beschaffen, angeordnet oder mit Vorrichtungen ausgerüstet sein, dass bei einer äußeren thermischen Beanspruchung von bis zu 650° C über einen Zeitraum von 30 Minuten keine gefährlichen Gas-Luft-Gemische entstehen können. [2] Alle Gasentnahmestellen müssen mit einer Vorrichtung ausgerüstet sein, die im Brandfall die Brennstoffzufuhr selbsttätig absperrt. [3] Satz 2 gilt nicht, wenn Gasleitungsanlagen durch Ausrüstung mit anderen selbsttätigen Vorrichtungen die Anforderungen nach Satz 1 erfüllen.

(6) Feuerstätten für Propan, Butan und deren Gemische (Flüssiggasfeuerstätten) dürfen in Räumen, deren Fußboden allseitig mehr als 1 Meter (m) unter der Geländeoberfläche liegt, nur aufgestellt werden, wenn

1. sie eine Flammenüberwachung haben und
2. sichergestellt ist, dass auch bei abgeschalteter Feuerungseinrichtung
   a) kein Flüssiggas aus den im Aufstellraum oder Heizraum befindlichen Brennstoffleitungen in gefahrdrohender Menge austreten kann oder
   b) gegebenenfalls austretendes Flüssiggas über eine mechanische Lüftungsanlage sicher abgeführt wird.

(7) [1] Feuerstätten müssen von Bauteilen aus brennbaren Baustoffen so weit entfernt oder so abgeschirmt sein, dass bei Nennleistung der Feuerstätten an diesen Bauteilen keine Temperaturen über 85° C auftreten können. [2] Dies gilt als erfüllt, wenn mindestens die vom Hersteller der Feuerstätte angegebenen Abstandsmaße eingehalten werden oder, wenn diese Angaben fehlen, ein Mindestabstand von 40 Zentimetern (cm) eingehalten wird.

(8) [1] Vor den Feuerungsöffnungen von Feuerstätten für feste Brennstoffe sind Fußböden aus brennbaren Baustoffen durch einen Belag aus nichtbrennbaren Baustoffen zu schützen. [2] Der Belag muss sich vor der Feuerungsöffnung auf eine Tiefe von mindestens 50 cm und seitlich auf jeweils mindestens 30 cm über die Breite der Feuerungsöffnung hinaus erstrecken.

(9) [1] Im Strahlungsbereich offener Kamine müssen Bauteile aus brennbaren Baustoffen von den Feuerraumöffnungen nach oben und nach den Seiten

jeweils einen Abstand von mindestens 80 cm haben. [2]Bei Anordnung eines beiderseits belüfteten Strahlungsschutzes genügt ein Abstand von 40 cm.

§ 5 Aufstellräume für Feuerstätten. (1) [1]In einem Raum (Aufstellraum) dürfen Feuerstätten mit einer Nennleistung von insgesamt mehr als 100 kW, die gleichzeitig betrieben werden sollen, nur aufgestellt werden, wenn er

1. nicht anderweitig genutzt wird, ausgenommen zur Aufstellung von Wärmepumpen, Blockheizkraftwerken und ortsfesten Verbrennungsmotoren sowie für zugehörige Installationen und zur Lagerung von Brennstoffen,
2. gegenüber anderen Räumen keine Öffnungen hat, ausgenommen Öffnungen für dicht- und selbstschließende Türen, und
3. gelüftet werden kann.

[2]Abweichend von den Anforderungen nach Satz 1 dürfen Feuerstätten für feste Brennstoffe nur aufgestellt werden, wenn deren Nennleistung insgesamt nicht mehr als 50 kW beträgt. [3]Abweichend von Satz 1 Nr. 1 darf eine Aufstellung auch in anderweitig genutzten Räumen erfolgen, wenn dies die anderweitige Nutzung erfordert und die Feuerstätten sicher betrieben werden können.

(2) [1]Zusätzlich zu den Anforderungen nach Abs. 1 Satz 1 gilt bei Feuerstätten für gasförmige Brennstoffe mit einer Nennleistung von mehr als 100 kW, die mit Überdruck betrieben werden und deren Abgase mit Überdruck abgeführt werden, dass sie nur in Räumen aufgestellt werden dürfen, die über zwei unmittelbar ins Freie führende, unten und oben angeordnete Öffnungen mit einem lichten Querschnitt von jeweils mindestens 150 cm^2 zuzüglich 1 cm^2 für jedes über 100 kW hinausgehende kW verfügen. [2]Bei raumluftabhängigen Feuerstätten ist hinsichtlich der Ausbildung und Anzahl der Öffnungen zusätzlich § 3 Abs. 1 zu beachten. [3]Satz 1 gilt nicht, wenn die Feuerstätten der Bauart nach so beschaffen sind, dass Abgase in gefahrdrohender Menge nicht austreten können.

(3) [1]Brenner und Brennstoffördereinrichtungen der Feuerstätten für flüssige oder gasförmige Brennstoffe mit einer Gesamtnennleistung von mehr als 100 kW müssen durch einen außerhalb des Aufstellraumes angeordneten Schalter (Notschalter) jederzeit abgeschaltet werden können. [2]Neben dem Notschalter muss ein Schild mit der Aufschrift „Notschalter-Feuerung“ vorhanden sein.

(4) [1]Wird in den Fällen des Abs. 1 Satz 1 Heizöl im Aufstellraum gelagert oder in einem Raum, der nur vom Aufstellraum zugänglich ist, muss von einem Notschalter nach Abs. 3 aus, die Heizölzufuhr jederzeit unterbrochen werden können. [2]Neben der Absperreinrichtung muss ein Schild mit der Aufschrift „Notabsperrung-Heizölzufuhr“ vorhanden sein.

§ 6 Heizräume. (1) [1]Feuerstätten für feste Brennstoffe mit einer Nennleistung von insgesamt mehr als 50 kW, die gleichzeitig betrieben werden sollen, dürfen nur in besonderen Räumen (Heizräumen) aufgestellt werden. [2]Die Heizräume dürfen

1. nicht anderweitig genutzt werden, ausgenommen zur Aufstellung von Feuerstätten für flüssige oder gasförmige Brennstoffe, Speicher-Wassererwärmern, Wärmepumpen, Blockheizkraftwerken, ortsfesten Verbrennungsmotoren und für zugehörige Installationen sowie zur Lagerung von Brennstoffen und
2. mit Aufenthaltsräumen, ausgenommen solchen für das Betriebspersonal, sowie mit notwendigen Treppenräumen nach § 38 Abs. 1 Satz 1 der Hessi-

schen Bauordnung[1)], Räumen zwischen notwendigen Treppenräumen und dem Ausgang ins Freie nach § 39 Abs. 1 Satz 1 der Hessischen Bauordnung, Sicherheitsschleusen und Vorräumen von Feuerwehraufzügen nicht in unmittelbarer Verbindung stehen.

[3] Abweichend von Satz 2 Nr. 1 darf eine Aufstellung auch in anderen Räumen erfolgen, wenn sich die Räume in einem freistehenden Gebäude befinden und das Gebäude allein dem Betrieb der Feuerstätten, der in Satz 2 Nr. 1 genannten Anlagen sowie der Brennstofflagerung dient. [4] Wenn in Heizräumen nach Satz 1 Feuerstätten für flüssige oder gasförmige Brennstoffe mit einer Gesamtleistung von mehr als 100 kW aufgestellt werden sowie Heizöl im Heizraum oder in einem Raum, der nur von diesem Heizraum aus zugänglich ist, gelagert wird, gelten die Anforderungen an Notschalter und Kennzeichnung nach § 5 Abs. 3 und 4 entsprechend.

(2) Heizräume müssen

1. mindestens einen Rauminhalt von 8 m^3 und eine lichte Höhe von 2 m,
2. einen Ausgang, der ins Freie oder in einen Flur führt, der die Anforderungen an notwendige Flure nach § 39 Hessischer Bauordnung erfüllt, und
3. Türen, die in Fluchtrichtung aufschlagen,

haben.

(3) [1] Wände, ausgenommen nichttragende Außenwände, und Stützen von Heizräumen sowie Decken über und unter ihnen müssen feuerbeständig sein. [2] Öffnungen in Decken und Wänden müssen, wenn sie nicht unmittelbar ins Freie führen, mindestens feuerhemmende und selbstschließende Abschlüsse haben. [3] Satz 1 und 2 gelten nicht für Trennwände zwischen Heizräumen und den zum Betrieb der Feuerstätten gehörenden Räumen, wenn diese Räume die Anforderungen von Satz 1 und 2 erfüllen.

(4) [1] Heizräume müssen zur Raumlüftung jeweils eine obere und eine untere Öffnung ins Freie mit einem lichten Querschnitt von mindestens jeweils 150 cm^2 oder Leitungen ins Freie mit strömungstechnisch gleichwertigen Querschnitten haben. [2] § 3 Abs. 2 gilt entsprechend. [3] Der lichte Querschnitt einer Öffnung oder Leitung darf auf die Verbrennungsluftversorgung nach § 3 Abs. 1 angerechnet werden.

(5) [1] Lüftungsleitungen für Heizräume müssen eine Feuerwiderstandsdauer von mindestens 90 Minuten haben, wenn sie durch andere Räume führen, ausgenommen angrenzende, zum Betrieb der Feuerstätten gehörende Räume, die die Anforderungen nach Abs. 3 Satz 1 und 2 erfüllen. [2] Die Lüftungsleitungen dürfen mit anderen Lüftungsanlagen nicht verbunden sein und nicht der Lüftung anderer Räume dienen.

(6) Lüftungsleitungen, die der Lüftung anderer Räume dienen, müssen, soweit sie durch Heizräume führen, eine Feuerwiderstandsdauer von mindestens 90 Minuten oder selbsttätige Absperrvorrichtungen mit einer Feuerwiderstandsdauer von mindestens 90 Minuten haben und ohne Öffnungen sein.

§ 7 Abgasanlagen. (1) Abgasanlagen müssen nach lichtem Querschnitt und Höhe, soweit erforderlich auch nach Wärmedurchlasswiderstand und Beschaffenheit der inneren Oberfläche, so bemessen sein, dass die Abgase bei allen

[1)] Nr. **1**.

bestimmungsgemäßen Betriebszuständen ins Freie abgeführt werden und gegenüber Räumen kein gefährlicher Überdruck auftreten kann.

(2) [1]Die Abgase von Feuerstätten für feste Brennstoffe müssen in Schornsteine, die Abgase von Feuerstätten für flüssige oder gasförmige Brennstoffe dürfen auch in Abgasleitungen eingeleitet werden. [2]§ 44 Abs. 4 der Hessischen Bauordnung[1)] bleibt unberührt.

(3) Abweichend von Abs. 2 Satz 1 sind Feuerstätten für gasförmige Brennstoffe ohne Abgasanlage zulässig, wenn durch einen sicheren Luftwechsel im Aufstellraum gewährleistet ist, dass Gefahren oder unzumutbare Belästigungen nicht entstehen, insbesondere wenn

1. durch maschinelle Lüftungsanlagen während des Betriebs der Feuerstätten ein Luftvolumenstrom von mindestens 30 m^3/h je kW Nennleistung aus dem Aufstellraum ins Freie abgeführt wird oder
2. besondere Sicherheitseinrichtungen verhindern, dass die Kohlenmonoxid-Konzentration in den Aufstellräumen einen Wert von 30 Teilen je eine Million Teile (ppm) überschreitet.

(4) Mehrere Feuerstätten dürfen an einen gemeinsamen Schornstein, an eine gemeinsame Abgasleitung oder an ein gemeinsames Verbindungsstück nur angeschlossen werden, wenn

1. durch die Bemessung nach Abs. 1 und die Beschaffenheit der Abgasanlage die Ableitung der Abgase für jeden Betriebszustand sichergestellt ist,
2. eine Übertragung von Abgasen zwischen Aufstellräumen oder Heizräumen und ein Austritt von Abgasen über die angeschlossenen Feuerstätten ausgeschlossen sind,
3. die gemeinsame Abgasleitung aus nichtbrennbaren Baustoffen besteht oder eine Brandübertragung zwischen den Geschossen durch selbsttätige Absperrvorrichtungen oder andere Maßnahmen verhindert wird und
4. alle angeschlossenen Feuerstätten gemeinsam die Anforderungen nach § 4 Abs. 2 erfüllen.

(5) [1]In Gebäuden muss jede Abgasleitung, die Geschosse überbrückt, in einem eigenen Schacht angeordnet sein. [2]Dies gilt nicht für

1. Abgasleitungen in Gebäuden der Gebäudeklassen 1 und 2, die durch nicht mehr als eine Nutzungseinheit führen,
2. einfach belegte Abgasleitungen im Aufstellraum der Feuerstätte und
3. Abgasleitungen in Gebäuden der Gebäudeklassen
   a) 1 und 2, die über eine Feuerwiderstandsdauer von mindestens 30 Minuten und
   b) 3 bis 5, die über eine Feuerwiderstandsdauer von mindestens 90 Minuten

verfügen.

[3]Schächte für Abgasleitungen dürfen nicht anderweitig genutzt werden. [4]Die Anordnung mehrerer Abgasleitungen in einem gemeinsamen Schacht ist zulässig, wenn

1. die Abgasleitungen aus nichtbrennbaren Baustoffen bestehen,
2. die zugehörigen Feuerstätten in demselben Geschoss aufgestellt sind oder

---

[1)] Nr. **1**.

3. eine Brandübertragung zwischen den Geschossen durch selbsttätige Absperrvorrichtungen oder andere Maßnahmen verhindert wird.

[5] Die Schächte müssen für die Verwendung als Schächte für Abgasleitungen geeignet sein und in Gebäuden der Gebäudeklassen

1. 1 und 2 über eine Feuerwiderstandsdauer von mindestens 30 Minuten,
2. 3 bis 5 über eine Feuerwiderstandsdauer von mindestens 90 Minuten

verfügen.

(6) [1] Abgasleitungen aus normalentflammbaren Baustoffen innerhalb von Gebäuden müssen, wenn sie nicht nach Abs. 5 in Schächten zu verlegen sind, zum Schutz gegen mechanische Beanspruchung von außen in Schutzrohren aus nichtbrennbaren Baustoffen angeordnet oder mit vergleichbaren Schutzvorkehrungen aus nichtbrennbaren Baustoffen ausgestattet sein. [2] Dies gilt nicht für Abgasleitungen im Aufstellraum oder im Heizraum der Feuerstätten. [3] § 8 bleibt unberührt.

(7) Schornsteine müssen

1. gegen Rußbrände beständig sein,
2. in Gebäuden, in denen sie Geschosse überbrücken,
   a) über eine Feuerwiderstandsdauer von mindestens 90 Minuten verfügen oder
   b) in durchgehenden Schächten, die für die Verwendung als Schächte für Schornsteine geeignet sind und die eine Feuerwiderstandsdauer von 90 Minuten haben, angeordnet sein,
3. unmittelbar auf dem Baugrund gegründet oder auf einem feuerbeständigen Unterbau, zum Beispiel einer feuerbeständigen Rohdecke, errichtet sein; es genügt ein Unterbau aus nichtbrennbaren Baustoffen für Schornsteine in Gebäuden der Gebäudeklassen 1 bis 3, für Schornsteine, die oberhalb der obersten Geschossdecke beginnen, sowie für Schornsteine an Gebäuden,
4. durchgehend, insbesondere nicht durch Decken unterbrochen sein und
5. für die Reinigung Öffnungen mit Schornsteinreinigungsverschlüssen haben.

(8) Schornsteine, Abgasleitungen und Verbindungsstücke, die unter Überdruck betrieben werden, müssen innerhalb von Gebäuden

1. in vom Freien dauernd gelüfteten Räumen liegen,
2. in Räumen liegen, die die Anforderungen nach § 3 Abs. 1 Satz 2 Nr. 1 erfüllen,
3. wenn sie in Schächten liegen, über die gesamte Länge und den ganzen Umfang hinterlüftet sein oder
4. der Bauart nach so beschaffen sein, dass Abgase in gefahrdrohender Menge nicht austreten können.

(9) Verbindungsstücke dürfen nicht in Decken, Wänden oder unzugänglichen Hohlräumen angeordnet sowie nicht in andere Geschosse oder Nutzungseinheiten geführt werden.

(10) [1] Luft-Abgas-Systeme sind zur Abgasabführung nur zulässig, wenn sie getrennte, durchgehende Luft- und Abgasführungen haben. [2] An diese Systeme dürfen nur raumluftunabhängige Feuerstätten angeschlossen werden, deren Bauart sicherstellt, dass sie für diese Betriebsweise geeignet sind. [3] Im Übrigen gelten für Luft-Abgas-Systeme die Abs. 4 bis 9 entsprechend.

§ 8 Abstände zwischen Abgasanlagen und brennbaren Bauteilen.

(1) Abgasanlagen müssen von Bauteilen aus brennbaren Baustoffen so weit entfernt oder so abgeschirmt sein, dass an diesen Bauteilen

1. bei Nennleistung der Feuerstätten keine Temperaturen über 85 °C und
2. bei Rußbränden in Schornsteinen keine Temperaturen über 100 °C

auftreten können.

(2) Bei in feuerwiderstandsfähigen Schächten verlegten Abgasleitungen sind zwischen Abgasanlagen und brennbaren Bauteilen keine Abstände erforderlich, wenn die Abgastemperatur der Feuerstätten bei Nennleistung

1. höchstens 120 °C betragen kann oder
2. höchstens 200 °C betragen kann und eine dauernde Hinterlüftung im Schacht von mindestens 2 cm bei runder Abgasleitung in rechteckigem Schacht und ansonsten von mindestens 3 cm gewährleistet ist.

(3) [1] Bei Abgasanlagen mit gelüfteten Zwischenräumen zu Bauteilen aus brennbaren Baustoffen gelten die Anforderungen nach Abs. 1 als erfüllt, insbesondere wenn

1. der auf der Grundlage harmonisierter technischer Spezifikationen nach der Verordnung (EU) Nr. 305/2011 des Europäischen Parlaments und des Rates vom 9. März 2011 zur Festlegung harmonisierter Bedingungen für die Vermarktung von Bauprodukten und zur Aufhebung der Richtlinie 89/106/EWG des Rates (ABl. EU Nr. L 88 S. 5, ABl. EU Nr. R 103 S. 10), zuletzt geändert durch Verordnung (EU) Nr. 2019/1342 vom 20. Juni 2019 (ABl. EU Nr. L 169 S. 1) (harmonisierte Europäische Normen, Europäische Bewertungsdokumente) angegebene Mindestabstand,
2. ein Mindestabstand von 5 cm bei Abgasanlagen für Abgastemperaturen der Feuerstätten bei Nennleistung bis zu 400 °C, die in Schächten verlegt sind, und diese
   a) allein einen Wärmedurchlasswiderstand von mindestens 0,12 Quadratmeter mal Kelvin je Watt und eine Feuerwiderstandsdauer von mindestens 90 Minuten oder
   b) zusammen mit den Abgasanlagen, die in Buchst. a geforderten Werte des Wärmedurchlasswiderstandes und der Feuerwiderstandsdauer

   aufweisen, oder
3. ein Mindestabstand von 40 cm bei Abgasanlagen für Abgastemperaturen der Feuerstätten bei Nennleistung bis zu 400 °C,

eingehalten wird. [2] Im Falle des Satz 1 Nr. 2 ist

1. ein Mindestabstand von 2 cm zu Holzbalken und brennbaren Bauteilen entsprechender Abmessungen ausreichend,
2. kein Mindestabstand erforderlich zu brennbaren Bauteilen mit geringer Fläche wie Fußleisten und Dachlatten, soweit die Ableitung der Wärme aus diesen Bauteilen nicht durch Wärmedämmung behindert wird.

[3] Im Falle des Satz 1 Nr. 3 genügt bei Abgasleitungen für Abgastemperaturen der Feuerstätten bei Nennleistung bis zu 300 °C außerhalb von Schächten

1. ein Mindestabstand von 20 cm oder
2. ein Mindestabstand von 5 cm, wenn die Abgasleitungen mindestens 2 cm dick mit nichtbrennbaren Baustoffen mit geringer Wärmeleitfähigkeit um-

mantelt sind oder die Abgastemperatur der Feuerstätte bei Nennleistung nicht mehr als 160 °C betragen kann.

[4] Im Falle des Satz 1 Nr. 3 genügt für Verbindungsstücke zu Schornsteinen ein Mindestabstand von 10 cm, wenn die Verbindungsstücke in einer Mindestdicke von 2 cm mit nichtbrennbaren Baustoffen mit geringer Wärmeleitfähigkeit ummantelt sind.

(4) [1] Abgasleitungen und Verbindungsstücke zu Schornsteinen, die Bauteile aus brennbaren Baustoffen durchdringen, erfüllen die Anforderungen nach Abs. 1, wenn die Abgastemperatur der Feuerstätten bei Nennleistung nicht mehr als 400 °C betragen kann und diese Abgasleitungen und Verbindungsstücke an der Durchdringung

1. in einem Mindestabstand von 20 cm mit einem Schutzrohr aus nichtbrennbaren Baustoffen versehen oder
2. in einer Mindestdicke von 20 cm mit nichtbrennbaren Baustoffen mit geringer Wärmeleitfähigkeit ummantelt sind.

[2] Abweichend von Satz 1 genügt für Abgasleitungen und Verbindungsstücke zu Schornsteinen bei Feuerstätten für flüssige und gasförmige Brennstoffe ein Maß von 5 cm, wenn die Abgastemperatur bei Nennleistung der Feuerstätten nicht mehr als 160 °C betragen kann.

(5) Werden bei Durchdringungen von Abgasanlagen durch Bauteile aus brennbaren Baustoffen Zwischenräume verschlossen, müssen dafür nichtbrennbare Baustoffe mit geringer Wärmeleitfähigkeit verwendet und die Anforderungen nach Abs. 1 erfüllt werden.

§ 9 Anforderungen an die Mündungen von Abgasanlagen. [1] Die Mündungen von Abgasanlagen müssen

1. den First um mindestens 40 cm überragen oder von der Dachfläche mindestens 1 m entfernt sein; ein Abstand von der Dachfläche von 40 cm genügt, wenn nur raumluftunabhängige Feuerstätten für flüssige oder gasförmige Brennstoffe angeschlossen sind, die Summe der Nennleistungen der angeschlossenen Feuerstätten nicht mehr als 50 kW beträgt und das Abgas durch Ventilatoren abgeführt wird,
2. Dachaufbauten, Gebäudeteile, Öffnungen zu Räumen und ungeschützte Bauteile aus brennbaren Baustoffen, ausgenommen Bedachungen, um mindestens 1 m überragen, soweit deren Abstand zu den Abgasanlagen weniger als 1,5 m beträgt, und
3. bei Feuerstätten für feste Brennstoffe in Gebäuden, deren Bedachung überwiegend nicht den Anforderungen des § 35 Abs. 1 der Hessischen Bauordnung[1)] entspricht, am First des Daches austreten und diesen um mindestens 80 cm überragen.

[2] Satz 1 Nr. 2 gilt nicht für Abgasleitungen untereinander, sofern diese die gleiche Temperaturklasse aufweisen und die Abgastemperaturen der Feuerstätten bei Nennleistung 160 °C nicht überschreiten. [3] Die Anforderungen an die Ableitung der Abgase nach der Verordnung über kleine und mittlere Feuerungsanlagen vom 26. Januar 2010 (BGBl. I S. 38), zuletzt geändert durch Verordnung vom 19. Juni 2020 (BGBl. I S. 1328) in der jeweils geltenden

[1)] Nr. **1**.

Fassung und der Verordnung über mittelgroße Feuerungs-, Gasturbinen- und Verbrennungsmotoranlagen vom 13. Juni 2019 (BGBl. I S. 804) in der jeweils geltenden Fassung bleiben unberührt.

§ 10 Wärmepumpen, Blockheizkraftwerke und ortsfeste Verbrennungsmotoren. (1) Für die Aufstellung von

1. Sorptionswärmepumpen mit feuerbeheizten Austreibern,
2. Blockheizkraftwerken in Gebäuden und
3. ortsfesten Verbrennungsmotoren

gelten die §§ 3 und 4 Abs. 1 bis 7 entsprechend.

(2) In Räumen dürfen

1. Sorptionswärmepumpen mit einer Nennleistung der Feuerung von insgesamt mehr als 50 kW,
2. Wärmepumpen, die die Abgaswärme von Feuerstätten mit einer Nennleistung von insgesamt mehr als 50 kW nutzen,
3. Kompressionswärmepumpen mit elektrisch angetriebenen Verdichtern mit Antriebsleistungen von insgesamt mehr als 50 kW,
4. Blockheizkraftwerke mit insgesamt mehr als 35 kW Nennleistung,
5. Kompressionswärmepumpen mit Verbrennungsmotoren,
6. ortsfeste Verbrennungsmotoren und
7. Kombinationen von Feuerstätten und Anlagen nach Nr. 1 bis 4 mit insgesamt mehr als 100 kW Nennleistung, die gemeinsam betrieben werden sollen,

nur aufgestellt werden, wenn sie die Anforderungen nach § 5 erfüllen.

(3) [1] Sind Blockheizkraftwerke oder ortsfeste Verbrennungsmotoren in Gebäuden aufgestellt, sind die Verbrennungsgase durch eigene, dichte Abgasleitungen über das Dach abzuführen. [2] Mehrere ortsfeste Verbrennungsmotoren dürfen an eine gemeinsame Abgasleitung nach Maßgabe des § 7 Abs. 4 angeschlossen werden. [3] Für die Herstellung und Beschaffenheit der Abgasleitungen außerhalb der Aufstellräume der ortsfesten Verbrennungsmotoren gelten § 7 Abs. 5 und 8 sowie § 8 entsprechend.

(4) [1] Die Einleitung der Verbrennungsgase von Blockheizkraftwerken oder ortsfesten Verbrennungsmotoren in Abgasanlagen für Feuerstätten ist zulässig, wenn die ungestörte Abführung der Verbrennungsgase in den freien Luftstrom und, soweit Feuerstätten angeschlossen sind, auch die ungestörte Abführung der Abgase der Feuerstätte in den freien Luftstrom nachgewiesen ist. [2] § 7 Abs. 1 gilt entsprechend.

(5) Für die Abführung der Verbrennungsgase von Sorptionswärmepumpen mit feuerbeheizten Austreibern und Abgaswärmepumpen gelten die §§ 7 bis 9 entsprechend.

§ 11 Brennstofflagerung in Brennstofflagerräumen. (1) [1] Die Lagerung von mehr als

1. 6 500 Kilogramm (kg) Holzpellets oder 15 000 kg sonstigen festen Brennstoffen,
2. insgesamt 5 000 Liter (l) Heizöl und Dieselkraftstoff oder
3. insgesamt 16 kg Flüssiggas

je Gebäude oder Brandabschnitt nach § 33 Abs. 1 der Hessischen Bauordnung[1] ist nur in besonderen Räumen zulässig, die nicht zu anderen Zwecken genutzt werden dürfen (Brennstofflagerräume). [2]Das Fassungsvermögen der Behälter darf insgesamt

1. für Heizöl oder Dieselkraftstoff 100 000 l oder für Flüssiggas 6 500 l je Brennstofflagerraum und
2. für Flüssiggas 30 000 l je Gebäude oder Brandabschnitt

nicht überschreiten.

(2) [1]Wände und Stützen von Brennstofflagerräumen sowie Decken über oder unter ihnen müssen feuerbeständig sein. [2]Öffnungen in Decken und Wänden müssen, soweit sie nicht unmittelbar ins Freie führen, mindestens feuerhemmende und selbstschließende Abschlüsse haben. [3]Durch Decken und Wände von Brennstofflagerräumen dürfen keine Leitungen geführt werden, ausgenommen Leitungen, die zum Betrieb dieser Räume erforderlich sind, sowie Heizrohrleitungen, Wasserleitungen und Abwasserleitungen. [4]Satz 1 und 2 gelten nicht für Trennwände zwischen Brennstofflagerräumen und Heizräumen.

(3) Brennstofflagerräume für flüssige Brennstoffe müssen

1. gelüftet und von der Feuerwehr vom Freien aus beschäumt werden können und
2. an den Zugängen mit der Aufschrift „Heizöllagerung" oder „Dieselkraftstofflagerung" gekennzeichnet sein.

(4) Brennstofflagerräume für Flüssiggas

1. müssen über eine ständig wirksame Lüftung verfügen,
2. dürfen keine Öffnungen zu anderen Räumen, ausgenommen Öffnungen für Türen, und keine offenen Schächte und Kanäle haben,
3. dürfen mit ihren Fußböden nicht allseitig unterhalb der Geländeoberfläche liegen,
4. dürfen in ihren Fußböden keine Öffnungen haben,
5. müssen an ihren Zugängen mit der Aufschrift „Flüssiggasanlage" gekennzeichnet sein und
6. dürfen nur mit elektrischen Anlagen ausgestattet sein, die den Anforderungen der Vorschriften aufgrund der Explosionsschutzproduktverordnung vom 6. Januar 2016 (BGBl. I S. 39) für elektrische Anlagen in explosionsgefährdeten Räumen entsprechen.

(5) [1]Brennstofflagerräume für Holzpellets müssen vor dem Betreten ausreichend gelüftet werden können. [2]Die Brennstofflagerräume sind an ihren Zugängen mit der Aufschrift „Holzpelletlagerraum – Lebensgefahr durch giftige Gase – vor Betreten ausreichend lüften!" zu kennzeichnen. [3]Abs. 4 Nr. 6 gilt entsprechend.

(6) Die am 30. Januar 2021 bereits bestehenden Brennstofflagerräume für Holzpellets müssen die Anforderungen des Abs. 5 Satz 1 und 2 spätestens ab dem 1. Januar 2022 erfüllen.

---

[1] Nr. **1**.

§ 12 Brennstofflagerung außerhalb von Brennstofflagerräumen.

(1) Die Lagerung von Brennstoffen ist in notwendigen Treppenräumen nach § 38 Abs. 1 Satz 1 der Hessischen Bauordnung[1)], in Räumen zwischen notwendigen Treppenräumen und Ausgängen ins Freie und in notwendigen Fluren nach § 39 Abs. 1 Satz 1 der Hessischen Bauordnung verboten.

(2) Heizöl oder Dieselkraftstoff darf nur im Umfang von bis zu

1. 100 l in Wohnungen,
2. 1 000 l in Räumen außerhalb von Wohnungen,
3. 5 000 l je Gebäude oder Brandabschnitt in Räumen außerhalb von Wohnungen, wenn diese Räume gelüftet werden können und gegenüber anderen Räumen keine Öffnungen, ausgenommen Öffnungen mit dichtschließenden Türen, haben und
4. 5 000 l in Räumen, die keine Aufenthaltsräume sind und die Anforderungen nach Nr. 3 erfüllen und sich in Gebäuden der Gebäudeklasse 1 mit nicht mehr als einer Nutzungseinheit befinden,

gelagert werden.

(3) [1]Sind in den Räumen nach Abs. 2 Nr. 2 bis 4 Feuerstätten aufgestellt, müssen diese außerhalb erforderlicher Auffangräume für auslaufenden Brennstoff stehen. [2]Behälter für Heizöl oder Dieselkraftstoff müssen einen Abstand von mindestens 1 m zur Feuerungsanlage haben. [3]Dieser Abstand kann bis auf die Hälfte verringert werden, wenn ein beiderseits belüfteter Strahlungsschutz vorhanden ist. [4]Ein Abstand von 10 cm genügt, wenn nachgewiesen ist, dass die Oberflächentemperatur der Feuerstätte 40 °C nicht überschreitet.

(4) Flüssiggas darf in einem Behälter mit einem Füllgewicht bis zu 16 kg je Wohnung oder in einem Raum außerhalb von Wohnungen gelagert werden, wenn dessen Fußboden allseitig oberhalb der Geländeoberfläche liegt und außer Abläufen mit Flüssigkeitsverschluss keine Öffnungen hat.

(5) Für die Lagerung von mehr als 500 kg Holzpellets in Räumen außerhalb von Brennstofflagerräumen gilt § 11 Abs. 5 und 6 entsprechend.

§ 13 Flüssiggasanlagen und Dampfkesselanlagen sowie Prüfungen.

(1) Für Flüssiggasanlagen und Dampfkesselanlagen, die weder gewerblichen noch wirtschaftlichen Zwecken dienen und in deren Gefahrenbereich keine Arbeitskräfte beschäftigt werden, dürfen nur errichtet werden, wenn sie der Druckgeräteverordnung vom 13. Mai 2015 (BGBl. I S. 692), geändert durch Verordnung vom 6. April 2016 (BGBl. I S. 597), entsprechen.

(2) [1]Für Flüssiggasanlagen und Dampfkesselanlagen nach § 2 Abs. 13 der Betriebssicherheitsverordnung vom 3. Februar 2015 (BGBl. I S. 49), zuletzt geändert durch Verordnung vom 30. April 2019 (BGBl. I S. 554), die weder gewerblichen noch wirtschaftlichen Zwecken dienen und in deren Gefahrenbereich keine Arbeitskräfte beschäftigt werden, sind die materiellen Anforderungen und Festlegungen über erstmalige Prüfungen vor Inbetriebnahme und wiederkehrende Prüfungen nach den §§ 15 und 16 Betriebssicherheitsverordnung anzuwenden. [2]Eine sicherheitstechnische Bewertung der Anlagen zur Ermittlung der Prüffristen ist nicht erforderlich; es gelten die Höchstfristen nach der Betriebssicherheitsverordnung.

[1)] Nr. **1**.

(3) Zuständige Behörde im Sinne der Vorschriften nach Abs. 2 ist die untere Bauaufsichtsbehörde.

§ 14 Aufhebung bisherigen Rechts. Die Feuerungsverordnung vom 3. Februar 2009 (GVBl. I S. 30)[1], geändert durch Verordnung vom 3. November 2014 (GVBl. S. 269), wird aufgehoben.

§ 15 Inkrafttreten, Außerkrafttreten. [1] Diese Verordnung tritt am 1. Februar 2021 in Kraft. [2] Sie tritt mit Ablauf des 31. Dezember 2031 außer Kraft.

[1] **Amtl. Anm.:** Hebt auf FFN 361-117

7. Verordnung über bauordnungsrechtliche Regelungen für Bauprodukte und Bauarten (Bauprodukte- und Bauartenverordnung – BauPAVO)[1) 2)]

Vom 20. Januar 2004
(GVBl. I S. 56)

FFN 361-111

geänd. durch Art. 1 ÄndVO v. 14.12.2009 (GVBl. I S. 753), Art. 3 VO zur Entfristung, Verlängerung der Geltungsdauer und Änd. befristeter Rechtsvorschriften im Geschäftsbereich des MWVL v. 13.11. 2012 (GVBl. S. 423) und Art. 2 Fünfte VO zur Verlängerung der Geltungsdauer und Änd. von Rechtsvorschriften im Geschäftsbereich des MWEVL v. 4.12.2017 (GVBl. S. 396)

Aufgrund des § 16 Abs. 5 und 6, § 20 Abs. 1 Satz 4 und § 80 Abs. 8 Nr. 1 jeweils in Verbindung mit § 80 Abs. 10 der Hessischen Bauordnung[3)] vom 18. Juni 2002 (GVBl. I S. 274) wird verordnet:

Erster Abschnitt. Anforderungen an Hersteller von Bauprodukten sowie an Anwender von Bauarten

§ 1[4)] Anwendungsbereich. (1) Für

1. die Ausführung von Schweißarbeiten zur Herstellung tragender Stahlbauteile auf der Baustelle,
2. die Ausführung von Schweißarbeiten zur Herstellung tragender Aluminiumbauteile auf der Baustelle,
3. die Ausführung von Schweißarbeiten zur Herstellung von Betonstahlbewehrungen,
4. die Ausführung von Leimarbeiten zur Herstellung tragender Holzbauteile und von Brettschichtholz,
5. die Herstellung und den Einbau von Beton mit höherer Festigkeit und anderen besonderen Eigenschaften (Beton der Überwachungsklasse 2 oder 3) auf Baustellen, die Herstellung von Transportbeton sowie die Herstellung von vorgefertigten tragenden Bauteilen aus Beton der Überwachungsklasse 2 oder 3,
6. die Instandsetzung von tragenden Betonbauteilen, deren Standsicherheit gefährdet ist,

müssen die Hersteller und Anwender über Fachkräfte mit besonderer Sachkunde und Erfahrung sowie über besondere Vorrichtungen verfügen.

(2) [1] Die erforderliche Ausbildung und berufliche Erfahrung der Fachkräfte sowie die erforderlichen Vorrichtungen bestimmen sich nach den nach § 3 Abs. 3 Satz 1 der Hessischen Bauordnung[3)] von der obersten Bauaufsichts-

---

[1)] Die VO **tritt mit Ablauf des 31.12.2025 außer Kraft,** vgl. § 8.

[2)] Verkündet als Art. 1 VO über bautechnische Anforderungen und Anerkennungen v. 20.1.2004 (GVBl. I S. 56).

[3)] Nr. **1**.

[4)] § 1 Abs. 1 Nr. 5 geänd., Abs. 2 Satz 3 neu gef. mWv 29.12.2009 durch VO v. 14.12.2009 (GVBl. I S. 753); Abs. 2 Satz 3 neu gef. mWv 28.11.2012 durch VO v. 13.11.2012 (GVBl. S. 423); Abs. 1 Nr. 1 und 2 geänd., Abs. 2 Satz 3 Nr. 1 und 2 neu gef. mWv 12.12.2017 durch VO v. 4.12.2017 (GVBl. S. 396).

behörde mit Erlass als Technische Baubestimmungen eingeführten technischen Regeln in der jeweils geltenden Fassung. [2]Diese sind in der dem Erlass beigefügten Liste einschließlich zugehöriger Anlagen aufgeführt. [3]In den Fällen des Abs. 1 gilt

1. zu Nr. 1 die Nr. 2.4.1 der Liste,
2. zu Nr. 2 die Nr. 2.4.3 der Liste,
3. zu Nr. 3 die Nr. 2.3.3 der Liste,
4. zu Nr. 4 die Nr. 2.5.1 der Liste,
5. zu Nr. 5 die Nr. 2.3.1 der Liste,
6. zu Nr. 6 die Nr. 2.3.7 der Liste.

§ 2 Nachweise. (1) Die Hersteller und Anwender haben vor der erstmaligen Durchführung der Arbeiten nach § 1 Abs. 1 und danach für Tätigkeiten nach

1. § 1 Abs. 1 Nr. 1 bis 3, 5 und 6 in Abständen von höchstens drei Jahren,
2. § 1 Abs. 1 Nr. 4 in Abständen von höchstens fünf Jahren

gegenüber einer nach § 24 Abs. 1 Satz 1 Nr. 6 der Hessischen Bauordnung[1] anerkannten Prüfstelle nachzuweisen, dass sie über die vorgeschriebenen Fachkräfte und Vorrichtungen verfügen.

(2) Als Prüfstellen nach § 24 Abs. 1 Satz 1 Nr. 6 der Hessischen Bauordnung für die in § 1 Abs. 1 aufgeführten Bauprodukte gelten auch die Überwachungsstellen für die Fremdüberwachung nach § 24 Abs. 1 Satz 1 Nr. 4 der Hessischen Bauordnung und die Stellen, welche in den vom Deutschen Institut für Bautechnik im Einvernehmen mit der obersten Bauaufsichtsbehörde bekannt gemachten Verzeichnissen der Stellen für Eignungsnachweise zum Schweißen von Stahl- und Aluminiumkonstruktionen, von Betonstahl und zum Leimen tragender Holzbauteile geführt und tätig waren.

§ 3[2] Gleichwertigkeit und Abweichungen. (1) Fachkräfte mit besonderer Sachkunde und Erfahrung sowie besondere Vorrichtungen nach § 1 Abs. 1 sind nicht erforderlich, wenn mit einer anderen Lösung in gleichem Maße die allgemeinen Anforderungen des § 3 Abs. 1 der Hessischen Bauordnung[1] erfüllt werden.

(2) Die Erfüllung der Anforderungen nach § 1 Abs. 2 kann auch durch gleichwertige Nachweise anderer Mitgliedstaaten der Europäischen Union oder der nach dem Recht der Europäischen Gemeinschaften gleichgestellten Staaten erbracht werden.

(3) Über Abweichungen nach § 63 der Hessischen Bauordnung von den §§ 1 und 2 entscheidet die oberste Bauaufsichtsbehörde.

§ 3a[3] Einheitliche Stelle. Die Verfahren nach dieser Verordnung können über eine einheitliche Stelle nach Teil V Abschnitt 1a des hessischen Verwaltungsverfahrensgesetzes abgewickelt werden.

---

[1] Nr. **1**.
[2] § 3 neu gef. mWv 29.12.2009 durch VO v. 14.12.2009 (GVBl. I S. 753).
[3] § 3a eingef. mWv 29.12.2009 durch VO v. 14.12.2009 (GVBl. I S. 753).

Zweiter Abschnitt. Überwachung von Tätigkeiten mit Bauprodukten und der Ausführung von Bauarten

§ 4[1)] Anwendungsbereich. (1) Folgende Tätigkeiten müssen durch eine Überwachungsstelle nach § 24 Abs. 1 Satz 1 Nr. 5 der Hessischen Bauordnung[2)] überwacht werden:

1. der Einbau von punktgestützten, hinterlüfteten Wandbekleidungen aus Einscheiben-Sicherheitsglas in einer Höhe von mehr als 8 m über Gelände,
2. das Herstellen und der Einbau von Beton der Überwachungsklasse 2 oder 3 auf Baustellen,
3. die Instandsetzung von tragenden Betonbauteilen, deren Standsicherheit gefährdet ist,
4. der Einbau von Verpressankern,
5. das Herstellen von Einpressmörtel auf der Baustelle und das Einpressen in Spannkanäle,
6. das Einbringen von Ortschäumen auf Bauteilflächen über 50 m^2.

(2) [1]Der Überwachung sind die für die jeweiligen Tätigkeiten geltenden Technischen Baubestimmungen zu Grunde zu legen. [2]Sie hat sich auf Stichproben zu beschränken.

§ 5 Übergangsvorschrift. Für die Tätigkeiten nach § 4 Abs. 1 Nr. 2, 3, 5 und 6 gelten die Überwachungsstellen, die bisher als Überwachungsstellen nach § 24 Abs. 1 Satz 1 Nr. 4 der Hessischen Bauordnung[2)] die entsprechenden Bauprodukte überwacht haben, als anerkannte Überwachungsstellen nach § 24 Abs. 1 Satz 1 Nr. 5 der Hessischen Bauordnung.

Dritter Abschnitt. Kennzeichnung der Bauprodukte mit dem Übereinstimmungszeichen

§ 6 Übereinstimmungszeichen. (1) Das Übereinstimmungszeichen (Ü-Zeichen) nach § 21 Abs. 4 der Hessischen Bauordnung[2)] besteht aus dem Buchstaben „Ü“ und hat folgende Angaben zu enthalten:

1. den Namen des Herstellers; zusätzlich das Herstellwerk, wenn der Name des Herstellers eine eindeutige Zuordnung des Bauproduktes zu dem Herstellwerk nicht ermöglicht; an Stelle des Namens des Herstellers genügt der Name des Vertreibers des Bauproduktes mit der Angabe des Herstellwerkes; die Angabe des Herstellwerkes darf verschlüsselt erfolgen, wenn sich beim Hersteller oder Vertreiber und, wenn ein Übereinstimmungszertifikat erforderlich ist, bei der Zertifizierungsstelle und Überwachungsstelle das Herstellwerk jederzeit eindeutig ermitteln lässt;
2. die Grundlage der Übereinstimmungsbestätigung:
   a) die Kurzbezeichnung der für das geregelte Bauprodukt im Wesentlichen maßgebenden technischen Regel,
   b) die Bezeichnung für eine allgemeine bauaufsichtliche Zulassung als „Z“ und deren Nummer,

---

[1)] § 4 Abs. 1 Nr. 2 geänd. mWv 29.12.2009 durch VO v. 14.12.2009 (GVBl. I S. 753).
[2)] Nr. **1**.

c) die Bezeichnung für ein allgemeines bauaufsichtliches Prüfzeugnis als „P“, dessen Nummer und die Bezeichnung der Prüfstelle oder

d) die Bezeichnung für eine Zustimmung im Einzelfall als „ZiE“ und die Behörde;

3. die für den Verwendungszweck wesentlichen Merkmale des Bauproduktes, soweit sie nicht durch die Angabe der Kurzbezeichnung der technischen Regel nach Nr. 2 Buchst. a abschließend bestimmt sind;

4. die Bezeichnung oder das Bildzeichen der Zertifizierungsstelle, wenn die Einschaltung einer Zertifizierungsstelle vorgeschrieben ist.

(2) [1]Die Angaben nach Abs. 1 sind auf der von dem Buchstaben „Ü“ umschlossenen Innenfläche oder in deren unmittelbarer Nähe anzubringen. [2]Der Buchstabe „Ü“ und die Angaben nach Abs. 1 müssen deutlich lesbar sein. [3]Der Buchstabe „Ü“ muss in seiner Form der folgenden Abbildung entsprechen:

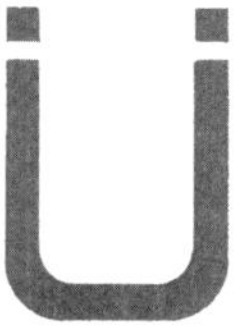

(3) Wird das Ü-Zeichen auf einem Beipackzettel, der Verpackung, dem Lieferschein oder einer Anlage zum Lieferschein angebracht, darf der Buchstabe „Ü“ ohne oder mit einem Teil der Angaben nach Abs. 1 zusätzlich auf dem Bauprodukt angebracht werden.

Vierter Abschnitt.[1] Schlussbestimmungen

§ 7[2] Inkrafttreten, Außerkrafttreten. [1]Diese Verordnung tritt am Tage nach der Verkündung[3] in Kraft. [2]Sie tritt mit Ablauf des 31. Dezember 2025 außer Kraft.

[1] Überschrift 4. Abschnitt geänd. mWv 12.12.2017 durch VO v. 4.12.2017 (GVBl. S. 396).

[2] Früherer § 8 neu gef. mWv 29.12.2009 durch VO v. 14.12.2009 (GVBl. I S. 753); Satz 2 geänd. mWv 28.11.2012 durch VO v. 13.11.2012 (GVBl. S. 423); bish. § 8 wird § 7 und Satz 2 geänd. mWv 12.12.2017 durch VO v. 4.12.2017 (GVBl. S. 396).

[3] Verkündet am 9.2.2004.

8. Verordnung zur Feststellung der wasserrechtlichen Eignung von Bauprodukten und Bauarten durch Nachweise nach der Hessischen Bauordnung (WasBauPVO)

Vom 20. Mai 1998
(GVBl. I S. 228)

FFN 361-104

geänd. durch Art. 1 Sechste VO zur Verlängerung der Geltungsdauer und Änderung von Rechtsvorschriften im Geschäftsbereich des Ministeriums für Wirtschaft, Energie, Verkehr und Landesentwicklung v. 5.10.2018 (GVBl. S. 642)

Auf Grund des § 20 Abs. 4 und des § 24 Abs. 2 jeweils in Verbindung mit § 86 Abs. 7 der Hessischen Bauordnung[1)] vom 20. Dezember 1993 (GVBl. I S. 655), zuletzt geändert durch Gesetz vom 27. Februar 1998 (GVBl. I S. 34), wird verordnet:

§ 1[2)] [Nachweispflichtige Bauprodukte und Bauarten] [1] Für folgende serienmäßig hergestellte Bauprodukte und folgende Bauarten sind auch hinsichtlich wasserrechtlicher Anforderungen Übereinstimmungsbestätigungen nach § 17 Abs. 5 in Verbindung mit Abs. 2 Satz 1 Nr. 1 der Hessischen Bauordnung[1)], Verwendbarkeitsnachweise nach § 20 in Verbindung mit den §§ 21 und 22 der Hessischen Bauordnung und Übereinstimmungsbestätigungen nach § 24 in Verbindung mit den §§ 25 bis 28 der Hessischen Bauordnung erforderlich:

1. Abwasserbehandlungsanlagen:
   a) Kleinkläranlagen, die für einen durchschnittlichen Anfall von Abwässern bis zu 8 m^3/Tag bemessen sind,
   b) Leichtflüssigkeitsabscheider für Benzin und Öl,
   c) Fettabscheider,
   d) Amalgamabscheider für Zahnarztpraxen,
   e) Anlagen zur Begrenzung von Schwermetallen in Abwässern, die bei der Herstellung keramischer Erzeugnisse anfallen,
   f) Anlagen zur Begrenzung von abfiltrierbaren Stoffen, Arsen, Antimon, Barium, Blei und anderen Schwermetallen, die für einen durchschnittlichen Anfall von bei der Herstellung und Verarbeitung von Glas und künstlichen Mineralfasern anfallenden Abwässern bis zu 8 m^3/Tag bemessen sind,
   g) Anlagen zur Begrenzung von Kohlenwasserstoffen in mineralölhaltigen Abwässern,
   h) Anlagen zur Begrenzung des Silbergehalts in Abwässern aus fotografischen Verfahren und
   i) Anlagen zur Begrenzung von Halogenkohlenstoffen in Abwässern von Chemischreinigungen;

[1)] Nr. **1**.
[2)] § 1 Satz 1 einl. Satzteil geänd., Satz 2 neu gef. mWv 16.10.2018 durch VO v. 5.10.2018 (GVBl. S. 642).

2. Bauprodukte für ortsfest verwendete Anlagen zum Lagern, Abfüllen und Umschlagen von wassergefährdenden Stoffen:
   a) Auffangwannen und -vorrichtungen sowie vorgefertigte Teile für Auffangräume und -flächen,
   b) Abdichtungsmittel für Auffangwannen, -vorrichtungen, -räume und für Flächen,
   c) Behälter,
   d) Innenbeschichtungen und Auskleidungen für Behälter und Rohre,
   e) Rohre, zugehörige Formstücke, Dichtmittel, Armaturen und
   f) Sicherheitseinrichtungen.

[2] Satz 1 gilt nicht für

1. die in Satz 1 Nr. 1 Buchst. e bis i genannten Anlagen, wenn diese für einen Abwasseranfall von weniger als einem Kubikmeter täglich bestimmt sind,
2. Bauprodukte, die die CE-Kennzeichnung aufgrund der Verordnung (EU) Nr. 305/2011 des Europäischen Parlaments und des Rates vom 9. März 2011 zur Festlegung harmonisierter Bedingungen für die Vermarktung von Bauprodukten und zur Aufhebung der Richtlinie 89/106/EWG des Rates (ABl. EU Nr. L 88 S. 5, 2013 Nr. L 103 S. 10), zuletzt geändert durch Delegierte Verordnung (EU) Nr. 574/2014 vom 21. Februar 2014 (ABl. EU Nr. L 159 S. 41), tragen; § 18 Abs. 2 der Hessischen Bauordnung bleibt unberührt.

§ 2 [In-Kraft-Treten] Diese Verordnung tritt am 1. Juli 1998 in Kraft.

9. Verordnung über Nachweisberechtigte für bautechnische Nachweise nach der Hessischen Bauordnung (Nachweisberechtigten-Verordnung – NBVO)[1]

Vom 3. Dezember 2002

(GVBl. I S. 729)

FFN 361-110

geänd. durch Art. 1 ÄndVO v. 24.11.2003 (GVBl. I S. 318), Art. 3 VO zur Verlängerung der Geltungsdauer und Änd. befristeter Rechtsvorschriften im Geschäftsbereich des Ministeriums für Wirtschaft, Verkehr und Landesentwicklung v. 27.9.2007 (GVBl. I S. 687), Art. 2 VO zur Änd. bauordnungsrechtlicher Rechtsvorschriften v. 24.11.2010 (GVBl. I S. 484), Art. 1 Zweite ÄndVO v. 24.2.2011 (GVBl. I S. 174), Art. 2 VO zur Entfristung, Verlängerung der Geltungsdauer und Änd. befristeter Rechtsvorschriften im Geschäftsbereich des Wirtschaft, Verkehr und Landesentwicklung v. 13.11.2012 (GVBl. S. 423), Art. 1 Dritte ÄndVO v. 20.11.2013 (GVBl. S. 654), Art. 1 Vierte VO zur Verlängerung der Geltungsdauer und Änd. befristeter Rechtsvorschriften im Geschäftsbereich des Wirtschaft, Energie, Verkehr und Landesentwicklung v. 24.11.2015 (GVBl. S. 546) und Art. 1 Achte VO zur Verlängerung der Geltungsdauer und Änd. befristeter Rechtsvorschriften im Geschäftsbereich des Ministeriums für Wirtschaft, Energie, Verkehr und Wohnen v. 2.12.2020 (GVBl. S. 854)

Aufgrund

1. des § 80 Abs. 4 Satz 3 Nr. 6, Abs. 5 Satz 1 Nr. 1, Satz 2, Satz 3 Nr. 1 Buchst. a, Nr. 2, Abs. 6, Abs. 10 der Hessischen Bauordnung[2] vom 18. Juni 2002 (GVBl. I S. 274),
2. des § 9 Abs. 1 Satz 1 Nr. 12 des Hessischen Architekten- und Stadtplanergesetzes vom 23. Mai 2002 (GVBl. I S. 182) und
3. des § 2 Abs. 3 Satz 1 des Ingenieurkammergesetzes vom 30. September 1986 (GVBl. I S. 281), zuletzt geändert durch Gesetz vom 23. Mai 2002 (GVBl. I S. 182),

wird verordnet:

§ 1[3] Anwendungsbereich. Diese Verordnung regelt die Berechtigung von Personen, bautechnische Nachweise nach § 68 Abs. 3 Satz 2, Abs. 4 Satz 2 und Abs. 5 der Hessischen Bauordnung[2] erstellen zu dürfen.

§ 2[4] Nachweisberechtigte für Standsicherheit. (1) Berechtigt für den Nachweis der Standsicherheit einschließlich der Feuerwiderstandsfähigkeit tragender Bauteile (Standsicherheitsnachweis) ist, wer

1. die Berufsbezeichnung „Ingenieurin" oder „Ingenieur" aufgrund einer Ausbildung an einer öffentlichen oder staatlich anerkannten Hochschule mit einem nach dem Recht der Europäischen Gemeinschaften anerkannten

---

[1] Die VO **tritt mit Ablauf des 31.12.2027 außer Kraft**, vgl. § 11.

[2] Nr. **1**.

[3] § 1 geänd. mWv 10.12.2020 durch VO v. 2.12.2020 (GVBl. S. 854).

[4] § 2 Abs. 1 Nr. 1, Abs. 2 geänd., Abs. 3 eingef., bish. Abs. 3 und 4 werden Abs. 4 und 5 mWv 12.12.2003 durch VO v. 24.11.2003 (GVBl. I S. 318); Abs. 1 Nr. 3, Abs. 3 Nr. 2 und Abs. 4 Nr. 2 geänd., Abs. 2 neu gef. mWv 11.12.2010 durch VO v. 24.11.2010 (GVBl. I S. 484); Abs. 2, 3 einl. Satzteil, Abs. 4 einl. Satzteil und Nr. 2 geänd. mWv 28.11.2012 durch VO v. 13.11.2012 (GVBl. S. 423); Abs. 2 geänd. mWv 15.12.2015 durch VO v. 24.11.2015 (GVBl. S. 546); Abs. 2-4 und 5 Sätze 1 und 3 geänd. mWv 10.12.2020 durch VO v. 2.12.2020 (GVBl. S. 854).

Diplom, Prüfungszeugnis oder sonstigen Befähigungsnachweis in einem Studiengang der Fachrichtung Architektur, Innenarchitektur, Bauingenieurwesen oder Hochbau führen darf,

2. seine fachliche Eignung sowie eine mindestens dreijährige Berufserfahrung in der Tragwerksplanung oder -prüfung von baulichen Anlagen nachgewiesen hat, die innerhalb der letzten sechs Jahre vor Antrag auf Eintragung erworben sein muss, und
3. in die bei der Architekten- und Stadtplanerkammer Hessen oder Ingenieurkammer Hessen geführte Liste nachweisberechtigter Personen dieses Fachgebietes eingetragen ist.

(2) Berechtigt für den Standsicherheitsnachweis sind auch Prüfberechtigte und Prüfsachverständige für Standsicherheit nach der Hessischen Prüfberechtigten- und Prüfsachverständigenverordnung[1] vom 18. Dezember 2006 (GVBl. I S. 745), zuletzt geändert durch Verordnung vom 2. Dezember 2020 (GVBl. S. 854), wenn sie in einer Liste nach Abs. 1 Nr. 3 eingetragen sind.

(3) Berechtigt für den Standsicherheitsnachweis sind auch Personen nach § 67 Abs. 2 Nr. 1, 3 und 4 der Hessischen Bauordnung[2], wenn sie

1. ihre fachliche Eignung sowie eine mindestens zehnjährige Berufserfahrung in der Tragwerksplanung oder -prüfung von baulichen Anlagen nachgewiesen haben, die innerhalb der letzten zwölf Jahre vor Antrag auf Eintragung erworben sein muss, und
2. in die bei der Architekten- und Stadtplanerkammer oder Ingenieurkammer Hessen geführte Liste nachweisberechtigter Personen dieses Fachgebietes eingetragen sind.

(4) Berechtigt für den Standsicherheitsnachweis sind auch Personen nach § 67 Abs. 3 Satz 1 der Hessischen Bauordnung im Rahmen ihrer Bauvorlageberechtigung, wenn sie

1. ihre fachliche Eignung sowie eine mindestens fünfjährige Berufserfahrung in der Tragwerksplanung oder -prüfung von baulichen Anlagen nachgewiesen haben, die innerhalb der letzten sechs Jahre vor Antrag auf Eintragung erworben sein muss, und
2. in die bei der Architekten- und Stadtplanerkammer oder Ingenieurkammer Hessen geführte Liste nachweisberechtigter Personen dieses Fachgebietes mit der Beschränkung auf die Gebäude nach § 67 Abs. 3 Satz 1 der Hessischen Bauordnung eingetragen sind.

(5) [1] Soll der Standsicherheitsnachweis nicht nach § 68 Abs. 3 Satz 1 der Hessischen Bauordnung bescheinigt werden, hat die nachweisberechtigte Person der Bauherrschaft schriftlich zu bestätigen, dass für das Bauvorhaben kein Kriterium der Anlage 1 zutrifft. [2] Die Bestätigung ist nach dem Muster der Anlage 2 auszustellen. [3] Sie ist von der Bauherrschaft mit den Bauvorlagen nach § 69 Abs. 2 oder 3 der Hessischen Bauordnung vor Baubeginn der Bauaufsichtsbehörde einzureichen.

---

[1] Nr. **4**.
[2] Nr. **1**.

§ 3[1)] Nachweisberechtigte für vorbeugenden Brandschutz. (1) [1]Berechtigt für den Nachweis des vorbeugenden Brandschutzes ist, wer

1. die Berufsbezeichnung „Ingenieurin“ oder „Ingenieur“ aufgrund einer Ausbildung an einer öffentlichen oder staatlich anerkannten Hochschule mit einem nach dem Recht der Europäischen Gemeinschaften anerkannten Diplom, Prüfungszeugnis oder sonstigen Befähigungsnachweis in einem Studiengang der Fachrichtung Architektur, Innenarchitektur, Bauingenieurwesen, Hochbau oder einem Studiengang mit Schwerpunkt Brandschutz führen darf oder die Ausbildung für mindestens den gehobenen feuerwehrtechnischen Dienst abgeschlossen und die Prüfung zum Sachverständigen der Feuerwehr für vorbeugenden Brandschutz bestanden hat,
2. seine fachliche Eignung sowie eine mindestens dreijährige Berufserfahrung in der brandschutztechnischen Planung, Ausführung oder Prüfung von Gebäuden oder eine dreijährige Tätigkeit im vorbeugenden Brandschutz bei einer Bauaufsichtsbehörde oder Brandschutzdienststelle nachgewiesen hat, die innerhalb der letzten sechs Jahre vor Antrag auf Eintragung erworben oder ausgeübt worden sein muss, und
3. in die bei der Architekten- und Stadtplanerkammer Hessen oder Ingenieurkammer Hessen geführte Liste nachweisberechtigter Personen dieses Fachgebietes eingetragen ist.

[2]Satz 1 Nr. 1 ist erst für Anträge auf Eintragung der Nachweisberechtigung anzuwenden, die nach dem 15. Dezember 2015 gestellt werden; bereits in die Liste der Nachweisberechtigten erfolgte Eintragungen bleiben unberührt.

(2) Berechtigt für den Nachweis des vorbeugenden Brandschutzes sind auch Prüfsachverständige für Brandschutz nach der Hessischen Prüfberechtigten- und Prüfsachverständigenverordnung[2)], wenn sie in einer Liste nach Abs. 1 Nr. 3 eingetragen sind.

(3) Berechtigt für den Nachweis des vorbeugenden Brandschutzes sind auch Personen nach § 67 Abs. 2 Nr. 1, 3 und 4 der Hessischen Bauordnung[3)], wenn sie die Anforderungen nach § 2 Abs. 3 auf dem Fachgebiet des Brandschutzes erfüllen.

(4) [1]Bedienstete einer öffentlichen Verwaltung mit der für die Ausübung der Tätigkeit als Nachweisberechtigte für vorbeugenden Brandschutz erforderlichen Ausbildung, Kenntnis und Erfahrung entsprechend Abs. 1 Nr. 1 und 2 gelten bei Bauvorhaben in öffentlicher Trägerschaft dieser Verwaltung als Nachweisberechtigte für vorbeugenden Brandschutz. [2]Sie dürfen für die Erstellung der Nachweise des vorbeugenden Brandschutzes keiner fachlichen Weisung unterliegen. [3]Abs. 1 Nr. 3, § 6 Abs. 1 Satz 2 und 3 und Abs. 3 finden keine Anwendung.

[1)] § 3 Abs. 1 Nr. 1, Abs. 2 geänd., Abs. 3 angef. mWv 12.12.2003 durch VO v. 24.11.2003 (GVBl. I S. 318); Abs. 1 Nr. 3 und Abs. 3 geänd., Abs. 2 neu gef., Abs. 4 angef. mWv 11.12.2010 durch VO v. 24.11.2010 (GVBl. I S. 484); Abs. 3 geänd. mWv 28.11.2012 durch VO v. 13.11.2012 (GVBl. S. 423); Abs. 1 Nr. 1 geänd., Satz 2 angef. mWv 15.12.2015 durch VO v. 24.11.2015 (GVBl. S. 546); Abs. 3 geänd. mWv 10.12.2020 durch VO v. 2.12.2020 (GVBl. S. 854).

[2)] Nr. **4**.

[3)] Nr. **1**.

§ 4[1] Nachweisberechtigte für Schall- oder Wärmeschutz. (1) Berechtigt für den Nachweis des Schallschutzes ist, wer

1. die Berufsbezeichnung „Ingenieurin" oder „Ingenieur" aufgrund einer Ausbildung an einer öffentlichen oder staatlich anerkannten Hochschule mit einem nach dem Recht der Europäischen Gemeinschaften anerkannten Diplom, Prüfungszeugnis oder sonstigen Befähigungsnachweis in einem Studiengang der Fachrichtung Architektur, Innenarchitektur, Bauingenieurwesen, Hochbau, Physik, Maschinenwesen oder technische Gebäudeausrüstung führen darf,
2. seine fachliche Eignung sowie eine mindestens dreijährige Berufserfahrung in der schallschutztechnischen Planung, Ausführung oder Prüfung von baulichen Anlagen nachgewiesen oder eine dreijährige Tätigkeit im Bereich Schallschutz bei einer Bauaufsichtsbehörde ausgeübt hat, die innerhalb der letzten sechs Jahre vor Antrag auf Eintragung erworben oder ausgeübt worden sein muss, und
3. in die bei der Architekten- und Stadtplanerkammer Hessen oder Ingenieurkammer Hessen geführte Liste nachweisberechtigter Personen dieses Fachgebietes eingetragen ist.

(2) Berechtigt für den Nachweis des Schallschutzes sind auch Personen nach § 67 Abs. 2 Nr. 1, 3 und 4 der Hessischen Bauordnung[2], wenn sie die Anforderungen nach § 2 Abs. 3 auf dem Fachgebiet des Schallschutzes erfüllen.

(3) Berechtigt für den Nachweis des Schallschutzes sind auch Personen nach § 67 Abs. 3 Satz 1 der Hessischen Bauordnung im Rahmen ihrer Bauvorlageberechtigung, wenn sie die Anforderungen nach § 2 Abs. 4 auf dem Fachgebiet des Schallschutzes erfüllen.

(4) Berechtigt für den Nachweis des Wärmeschutzes ist, wer

1. die Berufsbezeichnung „Ingenieurin" oder „Ingenieur" aufgrund einer Ausbildung an einer öffentlichen oder staatlich anerkannten Hochschule mit einem nach dem Recht der Europäischen Gemeinschaften anerkannten Diplom, Prüfungszeugnis oder sonstigen Befähigungsnachweis in einem Studiengang der Fachrichtung Architektur, Innenarchitektur, Bauingenieurwesen, Hochbau, Physik, Maschinenwesen oder technische Gebäudeausrüstung führen darf,
2. seine fachliche Eignung sowie eine mindestens dreijährige Berufserfahrung in der wärmeschutztechnischen Planung, Ausführung oder Prüfung von baulichen Anlagen nachgewiesen oder eine dreijährige Tätigkeit im Bereich Wärmeschutz bei einer Bauaufsichtsbehörde oder bei Baumaßnahmen in öffentlicher Trägerschaft ausgeübt hat, die innerhalb der letzten sechs Jahre vor Antrag auf Eintragung erworben oder ausgeübt worden sein muss, und

---

[1] § 4 Abs. 1 Nr. 1 geänd., Abs. 2 und 5 eingef., bish. Abs. 2–5 werden Abs. 3, 4, 6 und 7, neuer Abs. 3, Abs. 4 Nr. 1, Abs. 6 und 7 geänd. mWv 12.12.2003 durch VO v. 24.11.2003 (GVBl. I S. 318); Abs. 1 Nr. 3 und Abs. 4 Nr. 2 und 3 geänd., Abs. 7 eingef., bish. Abs. 7 wird Abs. 8 und neu gef., Abs. 9 angef. mWv 11.12.2010 durch VO v. 24.11.2010 (GVBl. I S. 484); Abs. 2, 3, 5–7 geänd. mWv 28.11.2012 durch VO v. 13.11.2012 (GVBl. S. 423); Abs. 9 Sätze 1 und 3 geänd. mWv 15.12.2015 durch VO v. 24.11.2015 (GVBl. S. 546); Abs. 2, 3, 5, 6 und 7 geänd., Abs. 8 aufgeh., bish. Abs. 9 wird Abs. 8 mWv 10.12.2020 durch VO v. 2.12.2020 (GVBl. S. 854).

[2] Nr. **1**.

3. in die bei der Architekten- und Stadtplanerkammer Hessen oder Ingenieurkammer Hessen geführte Liste nachweisberechtigter Personen dieses Fachgebietes eingetragen ist.

(5) Berechtigt für den Nachweis des Wärmeschutzes sind auch Personen nach § 67 Abs. 2 Nr. 1, 3 und 4 der Hessischen Bauordnung, wenn sie die Anforderungen nach § 2 Abs. 3 auf dem Fachgebiet des Wärmeschutzes erfüllen.

(6) Berechtigt für den Nachweis des Wärmeschutzes sind auch Personen nach § 67 Abs. 3 Satz 1 der Hessischen Bauordnung im Rahmen ihrer Bauvorlageberechtigung, wenn sie die Anforderungen nach § 2 Abs. 4 auf dem Fachgebiet des Wärmeschutzes erfüllen.

(7) Berechtigt für den Nachweis des Wärmeschutzes für die in § 67 Abs. 3 Satz 1 der Hessischen Bauordnung genannten Gebäude sind auch Meisterinnen und Meister in den Bereichen Heizungs- und Klimatechnik sowie Schornsteinfegerwesen, wenn sie die Anforderungen nach § 2 Abs. 4 entsprechend auf dem Fachgebiet des Wärmeschutzes erfüllen.

(8) [1] Bedienstete einer öffentlichen Verwaltung mit der für die Ausübung der Tätigkeit als Nachweisberechtigte für den Wärmeschutz erforderlichen Ausbildung, Kenntnis und Erfahrung entsprechend Abs. 4 Nr. 1 und 2 gelten bei Bauvorhaben in öffentlicher Trägerschaft dieser Verwaltung als Nachweisberechtigte für Wärmeschutz. [2] Sie dürfen für die Erstellung der Wärmeschutznachweise keiner fachlichen Weisung unterliegen. [3] Abs. 4 Nr. 3, § 6 Abs. 1 Satz 2 und 3 und Abs. 3 finden keine Anwendung.

§ 5[1)] Gleichwertigkeit. (1) [1] Nachweisberechtigte anderer Länder gelten auch in Hessen als nachweisberechtigt, wenn die Gleichwertigkeit der Befähigung und Berufserfahrung für den jeweiligen Fachbereich durch eine der in § 9 Abs. 1 Satz 1 genannten Kammern auf ihren Antrag festgestellt ist. [2] Soweit die Nachweisberechtigten nach Satz 1 nicht in die jeweilige Liste der Architekten- und Stadtplanerkammer Hessen oder der Ingenieurkammer Hessen nach § 9 Abs. 1 Satz 1 eingetragen sind, stellt eine der in § 9 Abs. 1 Satz 1 genannten Kammern auf Antrag eine Bescheinigung über die Nachweisberechtigung für ein bestimmtes Bauvorhaben aus.

(2) [1] Personen, die in einem anderen Mitgliedstaat der Europäischen Union oder in einem nach dem Recht der Europäischen Gemeinschaften gleichgestellten Staat zur Wahrnehmung von Aufgaben im Sinne dieser Verordnung niedergelassen sind, sind berechtigt, als Nachweisberechtigte Aufgaben nach dieser Verordnung auszuführen, wenn sie

1. hinsichtlich des Tätigkeitsbereiches eine vergleichbare Berechtigung besitzen,
2. hinsichtlich der Anerkennungsvoraussetzungen und des Nachweises von Kenntnissen vergleichbare Anforderungen erfüllen mussten,
3. die deutsche Sprache in Wort und Schrift beherrschen und
4. nach § 6 Abs. 3 versichert sind.

---

1) § 5 neu gef. mWv 11.12.2010 durch VO v. 24.11.2010 (GVBl. I S. 484).

[2] Die Personen nach Satz 1 haben das erstmalige Tätigwerden vorher der Architekten- und Stadtplanerkammer Hessen oder der Ingenieurkammer Hessen anzuzeigen und dabei

1. eine Bescheinigung darüber, dass sie in einem Mitgliedstaat der Europäischen Union oder einem nach dem Recht der Europäischen Gemeinschaften gleichgestellten Staat rechtmäßig zur Wahrnehmung von Aufgaben im Sinne dieser Verordnung niedergelassen sind und ihnen die Ausübung dieser Tätigkeiten nicht untersagt ist,
2. einen Nachweis, dass sie im Staat ihrer Niederlassung die Voraussetzungen des Satzes 1 Nr. 2 erfüllen mussten und
3. einen Nachweis über die Haftpflichtversicherung nach § 6 Abs. 3

vorzulegen. [3] Als Bescheinigung werden Dokumente eines anderen Mitgliedstaates der Europäischen Union oder eines nach dem Recht der Europäischen Gemeinschaften gleichgestellten Staates, die eine gleichwertige Funktion haben oder aus denen hervorgeht, dass die Anforderung erfüllt ist, anerkannt. [4] Die mit der Anzeige befasste Kammer untersagt das Ausführen von Aufgaben nach dieser Verordnung, wenn die Voraussetzungen nach Satz 1 nicht erfüllt sind. [5] Sie hat auf Antrag zu bestätigen, dass die Anzeige nach Satz 2 erfolgt ist.

(3) [1] Personen, die in einem anderen Mitgliedstaat der Europäischen Union oder einem nach dem Recht der Europäischen Gemeinschaften gleichgestellten Staat zur Wahrnehmung von Aufgaben im Sinne dieser Verordnung niedergelassen sind, ohne im Sinne des Abs. 2 Satz 1 Nr. 2 vergleichbare Anforderungen nachgewiesen zu haben, sind berechtigt, als Nachweisberechtigte Aufgaben nach dieser Verordnung auszuführen, wenn ihnen die Architekten- und Stadtplanerkammer Hessen oder die Ingenieurkammer Hessen eine Bescheinigung erteilt hat. [2] Aus der Bescheinigung muss hervorgehen, dass die niedergelassene Person nach Satz 1 die Anforderungen hinsichtlich der Anerkennungsvoraussetzungen, des Nachweises von Kenntnissen und des Tätigkeitsbereiches nach dieser Verordnung erfüllt. [3] Die Bescheinigung wird auf Antrag erteilt, dem die erforderlichen Unterlagen beizufügen sind. [4] § 8 Abs. 3 gilt entsprechend.

(4) Eine Anzeige nach Abs. 2 und eine Bescheinigung nach Abs. 3 sind nicht erforderlich, wenn bereits in einem anderen Land eine Anzeige erfolgt ist oder eine Bescheinigung erteilt wurde.

§ 6[1)] Allgemeine Pflichten. (1) [1] Die Nachweisberechtigten haben ihre Tätigkeit gewissenhaft, eigenverantwortlich, unabhängig und gemäß den bauordnungsrechtlichen Vorschriften zu erfüllen. [2] Sie dürfen sich bei ihrer Tätigkeit der Mithilfe befähigter und zuverlässiger Mitarbeiterinnen und Mitarbeiter nur in einem solchen Umfang bedienen, dass sie deren Tätigkeit vollständig überwachen können. [3] Unabhängig tätig im Sinne von Satz 1 ist, wer bei Ausübung seiner Berufstätigkeit weder eigene Produktions-, Handels- oder Lieferinteres-

---

[1)] § 6 Abs. 3 Satz 3 angef. mWv 12.12.2003 durch VO v. 24.11.2003 (GVBl. I S. 318); Abs. 3 Sätze 2 und 3 neu gef., Satz 4 sowie Abs. 4 angef. mWv 11.12.2010 durch VO v. 24.11.2010 (GVBl. I S. 484); Abs. 3 Satz 2 neu gef., Sätze 3 und 4 eingef., bish. Sätze 3 und 4 werden Sätze 5 und 6 mWv 11.12.2010 durch VO v. 24.2.2011 (GVBl. I S. 174); Abs. 3 Satz 4 geänd. mWv 28.11.2012 durch VO v. 13.11.2012 (GVBl. S. 423); Abs. 3 Satz 4 geänd. mWv 7.12.2013 durch VO v. 20.11.2013 (GVBl. S. 654); Abs. 1 Satz 3, Abs. 3 Satz 2 geänd., Satz 3 aufgeh., bish. Sätze 4–6 werden Sätze 3–5 und neue Sätze 3 und 5 geänd., Abs. 4 eingef., bish. Abs. 4 wird Abs. 5, Abs. 6 angef. mWv 15.12. 2015 durch VO v. 24.11.2015 (GVBl. S. 546); Abs. 3 Sätze 1 und 3 und Abs. 5 geänd. mWv 10.12. 2020 durch VO v. 2.12.2020 (GVBl. S. 854).

sen hat, noch fremde Interessen dieser Art vertritt, die unmittelbar oder mittelbar im Zusammenhang mit der beruflichen Tätigkeit stehen; die Unabhängigkeit ist insbesondere dann nicht gegeben, wenn Nachweisberechtigte bei einem an diesem Bauprojekt beteiligten Unternehmen beschäftigt sind.

(2) Die Nachweisberechtigten haben sich hinsichtlich neuer Entwicklungen in ihrem Fachbereich, insbesondere in den für diesen maßgeblichen bauordnungsrechtlichen Vorschriften und anerkannten Regeln der Technik, fortzubilden.

(3) [1] Die Nachweisberechtigten sind verpflichtet, zur Deckung der sich infolge fehlerhafter Berufsausübung ergebenden Schäden eine Haftpflichtversicherung entsprechend § 15 Abs. 1 des Hessischen Ingenieurgesetzes[1)] oder § 17 Abs. 1 Satz 2 Nr. 8 des Hessischen Architekten- und Stadtplanergesetzes oder eine gleichwertige Versicherung abzuschließen. [2] Die Haftungssumme, die mindestens zweimal im Versicherungsjahr zur Verfügung stehen muss, muss je Schadensfall mindestens 500 000 Euro für Personschäden sowie für Sach- und Vermögensschäden betragen. [3] Die Kammer, die den Listeneintrag nach § 9 Abs. 1 Satz 1 vorgenommen hat, ist zuständige Stelle im Sinne des § 117 Abs. 2 Satz 1 und 4 des Versicherungsvertragsgesetzes vom 23. November 2007 (BGBl. I S. 2631), zuletzt geändert durch Gesetz vom 10. Juli 2020 (BGBl. I S. 1653). [4] Besteht in einem anderen Mitgliedstaat der Europäischen Union oder in einem nach dem Recht der Europäischen Gemeinschaften gleichgestellten Staat, in dem eine nachweisberechtigte Person bereits niedergelassen ist, eine gleichwertige Haftpflichtversicherung oder gleichwertige Sicherheit, gilt diese als Haftpflichtversicherung im Sinne des Satz 1. [5] Als Nachweis, dass ein Versicherungsschutz nach Satz 4 besteht, dienen die von den jeweiligen Versicherern oder Kreditinstituten ausgestellten Bescheinigungen.

(4) [1] Nachweisberechtigte überwachen die ordnungsgemäße Bauausführung hinsichtlich der von ihnen erstellten bautechnischen Nachweise. [2] Für die Bescheinigung der ordnungsgemäßen Bauausführung darf sich die Bauherrschaft nur aus wichtigem Grund einer anderen nachweisberechtigten Person als derjenigen bedienen, die den Nachweis erstellt hat. [3] Ein wichtiger Grund liegt insbesondere vor, wenn die nachweisberechtigte Person verstorben oder längere Zeit erkrankt ist. [4] Die Überwachung der ordnungsgemäßen Bauausführung soll sich auf Stichproben der Ausführung der jeweils wesentlichen Bauteile beschränken.

(5) Steht fest, dass die Bescheinigungen nach § 83 Abs. 2 Satz 2 der Hessischen Bauordnung[2)] nicht erteilt werden können, unterrichten die Nachweisberechtigten die untere Bauaufsichtsbehörde.

(6) Sieht die oder der Nachweisberechtigte für vorbeugenden Brandschutz den Einsatz von Hubrettungsfahrzeugen vor, soll sie oder er die zuständige Brandschutzdienststelle zu den Einsatzmöglichkeiten hören und deren Anforderungen im Nachweis des vorbeugenden Brandschutzes würdigen.

§ 7 Vergütung. [1] Die Vergütung der Nachweisberechtigten richtet sich auf der Basis der anrechenbaren Kosten nach der Honorarordnung für Architekten und Ingenieure in der jeweils geltenden Fassung. [2] Für Leistungen, für die die

---

[1)] Nr. **11**.
[2)] Nr. **1**.

Honorarordnung für Architekten und Ingenieure[1] nicht gilt, kann ein Honorar frei vereinbart werden.

§ 8[2] Eintragung, Erlöschen, Widerruf. (1) [1] Die Eintragung in die jeweilige Liste der Nachweisberechtigten erfolgt auf Antrag. [2] Dem Antrag sind die erforderlichen Unterlagen und Nachweise beizufügen, insbesondere

1. der Nachweis über den geforderten Berufsabschluss,
2. der Nachweis über die fachliche Eignung sowie die geforderte Berufserfahrung nach § 9 Abs. 3,
3. der Nachweis über das Bestehen der erforderlichen Haftpflichtversicherung,
4. eine Erklärung, dass keine Versagungsgründe nach Abs. 4 vorliegen.

(2) In dem Antrag ist ferner anzugeben, für welche Fachrichtung oder Fachrichtungen die Eintragung beantragt wird.

(3) [1] Wird über den Antrag nach Abs. 1 Satz 1 nicht innerhalb einer Frist von sechs Monaten entschieden, gilt er als erteilt. [2] Im Übrigen gilt § 42a des Hessischen Verwaltungsverfahrensgesetzes.

(4) Die Eintragung ist zu versagen, wenn die antragstellende Person

1. infolge Richterspruchs die Fähigkeit, öffentliche Ämter zu bekleiden, nicht besitzt,
2. wegen einer vorsätzlichen Tat rechtskräftig zu einer Freiheitsstrafe von mehr als sechs Monaten verurteilt worden ist und sich aus dem der Verurteilung zu Grunde liegenden Sachverhalt ergibt, dass sie zur Erfüllung der Aufgaben einer nachweisberechtigten Person nicht geeignet ist.

(5) Die Nachweisberechtigung erlischt

1. durch schriftlichen Verzicht gegenüber der listenführenden Kammer,
2. mit dem Verlust der Fähigkeit, öffentliche Ämter zu bekleiden, infolge Richterspruchs,
3. mit Vollendung des 70. Lebensjahres und
4. wenn der erforderliche Versicherungsschutz nach § 6 Abs. 3 nicht besteht.

(6) [1] Die Nachweisberechtigung ist zu widerrufen, wenn die nachweisberechtigte Person

1. nicht die für die Ausübung der Berechtigung erforderliche Zuverlässigkeit besitzt,
2. aus gesundheitlichen Gründen nicht mehr in der Lage ist, ihre Tätigkeit ordnungsgemäß auszuüben,
3. mindestens grob fahrlässig gegen die ihr obliegenden Pflichten wiederholt oder schwerwiegend verstoßen hat oder
4. die Nachweisberechtigung aufgrund von Angaben erlangt hat, die in wesentlichen Teilen unrichtig oder unvollständig waren.

---

[1] Nr. **4**.

[2] § 8 Abs. 1 Satz 2 Nr. 4 neu gef., Abs. 4 Nr. 3 geänd., Nr. 4 angef. mWv 12.12.2003 durch VO v. 24.11.2003 (GVBl. I S. 318); Abs. 1 Satz 2 Nr. 4 aufgeh., bish. Nr. 5 wird Nr. 4 mWv 18.10.2007 durch VO v. 27.9.2007 (GVBl. I S. 687); Abs. 1 Satz 2 Nr. 4 geänd., Satz 3 angef., Abs. 3 eingef., bish. Abs. 3 wird Abs. 4, bish. Abs. 4 wird Abs. 5 und Nr. 3 geänd., bish. Abs. 5 wird Abs. 6 und Nr. 3 neu gef. sowie Satz 2 angef., bish. Abs. 6 wird Abs. 7 mWv 11.12.2010 durch VO v. 24.11.2010 (GVBl. I S. 484); Abs. 5 Satz 2 angef. mWv 11.12.2010 durch VO v. 24.2.2011 (GVBl. I S. 174); Abs. 1 Satz 3 aufgeh., Abs. 5 Satz 2 aufgeh. mWv 15.12.2015 durch VO v. 24.11.2015 (GVBl. S. 546).

[2]Die Bauaufsichtsbehörden haben bekannt gewordene Verstöße bei der Aufgabenwahrnehmung der Nachweisberechtigten der Kammer, die den Listeneintrag nach § 9 Abs. 1 Satz 1 vorgenommen hat, mitzuteilen.

(7) Die Nachweisberechtigung kann widerrufen werden, wenn die nachweisberechtigte Person

1. von der Kammer verlangte Nachweise über ihre Fortbildung in den letzten fünf Jahren oder über das Fortbestehen einer ausreichenden Haftpflichtversicherung nicht vorlegt oder
2. ihre Tätigkeit mehr als fünf Jahre nicht ausgeübt hat.

§ 9[1)] Zuständigkeiten, Verfahren. (1) [1]Die Ingenieurkammer Hessen und die Architekten- und Stadtplanerkammer Hessen tragen die nachweisberechtigten Personen nach Prüfung der Voraussetzungen in ihre nach Fachbereichen geführten Listen ein. [2]Sie stellen die Gleichwertigkeit nach § 5 fest. [3]Die in den Listen nach den §§ 2 bis 4 eingetragenen Personen sind in die Liste der jeweils anderen Kammer nachrichtlich zu übernehmen.

(2) [1]Die Ingenieurkammer Hessen und die Architekten- und Stadtplanerkammer Hessen bilden für jede Fachrichtung gemeinsame Eintragungsausschüsse. [2]Jeder Eintragungsausschuss ist mit fünf sachverständigen Personen, die von den Kammern berufen werden, zu besetzen.

(3) [1]Der jeweilige Eintragungsausschuss prüft die fachliche Eignung und die Berufserfahrung anhand der für mindestens drei erfolgreich durchgeführte Objekte vorzulegenden Unterlagen. [2]Der Eintragungsausschuss kann zusätzlich oder als Ersatz der Unterlagen für ein Objekt persönliche Referenzen oder Nachweise über erfolgreich absolvierte Fortbildungen an Hochschulen oder maßgeblichen Institutionen verlangen. [3]Er kann auch ein Fachgespräch anordnen, insbesondere wenn unklar ist, ob die vorgelegten Unterlagen voll oder in wesentlichen Teilen vom Antragsteller aufgestellt wurden oder durch die Unterlagen die fachliche Eignung nicht eindeutig belegt wird. [4]Bei Antragstellern nach § 2 Abs. 3 und 4, § 3 Abs. 3 sowie § 4 Abs. 2, 3, 5 bis 7 ist immer ein Fachgespräch zu führen. [5]Der Eintragungsausschuss entscheidet über das Vorliegen der fachlichen Anerkennungsvoraussetzungen eines Antragstellers mit einfacher Mehrheit. [6]Die Prüfung der fachlichen Anerkennungsvoraussetzungen durch den Eintragungsausschuss und die Vorlage von Unterlagen nach Satz 1 entfällt für Personen nach § 2 Abs. 2, § 3 Abs. 2 und § 4 Abs. 8.

(4) Die Kammern treffen durch gleich lautende Richtlinien oder Satzungen nähere Verfahrensregelungen, insbesondere über die Vorlage von Unterlagen zur erforderlichen Berufserfahrung sowie von Nachweisen über die Teilnahme an Fortbildungsveranstaltungen oder das Fortbestehen einer ausreichenden Haftpflichtversicherung, über die Durchführung von Fachgesprächen sowie zu den Kosten nach Maßgabe der Kostenordnungen der Kammern als Satzung.

(5) [1]Nachweisberechtigte unterstehen der Aufsicht der Kammer, die den Listeneintrag nach Abs. 1 Satz 1 vorgenommen hat. [2]Sie kann in Einzelfällen verlangen, dass Nachweisberechtigte ein Verzeichnis der von ihnen erstellten Nachweise vorlegen. [3]Stellt die Kammer ordnungswidriges Handeln von

---

[1)] § 9 Abs. 3 Satz 4 neu gef., Satz 5 geänd., Satz 6 angef. mWv 12.12.2003 durch VO v. 24.11.2003 (GVBl. I S. 318); Abs. 1 Satz 1, Abs. 2 Satz 1, Abs. 3 Sätze 3, 4 und 6 geänd., Abs. 5 und 6 angef. mWv 11.12.2010 durch VO v. 24.11.2010 (GVBl. I S. 484).

Nachweisberechtigten nach § 10 fest, unterrichtet sie die untere Bauaufsichtsbehörde.

(6) Verfahren nach dieser Verordnung können über eine einheitliche Stelle nach Teil V Abschnitt la des Hessischen Verwaltungsverfahrensgesetzes abgewickelt werden.

§ 10[1] **Bußgeldvorschriften.** Ordnungswidrig im Sinne des § 86 Abs. 1 Nr. 21 der Hessischen Bauordnung[2] handelt, wer vorsätzlich oder fahrlässig

1. entgegen den §§ 2 bis 5 sich als nachweisberechtigte Person ausgibt,
2. entgegen § 6 oder aufgrund des § 9 Abs. 4 ergangener Bestimmungen gegen ihm obliegende Pflichten verstößt oder zur Erlangung der Nachweisberechtigung Angaben macht, die in wesentlichen Teilen unrichtig oder unvollständig sind, oder
3. in Nr. 4 der Anlage 2 falsche Angaben zur Erfüllung der Kriterien der Anlage 1 oder zur Beauftragung mit der Erstellung des Standsicherheitsnachweises macht.

§ 11[3] **In-Kraft-Treten, Außer-Kraft-Treten.** Diese Verordnung tritt am 1. Dezember 2002 in Kraft; sie tritt mit Ablauf des 31. Dezember 2027 außer Kraft.

Anlage 1[4] **zu § 2 Abs. 5:**

Kriterien für die baulichen Anlagen nach § 68 Abs. 3 Satz 1 Nr. 1 bis 4 der Hessischen Bauordnung[2]

Eine Pflicht zur Bescheinigung der Standsicherheit baulicher Anlagen durch Prüfsachverständige liegt vor, wenn eines der folgenden Kriterien zutrifft:

1. Die Baugrundverhältnisse sind nicht eindeutig und erlauben keine übliche Flachgründung entsprechend DIN EN 1997-1 oder
die Gründung erfolgt auf setzungsempfindlichem Baugrund (i.d.R. stark bindige Böden).
2. Bei erddruckbelasteten Bauwerken beträgt die Höhendifferenz zwischen Gründungssohle und Erdoberfläche über 4 m oder Wasserdruck muss rechnerisch berücksichtigt werden.
3. Angrenzende bauliche Anlagen oder öffentliche Verkehrsflächen werden beeinträchtigt. Nachzuweisende Unterfangungen oder Baugrubensicherungen sind erforderlich.
4. Tragende und aussteifende Bauteile gehen nicht bis zu den Fundamenten unversetzt durch. Ein rechnerischer Nachweis der Gebäudeaussteifung, auch für Teilbereiche, ist erforderlich.
5. Die Geschossdecken sind nicht linienförmig gelagert oder dürfen nicht nur für gleichmäßig verteilte Lasten (kN/m^2) und Linienlasten aus nichttragenden Wänden (kN/m) bemessen werden. Geschossdecken ohne ausreichende Querverteilung erhalten planmäßig Einzellasten.
6. Die Bauteile der baulichen Anlage oder die bauliche Anlage selbst können nicht mit einfachen Verfahren der Baustatik berechnet oder konstruktiv festgelegt werden oder es müssen räumliche Tragstrukturen rechnerisch nachgewiesen werden. Besondere Stabilitäts-, Verformungs- und Schwingungsuntersuchungen sind erforderlich.

---

[1] § 10 geänd. mWv 10.12.2020 durch VO v. 2.12.2020 (GVBl. S. 854).

[2] Nr. **1**.

[3] § 11 geänd. mWv 18.10.2007 durch VO v. 27.9.2007 (GVBl. I S. 687); geänd. mWv 28.11.2012 durch VO v. 13.11.2012 (GVBl. S. 423); geänd. mWv 7.12.2013 durch VO v. 20.11.2013 (GVBl. S. 654); geänd. mWv 15.12.2015 durch VO v. 24.11.2015 (GVBl. S. 546); geänd. mWv 10.12.2020 durch VO v. 2.12.2020 (GVBl. S. 854).

[4] Anl. 1 geänd. mWv 12.12.2003 durch VO v. 24.11.2003 (GVBl. I S. 318); geänd. mWv 11.12. 2010 durch VO v. 24.11.2010 (GVBl. I S. 484); geänd. mWv 15.12.2015 durch VO v. 24.11.2015 (GVBl. S. 546); geänd. mWv 10.12.2020 durch VO v. 2.12.2020 (GVBl. S. 854).

7. Es sind außergewöhnliche Beanspruchungen, wie dynamische Einwirkungen vorhanden. Beanspruchungen aus Erdbeben müssen rechnerisch verfolgt werden.
8. Es werden besondere Bauarten, wie Spannbetonbau, Verbundbau, Leimholzbau oder geschweißte Aluminiumkonstruktionen, angewendet.
9. Es handelt sich um eine sonstige bauliche Anlage mit einer Höhe von mehr als 10 m.
10. Es handelt sich um ein Gebäude der Gebäudeklasse 4 oder 5.
11. Es werden allgemeine Rechenverfahren zur Bemessung von Bauteilen und Tragwerken unter Brandeinwirkung angewendet.

Anlage 2[1] zu § 2 Abs. 5:

1	Absenderin / Absender		☐ Für die Akten der Bauherrschaft ☐ Für die Akten der Bauaufsicht
	Bauherrschaft		**BESTÄTIGUNG der nachweisberechtigten Person für Standsicherheit (§ 2 Abs. 5 Satz 1 NBVO [1])**
2	**Bau-grundstück**	Gemeinde, Ortsteil	
		Straße, Hausnummer	
		Eigentümer/in (Name und Anschrift)	
		Gemarkung, Flur, Flurstücke	
		Aktenzeichen der Bauaufsicht / der Baugenehmigung / der Mitteilung der Gemeinde nach § 64 Abs. 3 Satz 4 der Hessischen Bauordnung	
3	**Bau-vorhaben**		
	Bau-beschreibung		
	Gebäude-klasse		
4	**Nachweis-berechtigte Person**	Name, Vorname	Telefon
		Straße, Hausnummer	Fax
		Postleitzahl, Ort	E-Mail
		Eintragungsnummer bei der Architekten- und Stadtplanerkammer oder bei der Ingenieurkammer: Nachweisberechtigung nach § 2 Abs. 4 NBVO:	Nummer ja/nein
		Als in der Liste der Architekten- und Stadtplanerkammer oder der Ingenieurkammer Hessen eingetragene nachweisberechtigte Person für Standsicherheit bestätige ich, dass für das Vorhaben keines der in Anlage 1 der NBVO genannten Kriterien für die Pflicht zur Bescheinigung der Standsicherheit durch eine sachverständige Person nach § 68 Abs. 3 Satz 1 der Hessischen Bauordnung zutrifft. Ich bestätige, dass ich mit der Erstellung der Standsicherheitsnachweise für den gesamten Rohbau und der Überwachung der Bauausführung hinsichtlich Standsicherheit und Feuerwiderstandsfähigkeit der tragenden Bauteile beauftragt bin.	Unterschrift Datum
5	**Hinweis**	Diese Bestätigung ersetzt nicht die Bescheinigung zur Überwachung der Bauausführung nach § 83 Abs. 2 Satz 2 der Hessischen Bauordnung. Diese Bestätigung ist nicht erforderlich im Zusammenhang mit der Bescheinigung der statisch-konstruktiven Unbedenklichkeit nach Abschnitt V Nr. 3 der Anlage der Hessischen Bauordnung.	

[1] Nachweisberechtigten-Verordnung nach Hessischer Bauordnung

[1] Anl. 2 neu gef. mWv 10.12.2020 durch VO v. 2.12.2020 (GVBl. S. 854).

10. Hessisches Nachbarrechtsgesetz[1)]

Vom 24. September 1962
(GVBl. I S. 417)

FFN 231-36

geänd. durch Art. 3 Zweites G zur Änd. des ForstG v. 16.3.1970 (GVBl. I S. 234), Art. 7 Abs. 1 G zur Ergänzung von Vorschr. über die Gerichtsorganisation v. 25.9.1990 (GVBl. I S. 563), Art. 1 G zur Änd. des Hessischen NachbarrechtsG und der Hessischen BauO v. 10.12.2009 (GVBl. I S. 631), Art. 3 Achtes G zur Verlängerung der Geltungsdauer und Änd. befristeter Vorschriften v. 28.9.2014 (GVBl. S. 218) und Art. 2 16. G zur Verlängerung der Geltungsdauer und Änderung befristeter Rechtsvorschriften v. 22.9.2022 (GVBl. S. 460)

Erster Abschnitt. Nachbarwand

§ 1 Errichten einer Nachbarwand. (1) Nachbarwand ist die auf der Grenze zweier Grundstücke errichtete Wand, die den auf diesen Grundstücken errichteten oder zu errichtenden Bauwerken als Abschlußwand oder zur Unterstützung oder Aussteifung dient oder dienen soll.

(2) Der Eigentümer eines Grundstücks darf eine Nachbarwand errichten, wenn

1. die Bebauung seines und des benachbarten Grundstücks bis an die Grenze vorgeschrieben oder zugelassen ist und
2. der Eigentümer des benachbarten Grundstücks einwilligt.

§ 2 Beschaffenheit der Nachbarwand. [1]Die Nachbarwand ist in der Art und in der Dicke auszuführen, wie es notwendig ist, um den beabsichtigten Zweck zu erreichen. [2]Höchstens mit der Hälfte der hiernach gebotenen Dicke darf sie das angrenzende Grundstück in Anspruch nehmen.

§ 3 Anbau an die Nachbarwand. (1) [1]Der Eigentümer des Nachbargrundstücks ist berechtigt, an die Nachbarwand anzubauen. [2]Anbau ist die Mitbenutzung der Nachbarwand als Abschlußwand oder zur Unterstützung oder Aussteifung des neuen Bauwerks.

(2) [1]Der anbauende Eigentümer des Nachbargrundstücks ist zur Zahlung einer Vergütung in Höhe des halben Wertes der Nachbarwand, höchstens des halben Wertes einer Nachbarwand im Sinne des § 2 Satz 1 verpflichtet, soweit die Nachbarwand durch den Anbau genutzt ist. [2]Nimmt die Nachbarwand von dem angrenzenden Grundstück eine größere Bodenfläche in Anspruch, als § 2 Satz 2 vorsieht, so ist dies bei der Festsetzung der Vergütung angemessen zu berücksichtigen. [3]Für die Berechnung des Wertes der Nachbarwand und für die Fälligkeit der Vergütung ist der Zeitpunkt der Rohbauabnahme des Anbaus maßgebend. [4]Auf Verlangen ist Sicherheit in Höhe der voraussichtlich zu gewährenden Vergütung zu leisten; in solchem Falle darf der Anbau erst nach Leistung der Sicherheit begonnen oder fortgesetzt werden.

(3) [1]Bis zum Anbau an die Nachbarwand fallen die Unterhaltungskosten dem Eigentümer allein zur Last. [2]Nach dem Anbau sind die Unterhaltungskosten für den gemeinsam genutzten Teil der Nachbarwand von beiden Grund-

[1)] **Das Gesetz tritt mit Ablauf des 31.12.2032 außer Kraft**, vgl. § 49 Satz 2.

stückseigentümern entsprechend dem Verhältnis ihrer Beteiligung gemäß Abs. 2 Satz 1 und 2 zu tragen.

§ 4 Nichtbenutzen der Nachbarwand. (1) [1] Wird das spätere Bauwerk nicht an die Nachbarwand angebaut, so hat der anbauberechtigte Eigentümer des Nachbargrundstücks für die durch die Errichtung der Nachbarwand entstandenen Mehraufwendungen gegenüber den Kosten der Herstellung einer Grenzwand (§ 8 Abs. 1) Ersatz zu leisten; dabei ist in angemessener Weise zu berücksichtigen, daß das Nachbargrundstück durch die Nachbarwand teilweise weiter genutzt wird. [2] Der zu erstattende Betrag darf jedoch nicht höher sein als der, den der Eigentümer des Nachbargrundstücks im Falle des Anbaus nach § 3 Abs. 2 Satz 1 bis 3 zu zahlen hätte. [3] Der Anspruch wird mit der Rohbauabnahme des späteren Bauwerks fällig.

(2) Der anbauberechtigte Eigentümer des Nachbargrundstücks ist ferner verpflichtet, die Fuge zwischen der Nachbarwand und seinem an die Nachbarwand herangebauten Bauwerk auf seine Kosten bündig mit der Außenfläche seines Bauwerks zu verdecken.

§ 5 Beseitigen der Nachbarwand. (1) Der Eigentümer der Nachbarwand ist berechtigt, die Nachbarwand ganz oder teilweise zu beseitigen, solange und soweit noch nicht angebaut ist.

(2) Das Recht nach Abs. 1 besteht nicht, wenn der anbauberechtigte Eigentümer des Nachbargrundstücks die Absicht, die Nachbarwand ganz oder teilweise durch Anbau zu nutzen, dem Eigentümer der Nachbarwand anzeigt und spätestens binnen 6 Monaten den erforderlichen Bauantrag bei der Bauaufsichtsbehörde einreicht.

(3) Abs. 2 ist nicht anwendbar, wenn der Eigentümer der Nachbarwand, bevor er eine Anzeige nach Abs. 2 erhalten hat, die Absicht, die Nachbarwand ganz oder teilweise zu beseitigen, dem Eigentümer des Nachbargrundstücks anzeigt und spätestens binnen 6 Monaten den erforderlichen Bauantrag bei der Bauaufsichtsbehörde einreicht.

(4) Gehen die Anzeigen nach Abs. 2 und 3 ihren Empfängern gleichzeitig zu, so hat die Anzeige nach Abs. 3 keine Rechtswirkung.

(5) [1] Macht der Eigentümer der Nachbarwand von seinem Beseitigungsrecht zulässigen Gebrauch, so hat er dem Eigentümer des Nachbargrundstücks für die Dauer der Nutzung des Nachbargrundstücks durch den hinübergebauten Teil der Nachbarwand eine angemessene Vergütung zu leisten. [2] Beseitigt der Eigentümer der Nachbarwand diese ganz oder teilweise, obwohl gemäß Abs. 2 ein Recht hierzu nicht besteht, so hat er dem anbauberechtigten Eigentümer des Nachbargrundstücks Ersatz für den durch die völlige oder teilweise Beseitigung der Anbaumöglichkeit zugefügten Schaden zu leisten; der Anspruch wird mit der Rohbauabnahme des späteren Bauwerks fällig.

§ 6 Erhöhen der Nachbarwand. [1] Jeder Grundstückseigentümer ist berechtigt, die Nachbarwand in voller Dicke auf seine Kosten zu erhöhen. [2] Für den erhöhten Teil der Nachbarwand gelten die §§ 3, 4 Abs. 2, sowie § 5 Abs. 1 bis 4 und Abs. 5 Satz 2 entsprechend.

§ 7 Verstärken der Nachbarwand. Jeder Grundstückseigentümer darf die Nachbarwand auf seinem Grundstück verstärken.

Zweiter Abschnitt. Grenzwand

§ 8 Anbau an eine Grenzwand. (1) Grenzwand ist die an der Grenze zum Nachbargrundstück auf dem Grundstück des Erbauers errichtete Wand.

(2) [1]Der Eigentümer des Nachbargrundstücks darf eine Grenzwand durch Anbau nutzen, wenn der Eigentümer der Grenzwand einwilligt. [2]Anbau ist die Mitbenutzung der Grenzwand als Abschlußwand oder zur Unterstützung oder Aussteifung des neuen Bauwerks.

(3) [1]Der anbauende Eigentümer des Nachbargrundstücks hat eine Vergütung in Höhe des halben Wertes der Grenzwand, soweit sie durch den Anbau genutzt ist, zu zahlen und ferner eine angemessene Vergütung dafür zu leisten, daß er den für die Errichtung einer eigenen Abschlußwand erforderlichen Baugrund einspart. [2]Für die Berechnung des Wertes der Grenzwand und für die Fälligkeit der Vergütung ist der Zeitpunkt der Rohbauabnahme des Anbaus maßgebend. [3]Auf Verlangen ist Sicherheit in Höhe der voraussichtlich zu gewährenden Vergütung zu leisten; in solchem Falle darf der Anbau erst nach Leistung der Sicherheit begonnen oder fortgesetzt werden.

(4) Nach dem Anbau sind die Unterhaltungskosten für den gemeinsam genutzten Teil der Grenzwand von den beiden Grundstückseigentümern zu gleichen Teilen zu tragen.

§ 9 Errichten einer zweiten Grenzwand. Steht auf einem Grundstück ein Bauwerk an der Grenze und wird später auf dem Nachbargrundstück an dieser Grenze ein Bauwerk errichtet, aber nicht an die Grenzwand angebaut, so ist dessen Erbauer verpflichtet, die Fuge zwischen den Grenzwänden auf seine Kosten bündig mit der Außenfläche des Bauwerks zu verdecken.

§ 10 Besondere Gründung. (1) [1]Auf Verlangen des Eigentümers des Nachbargrundstücks ist der Erbauer eines an der gemeinsamen Grenze zu errichtenden Bauwerks verpflichtet, eine solche Gründung vorzunehmen, daß bei der späteren Durchführung des Bauvorhabens des Eigentümers des Nachbargrundstücks zusätzliche Baumaßnahmen vermieden werden. [2]Der Eigentümer des Nachbargrundstücks kann das Verlangen nur bis zum Eingang des Bauantrags bei der Bauaufsichtsbehörde dem Bauherrn gegenüber stellen.

(2) [1]Die durch das Verlangen nach Abs. 1 entstehenden Mehrkosten sind zu erstatten. [2]In Höhe der voraussichtlich erwachsenden Mehrkosten ist auf Verlangen des Bauherrn binnen zwei Wochen Vorschuß zu leisten. [3]Der Anspruch auf die besondere Gründung erlischt, wenn der Vorschuß nicht fristgerecht geleistet wird.

(3) [1]Soweit der Bauherr die besondere Gründung auch zum Vorteil seines Bauwerks ausnutzt, beschränkt sich die Erstattungspflicht des Eigentümers des Nachbargrundstücks auf den angemessenen Kostenanteil. [2]Bereits gezahlte Kosten können zurückgefordert werden.

§ 10a[1)] Wärmedämmung. (1) [1]Der Eigentümer und die Nutzungsberechtigten eines Grundstücks haben Bauteile, die auf ihr Grundstück übergreifen, zu dulden, wenn

---

[1)] §§ 10a und 10b eingef. mWv 23.12.2009 durch G v. 10.12.2009 (GVBl. I S. 631); Abs. 1 Satz 1 Nr. 1 geänd. mWv 6.10.2022 durch G v. 22.9.2022 (GVBl. S. 460).

1. es sich bei den übergreifenden Bauteilen um eine Wärmedämmung handelt, die über die Bauteilanforderungen des Gebäudeenergiegesetzes vom 8. August 2020 (BGBl. I. S. 1728) in der jeweils geltenden Fassung für bestehende Gebäude nicht hinausgeht,
2. eine vergleichbare Wärmedämmung auf andere Weise mit vertretbarem Aufwand nicht vorgenommen werden kann und
3. die übergreifenden Bauteile
   a) an einer vorhandenen einseitigen Grenzwand auf dem Nachbargrundstück angebracht werden,
   b) die Benutzung des betroffenen Grundstücks nicht oder nur geringfügig beeinträchtigen und
   c) öffentlich-rechtlichen Vorschriften nicht widersprechen.

[2] Die Duldungspflicht nach Satz 1 erstreckt sich auch auf die mit der Wärmedämmung zusammenhängenden notwendigen Änderungen von Bauteilen.

(2) Für die Verpflichtung zum Schadensersatz und zur Anzeige gelten die §§ 23 und 24 entsprechend mit der Maßgabe, dass die Frist zur Anzeige einen Monat beträgt und die Anzeige Art und Umfang der Baumaßnahme umfassen muss.

(3) [1] Dem Eigentümer des betroffenen Grundstücks ist ein angemessener Ausgleich in Geld zu leisten. [2] Sofern nichts anderes vereinbart wird, gelten § 912 Abs. 2 und die §§ 913 und 914 des Bürgerlichen Gesetzbuchs entsprechend.

§ 10b[1)] Über die Grenze gebaute Wand. Die Vorschriften für die Grenzwand gelten entsprechend für eine über die Grenze hinausreichende Wand, die keine Nachbarwand im Sinne von § 1 Abs. 1 ist und zu deren Duldung der Eigentümer und die Nutzungsberechtigten des Nachbargrundstücks verpflichtet sind.

Dritter Abschnitt. Fenster- und Lichtrecht

§ 11 Umfang und Inhalt. (1) In oder an der Außenwand eines Gebäudes, die parallel oder in einem Winkel bis zu 60° zur Grenze des Nachbargrundstücks verläuft, dürfen Fenster oder Türen oder zum Betreten bestimmte Bauteile nur mit der Einwilligung des Eigentümers des Nachbargrundstücks angebracht werden, wenn die Fenster, die Türen oder die Bauteile von der Grenze einen geringeren Abstand als 2,5 m einhalten sollen.

(2) Die Einwilligung muß erteilt werden, wenn keine oder nur geringfügige Beeinträchtigungen zu erwarten sind.

§ 12 Ausnahmen. § 11 Abs. 1 gilt nicht,
1. soweit nach öffentlich-rechtlichen Vorschriften Fenster, Türen oder zum Betreten bestimmte Bauteile anzubringen sind;
2. für lichtdurchlässige, jedoch undurchsichtige und gegen Feuereinwirkung widerstandsfähige Wandbauteile;
3. für Außenwände gegenüber Grenzen zu öffentlichen Straßen, zu öffentlichen Grünflächen und zu Gewässern.

[1)] §§ 10a und 10b eingef. mWv 23.12.2009 durch G v. 10.12.2009 (GVBl. I S. 631).

§ 13 Ausschluß des Beseitigungsanspruchs. Der Anspruch auf Beseitigung einer Einrichtung nach § 11 Abs. 1, die einen geringeren als den in § 11 Abs. 1 vorgeschriebenen Abstand einhält, ist ausgeschlossen,

1. wenn die Einrichtung bei Inkrafttreten dieses Gesetzes vorhanden ist und ihr Abstand dem bisherigen Recht entspricht oder
2. wenn der Nachbar nicht binnen einem Jahr nach dem Anbringen der Einrichtung Klage auf Beseitigung erhoben hat; diese Frist beginnt frühestens mit dem Inkrafttreten dieses Gesetzes.

Vierter Abschnitt. Einfriedung

§ 14 Einrichtung. (1) [1] Der Eigentümer eines bebauten oder gewerblich genutzen Grundstücks ist auf Verlangen des Eigentümers des Nachbargrundstücks verpflichtet, sein Grundstück einzufrieden, soweit die Grenze zum Nachbargrundstück nicht mit Gebäuden besetzt ist. [2] Sind beide Grundstücke bebaut oder gewerblich genutzt, so sind die Eigentümer der beiden Grundstücke gegenseitig verpflichtet, bei der Errichtung der Einfriedung mitzuwirken. [3] Stellt das Verlangen nach Satz 1 der Eigentümer eines Grundstücks, das weder bebaut noch gewerblich genutzt ist, aber innerhalb eines im Zusammenhang bebauten Ortsteils gelegen oder in einem Bebauungsplan als Bauland ausgewiesen ist, so ist er berechtigt, bei der Errichtung der Einfriedung mitzuwirken.

(2) Die Einfriedung ist im Falle des Abs. 1 Satz 1 – vorbehaltlich des § 16 Abs. 1 – entlang der Grenze, in den übrigen Fällen auf der Grenze zu errichten.

(3) Als gewerblich genutzt im Sinne des Abs. 1 Satz 1 gilt nicht ein Grundstück, das dem Erwerbsgartenbau dient.

§ 15 Beschaffenheit. [1] Die Einfriedung besteht aus einem ortsüblichen Zaun; läßt sich eine ortsübliche Einfriedung nicht feststellen, so besteht sie aus einem 1,2 m hohen Zaun aus verzinktem Maschendraht. [2] Schreiben öffentlich-rechtliche Vorschriften eine andere Art der Einfriedung vor, so tritt diese an die Stelle der in Satz 1 genannten Einfriedungsart.

§ 16 Abstand von der Grenze. (1) [1] Die Einfriedung muß von der Grenze eines Grundstücks, das außerhalb eines im Zusammenhang bebauten Ortsteils liegt und nicht in einem Bebauungsplan als Bauland ausgewiesen ist, 0,5 m zurückbleiben, auch wenn ein Verlangen nach § 14 Abs. 1 nicht gestellt worden ist. [2] Dies gilt nicht gegenüber Grundstücken, für die nach Lage, Beschaffenheit oder Größe eine Bearbeitung mit Gespann oder Schlepper nicht in Betracht kommt.

(2) Der Anspruch auf Beseitigung einer Einfriedung, die einen geringeren als den nach Abs. 1 vorgeschriebenen Abstand einhält, ist ausgeschlossen,

1. wenn die Einfriedung bei Inkrafttreten dieses Gesetzes vorhanden ist und ihr Abstand dem bisherigen Recht entspricht oder
2. wenn der Nachbar nicht binnen zwei Jahren nach der Errichtung Klage auf Beseitigung erhoben hat; diese Frist beginnt frühestens mit dem Inkrafttreten dieses Gesetzes.

(3) Wird eine Einfriedung, die einen geringeren als den nach Abs. 1 vorgeschriebenen Abstand einhält, durch eine andere ersetzt, so gilt Abs. 1.

§ 17 Kosten der Errichtung. (1) In den Fällen des § 14 Abs. 1 Satz 2 und 3 tragen die beteiligten Grundstückseigentümer die Kosten der Errichtung der Einfriedung zu gleichen Teilen.

(2) Wird das an ein eingefriedetes Grundstück angrenzende Grundstück bebaut oder gewerblich genutzt, so ist der Eigentümer des angrenzenden Grundstücks, sofern eine Verpflichtung zur Übernahme anteiliger Errichtungskosten für ihn noch nicht entstanden ist, zur Zahlung einer Vergütung in Höhe der Hälfte der Kosten der Errichtung der Einfriedung unter angemessener Berücksichtigung der bisherigen Abnutzung verpflichtet; das gleiche gilt, wenn das angrenzende Grundstück in den im Zusammenhang bebauten Ortsteil einbezogen oder in einem Bebauungsplan als Bauland ausgewiesen wird, sofern der Eigentümer dieses Grundstücks oder sein Rechtsvorgänger die Errichtung der Einfriedung verlangt hatte.

(3) [1] Der Berechnung sind die Errichtungskosten einer Einfriedung im Sinne des § 15, höchstens die tatsächlichen Aufwendungen, einschließlich der Eigenleistungen, zugrunde zu legen. [2] Ist nur für eines der beiden Grundstücke eine Einfriedungsart nach § 15 Satz 2 vorgeschrieben, so sind der Berechnung die Errichtungskosten einer Einfriedung nach § 15 Satz 1, höchstens die tatsächlichen Aufwendungen, einschließlich der Eigenleistungen, zugrunde zu legen.

§ 18 Kosten der Unterhaltung. (1) Die Kosten der Unterhaltung der Einfriedung tragen die beteiligten Grundstückseigentümer je zur Hälfte, wenn für sie oder ihre Rechtsvorgänger die Verpflichtung zur Tragung von Errichtungskosten begründet worden ist.

(2) § 17 Abs. 3 gilt entsprechend.

§ 19 Ausnahmen. Die §§ 14 bis 18 gelten nicht für Einfriedungen zwischen Grundstücken und den an sie angrenzenden öffentlichen Straßen, öffentlichen Grünflächen und Gewässern.

Fünfter Abschnitt. Veränderung des Grundwasserspiegels

§ 20 [Veränderung des Grundwasserspiegels] Der Eigentümer und die Nutzungsberechtigten eines Grundstücks dürfen auf dessen Untergrund mit physikalischen oder chemischen Mitteln nicht in einer Weise einwirken, daß der Grundwasserspiegel steigt oder sinkt und dadurch auf einem Nachbargrundstück erhebliche Beeinträchtigungen hervorgerufen werden.

Sechster Abschnitt. Wild abfließendes Wasser

§ 21 Abfluß und Zufluß. (1) Wild abfließendes Wasser ist oberirdisch außerhalb eines Bettes abfließendes Quell- oder Niederschlagswasser.

(2) Der Eigentümer und die Nutzungsberechtigten eines Grundstücks dürfen nicht

1. den Abfluß wild abfließenden Wassers auf Nachbargrundstücke verstärken,
2. den Zufluß wild abfließenden Wassers von Nachbargrundstücken auf ihr Grundstück hindern,

wenn dadurch die Nachbargrundstücke erheblich beeinträchtigt werden.

(3) Der Eigentümer und die Nutzungsberechtigten eines Grundstücks dürfen den Abfluß von Niederschlagswasser von ihrem Grundstück auf Nachbargrundstücke mindern oder unterbinden.

§ 22 Wiederherstellung des früheren Zustandes. (1) Haben Naturereignisse den Abfluß wild abfließenden Wassers von einem Grundstück auf ein Nachbargrundstück verstärkt oder den Zufluß wild abfließenden Wassers von einem Nachbargrundstück auf ein Grundstück gemindert oder unterbunden und wird dadurch das Nachbargrundstück erheblich beeinträchtigt, so müssen der Eigentümer und die Nutzungsberechtigten des Grundstücks die Wiederherstellung des früheren Zustandes durch den Eigentümer und die Nutzungsberechtigten des beeinträchtigten Nachbargrundstücks dulden.

(2) [1] Die Wiederherstellung muß binnen drei Jahren vom Ende des Jahres ab, in dem die Veränderung eingetreten ist, durchgeführt werden. [2] Während der Dauer eines Rechtsstreits über die Verpflichtung zur Duldung der Wiederherstellung ist der Lauf der Frist für die Prozeßbeteiligten gehemmt.

§ 23 Schadensersatz. [1] Schaden, der bei Ausübung des Rechts auf dem betroffenen Grundstück entsteht, ist zu ersetzen. [2] Auf Verlangen ist Sicherheit in Höhe des voraussichtlichen Schadensbetrags zu leisten; in solchem Falle darf das Recht erst nach Leistung der Sicherheit ausgeübt werden.

§ 24 Anzeigepflicht. (1) Die Absicht, das Recht nach § 22 Abs. 1 auszuüben, ist zwei Wochen vor Beginn der Bauarbeiten dem Eigentümer und, soweit deren Rechtsstellung oder Besitzstand davon berührt wird, auch den Nutzungsberechtigten des betroffenen Grundstücks anzuzeigen.

(2) Ist der Duldungspflichtige, der nicht unmittelbarer Besitzer ist, nicht bekannt oder infolge Aufenthalts im Ausland nicht alsbald erreichbar und hat er auch keinen Vertreter bestellt, so genügt insoweit die Anzeige an den unmittelbaren Besitzer.

§ 25 Wegfall der Verpflichtung zur Sicherheitsleistung und zur Anzeige. Ist die Ausübung des Rechts nach § 22 Abs. 1 zur Abwendung einer gegenwärtigen erheblichen Gefahr erforderlich, so entfällt die Verpflichtung zur Sicherheitsleistung und zur Anzeige.

Siebenter Abschnitt. Dachtraufe

§ 26 Niederschlagswasser. (1) Der Eigentümer und die Nutzungsberechtigten eines Grundstücks müssen ihre baulichen Anlagen so einrichten, daß

1. Niederschlagswasser nicht auf das Nachbargrundstück tropft oder nach diesem abgeleitet wird,
2. Niederschlagswasser, das auf das eigene Grundstück tropft oder abgeleitet ist, nicht auf das Nachbargrundstück übertritt.

(2) Abs. 1 findet keine Anwendung auf freistehende Mauern entlang öffentlicher Straßen und öffentlicher Grünflächen.

§ 27 Anbringen von Sammel- und Abflußeinrichtungen. (1) [1] Der Eigentümer und die Nutzungsberechtigten eines Grundstücks, die aus besonderem Rechtsgrund verpflichtet sind, das von den baulichen Anlagen eines Nachbargrundstücks tropfende oder abgeleitete oder von dem Nachbargrundstück übertretende Niederschlagswasser aufzunehmen, sind berechtigt, auf eigene Kosten besondere Sammel- und Abflußeinrichtungen an der baulichen Anlage des traufberechtigten Nachbarn anzubringen, wenn die damit verbundene Beeinträchtigung nicht erheblich ist. [2] Sie haben diese Einrichtungen zu unterhalten.

(2) Für die Verpflichtungen zum Schadensersatz und zur Anzeige gelten die §§ 23 und 24 entsprechend.

Achter Abschnitt. Hammerschlags- und Leiterrecht

§ 28 Inhalt und Umfang. (1) Der Eigentümer und die Nutzungsberechtigten eines Grundstücks müssen dulden, daß ihr Grundstück von dem Eigentümer und den Nutzungsberechtigten des Nachbargrundstücks zwecks Errichtung, Veränderung, Unterhaltung oder Beseitigung einer baulichen Anlage betreten wird und daß auf oder über ihm Gerüste aufgestellt sowie die zu den Bauarbeiten erforderlichen Gegenstände über das Grundstück gebracht oder dort niedergelegt werden, wenn und soweit

1. das Vorhaben anders nicht zweckmäßig oder nur mit unverhältnismäßig hohen Kosten durchgeführt werden kann,
2. die mit der Duldung verbundenen Nachteile oder Belästigungen nicht außer Verhältnis zu dem von dem Berechtigten erstrebten Vorteil stehen und
3. das Vorhaben den baurechtlichen Vorschriften entspricht.

(2) [1] Das Recht ist mit tunlichster Schonung auszuüben. [2] Wird das betroffene Grundstück landwirtschaftlich oder gewerbsmäßig gärtnerisch genutzt, so darf das Recht nicht zur Unzeit geltend gemacht werden, wenn sich die Arbeiten unschwer auf einen späteren Zeitpunkt verlegen lassen.

(3) Abs. 1 findet auf die Eigentümer öffentlicher Straßen keine Anwendung.

§ 29 Schadensersatz und Anzeigepflicht. Für die Verpflichtung zum Schadensersatz und zur Anzeige gelten die §§ 23 bis 25 entsprechend.

Neunter Abschnitt. Duldung von Leitungen

§ 30 Leitungen in Privatgrundstücken. (1) Der Eigentümer und die Nutzungsberechtigten eines Grundstücks müssen dulden, daß durch ihr Grundstück der Eigentümer und die Nutzungsberechtigten des Nachbargrundstücks auf ihre Kosten Versorgungs- und Abwasserleitungen hindurchführen, wenn

1. der Anschluß an das Versorgungs- und Entwässerungsnetz anders nicht zweckmäßig oder nur mit unverhältnismäßig hohen Kosten durchgeführt werden kann und
2. die damit verbundene Beeinträchtigung nicht erheblich ist.

(2) [1] Ist das betroffene Grundstück an das Versorgungs- und Entwässerungsnetz bereits angeschlossen und reichen die vorhandenen Leitungen aus, um die Versorgung oder Entwässerung der beiden Grundstücke durchzuführen, so beschränkt sich die Verpflichtung nach Abs. 1 auf das Dulden des Anschlusses. [2] Im Falle des Anschlusses ist zu den Herstellungskosten des Teils der Leitungen,

der nach dem Anschluß mitbenutzt werden soll, ein angemessener Beitrag und auf Verlangen Sicherheit in Höhe des voraussichtlichen Beitrags zu leisten. [3]In solchem Falle darf der Anschluß erst nach Leistung der Sicherheit vorgenommen werden.

(3) Bestehen mehrere Möglichkeiten der Durchführung, so ist die für das betroffene Grundstück schonendste zu wählen.

§ 31 Unterhaltung. (1) [1]Der Berechtigte hat die nach § 30 Abs. 1 verlegten Leitungen oder die nach § 30 Abs. 2 hergestellten Anschlußleitungen auf seine Kosten zu unterhalten. [2]Zu den Unterhaltungskosten der Teile der Leitungen, die von ihm mitbenutzt werden, hat er einen angemessenen Beitrag zu leisten.

(2) Zur Durchführung von Maßnahmen im Sinne des Abs. 1 Satz 1 darf der Berechtigte das betroffene Grundstück betreten.

§ 32 Schadensersatz und Anzeigepflicht. Für die Verpflichtungen zum Schadensersatz und zur Anzeige gelten die §§ 23 bis 25 entsprechend.

§ 33 Nachträgliche erhebliche Beeinträchtigung. (1) [1]Führen die nach § 30 Abs. 1 verlegten Leitungen oder die nach § 30 Abs. 2 hergestellten Anschlußleitungen nachträglich zu einer erheblichen Beeinträchtigung, so können der Eigentümer und die Nutzungsberechtigten des betroffenen Grundstücks von dem Berechtigten verlangen, daß er seine Leitungen beseitigt und die Beseitigung der Teile der Leitungen, die gemeinschaftlich benutzt werden, duldet. [2]Dieses Recht entfällt, wenn der Berechtigte die Beeinträchtigung so herabmindert, daß sie nicht mehr erheblich ist.

(2) Schaden, der durch die Maßnahmen nach Abs. 1 auf dem betroffenen Grundstück entsteht, ist zu ersetzen.

§ 34 Anschlußrecht des Duldungspflichtigen. (1) [1]Der Eigentümer und die Nutzungsberechtigten eines Grundstücks, das gemäß § 30 Abs. 1 in Anspruch genommen ist, sind berechtigt, ihrerseits an die verlegten Leitungen anzuschließen, wenn diese ausreichen, um die Versorgung oder Entwässerung der beiden Grundstücke durchzuführen. [2]§ 30 Abs. 2 Satz 2 und § 31 Abs. 1 gelten entsprechend.

(2) [1]Soll ein auf dem betroffenen Grundstück errichtetes oder noch zu erstellendes Gebäude an die Leitungen angeschlossen werden, die der Eigentümer oder die Nutzungsberechtigten des Nachbargrundstücks nach § 30 Abs. 1 durch das Grundstück hindurchführen wollen, so können der Eigentümer und die Nutzungsberechtigten des betroffenen Grundstücks verlangen, daß die Leitungen in einer ihrem Vorhaben Rechnung tragenden und technisch vertretbaren Weise verlegt werden. [2]Die durch dieses Verlangen entstehenden Mehrkosten sind zu erstatten. [3]In Höhe der voraussichtlich erwachsenden Mehrkosten ist auf Verlangen binnen zwei Wochen Vorschuß zu leisten; der Anspruch nach Satz 1 erlischt, wenn der Vorschuß nicht fristgerecht geleistet wird.

§ 35 Leitungen in öffentlichen Straßen. Die §§ 30 bis 34 gelten nicht für die Verlegung von Leitungen in öffentlichen Straßen und in öffentlichen Grünflächen.

Zehnter Abschnitt. Höherführen von Schornsteinen und Lüftungsschächten

§ 36 Inhalt und Umfang. (1) Der Eigentümer und die Nutzungsberechtigten eines Grundstücks müssen dulden, daß an ihrem Gebäude der Eigentümer und die Nutzungsberechtigten des angrenzenden niederen Gebäudes ihre Schornsteine und Lüftungsschächte befestigen, wenn

1. die Erhöhung der Schornsteine und Lüftungsschächte zur Erzielung der notwendigen Zug- und Saugwirkung erforderlich ist und
2. die Befestigung der höhergeführten Schornsteine und Lüftungsschächte anders nicht zweckmäßig oder nur mit unverhältnismäßig hohen Kosten durchgeführt werden kann.

(2) [1] Der Eigentümer und die Nutzungsberechtigten des betroffenen Grundstücks müssen ferner dulden, daß die höhergeführten Schornsteine und Lüftungsschächte des Nachbargebäudes von ihrem Grundstück aus unterhalten und gereinigt und die hierzu erforderlichen Einrichtungen angebracht werden, wenn diese Maßnahmen anders nicht zweckmäßig oder nur mit unverhältnismäßig hohen Kosten durchgeführt werden können. [2] Sie können aber den Berechtigten darauf verweisen, eine Steigleiter an ihrem Gebäude anzubringen und zu benutzen, wenn diese Lösung technisch zweckmäßig ist.

§ 37 Schadensersatz und Anzeigepflicht. [1] Für die Verpflichtungen zum Schadensersatz und zur Anzeige gelten die §§ 23 bis 25 entsprechend. [2] Die Anzeigepflicht entfällt auch, wenn die nach der Kehrordnung vorgeschriebene Reinigung durchgeführt werden soll.

Elfter Abschnitt. Grenzabstände für Pflanzen

§ 38[1)] Grenzabstände für Bäume, Sträucher und einzelne Rebstöcke.

(1) Der Eigentümer und die Nutzungsberechtigten eines Grundstücks haben bei dem Anpflanzen von Bäumen, Sträuchern und einzelnen Rebstöcken von den Nachbargrundstücken – vorbehaltlich des § 40 – folgende Abstände einzuhalten:

1. mit Allee- und Parkbäumen, und zwar
   a) sehr stark wachsenden Allee- und Parkbäumen, insbesondere dem Eschenahorn (Acer negundo), sämtlichen Lindenarten (Tilia), der Platane (Platanus acerifolia), der Roßkastanie (Aesculus hippocastanum), der Rotbuche (Fagus sylvatica), der Stieleiche (Quercus robur), ferner der Atlas- und Libanon-Zeder (Cedrus atlantica u. libani), der Douglasfichte (Pseudotsuga taxifolia), der Eibe (Taxus baccata), der österreichischen Schwarzkiefer (pinus nigra austriaca) .... 4 m,
   b) stark wachsenden Allee- und Parkbäumen, insbesondere der Mehlbeere (Sorbus intermedia), der Weißbirke (Betula 2 m,

[1)] § 38 Abs. 2 angef., bish. Wortlaut wird Abs. 1 mWv 23.12.2009 durch G v. 10.12.2009 (GVBl. I S. 631).

pendula), der Weißerle (Alnus incana), ferner der Fichte oder Rottanne (Picea abies), der gemeinen Kiefer oder Föhre (Pinus sylvestris), dem abendländischen Lebensbaum (Thuja occidentalis) ....

c) allen übrigen Allee- und Parkbäumen .... 1,5 m,

2. mit Obstbäumen, und zwar

a) Walnußsämlingsbäumen .... 4 m,

b) Kernobstbäumen, soweit sie auf stark wachsender Unterlage veredelt sind, sowie Süßkirschenbäumen und veredelten Walnußbäumen .... 2 m,

c) Kernobstbäumen, soweit sie auf schwach wachsender Unterlage veredelt sind, sowie Steinobstbäumen, ausgenommen die Süßkirschenbäume .... 1,5 m,

3. mit Ziersträuchern, und zwar

a) stark wachsenden Ziersträuchern, insbesondere der Alpenrose (Rhododendron-Hybriden), dem Feldahorn (Acer campestre), dem Feuerdorn (Pyracantha coccinea), dem Flieder (Syringa vulgaris), dem Goldglöckchen (Forsythia intermedia), der rotblättrigen Haselnuß (Corylus avellana v. fuscorubra), den stark wachsenden Pfeifensträuchern – falscher Jasmin – (Philadelphus coronarius, satsumanus, zeyheri u.a.), ferner dem Wacholder (Juniperus communis) 1 m,

b) allen übrigen Ziersträuchern .... 0,5 m,

4. mit Beerenobststräuchern, und zwar

a) Brombeersträuchern .... 1 m,

b) allen übrigen Beerenobststräuchern .... 0,5 m,

5. mit einzelnen Rebstöcken .... 0,5 m.

(2) Abs. 1 gilt auch für wild gewachsene Pflanzen.

§ 39 Grenzabstände für lebende Hecken. (1) Der Eigentümer und die Nutzungsberechtigten eines Grundstücks haben bei dem Anpflanzen lebender Hecken von den Nachbargrundstücken – vorbehaltlich des § 40 – folgende Abstände einzuhalten:

1.	mit Hecken über	2	m Höhe	0,75 m,
2.	mit Hecken bis zu	2	m Höhe	0,50 m,
3.	mit Hecken bis zu	1,2	m Höhe	0,25 m.

(2) Abs. 1 gilt nicht für Hecken, die das öffentliche Recht als Einfriedung vorschreibt.

§ 40[1] Ausnahmen. (1) Die doppelten Abstände nach den §§ 38 und 39 sind einzuhalten gegenüber Grundstücken, die

1. dem Weinbau dienen,

---

[1] § 40 Abs. 3 geänd. mWv 1.4.1970 durch G v. 16.3.1970 (GVBl. I S. 234); Abs. 1 Nr. 2 geänd., Abs. 3 neu gef. mWv 3.10.1990 durch G v. 25.9.1990 (GVBl. I S. 563); Abs. 3 neu gef. mWv 9.10. 2014 durch G v. 28.9.2014 (GVBl. S. 218); Abs. 1 Nr. 2 und Abs. 3 geänd. mWv 6.10.2022 durch G v. 22.9.2022 (GVBl. S. 460).

2. landwirtschaftlich nutzbar sind oder dem Erwerbsgartenbau oder dem Kleingartenbau dienen und im Außenbereich (§ 35 Baugesetzbuch) liegen oder
3. durch Bebauungsplan der landwirtschaftlichen, erwerbsgärtnerischen oder kleingärtnerischen Nutzung vorbehalten sind.

(2) Die §§ 38 und 39 gelten nicht für
1. Anpflanzungen, die hinter einer Wand oder Mauer vorgenommen werden und diese nicht überragen,
2. Anpflanzungen an den Grenzen zu öffentlichen Straßen, zu öffentlichen Grünflächen und Gewässern,
3. Anpflanzungen auf öffentlichen Straßen.

(3) § 9 Abs. 3 und 4 des Hessischen Waldgesetzes vom 27. Juni 2013 (GVBl. S. 458), zuletzt geändert durch Gesetz vom 22. Februar 2022 (GVBl. S. 126), bleibt unberührt.

§ 41 Berechnung des Abstandes. Der Abstand wird von der Mitte des Baumstammes, des Strauches oder des Rebstocks bis zur Grenzlinie gemessen, und zwar an der Stelle, an der der Baum, der Strauch oder der Rebstock aus dem Boden austritt.

§ 42 Grenzabstand im Weinbau. (1) Der Eigentümer und die Nutzungsberechtigten eines dem Weinbau dienenden Grundstücks haben bei dem Anpflanzen von Rebstöcken folgende Abstände einzuhalten:
1. gegenüber den parallel zu den Rebzeilen verlaufenden Grenzen die Hälfte des geringsten Zeilenabstandes, gemessen zwischen den Mittellinien der Rebzeilen, mindestens aber 0,75 m,
2. gegenüber den sonstigen Grenzen, gerechnet von dem äußersten Rebstock oder von der Verankerung, falls eine solche vorhanden ist, 0,5 m.

(2) Übersteigt die Gesamthöhe der Rebanlage 1,8 m (Rebschnittgärten, Weitraumanlage), so beträgt der Abstand nach Abs. 1 Nr. 1 mindestens 1,5 m.

§ 43[1) 2)] Beseitigungsanspruch, Anspruch auf Rückschnitt. (1) [1]Einzelne Bäume, Sträucher und Rebstöcke, die den Grenzabstand nach den §§ 38 und 40, und Hecken, die den Grenzabstand nach § 39 Abs. 1 Nr. 3 und § 40 nicht einhalten, sind auf Verlangen des Nachbarn zu beseitigen. [2]Der Anspruch ist ausgeschlossen, wenn der Nachbar nicht bis zum Ablauf des dritten auf das Anpflanzen oder die Errichtung folgenden Kalenderjahres Klage auf Beseitigung erhoben hat. [3]Bei Bäumen, Sträuchern und Rebstöcken, die zunächst als Heckenbestandteil gezogen wurden, beginnt die Frist zu dem Zeitpunkt, zu dem die Anpflanzung das Erscheinungsbild einer Hecke verliert. [4]Bei wild gewachsenen Pflanzen beginnt die Frist zu dem Zeitpunkt, zu dem das Vorhandensein der Pflanzen für den Nachbarn erkennbar wird.

(2) [1]Hecken, die den Grenzabstand nach § 39 Abs. 1 Nr. 1 und 2 und § 40 nicht einhalten, sind auf Verlangen des Nachbarn auf die zur Einhaltung des Grenzabstandes erforderliche Höhe zurückzuschneiden. [2]Die Verpflichtung

---

1) § 43 neu gef. mWv 23.12.2009 durch G v. 10.12.2009 (GVBl. I S. 631).

2) Gem. Art. 3 des G zur Änd. des Hess. NachbarrechtsG und der Hess. BauO v. 10.12.2009 (GVBl. I S. 631) gilt für Anpflanzungen, die bereits vor Inkrafttreten dieses G vorhanden waren, § 43 Abs. 1 Nr. 2 in der bis zu diesem Zeitpunkt geltenden Fassung.

zum Rückschnitt muss nur in der Zeit vom 1. Oktober bis zum 15. März erfüllt werden. [3] Für den Anspruch auf Rückschnitt gilt Abs. 1 Satz 2 entsprechend mit der Maßgabe, dass die Frist zu dem Zeitpunkt beginnt, zu dem die Hecke den erforderlichen Abstand unterschreitet.

(3) [1] Werden für die in Abs. 1 Satz 1 genannten Anpflanzungen Ersatzanpflanzungen vorgenommen, so gelten die §§ 38 bis 42. [2] Werden in geschlossenen Obstanlagen einzelne Obstbäume nachgepflanzt, so bleibt der Abstand der anderen Obstbäume maßgebend.

§ 44[1)] **Nachträgliche Grenzänderungen.** Die Rechtmäßigkeit des Abstandes einer Anpflanzung wird durch nachträgliche Grenzänderungen nicht berührt; jedoch gilt § 43 Abs. 3 entsprechend.

Zwölfter Abschnitt. Anwendungsbereich des Gesetzes

§ 45 [Anwendungsbereich des Gesetzes] Die §§ 1 bis 44 gelten nur, soweit öffentlich-rechtliche Vorschriften nicht entgegenstehen oder die Beteiligten nichts anderes vereinbaren.

Dreizehnter Abschnitt. Schlußbestimmungen

§ 46 Übergangsvorschriften. Der Umfang von Rechten, die bei Inkrafttreten dieses Gesetzes bestehen, richtet sich – unbeschadet des § 13, des § 16 Abs. 2 und des § 43 Abs. 1 – nach den Vorschriften dieses Gesetzes.

§ 47[2)] **Inkrafttreten, Außerkrafttreten.** [1] Dieses Gesetz tritt am 1. November 1962 in Kraft. [2] Es tritt mit Ablauf des 31. Dezember 2032 außer Kraft.

---

1) § 44 geänd. mWv 23.12.2009 durch G v. 10.12.2009 (GVBl. I S. 631).

2) Früherer § 49 Überschrift geänd., Satz 2 angef. mWv 23.12.2009 durch G v. 10.12.2009 (GVBl. I S. 631); Satz 2 geänd. mWv 9.10.2014 durch G v. 28.9.2014 (GVBl. S. 218); §§ 47 und 48 aufgeh., bish. § 49 wird § 47 und Satz 2 geänd. mWv 6.10.2022 durch G v. 22.9.2022 (GVBl. S. 460).

11. Hessisches Ingenieur- und Ingenieurkammergesetz (Hessisches Ingenieurgesetz – HIngG)[1) 2) 3)]

Vom 30. November 2015

(GVBl. S. 457)

FFN 50-51

geänd. durch Art. 10 G zur Anpassung des Datenschutzrechts an die VO (EU) Nr. 2016/679 und zur Umsetzung der RL (EU) Nr. 2016/680 und zur Informationsfreiheit v. 3.5.2018 (GVBl. S. 82), Art. 3 G zur NF der Hessischen BauO und zur Änd landesplanungs-, ingenieurberufs- und straßenrechtlicher Vorschriften v. 28.5.2018 (GVBl. S. 198), Art. 2 G zur Umsetzung der RL (EU) 2018/958 über eine Verhältnismäßigkeitsprüfung vor Erlass neuer Berufsreglementierungen durch öffentlich-rechtl. Körperschaften v. 11.12.2020 (GVBl. S. 931), Art. 1 Berufsständische Selbstverwaltungsorganisationen-Covid-19-AbmilderungsG v. 15.12.2020 (GVBl. S. 950, geänd. S. 992), Art. 3 G zur Neuregelung und Änderung hochschulrechtl. Vorschriften und zur Anpassung weiterer Rechtsvorschriften v. 14.12.2021 (GVBl. S. 931), Art. 3 17. G zur Verlängerung der Geltungsdauer und Änd. befristeter Rechtsvorschriften v. 28.6.2023 (GVBl. S. 477), Art. 3 Zweites UmsetzungsG zur RL (EU) 2018/958 v. 24.6.2024 (GVBl. Nr. 22) und Art. 2 G zur Umsetzung der RL 2005/36/EG in der Hessischen Bauordnung und im Hessischen IngenieurG sowie zur Regelung der Zuständigkeit für die Durchführung des WohngeldG v. 11.7.2024 (GVBl. Nr. 32)

Erster Teil. Berufsangehörige Personen und Berufsgesellschaften

Erster Abschnitt. Allgemeine Vorschriften

§ 1[4)] Führen der Berufsbezeichnung Ingenieurin und Ingenieur.

(1) [1] Die Berufsbezeichnung „Ingenieurin" ode§r „Ingenieur" allein oder in einer Wortverbindung oder in der Bezeichnung, Geschäftsbezeichnung oder Firma einer Berufsgesellschaft darf führen und führen lassen, wer

1. ein Studium in einer ingenieurwissenschaftlichen Fachrichtung an einer staatlichen oder staatlich anerkannten Hochschule oder einer staatlich anerkannten Berufsakademie, das zu einem ersten berufsqualifizierenden Abschluss führt, sofern dies mindestens sechs theoretische Studiensemester und mindestens 180 Leistungspunkte (Credit Points) nach dem European Credit Transfer and Accumulation System (ECTS) oder bei einer dualen Studienorganisation drei Studienjahre und 180 Leistungspunkte umfasst,
2. eine Ausbildung an einer öffentlichen oder staatlich anerkannten Ingenieurschule oder

---

1) **Amtl. Anm.:** Dieses Gesetz dient der Umsetzung der Richtlinie 2005/36/EG des Europäischen Parlaments und des Rates vom 7. September 2005 über die Anerkennung von Berufsqualifikationen (ABl. EU Nr. L 255 S. 22, Nr. L 271 S. 18, Nr. L 93 S. 28, Nr. L 33 S. 49), zuletzt geändert durch Richtlinie 2013/55/EU des Europäischen Parlaments und des Rates vom 20. November 2013 (ABl. EU Nr. L 354 S. 132), und der Richtlinie 2006/123/EG des Europäischen Parlaments und des Rates vom 12. Dezember 2006 über Dienstleistungen im Binnenmarkt (ABl. EU Nr. L 376 S. 36).

2) Verkündet als Art. 1 des G zur Neuregelung des Hessischen Ingenieur- und Ingenieurkommerrechtes und des Hessischen Architektenrechtes v. 30.11.2015 (GVBl. S. 457).

3) **Das Gesetz tritt mit Ausnahme des § 28 mit Ablauf des 31.12.2027 außer Kraft**, vgl. § 42 Satz 2.

4) § 1 Abs. 3 Sätze 1 und 2 geänd. mWv 22.12.2020 durch G v. 11.12.2020 (GVBl. S. 931); Abs. 3 Satz 1 geänd. mWv 28.12.2021 durch G v. 14.12.2021 (GVBl. S. 931); Abs. 3 Satz 1 geänd. mWv 12.7.2023 durch G v. 28.6.2023 (GVBl. S. 477); Abs. 3 Sätze 1 und 2 geänd. mWv 26.6.2024 durch G v. 24.6.2024 (GVBl. Nr. 22).

3. eine Ausbildung in einem Betriebsführungslehrgang an einer staatlich anerkannten Bergschule

mit einem nach dem Recht der Europäischen Union oder eines Bundeslandes anzuerkennenden Diplom, Prüfungszeugnis oder sonstigen Ausbildungs- oder Befähigungsnachweis abgeschlossen hat, wenn aus der Studien- oder Ausbildungsordnung oder dem Abschlusszeugnis folgt, dass es sich um einen ingenieurfachlichen Studien- oder Ausbildungsgang handelt. [2]Die Studien- und Ausbildungsgänge nach Satz 1 müssen mindestens zur Hälfte ingenieurspezifische Fächer umfassen. [3]Unberührt bleibt die Führung von Wortverbindungen aufgrund besonderer Studien- und Ausbildungsgänge mit ingenieurfachlichen und anderen fachlichen Anteilen, die zu einem besonderen ingenieurverwandten Abschluss führen und einem eigenständigen Berufsbild entsprechen. [4]Die Berufsbezeichnung „Ingenieurin" oder „Ingenieur" darf auch führen, wem durch die zuständige Behörde das Recht verliehen worden ist, die Bezeichnung allein oder mit einem Zusatz zu führen.

(2) [1]Die in Abs. 1 genannte Berufsbezeichnung darf auch führen und führen lassen, wem das von einer zuständigen Behörde eines Bundeslandes genehmigt wurde. [2]Die nach dem Recht der Europäischen Union gewährte Befugnis, die Berufsbezeichnung nach dem Recht des Herkunftsmitgliedstaates in einer seiner Amtssprachen zu führen und führen zu lassen, und das Recht zur Führung akademischer Grade bleiben unberührt.

(3) [1]Wer nach § 27 des Hessischen Hochschulgesetzes vom 14. Dezember 2021 (GVBl. S. 931), zuletzt geändert durch Gesetz vom 29. Juni 2023 (GVBl. S. 456), berechtigt ist, den an einer ausländischen Hochschule erworbenen Grad einer Ingenieurin oder eines Ingenieurs zu führen, ist berechtigt, die Berufsbezeichnung allein oder in einer Wortverbindung nach Abs. 1 zu führen und führen zu lassen. [2]Die Voraussetzungen für das Führen der Berufsbezeichnung erfüllt auch, wer denselben Beruf vollzeitlich ein Jahr lang oder in einer entsprechenden Zeitdauer in Teilzeit in den vorhergegangenen zehn Jahren in einem anderen Mitgliedstaat der Europäischen Union oder einem diesem gleichgestellten Staat, der diesen Beruf nicht reglementiert, ausgeübt hat, sofern ein oder mehrere Ausbildungsnachweise vorliegen, die den Anforderungen nach Art. 13 Abs. 2 der Richtlinie 2005/36/EG des Europäischen Parlaments und des Rates vom 7. September 2005 über die Anerkennung von Berufsqualifikationen (ABl. EU Nr. L 255 S. 22, 2007 Nr. L 271 S. 18, 2008 Nr. L 93 S. 28, 2009 Nr. L 33 S. 49, 2014 Nr. L 305 S. 115), zuletzt geändert durch Delegierten Beschluss (EU) 2023/2383 der Kommission vom 23. Mai 2023 (ABl. EU Nr. L, 2023/2383. 9. Oktober 2023, ELI), in der jeweils geltenden Fassung entsprechen. [3]Die einjährige Berufsausübung darf nicht gefordert werden, wenn die Reglementierungen des Herkunftsstaates etwas anderes bestimmen. [4]Für die Berechtigung nach Satz 1 müssen die übrigen Anforderungen an die Ausbildungsnachweise nach Art. 13 der Richtlinie 2005/36/EG erfüllt sein. [5]Die Ausbildungsgänge oder -nachweise im Sinne der Art. 3 Abs. 3 und Art. 12 der Richtlinie 2005/36/EG sind gleichgestellt, wenn sie von einer Behörde in einem EU-Mitgliedstaat bescheinigt und als gleichwertig anerkannt wurden.

§ 2 Zuständigkeit. [1]Die Ingenieurkammer Hessen stellt auf Antrag einer Person oder Berufsgesellschaft fest, ob die zur Führung der Berufsbezeichnung in § 1 Abs. 1 genannten Voraussetzungen vorliegen, wenn die Person oder Berufsgesellschaft

1. im Geschäftsbereich der Ingenieurkammer Hessen beruflich niedergelassen ist oder die Hauptwohnung hat oder einen gewöhnlichen Aufenthalt hat oder
2. der letzte Ort der Berufstätigkeit, Niederlassung, der Hauptwohnung oder der letzte gewöhnliche Aufenthaltsort in Deutschland im Geschäftsbereich der Ingenieurkammer Hessen lag oder
3. beabsichtigt, im Geschäftsbereich der Ingenieurkammer Hessen eine Berufstätigkeit aufzunehmen, eine Niederlassung zu begründen oder die Hauptwohnung oder einen gewöhnlichen Aufenthalt zu begründen.

[2] Sie hat eine Führung der Berufsbezeichnung nach § 1 Abs. 1 zu untersagen, wenn die Voraussetzungen des § 1 nicht vorliegen.

§ 2a Europäischer Berufsausweis. (1) Der Europäische Berufsausweis ist eine elektronische Bescheinigung entweder zum Nachweis, dass Berufsangehörige sämtliche notwendigen Voraussetzungen für die vorübergehende und gelegentliche Erbringung von Dienstleistungen in einem Aufnahmemitgliedstaat erfüllen, oder zum Nachweis der Anerkennung von Berufsqualifikationen für die Niederlassung in einem Aufnahmemitgliedstaat.

(2) [1] Die Ingenieurkammer Hessen ist zuständige Behörde im Sinne der Art. 4a bis 4e der Richtlinie 2005/36/EG. [2] Das Verfahren zur Ausstellung des Europäischen Berufsausweises richtet sich nach Art. 4a bis 4e der Richtlinie 2005/36/EG und den hierzu erlassenen Durchführungsrechtsakten. [3] Näheres zum Verfahren zur Ausstellung des Europäischen Berufsausweises einschließlich der Erstellung von und des Umgangs mit IMI-Dateien im Sinne des Art. 4a Abs. 5 der Richtlinie 2005/36/EG kann durch Rechtsverordnung geregelt werden.

(3) [1] Der Europäische Berufsausweis kann die Meldung bei Ortswechsel nach Art. 7 der Richtlinie 2005/36/EG darstellen. [2] Für die Zwecke der Niederlassung begründet die Ausstellung eines Europäischen Berufsausweises weder ein automatisches Recht zur Ausübung der in §§ 1, 3, 6, 9 und 12 genannten Berufe noch zur Führung der entsprechenden Berufsbezeichnungen.

Zweiter Abschnitt. Besondere Berufsangehörige

Erster Titel. Beratende Ingenieurinnen und Ingenieure

§ 3 Führen der Berufsbezeichnung Beratende Ingenieurin und Beratender Ingenieur. (1) Die Berufsbezeichnung „Beratende Ingenieurin" oder „Beratender Ingenieur" darf führen oder durch andere oder eine Berufsgesellschaft führen lassen, wer in das Berufsverzeichnis der Beratenden Ingenieurinnen und Ingenieure der Ingenieurkammer Hessen eingetragen ist.

(2) Wortverbindungen mit der Berufsbezeichnung nach Abs. 1 dürfen Personen oder Berufsgesellschaften verwenden oder verwenden lassen, die berechtigt sind, die Berufsbezeichnung zu führen.

(3) Bezeichnungen, die auf Zusammenschlüsse oder Berufsgesellschaften Beratender Ingenieurinnen und Ingenieure hinweisen, dürfen in Verbindung mit dieser Berufsbezeichnung nach Abs. 1 und 2 nur geführt werden, wenn die

Mitglieder des Vorstandes, der Geschäftsführung und die persönlich haftenden Gesellschafterinnen und Gesellschafter dazu berechtigt sind.

(4) Auch Personen oder Berufsgesellschaften, die keine berufliche Niederlassung im Geschäftsbereich der Ingenieurkammer Hessen haben, dürfen die Berufsbezeichnung nach Abs. 1 bis 3 führen, wenn sie

1. aufgrund einer gesetzlichen Regelung eines anderen Bundeslandes oder Mitgliedstaates der Europäischen Union oder eines nach dem Recht der Europäischen Union gleichgestellten anderen Staates, in dem sie ihre Niederlassung, Anstellung oder Hauptwohnung haben, berechtigt sind, die Berufsbezeichnung oder eine vergleichbare Berufsbezeichnung zu führen oder führen zu lassen, oder
2. die Voraussetzungen zur Eintragung in das Verzeichnis nach § 5 Satz 1 Nr. 2 bis 7 erfüllen.

(5) Die aufgrund des Rechts der Europäischen Union gewährte Befugnis, eine in Abs. 1 bis 3 genannte vergleichbare Berufsbezeichnung nach dem Recht des Herkunftsmitgliedstaates in einer seiner Amtssprachen zu führen und führen zu lassen, bleibt unberührt.

§ 4 Berufsaufgaben. (1) [1] Wesentliche Berufsaufgaben Beratender Ingenieurinnen und Ingenieure sind die freiberufliche, eigenverantwortliche und unabhängige technische und wirtschaftliche Beratung, Planung, Überwachung, Koordinierung, Begutachtung und Prüfung auf den Gebieten des Ingenieurwesens und anderen technischen, technisch-wirtschaftlichen oder naturwissenschaftlichen Gebieten sowie die Betreuung und Vertretung der Auftraggeberschaft in diesen Gebieten. [2] Zu den Berufsaufgaben zählen auch der Betrieb technischer Anlagen, Logistik- und Prozessmanagementleistungen, energiewirtschaftliche, nachhaltige, umwelt-, wirtschaftlichkeits- sowie lebenszyklusbezogene Leistungen in Bezug auf technische Anlagen und Prozesse.

(2) [1] Eigenverantwortlich nach Abs. 1 Satz 1 ist tätig, wer die berufliche Tätigkeit unmittelbar selbstständig allein oder in dieser Weise mit vergleichbaren anderen Berufsangehörigen, mit angestellten Berufsangehörigen oder in einer Berufsgesellschaft ausübt. [2] Ein Beschäftigungs- oder öffentlich-rechtliches Dienstverhältnis schließt eine Tätigkeit als Beratende Ingenieurin oder Beratender Ingenieur aus, es sei denn, es handelt sich dabei um

1. eine hauptberufliche- oder Teilzeitprofessur oder eine entsprechende Juniorprofessur in einer ingenieurwissenschaftlichen Fachrichtung an einer Hochschule oder
2. die Vorstandstätigkeit oder Geschäftsführung in einer Berufsgesellschaft, in der die Beratende Ingenieurin oder der Beratende Ingenieur selbst Gesellschafterin oder Gesellschafter ist und bei der die Gesellschaftsanteile mindestens zur Hälfte von Beratenden Ingenieurinnen oder Beratenden Ingenieuren und im Übrigen von unabhängig Tätigen nach Abs. 3 gehalten werden.

(3) [1] Unabhängig tätig ist, wer bei Ausübung der Berufstätigkeit weder eigene Produktions-, Handels- oder Lieferinteressen hat noch derartige Interessen Dritter vertritt, die in unmittelbarem oder mittelbarem Zusammenhang mit der Berufstätigkeit stehen. [2] Im Zusammenhang mit der Ausübung der Tätigkeit dürfen Beratende Ingenieurinnen und Ingenieure keine Provisionen, Rabatte oder sonstigen Vergünstigungen für sich, Angehörige oder Mitarbeiter von Dritten, die nicht Auftraggeber sind, annehmen. [3] Neben der beruflichen

Tätigkeit ist eine gewerbliche Tätigkeit ausgeschlossen, die im Zusammenhang mit den Berufsaufgaben steht.

§ 5 Eintragungsvoraussetzungen. (1) [1] In das Berufsverzeichnis der Beratenden Ingenieurinnen und Ingenieure ist vorbehaltlich des § 20 auf Antrag einzutragen, wer

1. eine berufliche oder eine gesellschaftsrechtliche Niederlassung im Geschäftsbereich der Ingenieurkammer Hessen hat,
2. berechtigt ist, nach § 1 die Berufsbezeichnung „Ingenieurin" oder „Ingenieur" allein oder in einer Wortverbindung zu führen,
3. nach einem ersten berufsqualifizierenden Ingenieurstudienabschluss oder einem postgradualen abgeschlossenen Ingenieurstudiengang eine hauptberufliche praktische Ingenieurtätigkeit (Berufspraxis) von insgesamt mindestens
   a) drei Jahren bei einer Regelstudienzeit von zehn Semestern oder fünf Jahren,
   b) vier Jahren bei einer Regelstudienzeit von acht Semestern oder vier Jahren,
   c) fünf Jahren bei einer Regelstudienzeit von sechs Semestern oder drei Jahren

   ein Jahr in Vollzeit oder entsprechend länger in Teilzeit ausgeübt hat,
4. im Hauptberuf freiberuflich eigenverantwortlich und unabhängig nach § 4 tätig ist,
5. erklärt, dass ihm keine Gründe für eine Versagung der Eintragung nach § 20 bekannt sind,
6. eine ausreichende Versicherung gegen Haftpflichtansprüche, die aus der Berufsausübung herrühren können, nachweist,
7. weitere nach § 19 im Einzelnen geforderte Nachweise und Erklärungen beibringt.

(2) [1] Eine berufspraktische Ingenieurtätigkeit nach Abs. 1 Satz 1 Nr. 3 (Berufspraxis), die nach Abschluss eines ersten berufsqualifizierenden Ingenieurstudiengangs und vor oder während eines postgradualen weiteren Ingenieurstudiengangs erbracht wurde, kann bis zu einem Jahr angerechnet werden. [2] Die Ingenieurkammer Hessen kann durch Satzung notwendige Inhalte der Berufspraxis nach Abs. 1 Satz 1 Nr. 3 und Mindestdeckungssummen für die Versicherung nach Abs. 1 Satz 1 Nr. 6 festsetzen.

(3) [1] Abs. 1 Satz 1 Nr. 3 gilt nicht, wenn eine solche nach dem Recht der Europäischen Union nicht gefordert werden darf. [2] Eine Berufspraxis, die in einem anderen Mitgliedstaat der Europäischen Union oder in einem Vertragsstaat des Abkommens über den Europäischen Wirtschaftsraum absolviert wurde, ist anzurechnen. [3] Gleiches gilt für eine Berufspraxis, die in Drittstaaten absolviert wurde, soweit sie nach dem Recht der Europäischen Union gleichwertig ist.

Zweiter Titel. Stadtplanerinnen und Stadtplaner

§ 6[1)] Führen der Berufsbezeichnung Stadtplanerin und Stadtplaner.

(1) [1] Die Berufsbezeichnung „Stadtplanerin" oder „Stadtplaner" darf führen und führen lassen, wer in das von der Ingenieurkammer Hessen geführte Berufsverzeichnis der Stadtplanerinnen und Stadtplaner eingetragen oder nach dem Recht eines anderen Bundeslandes oder der Europäischen Union dazu berechtigt ist. [2] Die Vorschriften zum Schutz der Berufsbezeichnung nach dem Hessischen Architekten- und Stadtplanergesetz vom 30. November 2015 (GVBl. S. 478), zuletzt geändert durch Gesetz vom 24. Juni 2024 (GVBl. Nr. 22), bleiben unberührt.

(2) [1] Wortverbindungen mit der Berufsbezeichnung nach Abs. 1 oder ähnliche Bezeichnungen oder Abkürzungen dürfen Personen und Berufsgesellschaften nur führen und führen lassen, die berechtigt sind, die Berufsbezeichnung zu führen. [2] Die in das Berufsverzeichnis der Ingenieurkammer Hessen Eingetragenen haben einen von der Ingenieurkammer Hessen festgesetzten Zusatz zu der Berufsbezeichnung zu führen.

(3) [1] Das Recht zur gleichzeitigen Führung der Berufsbezeichnung Beratende Ingenieurin und Beratender Ingenieur nach § 3 bleibt unberührt. [2] Die Führung eines Zusatzes wie „frei" oder „freischaffend" ist bei ausschließlicher Eintragung in die Liste der Ingenieurkammer Hessen ausgeschlossen.

(4) [1] Die Berufsbezeichnung mit dem Zusatz „baugewerblich" oder „gewerblich" hat zu führen und führen zu lassen, wer so seinen Beruf ausübt. [2] Dieser Zusatz ist in das Berufsverzeichnis nach Abs. 1 einzutragen.

(5) Die nach dem Recht der Europäischen Union gewährte Befugnis, eine in Abs. 1 bis 4 genannte vergleichbare Berufsbezeichnung nach dem Recht des Herkunftsmitgliedstaates in einer seiner Amtssprachen zu führen und führen zu lassen, bleibt unberührt.

§ 7 Berufsaufgaben. [1] Wesentliche Berufsaufgaben der Stadtplanerinnen und Stadtplaner sind die gestaltende, nachhaltige, technische und wirtschaftliche Orts-, Stadt- und Raumplanung mit Schwerpunkten in der städtebaulichen Planung und Bauleitplanung oder dem Stadtbauwesen sowie die Mitwirkung bei der Raumordnung. [2] Hierzu gehören die Beratung, Betreuung und Vertretung der Auftraggeber in den mit der Planung, Prüfung und Ausführung zusammenhängenden Fragen sowie die Überwachung der Ausführung der Vorhaben.

§ 8 Eintragungsvoraussetzungen. (1) [1] In das Berufsverzeichnis der Stadtplanerinnen und Stadtplaner ist vorbehaltlich des § 20 auf Antrag einzutragen, wer

1. eine Ausbildung an einer öffentlichen oder staatlich anerkannten Hochschule mit einem nach dem Recht der Europäischen Union oder eines Bundeslandes Bachelor-, Master- oder Diplomstudienabschluss, Prüfungszeugnis oder sonstigen Befähigungsnachweis in der Fachrichtung Bauingenieurwesen, Geografie, Vermessungswesen oder Landespflege mit Schwerpunkt-, Aufbau- oder Ergänzungsstudium der Stadtplanung oder im Fachgebiet

---

[1)] § 6 Abs. 1 Satz 2 geänd. mWv 22.12.2020 durch G v. 11.12.2020 (GVBl. S. 931); Abs. 1 Satz 2 geänd. mWv 12.7.2023 durch G v. 28.6.2023 (GVBl. S. 477); Abs. 1 Satz 2 geänd. mWv 26.6.2024 durch G v. 24.6.2024 (GVBl. Nr. 22).

Stadtbauwesen, der Landschaftsplanung mit einer Regelstudienzeit von mindestens acht Semestern oder vier Studienjahren oder in einem anderen nach dem Recht der Europäischem Union vergleichbaren Studiengang abgeschlossen hat,

2. eine nachfolgende hauptberufliche Tätigkeit in Vollzeitbeschäftigung von zwei Jahren oder in Teilzeitbeschäftigung, die einer Vollzeitbeschäftigung von zwei Jahren entspricht, oder von fünf Jahren in Vollzeitbeschäftigung oder einer entsprechenden Teilzeitbeschäftigung bei fehlendem Studienschwerpunkt oder Aufbau- oder Ergänzungsstudium erbracht hat,
3. berechtigt ist, eine Berufsbezeichnung nach § 1 Abs. 1 zu führen,
4. eine berufliche Niederlassung oder hauptberufliche Anstellung oder die Hauptwohnung im Geschäftsbereich der Ingenieurkammer Hessen hat,
5. erklärt, dass ihm keine Gründe für eine Versagung der Eintragung nach § 20 bekannt sind,
6. eine nach Maßgabe ausreichende Versicherung gegen Haftpflichtansprüche, die aus der Berufsausübung herrühren können, hat und
7. weitere nach § 19 im Einzelnen geforderte Nachweise und Erklärungen beigebracht hat.

[2]Der Abschluss nach Satz 1 Nr. 1 kann nach einem ersten berufsqualifizierenden Studienabschluss von mindestens drei Jahren mit einem darauf aufbauenden postgradualen (konsekutiven) Studiengang erfolgen. [3]Die Ingenieurkammer Hessen kann durch Satzung notwendige Inhalte der hauptberuflichen Tätigkeit nach Satz 1 Nr. 2 und Mindestdeckungssummen für die Versicherung nach Satz 1 Nr. 6 festsetzen.

(2) [1]Eine entsprechende berufspraktische Tätigkeit nach Abschluss eines ersten berufsqualifizierenden Studiums und vor Beginn oder während eines darauf aufbauenden postgradualen Studiums ist bis zu einem Jahr anzurechnen. [2]Des Nachweises der Berufspraxis bedarf es nicht, wenn ein solches nach dem Recht der Europäischen Union nicht gefordert werden darf. [3]Eine Berufspraxis, die in einem Mitgliedstaat der Europäischen Union oder in einem Vertragsstaat des Abkommens über den Europäischen Wirtschaftsraum absolviert wurde, ist anzuerkennen. [4]Gleiches gilt für Berufspraxis, die in Drittstaaten absolviert wurde, soweit sie nach dem Recht der Europäischen Union gleichwertig ist.

(3) Die Eintragungsvoraussetzungen nach Abs. 1 Satz 1 Nr. 1 bis 3 sind auch erfüllt durch die Staatsprüfung zum höheren bautechnischen Verwaltungsdienst in der Bundesrepublik Deutschland in der Fachrichtung Städtebau, der Fachrichtung Bauingenieurwesen mit Vertiefung Städtebau oder Stadtbauwesen oder in der Fachrichtung Vermessungs- und Liegenschaftswesen mit Vertiefung Städtebau.

Dritter Titel. Bauvorlageberechtigte Ingenieurinnen und Ingenieure

§ 9[1)] Berufsverzeichnis. (1) [1]Die Ingenieurkammer Hessen führt das Berufsverzeichnis der bauvorlageberechtigten Ingenieurinnen und Ingenieure und stellt über die Eintragung darin einen Nachweis aus. [2]Die Zuständigkeit anderer Behörden bleibt unberührt.

[1)] § 9 Überschrift und Abs. 1 Satz 1 geänd. mWv 16.7.2024 durch G v. 11.7.2024 (GVBl. Nr. 32).

(2) [1]Der Nachweis über die Bauvorlageberechtigung kann auf mindestens ein Jahr befristet oder auf ein Bauvorhaben (Objekt) beschränkt werden. [2]Anschlussnachweise sind ohne Antrag auszustellen. [3]Nach der Löschung aus dem Berufsverzeichnis ist ein gültiger Nachweis der Ingenieurkammer Hessen zurückzugeben.

§ 10[1)] Listenführung durch die Ingenieurkammer Hessen. Die Ingenieurkammer Hessen führt die Listen nach § 67 Abs. 2 Nr. 2 und Abs. 3 der Hessischen Bauordnung[2)] vom 28. Mai 2018 (GVBl. S. 198), zuletzt geändert durch Gesetz vom 20. Juli 2023 (GVBl. S. 582). Für die Liste nach § 67 Abs. 3 der Hessischen Bauordnung gelten die §§ 11 bis 11c entsprechend

§ 11[3)] Eintragung bauvorlageberechtigter Personen. (1) [1]In die Liste der bauvorlageberechtigten Personen nach § 67 Abs. 2 Nr. 2 der Hessischen Bauordnung[2)] ist auf Antrag von der Ingenieurkammer Hessen einzutragen, wer

1. einen berufsqualifizierenden Hochschulabschluss eines Studiums der Fachrichtung Bauingenieurwesen nach den in der Anlage 1 geregelten Leitlinien an einer deutschen Hochschule nachweist,
2. danach mindestens zwei Jahre auf dem Gebiet der Entwurfsplanung von Gebäuden praktisch tätig gewesen ist und
3. eine berufliche Niederlassung, Anstellung oder die Hauptwohnung im Geschäftsbereich der Ingenieurkammer Hessen hat.

[2]Die Voraussetzungen nach Satz 1 Nr. 2 sind auch erfüllt durch die Staatsprüfung zum höheren bautechnischen Verwaltungsdienst in der Bundesrepublik Deutschland in einer die Befähigung der Bauvorlageberechtigung einschließenden Fachrichtung. [3]Den Anforderungen an die Berufspraxis nach Satz 1 Nr. 2 steht eine vergleichbare fachliche Beschäftigung im öffentlichen Dienst gleich.

(2) Auf Antrag ist in die Liste der bauvorlageberechtigten Personen nach § 67 Abs. 2 Nr. 2 der Hessischen Bauordnung einzutragen, wer über einen auswärtigen Hochschulabschluss verfügt, der den in Abs. 1 Satz 1 Nr. 1 genannten Anforderungen gleichwertig ist, und die Anforderung des Abs. 1 Satz 1 Nr. 2 erfüllt.

(3) [1]Eine antragsstellende Person wird in die Liste nach Abs. 1 auch eingetragen, wenn

1. sie in Bezug auf die Studienanforderungen einen Ausbildungsnachweis nach Art. 11 der Richtlinie 2005/36/EG besitzt, soweit dieser in einem Mitgliedstaat der Europäischen Union oder einem diesem durch Abkommen gleichgestellten Staat erforderlich ist, um in dessen Hoheitsgebiet die Erlaubnis zur Aufnahme und Ausübung dieses Berufes zu erhalten,
2. der Ausbildungsnachweis den Anforderungen nach Art. 13 Abs. 2 Satz 2 der Richtlinie 2005/36/EG genügt und
3. die berufspraktische Tätigkeit mit den Anforderungen nach § 11 Abs. 1 Nr. 2 vergleichbar ist.

[2]Satz 1 gilt auch für eine antragsstellende Person, die nachweist, dass sie

---

1) § 10 neu gef. mWv 16.7.2024 durch G v. 11.7.2024 (GVBl. Nr. 32).
2) Nr. **1**.
3) § 11 neu gef. mWv 16.7.2024 durch G v. 11.7.2024 (GVBl. Nr. 32).

1. diesen Beruf ein Jahr lang vollzeitbeschäftigt oder während einer entsprechenden Gesamtdauer in Teilzeit während der vorhergehenden zehn Jahre in Mitgliedstaaten der Europäischen Union oder einem gleichgestellten Staat ausgeübt hat, sofern der Beruf im Niederlassungsmitgliedstaat nicht reglementiert ist.
2. im Besitz eines Befähigungs- oder Ausbildungsnachweises ist, der den Anforderungen nach Art. 13 Abs. 2 Satz 2 der Richtlinie 2005/36/EG genügt und
3. keine wesentlichen Unterschiede nach Abs. 1 Satz 1 Nr. 1 bestehen.

(4) § 17 des Hessischen Berufsqualifikationsfeststellungsgesetzes vom 12. Dezember 2012 (GVBl. S. 581), zuletzt geändert durch Gesetz vom 17. November 2022 (GVBl. S. 641), findet entsprechend Anwendung.

§ 11a[1] Eintragungsverfahren für Antragstellende nach § 11 Abs. 3.

(1) Für die Form des Antrags auf Eintragung nach § 11 Abs. 3, die einzureichenden Unterlagen sowie das diesbezügliche Verfahren gelten die §§ 12 und 13 des Hessischen Berufsqualifikationsfeststellungsgesetzes.

(2) [1] Antragsstellende Personen haben Unterlagen nach Art. 50 Abs. 1 der Richtlinie 2005/36/EG in Verbindung mit deren Anhang VII Nr. 1 Buchst. a und b Satz 1 sowie auf Anforderung nach Anhang VII Nr. 1 Buchst. b Satz 2 vorzulegen. [2] Gibt die antragsstellende Person an, hierzu nicht in der Lage zu sein, wendet sich die Ingenieurkammer Hessen zur Beschaffung der erforderlichen Unterlagen an die Kontaktstelle, die zuständige Behörde oder eine Ausbildungsstelle. [3] Bei Ausbildungsnachweisen nach Art. 50 Abs. 3 der Richtlinie 2005/36/EG kann die Ingenieurkammer Hessen bei berechtigten Zweifeln von der zuständigen Stelle des Ausstellungsstaates die Überprüfung der Kriterien nach Art. 50 Abs. 3 Buchst. a bis c der Richtlinie 2005/36/EG verlangen. [4] War die antragsstellende Person bereits in einem anderen Mitgliedstaat der Europäischen Union oder einem gleichgestellten Staat tätig, kann die Ingenieurkammer Hessen im Fall berechtigter Zweifel von der im Herkunftsstaat zuständigen Behörde eine Bestätigung der Tatsache verlangen, dass die Ausübung dieses Berufes durch die antragsstellende Person nicht aufgrund schwerwiegenden standeswidrigen Verhaltens oder einer Verurteilung wegen strafbarer Handlungen untersagt worden ist. [5] Im Übrigen finden die Vorschriften des Art. 50 Abs. 1 der Richtlinie 2005/36/EG in Verbindung mit deren Anhang VII Nr. 1 Buchst. d, e, f und g Anwendung. [6] Die auf Verlangen übermittelten Unterlagen und Bescheinigungen dürfen bei ihrer Vorlage nicht älter als drei Monate sein. [7] Der Informationsaustausch erfolgt über das Binnenmarkt-Informationssystem (IMI).

(3) [1] Die Liste nach § 11 Abs. 1 enthält folgende Angaben:

1. Zeitpunkt der Eintragung,
2. Familienname, Geburtsname und Vornamen,
3. Geburtsdatum, Geburtsort und Geschlecht,
4. Akademische Grade und Titel sowie
5. ladungsfähige Adresse.

---

[1] § 11a eingef. mWv 16.7.2024 durch G v. 11.7.2024 (GVBl. Nr. 32).

[2]Die Liste enthält darüber hinaus Angaben über die Staatsangehörigkeit der Antragstellerin beziehungsweise des Antragstellers und den Staat, in dem die Berufsqualifikation erworben wurde. [3]Änderungen der Angaben nach Satz 1 und 2 hat die Antragstellerin beziehungsweise der Antragssteller der Ingenieurkammer Hessen unverzüglich mitzuteilen. [4]Über die Eintragung in die Liste ist eine Bescheinigung auszustellen. [5]Die für die Löschung aus Listen geltenden Regelungen der Ingenieurkammer Hessen, insbesondere § 21, gelten auch für diese Liste.

(4) Kann eine Eintragung in die Liste nicht erfolgen, weil die antragsstellende Person die Voraussetzungen des § 11 Abs. 3 nicht erfüllt, ist dies durch Bescheid nach § 10 des Hessischen Berufsqualifikationsfeststellungsgesetzes festzustellen.

§ 11b[1)] Ausgleichsmaßnahmen. (1) [1]Antragsstellende Personen, die nicht in die Liste nach § 11 Abs. 2 und 3 eingetragen werden können, weil sie aufgrund von wesentlichen Unterschieden nicht über eine gleichwertige Berufsqualifikation verfügen und die über einen Ausbildungsnachweis verfügen, der dem Berufsqualifikationsniveau nach Art. 11 Buchst. b, c, d oder e der Richtlinie 2005/36/EG entspricht, können einen höchstens dreijährigen Anpassungslehrgang absolvieren oder eine Eignungsprüfung ablegen. [2]Beantragt eine Inhaberin oder ein Inhaber einer Berufsqualifikation nach Art. 11 Buchst. a die Anerkennung ihrer oder seiner Berufsqualifikationen und ist die erforderliche Berufsqualifikation unter Art. 11 Buchst. d eingestuft, so kann die Ingenieurkammer Hessen sowohl einen Anpassungslehrgang als auch eine Eignungsprüfung vorschreiben.

(2) [1]Die Einzelheiten zur Durchführung von Ausgleichsmaßnahmen werden durch Satzung der Ingenieurkammer Hessen festgelegt. Die Satzung bedarf der Genehmigung der für die Ingenieurkammer Hessen zuständigen Aufsichtsbehörde. [2]§ 18 Abs. 1 Satz 8 gilt entsprechend.

(3) [1]Die Ingenieurkammer Hessen kann mit anderen zuständigen Stellen innerhalb der Bundesrepublik Deutschland landesübergreifende Vereinbarungen zur Durchführung von Ausgleichsmaßnahmen schließen. [2]Die Vereinbarung bedarf der Genehmigung der für die Ingenieurkammer Hessen zuständigen Aufsichtsbehörde.

§ 11c[2)] Vorübergehende und gelegentliche Dienstleistungserbringung, Anzeigeverfahren. (1) Eine Dienstleisterin oder ein Dienstleister ist nach Maßgabe der Abs. 2 und 3 zur vorübergehenden und gelegentlichen Erstellung von Bauvorlagen in Hessen berechtigt.

(2) [1]Eine Dienstleisterin oder ein Dienstleister nach Abs. 1 hat das erstmalige Erbringen von Dienstleistungen zuvor der Ingenieurkammer Hessen in Textform anzuzeigen. [2]Die Dienstleisterin oder der Dienstleister wird in eine entsprechende Liste bei der Ingenieurkammer Hessen eingetragen. [3]Einer Anzeige nach Satz 1 bedarf es nicht, wenn die Dienstleisterin oder der Dienstleister bereits aufgrund einer Regelung eines anderen Landes zur Dienstleistungserbringung berechtigt ist. [4]Zusammen mit der Anzeige sind folgende Unterlagen vorzulegen:

---

1) § 11b eingef. mWv 16.7.2024 durch G v. 11.7.2024 (GVBl. Nr. 32).
2) § 11c eingef. mWv 16.7.2024 durch G v. 11.7.2024 (GVBl. Nr. 32).

1. ein Identitätsnachweis,
2. eine Bescheinigung, dass sie oder er in einem Mitgliedstaat der Europäischen Union oder einem diesem durch Abkommen gleichgestellten Staat rechtmäßig zur Ausübung der betreffenden Tätigkeit niedergelassen ist und ihr oder ihm die Ausübung dieser Tätigkeit zum Zeitpunkt der Vorlage der Bescheinigung nicht, auch nicht vorübergehend, untersagt ist,
3. ein Berufsqualifikationsnachweis,
4. in den in § 11 Abs. 3 Satz 2 genannten Fällen ein Nachweis in beliebiger Form darüber, dass die Dienstleisterin oder der Dienstleister die betreffende Tätigkeit mindestens ein Jahr während der vorhergehenden zehn Jahre ausgeübt hat, sofern der Beruf im Niederlassungsmitgliedstaat nicht reglementiert ist, und
5. ein Nachweis über den Versicherungsschutz nach § 67 Abs. 6 Satz 2 der Hessischen Bauordnung[1)].

[5] Die §§ 13 und 14 des Hessischen Berufsqualifikationsfeststellungsgesetzes sind entsprechend anzuwenden.

(3) [1] Die ordnungsgemäße Anzeige nach Abs. 2 berechtigt die Dienstleisterin oder den Dienstleister zur Erstellung von Bauvorlagen. [2] Die Ingenieurkammer Hessen kann die Unterlagen nach Abs. 2 Satz 4 nachprüfen. [3] Die Erstellung von Bauvorlagen ist der Dienstleisterin oder dem Dienstleister von der Ingenieurkammer Hessen zu untersagen, wenn die Dienstleisterin oder der Dienstleister nicht zur Ausübung desselben Berufs rechtmäßig in einem Mitgliedstaat niedergelassen ist, ihr oder ihm die Ausübung dieser Tätigkeit nach der Anzeige untersagt wird oder die Voraussetzungen des § 11 Abs. 3 Satz 2 nicht erfüllt. [4] Fehlen die Voraussetzungen des § 11 Abs. 3 Satz 2, ist der Dienstleisterin oder dem Dienstleister die Möglichkeit einzuräumen, Kenntnisse, Fähigkeiten und Kompetenzen durch einen Anpassungslehrgang zu erwerben oder durch eine Eignungsprüfung nachzuweisen. [5] Ist die Dienstleisterin oder der Dienstleister zur Ausübung desselben Berufs rechtmäßig in einem Mitgliedstaat niedergelassen oder erfüllt sie oder er die Voraussetzungen des § 11 Abs. 3 Satz 2, so darf ihr oder ihm die Erstellung von Bauvorlagen nicht aufgrund der Berufsqualifikation beschränkt werden. [6] Für die Bestimmung desselben Berufs im Sinne dieses Absatzes gilt das gestufte System des § 67 Abs. 1 bis 3 der Hessischen Bauordnung.

(4) [1] Das Recht zur Führung der Berufsbezeichnung des Niederlassungsstaats nach Art. 7 Abs. 3 der Richtlinie 2005/36/EG bleibt unberührt. [2] Die Berufsbezeichnung ist dann so zu führen, dass keine Verwechslung mit einer inländischen Berufsbezeichnung möglich ist.

(5) [1] Auswärtige bauvorlageberechtigte Personen haben die Berufspflichten zu beachten. [2] Sie sind hierfür wie Mitglieder der Ingenieurkammer Hessen zu behandeln. [3] Die Ingenieurkammer Hessen stellt über die Eintragung in das Verzeichnis nach Abs. 2 Satz 2 eine auf fünf Jahre befristete Bescheinigung aus, die auf Antrag verlängert werden kann. [4] Haben die Voraussetzungen des Abs. 1 nicht vorgelegen oder sind sie nachträglich weggefallen, ist die Bescheinigung zurückzugeben.

(6) § 17 des Hessischen Berufsqualifikationsfeststellungsgesetzes ist entsprechend anzuwenden.

[1)] Nr. **1**.

Vierter Titel. Andere Berufsbezeichnungen

§ 12 Fachbezeichnungen. (1) [1]Die Ingenieurkammer Hessen kann nach Maßgabe einer Satzung

1. besondere berufliche Fachbezeichnungen (Fachingenieurin und Fachingenieur mit Zusatzbezeichnung) und
2. eine allgemeine zusätzliche international übliche Berufsbezeichnung in deutscher oder anderer Sprache

für die Berufsbereiche Bau- und Planungswesen, Geodäsie und Umweltingenieurwesen einführen. [2]Die Bezeichnung muss auf die Ingenieurkammer Hessen hinweisen und darf nicht so gefasst sein, dass sie mit einem akademischen Grad verwechselt werden kann. [3]Die Satzung bedarf der Genehmigung der Aufsichtsbehörde.

(2) [1]Eine Bezeichnung nach Abs. 1 Satz 1 darf nur führen oder führen lassen, wer von der Ingenieurkammer Hessen als entsprechende Fachingenieurin oder entsprechender Fachingenieur anerkannt oder wem die zusätzliche Berufsbezeichnung durch die Ingenieurkammer Hessen zuerkannt wurde. [2]Die Bezeichnung muss mit dem Zusatz nach Abs. 1 Satz 2 geführt werden.

(3) [1]Auf Antrag ist ein Mitglied der Ingenieurkammer Hessen als entsprechende Fachingenieurin oder als entsprechender Fachingenieur anzuerkennen, wer nach Abschluss eines ersten berufsqualifizierenden Studiums und eines darauf aufbauenden postgradualen Studienganges nach § 1 Abs. 1 Satz 1 Nr. 1 und Nr. 2 und Abs. 2 bis 4 mit einer Regelstudienzeit

1. von fünf Jahren mindestens vier Jahre,
2. von vier Jahren mindestens fünf Jahre,
3. von drei Jahren mindestens sechs Jahre

[2]Berufspraxis erworben hat und sich durch Aus-, Fortbildungs- oder Weiterbildungsmaßnahmen nach Maßgabe der Satzung fachlich besonders qualifiziert hat.

(4) Die Anerkennung kann widerrufen werden, wenn keine nach Maßgabe der Satzung durchgeführte Fortbildung nachgewiesen wird oder gegen Obliegenheiten nach § 23 oder gegen Berufspflichten nach § 24 schuldhaft wiederholt oder in grober Weise verstoßen wurde.

(5) Die Ingenieurkammer Hessen hat Personen, die eine Bezeichnung nach Abs. 2 führen dürfen oder führen lassen dürfen, in einem besonderen Berufsverzeichnis zu erfassen.

Fünfter Titel. Berufsgesellschaften

§ 13 Führen der Berufsbezeichnung. (1) [1]Eine Berufs- oder Fachbezeichnung nach § 3 Abs. 1 und 2, § 6 Abs. 1, 2 und 4 und nach § 12 Abs. 1 Satz 1 darf in einer Firma, die in das Handelsregister im Geschäftsbereich der Hessischen Ingenieurkammer einzutragen ist, und in der Geschäftsbezeichnung einer Berufsgesellschaft, Partnerschaftsgesellschaft oder Partnerschaftsgesellschaft mit beschränkter Berufshaftung nur geführt werden, wenn die Ingenieurkammer Hessen die Unbedenklichkeit erklärt hat. [2]Die Führung der Berufsbezeichnung

1. in einer Gemeinschaft und Gesellschaft bürgerlichen Rechts,
2. in einer Partnerschaft oder Partnerschaftsgesellschaft mit beschränkter Berufshaftung gemäß § 8 Abs. 3 und 4 des Partnerschaftsgesellschaftsgesetzes,

3. nach dem Recht eines anderen Bundeslandes,
4. nach dem Recht der Europäischen Union eines anderen Staates

sowie die Zuständigkeit anderer berufsständischer Kammern bleiben unberührt.

(2) [1] Eine Berufsgesellschaft im Sinne des Gesetzes ist eine Gesellschaft, die eine nach diesem Gesetz geschützte Berufsbezeichnung in der Firma führt. [2] Berufsgesellschaft kann jede für die Berufsausübung nach dem Recht der Europäischen Union in der Bundesrepublik Deutschland zulässige Gesellschaftsform oder Partnerschaft sein.

(3) [1] Das Recht zur Führung der Berufsbezeichnung erlischt, wenn

1. die Berufsgesellschaft im Partnerschafts- oder Handelsregister gelöscht wurde,
2. die Berufsbezeichnung in der Firma oder Bezeichnung nicht mehr geführt wird,
3. rechtskräftig auf Verlust der Berechtigung erkannt wurde,
4. die Voraussetzungen zur Führung der Berufsbezeichnung nicht mehr bestehen.

[2] Die Weiterführung der Berufsbezeichnung kann in den Fällen des Satz 1 Nr. 3 vorläufig untersagt werden, wenn das aus Gründen, die in dem Verhalten oder Zustand der Berufsgesellschaft liegen, zum Schutz des Ansehens des Berufsstandes, der Auftraggeber oder der Allgemeinheit erforderlich ist. [3] Im Falle des Satz 1 Nr. 4 ist das Erlöschen bis zur Entscheidung über das Wiedervorliegen der Voraussetzungen zur rechtmäßigen Führung der Berufsbezeichnung gehemmt (vorläufige Weiterführung). [4] Der Berufsgesellschaft kann von der Ingenieurkammer Hessen eine Frist von höchstens einem Jahr gesetzt werden, innerhalb der die Voraussetzungen wieder erfüllt sein müssen. [5] Im Falle des Todes der für die berechtigte Führung der Berufsbezeichnung maßgeblichen berufsangehörigen Person kann die Frist angemessen über ein Jahr hinaus verlängert werden.

(4) Die Ingenieurkammer Hessen teilt dem zuständigen Handelsregister und Partnerschaftsregister jede Veränderung mit, die sich dort auf die Eintragung und das Recht zur Führung der Berufsbezeichnung auswirken kann.

§ 14 Voraussetzungen. (1) Die Unbedenklichkeit nach § 13 Abs. 1 Satz 1 ist auf Antrag der Vorgesellschaft oder der Gesellschaft zu erklären, wenn der Gesellschaftsvertrag oder die Satzung bestimmt, dass

1. Gegenstand der Gesellschaft die Wahrnehmung von Berufsaufgaben ist, die der in der Geschäftsbezeichnung genannten Berufsbezeichnung entsprechen,
2. eine zur Führung dieser Berufsbezeichnung berechtigte berufsangehörige Person zugleich als Gesellschafterin oder Gesellschafter Kapital und Stimme innehat und in der Gesellschaft als Geschäftsführerin oder Geschäftsführer beruflich verantwortlich tätig ist,
3. die die Berufsbezeichnung führenden Berufsangehörigen mindestens die Hälfte des Kapitals und der Stimmen innehaben,
4. die Gesellschafts- oder Kapitalanteile und Stimmen nur von Personen gehalten werden, die dem freiberuflichen Berufsbild entsprechen, insbeson-

dere nicht von berufsfremden gewerblich tätigen Personen oder von Gesellschaften,
5. kenntlich wird, welchen Berufen alle Gesellschafterinnen und Gesellschafter angehören,
6. bei Führung der Berufsbezeichnung nach § 3 Abs. 1 und 2 die anderen Gesellschafterinnen und Gesellschafter einen vergleichbaren Zusatz führen, soweit ein solcher bei diesen üblicherweise zu führen möglich ist,
7. die Gesellschafts- oder Kapitalanteile nicht für Rechnung Dritter gehalten und Stimmrechte nicht für Dritte ausgeübt werden können,
8. die Übertragung von Kapital- oder Gesellschaftsanteilen an die Zustimmung der Gesellschaft gebunden ist,
9. bei Aktiengesellschaften und Kommanditgesellschaften auf Aktien alle Aktien auf den Namen freiberuflich tätiger natürlicher Personen lauten,
10. die Gesellschaft verantwortlich von Berufsangehörigen geführt wird, die dem Berufsbild freiberuflicher Tätigkeit entsprechen,
11. die nach diesem Gesetz für die in der Firma benannten Berufsangehörigen geltenden Berufspflichten von der Gesellschaft und ihren Gesellschafterinnen und Gesellschaftern beachtet werden

und das Bestehen einer ausreichenden Berufshaftpflichtversicherung nach § 15 für die Gesellschaft nachgewiesen wird.

(2) [1] Bei Führung des Zusatzes „gewerblich“ in der Geschäftsbezeichnung einer Berufsgesellschaft von Stadtplanerinnen und Stadtplanern gilt Abs. 1 mit Ausnahme der Nr. 4. [2] Eine kapitalmäßige Beteiligung zur Gesellschaftsfinanzierung ist zulässig, soweit kein Einfluss auf die Berufsausübung ausgeübt wird, der mit den Berufsaufgaben und Berufspflichten nicht vereinbar ist; einer entsprechenden Kennzeichnung der Beteiligung nach Abs. 1 Nr. 5 bedarf es insoweit nicht. [3] Eine Beteiligung baugewerblicher Personen und Unternehmen ist ausgeschlossen.

(3) [1] Mit dem Antrag auf Erklärung der Unbedenklichkeit sind eine öffentlich beglaubigte Ausfertigung des Gesellschaftsvertrages oder der Satzung und ein Nachweis über die Anmeldung zu dem Handelsregister oder Partnerschaftsregister vorzulegen. [2] Eine unbeschränkte Auskunft über die Vorgesellschaft oder Gesellschaft aus dem Gewerbezentralregister sowie bei Gesellschafterinnen und Gesellschaftern aus dem Bundeszentralregister und bei Zweifeln an deren Zuverlässigkeit, die eine Versagung der Eintragung nach § 20 rechtfertigen, eine unbeschränkte Auskunft aus dem Gewerbezentralregister kann verlangt werden.

§ 15 Berufshaftpflichtversicherung. (1) [1] Die Berufsgesellschaft hat nach Maßgabe üblicher Versicherungsbedingungen zur Deckung der sich aus ihrer Tätigkeit ergebenden Haftpflichtgefahren eine Versicherung (Berufshaftpflichtversicherung) abzuschließen und für die Dauer der Führung der Berufsbezeichnung aufrechtzuerhalten. [2] Es ist eine Nachhaftung des Versicherers zu vereinbaren, die mindestens fünf Jahre über den Zeitpunkt der Löschung der Eintragung in dem Berufsverzeichnis der Ingenieurkammer Hessen hinausreicht. [3] Die Versicherungssumme hat für jeden Versicherungsfall mindestens 1 500 000 Euro für Personen- und 500 000 Euro für Sach- und Vermögensschäden zu betragen. [4] Die Leistungen des Versicherers für alle innerhalb eines Versicherungsjahres verursachten Schäden können auf den Betrag der Mindestversicherungssumme, vervielfacht mit der Zahl der tätigen Gesellschafterinnen und Gesellschafter sowie der Geschäftsführerinnen und Geschäftsführer, die nicht Gesellschafterinnen und Gesellschafter sind, begrenzt werden. [5] Die Jahreshöchstleistung für alle in einem Versicherungsjahr verursachten Schäden muss sich mindestens auf den dreifachen Betrag der Mindestversicherungssumme belaufen. [6] Andere gesetzliche oder im Einzelfall vertragsbezogen vereinbarte Haftpflichtversicherungsbedingungen bleiben unberührt.

(2) Durch Rechtsverordnung können nach Anhörung der Ingenieurkammer Hessen die Mindestversicherungssumme und Begrenzung der Leistungen innerhalb eines Versicherungsjahres an geänderte wirtschaftliche Verhältnisse angepasst werden, wenn das erforderlich ist, um einen hinreichenden Versicherungsschutz Geschädigter sicherzustellen.

(3) Die Berufsgesellschaft und die Partnerschaftsgesellschaft, die als Zusammenschluss in das Berufsverzeichnis der Beratenden Ingenieure eingetragen ist, können ihre Haftpflicht gegenüber der Auftraggeberschaft für Ansprüche aus Schäden wegen fahrlässig fehlerhafter Berufsausübung durch

1. schriftliche Vereinbarung im Einzelfall bis zur Höhe der Mindestversicherungssumme,
2. vorformulierte Vertragsbedingungen für Schäden, die nicht grob fahrlässig verursacht wurden (§ 309 Nr. 7b des Bürgerlichen Gesetzbuches), auf den dreifachen Betrag der Mindestversicherungssumme, sofern insoweit Versicherungsschutz besteht,

beschränken.

(4) [1] Eine Partnerschaftsgesellschaft mit beschränkter Berufshaftung gemäß § 8 Abs. 4 Partnerschaftsgesellschaftsgesetz, die als Zusammenschluss in das Berufsverzeichnis der Beratenden Ingenieure eingetragen ist, muss eine ausreichende Berufshaftpflichtversicherung nachweisen, die für Schäden aus fehlerhafter Berufsausübung haftet. [2] Deckungsumfang und Deckungsbedingungen müssen mindestens Abs. 1 entsprechen.

§ 16 Berufsgesellschafts- und Partnerschaftsverzeichnis. (1) [1] Eine Berufsgesellschaft und eine Partnerschaft mit Sitz oder Niederlassung im Geschäftsbereich der Ingenieurkammer Hessen, an der mindestens eine nach diesem Gesetz in ein Berufsverzeichnis einzutragende Person beteiligt ist, ist in das Berufsgesellschaftsverzeichnis der Ingenieurkammer Hessen einzutragen. [2] Die Pflicht zur Anmeldung der Gesellschaft oder Partnerschaft obliegt den geschäftsführenden Berufsangehörigen.

(2) [1] Scheidet eine Gesellschafterin oder ein Gesellschafter aus der Berufsgesellschaft oder eine Partnerin oder ein Partner aus der Partnerschaft aus, so ist das in dem Berufsverzeichnis durch Löschung kenntlich zu machen. [2] Entsprechendes gilt für den Fall der Aufhebung einer Zweigniederlassung.

(3) Die Eintragung in das Berufsgesellschaftsverzeichnis ist zu löschen, wenn nicht mindestens eine Partnerin oder ein Partner Beratende Ingenieurin oder Beratender Ingenieur oder Stadtplanerin oder Stadtplaner ist, die Partnerschaft nach § 9 des Partnerschaftsgesellschaftsgesetzes aufgelöst wurde oder die Partnerschaft weder Sitz noch Zweigniederlassung im Lande Hessen hat.

(4) Die Zuständigkeit anderer register- oder verzeichnisführender Stellen bleibt unberührt.

Sechster Titel. Auswärtige, Ausgleichsmaßnahmen

§ 17[1)] Vorübergehende Dienstleistungen Auswärtiger. (1) [1] Eine berufsangehörige Person oder Berufsgesellschaft, die nicht von den Fällen der §§ 10 bis 11c erfasst ist und erstmals vorübergehend oder gelegentlich eine Dienstleistung entsprechend den Berufsaufgaben unter einer nach diesem Gesetz in ein Berufsverzeichnis einzutragende Berufsbezeichnung im Land Hessen erbringt, ohne in ein Berufsverzeichnis als niedergelassene Person oder Berufsgesellschaft eingetragen zu sein, hat dies der Ingenieurkammer Hessen zuvor oder in dringenden Fällen unverzüglich nachträglich in Textform anzuzeigen. [2] Die Anzeige ist nicht erforderlich bei der Teilnahme an Ausschreibungen im Wettbewerb um einen Auftrag.

(2) [1] Mit der Anzeige sind Angaben zu machen über

1. den vollständigen Namen der Person oder die Geschäftsbezeichnung,
2. die Staatsangehörigkeit der Person,
3. die Berechtigung zur Führung der Berufsbezeichnung,
4. den Nachweis der Berufsausübung, falls die Regelungen des Niederlassungsstaates der Europäischen Union oder eines gleichgestellten Staates nichts anderes bestimmen,
5. eine angemessene Berufshaftpflichtversicherung,
6. den Ort der Niederlassung,
7. bestehende Eintragungen in einem Handelsregister, Partnerschaftsregister oder einem ähnlichen öffentlichen Register mit der Nummer der Eintragung oder einer gleichwertigen, der Identifikation dienenden Erklärung,
8. die für die Person oder Gesellschaft zuständige berufsständische Kammer oder vergleichbare Einrichtung und deren Aufsichtsbehörde.

[2] Die Ingenieurkammer Hessen kann bei begründeten Zweifelsfällen Nachweise zu den Angaben verlangen.

(3) [1] Soweit weder die Ausbildung noch die Berufsbezeichnung noch die Ausübung desselben Berufs oder die Tätigkeit in dem Herkunftsmitgliedstaat der Europäischen Union oder einem nach dem Recht der Europäischen Union gleichgestellten anderen Staat reglementiert ist, kann die Anzeige nach Abs. 1 in beliebiger Form darüber, dass die betreffende Tätigkeit während der vorhergehenden zehn Jahre mindestens ein Jahr vollzeitlich oder in entsprechender Zeitdauer in Teilzeit berechtigt ausgeübt wurde, erfolgen. [2] Dies gilt nur, wenn ein oder mehrere Befähigungs- oder Ausbildungsnachweise vorliegen, die den Anforderungen nach Art. 13 Abs. 2 der Richtlinie 2005/36/EG entsprechen. [3] Die einjährige Berufserfahrung darf nicht gefordert werden, wenn der Ausbildungsnachweis der antragstellenden Person eine reglementierte Ausbildung abschließt.

(4) [1] Die Anzeige nach Abs. 1 ist einmal jährlich zu erneuern, wenn die berufsangehörige Person oder Berufsgesellschaft beabsichtigt, während des betreffenden Jahres weiter Dienstleistungen zu erbringen. [2] Erfolgte bereits eine entsprechende Anzeige bei einer anderen deutschen Ingenieur- oder Architektenkammer, genügt eine formlose Mitteilung darüber.

[1)] § 17 Abs. 1 Satz 1 neu gef. mWv 16.7.2024 durch G v. 11.7.2024 (GVBl. Nr. 32).

(5) Liegen die Voraussetzungen der zur Führung nach diesem Gesetz geschützten oder in ein Berufsverzeichnis einzutragenden Berufsbezeichnung nicht vor, ist die Berufsbezeichnung in einer Amtssprache des Niederlassungsstaates der Europäischen Union oder des anderen Staates zu führen; besteht dort keine entsprechende Berufsbezeichnung, ist der Ausbildungsnachweis in einer Amtssprache des Niederlassungsstaates anzugeben.

(6) [1] Für auswärtige Berufsangehörige gelten die §§ 23 Abs. 1 und 24 Abs. 1 bis 3 entsprechend. [2] Bei Nichtbeachtung der Obliegenheiten gilt § 23 Abs. 3 und bei der Verletzung der Berufspflichten § 25 Abs. 6 Satz 1 Nr. 1 und 2 und Abs. 9 sowie die §§ 24 Abs. 4, 25 Abs. 1, 2, 4 und 7. [3] Die Ingenieurkammer Hessen kann in einem Verfahren nach Satz 2 die Führung der nach diesem Gesetz geschützten Berufsbezeichnung und die Erbringung von Dienstleistungen unter einer nach diesem Gesetz geschützten Berufsbezeichnung untersagen. [4] Geldauflagen und Zwangsgelder fließen der Ingenieurkammer Hessen zu.

§ 18[1)] Ausgleichsmaßnahmen. (1) [1] Entspricht, außer in den Fällen der §§ 10 bis 11b, im Falle der Niederlassung oder hauptberuflichen Anstellung von auswärtigen Berufsangehörigen die Ausbildung nicht den nach diesem Gesetz gestellten Anforderungen, können nach Maßgabe des Rechts der Europäischen Union, insbesondere nach Art. 14 der Richtlinie 2005/36/EG, Ausgleichsmaßnahmen in Form

1. eines höchstens dreijährigen Anpassungslehrgangs durch die Ausübung eines reglementierten Berufs unter Verantwortung eines qualifizierten Berufsangehörigen mit abschließender Bewertung durch die Ingenieurkammer Hessen oder
2. einer Eignungsprüfung

verlangt werden, soweit der Schutz der Allgemeinheit oder der Auftraggeberschaft das erfordert und es sich um wesentliche Unterschiede gegenüber den Anforderungen nach diesem Gesetz handelt. [2] Dabei ist in die Prüfung einzubeziehen, ob die durch Berufspraxis oder lebenslanges Lernen erworbenen Kenntnisse, Fähigkeiten und Kompetenzen, die von einer einschlägigen Stelle formell als gültig anerkannt wurden, wesentliche Unterschiede gegenüber den Anforderungen ausgleichen. [3] Die Antragstellerin oder der Antragsteller ist durch Bescheid zu unterrichten und darauf hinzuweisen, dass die Unterschiede ausgeglichen werden können. [4] Die Antragstellerin oder der Antragsteller hat das Recht der Wahl zwischen einer der Ausgleichsmaßnahmen. [5] Keine Wahl hat die Antragstellerin oder der Antragsteller bezüglich der Ausgleichsmaßnahmen, wenn der Ausbildungsnachweis dem Berufsqualifikationsniveau des Art. 11 Buchst. b der Richtlinie 2005/36/EG entspricht. [6] In diesem Fall steht nur die Eignungsprüfung zur Verfügung. [7] Entspricht der Ausbildungsnachweis dem Berufsqualifikationsniveau des Art. 11 Buchst. a der Richtlinie 2005/36/EG, ist sowohl ein Anpassungslehrgang als auch eine Eignungsprüfung abzulegen. [8] Solange und soweit die für Wirtschaft zuständige Ministerin oder der hierfür zuständige Minister von ihrer oder seiner Ermächtigung nach § 39 Abs. 1 Nr. 4 keinen Gebrauch gemacht hat, hat die Ingenieurkammer Hessen nach Maßgabe von Art. 11, 13 und 14 der Richtlinie 2005/36/EG und unter

---

[1)] § 18 Abs. 1 Satz 1 einl. Satzteil und Nr. 1 geänd., Satz 8 neu gef. mWv 7.6.2018 durch G v. 28.5. 2018 (GVBl. S. 198); Abs. 1 Satz 1 neu gef. mWv 16.7.2024 durch G v. 11.7.2024 (GVBl. Nr. 32).

Berücksichtigung der Unterschiede der Qualifikationsniveaus und der Anerkennungsbedingungen Näheres zu der Feststellung von Defiziten, der Anordnung, Durchführung und Bewertung von erforderlichen Ausgleichsmaßnahmen in einer Satzung zu regeln.

(2) Die Eignungsprüfung ist spätestens sechs Monate nach der Entscheidung nach Abs. 1 Satz 3 zu ermöglichen.

Siebter Titel. Gemeinsame Verfahrensvorschriften

§ 19 Weitere Nachweise, Ausnahmen. (1) Neben den nach diesem Gesetz bei dem Verfahren beizubringenden Erklärungen können folgende weitere Nachweise verlangt werden:

1. eine Geburtsurkunde sowie ein Nachweis über den geführten und über die früher geführten Namen,
2. eine Erklärung über frühere, bestehende, gelöschte, beibehaltene oder beantragte Eintragungen in vergleichbaren Berufsverzeichnissen oder Listen anderer berufsständischer gesetzlicher Kammern in den Bundesländern, anderer Mitgliedstaaten der Europäischen Union oder nach dem Recht der Europäischen Union gleichgestellten anderen Staaten,
3. ein Führungszeugnis aus dem Bundeszentralregister zur Vorlage bei einer Behörde oder ein vergleichbarer nach dem Recht eines anderen Mitgliedstaates der Europäischen Union oder nach dem Recht der Europäischen Union gleichgestellten anderen Staates oder eines Drittstaates ausgestellter Nachweis; bei begründeten Zweifeln an der Zuverlässigkeit kann eine unbeschränkte Auskunft aus dem Gewerbezentralregister oder einem vergleichbaren Register eines anderen Staates verlangt werden,
4. einen Nachweis über die Staatsangehörigkeit.

(2) [1] Ist die Eintragung in einem anderen vergleichbaren Berufsverzeichnis oder in einer anderen vergleichbaren Liste in einem Bundesland nur deshalb gelöscht worden, weil die dafür maßgebliche berufliche Niederlassung, Anstellung oder Hauptwohnung aufgegeben wurde, und liegt dies nicht mehr als drei Monate zurück, so ist die berufsangehörige Person oder Berufsgesellschaft auf Antrag in das entsprechende Berufsverzeichnis oder die entsprechende Liste oder das Berufsgesellschaftsverzeichnis nach diesem Gesetz ohne Prüfung der Eintragungsvoraussetzungen einzutragen, soweit kein Versagungsgrund nach § 20 oder Löschungsgrund nach § 21 Abs. 1 und 2 vorliegt. [2] Wird die Eintragung bei einer anderen berufsständischen Kammer beibehalten, gilt Satz 1 entsprechend.

(3) [1] Vom Nachweis einzelner Eintragungsvoraussetzungen nach diesem Gesetz oder aufgrund eines Gesetzes kann abgesehen werden, wenn die Durchführung der Vorschrift im Einzelfall zu einer besonderen Härte führen würde und die Abweichung mit den öffentlichen Belangen vereinbar ist. [2] Eine besondere Härte liegt insbesondere vor, wenn dem Zweck einer Eintragungsvoraussetzung auf andere Weise entsprochen werden kann. [3] Das gilt nicht für die Anerkennung von Hochschul- und anderen Ausbildungsabschlüssen. [4] Die vorzulegenden Unterlagen und Nachweise sind in der Regel in Kopie vorzulegen oder elektronisch zu übermitteln. [5] Soweit geboten und bei begründeten Zweifeln können beglaubigte Kopien verlangt oder Bestätigungsnachweise der Authentizität der Bescheinigungen und Ausbildungsnachweise von den Behörden des ausstellenden Mitgliedstaates verlangt werden.

§ 20 Versagungsgründe. (1) Die Eintragung in ein nach diesem Gesetz zu führendes Berufsverzeichnis ist einer berufsangehörigen Person zu versagen,

1. solange ihr nach § 70 des Strafgesetzbuches die Ausübung des Berufs als Ingenieurin oder Ingenieur oder Stadtplanerin oder Stadtplaner verboten oder nach § 35 der Gewerbeordnung die Ausübung der selbstständigen Tätigkeit untersagt ist oder
2. wenn sie wegen einer Straftat rechtskräftig zu einer Strafe verurteilt worden ist und sich aus dem der Verurteilung zugrunde liegende Sachverhalt ergibt, dass diese zur Erfüllung der Berufsaufgaben nach den §§ 4 und 7 ungeeignet ist.

(2) Die Eintragung kann versagt werden,

1. solange die berufsangehörige Person infolge gerichtlicher Anordnung in der Verfügung über ihr Vermögen beschränkt ist,
2. wenn innerhalb der letzten fünf Jahre vor Stellung des Eintragungsantrages
   a) eine eidesstattliche Versicherung bis zum 31. Dezember 2012 nach § 807 der Zivilprozessordnung in der bis zum 31. Dezember 2012 geltenden Fassung abgegeben oder eine Vermögensauskunft nach § 802c der Zivilprozessordnung in der ab 1. Januar 2013 geltenden Fassung erteilt wurde,
   b) das Insolvenzverfahren über deren Vermögen eröffnet wurde oder der Antrag auf Eröffnung mangels Masse abgewiesen wurde,
   c) wenn sich aus sonstigen Gründen ihre persönliche Unzuverlässigkeit ergibt.

(3) Bei Berufsgesellschaften, die die Führung einer nach diesem Gesetz geschützten Berufsbezeichnung von einer berufsangehörigen Person herleiten, gilt Abs. 1 und 2 entsprechend.

§ 21 Löschungen. (1) Die Eintragung einer berufsangehörigen Person oder Berufsgesellschaft in ein nach diesem Gesetz zu führendes Berufsverzeichnis ist zu löschen, wenn

1. die Person verstorben ist,
2. die Person oder Berufsgesellschaft auf die Eintragung verzichtet hat,
3. die Person keine Hauptwohnung, berufliche Niederlassung oder hauptberufliche Anstellung mehr im Geschäftsbereich der Ingenieurkammer Hessen hat und ihren Beruf hier nicht mehr ausübt,
4. die Berufsgesellschaft aufgelöst ist oder keine Niederlassung mehr im Geschäftsbereich der Ingenieurkammer Hessen hat,
5. die Eintragung durch unrichtige Angaben vorsätzlich erwirkt wurde,
6. keine oder keine ausreichende Berufshaftpflichtversicherung besteht,
7. ein bestandskräftiger Bescheid nach § 25 Abs. 6 Satz 1 Nr. 5 vorliegt.

(2) [1] Die Eintragung kann gelöscht werden, wenn Tatsachen eintreten oder bekannt werden, die zu einer Versagung der Eintragung führen. [2] Diese kann auch gelöscht werden, wenn

1. wiederholt Berufspflichten nach § 24 Abs. 1 bis 5 schuldhaft verletzt wurden,
2. innerhalb der vorausgegangenen zehn Jahre mindestens zweimal ein Zwangsgeld nach § 23 Abs. 3, ein Ordnungsgeld nach § 37 Abs. 1 oder eine Geldbuße nach § 40 Abs. 2 festgesetzt wurde,

3. die Pflicht zur Zahlung der Beiträge oder von Kosten (Gebühren, Auslagen) aufeinanderfolgend zweimal oder unterbrochen mehrfach nicht erfüllt wurde.

(3) Die Eintragung darf in den Fällen des Abs. 1 Nr. 5 bis 7 oder Abs. 2 erst gelöscht werden, wenn die Entscheidung über die Löschung durch rechtsmittelfähigen Bescheid unanfechtbar geworden ist.

(4) [1] Im Falle des Abs. 1 Nr. 1 soll vor der Löschung von der Ingenieurkammer Hessen eine Frist bis zu einem Jahr gesetzt werden, innerhalb der die Voraussetzungen zur Führung der Berufsbezeichnung des von Erben durch beauftragte berufsangehörige Angestellte weiterzuführenden oder durch Nachlassverwalter, Nachlasspfleger oder Testamentsvollstrecker verwalteten Büros oder der Berufsgesellschaft wieder erfüllt sein müssen. [2] In besonders zu begründenden Fällen kann die Frist auf Antrag oder von Amts wegen angemessen über ein Jahr hinaus verlängert werden. [3] Die Ingenieurkammer Hessen kann auf Antrag und Kosten der Erben einen treuhänderischen Verwalter oder Abwickler einsetzen. [4] Im Falle des Abs. 1 Nr. 6 und § 20 Abs. 2 Nr. 1 gilt Satz 1 und 2 entsprechend.

§ 22[1)] Einheitliche Stelle, Verfahren, Fristen, Versicherungsnachweise, Vorwarnmechanismus. (1) Die von der Ingenieurkammer Hessen auf Antrag durchzuführenden Verfahren und Anzeigen nach diesem Gesetz oder aufgrund weiterer Rechtsvorschriften können über eine Einheitliche Stelle nach Teil V Abschnitt 1a des Hessischen Verwaltungsverfahrensgesetzes abgewickelt werden.

(2) [1] Über Eintragungen und Änderungen in ein Berufsverzeichnis oder einer Liste sowie deren Löschung nach diesem Gesetz oder aufgrund weiterer Rechtsvorschriften entscheidet der Vorstand der Ingenieurkammer Hessen. [2] Wird dazu nach Maßgabe einer Satzung ein besonderer Ausschuss bestimmt, der eine Entscheidung nach Satz 1 trifft, führt der Vorstand oder nach Maßgabe einer Geschäftsordnung die Geschäftsstelle dessen Entscheidung aus. [3] Die Präsidentin oder der Präsident oder dessen Stellvertretung kann der Entscheidung eines Ausschusses widersprechen, wenn diese rechtswidrig ist, und die Entscheidung selbst treffen.

(3) [1] Der Antragseingang und die Vollständigkeit sind dem Antragsteller binnen eines Monats zu bestätigen. [2] Wird über einen Antrag in einem Verfahren nach diesem Gesetz oder aufgrund weiterer Rechtsvorschriften auf Anerkennung oder Feststellung einer Berechtigung sowie Eintragung oder Änderung der Eintragung nicht innerhalb einer Frist von drei Monaten entschieden, so gilt der Antrag als genehmigt. [3] Satz 1 gilt nicht im Falle eines von einer zuständigen Stelle außerhalb eines Mitgliedstaates der Europäischen Union (Drittstaat) ausgestellten Nachweises, wenn zu dessen Prüfung ein Gutachten oder eine Stellungnahme einer zuständigen oder mehrerer zuständigen Stellen einzuholen ist und das der antragstellenden Person mitgeteilt wurde. [4] Satz 2 gilt nicht, wenn nach dem Recht der Europäischen Union oder des Landes Hessen Nachweise einer zuständigen Stelle eines Drittstaates wie in einem Mitgliedstaat der Europäischen Union oder im Lande Hessen ausgestell-

[1)] § 22 Abs. 6 geänd. mWv 22.12.2020 durch G v. 11.12.2020 (GVBl. S. 931); Abs. 6 geänd. mWv 12.7.2023 durch G v. 28.6.2023 (GVBl. S. 477); Abs. 6 geänd. mWv 16.7.2024 durch G v. 11.7.2024 (GVBl. Nr. 32).

te Nachweise zu behandeln sind. [5]Im Übrigen gilt § 42a des Hessischen Verwaltungsverfahrensgesetzes.

(4) [1]Die Ingenieurkammer Hessen hat auf Anfrage oder Ersuchen einer zuständigen Stelle eines anderen Bundeslandes oder eines Mitgliedstaates der Europäischen Union oder eines nach dem Recht der Europäischen Union gleichgestellten anderen Staates dieser zu erklären,

1. ob und inwieweit die Führung der Berufsbezeichnung, eine Berechtigung und die Berufsausübung nach diesem Gesetz oder aufgrund weiterer Rechtsvorschriften allgemein oder in Bezug auf eine bestimmte berufsangehörige Person oder Berufsgesellschaft frei oder geregelt ist,
2. ob und wann eine berufsangehörige Person oder Berufsgesellschaft in einem Berufsverzeichnis der Ingenieurkammer Hessen eingetragen ist oder war sowie wann und warum diese Eintragung gelöscht wurde,
3. ob eine berufsangehörige Person oder Berufsgesellschaft nach diesem Gesetz oder weiterer Rechtsvorschriften die Führung einer Berufsbezeichnung oder eines Zusatzes zur Berufsbezeichnung oder eine von der Ingenieurkammer Hessen nach diesem Gesetz oder weiterer Rechtsvorschriften zuerkannten Berechtigung besteht, widerrufen oder untersagt wurde.

[2]Hat die Ingenieurkammer Hessen davon Kenntnis erlangt, dass eine Person die Anerkennung seiner Berufsqualifikation beantragt hat und wird nachfolgend von einem Gericht rechtskräftig festgestellt, dass die Person dabei gefälschte Berufsqualifikationsnachweise im Sinne der §§ 267 bis 271 des Strafgesetzbuches verwendet hat, so hat sie als zuständige Stelle alle übrigen Mitgliedstaaten unverzüglich über das Binnenmarkt-Informationssystem IMI von der Identität dieser Person und dem der Gerichtsentscheidung zugrunde liegenden Sachverhalt zu informieren. [3]Das Verfahren richtet sich nach Art. 56a der Richtlinie 2005/36/EG sowie den dazu ergangenen Durchführungsrechtsakten. [4]Ergänzend zu den Bestimmungen der Durchführungsakte können durch Rechtsverordnung weitere Regelungen zur Umsetzung des Art. 56a der Richtlinie 2005/36/EG getroffen werden. [5]Die von der Warnung betroffenen Berufsangehörigen sind gleichzeitig mit der Warnung durch rechtsmittelfähigen Bescheid von der Entscheidung über die Warnung und den Inhalt der Warnung zu unterrichten. [6]Werden die Gerichtsentscheidungen geändert, sind die Warnungen unverzüglich nach Rechtskraft der Änderung der Gerichtsentscheidung zu löschen.

(5) Der von einem Versicherungsunternehmen eines anderen Mitgliedstaates der Europäischen Union ausgestellte Versicherungsnachweis ist anzuerkennen, wenn daraus folgt, dass dessen Bedingungen und der Deckungsumfang den Bedingungen nach diesem Gesetz oder einer Satzung der Ingenieurkammer Hessen entsprechen, und dieser Nachweis nicht älter als drei Monate ist.

(6) Das Hessische Berufsqualifikationsfeststellungsgesetz findet mit Ausnahme von den in §§ 11, 11a und 11c genannten Regelungen sowie dem § 13 Abs. 7 Satz 2 und § 17 keine Anwendung.

Achter Titel. Ordnungsrecht

§ 23 Obliegenheiten. (1) [1]Den Mitgliedern der Ingenieurkammer Hessen obliegt, ihr unverzüglich

1. Änderungen des Namens, der Staatsangehörigkeit, der Firma und der Postanschrift, unter der sie eingetragen sind,
2. Änderungen in der Führung der Berufsbezeichnung und der Tätigkeitsart,
3. Löschungen oder Änderungen in einem vergleichbar anderen Berufsverzeichnis in einem Bundesland, Mitgliedstaat der Europäischen Union oder anderen Staat,
4. Angaben im Zusammenhang mit der Pflichtteilnahme oder freiwilligen Teilnahme an einer satzungsgemäß eingerichteten Versorgungseinrichtung und zu einer Befreiung davon,
5. Änderungen von satzungsgemäßen Voraussetzungen zur Beitragsbemessung und Beitragsfestsetzung,
6. als Berufsgesellschaft Tatsachen, die zum Widerruf der Berechtigung zur Führung der Berufsbezeichnung oder zum Erlöschen einer nach diesem Gesetz gegebenen Berechtigung geeignet sind, mitzuteilen sowie
7. Auskunft zu geben über den Bestand, die Höhe und einen Ausschluss von Wagnissen der nach diesem Gesetz geforderten Berufshaftpflichtversicherung, über die Gründe ihres Nichtbestehens und über die Erfüllung von Obliegenheiten gegenüber dem Versicherungsunternehmen,
8. auf Anforderung die von der Ingenieurkammer Hessen erhaltenen gültigen Urkunden, Nachweise und sonstigen zur Berufsausübung dienlichen Gegenstände zurückzugeben,
9. fällige Beiträge und Kosten zu entrichten.

[2] Angaben, Auskünfte und Mitteilungen sind in Textform der Ingenieurkammer Hessen zu übermitteln.

(2) [1] Im Geschäftsbereich der Ingenieurkammer Hessen sich niederlassende Berufsangehörige und Berufsgesellschaften haben sich bei dieser unverzüglich anzumelden, soweit diese eine bei ihr in ein Berufsverzeichnis einzutragende Berufsbezeichnung nach anderweitigem Recht bereits führen oder führen werden. [2] Berufsgesellschaften haben mit ihrer Anmeldung eine öffentlich beglaubigte Ausfertigung des Gesellschafts- oder Partnerschaftsgesellschaftsvertrages und einen beglaubigten Auszug aus dem Handels- oder Partnerschaftsregister beizubringen oder können auf bei der Ingenieurkammer Hessen oder einem anderen allgemein zugänglichen gesetzlichen berufsständischen Berufsverzeichnis einer zuständigen Stelle vorliegende unveränderte Eintragungen oder Nachweise Bezug nehmen.

(3) [1] Bei einer schweren oder wiederholt schuldhaften Verletzung einer Obliegenheit kann ein Zwangsgeld bei berufsangehörigen Personen bis zu 5 000 Euro und bei Berufsgesellschaften bis zu 10 000 Euro festgesetzt werden. [2] Das gilt auch für eine nach diesem Gesetz oder aufgrund dieses Gesetzes oder eines anderen Gesetzes durch Rechtsverordnung bestimmten Anzeigepflicht auswärtiger berufsangehörige Personen und Berufsgesellschaften. [3] Das Zwangsgeld fließt der Ingenieurkammer Hessen zu.

§ 24 Berufspflichten. (1) [1] Die in ein Berufsverzeichnis oder eine Liste nach diesem Gesetz oder aufgrund dieses oder eines anderen Gesetzes bei der Ingenieurkammer Hessen eingetragenen Berufsangehörigen sind verpflichtet,

1. die für die Berufsausübung geltenden Rechtsvorschriften und technischen Regeln zu beachten,

2. sich gegenüber berufsangehörigen Personen und Berufsgesellschaften, deren Mitarbeiterinnen und Mitarbeitern und in der Zusammenarbeit mit Angehörigen anderer Berufe kollegial zu verhalten,
3. sich der Teilnahme an Wettbewerben zu enthalten, die durch ihre Verfahrensbedingungen einen lauteren Leistungsvergleich oder die Belange der Ausloberinnen und Auslober, Bewerberinnen und Bewerber sowie Teilnehmerinnen und Teilnehmer in ausgewogener Weise nicht wahren,
4. über ihre berufliche Tätigkeit, Person und Berufsgesellschaft nur sachlich zu informieren und anpreisende, aufdringliche, unlautere oder unsachliche Werbung zu unterlassen,
5. sich nach Maßgabe üblicher Versicherungsbedingungen ausreichend, gegebenenfalls nach Maßgabe einer Satzung der Ingenieurkammer Hessen, gegen Haftpflichtansprüche zu versichern, die aus der Berufsausübung herrühren können, und der Auftraggeberschaft gegenüber Auskunft über den Bestand, die Höhe und Ausschlüsse von Wagnissen der Berufshaftpflichtversicherung zu geben sowie ihre Obliegenheiten gegenüber dem Versicherungsunternehmen zu erfüllen, soweit diese sich auf die Deckung der Berufshaftpflichtversicherung auswirken können,
6. sich den Anforderungen an den Beruf entsprechend fortzubilden und die berufliche Fortbildung ihrer Beschäftigten sowie die berufspraktische Vorbereitung angehender berufsangehöriger Personen zu fördern; weiteres kann die Ingenieurkammer Hessen durch Richtlinien regeln, soweit das nicht durch Rechtsverordnung durch die zuständige Ministerin oder den zuständigen Minister bestimmt wird,
7. die berechtigten Interessen der Auftraggeberschaft und deren im Rahmen der Berufsausübung bekannt gewordenen persönlichen Daten und Geschäfts- und Betriebsgeheimnisse zu wahren,
8. nicht gegen Obliegenheiten nach § 23 Abs. 1 und 2 schuldhaft wiederholt oder in grober Weise zu verstoßen.

[2] Das gilt auch für nach diesem Gesetz gleichgestellte auswärtige berufsangehörige Personen und Berufsgesellschaften, die im Geschäftsbereich der Ingenieurkammer Hessen beruflich tätig sind.

(2) Beratende Ingenieurinnen und Ingenieure und entsprechende Berufsgesellschaften haben ihre Unabhängigkeit und Eigenverantwortung gegenüber der Auftraggeberschaft und anderen Personen und Unternehmen zu wahren und wahren zu lassen.

(3) Bauvorlageberechtigte dürfen Planvorlagen nur unterzeichnen, die von ihnen selbst oder unter ihrer verantwortlichen Leitung verfasst wurden, oder in zulässiger Weise anerkennen.

(4) Ein außerhalb des Berufs liegendes Verhalten ist eine Verletzung der Berufspflichten, wenn es nach den Umständen des Einzelfalles in besonderem Maße geeignet ist, Achtung und Vertrauen in einer für die Ausübung der Berufstätigkeit oder für das Ansehen des Berufsstandes bedeutsamen Weise zu beeinträchtigen.

(5) Mitglieder der Ingenieurkammer Hessen und bei Berufsgesellschaften eine Geschäftsführerin oder ein Geschäftsführer haben zu einem von der Ingenieurkammer Hessen oder von ihr eingesetzten Einrichtung anberaumten Schlichtungs- oder Mediationsverfahren persönlich zu erscheinen.

(6) Die Ingenieurkammer Hessen kann Richtlinien zu den Berufspflichten erlassen.

§ 25 Berufsordnungsverfahren. (1) [1] Die schuldhafte Verletzung der Berufspflichten wird in einem förmlichen Berufsordnungsverfahren (Ehrenverfahren) der Ingenieurkammer Hessen geahndet. [2] Zuständigkeiten anderer berufsständischer Kammern und Berufsgerichte bleiben unberührt.

(2) Ausgeschlossen sind Verfahren

1. wegen politischer, wissenschaftlicher, künstlerischer oder religiöser Ansichten und Handlungen,
2. gegen Personen in einem öffentlichen Dienst-, Anstellungs- oder Amtsverhältnis und Personen, die als Beliehene oder Verpflichtete öffentliche Aufgaben wahrnehmen, hinsichtlich ihrer hieraus sich unmittelbar ergebenden Tätigkeit,
3. gegen Berufsangehörige, die ausschließlich Pflichtmitglied der Architekten- und Stadtplanerkammer Hessen sind, und Berufsgesellschaften mit ausschließlich ihr als Pflichtmitglied angehörenden Gesellschafterinnen und Gesellschaftern,
4. bei anderen dort abgeschlossenen berufsständischen Kammern wegen desselben Sachverhalts.

(3) Einen Antrag auf Einleitung eines Berufsordnungsverfahrens kann stellen

1. die betroffene Person oder Berufsgesellschaft gegen sich selbst,
2. die Präsidentin oder der Präsident der Ingenieurkammer Hessen nach pflichtgemäßem Ermessen.

(4) [1] Ein eingeleitetes Berufsordnungsverfahren ist bis zur Beendigung eines Strafverfahrens auszusetzen, wenn wegen desselben Sachverhaltes öffentliche Klage im strafgerichtlichen Verfahren erhoben worden ist. [2] Die tatsächlichen Feststellungen des Urteils im strafgerichtlichen Verfahren sind für ein Berufsordnungsverfahren bindend. [3] Ist eine Person in einem strafgerichtlichen Verfahren freigesprochen worden oder wurde das strafgerichtliche Verfahren eingestellt, kann wegen desselben Sachverhalts, der Gegenstand der Entscheidung war, ein Berufsordnungsverfahren nur eingeleitet oder fortgesetzt werden, wenn dieser Sachverhalt, ohne den Tatbestand eines Strafgesetzes zu erfüllen, eine Verletzung von Berufspflichten darstellt.

(5) Abs. 4 gilt entsprechend, wenn ein Disziplinarverfahren wegen desselben Sachverhaltes eingeleitet wurde oder ein Straf-, Disziplinar-, Ehrenverfahren oder Berufsordnungsverfahren bei einer anderen berufsständischen Kammer eines Bundeslandes oder nach dem Recht eines anderen Mitgliedstaates der Europäischen Union oder nach dem Recht der Europäischen Union gleichgestellten anderen Staates anhängig ist oder rechtskräftig abgeschlossen wurde.

(6) [1] In einem Berufsordnungsverfahren kann erkannt werden auf

1. einen schriftlichen Verweis,
2. eine Geldauflage bis zu 25 000 Euro bei berufsangehörigen Personen und 50 000 Euro bei Berufsgesellschaften,
3. Verlust der Fähigkeit, Ämter in der Ingenieurkammer Hessen und ihren Einrichtungen und Ausschüssen zu bekleiden,
4. Aberkennung des Wahlrechts und der Wählbarkeit zu den Organen, Einrichtungen und Ausschüssen der Ingenieurkammer Hessen,

5. Löschung der Eintragung in dem Berufsverzeichnis des betreffenden Fachgebiets, in dem Berufsverzeichnis Bauvorlageberechtigter und in dem Berufsverzeichnis der Berufsgesellschaften,
6. Untersagung der Führung der Berufsbezeichnung bei Berufsgesellschaften mit Ausnahme von Partnerschaften.

[2] In den Fällen des Satz 1 Nr. 3 bis 6 ist ein Zeitraum von wenigstens einem und höchstens sieben Jahren zu bestimmen, innerhalb dessen die Folgen der Entscheidung fortbestehen. [3] Bei einer Maßnahme nach Satz 1 Nr. 1 und 3 bis 6 kann zugleich auf eine Maßnahme nach Satz 1 Nr. 2 erkannt werden. [4] Eine Maßnahme nach Satz 1 Nr. 4 schließt die Folge einer Maßnahme nach Satz 1 Nr. 3 ein.

(7) [1] Sind seit der Verletzung der Berufspflicht mehr als fünf Jahre verstrichen, so ist die Einleitung eines Berufsordnungsverfahrens nicht mehr zulässig. [2] Verstößt die Tat auch gegen ein Strafgesetz, so endet die Frist nicht vor der Verjährung der Strafverfolgung. [3] Ist vor Ablauf der Frist ein Berufsordnungsverfahren oder ein Strafverfahren eingeleitet worden, so ist die Frist für die Dauer des Verfahrens gehemmt. [4] Für den Beginn, das Ruhen und die Unterbrechung der Verjährung gelten die §§ 78a bis 78c des Strafgesetzbuches entsprechend.

(8) Geldauflagen fließen der Ingenieurkammer Hessen zu.

(9) [1] Die Präsidentin oder der Präsident der Ingenieurkammer Hessen kann bei einem minder schweren Verstoß gegen Berufspflichten eine schriftliche Rüge erteilen. [2] Mit der Rüge sind weitere Berufsordnungsmaßnahmen wegen des der Rüge zugrunde gelegten Sachverhaltes ausgeschlossen.

Zweiter Teil. Ingenieurkammer Hessen

Erster Abschnitt. Aufgaben, Organisation

§ 26[1)] Körperschaft des öffentlichen Rechts, Mitgliedschaften.

(1) [1] Die Ingenieurkammer Hessen ist eine landesunmittelbare selbstverwaltete Körperschaft des öffentlichen Rechts. [2] Sie wird gebildet durch ihre Pflichtmitglieder. [3] Ihr Sitz ist in Wiesbaden. [4] Sie kann örtliche Untergliederungen bilden. [5] Sie führt ein Dienstsiegel.

(2) Pflichtmitglieder der Ingenieurkammer Hessen sind
1. die in die von ihr geführten Berufsverzeichnisse eingetragenen Beratenden Ingenieurinnen und Ingenieure und die eingetragenen Stadtplanerinnen und Stadtplaner,
2. die in dem Verzeichnis bauvorlageberechtigter Ingenieurinnen und Ingenieure Eingetragenen, ausgenommen bauvorlageberechtigte Personen nach § 67 Abs. 3 der Hessischen Bauordnung[2)],
3. die nach § 12 Abs. 2 Satz 1 von ihr anerkannten Fachingenieurinnen und Fachingenieure und die berufsangehörigen Personen, denen eine zusätzliche Berufsbezeichnung nach § 12 Abs. 2 Satz 1 zuerkannt wurde.

(3) [1] Berufsgesellschaften und auswärtige Berufsangehörige sind keine Pflichtmitglieder. [2] Auf Antrag können als freiwillige Mitglieder Ingenieurin-

---

[1)] § 22 Abs. 2 Nr. 2 geänd. mWv 16.7.2024 durch G v. 11.7.2024 (GVBl. Nr. 32).
[2)] Nr. **1**.

nen und Ingenieure und Berufsgesellschaften nach Maßgabe einer Satzung aufgenommen werden.

(4) [1] Wer als in Abs. 2 genannte berufsangehörige Person aus dem von der Ingenieurkammer Hessen geführten Berufsverzeichnis gestrichen wird, scheidet als deren Pflichtmitglied aus. [2] Eine freiwillige Mitgliedschaft bleibt davon unberührt.

(5) [1] Die Ingenieurkammer Hessen kann nach Maßgabe einer Satzung in der Ingenieurausbildung befindliche Personen als Mitglieder und kann fördernde Mitglieder aufnehmen. [2] Diese haben kein Stimmrecht in der Mitgliederversammlung und können nicht in die Vertreterversammlung gewählt werden.

§ 27[1)] Aufgaben. (1) Aufgaben der Ingenieurkammer Hessen sind

1. die Wahrung und Förderung der beruflichen Belange der Gesamtheit der Kammermitglieder und des Ansehens des Berufsstandes,
2. die nach diesem Gesetz oder aufgrund eines Gesetzes durchzuführenden Anerkennungsverfahren und zu führenden Berufsverzeichnisse zu führen,
3. die Mitwirkung an der Pflege und Weiterentwicklung des Ingenieurwesens, der Baukultur und des Bauwesens sowie des Städtebaus,
4. die Pflege und Förderung der Zusammenarbeit mit anderen berufsständischen Kammern, Berufsverbänden und Einrichtungen,
5. die Förderung der beruflichen Aus-, Fort- und Weiterbildung der Berufsangehörigen sowie des Wettbewerbswesens,
6. die Mitwirkung bei der Ernennung von Sachverständigen,
7. Behörden durch Vorschläge und Stellungnahmen oder in sonstiger Weise in Fragen zu beraten, die Tätigkeitsbereiche der Berufsangehörigen betreffen, insbesondere auch zu geplanten und bestehenden Gesetzen, Verordnungen und Verwaltungsvorschriften sowie zu Verordnungen, Richtlinien, Mitteilungen und Stellungnahmen der Organe der Europäischen Union Stellung zu nehmen,
8. auf die Beilegung von Streitigkeiten, die sich aus der Berufsausübung zwischen Mitgliedern der Ingenieurkammer Hessen oder zwischen diesen und Dritten ergeben, hinzuwirken,
9. auf Anforderung von Gerichten und Behörden Gutachten aus dem ihr nach diesem Gesetz oder aufgrund dieses Gesetzes obliegenden Aufgabenbereich zu erstatten,
10. im Zusammenhang mit dem Ingenieurwesen stehende Fragen des Rechts und der Politik der Europäischen Union, des Bundes und eines Bundeslandes, der Nachhaltigkeit, des Gesundheits-, Umwelt- und Verbraucherschutzes und anderer Sachbereiche aufzugreifen,
11. die aus diesem Gesetz folgenden sowie durch Gesetz oder aufgrund eines Gesetzes durch Rechtsverordnung zugewiesenen Aufgaben durchzuführen und hierzu weitere Berufsverzeichnisse und Listen von Ingenieurinnen und Ingenieuren, für die aus Gründen der öffentlichen Sicherheit oder Ordnung besondere Qualifikationsvoraussetzungen gefordert sind, und andere Berufsverzeichnisse und Listen zu führen sowie Bescheinigungen zum Nachweis der Berufszugehörigkeit und besonderer Qualifikationen auszustellen.

[1)] § 27 Abs. 3 Satz 2 und Abs. 4 geänd. mWv 22.12.2020 durch G v. 11.12.2020 (GVBl. S. 931); Abs. 4 geänd. mWv 12.7.2023 durch G v. 28.6.2023 (GVBl. S. 477).

(2) [1] Die zuständige Ministerin oder der zuständige Minister kann der Ingenieurkammer Hessen weitere Aufgaben durch Rechtsverordnung übertragen, die ihrem Wesen nach zu den Aufgaben einer Ingenieurkammer gehören. [2] Insbesondere kann die Befugnis zur öffentlichen Bestellung und Vereidigung von Sachverständigen für die in diesem Gesetz geregelten Berufsaufgaben übertragen werden. [3] Eine Aufgabenübertragung ist mit dem Vorstand der Ingenieurkammer Hessen zu erörtern.

(3) [1] Die Ingenieurkammer Hessen kann durch Satzung Fachgruppen und örtliche Untergliederungen bilden. [2] Sie kann sich als Gütestelle im Sinne von § 794 Abs. 1 Nr. 1 der Zivilprozessordnung anerkennen lassen und nach dem Mediationsgesetz vom 21. Juli 2012 (BGBl. I S. 1577), geändert durch Verordnung vom 31. August 2015 (BGBl. I S. 1474), Mediationsverfahren vermitteln und hierfür Einrichtungen schaffen oder sich an solchen beteiligen.

(4) Die Ingenieurkammer Hessen kann als zuständige Stelle nach § 117 Abs. 2 Satz 1 des Versicherungsvertragsgesetzes vom 23. November 2007 (BGBl. I S. 2631), zuletzt geändert durch Gesetz vom 22. Februar 2023 (BGBl. 2023 I Nr. 51), für die berufsangehörigen Personen und Berufsgesellschaften mit einer Pflicht zur Berufshaftpflicht durch Rechtsverordnung bestimmt werden.

(5) Die Ingenieurkammer Hessen ist die zuständige Behörde und Kontaktstelle nach dem Recht der Europäischen Union, insbesondere nach Art. 8, 56, 56a und 57 der Richtlinie 2005/36/EG in allen Angelegenheiten ihres Geschäftsbereichs; die Zuständigkeit anderer Behörden bleibt unberührt.

(6) [1] Die Ingenieurkammer Hessen kann zur Durchführung der ihr obliegenden Aufgaben durch Satzung besondere Einrichtungen schaffen oder sich an solchen anderer Träger beteiligen. [2] Sie kann mit anderen zuständigen Stellen in ihrem Geschäftsbereich, in Deutschland, einem anderen Mitgliedstaat der Europäischen Union, einem anderen Staat des Europäischen Wirtschaftsraumes, der Schweiz oder einem weiteren Staat (Drittstaat) Vereinbarungen über die Zusammenarbeit und über Verfahren der Anerkennung berufsbezogener Nachweise treffen.

§ 28[1] Versorgungswerk. (1) Die Ingenieurkammer Hessen kann durch Satzung für ihre Mitglieder, deren Ehegatten oder rechtlich Gleichgestellten und deren Kinder ein Versorgungswerk errichten, sich Versorgungseinrichtungen einer anderen berufsständischen Versorgungs- und Versicherungseinrichtung in der Europäischen Union anschließen, zusammen mit einer oder mehreren Versorgungseinrichtungen eine gemeinsame Versorgungseinrichtung schaffen oder andere berufsständische Versorgungs- oder Versicherungseinrichtungen aufnehmen.

(2) [1] Mitglieder können durch Satzung verpflichtet werden, Teilnehmer an dem von der Ingenieurkammer Hessen bestimmten Versorgungswerk zu werden. [2] Mitglieder, deren Versorgung nach beamtenrechtlichen oder als Bedienstete einer internationalen oder supranationalen Einrichtung oder als Amtsträger nach vergleichbaren anderen rechtsförmlichen Vorschriften geregelt ist, dürfen nicht zur Teilnahme verpflichtet werden.

(3) [1] Die Satzung muss Bestimmungen enthalten über

---

[1] § 28 Abs. 3 Satz 2 neu gef. mWv 22.12.2020 durch G v. 11.12.2020 (GVBl. S. 931); Abs. 3 Satz 2 geänd. mWv 12.7.2023 durch G v. 28.6.2023 (GVBl. S. 477).

1. die versicherungspflichtigen und freiwilligen Mitglieder,
2. die Art und Höhe der Versorgungsleistungen,
3. die Ermittlung und die Höhe der Beiträge,
4. Beginn und Ende der Teilnahme, die Befreiung von der Teilnahme und die freiwillige Teilnahme,
5. Bildung, Zusammensetzung, Wahl, Amtsdauer und Aufgabe der Organe des Versorgungswerkes

und bestimmen, dass Vermögen und Verwaltung des Versorgungswerkes unabhängig und getrennt von dem Vermögen, der Verwaltung, dem Haushalt und den Organen der Ingenieurkammer Hessen sind. [2]Die Anlagegrundsätze und Berichtspflichten des § 124 Abs. 1 sowie der §§ 215 und 216 Abs. 2 des Versicherungsaufsichtsgesetzes vom 1. April 2015 (BGBl. I S. 434), zuletzt geändert durch Gesetz vom 22. Februar 2023 (BGBl. 2023 I Nr. 51), gelten entsprechend. [3]Soweit die Ingenieurkammer Hessen sich einem anderen berufsständischen Versorgungswerk in der Bundesrepublik Deutschland anschließt, darf die Satzung auf die für dieses Versorgungswerk geltenden Vorschriften verweisen.

(4) Die Satzung bedarf der Genehmigung der Aufsichtsbehörde.

(5) [1]Für die Beitreibung rückständiger Beiträge zum Versorgungswerk gilt § 34 Abs. 3 entsprechend. [2]Das gilt auch für Kosten.

§ 29 Organe. (1) [1]Die Organe der Ingenieurkammer Hessen sind
1. die Mitglieder- oder Vertreterversammlung,
2. der Vorstand.

[2]Den Organen können nur Mitglieder der Ingenieurkammer Hessen angehören.

(2) Scheidet ein in ein Kammeramt berufenes Mitglied während seiner Amtszeit aus der Ingenieurkammer Hessen aus, so erlischt gleichzeitig auch sein Kammeramt.

(3) Die Mitglieder der Organe haben nur Anspruch auf Entschädigung für Barauslagen und eine pauschale Aufwandsentschädigung, deren Höhe die Mitgliederversammlung oder die Vertreterversammlung festsetzt.

§ 30 Mitgliederversammlung. (1) Der Mitgliederversammlung gehören alle Mitglieder der Ingenieurkammer Hessen an.

(2) Die Mitgliederversammlung beschließt
1. die Satzungen,
2. die Wahlordnung,
3. die Beitragsordnung,
4. den Haushaltsplan oder Wirtschaftsplan,
5. die Geschäftsordnung für die Mitglieder- oder Vertreterversammlung,
6. die Wahl der Rechnungsprüfer,
7. die Wahl, Abberufung und Entlastung des Vorstandes,
8. die Errichtung eines Versorgungswerkes oder den Anschluss an eine andere berufsständische Versorgungs- oder Versicherungseinrichtung,
9. die Bildung von und Beteiligung an Ausschüssen, Einrichtungen, Fachgruppen und örtlichen Untergliederungen sowie die Wahl und Abberufung

der Mitglieder der Ausschüsse, soweit nach Maßgabe einer Satzung nicht der Vorstand dazu bestimmt wird,

10. die Berufsordnung.

(3) [1] Die Mitgliederversammlung ist mindestens einmal jährlich vom Vorstand einzuberufen. [2] Eine außerordentliche Mitgliederversammlung ist binnen einer Frist von zwei Monaten einzuberufen, wenn der Vorstand das beschließt oder mindestens ein Drittel aller Mitglieder oder ein Drittel aller Pflichtmitglieder unter Angabe des Verhandlungsgegenstandes das schriftlich beim Vorstand beantragen.

(4) [1] Die Mitgliederversammlung ist beschlussfähig, wenn mehr als ein Viertel der Mitglieder und mehr als ein Viertel der Pflichtmitglieder anwesend sind. [2] Ist eine Angelegenheit wegen Beschlussunfähigkeit der Mitgliederversammlung zurückgestellt worden und tritt die Mitgliederversammlung zur Verhandlung über denselben Gegenstand erneut zusammen, so ist sie ohne Rücksicht auf die Zahl der erschienenen Mitglieder beschlussfähig. [3] In der Ladung zu dieser Sitzung ist auf diese Bestimmung ausdrücklich hinzuweisen.

(5) [1] Die Beschlüsse werden unbeschadet des Abs. 4 mit der Mehrheit der abgegebenen Stimmen gefasst. [2] Bei Stimmengleichheit ist ein Antrag abgelehnt. [3] Ein Antrag ist auch dann abgelehnt, wenn eine Mehrheit von zwei Dritteln der erschienenen Pflichtmitglieder gegen ihn gestimmt hat.

(6) Beschlüsse über Satzungen, die Beitragsordnung, die Geschäftsordnung für die Mitgliederversammlung oder Vertreterversammlung sowie über die Abberufung von Mitgliedern des Vorstandes bedürfen einer Mehrheit von zwei Dritteln der anwesenden Mitglieder und der Hälfte der anwesenden Pflichtmitglieder.

§ 31 Vertreterversammlung. (1) Die Mitgliederversammlung kann in der Hauptsatzung beschließen, dass an ihre Stelle die Vertreterversammlung tritt.

(2) Die Mitglieder der Vertreterversammlung werden von den Mitgliedern der Ingenieurkammer Hessen auf die Dauer von fünf Jahren in allgemeiner, gleicher, unmittelbarer, geheimer und freier Wahl gewählt.

(3) [1] Die Mitgliederversammlung erlässt die Wahlordnung. [2] Sie regelt das Nähere über die Ausübung des Wahlrechts, die Durchführung der Wahl, die Anzahl der zu wählenden Vertreterinnen und Vertreter sowie die vorzeitige Beendigung der Mitgliedschaft zur Vertreterversammlung. [3] Die Wahlordnung bestimmt ferner, wie die Fachrichtungen und die Tätigkeitsarten bei der Zusammensetzung der Vertreterversammlung zu berücksichtigen sind.

(4) Die Vorschriften über Aufgaben und Beschlussfassung der Mitgliederversammlung nach § 30 gelten für die Vertreterversammlung entsprechend.

§ 32 Vorstand. (1) [1] Der Vorstand besteht aus der Präsidentin oder dem Präsidenten, der Stellvertreterin (Vizepräsidentin) oder dem Stellvertreter (Vizepräsidenten), der Schatzmeisterin oder dem Schatzmeister und drei weiteren Mitgliedern. [2] Die Mitgliederversammlung kann beschließen, dass dem Vorstand abweichend von Satz 1 zwei Vizepräsidentinnen oder Vizepräsidenten und zwei weitere Mitglieder angehören. [3] Die Präsidentin oder der Präsident oder eine Vizepräsidentin oder ein Vizepräsident und zwei weitere Mitglieder des Vorstands müssen Pflichtmitglieder sein.

(2) [1] Der Vorstand wird von der Mitgliederversammlung für die Dauer von drei Jahren gewählt. [2] Die Hauptsatzung kann bestimmen, dass dieser für die Dauer von bis zu fünf Jahren gewählt wird. [3] Scheidet ein Mitglied des Vorstandes vorzeitig aus, so wird in der nächsten Mitgliederversammlung für den Rest seiner Amtszeit ein neues Mitglied gewählt.

(3) [1] Kommt eine Wahl des Vorstandes in der Zusammensetzung nach Abs. 1 nicht im ersten Wahlgang zustande, so ist die Wahl einmal zu wiederholen. [2] Wird auch bei der Wiederholung kein Vorstand gemäß Abs. 1 gewählt, so wählen Pflichtmitglieder und freiwillige Mitglieder die ihrem Bereich zugehörigen Mitglieder des Vorstandes in getrennten Wahlgängen.

(4) [1] Der Vorstand führt die Geschäfte der Ingenieurkammer Hessen. [2] Er ist insbesondere zuständig für die nach diesem Gesetz und weiterer Rechtsvorschriften durchzuführenden

1. Auskunfts-, Anerkennungs-, Eintragungs-, Feststellungs-, Löschungs- und Zuerkennungsverfahren,
2. Berufsverzeichnisse, Listen und Register,
3. Erklärungen der Unbedenklichkeit einer in der Bezeichnung, Geschäftsbezeichnung oder Firma einer Berufsgesellschaft zu führenden Berufsbezeichnung,
4. Überwachungen der Einhaltung der Obliegenheiten und Berufspflichten,
5. Prüfung und Ausstellung der für die Berufsausübung erforderlichen oder beantragten Nachweise,
6. Anerkennungen von Fortbildungsveranstaltungen und
7. Ordnungswidrigkeitsverfahren.

(5) [1] Die Präsidentin oder der Präsident oder die Stellvertreterin oder der Stellvertreter vertritt die Ingenieurkammer Hessen gerichtlich und außergerichtlich. [2] Erklärungen, durch die die Ingenieurkammer Hessen verpflichtet werden soll, bedürfen der Schriftform.

(6) [1] Für die laufenden Geschäfte hat der Vorstand eine Geschäftsstelle einzurichten und dieser die Erledigung der laufenden Geschäfte und Aufgaben nach Abs. 4 zu übertragen. [2] Einzelne Geschäfte können auch einer anderen Stelle übertragen werden. [3] Vorgesetzte oder Vorgesetzter der Geschäftsführerin oder des Geschäftsführers ist die Präsidentin oder der Präsident, im Fall deren oder dessen Verhinderung oder Auftrags deren oder dessen Stellvertreterin oder Stellvertreter. [4] Weiteres zur Aufgabenwahrnehmung und Besetzung ist durch eine Geschäftsordnung des Vorstandes zu bestimmen.

§ 32a[1)] *(aufgehoben)*

§ 33 Hauptsatzung. (1) Die Ingenieurkammer Hessen gibt sich eine Hauptsatzung.

(2) [1] Die Hauptsatzung muss Bestimmungen enthalten über

1. die Einberufung der Mitglieder- oder Vertreterversammlung,
2. die Geschäftsführung der Ingenieurkammer Hessen,
3. die Einberufung und die Geschäftsordnung des Vorstandes,
4. die Voraussetzungen einer Abberufung des Vorstandes,

[1)] § 32a aufgeh. mWv 1.1.2023 durch G v. 15.12.2020 (GVBl. S. 950, geänd. S. 992).

5. die Anzahl und Wahl der Rechnungsprüfer.

[2] Sie kann unbeschadet der nach diesem Gesetz oder aufgrund dieses oder eines anderen Gesetzes bestehenden Vorschriften Bestimmungen über

1. die weitere Art und den Ort von Bekanntmachungen,
2. die Bildung von Ausschüssen und Einrichtungen,
3. die Einziehung von Urkunden,
4. weitere nach diesem Gesetz durch Satzung zu regelnde Vorschriften enthalten.

(3) Die Hauptsatzung kann unbeschadet der gesetzlichen Obliegenheiten und Berufspflichten nach diesem Gesetz weitere Bestimmungen über Anzeigenpflichten der Mitglieder gegenüber der Ingenieurkammer Hessen enthalten.

§ 34[1)] Finanzwesen. (1) [1] Die Kosten der Errichtung und Tätigkeit der Ingenieurkammer Hessen werden, soweit sie nicht anderweitig gedeckt sind, durch Beiträge der Kammermitglieder nach Maßgabe einer Beitragsordnung aufgebracht. [2] Der Vorstand stellt für jedes Rechnungsjahr einen Haushaltsplan oder Wirtschaftsplan auf und legt ihn der Mitgliederversammlung oder der Vertreterversammlung zur Beschlussfassung vor. [3] Der Haushaltsplan oder Wirtschaftsplan muss den Grundsätzen eines sparsamen und wirtschaftlichen Haushaltens entsprechen.

(2) [1] Die Ingenieurkammer Hessen ist befugt, für Amtshandlungen, für die Inanspruchnahme von Einrichtungen und für sonstige Leistungen, die keine Amtshandlungen sind, Kosten (Gebühren und Auslagen) nach Maßgabe einer Kostenordnung mit Kostenverzeichnis zu erheben. [2] Bei der Bemessung der Gebühr ist nur von dem mit der Amtshandlung oder der sonstigen Leistung verbundenen Verwaltungsaufwand aller an der Amtshandlung Beteiligten auszugehen. [3] Die Kostenordnung und das Kostenverzeichnis erlässt der Vorstand.

(3) [1] Die Gemeinden, für Gemeinden ohne Vollziehungsbeamte die Landkreise, sind auf Ersuchen der Ingenieurkammer Hessen verpflichtet, Beiträge, Gebühren, Ordnungs- und Zwangsgelder, Geldauflagen in Berufsordnungsverfahren und Kosten nach Abs. 2 gegen eine Vergütung von 5 Prozent der zu erhebenden Beträge beizutreiben. [2] Uneinbringliche Beitreibungskosten (Gebühren und Auslagen) sind von der Ingenieurkammer Hessen zu erstatten.

(4) [1] Das Finanzwesen kann in Form der leistungsbezogenen Planaufstellung und Bewirtschaftung entsprechend § 7a der Hessischen Landeshaushaltsordnung in der Fassung der Bekanntmachung vom 15. März 1999 (GVBl. I S. 248), zuletzt geändert durch Gesetz vom 12. Juli 2021 (GVBl. S. 338), in der am 14. April 2022 geltenden Fassung, sowie in Form der Buchführung und Bilanzierung nach den Grundsätzen des Handelsgesetzbuches entsprechend § 71a der Hessischen Landeshaushaltsordnung in der am 14. April 2022 geltenden Fassung ausgeführt werden. [2] Die Entscheidung darüber trifft der Vorstand.

§ 35[2)] Staatsaufsicht. (1) [1] Staatsaufsichtsbehörde der Ingenieurkammer Hessen ist das zuständige Ministerium. [2] Durch Rechtsverordnung kann die Staatsaufsicht auf eine nachgeordnete Behörde übertragen werden.

[1)] § 34 Abs. 4 Satz 1 geänd. mWv 22.12.2020 durch G v. 11.12.2020 (GVBl. S. 931); Abs. 4 Satz 1 geänd. mWv 12.7.2023 durch G v. 28.6.2023 (GVBl. S. 477).

[2)] § 35 Abs. 2 Satz 1 neu gef. mWv 25.5.2018 durch G v. 3.5.2018 (GVBl. S. 82).

(2) [1]Die Staatsaufsicht erstreckt sich auf die Beachtung dieses Gesetzes und des maßgeblichen Rechts der Europäischen Union und der zu ihrer Durchführung ergangenen Rechtsverordnungen, Richtlinien, Entscheidungen und Verwaltungsvorschriften sowie der Satzungen. [2]Die Aufsichtsbehörde kann rechtswidrige Entscheidungen der Ingenieurkammer Hessen oder rechtswidrige Beschlüsse deren Organe außer Kraft setzen und Maßnahmen rückgängig machen, die aufgrund eines rechtswidrigen Beschlusses erfolgt sind.

(3) [1]Erfüllt die Ingenieurkammer Hessen die ihr obliegenden Pflichten oder Aufgaben nicht, so kann die Staatsaufsichtsbehörde verlangen, dass die Ingenieurkammer Hessen innerhalb einer bestimmten Frist das Erforderliche veranlasst. [2]Kommt sie diesem Verlangen nicht nach, so kann die Staatsaufsichtsbehörde anstelle und auf Kosten der Ingenieurkammer Hessen die erforderlichen Maßnahmen selbst ergreifen oder von Dritten durchführen lassen.

(4) Reichen die Befugnisse nach Abs. 1 bis 3 nicht aus, um die Erfüllung der Pflichten und Aufgaben der Ingenieurkammer Hessen zu gewährleisten, so kann die Aufsichtsbehörde Beauftragte bestellen, die einzelne oder alle Pflichten oder Aufgaben der Ingenieurkammer Hessen wahrnehmen oder erfüllen.

(5) [1]Die Staatsaufsichtsbehörde ist zu den Mitglieder- oder Vertreterversammlungen sowie auf Verlangen zu den Sitzungen des Vorstandes und von Ausschüssen und Einrichtungen einzuladen. [2]Beauftragten der Staatsaufsichtsbehörde ist jederzeit das Wort zu erteilen. [3]Auf Verlangen der Staatsaufsichtsbehörde ist die Mitglieder- oder Vertreterversammlung unverzüglich einzuberufen.

(6) [1]Der Vorstand der Ingenieurkammer Hessen erstattet der Staatsaufsichtsbehörde jährlich einen Tätigkeitsbericht über das abgelaufene Haushalts- oder Geschäftsjahr. [2]Die Staatsaufsichtsbehörde kann vom Vorstand jederzeit Auskunft über Angelegenheiten der Ingenieurkammer Hessen verlangen.

(7) Die Staatsaufsichtsbehörde kann nach Maßgabe einer Kostenordnung für die allgemeine Aufsicht und für Amtshandlungen der Staatsaufsicht Gebühren und Auslagen erheben.

Zweiter Abschnitt. Verfahren, Datenschutz, Rechtsverordnungen

§ 36[1)] Rechts- und Verwaltungsvorschriften, Genehmigungs- und Anzeigepflichten, Bekanntmachungen. (1) [1]Bei dem Erlass neuer oder der Änderung bestehender Rechts- und Verwaltungsvorschriften, die dem Geltungsbereich der Richtlinie 2005/36/EG des Europäischen Parlaments und des Rates vom 7. September 2005 über die Anerkennung von Berufsqualifikationen (ABl. EU Nr. L 255 S. 22, 2007 Nr. L 271 S. 18, 2008 Nr. L 93 S. 28, 2009 Nr. L 33 S. 49, 2014 Nr. L 305 S. 115), zuletzt geändert durch Richtlinie (EU) 2024/505 des Europäischen Parlaments und des Rates vom 7. Februar 2024 (ABl. 2024 L Nr. 505) in der jeweils geltenden Fassung unterfallen, sind die Vorgaben der Richtlinie (EU) 2018/958 des Europäischen Parlaments und des Rates vom 28. Juni 2018 über eine Verhältnismäßigkeitsprüfung vor Erlass neuer Berufsreglementierungen (ABl. EU Nr. L 173 S. 25) in der jeweils

[1)] § 36 Überschrift neu gef., Abs. 1 und Abs. 2 eingef., bish. abs. 1 und 2 werden Abs. 3 und 4 und neuer Abs. 3 Satz 2 neu gef., Sätze 4-6 angef., bish. Abs. 3 wird Abs. 5, Abs. 6 angef. mWv 22.12. 2020 durch G v. 11.12.2020 (GVBl. S. 931); Abs. 1 Satz 1 neu gef. mWv 26.6.2024 durch G v. 24.6. 2024 (GVBl. Nr. 22); Abs. 1 Satz 2 geänd. mWv 16.7.2024 durch G v. 11.7.2024 (GVBl. Nr. 32).

geltenden Fassung einzuhalten. [2]Eine Vorschrift im Sinne von Satz 1 ist auf ihre Verhältnismäßigkeit, insbesondere auf die Einhaltung der Vorgaben der Art. 5 bis 7 der Richtlinie (EU) 2018/958, anhand des Prüfrasters für die Verhältnismäßigkeitsprüfung nach Anlage 2 zu prüfen. [3]Der Umfang der Prüfung muss im Verhältnis zu der Art, dem Inhalt und den Auswirkungen der Vorschrift stehen. [4]Die Vorschrift ist so ausführlich zu erläutern, dass die Aufsichtsbehörde ihre Übereinstimmung mit dem Verhältnismäßigkeitsgrundsatz bewerten kann. [5]Die Gründe, aus denen sich ergibt, dass sie gerechtfertigt und verhältnismäßig ist, sind durch qualitative und, soweit möglich und relevant, quantitative Elemente zu substanziieren.

(2) [1]Vor dem Erlass oder der Änderung einer Vorschrift im Sinne des Abs. 1 Satz 1 ist die Öffentlichkeit nach Art. 8 der Richtlinie (EU) 2018/958 zu beteiligen. [2]Vor der Beschlussfassung der Mitglieder- oder Vertreterversammlung über eine Vorschrift ist auf der Internetseite der Kammer ein Entwurf für einen Zeitraum von mindestens zwei Wochen mit der Gelegenheit zur Stellungnahme zu veröffentlichen. [3]Das Nähere wird durch die Hauptsatzung bestimmt; insbesondere ist sicherzustellen, dass eingehende Stellungnahmen in den Entscheidungsprozess der Mitglieder- oder Vertreterversammlung einfließen können.

(3) [1]Die Satzungen, der Haushalts- oder Wirtschaftsplan, die Kostenordnung und die Festsetzung der Entschädigung und Aufwandsentschädigung für die Mitglieder der Organe der Ingenieurkammer Hessen sind der Aufsichtsbehörde binnen einer Frist von vier Wochen nach Beschlussfassung in einer ausgefertigten Fassung vorzulegen. [2]Die Hauptsatzung, die Wahlordnung, die Satzung zur Führung einer Fachbezeichnung nach § 12, die Ausgleichsmaßnahmensatzung nach § 18 sowie alle Rechts- und Verwaltungsvorschriften, einschließlich der Vorgenannten, die die Voraussetzungen des Abs. 1 Satz 1 erfüllen, bedürfen zu ihrer Wirksamkeit der Genehmigung der Aufsichtsbehörde. [3]Sie sind mit dem Genehmigungsvermerk bekanntzumachen. [4]Im Rahmen der Genehmigung von Vorschriften im Sinne des Abs. 1 Satz 1 hat die Aufsichtsbehörde auch zu prüfen, ob die Vorgaben der Richtlinie (EU) 2018/958 in der jeweils geltenden Fassung eingehalten wurden. [5]Zu diesem Zweck hat die Kammer der Aufsichtsbehörde die Unterlagen zuzuleiten, aus denen sich die Einhaltung der Vorgaben nach den Abs. 1 und 2 ergibt. [6]Insbesondere hat die Kammer die Gründe zu übermitteln, aufgrund derer sie die Vorschrift im Sinne des Abs. 1 Satz 1 als gerechtfertigt, notwendig und verhältnismäßig im Sinne der Richtlinie (EU) 2018/958 beurteilt hat.

(4) [1]Satzungen und die Kostenordnung mit Kostenverzeichnis sowie andere nach diesem Gesetz oder aufgrund dieses oder eines anderen Gesetzes zu veröffentlichende Vorschriften, Mitteilungen, Berufsverzeichnisse und Listen sind im Staatsanzeiger für das Land Hessen bekanntzumachen. [2]Die Bekanntmachung kann dort als Hinweis in abgekürzter Form erfolgen, wenn der vollständige Text mit Ausfertigungsvermerk und gegebenenfalls mit Genehmigungsvermerk von der Ingenieurkammer Hessen in elektronischer Form allgemein zugänglich gehalten oder eine Kopie auf Anforderung übersandt wird. [3]In der abgekürzten Bekanntmachung ist darauf hinzuweisen. [4]Für die Einsichtnahme und das Ausdrucken dürfen keine Kosten erhoben werden; bei Übersendung von Kopien kann nur Ersatz der Portokosten verlangt werden. [5]Eine Bekanntmachung in anderen Medien bleibt unberührt.

(5) Satzungen und die Kostenordnung mit Kostenverzeichnis und deren Änderung und Aufhebung treten am ersten Tag des nach der Bekanntmachung folgenden dritten Monats in Kraft, soweit kein anderer Zeitpunkt bestimmt ist.

(6) [1] Die Kammer hat nach dem Erlass oder der Änderung einer Vorschrift nach Abs. 1 Satz 1 deren Übereinstimmung mit dem Verhältnismäßigkeitsgrundsatz zu überwachen und bei einer Änderung der Umstände zu prüfen, ob die Vorschrift anzupassen ist. [2] Dies ist durch die Aufsichtsbehörde im Rahmen der Aufsicht zu prüfen. [3] Die Gründe für die Beurteilung von Vorschriften als gerechtfertigt, notwendig und verhältnismäßig, die nach der Richtlinie (EU) 2018/958 geprüft wurden, und die der Kommission nach Art. 59 Abs. 5 der Richtlinie 2005/36/ EG zusammen mit den Vorschriften mitzuteilen sind, werden von der Aufsichtsbehörde in der in Art. 59 Abs. 1 der Richtlinie 2005/ 36/EG genannten Datenbank für reglementierte Berufe eingetragen. [4] Die Aufsichtsbehörde nimmt die zu den Eintragungen vorgebrachten Stellungnahmen anderer Mitgliedstaaten der Europäischen Union und diesen gleichgestellten Staaten sowie interessierter Kreise entgegen.

§ 37 Ordnungsgeld. (1) [1] Der Vorstand der Ingenieurkammer Hessen kann gegen Mitglieder oder in einem von ihr geführten Berufsregister, Berufsverzeichnis und Berufsgesellschaftsverzeichnis eingetragene Berufsangehörige und Berufsgesellschaften, die ihre satzungsgemäßen oder rechtsverbindlichen Obliegenheiten und Berufspflichten schuldhaft verletzen, ein Ordnungsgeld bis zu 25 000 Euro festsetzen. [2] Das Ordnungsgeld muss vorher schriftlich angedroht werden. [3] Die Androhung und die Festsetzung des Ordnungsgeldes sind der oder dem Betroffenen zuzustellen.

(2) [1] Die Ordnungsgelder fließen der Ingenieurkammer Hessen zu. [2] Sie werden wie Beitragsrückstände beigetrieben.

(3) Wird ein Ordnungsgeld festgesetzt, ist ein Berufsordnungsverfahren in derselben Angelegenheit ausgeschlossen.

§ 38[1)] Datenschutz, Auskünfte. (1) [1] In die nach diesem Gesetz und aufgrund von Rechtsvorschriften zu führenden Berufsverzeichnisse können folgende Angaben eingetragen werden, soweit das zur ordnungsgemäßen Durchführung der Aufgaben nach diesem Gesetz oder aufgrund weiterer Rechtsvorschriften erforderlich ist:

1. Familien-, Vor- und Geburtsnamen, frühere Namen, Datum und Ort der Geburt, Staatsangehörigkeit, Ordens- oder Künstlernamen, eine geschlechtsbezogene Anrede, akademische Grade,
2. die Anschrift des Ortes der Niederlassung, der Anstellung, der Hauptwohnung und einer anderen maßgeblichen Wohnung,
3. die Berufsbezeichnung und Tätigkeitsart sowie Zusätze zur Berufsbezeichnung,
4. das Datum der Eintragung, deren Änderung und deren Löschung,
5. die Berufsverzeichnis-, Listen- oder Mitgliedsnummer und Übermittlungssperren,
6. Eintragungen in Berufsverzeichnisse, Verzeichnisse und Listen anderer berufsständischer Kammern und amtliche Register in einem anderen Bundes-

1) § 38 Abs 3 Satz 1 neu gef. mWv 16.7.2024 durch G v. 11.7.2024 (GVBl. Nr. 32).

land, einem anderen Mitgliedstaat der Europäischen Union und einem weiteren Staat,

7. Interessens- und Tätigkeitsschwerpunkte, elektronische Post- und Internet-Adressen, besondere Rechte und Befähigungen als berufsangehörige Person sowie andere berufsfördernde Merkmale aufgrund freiwilliger Angaben,
8. in einem besonderen Berufsverzeichnis Anzeigen und Angaben Auswärtiger nach § 17, die im Geschäftsbereich anzeigepflichtige Dienstleistungen vorübergehend erbringen, ohne dass die betreffende Person oder Berufsgesellschaft damit Mitglied der Ingenieurkammer Hessen oder eines Versorgungswerkes oder einer anderen Einrichtung wird,
9. weitere zur Verwaltung der Eintragungen notwendige Ordnungsmerkmale.

[2] Das Nähere bestimmt der Vorstand der Ingenieurkammer Hessen.

(2) Zu statistischen Zwecken nach dem Recht der Europäischen Union sind getrennt einzutragen der Heimat- und Herkunftsstaat sowie der Ort und Name der Ausbildungsstätte, bei der der berufsqualifizierende Abschluss erworben wurde, und nach dem Recht der Europäischen Union anerkannte, von den Vorschriften dieses Gesetzes oder aufgrund eines Gesetzes durch Rechtsverordnung erlassenen Vorschriften abweichende Rechte, die zur Niederlassung oder Erbringung von Dienstleistungen im Geltungsbereich dieses Gesetzes berechtigen.

(3) [1] Fünf Jahre nach der Löschung der Eintragung in einem Berufsverzeichnis, anderen Verzeichnissen oder Registern und einer Maßnahme nach §§ 11c Abs. 5 Satz 1, 17 Abs. 6, 23 und 25 sowie nach der Ausführung personenbezogener Abfragen und Auskünfte nach Abs. 4 und § 22 Abs. 4 und 5 sind alle gespeicherten Daten zu löschen, sofern diese zur Erfüllung der Aufgaben der Ingenieurkammer Hessen nicht weiter erforderlich sind oder die betroffene Person oder Berufsgesellschaft nicht die weitere Speicherung beantragt. [2] Die Pflicht zur weiteren Speicherung und Löschung nach Maßgabe anderen Rechts bleibt unberührt. [3] Die Betroffenen sind vor der Löschung der Eintragung in einem Berufsverzeichnis oder Register nach Satz 1 auf ihr Recht auf eine weitere Speicherung schriftlich hinzuweisen.

(4) [1] Wer ein berechtigtes Interesse an den nach Abs. 1 und 2 erhobenen Daten glaubhaft macht, dem ist Auskunft über einzelne oder alle Eintragungen zu erteilen. [2] Solche Daten dürfen ganz oder teilweise von der Ingenieurkammer Hessen veröffentlicht oder allgemein an Dritte weitergegeben werden, solange dem von der eingetragenen Person schriftlich zugestimmt wurde. [3] Empfänger von im Einzelfall übermittelten Daten sind verpflichtet, die Daten nur zu dem bestimmungsgemäßen Zweck zu verwenden und danach unverzüglich oder bei einer begründeten weiteren Speicherung spätestens fünf Jahre nach dem Empfang der Daten zu löschen.

§ 39[1)] Rechtsverordnungen. (1) Die zuständige Ministerin oder der zuständige Minister wird ermächtigt, durch Rechtsverordnungen Regelungen zu treffen über

1. den Inhalt, Umfang und Nachweis der für die Berufsbezeichnung erforderlichen praktischen Tätigkeit einschließlich Baustellenpraxis, der Fortbildung während der Berufspraxis und die Anerkennung von in anderen Mitglied-

---

[1)] § 39 Abs. 1 Nr. 1 und 4 geänd. mWv 16.7.2024 durch G v. 11.7.2024 (GVBl. Nr. 32).

staaten oder in Drittländern absolvierten Berufspraktika nach § 5 Abs. 1 Satz 1, § 8 Abs. 1 Nr. 3,
2. die von den Mitgliedern der Ingenieurkammer Hessen in ihren Fachgebieten wahrzunehmenden Fortbildungsmaßnahmen,
3. die Anpassung der Mindestversicherungssumme nach § 15 Abs. 2,
4. Ausgleichsmaßnahmen nach § 11b Abs. 2 und § 18 Abs. 1 insbesondere nach Maßgabe des Art. 14 der Richtlinie 2005/36/EG,
5. die Bestimmung der Ingenieurkammer Hessen als zuständige Stelle nach *§ 117 Abs. 2 Satz Versicherungsvertragsgesetz*[1] und weitere Aufgaben nach § 27 Abs. 2 und Abs. 4,
6. die Ergänzung zu den Bestimmungen der Durchführungsakte zur Umsetzung des Art. 56a der Richtlinie 2005/36/EG.

(2) Soweit es zur Abwendung oder Erfüllung bindender Rechtsakte der Europäischen Union, Rechtsvorschriften und Entscheidungen der Bundesrepublik Deutschland und Entscheidungen deutscher Gerichte erforderlich ist, wird die zuständige Ministerin oder der zuständige Minister ermächtigt, durch Rechtsverordnung Regelung zu treffen über
1. die Voraussetzungen und Führung der Berufsbezeichnung,
2. die Ausübung des Niederlassungsrechts und des Rechts auf freien Dienstleistungsverkehr,
3. die Anerkennung und Ausstellung von Nachweisen,
4. die Teilnahme an und Ausführung von Auskunftsersuchen insbesondere in Binnenmarkt-Informationssystemen,
5. den Inhalt und das Verfahren zur Ausstellung Europäischer Berufsausweise und des Umgangs mit IMI-Dateien im Sinne des Art. 4a Abs. 5 der Richtlinie 2005/36/EG,
6. weitere Aufgaben,

insbesondere nach der Richtlinie 2005/36/EG sowie der Richtlinie 2006/123/EG des Europäischen Parlaments und des Rates vom 12. Dezember 2006 über Dienstleistungen im Binnenmarkt (ABl. EU Nr. L 376 S. 36) sowie nach Richtlinien der Europäischen Union zum öffentlichen Auftragswesen, nach Abkommen über den Beitritt weiterer Staaten zur Europäischen Union und über Abkommen mit anderen Staaten und Organisationen sowie sonstiger Rechtsakte der Europäischen Union.

Dritter Teil. Bußgeldvorschriften, Übergangs- und Schlussvorschriften

§ 40[2] Bußgeldvorschriften. (1) Ordnungswidrig handelt, wer vorsätzlich oder fahrlässig
1. unbefugt eine Berufsbezeichnung oder einen Zusatz dazu führt oder führen lässt oder einen zu führenden Zusatz zu führen unterlässt oder führen lässt oder eine Befugnis zu besitzen vorgibt, ohne dazu nach § 1, § 3 Abs. 1 bis 4, § 6 Abs. 1, 2, 3 Satz 2 und Abs. 4 Satz 1, § 9 Abs. 1 Satz 1 oder § 12 Abs. 2 berechtigt zu sein,

---

[1] Zitierweise amtlich.
[2] § 40 Abs. 3 Satz 1 geänd. mWv 22.12.2020 durch G v. 11.12.2020 (GVBl. S. 931).

2. personenbezogene Daten entgegen den Pflichten nach § 38 Abs. 4 Satz 3 verarbeitet oder nicht fristgemäß löscht.

(2) Die Ordnungswidrigkeit kann mit einer Geldbuße in Höhe bis zu 10 000 Euro geahndet werden.

(3) [1] Verwaltungsbehörde im Sinne des § 36 Abs. 1 Nr. 1 des Gesetzes über Ordnungswidrigkeiten in der Fassung der Bekanntmachung vom 19. Februar 1987 (BGBl. I S. 602), zuletzt geändert durch Gesetz vom 19. Juni 2020 (BGBl. I S. 1328), ist die Ingenieurkammer Hessen. [2] Die Geldbußen und Verwarnungsgelder fließen in die Kasse der Ingenieurkammer Hessen. [3] Sie hat die notwendigen Auslagen zu tragen, die einem Betroffenen nach § 105 Abs. 2 des Gesetzes über Ordnungswidrigkeiten zu erstatten sind. [4] Für die Beitreibung der Geldbußen, Verwarnungsgelder, Gebühren, Auslagen und sonstigen Kosten aufgrund eines Bußgeldbescheides der Ingenieurkammer Hessen gilt § 34 Abs. 3 entsprechend.

(4) [1] Die Zuständigkeit einer anderen Behörde zur Verfolgung einer Ordnungswidrigkeit nach anderem Recht entsprechend dem Abs. 1 Nr. 2 bleibt unberührt. [2] Für denselben Verstoß kann nur einmal ein Bußgeldverfahren durchgeführt werden.

§ 41[1)] Übergangsvorschriften. (1) Wer nach dem Ingenieurgesetz vom 15. Juli 1970 (GVBl. I S. 407) oder dem Ingenieurkammergesetz vom 30. September 1986 (GVBl. I S. 281) in der jeweils am 8. Dezember 2015 geltenden Fassung berechtigt ist, eine nach diesen Gesetzen geschützte Berufsbezeichnung zu führen, bleibt weiter dazu berechtigt.

(2) [1] Wer am Tag vor dem Inkrafttreten dieses Gesetzes in das Berufsverzeichnis bauvorlageberechtigter Ingenieurinnen und Ingenieure der Ingenieurkammer Hessen eingetragen ist, bleibt unter den Bedingungen des § 19a Abs. 4 bis 8 des Ingenieurkammergesetzes bauvorlageberechtigt und ist von Pflichtmitgliedschaft nach § 26 Abs. 2 Nr. 2 bis zum 31. Dezember 2023 freigestellt. [2] Das gilt auch im Falle eines nach § 19a Abs. 9 ausgestellten Nachweises über die Bauvorlageberechtigung. [3] Ist am Tag des Inkrafttretens dieses Gesetzes die Eintragung einer bauvorlageberechtigten Person nach § 19a Abs. 4 Satz 1 des Ingenieurkammergesetzes gelöscht oder zu löschen oder ist ein befristeter Nachweis der Bauvorlageberechtigung nach § 19a Abs. 8 Satz 1 des Ingenieurkammergesetzes abgelaufen, erfolgt nur noch eine Eintragung nach § 10 dieses Gesetzes.

(3) Wer bis zum Ablauf des 31. Dezember 2020 die Eintragungsvoraussetzungen als Stadtplanerin und Stadtplaner nach § 19b Abs. 2 bis 4 des Ingenieurkammergesetzes in der am 8. Dezember 2015 geltenden Fassung erfüllt, ist auf Antrag in das Berufsverzeichnis nach § 8 dieses Gesetzes einzutragen.

(4) [1] Die am 8. Dezember 2015 bestehende Ingenieurkammer Hessen besteht in der Besetzung des gewählten Vorstandes als die nach diesem Gesetz fort. [2] Die nach § 3 Abs. 1 und 2 des Ingenieurkammergesetzes in der am 8. Dezember 2015 geltenden Fassung bestehenden Mitgliedschaften bestehen als solche nach diesem Gesetz weiter.

(5) Die von der Ingenieurkammer Hessen aufgrund des Ingenieurkammergesetzes erlassenen Satzungen und die Kostenordnung mit Kostenverzeichnis

[1)] § 41 Abs. 9 angef. mWv 16.7.2024 durch G v. 11.7.2024 (GVBl. Nr. 32).

bestehen als solche nach diesem Gesetz fort und können nach Maßgabe dieses Gesetzes geändert und aufgehoben werden.

(6) [1] Der nach § 4 Abs. 1 Nr. 3 des Ingenieurkammergesetzes in der am 8. Dezember 2015 geltenden Fassung bestehende Eintragungsausschuss besteht als ein von der Ingenieurkammer Hessen durch Satzung einsetzbarer Eintragungsausschuss fort. [2] Die nach § 7 Abs. 4 des Ingenieurkammergesetzes in der am 8. Dezember 2015 geltenden Fassung bestellten Mitglieder bleiben bis zu einer nach Maßgabe der Satzung erfolgten Bestellung im Amt.

(7) [1] Die nach dem Ingenieurgesetz und dem Ingenieurkammergesetz in der jeweils am 8. Dezember 2015 geltenden Fassung getroffenen Entscheidungen, Eintragungen und Löschungen sowie die ausgestellten Nachweise bleiben unberührt. [2] Die nach dem Ingenieurgesetz und dem Ingenieurkammergesetz in der jeweils am 8. Dezember 2015 geltenden Fassung eingeleiteten Verfahren sind nach den bisherigen Verfahrensvorschriften weiterzuführen, es sei denn, die Vorschriften nach diesem Gesetz sind für die betroffene berufsangehörige Person oder Berufsgesellschaft günstiger.

(8) Der nach § 3a Abs. 1 des Ingenieurkammergesetzes in der am 8. Dezember 2015 geltenden Fassung bestehende Anschluss an ein berufsständisches Versorgungswerk besteht als solcher nach diesem Gesetz fort.

(9) [1] Die nach dem Hessischen Ingenieurgesetz in der am 15. Juli 2024 geltenden Fassung getroffenen Entscheidungen, Eintragungen und Löschungen sowie die ausgestellten Nachweise und Bescheinigungen bleiben unberührt. [2] Die nach dem Hessischen Ingenieurgesetz in der am 15. Juli 2024 geltenden Fassung eingeleiteten Verfahren sind nach den bisherigen Verfahrensvorschriften weiterzuführen; es sei denn, die Vorschriften nach diesem Gesetz sind für die betroffene berufsangehörige Person oder Berufsgesellschaft günstiger.

§ 42[1)] Inkrafttreten, Außerkrafttreten. [1] Dieses Gesetz tritt am Tage nach der Verkündung[2)] in Kraft. [2] Es tritt mit Ausnahme von § 28 mit Ablauf des 31. Dezember 2027 außer Kraft.

Anlage 1[3)]
Anlage 1 (zu § 11 Abs. 1 Nr. 1)

Leitlinien zu Ausbildungsinhalten

I. Allgemeines
Die theoretischen und praktischen Inhalte des Studiums müssen auf die umfassenden Berufsaufgaben sowie auf die beruflichen Fähigkeiten und Tätigkeiten von Bauingenieurinnen und Bauingenieuren ausgerichtet sein. Ihre Tätigkeit umfasst im Wesentlichen die Planung, den Entwurf, die Konstruktion, die Ausführung, die Instandhaltung, den Betrieb und den Rückbau von Gebäuden und baulichen Anlagen jeder Art, insbesondere in den Bereichen des Hoch-, Verkehrs-, Tief- und Wasserbaus.

II. Inhaltliche Anforderungen an das Studium des Bauingenieurwesens

---

[1)] § 42 Satz 2 geänd. mWv 12.7.2023 durch G v. 28.6.2023 (GVBl. S. 477); Satz 2 geänd. mWv 16.7.2024 durch G v. 11.7.2024 (GVBl. Nr. 32).
[2)] Verkündet am 8.12.2015.
[3)] Anl. 1 eingef. mWv 16.7.2024 durch G v. 11.7.2024 (GVBl. Nr. 32).

Im Rahmen eines hauptsächlich auf das Bauingenieurwesen ausgerichteten Studiengangs mit der Bezeichnung „Bauingenieurwesen“ oder entsprechenden Studiengängen von mit mindestens drei Studienjahren (entspricht 180 ECTS-Leistungspunkten) müssen mindestens 135 ECTS-Punkte in Studienfächern erworben werden, die dem Bauwesen zugeordnet werden können.

Hierzu gehören:

1. Studienfächer, die ein fundiertes Grundlagenwissen im thematisch-naturwissenschaftlichen Bereich vermitteln: insbesondere Höhere Mathematik, technische Mechanik, Bauphysik, Bauchemie, Baustoffkunde und Technisches Darstellen,
2. Studienfächer, die allgemeine fachspezifische Grundlagen des Bauingenieurwesens vermitteln: insbesondere Baukonstruktion/Objektplanung Gebäude, Tragwerkslehreplanung, Bauinformatik/Geoinformatik, Digitales Bauen, numerische Modellierung, Geotechnik, Bodenmechanik und Geodäsie,
3. Studienfächer, die spezifische Kenntnisse des konstruktiven Ingenieurbaus vermitteln: insbesondere Baustatik, Massivbau (Beton-, Stahlbeton- und Mauerwerksbau), Stahl und Metallbau, Holzbau, Verbundbau, Glasbau und Kunststoffe, Brückenbau,
4. Studienfächer, die vertiefte Kenntnisse in bauingenieurspezifischen Spezialbereichen vermitteln: insbesondere Wasserwirtschaft, Wasserbau, Siedlungswasserwirtschaft, Abfallwirtschaft und Altlasten, Verkehrsplanung, öffentliche Verkehrssysteme und Verkehrswege (Straße, Schiene), Straßenwesen,
5. Studienfächer, die vertiefte Kenntnisse des Baumanagements vermitteln: insbesondere Bauprojektmanagement, Bauprozessmanagement und Baubetriebswirtschaft, Bauplanungsmanagement,
6. Studieninhalte, die weitere allgemeine Grundlagen vermitteln: insbesondere Baurecht (Planungsrecht, Ordnungsrecht, Zivilrecht (Verträge, Haftung), Bauen im Bestand, Ökologie, Fremdsprachen (Fachwortschatz) und technische Gebäudeausrüstung).

Der Anteil der Studienfächer in den Nr. 1 bis 4 muss dabei mindestens 110 ECTS-Punkte betragen.

Anlage 2[1)]
(zu § 36 Abs. 1 Satz 2)

Prüfraster für die Verhältnismäßigkeitsprüfung

I. Begriffsbestimmungen

Im Rahmen dieser Anlage bezeichnen die Begriffe

1. „reglementierter Beruf“ eine berufliche Tätigkeit oder eine Gruppe beruflicher Tätigkeiten, bei der die Aufnahme, die Ausübung oder eine der Arten der Ausübung durch Rechts- oder Verwaltungsvorschriften direkt oder indirekt an den Besitz bestimmter Berufsqualifikationen gebunden ist; eine Art der Ausübung ist insbesondere die Führung einer

[1)] Frühere Anl. angef. mWv 22.12.2020 durch G v. 11.12.2020 (GVBl. S. 931); bish. Anl. wird Anl. 2 mWv 26.6.2024 durch G v. 24.6.2024 (GVBl. Nr. 22).

geschützten Berufsbezeichnung, die durch Rechts- oder Verwaltungsvorschriften auf Personen beschränkt ist, die eine bestimmte Berufsqualifikation besitzen;

2. „Berufsqualifikation" eine Qualifikation, die durch einen Ausbildungsnachweis, durch einen Befähigungsnachweis im Sinne des Art. 11 Buchst. a Ziffer i der Richtlinie 2005/36/EG oder durch Berufserfahrung nachgewiesen wird;
3. „geschützte Berufsbezeichnung" eine Form der Reglementierung eines Berufs, bei der die Verwendung einer Bezeichnung bei der Ausübung einer beruflichen Tätigkeit oder einer Gruppe von beruflichen Tätigkeiten aufgrund von Rechts- oder Verwaltungsvorschriften unmittelbar oder mittelbar an den Besitz einer bestimmten Berufsqualifikation gebunden ist und bei der bei einer missbräuchlichen Verwendung der Bezeichnung Sanktionen verhängt werden;
4. „vorbehaltene Tätigkeit" eine Form der Reglementierung eines Berufs, bei der der Zugang zu einer beruflichen Tätigkeit oder einer Gruppe von beruflichen Tätigkeiten aufgrund von Rechts- oder Verwaltungsvorschriften unmittelbar oder mittelbar Angehörigen eines reglementierten Berufs vorbehalten wird, die eine bestimmte Berufsqualifikation besitzen, und zwar auch dann, wenn diese Tätigkeit mit anderen reglementierten Berufen geteilt wird."

II. Prüfung der Verhältnismäßigkeit

1. Satzungsvorschriften, die in den Geltungsbereich der Richtlinie 2005/36/EG fallen, dürfen weder eine direkte noch eine indirekte Diskriminierung aufgrund der Staatsangehörigkeit oder des Wohnsitzes darstellen.
2. Satzungsvorschriften im Sinne der Nr. 1 müssen durch Ziele des Allgemeininteresses im Sinne des Art. 6 der Richtlinie (EU) 2018/958 gerechtfertigt sein. Sie müssen für die Verwirklichung des angestrebten Ziels geeignet sein und dürfen nicht über das zur Erreichung dieses Ziels erforderliche Maß hinausgehen.

III. Durchführung der Verhältnismäßigkeitsprüfung

1. Bei der Prüfung der Verhältnismäßigkeit sind die folgenden Punkte zu berücksichtigen:
   a) die Eigenart der mit den angestrebten Zielen des Allgemeininteresses verbundenen Risiken, insbesondere der Risiken für Dienstleistungsempfänger, einschließlich Verbraucher, Berufsangehörige und Dritte;
   b) die Frage, ob bestehende Regelungen spezifischer oder allgemeiner Art, etwa Regelungen in Rechtsvorschriften auf dem Gebiet der Produktsicherheit oder des Verbraucherschutzes, nicht ausreichen, um das angestrebte Ziel zu erreichen;
   c) die Eignung der Vorschrift zur Erreichung des angestrebten Ziels sowie die Frage, ob sie diesem Ziel tatsächlich in kohärenter und systematischer Weise gerecht wird und somit den Risiken entgegenwirkt, die bei vergleichbaren Tätigkeiten in ähnlicher Weise identifiziert wurden;
   d) die Auswirkungen auf den freien Personen- und Dienstleistungsverkehr innerhalb der Europäischen Union, die Wahlmöglichkeiten für die Verbraucher und die Qualität der bereitgestellten Dienstleistungen;
   e) die Frage, ob zur Erreichung des im Allgemeininteresse liegenden Ziels auch auf mildere Mittel zurückgegriffen werden kann; wenn die

Vorschrift nur durch den Verbraucherschutz gerechtfertigt ist und sich die identifizierten Risiken auf das Verhältnis zwischen dem Berufsangehörigen und dem Verbraucher beschränken und sich deshalb nicht negativ auf Dritte auswirken, ist im Sinne dieses Buchstabens insbesondere zu prüfen, ob das Ziel durch Maßnahmen erreicht werden kann, die milder sind als die Maßnahme, die Tätigkeiten vorzubehalten.

2. Darüber hinaus sind bei der Prüfung der Verhältnismäßigkeit die folgenden Punkte zu berücksichtigen, wenn sie für die Art und den Inhalt der neu eingeführten oder geänderten Satzungsvorschrift relevant sind:
   a) der Zusammenhang zwischen dem Umfang der Tätigkeiten, die von einem Beruf erfasst sind oder die einem Beruf vorbehalten sind, und der erforderlichen Berufsqualifikation;
   b) der Zusammenhang zwischen der Komplexität der betreffenden Aufgaben und der Notwendigkeit, dass diejenigen, die die Aufgaben wahrnehmen, im Besitz einer bestimmten Berufsqualifikation sind, insbesondere in Bezug auf das Niveau, die Eigenart und die Dauer der erforderlichen Ausbildung oder Erfahrung;
   c) die Möglichkeit, die berufliche Qualifikation auf alternativen Wegen zu erlangen;
   d) die Frage, ob und warum die bestimmten Berufen vorbehaltenen Tätigkeiten mit anderen Berufen geteilt oder nicht geteilt werden können;
   e) der Grad an Autonomie bei der Ausübung eines reglementierten Berufs und die Auswirkungen von Organisations- und Überwachungsmodalitäten auf die Erreichung des angestrebten Ziels, insbesondere wenn die mit einem reglementierten Beruf zusammenhängenden Tätigkeiten unter der Kontrolle und Verantwortung einer ordnungsgemäß qualifizierten Fachkraft stehen;
   f) die wissenschaftlichen und technologischen Entwicklungen, die die Informationsasymmetrie zwischen Berufsangehörigen und Verbrauchern tatsächlich abbauen oder verstärken können.

3. Wird die neue oder geänderte Satzungsvorschrift mit Anforderungen anderer Vorschriften kombiniert, so ist die Auswirkung der neuen oder geänderten Vorschrift zu prüfen; insbesondere ist zu prüfen, wie die neue oder geänderte Vorschrift kombiniert mit anderen Anforderungen zum Erreichen desselben legitimen Zwecks beiträgt und ob sie hierfür notwendig ist; dies gilt insbesondere für folgende Anforderungen:
   a) Tätigkeitsvorbehalte, geschützte Berufsbezeichnung oder jede sonstige Form der Reglementierung im Sinne von Art. 3 Abs. 1 Buchst. a der Richtlinie 2005/36/EG;
   b) Verpflichtungen zur kontinuierlichen beruflichen Weiterbildung;
   c) Vorschriften in Bezug auf Berufsorganisation, Standesregeln und Überwachung;
   d) Pflichtmitgliedschaft in einer Berufsorganisation, Registrierungs- und Genehmigungsregelungen, insbesondere wenn diese Anforderungen den Besitz einer bestimmten Berufsqualifikation voraussetzen;
   e) quantitative Beschränkungen, insbesondere Anforderungen, die die Zahl der Zulassungen zur Ausübung eines Berufs begrenzen oder die eine Mindest- oder Höchstzahl der Arbeitnehmer, Geschäftsführer

oder Vertreter festsetzen, die bestimmte Berufsqualifikationen besitzen;

f) Anforderungen an bestimmte Rechtsformen oder Anforderungen in Bezug auf die Beteiligungsstruktur oder Geschäftsleitung eines Unternehmens, soweit diese Anforderungen unmittelbar mit der Ausübung des reglementierten Berufs zusammenhängen;

g) geografische Beschränkungen, auch dann, wenn der Beruf in Teilen der Bundesrepublik Deutschland in einer Weise reglementiert ist, die sich von der Reglementierung in anderen Teilen unterscheidet;

h) Anforderungen, die die gemeinschaftliche oder partnerschaftliche Ausübung eines reglementierten Berufs beschränken, sowie Unvereinbarkeitsregeln;

i) Anforderungen an den Versicherungsschutz oder andere Mittel des persönlichen oder kollektiven Schutzes in Bezug auf die Berufshaftpflicht;

j) Anforderungen an Sprachkenntnisse, soweit diese für die Ausübung des Berufs erforderlich sind;

k) festgelegte Mindest- und/oder Höchstpreisanforderungen;

l) Anforderungen an die Werbung.

4. Zusätzlich ist sicherzustellen, dass der Grundsatz der Verhältnismäßigkeit eingehalten wird, wenn spezifische Anforderungen im Zusammenhang mit der vorübergehenden oder gelegentlichen Erbringung von Dienstleistungen nach Titel II der Richtlinie 2005/36/EG, einschließlich der folgenden Anforderungen, neu eingeführt oder geändert werden:

a) eine automatische vorübergehende Eintragung oder eine Pro-Forma-Mitgliedschaft bei einer Berufsorganisation nach Art. 6 Abs. 1 Buchst. a der Richtlinie 2005/36/EG;

b) eine vorherige Meldung nach Art. 7 Abs. 1 der Richtlinie 2005/36/EG, die nach Abs. 2 des genannten Artikels erforderlichen Dokumente oder eine sonstige gleichwertige Anforderung;

c) die Zahlung einer Gebühr oder von Entgelten, die vom Dienstleistungserbringer für die Verwaltungsverfahren im Zusammenhang mit dem Zugang zu reglementierten Berufen oder im Zusammenhang mit deren Ausübung gefordert werden.

Die Verpflichtung nach Satz 1 gilt nicht für Maßnahmen, durch die die Einhaltung geltender Arbeits- und Beschäftigungsbedingungen gewährleistet werden soll, die im Einklang mit dem Recht der Europäischen Union angewendet werden.

Sachverzeichnis

Sachverzeichnis